明治時代略年表

8.29	高橋お伝殺人事件
10.24	神風連の乱
10.27	秋月の乱
10.28	萩の乱
11. 6	工部省内に工部美術学校設置

明治10（1877）年
2.15	西南戦争勃発
4.10	東京大学設立
9.24	西郷隆盛自決。西南戦争終結
12.―	高橋由一「鮭」
この年	コレラが全国で流行

明治11（1878）年
3.24	日本で初めてアーク灯が点灯
5.14	紀尾井坂の変。大久保利通暗殺される
8.23	竹橋事件発生
10.―	久米邦武「特命全権大使米欧回覧実記」
10.―	織田純一郎「欧洲奇事 花柳春話」

明治12（1879）年
1. 4	梟首刑廃止
4. 4	琉球藩を廃し、沖縄県設置
9.29	教育令公布
10. 7	文部省に音楽取調掛（伊沢修二）設置
12.25	「朝日新聞」創刊

明治13（1880）年
3.17	愛国社が国会期成同盟に移行
4. 5	集会条例制定
11. 5	工場払下げ規則制定

明治14（1881）年
10.12	明治十四年の政変（大隈重信参議罷免、開拓使官有物の払下げ中止、国会開設の詔）
10.21	松方正義が大蔵卿になり、松方財政開始
10.29	自由党結党式。総理に板垣退助
12.―	河竹黙阿弥「島鵆月白浪」初演

明治15（1882）年
1. 4	軍人勅諭が下される
3.14	立憲改進党結党。総理は大隈重信
4. 6	板垣退助が岐阜で刺される（「板垣死すとも自由は死せず」と叫んだといわれる）
4.―	音楽取調掛編「小学唱歌集」
5.14	フェノロサが「美術真説」講演
6.25	東京馬車鉄道会社が新橋と日本橋の間で開業
7.23	壬午事変勃発
8.―	「新体詩抄」初編
10.21	東京専門学校（後の早稲田大学）創立
10.―	日本銀行設立
11. 1	東京電灯会社、東京銀座でアーク灯が点灯
11.29	福島事件発生（河野広中ら2000人以上を逮捕）

明治16（1883）年
3.20	高田事件発生
3.―	矢野龍渓「斉武名士 経国美談」前編
7. 2	「官報」創刊
11.28	鹿鳴館開館式

明治17（1884）年
5.13	群馬事件発生
7. 7	華族令制定
9.23	加波山事件発生
10.29	自由党解党
10.31	秩父事件発生
12. 4	甲申事変勃発
12. 6	飯田事件発生
12.―	名古屋事件発覚

明治18（1885）年
5.―	尾崎紅葉、山田美妙ら硯友社を設立し「我楽多文庫」創刊
6.―	坪内逍遙「当世書生気質」初編
7.―	「女学雑誌」創刊
9.―	坪内逍遙「小説神髄」初編
10.―	東海散士「佳人之奇遇」初編
11.23	大阪事件発生
12.10	文部省が図画取調掛を設置
12.22	内閣制度発足。第一次伊藤博文内閣成立
この年	松方デフレ

明治19（1886）年
3. 2	帝国大学令公布（東京大学が帝国大学になる）
4.10	師範学校令、小学校令、中学校令公布。小学校は義務教育化
6.12	静岡事件発覚
8.―	末広鉄腸「雪中梅」
8.―	演劇改良会設立
10.24	ノルマントン号事件

明治20（1887）年
2.―	徳富蘇峰が民友社設立、「国民之友」創刊
4.―	西村茂樹「日本道徳論」
6.―	二葉亭四迷「浮雲」第1編
10. 3	大同団結運動本格化
10. 5	音楽取調掛が東京音楽学校になる
10. 5	図画取調掛が東京美術学校になる
11.20	山田美妙「武蔵野」連載開始
11.―	三大事件建白運動が高揚
12.25	保安条例施行
12.―	音楽取調掛編「幼稚園唱歌集」

明治21（1888）年
2.―	落合直文ほか「孝女白菊の歌」
4. 3	三宅雪嶺、志賀重昂ら政教社設立
4.30	枢密院官制公布（議長は伊藤博文）
4.30	黒田清隆内閣成立
6.―	雑誌「日本人」が高島炭坑問題を報じる
7.15	磐梯山噴火
8.―	山田美妙「夏木立」
11. 5	狩野芳崖「悲母観音図」
11.20	「大阪毎日新聞」（「大阪日報」改題）創刊
11.30	メキシコと修好通商条約調印（初の対等条約）
11.―	「少年園」創刊
12.―	角藤定憲ら「大日本壮士改良演劇会」開催

読書案内

「明治」を知る本

日外アソシエーツ

Guide to Books
of
The Meiji Era

Compiled by
Nichigai Associates, Inc.

©2000 by Nichigai Associates, Inc.
Printed in Japan

本書はディジタルデータでご利用いただくことができます。詳細はお問い合わせください。

●編集スタッフ● 尾崎 稔／宮川 淳
装 丁：長末めぐみ

刊行にあたって

　最近は多くの図書館・書店でCD-ROMやインターネットを使って図書情報の検索ができるようになった。しかし、まだまだ検索に不慣れだったり、あるいは情報源そのものが充実していなかったり、充実していても検索システムが利用者のニーズに即応したものではなかったりして、思うような情報がなかなか入手できないと聞く。「読書案内」シリーズは、こうした不便さを解消するべく開発されたハンディな図書目録である。

　これまでに「伝記編」5点、「作品編」4点、「知る本」4点を刊行したが、「伝記編」「作品編」がまさにハンディかつ廉価な図書目録シリーズだったのに対し、「知る本」は"あるテーマについて知ると同時に、より深く学ぶための参考図書をも紹介提示する"というスタイルをとっている。

　本書について言えば、「明治」という時代を、各種の事項、人物、団体などのキーワードで理解するだけでなく、提示した参考図書によってさらに学習を進めていただきたいとの狙いがある。編さんの意図が一人でも多くの方々に理解され、より広く活用されることを期待したい。

2000年1月

日外アソシエーツ

凡　例

1. **本書の内容**

    本書は、「明治」という時代を知るためのキーワード300語とその解説、およびそれらのキーワードについてより深く学ぶための参考図書の目録である。

2. **分類見出し**

    1) キーワードは、その内容によって16種に区分し、分類見出しを立てた。
    2) これらの見出しは以下のとおり。（掲載順）
        明治時代全般／政治／外交／軍事／経済／社会事件／文化／思想／宗教／教育／学術／ジャーナリズム／文学／演劇／音楽／美術

3. **キーワード**

    1) キーワードは、「明治」という時代を象徴する各種の事項、人物、団体などとし、それらの一般的な呼称を編集部で選定した。
    2) いずれのキーワードにも、その概要を示す解説を付した。
    3) 分類見出しの下におけるキーワードの排列は原則、編年順とした。

4. **参考図書**

    1) それぞれのキーワードについてより深く学ぶための参考図書を示した。その数8,000点である。
    2) 参考図書は、なるべく最近の出版物を優先することとし、刊年の新しいものから排列した。

5. **事項名索引（巻末）**

    本文のキーワード（別称も含む）を五十音順に排列し、その掲載頁を示した。

目　次

明治時代全般

　明治天皇 …………………… 18

政　治

　五箇条の御誓文 …………… 21
　五榜の掲示 ………………… 21
　東京遷都 …………………… 21
　四民平等 …………………… 21
　北海道開拓使 ……………… 22
　版籍奉還 …………………… 23
　廃藩置県 …………………… 24
　富国強兵 …………………… 25
　徴兵令 ……………………… 26
　征韓論 ……………………… 26
　三条 実美 ………………… 28
　岩倉 具視 ………………… 29
　木戸 孝允 ………………… 30
　大久保 利通 ……………… 33
　西郷 隆盛 ………………… 36
　板垣 退助 ………………… 46
　江藤 新平 ………………… 47
　後藤 象二郎 ……………… 48
　副島 種臣 ………………… 48
　秩禄処分 …………………… 48
　紀尾井坂の変 ……………… 49
　自由民権運動 ……………… 49
　民撰議院設立建白書 ……… 58
　国会期成同盟 ……………… 58
　讒謗律・新聞紙条例制定・出版
　　条例改定 ………………… 59
　集会条例 …………………… 59
　開拓使官有物払下げ事件 … 59
　国会開設の詔 ……………… 60

　明治十四年の政変 ………… 60
　大隈 重信 ………………… 60
　福島事件 …………………… 63
　高田事件 …………………… 63
　群馬事件 …………………… 63
　加波山事件 ………………… 64
　秩父事件 …………………… 65
　飯田事件 …………………… 68
　名古屋事件 ………………… 68
　大阪事件 …………………… 68
　静岡事件 …………………… 69
　私擬憲法 …………………… 69
　中江 兆民 ………………… 69
　植木 枝盛 ………………… 71
　自由党 ……………………… 73
　立憲改進党 ………………… 74
　大同団結運動 ……………… 74
　三大事件建白運動 ………… 75
　保安条例 …………………… 75
　華族令 ……………………… 75
　内閣制度 …………………… 75
　伊藤 博文 ………………… 76
　山県 有朋 ………………… 79
　枢密院 ……………………… 80
　大日本帝国憲法 …………… 81
　帝国議会 …………………… 83
　初期議会 …………………… 86
　黒田 清隆 ………………… 86
　超然主義 …………………… 87
　品川 弥二郎 ……………… 87
　星 亨 ……………………… 87
　進歩党 ……………………… 88
　憲政党 ……………………… 88
　憲政本党 …………………… 88
　立憲政友会 ………………… 89

(5)

桂園時代	89
桂 太郎	90
西園寺 公望	90
社会民主党	92
平民社	92
日本社会党	92
片山 潜	93
安部 磯雄	94
赤旗事件	95
堺 利彦	95
幸徳 秋水	96
大逆事件	99

外 交

岩倉遣外使節	102
樺太千島交換条約	103
琉球処分	104
条約改正	104
寺島 宗則	106
井上 馨	106
鹿鳴館	107
青木 周蔵	107
大津事件	108
陸奥 宗光	109
閔妃殺害事件	110
小村 寿太郎	111
伊藤博文暗殺事件	111
韓国併合	112

軍 事

戊辰戦争	114
鳥羽・伏見の戦	117
江戸無血開城	118
上野戦争	119
北越戦争	120
会津戦争	120
箱館五稜郭の戦	123
有栖川宮熾仁親王	124
大村 益次郎	124

台湾出兵	125
江華島事件	126
士族反乱	126
佐賀の乱	126
神風連の乱	127
秋月の乱	128
萩の乱	128
西南戦争	129
竹橋事件	133
壬午事変	134
甲申事変	134
日清戦争	135
三国干渉	142
義和団の乱	142
日露戦争	143
東郷 平八郎	151
乃木 希典	152

経 済

殖産興業	155
新貨条例	157
国立銀行	157
渋沢 栄一	158
地租改正	163
官営事業払い下げ	164
松方 正義	165
松方財政	165
産業革命	166
女工	167
金本位制	168
恐慌	169

社会事件

世直し一揆	170
高橋お伝殺人事件	170
コレラ流行	171
高島炭坑問題	171
磐梯山噴火	172
濃尾地震	172

(6)

三陸沖地震・津波	173
足尾鉱毒事件	173
田中 正造	177
日本鉄道機関方争議	180
八甲田山死の行軍	180
鳥島噴火	181
藤村操自殺事件	181
日比谷焼打ち事件	181
平塚 らいてう	181

文　化

文明開化	184
電信	193
人力車	195
ざんぎり頭	196
郵便制度	196
牛鍋	199
鉄道	199
ガス灯	207
太陽暦	207
祝祭日	208
廃刀令	208
電灯	208
電話	208
蓄音機	209
馬車鉄道	210
束髪	210
活動写真	210

思　想

明六社	212
福沢 諭吉	212
中村 正直	222
西 周	222
津田 真道	222
加藤 弘之	223
西村 茂樹	223
国家主義	224
国権論	224
国粋主義	225
政教社	225
陸 羯南	226
平民主義	227
日本主義	227

宗　教

神仏分離	229
廃仏毀釈	229
大教宣布	230
国家神道	231
教派神道	232
仏教近代化	233
島地 黙雷	234
キリスト教解禁	234
浦上四番崩れ	236
内村 鑑三	236

教　育

学制	243
小学校	244
教育令	245
森 有礼	245
学校令	246
教育勅語	246
国定教科書制度	248
帝国大学	249
慶應義塾	249
同志社	250
東京専門学校	250

学　術

御雇外国人	251
北里 柴三郎	253
高峰 譲吉	253
長岡 半太郎	254
大森 房吉	254
久米 邦武	254

ジャーナリズム

- 官報 …………………… 256
- 横浜毎日新聞 ………… 256
- 郵便報知新聞 ………… 256
- 朝野新聞 ……………… 256
- 東京日日新聞 ………… 257
- 大阪毎日新聞 ………… 257
- 読売新聞 ……………… 257
- 朝日新聞 ……………… 257
- 万朝報 ………………… 258
- 女学雑誌 ……………… 258

文 学

小説
- 戯作文学 ……………… 259
- 仮名垣 魯文 …………… 259
- 翻訳小説 ……………… 260
- 織田 純一郎 …………… 260
- 政治小説 ……………… 260
- 矢野 龍渓 ……………… 261
- 東海 散士 ……………… 261
- 末広 鉄腸 ……………… 261
- 写実主義 ……………… 262
- 坪内 逍遙 ……………… 262
- 言文一致体 …………… 264
- 二葉亭 四迷 …………… 265
- 擬古典主義 …………… 267
- 硯友社 ………………… 267
- 尾崎 紅葉 ……………… 268
- 山田 美妙 ……………… 269
- 理想主義 ……………… 269
- 幸田 露伴 ……………… 269
- 樋口 一葉 ……………… 272
- 浪漫主義 ……………… 278
- 北村 透谷 ……………… 278
- 文学界 ………………… 281
- 自然主義 ……………… 281
- 島崎 藤村 ……………… 283
- 国木田 独歩 …………… 291
- 田山 花袋 ……………… 294
- 徳田 秋声 ……………… 296
- 正宗 白鳥 ……………… 297
- 反自然主義 …………… 298
- 高踏派・余裕派 ……… 299
- 森 鴎外 ………………… 299
- 夏目 漱石 ……………… 308

詩
- 新体詩 ………………… 318
- 浪漫詩 ………………… 319
- 土井 晩翠 ……………… 319
- 薄田 泣菫 ……………… 320
- 象徴詩 ………………… 320
- 上田 敏 ………………… 321
- 蒲原 有明 ……………… 322
- 口語自由詩 …………… 322
- 川路 柳虹 ……………… 323

短歌
- 落合 直文 ……………… 323
- 佐佐木 信綱 …………… 324
- 明星(第1次) ………… 324
- 与謝野 晶子 …………… 325
- 根岸短歌会 …………… 330
- 若山 牧水 ……………… 331
- 石川 啄木 ……………… 333
- 北原 白秋 ……………… 343

俳句
- 正岡 子規 ……………… 346
- 新傾向俳句 …………… 353
- 高浜 虚子 ……………… 353
- 児童文学 ……………… 356

演 劇

- 団・菊・左時代 ……… 358
- 散切物 ………………… 358
- 活歴物 ………………… 358
- 演劇改良運動 ………… 358
- 壮士芝居 ……………… 359
- 新派劇 ………………… 359

音　楽

東京音楽学校 ……………… 361
唱歌 ……………………… 361
宮内省雅楽部 ……………… 362
軍楽隊 ……………………… 362
滝 廉太郎 …………………… 362

美　術

日本画
東京美術学校 ……………… 364
日本美術院 ………………… 364
フェノロサ,E.F. ……………… 364
岡倉 天心 …………………… 365
橋本 雅邦 …………………… 367
狩野 芳崖 …………………… 367
菱田 春草 …………………… 368
横山 大観 …………………… 368

洋画

新劇 ………………………… 359

工部美術学校 ……………… 369
明治美術会 ………………… 369
白馬会 ……………………… 370
フォンタネージ,A. …………… 370
高橋 由一 …………………… 370
浅井 忠 ……………………… 371
黒田 清輝 …………………… 371
藤島 武二 …………………… 372
青木 繁 ……………………… 372

彫刻
ラグーザ,V. ………………… 374
高村 光雲 …………………… 374
荻原 守衛 …………………… 374

建築
銀座煉瓦街 ………………… 375
コンドル,J.J. ………………… 376
辰野 金吾 …………………… 376
片山 東熊 …………………… 376

事項名索引 …………………… 377

明治時代全般

◇大日本―技術立国日本の恩人が描いた明治日本の実像　ヘンリー・ダイアー著，平野勇夫訳　実業之日本社　1999.12　545p　21cm　6800円　ⓘ4-408-10357-8

◇日本史の現場検証　2　明治・大正編　合田一道著　扶桑社　1999.11　261p　19cm　1429円　ⓘ4-594-02790-3

◇明治期の庶民生活の諸相　神立春樹著　御茶の水書房　1999.11　301p　21cm　3800円　ⓘ4-275-01783-8

◇ハーン，モース，グリフィスの日本　ロバート・A.ローゼンストーン著，杉田英明，吉田和久訳　平凡社　1999.10　477p　19cm　4600円　ⓘ4-582-46004-6

◇100問100答　日本の歴史　5　近代　歴史教育者協議会編　河出書房新社　1999.7　271p　19cm　2600円　ⓘ4-309-22350-8

◇教科書が教えない歴史―明治-昭和初期，日本の偉業　藤岡信勝，自由主義史観研究会著　産経新聞ニュースサービス;扶桑社〔発売〕　1999.7　387p　15cm　（扶桑社文庫）　667円　ⓘ4-594-02710-5

◇堂々日本史　第24巻　NHK取材班編　名古屋　名古屋KTC中央出版　1999.7　247p　19cm　1600円　ⓘ4-87758-117-0

◇教科書が教えない歴史―明治 - 大正 - 昭和，大事件の真相　藤岡信勝，自由主義史観研究会著　産経新聞ニュースサービス;扶桑社〔発売〕　1999.6　386p　15cm　（扶桑社文庫）　667円　ⓘ4-594-02722-9

◇明治国家と宗教　山口輝臣著　東京大学出版会　1999.6　352p　21cm　6000円　ⓘ4-13-026601-2

◇日本の歴史―明治維新から現代 1 民主主義と政治の歴史　坂井俊樹監修，福冨弘美文　ポプラ社　1999.4　48p　30cm　2800円　ⓘ4-591-05977-4

◇日本の歴史―明治維新から現代 2 日本とアジアの歴史　坂井俊樹監修・文　ポプラ社　1999.4　48p　30cm　2800円　ⓘ4-591-05978-2

◇日本の歴史―明治維新から現代 3 産業・経済と環境の歴史　坂井俊樹監修，灰崎武浩文　ポプラ社　1999.4　48p　30cm　2800円　ⓘ4-591-05979-0

◇日本の歴史―明治維新から現代 4 人として生きる権利の歴史　坂井俊樹監修，福冨弘美文　ポプラ社　1999.4　48p　30cm　2800円　ⓘ4-591-05980-4

◇日本の歴史―明治維新から現代 5 国境をこえた人びとの歴史　坂井俊樹監修・文　ポプラ社　1999.4　48p　30cm　2800円　ⓘ4-591-05981-2

◇日本の歴史―明治維新から現代 6 沖縄と北海道の歴史　坂井俊樹監修，福冨弘美文　ポプラ社　1999.4　48p　30cm　2800円　ⓘ4-591-05982-0

◇日本の歴史―明治維新から現代 7 女性と家の歴史　坂井俊樹監修，小松伸之文　ポプラ社　1999.4　48p　30cm　2800円　ⓘ4-591-05983-9

◇日本の歴史―明治維新から現代 8 子どもと教育の歴史　坂井俊樹監修・文　ポプラ社　1999.4　48p　30cm　2800円　ⓘ4-591-05984-7

◇日本の歴史博物館・史跡―調べ学習に役立つ時代別・テーマ別 7 明治・大正・昭和・平成時代　佐藤和彦監修　あかね書房　1999.4　47p　30×22cm　3200円　ⓘ4-251-07907-8

◇文人外交官の明治日本―中国初代駐日公使団の異文化体験　張偉雄著　柏書

明治時代全般

房 1999.4 268,2p 21cm 3800円 ⓘ4-7601-1729-6

◇絵と写真で学ぶ 日本の歴史 4 江戸(中期・後期)明治・大正・昭和時代編 古川清行著 東洋館出版社 1999.3 164p 26cm 2900円 ⓘ4-491-01494-9

◇マンガ 日本の歴史 49 明治国家の経営 石ノ森章太郎著 中央公論新社 1999.2 224p 15cm （中公文庫） 524円 ⓘ4-12-203362-4

◇明治日本見聞録―英国家庭教師婦人の回想 エセル・ハワード著, 島津久大訳 講談社 1999.2 301p 15cm （講談社学術文庫） 900円 ⓘ4-06-159364-1

◇明治に名参謀ありて―近代国家「日本」を建国した6人 三好徹著 小学館 1999.1 350p 15cm （小学館文庫―「時代・歴史」傑作シリーズ） 638円 ⓘ4-09-403511-7

◇明治国家の建設―1871～1890 坂本多加雄著 中央公論社 1999.1 402p 19cm （日本の近代 2） 2400円 ⓘ4-12-490102-X

◇日本近代史の探究 小田康徳著 新版 京都 京都世界思想社 1998.11 312p 19cm （SEKAISHISO SEMINAR） 2500円 ⓘ4-7907-0732-6

◇明治国家の成立―天皇制成立史研究 大江志乃夫著 新装版 京都 京都ミネルヴァ書房 1998.10 353p 21cm （MINERVA日本史ライブラリー 6） 5500円 ⓘ4-623-02963-8

◇マンガ 教科書が教えない歴史 2 藤岡信勝, 自由主義史観研究会原作・監修, ダイナミックプロダクション作画 産経新聞ニュースサービス;扶桑社〔発売〕 1998.9 258p 19cm 952円 ⓘ4-594-02554-4

◇マンガ 教科書が教えない歴史 3 藤岡信勝, 自由主義史観研究会原作・監修, ダイナミックプロダクション作画 産経新聞ニュースサービス;扶桑社〔発売〕 1998.9 245p 19cm 952円 ⓘ4-594-02555-2

◇地図で見る百年前の日本 小学館 1998.8 303p 37cm 14000円 ⓘ4-09-563051-5

◇慢画に描かれた明治・大正・昭和 清水勲編著 新装版 ニュートンプレス 1998.7 263p 30cm 6000円 ⓘ4-315-51493-4

◇堂々日本史 第15巻 NHK取材班編 名古屋 名古屋KTC中央出版 1998.5 249p 19cm 1600円 ⓘ4-87758-062-X

◇近代国家としての発展―明治時代後期 古川清行著 小峰書店 1998.4 119p 26cm （人物・遺産でさぐる日本の歴史 13） 2500円 ⓘ4-338-15113-7

◇文明開化―明治時代前期 ぎょうせい 1998.4 189p 26cm （おもしろ日本史まんがパノラマ歴史館 11） 2000円 ⓘ4-324-05141-0

◇明治維新と文明開化―明治時代前期 古川清行著 小峰書店 1998.4 119p 26cm （人物・遺産でさぐる日本の歴史 12） 2500円 ⓘ4-338-15112-9

◇明治不可思議堂 横田順彌著 筑摩書房 1998.3 461p 15cm （ちくま文庫） 950円 ⓘ4-480-03374-2

◇明治の群像―知れば知るほど 伊藤隆監修 実業之日本社 1997.12 269p 19cm 1300円 ⓘ4-408-10252-0

◇食客風雲録―日本篇 草森紳一著 青土社 1997.11 456p 19cm 2800円 ⓘ4-7917-5589-8

◇90分でわかる幕末・維新の読み方―動乱の時代がいま始まる! 基本と常識 加来耕三監修, 日本史フォーラム21編著 かんき出版 1997.10 233,6p 19cm 1400円 ⓘ4-7612-5668-0

◇痩我慢というかたち―激動を乗り越えた日本の志 感性文化研究所編 黙出版 1997.8 111p 21cm （MOKU BOOKS） 660円 ⓘ4-900682-25-X

◇"所謂明治維新"の実体 6 石原紀子著 東大和 石原守一 1997.6 86p 21cm ⓘ4-915575-14-4

明治時代全般

◇堂々日本史　第5巻　NHK取材班編　名古屋　KTC中央出版　1997.4　251p　20cm　1553円　Ⓘ4-924814-90-3

◇幕末維新─写真が語る　安田克広編　明石書店　1997.3　187p　22cm　2575円　Ⓘ4-7503-0893-5

◇"所謂明治維新"の実体　4・5　石原紀子著　東大和　石原守一　1996.12　53p　21cm　Ⓘ4-915575-12-8

◇明治維新の地域と民衆　明治維新史学会編　吉川弘文館　1996.12　227p　22cm　（明治維新史研究　4）　4841円　Ⓘ4-642-03639-3

◇日本歴史大系　14　明治憲法体制の展開　上　井上光貞〔ほか〕編　山川出版社　1996.11　376,18p　22cm　3500円　Ⓘ4-634-33140-3

◇日本歴史大系　15　明治憲法体制の展開　下　井上光貞〔ほか〕編　山川出版社　1996.11　321,13p　22cm　3500円　Ⓘ4-634-33150-0

◇日本近代国家の形成と展開　山本四郎編　吉川弘文館　1996.10　340p　22cm　7725円　Ⓘ4-642-03664-4

◇写真でみる100年前の日本　2　風景　マール社編集部，渡辺真理子編　マール社　1996.8　151p　21cm　（100年前シリーズ）　951円　Ⓘ4-8373-0726-4

◇明治新政権の権力構造　福地惇著　吉川弘文館　1996.8　272p　22cm　5974円　Ⓘ4-642-03662-8

◇写真でみる100年前の日本　1　暮らし　マール社編集部，渡辺真理子編　マール社　1996.7　151p　21cm　（100年前シリーズ）　951円　Ⓘ4-8373-0725-6

◇御用心‼─いま明治の亡霊がうろついている　日下藤吾著　近代文芸社　1996.5　409p　20cm　2300円　Ⓘ4-7733-5123-3

◇日中比較近代化論─松阪大学日中シンポジウム　山田辰雄，中井良宏編　京都　晃洋書房　1996.5　213p　21cm　2500円　Ⓘ4-7710-0869-8

◇日本の歴史─集英版　16　明治維新　児玉幸多〔ほか〕編　中村哲著　東京へレン・ケラー協会点字出版局　1996.5　6冊　27cm　全21000円

◇草礫─くさのいしぶみ　吉田昭治著　秋田　岩苔庵　1996.3　2冊　19cm　全5000円

◇明治バンカラ快人伝　横田順彌著　筑摩書房　1996.2　322p　15cm　（ちくま文庫）　760円　Ⓘ4-480-03150-2

◇幕末維新─新生日本の礎となった騒擾の時代を読む　世界文化社　1995.11　162p　26cm　（ビッグマンスペシャル）　1400円

◇ニュースで追う明治日本発掘　9　日韓併合・大逆事件・乃木殉死の時代　鈴木孝一編　河出書房新社　1995.10　318p　20cm　2500円　Ⓘ4-309-72329-2

◇回想の明治維新──ロシア人革命家の手記　メーチニコフ著，渡辺雅司訳　岩波書店　1995.9　350p　15cm　（岩波文庫）　670円　Ⓘ4-00-334411-1

◇ニュースで追う明治日本発掘　8　日露戦争・日本海海戦・社会主義運動の時代　鈴木孝一編　河出書房新社　1995.8　306p　20cm　2500円　Ⓘ4-309-72328-4

◇唾玉集─明治諸家インタヴュー集　伊原青々園，後藤宙外編　平凡社　1995.8　402p　18cm　（東洋文庫　592）　2987円　Ⓘ4-582-80592-2

◇明治維新と東洋の解放　葦津珍彦著　伊勢　皇學館大學出版部　1995.8　222p　19cm　1000円　Ⓘ4-87644-091-3

◇明治維新の人物と思想　明治維新史学会編　吉川弘文館　1995.8　228p　22cm　（明治維新史研究　3）　4841円　Ⓘ4-642-03638-5

◇維新革命に関する序説　有馬東洋男著　近代文芸社　1995.7　315p　20cm　2000円　Ⓘ4-7733-4459-8

◇明治功臣録　天之巻　朝比奈知泉編　大空社　1995.7　687p　22cm　（列伝叢書　26）　19000円　Ⓘ4-87236-568-2

◇明治功臣録　地之巻　朝比奈知泉編　大空社　1995.7　p689～1442　22cm　（列伝叢書　27）　Ⓘ4-87236-569-0

明治時代全般

◇明治畸人伝　阪井弁著　大空社　1995.7
137p 22cm（列伝叢書　28）4500円
①4-87236-570-2

◇ニュースで追う明治日本発掘　7　日露戦争・旅順攻防戦・八甲田遭難の時代
鈴木孝一編　河出書房新社　1995.6
302p 20cm 2500円　①4-309-72327-6

◇ニュースで追う明治日本発掘　6　足尾鉱毒・娼婦自由廃業・暴露合戦の時代
鈴木孝一編　河出書房新社　1995.4
302p 20cm 2500円　①4-309-72326-8

◇歴史学と現在――日本近代史像の転換
佐々木寛司著　文献出版　1995.4 238p
19cm　4635円　①4-8305-1178-8

◇明治不可思議堂　横田順彌著　筑摩書房
1995.3 388p 20cm 2400円　①4-480-85684-6

◇ニュースで追う明治日本発掘　5
日清戦争・閔妃暗殺・凶悪殺人の時代
鈴木孝一編　河出書房新社　1995.2
302p 20cm 2500円　①4-309-72325-X

◇天皇親政――佐々木高行日記にみる明治政府と宮廷　笠原英彦著　中央公論社
1995.2 195p 18cm（中公新書）
680円　①4-12-101231-3

◇明治維新　遠山茂樹著　岩波書店
1995.1 336,8p 16cm（同時代ライブラリー　211）1200円　①4-00-260211-7

◇ニュースで追う明治日本発掘　4
憲法発布・大津事件・壮士と決闘の時代
鈴木孝一編　河出書房新社　1994.12
294p 20cm 2500円　①4-309-72324-1

◇なつかしの日本――ノスタルジック・ジャパン　写真集　丸浜晃彦解説　心交社　1994.11 127p 27cm　2200円
①4-88302-191-2

◇百年前の二十世紀――明治・大正の未来予測　横田順彌著　筑摩書房　1994.11
204p 19cm（ちくまプリマーブックス　86）1100円　①4-480-04186-9

◇ニュースで追う明治日本発掘　3
板垣遭難・秩父困民党・鹿鳴館の時代
鈴木孝一編　河出書房新社　1994.10
290p 20cm 2500円　①4-309-72323-3

◇近代への曙と公家大名　霞会館資料展示委員会編　霞会館　1994.10 258p
28cm（霞会館資料　第18輯）非売品

◇明治豪商の夫人　岩崎勝三郎著　大空社
1994.10 189p 22cm（列伝叢書　3）
6000円　①4-87236-545-3

◇明治大臣の夫人　岩崎勝三郎著　大空社
1994.10 261p 22cm（列伝叢書　2）
8000円　①4-87236-544-5

◇華族女学校教師の見た明治日本の内側
アリス・ベーコン著，久野明子訳
中央公論社　1994.9 216p 20cm
1300円　①4-12-002359-1

◇組織のためにどう動く――忠誠か、反逆か
童門冬二著　同文書院　1994.9 214p
19cm 1300円　①4-8103-7229-4

◇中野騒動と明治政府　山本金太著
長野　ほおずき書籍　1994.9 283p
21cm 1300円　①4-89341-193-4

◇幕末・維新期における民衆の居住空間と生活についての研究　猪飼隆明〔著〕,
地域社会研究所，第一住宅建設協会編
地域社会研究所　1994.9 66p 30cm
（調査研究報告書）

◇明治人名辞典　3　上巻　日本図書センター　1994.9 1冊 27cm　①4-8205-2377-5,4-8205-2376-7

◇明治人名辞典　3　下巻　日本図書センター　1994.9 1冊 27cm　①4-8205-2378-3,4-8205-2376-7

◇ニュースで追う明治日本発掘　2
西南戦争・自由民権・毒婦お伝の時代
鈴木孝一編　河出書房新社　1994.8
294p 20cm 2500円　①4-309-72322-5

◇ニュースで追う明治日本発掘　1
戊辰戦争・文明開化・征韓論の時代
鈴木孝一編　河出書房新社　1994.6
302p 20cm 2500円　①4-309-72321-7

◇森銑三著作集　続編　第11巻　中村幸彦〔ほか〕編　中央公論社　1994.6 521p
22cm 6800円　①4-12-403084-3

◇岩波講座日本通史　第17巻　近代　2
朝尾直弘〔ほか〕編　岩波書店　1994.5
364p 22cm 2800円　①4-00-010567-1

明治時代全般

◇Nippon—明治の日本を旅する 立体写真集 伴田良輔編 小学館 1994.4 1冊(頁付なし) 20×23cm 1800円 ⓘ4-09-563041-8

◇森銑三著作集 続編 第10巻 中村幸彦〔ほか〕編 中央公論社 1994.4 688p 22cm 8800円 ⓘ4-12-403083-5

◇棟梁朽敗せば改むべし—わたしの明治維新 玉木存著 R出版 1994.3 341p 20cm 2000円 ⓘ4-89778-035-7

◇明治国家の軌跡 宇野俊一著 松戸 梓出版社 1994.3 251p 21cm 2678円 ⓘ4-900071-19-6

◇明治青年の思想と行動—地方知識青年について 小池善吉著 近代文芸社 1994.2 195p 20cm 2000円 ⓘ4-7733-2625-5

◇「明治」という国家 上 司馬遼太郎著 日本放送出版協会 1994.1 190p 19cm (NHKブックス 682) 800円 ⓘ4-14-001682-5

◇「明治」という国家 下 司馬遼太郎著 日本放送出版協会 1994.1 189p 19cm (NHKブックス 683) 800円 ⓘ4-14-001683-3

◇岩波講座日本通史 第16巻 近代 1 朝尾直弘〔ほか〕編 岩波書店 1994.1 359p 22cm 2800円 ⓘ4-00-010566-3

◇京・なにわの明治維新 横山高治著 茨木 大阪歴史懇談会 1994.1 39p 26cm

◇明治維新畸人伝—かつて、愛すべき「変な日本人」がいた 鈴木明著 勁文社 1993.10 238p 15cm (勁文社文庫21) 580円 ⓘ4-7669-1873-8

◇大系日本の歴史 13 近代日本の出発 永原慶二〔ほか〕編 坂野潤治著 小学館 1993.8 457p 16cm (小学館ライブラリー) 980円 ⓘ4-09-461013-8

◇明治維新の再発見 毛利敏彦著 吉川弘文館 1993.8 230p 20cm 2500円 ⓘ4-642-07404-X

◇物語日本の歴史—その時代を見た人が語る 第27巻 明治政府の胎動 笠原一男編 木耳社 1993.7 226p 20cm 1500円 ⓘ4-8393-7579-8

◇「死の跳躍」を越えて—西洋の衝撃と日本 佐藤誠三郎著 都市出版 1993.6 366p 22cm 4800円 ⓘ4-924831-02-6

◇シリーズ日本近現代史—構造と変動 2 資本主義と「自由主義」 坂野潤治〔ほか〕編 岩波書店 1993.4 338p 22cm 4300円 ⓘ4-00-003712-9

◇幕末・維新期長州藩の政治構造 三宅紹宣著 校倉書房 1993.4 356p 22cm (歴史科学叢書) 7725円 ⓘ4-7517-2270-0

◇明治日本の政治家群像 福地惇,佐々木隆編 吉川弘文館 1993.4 398p 22cm 7500円 ⓘ4-642-03651-2

◇日中両国近代化の比較研究序説 依田憙家著 再増補 竜渓書舎 1993.3 386p 22cm (早稲田大学社会科学研究所研究叢書) 6000円 ⓘ4-8447-8364-5

◇シリーズ日本近現代史—構造と変動 1 維新変革と近代日本 坂野潤治〔ほか〕編 岩波書店 1993.2 321p 22cm 4300円 ⓘ4-00-003711-0

◇維新旧幕比較論 木下真弘著, 宮地正人校注 岩波書店 1993.2 331p 15cm (岩波文庫) 670円 ⓘ4-00-331891-9

◇日本における近代国家の成立 E.H.ノーマン著,大窪愿二訳 岩波書店 1993.1 380,12p 15cm (岩波文庫) 670円 ⓘ4-00-334372-7

◇文明開化のあけぼのを見た男たち—慶応三年遣仏使節団の明治 新生日本のさきがけたち 松戸市戸定歴史館編 松戸 松戸市戸定歴史館 1993 129p 26cm

◇日本の歴史—集英社版 17 日本近代の出発 児玉幸多〔ほか〕編 佐々木克著 集英社 1992.10 318p 22cm 2400円 ⓘ4-08-195017-2

◇日本の歴史—集英社版 16 明治維新 児玉幸多〔ほか〕編 中村哲著 集英社 1992.9 326p 22cm 2400円 ⓘ4-08-195016-4

明治時代全般

◇明治維新の政治と権力　明治維新史学会編　吉川弘文館　1992.9　239p　22cm　（明治維新史研究 2）　4800円　ⓘ4-642-03637-7

◇明治維新はエピソードがいっぱい！　上里剛士著　日本実業出版社　1992.9　215p　19cm　1300円　ⓘ4-534-01928-9

◇偽官軍と明治維新政権　芳賀登著　教育出版センター　1992.8　230p　22cm　（史学叢書 9）　3000円　ⓘ4-7632-3210-X

◇明治を創った人々　江藤淳〔述〕、日本放送協会編　日本放送出版協会　1992.7　142p　21cm　（NHK人間大学　1992.7月〜9月期）　500円

◇薩摩路に幕末維新を歩く―熊本近代史研究会1992年巡検　新藤東洋男〔編著〕〔熊本〕　熊本近代史研究会　1992.4　52p　26cm

◇日中両国の伝統と近代化―依田憙家教授還暦記念　『依田憙家教授還暦記念論文集』編集委員会編　竜渓書舎　1992.4　491p　22cm　12000円　ⓘ4-8447-8348-3

◇明治維新と天皇制　田中彰著　吉川弘文館　1992.4　312p　20cm　2000円　ⓘ4-642-07385-X

◇隠された幕末日本史　早乙女貢著　広済堂出版　1992.2　247p　16cm　（広済堂文庫）　450円　ⓘ4-331-65126-6

◇明治七年の建白書運動と隠岐　藤田新編〔横浜〕　藤田新　1992.2　106p　21cm　非売品

◇遠山茂樹著作集　第1巻　明治維新　岩波書店　1991.11　359p　22cm　4800円　ⓘ4-00-091701-3

◇「明治」という国家　司馬遼太郎著　日本放送出版協会　1991.10　306p　19cm　1100円　ⓘ4-14-008798-6

◇明治維新の偉人たち―その虚像と実像　早乙女貢著　山手書房新社　1991.8　273p　20cm　1600円

◇明治維新の歴史探訪―西郷隆盛のあゆみを尋ねて　近本喜続著　大牟田　近本税理士事務所　1991.5　232p　26cm

◇もっと知りたい日本の近代史―幕末から日露戦争まで　吉田夏生著　ほるぷ出版　1991.4　141p　21cm　（ほるぷ150ブックス）　1500円　ⓘ4-593-53501-8

◇日本史探訪　幕末維新 5　「明治」への疾走　さいとう・たかを著　角川書店　1991.3　255p　20cm　（角川コミックス）　1000円　ⓘ4-04-852190-X

◇明治維新と天皇　遠山茂樹著　岩波書店　1991.1　294,9p　19cm　（岩波セミナーブックス 34）　2200円　ⓘ4-00-004204-1

◇明治維新のはなし・近代日本のなりたち　服部之総著　青木書店　1990.8　135,165p　18cm　1854円　ⓘ4-250-90027-4

◇明治人物おもしろ史話　杉田幸三著　毎日新聞社　1990.7　270p　18cm　（ミューブックス）　780円　ⓘ4-620-72039-9

◇明治維新入門　奈良本辰也著　徳間書店　1990.6　252p　16cm　（徳間文庫　な‐8‐16）　427円　ⓘ4-19-599107-2

◇秘話・幕末明治の101人　中嶋繁雄著　新人物往来社　1990.5　257p　20cm　2200円　ⓘ4-404-01716-2

◇夢の跡紀行―旅路に雨の降るごとく　幕末維新　福島溥著　教育書籍　1990.5　235p　20cm　1500円　ⓘ4-317-60041-2

◇陽のあたる明治よもやま物語　富沢繁著　光人社　1990.5　254p　19cm　1030円　ⓘ4-7698-0499-7

◇陽のあたる明治よもやま物語　山内一生イラスト　光人社　1990.5　254p　19cm　1000円　ⓘ4-7698-0499-7

◇維新の詩　奈良本辰也著　河合出版　1990.4　329p　20cm　1942円　ⓘ4-87999-029-9

◇新編日本合戦全集　6　維新動乱編　桑田忠親著　秋田書店　1990.3　262p　20cm　1700円　ⓘ4-253-00382-6

◇明治の日本―「横浜写真」の世界　彩色アルバム　横浜開港資料館、横浜開港資

明治時代全般

料普及協会編　横浜　有隣堂　1990.3　247p　31cm　8800円　ⓘ4-89660-093-2

◇日本近代史の虚像と実像　1　開国〜日露戦争　藤原彰〔ほか〕編　大月書店　1990.1　336p　20cm　1700円　ⓘ4-272-50131-3

◇幕末・維新大百科―激動の時代が何でもわかる本　歴史トレンド研究会編　ロングセラーズ　1989.11　227p　18cm　（ムックの本）　760円　ⓘ4-8454-0298-X

◇明治維新紀行　邦光史郎著　徳間書店　1989.11　253p　16cm　（徳間文庫）　420円　ⓘ4-19-568917-1

◇激動の世紀―明治維新　中日新聞社「激動の世紀」取材班編　春日井　鹿友館　1989.9　248p　19cm　1800円　ⓘ4-947636-02-5

◇坂本竜馬と明治維新　平尾道雄，浜田亀吉訳　新版　時事通信社　1989.7　400p　19cm　1236円　ⓘ4-7887-0002-6

◇明治の横浜・東京―残されていたガラス乾板から　写真集　横浜　写真集『明治の横浜・東京』を刊行する会　1989.6　200,16p　31cm　6000円

◇大系日本の歴史　13　近代日本の出発　永原慶二〔ほか〕編集　坂野潤治著　小学館　1989.4　366p　21cm　1800円　ⓘ4-09-622013-2

◇幕末維新ものしり意外史　天山出版　1989.4　256p　16cm　（天山文庫）　420円　ⓘ4-8033-1749-6

◇大久保利謙歴史著作集　8　明治維新の人物像　吉川弘文館　1989.1　504,16p　22cm　6800円　ⓘ4-642-03598-2

◇明治維新・廃城一覧　森山英一著　新人物往来社　1989.1　225p　22cm　2800円　ⓘ4-404-01455-4

◇明治維新とフランス革命　小林良彰著　三一書房　1988.12　372p　22cm　4000円

◇西洋が見えてきた頃　亀井俊介著　南雲堂　1988.11　280p　20cm　（亀井俊介の仕事　3）　2000円　ⓘ4-523-00067-0

◇激動を生きた代官の妻―民衆の幕末維新史-『大場美佐の日記』より　〔東京都〕世田谷区立郷土資料館　1988.10　36p　26cm

◇明治維新と中国　呂万和著　六興出版　1988.10　343,14p　21cm　（東アジアのなかの日本歴史　6）　3000円　ⓘ4-8453-8096-X

◇維新の港の英人たち　中須賀哲朗訳　中央公論社　1988.8　461p　20cm　2200円　ⓘ4-12-001713-3

◇隠された維新史　早乙女貢著　広済堂出版　1988.7　220p　16cm　（広済堂文庫）　400円　ⓘ4-331-65034-0

◇戦乱の日本史「合戦と人物」　第12巻　幕末維新の争乱　林英夫責任編集　第一法規出版　1988.6　158p　31cm　3500円　ⓘ4-474-10142-1

◇維新俠艶録　井筒月翁著　中央公論社　1988.3　201p　16cm　（中公文庫）　340円　ⓘ4-12-201498-0

◇維新の長州　古川薫著　大阪　創元社　1988.2　253p　19cm　1300円　ⓘ4-422-20460-2

◇明治人物閑話　森銑三著　中央公論社　1988.1　336p　16cm　（中公文庫）　480円　ⓘ4-12-201486-7

◇雑学明治珍聞録　西沢爽著　文芸春秋　1987.11　277p　16cm　（文春文庫）　380円　ⓘ4-16-733605-7

◇世紀末の一年――一九〇〇年＝大日本帝国　平地勲写真　朝日新聞社　1987.11　213p　22cm　2300円　ⓘ4-02-255775-3

◇明治リーダーの戦略戦術　佐々克明著　講談社　1987.11　190p　15cm　（講談社文庫）　320円　ⓘ4-06-184096-7

◇西郷と明治維新革命　斎藤信明著　彩流社　1987.10　434p　22cm　4000円

◇明治維新対外関係史研究　犬塚孝明著　吉川弘文館　1987.7　341,9p　22cm　6800円　ⓘ4-642-03599-0

◇明治維新観の研究　田中彰著　札幌　北海道大学図書刊行会　1987.3　287,16p　22cm　4000円

明治時代全般

◇維新から明治へ―その虚像と実像　第3巻　明治国家の出発　冨成博著　下関　長周新聞社　1987.2　240,〔14〕p　18cm　1200円

◇維新から明治へ―その虚像と実像　第2巻　統一の課題　冨成博著　下関　長周新聞社　1986.10　287,〔5〕p　18cm　1200円

◇大久保利謙歴史著作集　5　幕末維新の洋学　吉川弘文館　1986.8　444,15p　22cm　5800円　⓪4-642-03595-8

◇維新から明治へ―その虚像と実像　第1巻　争乱の年　冨成博著　下関　長周新聞社　1986.6　249,〔5〕p　18cm　1000円

◇明治維新　永井道雄，M.ウルティア編　国際連合大学　1986.6　268p　20cm　1600円　⓪4-13-038083-4

◇佐幕派論議　大久保利謙著　吉川弘文館　1986.5　282p　20cm　2500円　⓪4-642-07252-7

◇維新の青春群像―目でみる日本史　小西四郎編　文芸春秋　1986.4　278p　16cm　(文春文庫)　420円　⓪4-16-810402-8

◇維新的人間像―新時代の予告者たち　奈良本辰也著　徳間書店　1986.2　254p　16cm　(徳間文庫)　360円　⓪4-19-598023-2

◇大久保利謙歴史著作集　1　明治維新の政治過程　吉川弘文館　1986.2　402,8p　22cm　5800円　⓪4-642-03591-5

◇明治ニュース事典　総索引　明治ニュース事典編纂委員会，毎日コミュニケーションズ出版部編　毎日コミュニケーションズ　1986.2　797p　29cm　29000円　⓪4-89563-105-2

◇明治ニュース事典　第7巻　明治36年-明治40年　明治ニュース事典編纂委員会，毎日コミュニケーションズ出版部編　毎日コミュニケーションズ　1986.1　816,125p　29cm　29000円　⓪4-89563-105-2

◇明治維新と坂本竜馬　平尾道雄著　新人物往来社　1985.7　236p　20cm　1800円　⓪4-404-01277-2

◇それからの志士―もう一つの明治維新　高木俊輔著　有斐閣　1985.3　251p　19cm　(有斐閣選書)　1700円　⓪4-641-02453-7

◇国事鞅掌者の映像　安藤良平著　浦和　雄文社出版企画室　1985.3　224p　22cm　非売品

◇明治リーダーの帝王力学―明治をつくった人材能力学　佐々克明著　産業能率大学出版部　1985.2　202p　19cm　1200円　⓪4-382-04850-8

◇明治ニュース事典　第5巻　明治26年-明治30年　明治ニュース事典編纂委員会，毎日コミュニケーションズ出版部編　毎日コミュニケーションズ　1985.1　832,93p　29cm　29000円　⓪4-89563-105-2

◇歴史に学ぶ　奈良本辰也著　潮出版社　1985.1　275p　15cm　(潮文庫)　380円

◇明治維新と近代化―現代日本を産みだしたもの　桑原武夫著　小学館　1984.12　221p　19cm　(小学館創造選書　61)　880円　⓪4-09-820061-9

◇日本の歴史　22　大日本帝国の試煉　隅谷三喜男著　中央公論社　1984.8　474p　18cm　(中公バックス)　1200円　⓪4-12-401162-8

◇近代史の歩み　1　明治　加藤文三著　地歴社　1984.7　226p　19cm　980円

◇日本の歴史　20　明治維新　井上清著　中央公論社　1984.7　460p　18cm　(中公バックス)　1200円　⓪4-12-401160-1

◇シンポジウム幕末維新と山陽道　山陽新聞社編　岡山　山陽新聞社　1984.5～6　2冊　19cm　各1700円

◇志士と官僚―明治初年の場景　佐々木克著　京都　ミネルヴァ書房　1984.5　270p　19cm　(歴史と日本人　9)　1700円　⓪4-623-01538-6

◇明治ニュース事典　第3巻　明治16年-明治20年　明治ニュース事典編纂委員会，毎日コミュニケーションズ出版部編集　毎日コミュニケーションズ

◇1984.1　816,109p　29cm　27000円
①4-89563-105-2
◇明治リーダーの戦略戦術　佐々克明著
ダイヤモンド社　1983.12　174p　19cm
1000円
◇百年前の日本―セイラム・ピーボディー
博物館蔵モース・コレクション/写真編
小西四郎, 岡秀行構成　小学館　1983.11
211p　31cm　5800円　①4-09-563011-6
◇幕末維新史事典　神谷次郎, 安岡昭男
編集　新人物往来社　1983.9　662p
22cm　8800円
◇天皇と明治維新　阪本健一著　暁書
房　1983.1　268p　20cm　1700円　①4-
900032-16-6
◇明治ニュース事典　第1巻　慶応4年-明治
10年　明治ニュース事典纂委員会, 毎
日コミュニケーションズ出版部編集
毎日コミュニケーションズ　1983.1
752,157p　29cm　27000円　①4-89563-105-
2
◇明治珍聞録　西沢爽著　大正出版
1982.12　248p　20cm　1400円
◇奈良本辰也選集　別巻　初期論文集
京都　思文閣出版　1982.11　312p
20cm　1800円
◇竹亭回顧録維新前後　髙瀬真卿〔編〕
東京大学出版会　1982.9　270,15p
22cm　（続日本史籍協会叢書）　5000円
◇日本の近代化と維新　今中寛司編
ぺりかん社　1982.9　328p　20cm
2200円
◇明治人物閑話　森銑三著　中央公論社
1982.9　278p　20cm　2200円
◇草の根の維新　桜沢一昭著　浦和
埼玉新聞社　1982.8　272,5p　20cm
1800円
◇明治維新に於ける制度上の変革　羽仁
五郎, 伊豆公夫著　岩波書店　1982.5
56p　23cm　（日本資本主義発達史講座
第1部　明治維新史）
◇明治史こぼれ話　髙木隆史著　日本文芸
社　1982.4　237p　18cm　680円

◇近代日本の統合と抵抗　1　1868年から
1894年まで　鹿野政直, 由井正臣編
日本評論社　1982.2　320p　20cm
2400円
◇維新をめぐる人々―明治維新の源流2
木村時夫著　早稲田大学出版部　1981.10
98p　19cm　（リカレントブックス
2）
◇幕末・維新の日本　近代日本研究会編
山川出版社　1981.10　534p　21cm
（年報・近代日本研究　3）　4800円
◇明治のあけぼの―明治・大正時代
下村富士男著　ポプラ社　1981.10
218p　23cm　（日本の歴史　9）　850円
◇隠された維新史―志士たちの実像
早乙女貢著　広済堂出版　1981.9
234p　18cm　（Kosaido books）　680円
◇明治維新人名辞典　日本歴史学会編
吉川弘文館　1981.9　1096,8p　23cm
11000円
◇明治維新革命　斎藤信明著　彩流社
1981.8　333p　19cm　1700円
◇歴史に学ぶ―明治維新入門　奈良本辰也
著　潮出版社　1981.6　253p　20cm
980円
◇近世日本国民史明治三傑―西郷隆盛・
大久保利通・木戸孝允　平泉澄校訂
講談社　1981.5　615p　15cm　（講談社
学術文庫）　980円
◇アジアの曙―憂国の挺身　田中正明著
日本工業新聞社　1981.4　x,419p
20cm　（大手町ブックス）　1500円
①4-8191-0811-5
◇四七都道府県の明治維新―あなたの県の
つくられ方と県名の由来　栗原隆一著
自由国民社　1981.2　342p　19cm
1200円
◇日本派閥考　幕末維新の巻　奈良本辰
也編　平凡社　1980.12　329p　19cm
1200円
◇男たちの明治維新―エピソード人物史
奈良本辰也〔ほか〕著　文芸春秋
1980.10　310p　16cm　（文春文庫）
360円

明治時代全般

◇北越草莽維新史　田中惣五郎著　柏書房
1980.10　422p　22cm　3800円

◇海外における公家大名展―第一回維新展　霞会館資料展示委員会編　霞会館　1980.9　71p　28cm　（霞会館資料第6輯）

◇大田絵堂戦史　小泉喜代一著　再版〔山口〕　山口県新聞社　1980.8　48p　26cm　600円

◇明治維新と日本人　芳賀徹〔著〕講談社　1980.6　352p　15cm　（講談社学術文庫）　620円

◇明治の光輝　平泉澄著　日本学協会　1980.5　442p　19cm　2500円

◇明治維新の敗者と勝者　田中彰著　日本放送出版協会　1980.5　235p　19cm　（NHKブックス　368）　700円

◇幕末維新戊辰戦争事典　太田俊穂編　新人物往来社　1980.3　489p　20cm

◇維新前後実歴史伝　西河称〔編述〕　東京大学出版会　1980.1～4　3冊　22cm　（続日本史籍協会叢書）　各6000円

◇獅子の時代―NHK大河ドラマ・ストーリー　日本放送出版協会編　日本放送出版協会　1980.1　239p　26cm　700円

◇画報日本近代の歴史　7　近代国家の光と影　日本近代史研究会編　三省堂　1979.12　175p　31cm　2200円

◇獅子の時代の男たち―NHK大河ドラマの時代背景！　草間洋一著　日本文華社　1979.12　238p　18cm　（文華新書）　650円

◇明治維新と日本の城―逆転の歴史をどう生きたか　井上宗和著　グリーンアロー出版社　1979.12　280p　19cm　（グリーンアロー・ブックス）　980円

◇明治維新私論―アジア型近代の模索　松浦玲著　現代評論社　1979.12　303p　20cm　1600円

◇画報日本近代の歴史　6　20世紀の開幕―1896～1904　日本近代史研究会編　三省堂　1979.11　175p　31cm　2200円

◇近世国家の解体と近代　津田秀夫編　塙書房　1979.11　485p　22cm　7000円

◇怒涛の時代―日本の青春　明治の群像　高野澄著　徳間書店　1979.11　267p　19cm　890円

◇画報日本近代の歴史　5　大日本帝国の確立　日本近代史研究会編　三省堂　1979.10　175p　31cm　2200円

◇近世日本国民史明治維新と江戸幕府　3　大政返上篇　平泉澄校訂　講談社　1979.10　388p　15cm　（講談社学術文庫）　460円

◇明治維新の遺産―近代日本の政治抗争と知的緊張　坂野潤治訳　中央公論社　1979.9　211p　18cm　（中公新書）　380円

◇画報日本近代の歴史　3　御一新の明暗　日本近代史研究会編　三省堂　1979.8　175p　31cm　2200円

◇近世日本国民史明治維新と江戸幕府　1　孝明天皇崩御後の形勢　平泉澄校訂　講談社　1979.8　389p　15cm　（講談社学術文庫）　460円

◇画報日本近代の歴史　2　維新への激動　日本近代史研究会編　三省堂　1979.7　175p　31cm　2200円

◇維新的人間像―新時代の予告者たち　奈良本辰也著　日本放送出版協会　1979.6　244p　19cm　（NHKブックス　346）　650円

◇明治雑俎　太秦康光著　札幌　もく馬社　1979.5　128p　19cm　1800円

◇近代天皇制への道程　田中彰著　吉川弘文館　1979.2　273p　20cm　1900円

◇未完の明治維新　田中彰著　新版　三省堂　1979.1　269p　19cm　（三省堂選書　55）　900円

◇維新政権の直属軍隊　千田稔著　開明書院　1978.12　298p　22cm　3800円

◇明治維新史研究　羽仁五郎著　岩波書店　1978.12　520p　15cm　（岩波文庫）　500円

明治時代全般

◇幻景の明治　前田愛著　朝日新聞社　1978.11　253p　19cm　（朝日選書121）　840円

◇日本政治史　2　明治維新　信夫清三郎著　南窓社　1978.11　459,23p　22cm　7500円

◇幕末維新期の研究　石井孝編　吉川弘文館　1978.11　419p　22cm　4600円

◇維新の留学生──西洋文明をどうとりいれたか　上垣外憲一著　主婦の友社　1978.10　203p　19cm　（Tomo選書）　750円

◇教育を考える　松尾造酒蔵著　横須賀横須賀学院　1978.10-1980.10　2冊　19cm　各900円

◇日本の合戦　8　明治維新　桑田忠親編集　新人物往来社　1978.9　366p　20cm　1500円

◇幕末・維新史の謎──幕末動乱の虚像と実像　長文連著　日本文芸社　1978.9　305p　19cm　（読物日本史シリーズ）　850円

◇維新の志士と女たち──不滅の愛と死と思想　森川哲郎著　日本文芸社　1978.6　253p　19cm　850円

◇維新後大年表　妻木忠太著　改訂増補版　村田書店　1978.6　1冊　23cm　12000円

◇世界資本主義と明治維新　中村哲著　青木書店　1978.4　226p　20cm　1300円

◇明治維新　尾佐竹猛著　宗高書房　1978.4　2冊　22cm　各6500円

◇天皇の世紀　13　波濤　大仏次郎著　朝日新聞社　1978.2　239p　15cm　320円

◇日本の百年──記録現代史　4　明治の栄光　鶴見俊輔〔ほか〕編集・執筆　改訂版　筑摩書房　1978.2　370,8p　19cm　1400円

◇維新暗殺秘録　平尾道雄著　新人物往来社　1978.1　271p　20cm　1800円

◇史伝史話──近代日本の明暗　木村時夫著　前野書店　1978.1　306p　20cm　1800円

◇幕末・維新の内戦　鈴木正節著　三一書房　1977.12　254p　20cm　1300円

◇日本の百年──記録現代史　1　御一新の嵐　鶴見俊輔著者代表　改訂版　筑摩書房　1977.11　315,5p　図　19cm　1400円

◇日本の歴史　4　明治維新　家永三郎編　ほるぷ出版　1977.11　214p（図共）　28cm　（ほるぷ教育体系）

◇錦絵幕末明治の歴史　9　鹿鳴館時代　小西四郎著　講談社　1977.10　141p（おもに図）　31cm　2000円

◇明治維新研究序説──維新政権の直轄地　千田稔、松尾正人共著　開明書院　1977.10　453p　22cm　4800円

◇1億人の昭和史　14　昭和の原点 明治　下　明治34-45年　毎日新聞社　1977.7　258p（おもに図）　28cm　1000円

◇維新史料編纂会講演速記録　維新史料編纂会〔編〕　東京大学出版会　1977.6～12　3冊　22cm　（続日本史籍協会叢書）　各5000円

◇錦絵幕末明治の歴史　5　明治の新政　小西四郎著　講談社　1977.6　139p（おもに図）　31cm　2000円

◇1億人の昭和史　13　昭和の原点 明治　中　明治19年-33年　毎日新聞社　1977.5　258p（おもに図）　28cm　1000円

◇錦絵幕末明治の歴史　4　維新の内乱　小西四郎著　講談社　1977.5　139p（おもに図）　31cm　2000円

◇世界史のなかの明治維新　芝原拓自著　岩波書店　1977.5　224p　18cm　（岩波新書）　280円

◇明治維新と独逸思想　大塚三七雄著　新版　長崎出版　1977.5　376,51p　22cm　3800円

◇1億人の昭和史　12　昭和の原点 明治　上　幕末-明治18年　毎日新聞社　1977.3　258p（おもに図）　28cm　1000円

◇錦絵幕末明治の歴史　2　横浜開港　小西四郎著　講談社　1977.3　139p（おも

明治時代全般

に図） 31cm 2000円
◇明治の群像 2 海に火輪を 江藤淳著 新潮社 1977.3 181p（図共） 29cm 1700円
◇錦絵幕末明治の歴史 1 黒船来航 小西四郎著 講談社 1977.2 139p（おもに図） 31cm 1800円
◇海の鎖―描かれた維新 酒井忠康著 小沢書店 1977.1 269p 図 20cm 1500円
◇維新の群像 奈良本辰也著 徳間書店 1976 312p 20cm 1200円
◇維新を求めて 芳賀登著 毎日新聞社 1976 238p 20cm（江戸シリーズ 2） 980円
◇史実維新のいしずえ 宇都宮泰長著 鵬和出版 1976 308p 図 19cm 1800円
◇私の明治維新―有馬藤太聞き書き 上野一郎編 産業能率短期大学出版部 1976 226p 肖像 19cm 880円
◇新聞が語る明治史 荒木昌保編集 原書房 1976 2冊 23cm（明治百年史叢書） 全13000円
◇図説日本の歴史 13 世界情勢と明治維新 井上幸治〔等〕編 編集責任：石井孝 集英社 1976 263p（図共） 28cm 2300円
◇日本の歴史 24 明治維新 田中彰著 小学館 1976 390p（図共）地図 20cm
◇明治の群像―海に火輪を 1 江藤淳著 新潮社 1976 173p（図共） 29cm
◇永遠の維新者 葦津珍彦著 二月社 1975 286p 21cm 1400円
◇開化写真鏡―写真にみる幕末から明治へ 石黒敬七コレクション保存会編 大和書房 1975 229p 37cm 4200円
◇新名将言行録 続幕末維新 榊山潤著 講談社 1975 318p 図 20cm 1800円
◇日本の歴史文庫 15 近代国家への道 高橋昌郎著 講談社 1975 364p 図 15cm 380円

◇日本の歴史文庫 14 明治維新 森谷秀亮著 講談社 1975 325p 図 15cm 380円
◇服部之総全集 21 アジア的生産様式 福村出版 1975 257p 20cm 1800円
◇明治維新の舞台裏 石井孝著 第2版 岩波書店 1975 211,4p 18cm（岩波新書） 230円
◇維新の信州人 信濃毎日新聞社編 長野 信濃毎日新聞社 1974 315p 18cm 800円
◇維新の内乱 石井孝著 至誠堂 1974 286p 18cm（至誠堂新書） 850円
◇隠れたる事実明治裏面史 伊藤仁太郎著 神戸 中央出版社 1974 817p 16cm 4500円
◇忠正公勤王事績 中原邦平著 訂正・補修〔版〕 下関 防長史料出版社 1974 791,33p 図 肖像 22cm 8000円
◇長州・薩摩・土佐―維新の群像 千賀四郎編 小学館 1974 182p（図共） 20cm（歴史の旅 10） 750円
◇伝説の群像―朝鮮人と日本語 呉林俊著 同成社 1974 190p 19cm 1000円
◇日本合戦全集 6 維新動乱編 桑田忠親著 秋田書店 1974 296p 図 20cm 950円
◇服部之総全集 12 明治論集 福村出版 1974 345p 20cm 2200円
◇服部之総全集 16 近代日本のなりたち 福村出版 1974 290p 20cm 1800円
◇文明のなかの男たち 小山文雄著 白馬書房 1974 2冊 20cm 各1000円
◇北摂に於ける天忠組―隠れたる明治維新の史実 阪上文夫著 神戸 中央印刷・出版部 1974 106p 図 肖像 22cm
◇未完の明治維新 田中彰著 第2版 三省堂 1974 239p 18cm（三省堂新書） 380円
◇明治維新関係文書目録―早稲田大学社会科学研究所所蔵 早稲田大学社会科学

研究所　1974　55p　25cm
◇明治維新草莽運動史　高木俊輔著　勁草書房　1974　388,53p　22cm　4500円
◇裏からみた長州の維新史　中原雅夫著　大阪　創元社　1974　177p　18cm　480円
◇坂本竜馬と明治維新　平尾道雄, 浜田亀吉訳　新版　時事通信社　1973　400p　図　肖像　19cm　950円
◇世界史のなかの明治維新―外国人の視角から　坂田吉雄, 吉田光邦編　京都　京都大学人文科学研究所　1973　332,29p　27cm
◇日本の歴史　11　明治の日本　編集委員・執筆者代表:岡田章雄, 豊田武, 和歌森太郎　読売新聞社　1973　288p　図　地図　20cm　550円
◇日本の歴史　10　明治維新　編集委員・執筆者代表:岡田章雄, 豊田武, 和歌森太郎　読売新聞社　1973　288p　図　地図　19cm　550円
◇服部之総全集　3　明治維新　福村出版　1973　264p　20cm
◇明治維新紀行　上　邦光史郎著　平凡社　1973　209p（肖像共）図　20cm　（歴史と文学の旅）　750円
◇明治内乱鎮撫記―岩村通俊の生涯と断獄史上の諸群像　重松一義著　プレス東京　1973　272p　19cm
◇論集日本歴史　9　明治維新　原口宗久編　有精堂出版　1973　385p　22cm　2300円
◇咸臨丸出航―物語と史蹟をたずねて　土橋治重著　成美堂出版　1973　222p　19cm　600円
◇維新変革における在村的諸潮流　鹿野政直, 高木俊輔編著　三一書房　1972　479p　23cm　3200円
◇薩藩出軍戦状　日本史籍協会編　東京大学出版会　1972　2冊　22cm　（日本史籍協会叢書）　各3000円

◇実説名古屋城青松葉騒動―尾張徳川家明治維新内紛秘話　水谷盛光著　名古屋　名古屋城振興協会　1972　235p　図　肖像　19cm　（名古屋城叢書）　430円
◇明治維新　遠山茂樹著　改版　岩波書店　1972　366,13p　18cm　（岩波全書）　600円
◇明治維新史　服部之総著　青木書店　1972　238p　16cm　（青木文庫）
◇頼山陽と明治維新―「通議」による新考察　徳田進著　芦書房　1972　104,6,4p　22cm　1400円
◇維新を奪う―天皇史批判と講座派の克服　三原迪夫著　都市出版社　1971　295p　19cm　750円
◇天皇の世紀　8　江戸攻め　大仏次郎著　朝日新聞社　1971　476p　23cm　1300円
◇幕末明治実歴譚　綿谷雪編　青蛙房　1971　421p　22cm　（青蛙選書　37）　1500円
◇明治の栄光　坂本夏男著　評論社　1971　259p　図　18cm　（若い世代と語る日本の歴史　28）　350円
◇維新史の再発掘―相楽総三と埋もれた草莽たち　高木俊輔著　日本放送出版協会　1970　230p　表　19cm　（NHKブックス）　340円
◇開国五十年史　大隈重信撰　原書房　1970　2冊　22cm　（明治百年史叢書）　各6500円
◇史話明治初年　同好史談会編　新人物往来社　1970　438p　図版　20cm　1800円
◇真忠組浪士騒動実録　高梨輝憲校注　高梨輝憲　1970　266p　図　21cm　1200円
◇名城と維新―維新とその後の城郭史　森山英一著　日本城郭資料館出版会　1970　265p　19cm　650円
◇明治維新と歴史教育　田中彰著　青木書店　1970　252p　20cm　850円

明治時代全般

◇維新革命史　全日本新聞連盟編　全日本新聞連盟　新聞時代社(発売)　1969　836p　図版　31cm　10000円

◇明治の精神　明治神宮，明治神宮崇敬会編　明治神宮　1969　208p　図　19cm

◇明治維新と現代　遠山茂樹著　岩波書店　1969　230p　18cm　(岩波新書)　150円

◇明治維新史研究講座　別巻　歴史学研究会編　平凡社　1969　229p　22cm　500円

◇明治人物夜話　森銑三著　東京美術　1969　248p　19cm　700円

◇明治百話　篠田鉱造〔編著〕　角川書店　1969　444p　19cm　(角川選書　24)

◇維新の内乱　石井孝著　至誠堂　1968　286p　20cm

◇維新の日本　金子治司著　早川書房　1968　346,21p　19cm

◇維新風雲回顧録　田中光顕著　大和書房　1968　319p　図版　20cm

◇史料　維新の逸話—太政官時代　横瀬夜雨著　人物往来社　1968　645p　20cm

◇日本の歴史　第11　明治の日本　岡田章雄，豊田武，和歌森太郎編　読売新聞社　1968　288p　図版　地図　18cm　350円

◇日本の歴史　第10　明治維新　岡田章雄，豊田武，和歌森太郎編　読売新聞社　1968　288p　図版　地図　18cm

◇日本歴史シリーズ　第18巻　明治維新　遠藤元男等編　大久保利謙編　世界文化社　1968　221p(図版共)　27cm

◇亡友帖・清祖と逸話　勝海舟著　原書房　1968　544p(図版共)　22cm　(明治百年史叢書)

◇幕末明治　研究雑誌目次集覧　柳生四郎，朝倉治彦編　日本古書通信社　1968　265p　22cm

◇未完の明治維新　田中彰著　三省堂　1968　187p　18cm　(三省堂新書)

◇明治の人物と文化　湯川松次郎編　大阪　弘文社　1968　1195p　図版　22cm　3500円

◇明治の精神—底辺の視座から　色川大吉著　筑摩書房　1968　281p　20cm

◇明治の日本　金子治司著　早川書房　1968　376p　19cm　570円

◇明治の歴史　第1　開国の夜明け　大久保利謙，寒川光太郎著　集英社　1968　432p　図版　18cm

◇明治の歴史　第2　維新の炎　大久保利謙，寒川光太郎著　集英社　1968　429p　図版　18cm

◇明治維新のころ　朝日新聞社編　1968　330p　20cm

◇明治維新の分析視点　上山春平著　講談社　1968　273p　20cm

◇明治維新論　奈良本辰也著　徳間書店　1968　314p　20cm

◇要約近世日本國民史　第10巻　明治天皇時代　第4　徳富猪一郎原著　平泉洸　時事通信社　1968　336p　図版　19cm

◇維新暗殺秘録　平尾道雄著　白竜社　1967　367p　図版　20cm

◇共同研究 明治維新　思想の科学研究会編　徳間書店　1967　679p　22cm

◇近代国家への歩み　山口県教育委員会編　〔山口〕　1967　230p　28cm

◇写真図説　近代日本史—明治維新百年　第2　明治維新　日本近代史研究会編　国文社　1967　31cm

◇同時代史　第1巻　萬延元年より明治十年迄　三宅雪嶺著　岩波書店　1967　22cm

◇同時代史　第2巻　明治十一年より明治二十六年迄　三宅雪嶺著　岩波書店　1967　22cm

◇同時代史　第3巻　明治二十七年より明治四十年迄　三宅雪嶺著　岩波書店　1967　22cm

◇同時代史　第4巻　明治四十一年より大正四年迄　三宅雪嶺著　岩波書店　1967　22cm

明治時代全般

◇日本三代の映像　第1　明治の開幕　大宅壮一著,影山光洋写真　光文社　1967　22cm
◇日本三代の映像　第2　明治の男　和歌森太郎著,影山光洋写真　光文社　1967　22cm
◇服部之総著作集　第5巻　明治の革命　服部之総著　理論社　1967　18cm
◇明治の時代　成瀬正勝著　講談社　1967　272p　18cm　（講談社現代新書）
◇明治の評価と明治人の感触　動向社編集部編　動向社　1967　427p（図版共）19cm
◇明治維新史読本　田中惣五郎著　大和書房　1967　352p　19cm　（大和選書）
◇明治再見　草柳大蔵文,牛尾喜道写真　東京中日新聞出版局　1967　270p（図版共）19cm
◇明治史談—"憂国時代"の群像　紀田順一郎著　桃源社　1967　242p　19cm（桃源選書）
◇明治叛臣伝—自由民権の先駆者たち　田岡嶺雲著,熊谷元宏編　大勢新聞社　1967　309p　19cm
◇要約近世日本國民史　第8巻　明治天皇時代　第2　徳富猪一郎原著　荒川久寿男　時事通信社　1967　19cm
◇要約近世日本國民史　第9巻　明治天皇時代　第3　徳富猪一郎原著　時野谷滋　時事通信社　1967　19cm
◇要約近世日本國民史　第7巻　明治天皇時代　第1　徳富猪一郎原著　名越時正　時事通信社　1967　19cm
◇意外な明治史—四十五年間のうらおもて　北村鱒夫著　日本文芸社　1966　238p　18cm
◇日本の歴史　第22　大日本帝国の試煉　隅谷三喜男　中央公論社　1966　474p　図版　18cm
◇日本の歴史　第20　明治維新　井上清　中央公論社　1966　460p　図版　地図　18cm

◇明治維新の国際的環境　石井孝著　増訂版　吉川弘文館　1966　974p　24cm
◇明治維新の青年像　中村武彦著　今日の問題社　1966　221p　図版　19cm
◇明治維新研究史論　下山三郎著　御茶の水書房　1966　437p　19cm
◇明治史要　太政官修史館編　東京大学史料編纂所蔵版　昭和8年刊の複刻　東京大学出版会　1966　2冊　22cm
◇維新の群像　邑井操著　社会思想社　1965　326p　15cm　（現代教養文庫）
◇維新前十年—明治への苦悶　渡辺保著　人物往来社　1965　260p　19cm
◇坂本龍馬と明治維新　マリアス・B・ジャンセン著,平尾道雄,浜田亀吉訳　時事通信社　1965　437p 図版　22cm
◇風雪　第1　維新の嵐　木下宗一著　人物往来社　1965　246p　19cm
◇明治維新　鳥巣通明著　日本教文社　1965　232p 図版　20cm　（日本人のための国史叢書　7）
◇明治維新の権力基盤　芝原拓自著　御茶の水書房　1965　308p　22cm
◇史蹟 花外楼物語—明治維新と大阪　河本寛編　大阪　創元社　1964　309p 図版　19cm
◇日本の百年　第10　御一新の嵐　鶴見俊輔等著　筑摩書房　1964　307,24p 図版　20cm
◇明治維新と東洋の解放　葦津珍彦著　新勢力社　1964　222p　19cm
◇画報新説日本史　第14巻　明治天皇と大日本帝国　時事世界新社編　時事世界新社　1963-64　31cm
◇近世日本国民史　第63巻　新政曙光篇　徳富猪一郎著　近世日本国民史刊行会　1963　19cm
◇近世日本国民史　第69巻　新政内外篇　徳富猪一郎著　近世日本国民史刊行会　1963　19cm

15

明治時代全般

◇江戸最後の日―破壊と建設の中の人物像　北園孝吉著　アサヒ芸能出版　1963　217p　18cm（平和新書　新歴史シリーズ）

◇日本の歴史　第11　明治の日本　岡田章雄, 豊田武, 和歌森太郎編　読売新聞社　1963　18cm

◇日本の歴史　第10　明治維新　岡田章雄, 豊田武, 和歌森太郎編　読売新聞社　1963　18cm

◇明治維新　榊山潤著　河出書房新社　1963　305p　図版　20cm（現代人の日本史　第18）

◇岩波講座　日本歴史　第15　近代〔ほか〕　家永三郎等編　原口清　岩波書店　1962　328p　22cm

◇岩波講座　日本歴史　第16　近代〔ほか〕　家永三郎等編　樹西光速　岩波書店　1962　356p　22cm

◇岩波講座　日本歴史　第17　近代〔ほか〕　家永三郎等編　大島太郎, 福島新吾　岩波書店　1962　351p　22cm

◇近世日本国民史　第100巻　明治時代　徳富猪一郎著　近世日本国民史刊行会　1962　611,20p　19cm

◇日本の百年　第7　明治の栄光　鶴見俊輔等著　筑摩書房　1962　370p　図版　20cm

◇明治維新史の問題点　坂田吉雄編　未来社　1962　420p　22cm

◇学説批判　明治維新論　石井孝著　吉川弘文館　1961　379,26p　19cm

◇近世日国民史　第84巻　内政外交篇　徳富猪一郎著　近世日本国民史刊行会　1961　425p　19cm

◇近世日本国民史　第81巻　内政統制篇　徳富猪一郎著　近世日本国民史刊行会　1961　428p　19cm

◇近世日本国民史　第91巻　大阪会議の前後篇　徳富猪一郎著　近世日本国民史刊行会　1961　423p　19cm

◇近世日本國民史　第85巻　欧米と東洋篇　徳富猪一郎著　近世日本国民史刊行会　1961　425p　19cm

◇一外交官の見た明治維新　上　アーネスト・サトウ著, 坂田精一訳　岩波書店　1960　290p　15cm（岩波文庫）

◇近世日本国民史　第80巻　薩長内政篇　徳富猪一郎著　近世日本国民史刊行会　1960　430p　19cm

◇近世日本國民史　第77巻　明治政務篇　徳富猪一郎著　近世日本国民史刊行会　1960　453p　19cm

◇近世日本國民史　第78巻　新政扶植篇　徳富猪一郎著　近世日本国民史刊行会　1960　435p　19cm

◇写真図説　日本百年の記録　第1　近代の開幕　小西四郎等編　講談社　1960　図版225p　31cm

◇明治維新の舞台裏　石井孝著　岩波書店　1960　220p　18cm（岩波新書）

◇明治維新史　坂田吉雄著　未来社　1960　266p　22cm

◇日本の歴史　第11　明治の日本　岡田章雄, 豊田武, 和歌森太郎編　読売新聞社　1959　316p　図版　表　地図　23cm

◇日本の歴史　第10巻　明治維新　岡田章雄, 豊田武, 和歌森太郎編　読売新聞社　1959　316p図版　地図　23cm

◇白虎精神―明治維新の教訓　松永材著　綜合文化協会　1959　136p　図版　19cm（綜合文化叢書）

◇明治維新の限界　吉田庸作著　原書房　1959　303p　19cm

◇明治維新史研究講座　第6巻　明治維新史史料・文献目録　歴史学研究会編　平凡社　1959　266,87p　22cm

◇明治維新史研究講座　第1巻　天保期-嘉永期　歴史学研究会編　平凡社　1958　22cm

◇明治維新史研究講座　第2巻　天保期-嘉永期　歴史学研究会編　平凡社　1958　22cm

◇明治維新史研究講座　第3巻　ペリー未航～幕府の倒壊　歴史学研究会編　平凡社　1958　353p　22cm

明治時代全般

◇明治維新史研究講座　第4巻　戊辰戦争-西南戦争　歴史学研究会編　平凡社　1958　336p　22cm

◇明治維新史研究講座　第5巻　明治十年～憲法発布　歴史学研究会編　平凡社　1958　317p　22cm

◇明治維新の国際的環境　石井孝著　吉川弘文館　1957　672,39p　22cm

◇生きている維新史　足立直郎著　高風館　1956　2冊　18cm

◇日本の合戦　第8　明治維新　桑田忠親編　人物往来社　1956　366p　図版　20cm

◇明治維新—現代日本の起源　羽仁五郎著　岩波書店　1956　186p　18cm（岩波新書）

◇明治維新史研究　羽仁五郎著　岩波書店　1956　408p　22cm

◇明治史研究叢書　第1巻　明治政権の確立過程　解説〔ほか〕　明治史料研究連絡会編　林茂　御茶の水書房　1956-57　19cm

◇明治史要　稲生典太郎著　小峯書店　1956　286p　22cm

◇服部之総著作集　第5巻　服部之総著　理論社　1955　18cm

◇明治維新のはなし　服部之総著　青木書店　1955　135p　15cm（青木文庫）

◇趣味の日本史談　巻15　明治時代の後編　北垣恭次郎著　明治図書出版　1954　409p　19cm

◇維新を語る　下中弥三郎著　日本書房　1953　334p　図版　19cm

◇維新正観　蜷川新著　千代田書院　1953　290p　図版　19cm

◇語物 明治史　稲川三郎著　科学教育出版社　1953　285p　19cm

◇趣味の日本史談　巻12　明治時代の前編　北垣恭次郎著　明治図書出版　1953-54　19cm

◇庶民の維新史　第1　ペリー日本に来たる　日置昌一著　日本出版協同株式会社　1953　256p　図版　19cm

◇明治叛臣伝　田岡嶺雲著, 西田勝解説　青木書店　1953　170p　15cm（青木文庫）

◇維新正観　蜷川新著　千代田書院　1952　277p　19cm

◇新日本史大系　第5巻　明治維新　小西四郎編　朝倉書店　1952-57　19cm

◇明治維新　服部之総著　河出書房　1952　176p　15cm（市民文庫）

◇画報　近代百年史　第3集　1868-1872　日本近代史研究会編　国際文化情報社　1951-52　31cm

◇画報　近代百年史　第4集　1873-1879　日本近代史研究会編　国際文化情報社　1951-52　31cm

◇画報　近代百年史　第5集　1880-1887　日本近代史研究会編　国際文化情報社　1951-52　31cm

◇画報　近代百年史　第6集　1888-1895　日本近代史研究会編　国際文化情報社　1951-52　31cm

◇画報　近代百年史　第7集　1897-1904　日本近代史研究会編　国際文化情報社　1951-52　31cm

◇画報　近代百年史　第8集　1904-1910　日本近代史研究会編　国際文化情報社　1951-52　31cm

◇趣味の日本史談　巻13　明治時代の初編　北垣恭次郎著　明治図書出版株式会社　1951-56　19cm

◇趣味の日本史談　巻14　明治時代の中編　北垣恭次郎著　明治図書出版株式会社　1951-56　19cm

◇日本現代史　第1巻　明治維新　井上清著　東京大学出版部　1951　365p　22cm

◇明治維新　遠山茂樹著　岩波書店　1951　368p　表　18cm（岩波全書）

◇明治の革命　服部之総著　日本評論社　1950　309p　19cm

◇維新史の課題—日本近世史研究　奈良本辰也著　京都　白東書館　1949　199p　19cm

17

明治時代全般

- 同時代史　第2巻　明治十一年より明治二十六年迄　三宅雪嶺著　岩波書店　1949-54　22cm
- 同時代史　第3巻　明治二十七年より明治四十年迄　三宅雪嶺著　岩波書店　1949-54　22cm
- 同時代史　第4巻　明治四十一年より大正四年迄　三宅雪嶺著　岩波書店　1949-54　22cm
- 同時代史　第1巻　万延元年より明治十年まで　三宅雪嶺著　岩波書店　1949-54　22cm
- 明治維新の話　服部之総著　ナウカ社　1949　143p　18cm　(ナウカ講座)
- 明治維新史研究の発展―その研究史と文献解題　入交好脩著　同文館　1949　199p　19cm
- 明治回顧展覧会目録　国立国会図書館支部上野図書館編　1949　48cm　19cm
- 明治維新　下巻　尾佐竹猛著　白揚社　1947　340p　A5　150円
- 明治維新　尾佐竹猛著　重版　白揚社　1947-49　4冊　22cm　(近代日本歴史講座)
- 明治維新史研究　服部之総著　再版　三和書房　1947　217p　19cm
- 明治維新　上巻　尾佐竹猛著　白揚社　1946　350p　A5　50円
- 明治維新―現代日本の起源　羽仁五郎著　岩波書店　1946　184p　19cm　(岩波新書)　25円
- 維新の大阪　鷲谷樗風著　大阪新聞社出版局　1945　300p　B6　3.00円

明治天皇

　　嘉永5(1852).9.22～明治45(1912).7.29　第122代天皇。慶応2年末に父孝明天皇が急死したため、翌年1月に践祚。同年10月14日の大政奉還を受けて12月9日に王政復古の大号令を発し、翌年9月に「明治」と改元して10月東京に遷都した。22年の大日本帝国憲法により、国家元首として法的にも地位が確認され、陸海軍の統帥権をはじめ、条約締結権、文武官任免権など大権を有するとされた。
　　時代の転換期を乗り切り、日清・日露の戦争に勝利するなど日本の興隆期の天皇として国民の崇敬を集め、明治大帝と呼ばれることもある。明治45年7月29日崩御。

- 明治天皇の初代侍従武官長―事君十余年、脛骨為に曲がる　岡沢祐吉著　新人物往来社　1999.10　207p　19cm　2300円　④4-404-02831-8
- 春の皇后―小説・明治天皇と昭憲さま　出雲井晶著　中央公論新社　1999.2　552p　15cm　(中公文庫)　1143円　④4-12-203348-9
- 裏切られた三人の天皇―明治維新の謎　鹿島昇著　増補版　新国民社　1999.2　441p　19cm　2330円　④4-915157-84-9
- 歌くらべ　明治天皇と昭和天皇　田所泉著　創樹社　1999.1　302p　19cm　2000円　④4-7943-0540-0
- 久米邦武文書1　巡幸日記・文書採訪記録　久米美術館編　吉川弘文館　1999.1　388p　21cm　16000円　④4-642-01361-X
- 大津事件と明治天皇―封印された十七日間　礫川全次著　批評社　1998.8　271p　19cm　2500円　④4-8265-0257-5
- 明治維新の生贄―誰が孝明天皇を殺したか　長州忍者外伝　鹿島昇、宮崎鉄雄、松重正著　新国民社　1998.7　457p

19cm　2800円　④4-915157-83-0
◇天皇の政治史―睦仁・嘉仁・裕仁の時代　安田浩著　青木書店　1998.5　286p　19cm　（AOKI LIBRARY―日本の歴史　近代）　2500円　④4-250-98012-X
◇明治天皇―「大帝」伝説　岩井忠熊著　三省堂　1997.11　176p　19cm　（歴史と個性）　1900円　④4-385-35787-0
◇裏切られた三人の天皇―明治維新の謎　鹿島昇著　新国民社　1997.1　394p　19cm　2330円　④4-915157-81-4
◇明治天皇さま　木村徳太郎著　改訂新版　日本出版放送企画;星雲社〔発売〕　1995.7　299p　19cm　1748円　④4-7952-5340-4
◇明治大帝　飛鳥井雅道著　筑摩書房　1994.1　331p　15cm（ちくま学芸文庫）　980円　④4-480-08111-9
◇明治天皇―敬神崇祖の御宸念を畏みまつりて　橋本甚一著　岡山　橋本甚一　1992.11　77p　22cm
◇ミカドの肖像　下　猪瀬直樹著　新潮社　1992.2　410p　15cm　（新潮文庫）　480円　④4-10-138907-1
◇明治天皇の生涯　上　上　童門冬二著　三笠書房　1991.11　247p　19cm　1300円　④4-8379-1463-2
◇明治天皇の生涯　下　下　童門冬二著　三笠書房　1991.11　254p　19cm　1300円　④4-8379-1464-0
◇明治天皇聖蹟―山口県内　改版　下関　不二歌道会山口県支部　1991.11　65p　26cm　非売品
◇明治大帝　飛鳥井雅道著　筑摩書房　1989.1　206p　19cm　（ちくまライブラリー　20）　1200円　④4-480-05120-1
◇天皇の肖像　多木浩二著　岩波書店　1988.8　244p　18cm　（岩波新書）　530円　④4-00-430030-4
◇異史　明治天皇伝　飯沢匡著　新潮社　1988.6　283p　19cm　1300円　④4-10-369301-0

◇明治天皇　5　山岡荘八著　講談社　1987.6　302pp　15cm　（山岡荘八歴史文庫　90）　420円　④4-06-195090-8
◇明治天皇　6　山岡荘八著　講談社　1987.6　286pp　15cm　（山岡荘八歴史文庫　91）　420円　④4-06-195091-6
◇明治天皇　3　山岡荘八著　講談社　1987.5　294p　15cm　（山岡荘八歴史文庫　88）　420円　④4-06-195088-6
◇明治天皇　4　山岡荘八著　講談社　1987.5　278p　15cm　（山岡荘八歴史文庫　89）　420円　④4-06-195089-4
◇明治天皇　1　山岡荘八著　講談社　1987.4　278p　15cm　（山岡荘八歴史文庫　86）　420円　④4-06-195086-X
◇明治天皇　2　山岡荘八著　講談社　1987.4　278p　15cm　（山岡荘八歴史文庫　87）　420円　④4-06-195087-8
◇天皇と軍隊　明治篇　「大帝」への道・日清日露戦争　須山幸雄著　芙蓉書房　1985.5　310p　20cm　2800円
◇天皇と明治維新　阪本健一著　暁書房　1983.1　268p　20cm　1700円　④4-900032-16-6
◇明治天皇紀―索引　宮内庁編　吉川弘文館　1977.3　580p　23cm　9500円
◇明治天皇の御日常―臨時帝室編修局ニ於ケル談話速記　日野西資博謹述　新学社教友館　1976　267p　肖像　20cm　2000円
◇明治天皇紀　第12　明治四十一年一月-明治四十五年七月　宮内庁編　吉川弘文館　1975.12　847,5p　23cm　7500円
◇明治天皇紀　第11　明治三十八年一月-明治四十年十二月　宮内庁編　吉川弘文館　1975　858p　23cm　6800円
◇天皇日本史―対談　山崎正和著　文芸春秋　1974　245p　20cm　980円
◇明治天皇　木村毅著　新人物往来社　1974　180p　22cm　1000円

明治時代全般

◇明治天皇紀　第10　明治三十四年一月-明治三十七年十二月　宮内庁編　吉川弘文館　1974　958p　23cm　6500円

◇世界に於ける明治天皇　上巻　望月小太郎編訳　原書房　1973　758p　肖像　22cm　（明治百年史叢書）　6000円

◇世界に於ける明治天皇　下巻　望月小太郎編訳　原書房　1973　1冊　22cm　（明治百年史叢書）　6000円

◇明治天皇紀　第8　明治二十五年一月-明治二十八年十二月　宮内庁編　吉川弘文館　1973　957p　23cm　4300円

◇明治天皇紀　第9　明治二十九年一月-明治三十三年十二月　宮内庁編　吉川弘文館　1973　947p　24cm　4800円

◇ミカド―日本の内なる力　W.E.グリフィス著, 亀井俊介訳　研究社出版　1972　276p　肖像　21cm　1200円

◇明治天皇紀　第7　明治二十一年一月-明治二十四年十二月　宮内庁編　吉川弘文館　1972　972p　23cm　4300円

◇明治天皇紀　第5　明治十三年一月-明治十五年十二月　宮内庁編　吉川弘文館　1971　852p　23cm　3300円

◇明治天皇紀　第6　明治十六年一月-明治二十年十二月　宮内庁編　吉川弘文館　1971　868p　23cm　3800円

◇明治天皇紀　第4　明治十年一月-明治十二年十二月　宮内庁編　吉川弘文館　1970　836p　23cm　3300円

◇ドキュメント日本人　第4　支配者とその影　学芸書林　1969　317p　20cm　680円

◇明治天皇紀　第2　明治二年正月-明治五年十二月　宮内庁編　吉川弘文館　1969　802p　23cm　3000円

◇明治天皇紀　第3　明治六年一月-明治九年十二月　宮内庁編　吉川弘文館　1969　744p　23cm　3000円

◇明治天皇　里見岸雄著　錦正社　1968　418p　図版　19cm

◇明治天皇紀　第1　嘉永五年九月-明治元年十二月　宮内庁編　吉川弘文館　1968　945p　23cm

◇明治天皇展――明治維新百年記念　毎日新聞社,明治神宮　1968　1冊　26cm

◇明治天皇　小島政二郎著　人物往来社　1967　293p　19cm　（近代人物叢書　第1）

◇明治天皇　筑波常治著　角川書店　1967　221p　18cm　（角川新書）

◇明治天皇　藤井貞文著　神社本庁明治維新百年記念事業委員会　1967　43p　19cm　（明治維新百年記念叢書　5）

◇明治天皇　未来への道標　石井寿夫著　広島　あしかび社　1967　233p　19cm

◇広島大本営の明治天皇　木村毅著　雪華社　1966

◇人物・日本の歴史　12　読売新聞社　1966

◇明治天皇　渡辺茂雄著　時事通信社　1966　325p　図版　22cm

◇明治天皇と田中河内介　川端巌著　新紀元社　1966

◇明治天皇御伝記史料　明治軍事史　陸軍省編　原書房　1966　2冊　22cm　（明治百年史叢書）

◇明治天皇御年譜　藤井貞文著　明治神宮社務所　1963　103p　22cm

◇明治天皇と神奈川県　石野瑛著　横浜〔武相学園〕　1961.7　334p　22cm

◇明治天皇　渡辺幾治郎著　明治天皇頌徳会　1958　2冊　22cm

◇明治天皇　木村毅著　至文堂　1956　262p　19cm　（日本歴史新書）

◇明治天皇　蜷川新著　三一書房　1956　（三一新書）

◇人間明治天皇　栗原広太著　駿河台書房　1953　229p　図版13枚　19cm

◇明治天皇の御製と自然の理法　神林徳治郎著　長崎　長崎孔版社　1951　48p　21cm

政 治

五箇条の御誓文

慶応4年3月14日に発布された新政府の方針宣言文で、明治天皇が御所で天神地祇に誓うという形式で発表されたので「御誓文」と呼ばれる。原案は由利公正が起草し、福岡孝弟が修正、さらに木戸孝允が加筆修正したもので、福岡案では「列侯会議ヲ興シ」だったのが「広ク会議ヲ興シ」に改められるなど、土佐藩が主張していた諸藩列侯による一種の共和政体が否定された過程を反映している。また「旧習打破」や「開国和親」など開明的思想も盛り込まれた。

◇日本を知る343条―生きている行動と倫理　永井義男編著　新門出版社　1987.6　287p　21cm　2000円

五榜の掲示

慶応4年3月、五箇条の御誓文の翌日に新政府が民衆に出した五種の禁令で、高札によって示された。1.道徳奨励と盗殺禁止、2.徒党・強訴・逃散の禁止、3.キリシタン禁止、4.外国人への暴行禁止、5.本村からの脱走禁止、が骨子で、これらは江戸幕府の統制政策を踏襲したものだったが、キリスト教禁令について諸外国から非難が集まり、結局明治6年までに五札すべてが撤去された。

東京遷都

明治元年から翌年にかけて、天皇および新政府が京都から東京に移ったこと。4月の江戸開城、翌月の上野彰義隊壊滅により江戸の治安が改善されたため、新政府内では政権の拠点を従来からの政治的中心地だった江戸に置くことが方針となった。7月17日の詔により江戸は東京と改称され、10月13日に天皇が東京に入り、翌年3月には太政官も東京に移動した。東幸の詔こそ出されたが、正式な遷都の詔や政府の公式発表はなされないまま、事実上の遷都が完了した。

＊　　＊　　＊

◇大久保利通と明治維新　佐々木克著　吉川弘文館　1998.8　220p　19cm（歴史文化ライブラリー 45）　1700円　①4-642-05445-6

◇明治維新と京都―公家社会の解体　小林丈広著　京都　京都臨川書店　1998.6　207,9p　19cm（臨川選書）　2300円　①4-653-03497-4

◇大阪が首都でありえた日―遷都をめぐる「明治維新」史　若一光司著　三五館　1996.9　269p　19cm　1748円　①4-88320-089-2

◇江戸から東京へ―遷都と集中　小島慶三著　めいけい出版　1992.5　252p　18cm（ヒューマノミックスめいけい）　951円　①4-943950-09-2

◇NHK 歴史への招待 第23巻 江戸城総攻め　日本放送協会編　日本放送出版協会　1989.8　227p　18cm　新コンパクト・シリーズ 054　680円　①4-14-018054-4

四民平等

明治維新により、従来の士農工商という封建的身分制度が廃されたことを指す。しかし実際には明治2年に華族・士族・卒（卒は明治5年廃止）・平民に再構成されたもの。さらに4年身分解放令により「穢多非人等ノ称」が廃されてい

政治

わゆる被差別部落民も平民とされたが、現実には「新平民」なる差別呼称が生まれ、また同年公布された戸籍法に基づき翌年作成された壬申戸籍には旧身分が記されたものがあるなど、本来の意味での平等とはほど遠い状況だったといえる。

なお、3年に平民に苗字を許可する旨の布告が出され、翌年には華士族卒・平民間の通婚の自由、華士族卒の職業移転の自由が認められた。

　　　＊　　＊　　＊

◇おもしろ日本史　まんが　人々のくらしと経済　第3巻　明治時代から現代まで　堀江卓作画　ぎょうせい　1996.8　191p　21cm　1456円　①4-324-04824-X
◇近代の差別と日本民衆の歴史　久保井規夫著　明石書店　1993.8　158p　26cm　1800円　①4-7503-0539-1

北海道開拓使

明治2年蝦夷地は北海道と改称され、開拓使が設置された。当時はアイヌ2万人、和人10万人が居住していたという。樺太をめぐっての対ロシア関係が微妙な情勢だったため、政府は屯田兵を配備するとともに北海道開拓を急ぎ、欧米からの顧問の協力を得て欧米型の近代的農業・酪農の移植が行われた。またアイヌ同化政策も実行され、政府はその集大成として北海道旧土人法を32年に制定。固有のアイヌ文化の多くは消滅させられる運命を辿った。

　　　＊　　＊　　＊

◇司馬遼太郎の日本史探訪　司馬遼太郎著　角川書店　1999.6　318p　15cm　（角川文庫）　590円　①4-04-129005-8
◇日本の歴史—明治維新から現代 6　沖縄と北海道の歴史　坂井俊樹監修、福冨弘美文　ポプラ社　1999.4　48p　30cm　2800円　①4-591-05982-0
◇日本の歴史博物館・史跡—調べ学習に役立つ時代別・テーマ別 7　明治・大正・昭和・平成時代　佐藤和彦監修　あかね書房　1999.4　47p　30×22cm　3200円　①4-251-07907-8
◇夢のサムライ—北海道にビールの始まりをつくった薩摩人＝村橋久成　西村英樹著　城山町　城山町文化ジャーナル鹿児島社　1998.6　319p　19cm　1800円　①4-938922-02-9
◇北海道の自然と暮らし　関秀志、矢島睿、古原敏弘、出利葉浩司著　札幌　札幌北海道新聞社　1997.4　242p　19cm　（北の生活文庫　第2巻）　1553円　①4-89363-164-0
◇北海道開拓と移民　田中彰、桑原真人著　吉川弘文館　1996.2　205,10p　21cm　6000円　①4-642-03659-8
◇北海道のすがた 2—歴史と伝統から北海道と道民性を考える　岩崎正昭著　北海道問題研究所　1995.9　210p　18cm　（北海道ブックス 29）　971円
◇日本の『創造力』—近代・現代を開花させた470人 15貢献した外国人たち　富田仁編　日本放送出版協会　1994.2　525p　21×16cm　5631円　①4-14-009219-X
◇開化異国（おつくに）助っ人奮戦記　荒俣宏著　小学館　1993.12　347p　16cm　（小学館ライブラリー　52）　854円　①4-09-460052-3
◇北海道を開拓したアメリカ人　藤田文子著　新潮社　1993.7　209p　19cm　（新潮選書）　951円　①4-10-600442-9
◇戦前期北海道の史的研究　桑原真人著　札幌　札幌北海道大学図書刊行会　1993.2　409,9p　21cm　6400円　①4-8329-5561-6
◇侍たちの北海道開拓　榎本守恵著　札幌　札幌北海道新聞社　1993.1　255p　19cm　1456円　①4-89363-669-3
◇蝦名賢造北海道著作集 4　札幌農学校　日本近代精神の源流　蝦名賢造著　新評論　1991.7　458p　21cm　8000円　①4-7948-0093-2

政治

◇緑の文化史―自然と人間のかかわりを考える　俵浩三著　札幌　札幌北海道大学図書刊行会　1991.7　217,7p　19cm　1600円　①4-8329-3151-2
◇開化異国(おつくに)助っ人奮戦記　荒俣宏著, 安井仁撮影　小学館　1991.2　349p　19cm　2136円　①4-09-389311-X
◇常紋トンネル―北辺に斃れたタコ労働者の碑　小池喜孝著　朝日新聞社　1991.2　322p　15cm　（朝日文庫）　524円　①4-02-260632-0
◇開拓使文書を読む　鈴江英一著　雄山閣出版　1989.11　181p　15×21cm　（古文書入門叢書8）　2427円　①4-639-00925-9
◇開拓使時代　札幌市教育委員会編　札幌　札幌北海道新聞社　1989.9　317p　19cm　（さっぽろ文庫 50）　1194円　①4-89363-049-0
◇日本の肖像―旧皇族・華族秘蔵アルバム　第4巻　毎日新聞社　1989.9　87p　30cm　2796円　①4-620-60314-7
◇日本社会の変革と再生―共同体と民衆　桜井徳太郎編　弘文堂　1988.12　321p　21cm　5500円　①4-335-57040-6
◇ふしぎふしぎ発見　探検博物館 2　北海道開拓記念館・鹿児島県歴史資料センター黎明館　大塚和義, 矢島国雄編　あいうえお館　1988.5　143p　21cm　2500円　①4-900401-66-8
◇異形の人―厚司判官松本十郎伝　井黒弥太郎著　札幌　札幌北海道新聞社　1988.5　268p　19cm　（道新選書 8）　980円　①4-89363-927-7
◇この豊かな恵みを―新しい企業の発展　塩沢実信著, 北島新平絵　理論社　1987.11　184p　21cm　（ものがたり北海道 8）　1500円　①4-652-01568-2
◇黒田清隆　井黒弥太郎著　新装版　吉川弘文館　1987.11　291p　19cm　（人物叢書）　1800円　①4-642-05099-X
◇ふぶきの荒野―海と原野をひらいた人びと　塩沢実信著, 北島新平絵　理論社　1987.10　184p　21×16cm　（ものがたり北海道 7）　1500円　①4-652-01567-4
◇青い眼の教師たち―開拓につくした外国人　塩沢実信著, 北島新平絵　理論社　1987.4　192p　21cm　（ものがたり北海道 4）　1500円　①4-652-01564-X
◇屯田兵のうた―明治維新と北海道　塩沢実信著, 北島新平絵　理論社　1987.2　195p　21×16cm　（ものがたり北海道 3）　1500円　①4-652-01563-1
◇萩の根は深く―屯田兵の妻たち　扇谷チエ子著　ドメス出版　1986.10　222p　19cm　1600円

版籍奉還

明治2年、全国の藩主が土地(版図)と人民(戸籍)を朝廷に返上したもの。形式的には藩主が自ら返上を願い出るものだったが、事実上新政府による制度改革の一端。木戸孝允・大久保利通が建議し、1月20日に薩長土肥の藩主が率先して版籍奉還の上表文を朝廷に提出。他の藩主もこれにならったもの。各藩主は朝廷により改めて知藩事に任じられ、4年の廃藩置県まで引き続き地方行政を委ねられた。

＊　　＊　　＊

◇マンガ　日本の歴史 43　ざんぎり頭で文明開化　石ノ森章太郎著　中央公論社　1998.11　226p　15cm　（中公文庫）　524円　①4-12-203296-2
◇大久保利通と明治維新　佐々木克著　吉川弘文館　1998.8　220p　19cm　（歴史文化ライブラリー 45）　1700円　①4-642-05445-6
◇大久保利通―物語と史蹟をたずねて　松永義弘著　成美堂出版　1996.10　312p　15cm　（成美文庫）　544円　①4-415-06451-5
◇明治国家の成立　井上光貞, 永原慶二, 児玉幸多, 大久保利謙編　普及版

山川出版社　1996.9　428,19p　21cm　（日本歴史大系 13）　3398円　Ⓘ4-634-33130-6

◇新版 日本政治の変遷—史料と基礎知識　富田信男, 楠精一郎, 小西徳応共著　北樹出版,学文社〔発売〕　1993.11　249p　21cm　2524円　Ⓘ4-89384-316-8

◇マンガ　日本の歴史　43　ざんぎり頭で文明開化　石ノ森章太郎著　中央公論社　1993.5　219p　19cm　971円　Ⓘ4-12-402843-1

◇遠山茂樹著作集 第2巻 維新変革の諸相　遠山茂樹著　岩波書店　1992.5　386p　21cm　4660円　Ⓘ4-00-091702-1

◇江藤新平と明治維新　鈴木鶴子著　朝日新聞社　1989.6　342p　21cm　1408円　Ⓘ4-02-256027-4

◇明治前期財政史—資本主義成立期における財政の政治過程(明治維新-明治23年)　坂入長太郎著　酒井書店　1988.6　405p　21cm　（日本財政史研究 1）　5000円　Ⓘ4-7822-0180-X

◇大久保利通と官僚機構　加来耕三著　講談社　1987.2　269p　19cm　1300円　Ⓘ4-06-203253-8

◇ニッポン靴物語　山川暁著　新潮社　1986.10　228p　19cm　1200円　Ⓘ4-10-349202-3

◇廃藩置県—近代統一国家への苦悶　松尾正人著　中央公論社　1986.6　247p　18cm（中公新書）600円　Ⓘ4-12-100805-7

廃藩置県

明治4年7月14日、全国の藩が廃され全て政府直轄の府県に置き換えられた制度改革。既に版籍奉還により政府の統制は各藩内に及んでいたが、木戸孝允・大久保利通ら政府首脳は徴兵や税制改革の実現に向け一層中央集権的な国家体制の整備が必要と考えた。この年2月に薩長土3藩の兵を御親兵(直属軍。後の近衛兵)として、その武力を背景に知藩事に詔を下して廃藩置県を断行。全国は3府302県になり(同年末までに3府72県に統合、21年に3府43県になる)、それまでの知藩事は全て罷免され、政府任命の知県事(のち県令)が地方行政を担うことになった。

この後旧知藩事には東京在住が命じられ、旧領地との関係は完全に絶たれることになった。

◇藩と日本人—現代に生きる“お国柄”　武光誠著　PHP研究所　1999.10　205p　18cm　（PHP新書）　657円　Ⓘ4-569-60797-7

◇日本城郭史話　森山英一著　新人物往来社　1999.9　231p　19cm　2800円　Ⓘ4-404-02815-6

◇草花の匂ふ国家　桶谷秀昭著　文芸春秋　1999.6　249p　19cm　1905円　Ⓘ4-16-355200-6

◇マンガ 日本の歴史 43 ざんぎり頭で文明開化　石ノ森章太郎著　中央公論社　1998.11　226p　15cm　（中公文庫）　524円　Ⓘ4-12-203296-2

◇マンガ　教科書が教えない歴史　2　藤岡信勝, 自由主義史観研究会原作・監修, ダイナミックプロダクション作画　産経新聞ニュースサービス;扶桑社〔発売〕　1998.9　258p　19cm　952円　Ⓘ4-594-02554-4

◇マンガ　教科書が教えない歴史　3　藤岡信勝, 自由主義史観研究会原作・監

政治

◇修, ダイナミックプロダクション作画　産経新聞ニュースサービス;扶桑社〔発売〕 1998.9 245p 19cm 952円
④4-594-02555-2

◇明治維新—明治時代前期　児玉幸多監修, あおむら純漫画　増補版　小学館 1998.2 157p 21cm （小学館版 学習まんが―少年少女日本の歴史 17） 830円
④4-09-298117-1

◇日本歴史大系　13　明治国家の成立　井上光貞〔ほか〕編　山川出版社 1996.9 428,19p 22cm 3398円 ④4-634-33130-6

◇明治新政権の権力構造　福地惇著　吉川弘文館 1996.8 272p 22cm 5974円 ④4-642-03662-8

◇明治維新と自由民権　石井孝著　横浜有隣堂 1993.11 352,28p 22cm 8500円 ④4-89660-115-7

◇明治維新の革新と連続―政治・思想状況と社会経済　近代日本研究会編　山川出版社 1992.10 331p 21cm （年報・近代日本研究 14） 3800円
④4-634-61750-1

◇近代埼玉の黎明―廃藩置県とその時代　平成3年度特別展図録　埼玉県立文書館編　浦和　埼玉県立文書館 1991.10 70p 26cm

◇近代天皇制形成期の研究―ひとつの廃藩置県論　佐藤誠朗著　三一書房 1987.6 327p 23cm 5800円

◇廃藩置県―近代統一国家への苦悶　松尾正人著　中央公論社 1986.6 247p 18cm （中公新書） 600円
④4-12-100805-7

◇四七都道府県の明治維新―あなたの県のつくられ方と県名の由来　栗原隆一著　自由国民社 1981.2 342p 19cm 1200円

◇地方沿革略譜　内務省図書局編　象山社 1978.9 294p 27cm 6500円

◇明治維新と郡県思想　浅井清著　巌南堂書店 1968 301p 22cm 2000円

◇地方沿革略譜　内務省図書局編　明治15年2月刊の復刻版 限定版　柏書房 1963 294p 27cm

◇地方沿革畧譜　保科保編　雄松堂フィルム出版 1963 294p 27cm

◇近世日本国民史　第82巻　廃藩置県篇　徳富猪一郎著　近世日本国民史刊行会 1961 433p 19cm

◇近世日本国民史　第83巻　廃藩置縣後形勢篇　徳富猪一郎著　近世日本国民史刊行会 1961 433p 19cm

富国強兵

明治時代に掲げられた近代国家建設のスローガン。この言葉自体は中国の史書に由来し日本でも古来頻繁に使われていたもの。政権獲得後、欧米列強との国力の差を痛感した明治政府は、「殖産興業」により国を富ませることと「国民皆兵」による軍事的増強とを国家の目標とした。官営事業推進や徴兵令はこうした思想のもとでの国策といえる。

＊　　　＊　　　＊

◇日本型悪平等起源論―「もの言わぬ民」の深層を推理する　島田荘司, 笠井潔著　光文社 1999.12 323p 15cm （光文社文庫） 533円 ④4-334-72932-0

◇日本の歴史―明治維新から現代 7 女性と家の歴史　坂井俊樹監修, 小松伸之文　ポプラ社 1999.4 48p 30cm 2800円
④4-591-05983-9

◇蹂躙された日本史―日本はいかに西欧列強の脅威を克服したか　佐治芳彦著　日本文芸社 1998.10 284p 19cm 1200円 ④4-537-02655-3

◇明治維新と近代日本―明治時代 1　海野福寿監修, 井上大助漫画　集英社 1998.3 163p 21cm （学習漫画 日本の歴史 15） 850円 ④4-08-239015-4

◇20世紀フォトドキュメント　第1巻　政治・経済―明治―平成　鳥海靖責任編

25

政治

集　ぎょうせい　1992.8　159p　27cm　3200円　ⓈB4-324-02692-0
◇海外視点・日本の歴史　14　富国強兵の光と影　髙村直助編　ぎょうせい　1986.10　175p　27cm　2800円　ⓈB4-324-00268-1
◇昭和史　2　昭和前史・富国強兵——明治19-33　毎日新聞社　1984.7　230p　31cm　3800円
◇明治前期日本経済統計解題書誌　富国強兵篇　補遺　細谷新治著　国立一橋大学経済研究所日本経済統計文献センター　1980.3　15,117p　26cm　(統計資料シリーズ　no.14)
◇明治前期日本経済統計解題書誌　富国強兵篇　上の3　細谷新治著　国立一橋大学経済研究所日本経済統計文献センター　1978.7　p351〜491　26cm　(統計資料シリーズ　no.11)
◇明治前期日本経済統計解題書誌　富国強兵篇　上の2　細谷新治著　国立一橋大学経済研究所日本経済統計文献センター　1978.3　p175〜349　26cm　(統計資料シリーズ　no.8)
◇日本の百年——記録現代史　3　強国をめざして　鶴見俊輔〔ほか〕編集・執筆　改訂版　筑摩書房　1978.1　369,9p　19cm　1400円
◇明治前期日本経済統計解題書誌　富国強兵篇　下　細谷新治著　〔国立一橋大学経済研究所日本経済統計文献センター　1974　165p　26cm　(統計資料シリーズ　no.3)
◇明治憲法体制の確立——富国強兵と民力休養　坂野潤治著　東京大学出版会　1971　249,3p　22cm　1500円
◇日本の百年　第8　強国をめざして　鶴見俊輔等著　筑摩書房　1963　369p　図版20cm

徴兵令

明治6年1月10日に定められた、国民皆兵の方針による義務兵役の概則等の太政官布告。大村益次郎による原案を山県有朋が継承・主導して実施された。これにより満20歳以上の男子に兵役義務が課せられた。但し当初は官吏、学生、長男、富裕層などは兵役免除された。

なおこれに先立って5年11月、徴兵の詔に基づいて太政官より布告された徴兵告諭の中に「血税」の文字があったことから、明治6〜7年にかけて各地で起きた徴兵令反対一揆を「血税一揆」と呼ぶ。労働力確保と負担軽減を訴えたこれら一揆への参加者は全国で数万人とも数十万人ともいわれる。

＊　　　＊　　　＊

◇日本近代教育史の研究　鈴木博雄編　振学出版;星雲社〔発売〕　1990.10　695p　21cm　9709円　ⓈB4-7952-8588-8

征韓論

明治6年に明治政府首脳が大分裂した朝鮮との外交方針をめぐる論争で、明治六年の政変という。維新後、明治政府は鎖国政策をとっていた朝鮮に国交樹立を求めたが、朝鮮側は国書の文言を不当として受理を拒否し、倭館への食糧供給も拒絶した。岩倉具視、大久保利通、木戸孝允ら政府首脳の半数が留守中だった明治6年、留守政府の参議板垣退助らは朝鮮出兵を主張。これを抑えるため筆頭参議西郷隆盛はまず自らが特使となることを提案して8月17日にいったんは閣議決定された。

しかし欧米から帰国した大久保、岩倉らは内政を優先させるべきと考え、10月に対立が激化。結局天皇が閣議決定を覆して特使派遣は中止された。西郷、板垣、江藤新平、後藤象二郎、副島種臣の五参議は一斉に辞職、他にも政府・

軍内外で下野するものが続出した。

◇日本資本主義の原像―現状分析の方法を求める日本近代史論　さらぎ徳二著　世界書院　1999.12　294p　21cm　3000円　④4-7927-0001-9

◇教科書が教えない歴史―明治‐大正‐昭和、大事件の真相　藤岡信勝, 自由主義史観研究会著　産経新聞ニュースサービス;扶桑社〔発売〕　1999.6　386p　15cm（扶桑社文庫）667円　④4-594-02722-9

◇草花の匂ふ国家　桶谷秀昭著　文芸春秋　1999.6　249p　19cm　1905円　④4-16-355200-6

◇丸山真男講義録　第2冊　日本政治思想史　1949　丸山真男著　東京大学出版会　1999.5　227,4p　21cm　3200円　④4-13-034202-9

◇歴史にみる　日本と韓国・朝鮮　鈴木英夫, 吉井哲編著　明石書店　1999.5　149p　26cm　1300円　④4-7503-1161-8

◇明治国家の建設―1871～1890　坂本多加雄著　中央公論社　1999.1　402p　19cm（日本の近代　2）2400円　④4-12-490102-X

◇明治維新と文明開化―明治時代前期　古川清行著　小峰書店　1998.4　119p　26cm（人物・遺産でさぐる日本の歴史　12）2500円　④4-338-15112-9

◇征韓論実相・朝鮮李瞬臣伝―文禄征韓水師始末　煙山専太郎, 柴山尚則〔著〕, 惜香生編　竜渓書舎　1996.11　310,14,52p　21cm（韓国併合史研究資料　20）7210円　④4-8447-6458-6

◇堂々たる日本人―知られざる岩倉使節団　この国のかたちと針路を決めた男たち　泉三郎著　祥伝社　1996.11　267p　20cm　1600円　④4-396-61062-9

◇「征韓論」の系譜―日本と朝鮮半島の100年　韓桂玉著　三一書房　1996.10　266p　20cm　2700円　④4-380-96291-1

◇日本歴史大系　13　明治国家の成立　井上光貞〔ほか〕編　山川出版社　1996.9　428,19p　22cm　3398円　④4-634-33130-6

◇明治新政権の権力構造　福地惇著　吉川弘文館　1996.8　272p　22cm　5974円　④4-642-03662-8

◇列島の文化史　10　宮田登編, 塚本学, 網野善彦編著, 伊谷純一郎, 篠原徹, 杉本仁, 関口博巨, 竹川大介, リチャード・W.アンダーソン著, 亀井好恵訳　日本エディタースクール出版部　1996.3　188p　21cm　2472円　④4-88888-249-5

◇日朝交流史―新しい隣国関係を構築するために　李進熙, 姜在彦著　有斐閣　1995.10　256p　19cm（有斐閣選書）1854円　④4-641-18236-1

◇資料新聞社説に見る朝鮮―征韓論～日清戦争　1　北原スマ子〔ほか〕編　緑蔭書房　1995.9　435p　27cm

◇資料新聞社説に見る朝鮮―征韓論～日清戦争　2　北原スマ子〔ほか〕編　緑蔭書房　1995.9　588p　27cm

◇資料新聞社説に見る朝鮮―征韓論～日清戦争　3　北原スマ子〔ほか〕編　緑蔭書房　1995.9　480p　27cm

◇資料新聞社説に見る朝鮮―征韓論～日清戦争　4　北原スマ子〔ほか〕編　緑蔭書房　1995.9　540p　27cm

◇資料新聞社説に見る朝鮮―征韓論～日清戦争　5　北原スマ子〔ほか〕編　緑蔭書房　1995.9　501p　27cm

◇資料新聞社説に見る朝鮮―征韓論～日清戦争　6　北原スマ子〔ほか〕編　緑蔭書房　1995.9　446p　27cm

◇資料新聞社説に見る朝鮮―征韓論～日清戦争　別冊　北原スマ子〔ほか〕編　緑蔭書房　1995.9　86,77p　27cm

政治

◇ニュースで追う明治日本発掘　1
戊辰戦争・文明開化・征韓論の時代
鈴木孝一編　河出書房新社　1994.6
302p　20cm　2500円　⓪4-309-72321-7

◇明治維新の再発見　毛利敏彦著　吉川弘文館　1993.8　230p　20cm　2500円
⓪4-642-07404-X

◇日本の歴史—マンガ　43　ざんぎり頭で文明開化　石ノ森章太郎著　中央公論社　1993.5　219p　20cm　1000円
⓪4-12-402843-1

◇NHK歴史発見　5　NHK歴史発見取材班編　角川書店　1993.4　217p　20cm　1600円　⓪4-04-522205-7

◇玄界灘に架けた歴史—歴史的接点からの日本と朝鮮　姜在彦著　朝日新聞社　1993.2　361p　15cm　（朝日文庫）　650円　⓪4-02-260749-1

◇明治維新の政治と権力　明治維新史学会編　吉川弘文館　1992.9　239p　22cm　（明治維新史研究　2）　4800円
⓪4-642-03637-7

◇近代日本の大陸政策　古川万太郎著　東京書籍　1991.8　530p　21cm　5800円
⓪4-487-75325-2

◇近現代史のなかの日本と朝鮮　山田昭次〔ほか〕著　東京書籍　1991.6　254p　22cm　2800円　⓪4-487-75309-0

◇日本史探訪　幕末維新5　「明治」への疾走　さいとう・たかを著　角川書店　1991.3　255p　20cm　（角川コミックス）　1000円　⓪4-04-852190-X

◇征韓論政変—明治六年の権力闘争　姜範錫著　サイマル出版会　1990.7　407p　19cm　4078円　⓪4-377-10860-3

◇西郷征韓論は無かった　窪田志一著　日本ロマン集会　1982.6　252p　20cm　1300円

◇明治六年政変　毛利敏彦著　中央公論社　1979.12　226p　18cm　（中公新書）　400円

◇明治六年政変の研究　毛利敏彦著　有斐閣　1978.5　237,4p　22cm　（大阪市立大学法学叢書　35）　3000円

◇西郷征韓論は無かった歴史の虚構である　窪田志一著　日本ロマン集団　1977.8　64p　21cm

◇近世日本国民史　第86巻　征韓論前篇　徳富猪一郎著　近世日本国民史刊行会　1961　397p　19cm

◇近世日本国民史　第87巻　征韓論　徳富猪一郎著　近世日本国民史刊行会　1961　388p　19cm

◇近世日本国民史　第88巻　征韓論分裂以後篇　徳富猪一郎著　近世日本国民史刊行会　1961　410p　19cm

三条 実美

天保8(1837).2.7～明治24(1891).2.18
公卿・政治家。内大臣三条実万の子で尊王攘夷派公卿グループの中心として活躍したが、八月十八日の政変で失脚して京都を追われた（七卿落ち）。大政奉還・王政復古により帰京し、新政府では議定を経て明治4年から18年まで太政大臣を務めた。征韓論争時には急病になり指導力が低下。以後太政大臣は実権のない名誉職と化した。17年公爵となり内閣制度ができると内大臣として華族の代表的存在になった。また22年に黒田清隆が内閣総理大臣を辞職した後、2ヶ月間だけ総理大臣職にあった。

　　　　＊　　　＊　　　＊

◇幕末三舟伝　頭山満著　島津書房　1990.8　368p　21×16cm　2900円　⓪4-88218-028-6

◇近代日本内閣史論　藤井貞文著　吉川弘文館　1988.7　364p　21cm　6500円
⓪4-642-03616-4

◇野史台維新史料叢書　22　七卿西竄始末　6　日本史籍協会編　東京大学出版会　1974　304,32p　22cm　（日本史籍協会叢書　別編22）　2800円

◇野史台維新史料叢書　20　七卿西竄始末　4　日本史籍協会編　東京大学出版会　1973　264p 図　22cm　（日本史籍協会叢書　別編20）　2800円

◇野史台維新史料叢書　21　七卿西竄始末　5　日本史籍協会編　東京大学出版会　1973　308p　22cm　（日本史籍協会叢書　別編21）　2800円

◇野史台維新史料叢書　17　七卿西竄始末　1　日本史籍協会編　東京大学出版会　1972　211p 図　22cm　（日本史籍協会叢書　別編17）　2800円

◇野史台維新史料叢書　18　七卿西竄始末　2　日本史籍協会編　東京大学出版会　1972　348p　22cm　（日本史籍協会叢書　別編18）　2800円

◇野史台維新史料叢書　19　七卿西竄始末　3　日本史籍協会編　東京大学出版会　1972　328p　22cm　（日本史籍協会叢書　別編19）　2800円

◇七卿西遷小史　中野泰雄著　新光閣書店　1965

岩倉　具視

文政8(1825).9.15～明治16(1883).7.20
公卿・政治家。下級公卿出身で孝明天皇の侍従となり、公武合体論を推進して尊攘派と対立し、岩倉村に蟄居させられた。逼塞中は倒幕派と接触し、王政復古の大号令を画策して新政府で参与・議定などを歴任。明治4年からは特命全権大使として遣外使節団を率いて欧米を視察し、帰国後の征韓論争では大久保利通に協力して、西郷隆盛らの追い落としに成功した。のち明治憲法の構想を提出し、伊藤博文をドイツに派遣して憲法起草を準備したが、16年に病死。国葬をもって送られた。

＊　　＊　　＊

◇近代日本の内と外　田中彰編　吉川弘文館　1999.11　331p　21cm　8000円　⑰4-642-03690-3

◇幕末維新の社会と思想　田中彰編　吉川弘文館　1999.11　363p　21cm　8000円　⑰4-642-03689-X

◇龍馬暗殺に隠された恐るべき日本史―われわれの歴史から伏せられた謎と物証　小林久三著　青春出版社　1999.10　229p　18cm　（プレイブックス）　850円　⑰4-413-01769-2

◇草花の匂ふ国家　桶谷秀昭著　文芸春秋　1999.6　249p　19cm　1905円　⑰4-16-355200-6

◇小国主義―日本の近代を読みなおす　田中彰著　岩波書店　1999.4　210p　18cm　（岩波新書）　660円　⑰4-00-430609-4

◇明治維新と西洋国際社会　明治維新史学会編　吉川弘文館　1999.2　230p　21cm　（明治維新史研究5）　4700円　⑰4-642-03640-7

◇裏切られた三人の天皇―明治維新の謎　鹿島昇著　増補版　新国民社　1999.2　441p　19cm　2330円　⑰4-915157-84-9

◇失敗は失敗にして失敗にあらず―近現代史の虚と実　歴史の教科書に書かれなかったサムライたち　中薗英助著　青春出版社　1997.8　239p　19cm　1500円　⑰4-413-03078-8

◇裏切られた三人の天皇―明治維新の謎　鹿島昇著　新国民社　1997.1　394p　19cm　2330円　⑰4-915157-81-4

◇謎の参議暗殺―明治暗殺秘史　三好徹著　実業之日本社　1996.8　276p　19cm　1553円　⑰4-408-53289-4

◇「米欧回覧」百二十年の旅―岩倉使節団の足跡を追って　米英編　泉三郎著　図書出版社　1993.3　317p　19cm　2575円　⑰4-8090-0175-0

◇アメリカの岩倉使節団　宮永孝著　筑摩書房　1992.3　262p　19cm　（ちくまライブラリー　70）　1350円　⑰4-480-05170-8

◇岩倉具視　大久保利謙著　増補版　中央公論社　1990.8　257p　18cm　（中公新書　3357）　640円　⑰4-12-190335-8

政治

◇怒涛の人—幕末・維新の英傑たち
南条範夫著　PHP研究所　1990.2
269p 15cm　（PHP文庫）　460円　①4-569-56246-9

◇岩倉具視　毛利敏彦著　PHP研究所
1989.12 227p 19cm　（歴史人物シリーズ　第2巻）　1300円　①4-569-52657-8

◇逃げない男たち—志に生きる歴史群像
下　林左馬衛、中薗英助、今川徳三、古川薫、杉浦明平、栗原隆一、邦光史郎著
旺文社　1987.3　325p 19cm　1500円
①4-01-071283-X

◇「脱亜」の明治維新—岩倉使節団を追う旅から　田中証著　日本放送出版協会
1984.3　232p 19cm　（NHKブックス452）　750円　①4-14-001452-0

◇岩倉具視関係文書　8　日本史籍協会編
東京大学出版会　1983.6　545p 22cm
（日本史籍協会叢書　25）　5000円

◇岩倉具視関係文書　6　日本史籍協会編
東京大学出版会　1983.5　30,474p
22cm　（日本史籍協会叢書　23）　5000円

◇岩倉具視関係文書　7　日本史籍協会編
東京大学出版会　1983.5　12,553p
22cm　（日本史籍協会叢書　24）　5000円

◇岩倉具視関係文書　4　日本史籍協会編
東京大学出版会　1983.4　492p 22cm
（日本史籍協会叢書　21）　5000円

◇岩倉具視関係文書　5　日本史籍協会編
東京大学出版会　1983.4　514p 22cm
（日本史籍協会叢書　22）　5000円

◇岩倉具視関係文書　2　日本史籍協会編
東京大学出版会　1983.3　509p 22cm
（日本史籍協会叢書　19）　5000円

◇岩倉具視関係文書　3　日本史籍協会編
東京大学出版会　1983.3　22,537p
22cm　（日本史籍協会叢書　20）　5000円

◇岩倉具視関係文書　1　日本史籍協会編
東京大学出版会　1983.2　490p 22cm
（日本史籍協会叢書　18）　5000円

◇岩倉使節の研究　大久保利謙編
宗高書房　1976.12　368p 図　22cm
5000円

◇岩倉具視　大久保利謙著　中央公論社
1973　235p 18cm　（中公新書）　300円

◇岩倉具視関係文書　第5　日本史籍協会編
東京大学出版会　1969　514p 22cm
（日本史籍協会叢書　22）　3000円

◇岩倉具視関係文書　第6　日本史籍協会編
東京大学出版会　1969　474p 22cm
（日本史籍協会叢書　23）　3000円

◇岩倉具視関係文書　第7　日本史籍協会編
東京大学出版会　1969　553p 22cm
（日本史籍協会叢書　24）　3000円

◇岩倉具視関係文書　第8　日本史籍協会編
東京大学出版会　1969　545p 22cm
（日本史籍協会叢書　25）　3000円

◇岩倉具視関係文書　第1　岩倉具視日記類,国事意見書　日本史籍協会編
覆刻版　東京大学出版会　1968 490p
22cm　（日本史籍協会叢書　18）

◇岩倉具視関係文書　第2　岩倉具視日記類,岩倉具視詠草,国事意見書,岩倉具視書翰集,隣雲軒所蒐尺牘,隣雲軒蒐集記録
日本史籍協会編　覆刻版　東京大学出版会　1968　509p 22cm（日本史籍協会叢書　19）

木戸 孝允

天保4(1833).6.26～明治10(1877).5.26　政治家で維新の三傑の一人。旧名は桂小五郎で吉田松陰門下。長州藩の尊王攘夷運動の中心人物となり、薩摩藩西郷隆盛と薩長同盟を密約。新政府では参議に就任して長州閥の巨頭として活躍、大久保利通とともに版籍奉還を実現し、岩倉遣外使節団には副使として参加した。しかし外遊中に、大久保と対立。帰国後の征韓論争では大久保側につ

> いたが、明治7年には台湾出兵に抗議して辞職した。翌年板垣退助も交えた大阪会議で表面上は和解して参議に復帰したが、のちに大久保への反目が再燃して結局病気を理由に9年参議を辞任。西南戦争の最中、10年5月に病没した。

◇兵庫史の謎　春木一夫著　神戸　神戸神戸新聞総合出版センター　1999.10　315p　19cm　1800円　①4-343-00059-1

◇柳生最後の日　中村彰彦著　徳間書店　1999.4　270p　19cm　1700円　①4-19-860998-5

◇裏切られた三人の天皇―明治維新の謎　鹿島昇著　増補版　新国民社　1999.2　441p　19cm　2330円　①4-915157-84-9

◇マンガ 日本の歴史 44 民権か国権か　石ノ森章太郎著　中央公論社　1998.11　228p　15cm　(中公文庫)　524円　①4-12-203297-0

◇マンガ日本の歴史 42 倒幕、世直し、御一新　石ノ森章太郎著　中央公論社　1998.10　228p　15cm　(中公文庫)　524円　①4-12-203273-3

◇幕末 英傑風雲録　羽生道英著　中央公論社　1998.5　365p　21cm　(中公文庫)　800円　①4-12-203146-X

◇幕末維新 奔流の時代　青山忠正著　新装版　文英堂　1998.1　239p　21cm　1800円　①4-578-10077-4

◇完全制覇 幕末維新―この一冊で歴史に強くなる！　外川淳著　立風書房　1997.12　254p　19cm　1333円　①4-651-75201-2

◇痩我慢というかたち―激動を乗り越えた日本の志　感性文化研究所編　黙出版　1997.8　111p　21cm　(MOKU BOOKS―感動四季報)　660円　①4-900682-25-X

◇日本恋愛事件史　山崎洋子著　講談社　1997.8　299p　15cm　(講談社文庫)　486円　①4-06-263576-3

◇白い崖の国をたずねて―岩倉使節団の旅　木戸孝允のみたイギリス　宮永孝著　集英社　1997.3　285p　19cm　1600円　①4-08-781148-4

◇ほんとうの智恵を学ぶ―人生の手本にしたい名君の真骨頂　童門冬二著　三天書房　1996.9　271p　19cm　(Santen Books)　1359円　①4-88346-007-X

◇明治新政権の権力構造　福地惇著　吉川弘文館　1996.8　272p　21cm　5800円　①4-642-03662-8

◇醒めた炎―木戸孝允　4　村松剛著　中央公論社　1991.10　486p　15cm　(中公文庫)　760円　①4-12-201849-8

◇士魂の音色　森村誠一著　新潮社　1991.7　270p 19cm　1400円　①4-10-321709-X

◇醒めた炎―木戸孝允　3　村松剛著　中央公論社　1990.10　516p　15cm　(中公文庫)　740円　①4-12-201752-1

◇長崎幕末浪人伝　深潟久著　(福岡)西日本新聞社　1990.10　346p　19cm　1800円　①4-8167-0290-3

◇近代日本の自伝　佐伯彰一著　中央公論社　1990.9　358p 15cm　(中公文庫)　600円　①4-12-201740-8

◇醒めた炎　2　村松剛著　中央公論社　1990.9　626p　15cm　(中公文庫)　860円　①4-12-201745-9

◇醒めた炎―木戸孝允　1　村松剛著　中央公論社　1990.8　547p　15cm　(中公文庫)　760円　①4-12-201738-6

◇怒濤の人―幕末・維新の英傑たち　南条範夫著　PHP研究所　1990.2　269p　15cm　(PHP文庫)　460円　①4-569-56246-9

◇幕末維新の志士読本　奈良本辰也著　天山出版,大陸書房〔発売〕　1989.9

政治

278p 15cm （天山文庫） 420円
①4-8033-1804-2

◇西郷と大久保 小学館 1989.1 286p 15cm （幕末・維新の群像 5） 600円
①4-09-401010-6

◇醒めた炎―木戸孝允 下巻 村松剛著 中央公論社 1987.8 811pp 20cm 2700円 ①4-12-001598-X

◇醒めた炎―木戸孝允 上巻 村松剛著 中央公論社 1987.7 712pp 20cm 2600円 ①4-12-001597-1

◇木戸孝允文書 6 日本史籍協会編 〔覆刻再刊〕 東京大学出版会 1986.3 438p 21cm （日本史籍協会叢書 82） 6000円 ①4-13-097682-6

◇木戸孝允日記 3 日本史籍協会編 東京大学出版会 1985.9 591p 22cm （日本史籍協会叢書 76） 7000円
①4-13-097676-1

◇木戸孝允日記 2 日本史籍協会編 東京大学出版会 1985.8 504p 22cm （日本史籍協会叢書 75） 6000円
①4-13-097675-3

◇木戸松菊略伝 妻木忠太著 村田書店 1985.8 1冊 22cm 4500円

◇木戸孝允日記 1 日本史籍協会編 東京大学出版会 1985.7 464p 22cm （日本史籍協会叢書 74） 6000円
①4-13-097674-5

◇史実考証木戸松菊公逸事 妻木忠太著 村田書店 1984.3 50,19,538p 20cm 6000円

◇木戸孝允遺文集 妻木忠太編 東京大学出版会 1982.7 46,286,6p 22cm （続日本史籍協会叢書） 5000円

◇木戸孝允 富成博著 三一書房 1972 261p 20cm

◇木戸孝允文書 1 日本史籍協会編 東京大学出版会 1971 438p 22cm （日本史籍協会叢書） 3000円

◇木戸孝允文書 2 日本史籍協会編 東京大学出版会 1971 368p 22cm （日本史籍協会叢書） 3000円

◇木戸孝允文書 3 日本史籍協会編 東京大学出版会 1971 482p 22cm （日本史籍協会叢書） 3000円

◇木戸孝允文書 4 日本史籍協会編 東京大学出版会 1971 432p 22cm （日本史籍協会叢書） 3000円

◇木戸孝允文書 5 日本史籍協会編 東京大学出版会 1971 480p 22cm （日本史籍協会叢書） 3000円

◇木戸孝允文書 6 日本史籍協会編 東京大学出版会 1971 438p 22cm （日本史籍協会叢書） 3000円

◇木戸孝允文書 7 日本史籍協会編 東京大学出版会 1971 442p 22cm （日本史籍協会叢書） 3000円

◇木戸孝允文書 8 日本史籍協会編 東京大学出版会 1971 431p 22cm （日本史籍協会叢書） 3000円

◇松菊木戸公伝 木戸公伝記編纂所編 京都 臨川書店 1970 2冊 22cm 全14000円

◇木戸孝允 大江志乃夫著 中央公論社 1968 194p 18cm （中公新書）

◇木戸孝允日記 第1 自明治元年4月1日至同4年2月30日 日本史籍協会編 東京大学出版会 1967 464p 22cm （日本史籍協会叢書 74）

◇木戸孝允日記 第2 自明治4年3月朔日至同7年2月晦日 日本史籍協会編 東京大学出版会 1967 504p 22cm （日本史籍協会叢書 75）

◇木戸孝允日記 第3 自明治7年至明治10年 日本史籍協会編 東京大学出版会 1967 591p 22cm （日本史籍協会叢書 76）

◇日本人物史大系 第5巻 近代 第1 小西四郎編 朝倉書店 1960 340p 22cm

政治

大久保 利通

文政13(1830).8.10～明治11(1878).5.14　政治家で維新の三傑の一人。薩摩藩の下級藩士出身で旧名一蔵。島津斉彬・久光に登用されて藩政・国事に奔走し倒幕の原動力となった。新政府では版籍奉還・廃藩置県を積極的に建議・推進、岩倉具視を全権大使とする使節団には副使として参加した。帰国後は西郷隆盛・板垣退助らの征韓論を阻止、内務省を創設して自ら内務卿として辣腕を振るった。内政面では殖産興業政策を推進、また台湾出兵の処理で琉球の帰属を清国に容認させるなど「有司専制」「大久保独裁」時代を築いたが、佐賀の乱・西南戦争など士族反乱を武力鎮圧したことで不平士族の恨みを買い、明治11年5月14日に紀尾井坂の変で暗殺された。

◇近代日本の内と外　田中彰編　吉川弘文館　1999.11　331p　21cm　8000円　①4-642-03690-3

◇大久保利通と民業奨励　安藤哲著　御茶の水書房　1999.11　333p　21cm　5800円　①4-275-01786-2

◇豪雨の前兆　関川夏央著　文芸春秋　1999.5　239p　19cm　1429円　①4-16-355080-1

◇裏切られた三人の天皇—明治維新の謎　鹿島昇著　増補版　新国民社　1999.2　441p　19cm　2330円　①4-915157-84-9

◇半日の客 一夜の友　丸谷才一,山崎正和著　文芸春秋　1998.12　427p　15cm　（文春文庫）　600円　①4-16-713814-X

◇マンガ 教科書が教えない歴史 2　藤岡信勝、自由主義史観研究会原作・監修、ダイナミックプロダクション作画　産経新聞ニュースサービス;扶桑社〔発売〕　1998.9　258p　19cm　952円　①4-594-02554-4

◇人生と経営—人間として正しいことを追求する　稲盛和夫著　致知出版社　1998.9　210p　19cm　1429円　①4-88474-550-7

◇大久保利通と明治維新　佐々木克著　吉川弘文館　1998.8　220p　19cm　（歴史文化ライブラリー 45）　1700円　①4-642-05445-6

◇幕末維新列伝　綱淵謙錠著　学陽書房　1998.8　316p　15cm　（人物文庫）　660円　①4-313-75054-1

◇歌之介のさつまのボッケモン　KTS鹿児島テレビ編著、原口泉監修　鹿児島　鹿児島高城書房　1998.7　176p　19cm　1000円　①4-924752-77-0

◇堂々日本史 第15巻　NHK取材班編　名古屋　名古屋KTC中央出版　1998.5　249p　19cm　1600円　①4-87758-062-X

◇完全制覇 幕末維新—この一冊で歴史に強くなる！　外川淳著　立風書房　1997.12　254p　19cm　1333円　①4-651-75201-2

◇大久保利通—近代日本を創り上げた叡知　中村晃著　PHP研究所　1997.10　380p　15cm　（PHP文庫）　629円　①4-569-57074-7

◇歴史に学ぶライバルの研究　会田雄次,谷沢永一著　PHP研究所　1997.8　261p　15cm　（PHP文庫）　533円　①4-569-57040-2

◇日本官僚史！—驚きのエピソードで綴る官僚たちの歴史　広見直樹著　ダイヤモンド社　1997.7　221p　19cm　（日本経済100年）　1300円　①4-478-22002-6

◇挑戦—ライバル日本史 5　NHK取材班編　角川書店　1996.11　294p　15cm　（角川文庫）　505円　①4-04-195422-3

政治

◇大久保利通―物語と史蹟をたずねて　松永義弘著　成美堂出版　1996.10　312p　15cm　（成美文庫）　544円　ⓘ4-415-06451-5

◇日本を創った10人の名参謀―歴史を動かした頭脳と人間力　邦光史郎著　広済堂出版　1996.10　308p　18cm　（広済堂ブックス）　854円　ⓘ4-331-00749-9

◇謎の参議暗殺―明治暗殺秘史　三好徹著　実業之日本社　1996.8　276p　19cm　1553円　ⓘ4-408-53289-4

◇明治新政権の権力構造　福地惇著　吉川弘文館　1996.8　272p　21cm　5800円　ⓘ4-642-03662-8

◇御用心!!―いま明治の亡霊がうろついている　日下藤吾著　近代文芸社　1996.5　149p　19cm　2233円　ⓘ4-7733-5123-3

◇開国の時代を生き抜く知恵　童門冬二著　大阪　大阪プレイグラフ社　1996.4　301p　19cm　1553円　ⓘ4-938829-01-0

◇激変の時代を生き抜く発想と行動―幕末・明治の大物にみる　黒川志津雄著　日新報道　1995.12　228p　19cm　1262円　ⓘ4-8174-0359-4

◇不敗の宰相大久保利通　加来耕三著　講談社　1994.10　429p　16cm　（講談社＋捜文庫　E1・2）　951円　ⓘ4-06-256064-X

◇外政家としての大久保利通　清沢洌著　中央公論社　1993.3　382p　15cm　（中公文庫）　700円　ⓘ4-12-201985-0

◇人物列伝幕末維新史　綱淵謙錠著　講談社　1992.11　276p　15cm　（講談社文庫）　440円　ⓘ4-06-185278-7

◇長崎幕末浪人伝　深潟久著　（福岡）西日本新聞社　1990.10　346p　19cm　1800円　ⓘ4-8167-0290-3

◇ピクトリアル西郷隆盛/大久保利通　1　幕末維新の風雲　学習研究社　1990.5　127p　26cm　2500円　ⓘ4-05-103839-4

◇大久保利通　宮野澄著　PHP研究所　1990.2　221p　19cm　（歴史人物シリーズ　第7巻）　1300円　ⓘ4-569-52706-X

◇大将と賢将―西郷の志と大久保の辣腕　新野哲也著　光風社出版　1990.2　254p　19cm　1000円　ⓘ4-87519-750-0

◇図説　西郷隆盛と大久保利通　芳即正, 毛利敏彦編著　河出書房新社　1990.1　126p　22×17cm　1500円　ⓘ4-309-72474-4

◇西郷隆盛と大久保利通―幕末・維新ものしり百科　幕末・維新史研究会編　リクルート出版　1989.12　315p　21cm　1800円　ⓘ4-88991-164-2

◇幕末維新の風雲　学習研究社　1989.12　127p　26×22cm　（ピクトリアル西郷隆盛・大久保利通　1）　2500円　ⓘ4-05-103839-4

◇大久保利通―幕末を切り裂いたリアリストの智謀　石原慎太郎, 藤原弘達, 渡部昇一ほか著　プレジデント社　1989.11　335p　19cm　1400円　ⓘ4-8334-1351-5

◇大久保利通―物語と史蹟をたずねて　松永義弘著　成美堂出版　1989.10　223p　19cm　1000円　ⓘ4-415-06571-6

◇薩摩の盟友　西郷と大久保の生涯　栗原隆一著, 斉藤政秋撮影　大陸書房　1989.9　190p　21cm　1200円　ⓘ4-8033-2355-0

◇西郷隆盛と大久保利通―男の進退と決断　邦光史郎著　勁文社　1989.9　234p　18cm　（ケイブンシャブックス）　750円　ⓘ4-7669-1035-4

◇日本の青春　童門冬二著　三笠書房　1989.7　300p　15cm　（知的生きかた文庫）　460円　ⓘ4-8379-0327-4

◇友情は消えず―西郷隆盛と大久保利通　土橋治重著　経済界　1989.7　246p　18cm　（リュウブックス）　920円　ⓘ4-7667-0153-4

◇日本の青春―西郷隆盛と大久保利通の生涯　明治維新を創った男たちの栄光と死　童門冬二著　三笠書房　1989.6　300p　19cm　1200円　ⓘ4-8379-1396-2

政治

◇西郷と大久保　小学館　1989.1　286p　15cm　（幕末・維新の群像　5）　600円　①4-09-401010-6

◇人物列伝幕末維新史―明治戊辰への道　綱淵謙錠著　講談社　1988.2　247p　19cm　1200円　①4-06-203768-8

◇大久保利通・木戸孝允・伊藤博文特別展展示目録―立憲政治への道　憲政記念館編　憲政記念館　1987.2　61p　21cm

◇大久保利通と官僚機構　加来耕三著　講談社　1987.2　269p　19cm　1300円　①4-06-203253-8

◇利通暗殺―紀尾井町事件の基礎的研究　遠矢浩規著　行人社　1986.6　246,8p　20cm　1200円　①4-905978-23-8

◇前島密にあてた大久保利通書簡集　郵政省逓信博物館　1986.2　89p　19×26cm　（郵政省逓信博物館資料図録　別冊 1）

◇大久保利通―その生涯　東郷実晴著　〔鹿児島〕〔東郷実晴〕　1984.8　169p　21cm　1100円

◇大久保利通文書　10　大久保利通著, 日本史籍協会編　東京大学出版会　1983.12　486,84p　22cm　（日本史籍協会叢書　37）　5000円　①4-13-097637-0

◇大久保利通文書　8　大久保利通著, 日本史籍協会編　東京大学出版会　1983.11　28,522p　22cm　（日本史籍協会叢書　35）　5000円　①4-13-097635-4

◇大久保利通文書　9　大久保利通著, 日本史籍協会編　東京大学出版会　1983.11　24,488p　22cm　（日本史籍協会叢書　36）　5000円　①4-13-097636-2

◇大久保利通文書　6　大久保利通著, 日本史籍協会編　東京大学出版会　1983.10　22,552p　22cm　（日本史籍協会叢書　33）　5000円　①4-13-097633-8

◇大久保利通文書　7　大久保利通著, 日本史籍協会編　東京大学出版会　1983.10　32,576p　22cm　（日本史籍協会叢書　34）　5000円　①4-13-097634-6

◇大久保利通文書　4　大久保利通著, 日本史籍協会編　東京大学出版会　1983.9　24,529p　22cm　（日本史籍協会叢書　31）　5000円

◇大久保利通文書　5　大久保利通著, 日本史籍協会編　東京大学出版会　1983.9　30,566p　22cm　（日本史籍協会叢書　32）　5000円

◇大久保利通文書　2　大久保利通著, 日本史籍協会編　東京大学出版会　1983.8　17,502p　22cm　（日本史籍協会叢書　29）　5000円

◇大久保利通文書　3　大久保利通著, 日本史籍協会編　東京大学出版会　1983.8　22,558p　22cm　（日本史籍協会叢書　30）　5000円

◇大久保利通日記　1　大久保利通著, 日本史籍協会編　東京大学出版会　1983.6　496p　22cm　（日本史籍協会叢書　26）　5000円

◇大久保利通　松原致遠編　〔鹿児島〕〔大久保甲東顕彰会〕　1980.12　2冊　20cm

◇大久保一翁―最後の幕臣　松岡英夫著　中央公論社　1979.4　248p　18cm　（中公新書）　420円

◇大久保利通関係文献目録―鹿児島県立図書館所蔵　鹿児島　鹿児島県立図書館　1978.5　39p　22cm　非売品

◇西南戦争の原因としての福沢諭吉と大久保利通の対立　坂元盛秋著　表現社　1971　126,99p　図　22cm　800円

◇大久保利通関係文書　第4　立教大学文学部史学科日本史研究室　吉川弘文館　1970　269p　22cm　2800円

◇大久保利通伝　勝田孫弥著　京都　臨川書店　1970　3冊　22cm　各1600円

◇大久保利通　毛利敏彦著　中央公論社　1969　198p　18cm　（中公新書）　200円

◇大久保利通日記　日本史籍協会編　東京大学出版会　1969　2冊　22cm　（日本史籍協会叢書　26-27）　各3000円

政治

◇大久保利通関係文書 第3 立教大学文学部史学科日本史研究室編 吉川弘文館 1968 400p 22cm 3000円
◇大久保利通 小島直記著 至誠堂 1965 238p 18cm (至誠堂新書)
◇大久保利通関係文書 1 立教大学日本史研究室著 吉川弘文館 1965
◇20世紀を動かした人々 第10 近代日本の政治家 遠山茂樹編 講談社 1964 395p 図版 19cm
◇近代政治家評伝 阿部真之助著 文芸春秋新社 1953 353p 19cm
◇日本歴史講座 5 大久保利通 原口清著 河出書房 1952

西郷 隆盛

文政10(1827).12.7〜明治10(1877).9.24 政治家・軍人で維新の三傑の一人。薩摩藩下級藩士の家に生まれ、旧名吉之助。島津斉彬に登用されるが、斉彬死後は久光に疎まれ二度流刑となる。召還後は薩長同盟を結び、倒幕の中心人物となって活躍。東征大総督府参謀として勝海舟との会談でなし得た江戸無血開城は有名。新政府では参議に就任、岩倉遣外使節団の巡察中は留守政府を預かったが、明治6年に板垣退助らの征韓論を抑えきれず、自らが使節となる立場をとり、盟友大久保利通と対立。結局政争に敗れ下野に至った。参議辞職後は郷里に戻ったが、鹿児島の不平士族に頼られて10年に挙兵。熊本城まで進軍したが、結局政府の征討軍に敗れて城山で自決した。
　西郷はその行動に私心のない面や悲劇的な最期によって大衆に圧倒的人気があり、その死の直後から多くの西郷伝説・西郷生存説が語りつがれた。

◇龍馬暗殺に隠された恐るべき日本史—われわれの歴史から伏せられた謎と物証 小林久三著 青春出版社 1999.10 229p 18cm (プレイブックス) 850円 ①4-413-01769-2
◇私本 西郷隆盛と千代香—薩長同盟編 安達征一郎著 大阪 大阪海風社 1999.9 286p 19cm (南島叢書) 1800円 ①4-87616-269-7
◇男子豹変のすすめ—歴史に学ぶ現状突破のヒント 童門冬二著 PHP研究所 1999.9 252p 18cm (PHPビジネスライブラリー) 1143円 ①4-569-60785-3
◇わが人生に悔いあり—世界没落人物伝 藤井薫著 なあぷる 1999.7 286p 19cm 1400円 ①4-931440-15-0
◇インドネシア繚乱 今木健之著 西宮 西宮鹿砦社 1999.7 207p 19cm 1400円 ①4-8463-0329-2
◇乱世を斬る 白石一郎著 講談社 1999.7 284p 15cm (講談社文庫) 495円 ①4-06-264640-4
◇教科書が教えない歴史—明治‐大正‐昭和、大事件の真相 藤岡信勝,自由主義史観研究会著 産経新聞ニュースサービス,扶桑社〔発売〕 1999.6 386p 15cm (扶桑社文庫) 667円 ①4-594-02722-9
◇草花の匂ふ国家 桶谷秀昭著 文芸春秋 1999.6 249p 19cm 1905円 ①4-16-355200-6
◇日本人よ、気概をとり戻せ!!—対論×14 松本健一著 徳間書店 1999.6 293p 15cm (徳間文庫—教養シリーズ) 600円 ①4-19-891128-2
◇西郷さんを語る—義妹・岩山トクの回想 岩山清子,岩山和子編著 増補版 至言社,ぺりかん社〔発売〕 1999.5 216p 19cm 2200円 ①4-8315-0880-2

政治

◇西郷南洲遺訓講話　西郷隆盛著, 頭山満講話, 雑賀鹿野編　新装版　至言社;ぺりかん社〔発売〕　1999.5　163p　19cm　2000円　⊕4-8315-0882-9

◇謎を読み解く日本史真相推理　小林久三著　日本実業出版社　1999.5　254p　19cm　1400円　⊕4-534-02933-0

◇西郷隆盛　筑波常治作, 田代三善絵　国土社　1999.3　222p　21cm　（堂々日本人物史 16—戦国・幕末編）　1200円　⊕4-337-21016-4

◇代表的日本人　内村鑑三著, 稲盛和夫監訳　講談社インターナショナル　1999.3　265p　19cm　（バイリンガル・ブックス）　1200円　⊕4-7700-2401-0

◇軍師と家老—ナンバー2の研究　鈴木亨著　中央公論新社　1999.2　307p　15cm　（中公文庫）　667円　⊕4-12-203354-3

◇五人の先哲に学べ—日本再生への道　吉川寅二郎著　日新報道　1999.2　250p　19cm　1400円　⊕4-8174-0433-7

◇裏切られた三人の天皇—明治維新の謎　鹿島昇著　増補版　新国民社　1999.2　441p　19cm　2330円　⊕4-915157-84-9

◇異端と反逆の思想史—近代日本における革命と維新　岡崎正道著　ぺりかん社　1999.1　313p　19cm　3600円　⊕4-8315-0869-1

◇南洲随想 その他　江藤淳著　文芸春秋　1998.12　245p　19cm　1429円　⊕4-16-354680-4

◇半日の客 一夜の友　丸谷才一, 山崎正和著　文芸春秋　1998.12　427p　15cm　（文春文庫）　600円　⊕4-16-713814-X

◇もう一つの近代—側面からみた幕末明治　マリオン・ウィリアム・スティール著　ぺりかん社　1998.10　357,4p　21cm　4800円　⊕4-8315-0851-9

◇人生と経営—人間として正しいことを追求する　稲盛和夫著　致知出版社　1998.9　210p　19cm　1429円　⊕4-88474-550-7

◇戦後教科書から消された人々　2　濤川栄太著　ごま書房　1998.9　254p　18cm　571円　⊕4-341-30011-3

◇歌之介のさつまのボッケモン　KTS鹿児島テレビ編著, 原口泉監修　鹿児島　鹿児島高城書房　1998.7　176p　19cm　1000円　⊕4-924752-77-0

◇明治維新の生贄—誰が孝明天皇を殺したか 長州忍者外伝　鹿島昇, 宮崎鉄雄, 松重正著　新国民社　1998.7　457p　19cm　2800円　⊕4-915157-83-0

◇男のこと—坂本龍馬, 西郷隆盛が示した変革期の生き方　津本陽著　講談社　1998.7　197p　19cm　1500円　⊕4-06-208905-X

◇堂々日本史　第15巻　NHK取材班編　名古屋　名古屋KTC中央出版　1998.5　249p　19cm　1600円　⊕4-87758-062-X

◇「自在」に生きた日本人　河原宏著　農山漁村文化協会　1998.1　186p　19cm　（人間選書）　1524円　⊕4-540-97112-3

◇幕末維新 奔流の時代　青山忠正著　新装版　文英堂　1998.1　239p　21cm　1800円　⊕4-578-10077-4

◇完全制覇 幕末維新—この一冊で歴史に強くなる！　外川淳著　立風書房　1997.12　254p　19cm　1333円　⊕4-651-75201-2

◇爆笑幕末維新　シブサワ・コウ編　横浜　横浜光栄　1997.12　166p　19cm　（歴史人物笑史）　1000円　⊕4-87719-528-9

◇歴史を動かした男たち—近世・近現代篇　高橋千劔破著　中央公論社　1997.12　429p　15cm　（中公文庫）　819円　⊕4-12-203013-7

◇海よ島よ—歴史紀行　白石一郎著　講談社　1997.11　236p　15cm　（講談社文庫）　438円　⊕4-06-263639-5

◇南洲百話　山田準著　明徳出版社　1997.11　149p　19cm　1200円　⊕4-89619-139-0

37

政治

◇90分でわかる幕末・維新の読み方—基本と常識　加来耕三監修,日本史フォーラム21編著　かんき出版　1997.10　233,6p　19cm　1400円　Ⓘ4-7612-5668-0

◇痩我慢というかたち—激動を乗り越えた日本の志　感性文化研究所編　黙出版　1997.8　111p　21cm　（MOKU BOOKS—感動四季報）　660円　Ⓘ4-900682-25-X

◇歴史に学ぶライバルの研究　会田雄次,谷沢永一著　PHP研究所　1997.8　261p　15cm　（PHP文庫）　533円　Ⓘ4-569-57040-2

◇西郷さんを語る—義妹・岩山トクの回想　岩山清子,岩山和子編著　至言社;ぺりかん社〔発売〕　1997.6　213p　19cm　2200円　Ⓘ4-8315-0781-4

◇裏切られた三人の天皇—明治維新の謎　鹿島昇著　新国民社　1997.1　394p　19cm　2330円　Ⓘ4-915157-81-4

◇歴史上の本人　南伸坊著　日本交通公社出版事業局　1996.12　222p　19cm　1500円　Ⓘ4-533-02622-2

◇「南洲翁遺訓」を読む—わが西郷隆盛論　渡部昇一著　致知出版社　1996.11　252p　19cm　1553円　Ⓘ4-88474-502-7

◇挑戦—ライバル日本史5　NHK取材班編　角川書店　1996.11　294p　15cm　（角川文庫）　505円　Ⓘ4-04-195422-3

◇偉大な教育者　西郷隆盛—沖永良部島の南洲塾　本部広哲著　大阪　大阪海風社　1996.9　279p　19cm　1748円　Ⓘ4-87616-254-9

◇明治新政権の権力構造　福地惇著　吉川弘文館　1996.8　272p　21cm　5800円　Ⓘ4-642-03662-8

◇詩歌と歴史と生死　第4巻　俗塵に生きる　福田昭昌著　教育開発研究所　1996.6　249p　19cm　1456円　Ⓘ4-87380-254-7

◇日本人の生き方　童門冬二著　学陽書房　1996.6　295p　19cm　（陽（ひざし）セレクション）　1748円　Ⓘ4-313-47001-8

◇御用心‼—いま明治の亡霊がうろついている　日下藤吾著　近代文芸社　1996.5　149p　19cm　2233円　Ⓘ4-7733-5123-3

◇開国の時代を生き抜く知恵　童門冬二著　大阪　大阪プレイグラフ社　1996.4　301p　19cm　1553円　Ⓘ4-938829-01-0

◇江戸人物伝　白石一郎著　文芸春秋　1996.3　248p　15cm　（文春文庫）　408円　Ⓘ4-16-737015-8

◇心に生きる日本人—歴史を彩る人物列伝　杉田幸三著　展転社　1996.2　294p　19cm　1748円　Ⓘ4-88656-122-5

◇西郷隆盛　勝部真長著　PHP研究所　1996.2　324p　15cm　（PHP文庫）　583円　Ⓘ4-569-56859-9

◇西郷隆盛の人生訓　童門冬二著　PHP研究所　1996.1　236p　15cm　（PHP文庫）　505円　Ⓘ4-569-56826-2

◇激変の時代を生き抜く発想と行動—幕末・明治の大物にみる　黒川志津雄著　日新報道　1995.12　228p　19cm　1262円　Ⓘ4-8174-0359-4

◇代表的日本人　内村鑑三著,鈴木範久訳　新版　岩波書店　1995.7　208p　15cm　（岩波文庫）　505円　Ⓘ4-00-331193-0

◇世界の伝記16　西郷隆盛　福田清人著　新装版　ぎょうせい　1995.2　312p　19cm　1553円　Ⓘ4-324-04393-0

◇西郷隆盛—物語と史蹟をたずねて　童門冬二著　成美堂出版　1995.2　338p　16cm　（成美文庫）　560円　Ⓘ4-415-06415-9

◇西郷隆盛—物語と史蹟をたずねて　童門冬二著　成美堂出版　1995.2　338p　15cm　（成美文庫）　544円　Ⓘ4-415-06415-9

◇ライバル日本史1　NHK取材班編　角川書店　1994.10　220p　20cm　1500円　Ⓘ4-04-522501-3

◇兄弟は他人のはじまりか？　日本テレビ放送網　1994.6　247p　19cm　（知ってる

政治

つもり?!　17)　1100円　Ⓟ4-8203-9414-2

◇幕末三傑・乱世の行動学　尾崎秀樹著　時事通信社　1994.2　184p　19cm　1030円　Ⓟ4-7887-9405-5

◇西郷隆盛　山口宗之著　明徳出版社　1993.9　179p　19cm　(シリーズ陽明学31)　2300円　Ⓟ4-89619-931-6

◇西郷隆盛をめぐる群像　古川薫ほか著　青人社　1993.9　203p　21cm　(幕末・維新百人一話　4)　1500円　Ⓟ4-88296-110-5

◇幕末・維新百人一話　4　西郷隆盛をめぐる群像　古川薫ほか著　青人社　1993.9　203p　21cm　1456円　Ⓟ4-88296-110-5

◇西郷隆盛の道―失われゆく風景を探して　アラン・ブース著、柴田京子訳　新潮社　1993.7　213p　19cm　1300円　Ⓟ4-10-525302-6

◇日本史ものしり英雄伝　加来耕三著　広済堂出版　1993.3　253p　16cm　(広済堂文庫)　480円　Ⓟ4-331-65170-3

◇江戸人物伝　白石一郎著　文芸春秋　1993.1　206p　19cm　1200円　Ⓟ4-16-347130-8

◇西郷隆盛と沖永良部島　先間政明著　八重岳書房　1992.9　125p　19cm　1500円　Ⓟ4-8412-2149-9

◇話のタネ本日本史―英雄・烈女の意外な色と欲　村松駿吉著　日本文芸社　1992.9　248p　15cm　(にちぶん文庫)　480円　Ⓟ4-537-06203-7

◇西郷隆盛―西南戦争への道　猪飼隆明著　岩波書店　1992.6　234p　18cm　(岩波新書　231)　580円　Ⓟ4-00-430231-5

◇男の肖像　塩野七生著　文芸春秋　1992.6　206p　15cm　(文春文庫)　550円　Ⓟ4-16-733702-9

◇西郷隆盛　西郷従宏著　川崎　西郷従宏　1992.4　219p　22cm

◇歴史に親しむ366夜―ポシェット・カランドリエ　2月篇　綱淵謙錠著　悠思社　1992.1　249p　18cm　1200円　Ⓟ4-946424-12-1

◇明治維新の歴史探訪―西郷隆盛のあゆみを尋ねて　近本喜続著　大牟田　近本税理士事務所　1991.5　232p　26cm

◇長崎幕末浪人伝　深潟久著　(福岡)西日本新聞社　1990.10　346p　19cm　1800円　Ⓟ4-8167-0290-3

◇島の巌窟王―西郷隆盛伝　下　東木武市著　〔鹿児島〕　〔東木武市〕　1990.10　303p　19cm　2000円

◇日本人は何を失ったのか―西郷隆盛が遺したこと　加来耕三著　講談社　1990.10　266p　19cm　1500円　Ⓟ4-06-204585-0

◇国にも金にも侭まらず―西郷隆盛・新伝　下　鮫島志芽太著　サイマル出版会　1990.9　394p　19cm　2700円　Ⓟ4-377-20865-9

◇西郷隆盛と大久保利通―特別陳列　鹿児島県歴史資料センター黎明館企画・編集　鹿児島　鹿児島県歴史資料センター黎明館　1990.9　111p　26cm

◇西郷隆盛　池波正太郎著　〔新装版〕　新人物往来社　1990.8　294p　19cm　1400円　Ⓟ4-404-01745-6

◇幕末三舟伝　頭山満著　島津書房　1990.8　368p　21×16cm　2900円　Ⓟ4-88218-028-6

◇島の巌窟王―西郷隆盛伝　上　東木武市著　〔鹿児島〕　〔東木武市〕　1990.7　301p　19cm　2000円

◇西郷隆盛の思想―道義を貫いた男の心の軌跡　上田滋著　PHP研究所　1990.6　381p　19cm　1600円　Ⓟ4-569-52767-1

◇ピクトリアル西郷隆盛/大久保利通　1　幕末維新の風雲　学習研究社　1990.5　127p　26cm　2500円　Ⓟ4-05-103839-4

◇大西郷兄弟物語―西郷隆盛と西郷従道の生涯　豊田穣著　〔新装版〕　光人社

39

政治

1990.5 278p 19cm 1500円 ⑨4-7698-0333-8

◇西郷南洲遺訓講話 西郷隆盛著,頭山満講話,雑賀鹿野編 改訂版 至言社,ぺりかん社〔発売〕 1990.4 163p 19cm 2050円

◇西郷隆盛 高野澄著 徳間書店 1990.4 379p 15cm (徳間文庫) 520円 ⑨4-19-599053-X

◇流魂記―奄美大島の西郷南洲 脇野素粒著 丸山学芸図書 1990.4 353p 19cm 1800円 ⑨4-89542-009-4

◇国にも金にも嵌まらず―西郷隆盛・新伝 上 鮫島志芽太著 サイマル出版会 1990.3 220p 19cm 1600円 ⑨4-377-20839-X

◇大将と賢将―西郷の志と大久保の辣腕 新野哲也著 光風社出版 1990.3 254p 19cm 1000円 ⑨4-87519-750-0

◇日本でいちばん好かれた男―ねうちある生きかたを求めて 鮫島志芽太著 講談社 1990.3 228p 19cm 1300円 ⑨4-06-116668-9

◇史伝 西郷隆盛と山岡鉄舟―日本人の武士道 原園光憲著 日本出版放送企画,柏書房〔発売〕 1990.2 317p 19cm (武士道叢書) 1900円 ⑨4-7601-0553-0

◇書で綴る維新の群像 広論社出版局編 広論社 1990.2 258p 26cm 3914円 ⑨4-87535-125-5

◇西郷隆盛 勝部真長著 PHP研究所 1990.2 254p 19cm (歴史人物シリーズ 第6巻) 1300円 ⑨4-569-52705-1

◇西郷隆盛 人生の詩 神長文夫写真 コーリウ生活文化研究室,新森書房〔発売〕 1990.2 93p 21cm 1800円 ⑨4-931207-21-9

◇西郷隆盛の謎 後藤寿一,河野亮著 天山出版,大陸書房〔発売〕 1990.2 253p 15cm (天山文庫) 420円 ⑨4-8033-2243-0

◇西郷隆盛を語る 司馬遼太郎,奈良本辰也ほか著 新装版 大和書房 1990.2 264p 19cm 1500円 ⑨4-479-81004-8

◇幕末・維新の群像 第6巻 西郷隆盛 勝部真長著 PHP研究所 1990.2 254p 20cm (歴史人物シリーズ) 1300円 ⑨4-569-52705-1

◇図説 西郷隆盛と大久保利通 芳即正,毛利敏彦編著 河出書房新社 1990.1 126p 22×17cm 1500円 ⑨4-309-72474-4

◇西郷隆盛―幕末・明治の風雲 イラスト再現 世界文化社 1990.1 127p 28cm (ビッグマンスペシャル) 1900円

◇「人望」の研究―西郷隆盛はなぜ人を魅きつけるのか? 童門冬二著 主婦と生活社 1989.12 220p 19cm 1000円 ⑨4-391-11225-6

◇NHK 歴史への招待 第26巻 日本放送協会編 日本放送出版協会 1989.12 234p 18cm (新コンパクト・シリーズ 068) 700円 ⑨4-14-018068-4

◇維新の英雄 西郷隆盛 塩田道夫著 日新報道 1989.12 210p 19cm 1030円 ⑨4-8174-0231-8

◇写真紀行 西郷隆盛 福田敏之著 新人物往来社 1989.12 193p 19cm 1800円 ⑨4-404-01684-0

◇真説 西郷隆盛ものしり読本―徳川幕府を倒した男の栄光と挫折 森純大著 広済堂出版 1989.12 227p 18cm (広済堂ブックス) 740円 ⑨4-331-00472-4

◇西郷星は生きている 日下藤吾著 叢文社 1989.12 423p 19cm (現代を拓く歴史名作シリーズ) 1854円 ⑨4-7947-0172-2

◇西郷隆盛―維新の英雄 塩田道夫著 日新報道 1989.12 210p 18cm 1030円 ⑨4-8174-0231-8

◇西郷隆盛 七つの謎 新人物往来社編 新人物往来社 1989.12 237p 19cm 1800円 ⑨4-404-01663-8

政治

◇西郷隆盛と大久保利通—幕末・維新ものしり百科　幕末・維新史研究会編　リクルート出版　1989.12　315p 21cm　1800円　Ⓟ4-88991-164-2

◇大西郷謎の顔　芳即正編著　鹿児島著作社　1989.12　190p　21cm　2500円　Ⓟ4-88671-011-5

◇幕末維新の風雲　学習研究社　1989.12　127p 26×22cm　（ピクトリアル西郷隆盛・大久保利通　1）　2500円　Ⓟ4-05-103839-4

◇「翔ぶが如く」と西郷隆盛—目でみる日本史　司馬大河ドラマをより深く味わうために…　文芸春秋編　文芸春秋　1989.11　277p　16cm　（文春文庫 ビジュアル版）　480円　Ⓟ4-16-810406-0

◇人間西郷隆盛　満江巌著　鹿児島高城書房出版　1989.11　154p　19cm　1000円　Ⓟ4-924752-18-5

◇西郷隆盛—随いて行きたくなるリーダーの魅力　堺屋太一、奈良本辰也、綱淵謙錠ほか著　プレジデント社　1989.11　309p 19cm　1400円　Ⓟ4-8334-1350-7

◇西郷隆盛と維新の謎—維新の巨星・西郷は完全無欠の英雄か！？　堀和久著　日本文芸社　1989.11　238p　18cm　（Rakuda books）　750円　Ⓟ4-537-02160-8

◇西郷さんのここが偉い　維新研究会編　角川書店　1989.10　203p 18cm　（カドカワブックス）　700円　Ⓟ4-04-706062-3

◇西郷隆盛に学ぶ　石原貫一郎著　新人物往来社　1989.10　230p 19cm　2000円　Ⓟ4-404-01653-0

◇薩摩の盟友　西郷と大久保の生涯　栗原隆一著, 斉藤政秋撮影　大陸書房　1989.9　190p　21cm　1200円　Ⓟ4-8033-2355-0

◇史伝 西郷隆盛　海音寺潮五郎著　文芸春秋　1989.9　316p 15cm　（文春文庫）　400円　Ⓟ4-16-713523-X

◇西郷隆盛と大久保利通—男の進退と決断　邦光史郎著　勁文社　1989.9　234p 18cm　（ケイブンシャブックス）　750円　Ⓟ4-7669-1035-4

◇幕末維新の志士読本　奈良本辰也著　天山出版,大陸書房〔発売〕　1989.9　278p　15cm　（天山文庫）　420円　Ⓟ4-8033-1804-2

◇日本の青春　童門冬二著　三笠書房　1989.7　300p 15cm　（知的生きかた文庫）　460円　Ⓟ4-8379-0327-4

◇友情は消えず—西郷隆盛と大久保利通　土橋治重著　経済界　1989.7　246p 18cm　（リュウブックス）　920円　Ⓟ4-7667-0153-4

◇西郷隆盛関係文献解題目録稿—西郷隆盛観の変遷の跡を追う　続 4　野中敬吾編著〔新訂版〕〔松山〕〔野中敬吾〕　1989.6　71,4p　21cm

◇日当山温泉南洲逸話　三島亨著, 藤浪三千尋編　鹿児島　高城書房出版　1989.6　183p　20cm　1545円　Ⓟ4-924752-12-6

◇日本の青春—西郷隆盛と大久保利通の生涯 明治維新を創った男たちの栄光と死　童門冬二著　三笠書房　1989.6　300p 19cm　1200円　Ⓟ4-8379-1396-2

◇西郷隆盛と維新の英傑たち　佐々克明著　三笠書房　1989.5　237p　15cm　（知的生きかた文庫）　420円　Ⓟ4-8379-0317-7

◇西郷と大久保　小学館　1989.1　286p 15cm　（幕末・維新の群像　5）　600円　Ⓟ4-09-401010-6

◇西郷隆盛関係文献解題目録稿—西郷隆盛観の変遷の跡を追って　野中敬吾編　再訂版〔松山〕〔野中敬吾〕　1989.1　379,13p　21cm

◇西郷隆盛の遺書　伴野朗著　新潮社　1988.12　343p 16cm　（新潮文庫 と-7-2）　400円　Ⓟ4-10-104712-X

◇西郷隆盛 5　海音寺潮五郎著　角川書店　1988.11　421p 15cm　（角川文庫 7308）　540円　Ⓟ4-04-127323-4

41

政治

◇西郷隆盛の詩魂―大和にしきを心にぞ　山口正著，中山士朗絵　銀の鈴社,教育出版センター〔発売〕　1988.11　158p 19cm　(銀鈴叢書 1)　1000円　①4-7632-2451-4

◇西郷隆盛 3　海音寺潮五郎著　角川書店　1988.10　380p 15cm　(角川文庫 7301)　490円　①4-04-127321-8

◇西郷隆盛 4　海音寺潮五郎著　角川書店　1988.10　363p 15cm　(角川文庫 7302)　460円　①4-04-127322-6

◇西郷隆盛 1　海音寺潮五郎著　角川書店　1988.9　291p 15cm　(角川文庫 7249)　380円　①4-04-127319-6

◇西郷隆盛 2　海音寺潮五郎著　角川書店　1988.9　245p 15cm　(角川文庫 7250)　340円　①4-04-127320-X

◇史伝 西郷隆盛　安藤英男著　鈴木出版　1988.6　445p 19cm　2000円　①4-7902-9009-3

◇西南戦争　岩井護著　成美堂出版　1987.12　220p 19cm　1000円　①4-415-07712-9

◇西郷隆盛文書　日本史籍協会編　東京大学出版会　1987.11　387p 22cm　(日本史籍協会叢書 102)　8000円　①4-13-097702-4

◇実録西郷隆盛　一色次郎著　春陽堂書店　1987.10　272p 16cm　(春陽文庫)　480円

◇西郷と明治維新革命　斎藤信明著　彩流社　1987.10　434p 21cm　4000円

◇西郷隆盛写真集　福田敏之編著　新人物往来社　1987.10　246p 21cm　2800円　①4-404-01458-9

◇南洲清話―太っ腹になる男の美学西郷隆盛の行動論　赤根祥道著　中経出版　1987.5　244p 19cm　980円　①4-8061-0284-9

◇西郷隆盛―人望あるリーダーの条件　世界文化社　1987.3　239p 19cm　(BIGMANビジネスブックス)　1300円　①4-418-87602-2

◇西郷家の女たち　阿井景子著　文芸春秋　1987.2　246p 20cm　1200円　①4-16-309380-X

◇西郷隆盛の偉さを考える　山田慶晴編　川内　山田慶晴　1986.11　334p 21cm　2500円

◇西郷隆盛を語る　司馬遼太郎ほか著　大和書房　1986.9　264p 19cm　(大和選書)　1800円　①4-479-80027-1

◇素顔のリーダー―ナポレオンから東条英機まで　児島襄著　文芸春秋　1986.8　430p 15cm　(文春文庫)　520円　①4-16-714124-8

◇日本人乃原父―有島武郎と西郷隆盛　三木利英著　明治書院　1986.5　175p 19cm　1400円

◇首丘の人 大西郷　平泉澄著　原書房　1986.2　368,10p 19cm　2500円　①4-562-01703-1

◇西郷隆盛の遺書　伴野朗著　新潮社　1985.10　272p 20cm　1100円　①4-10-354102-4

◇西郷隆盛　田中惣五郎著　吉川弘文館　1985.8　320p 19cm　(人物叢書 新装版)　1700円　①4-642-05011-6

◇西郷隆盛―その生涯　東郷実晴著　〔鹿児島〕〔東郷実晴〕　1985.6　153p 21cm　1000円

◇西郷隆盛のすべて　五代夏夫編　新人物往来社　1985.6　350p 20cm　2000円　①4-404-01260-8

◇西郷隆盛紀行　橋川文三著　朝日新聞社　1985.5　222p 19cm　(朝日選書 280)　820円　①4-02-259380-6

◇西郷隆盛関係文献解題目録稿―西郷隆盛観の変遷の跡を追う　続3　野中敬吾編〔新訂版〕　松山　野中敬吾　1985.3　67p 21cm

◇西郷隆盛の人と思想　満江巌著　郷土の偉人顕彰会　1984.11　159p 19cm

政治

1200円
◇西郷隆盛　福武書店　1984.4〔4〕,26〜186p　26cm　(歴史ライブ)　1400円
①4-8288-0309-2
◇西郷隆盛の悲劇　上田滋著　中央公論社　1983.12　252p　20cm　1350円
①4-12-001259-X
◇西郷隆盛—写真　林忠彦撮影　桐原書店　1983.7　137p　37cm　9800円
◇西郷隆盛　旺文社　1983.7　192p　26cm　(現代視点 戦国幕末の群像)　1900円　①4-01-070557-4
◇三舟及び南洲の書　寺山葛常著　巌南堂書店　1982.9　310p　27cm　11000円
◇西郷隆盛　池波正太郎著　東京文芸社　1982.5　254p　19cm　900円　①4-8088-3058-2
◇錦絵日本の歴史　4　西郷隆盛と明治時代　尾崎秀樹ほか著　日本放送出版協会　1982.4　168p　30cm　3200円
①4-14-008272-0
◇西郷隆盛紀行　橋川文三著　朝日新聞社　1981.11　224p　20cm　1300円
◇西郷隆盛関係文献解題目録稿—西郷隆盛観の変遷の跡を追って　続2　野中敬吾編〔新訂版〕　松山　野中敬吾　1981.9　85p　21cm
◇西郷隆盛は死せず—知られざる西郷追放劇　愛の巻　木俣秋水著　大和書房　1981.5　222p　20cm　1500円
◇永遠の維新者　葦津珍彦著　福岡　葦書房　1981.3　286p　20cm　1800円
◇西郷隆盛全集　第6巻　西郷隆盛全集編集委員会編纂　大和書房　1980.8　636,17p　23cm　6500円
◇西郷隆盛関係文献解題目録稿—西郷隆盛観の変遷の跡を追って　続1　野中敬吾編〔新訂版〕　松山　野中敬吾　1979.8　31p　21cm
◇西郷隆盛全集　第5巻　西郷隆盛全集編集委員会編纂　大和書房　1979.7　647p

23cm　7200円
◇西郷隆盛　奈良本辰也,高野澄著　角川書店　1979.5　350p　19cm　(角川選書101)　1100円
◇西郷隆盛関係文献解題目録稿—西郷隆盛観の変遷の跡を追って　野中敬吾編　新訂版　松山　野中敬吾　1979.4　378,7,13p　21cm　1500円
◇叢書・日本の思想家　48　吉田松陰　山崎道夫著　明徳出版社　1979.4　318p　20cm　1900円
◇西郷隆盛は死せず—新日本政記　天の巻　木俣秋水著　大和書房　1979.2　288p　20cm　1600円
◇嶋の西郷と愛加那—流人島物語　茂野幽考著　鹿児島　奄美文化研究所　1979.2　194p　19cm　2000円
◇西郷隆盛伝—終わりなき命　南日本新聞社編　新人物往来社　1978.12　294p　20cm　1800円
◇西郷隆盛全集　第4巻　西郷隆盛全集編集委員会編纂　大和書房　1978.7　558p　23cm　7200円
◇日本を創った人びと　24　西郷隆盛—維新回天と士族共和の悲劇　日本文化の会編集　飛鳥井雅道著　平凡社　1978.4　82p　29cm　1600円
◇西郷隆盛関係文献解題目録稿—西郷隆盛観の変遷の跡を追って　野中敬吾編　改訂増補　松山　野中敬吾　1978.3　378,7,13p　21cm　1500円
◇西郷隆盛全集　第3巻　西郷隆盛全集編集委員会編纂　大和書房　1978.2　610p　23cm　6500円
◇人間西郷隆盛　満江巌著　大和書房　1977.8　146p　肖像　19cm　700円
◇西郷隆盛は死せず—西郷南洲遺訓解説　敬の巻　木俣秋水著　大和書房　1977.8　264p　肖像　20cm　1300円
◇西郷南洲語録—判断力・行動力をどう身につけるか　鮫島志芽太著　講談社

43

政治

◇1977.7　220p　18cm　（Big backs）550円
◇西郷隆盛全集　第2巻　西郷隆盛著, 西郷隆盛全集編集委員会編纂　大和書房　1977.7　535p 図 肖像　23cm　6500円
◇西郷隆盛関係図書資料目録—鹿児島県立図書館所蔵　鹿児島県立図書館編　鹿児島　鹿児島県立図書館　1977.6　75p　21cm　非売品
◇西郷隆盛—福沢諭吉の証言　坂元盛秋著　新人物往来社　1977.5　298p 図 肖像　20cm　1300円
◇図説西郷隆盛—西南戦争百年　第一出版センター編　講談社　1977.3　182p　30cm　1800円
◇西郷隆盛—その偉大なる生涯　学習研究社　1977.3　185p　29cm　1500円
◇西郷隆盛獄中記—奄美大島と大西郷　昇曙夢著, 坂元盛秋編　新人物往来社　1977.3　236p 図　20cm　1300円
◇西郷の悲劇—裏切られたアジア革命　川合貞吉著　学芸書林　1976.9　281p　20cm　1500円
◇西郷隆盛—評伝　安藤英男著　白川書院　1976.8　276p　21cm　1500円
◇言志録講話—西郷南洲手抄　桂樹亮仙著　2版　深江町（長崎県）　修道僧院　1976.5　174p 図 肖像　18cm　300円
◇西郷隆盛暗殺始末　岩田玲文著　新人物往来社　1976　246p　20cm
◇西郷隆盛全集　第1巻　書翰（嘉永元年-元治元年）　編纂:西郷隆盛全集編集委員会　大和書房　1976　473p 図 肖像　23cm　7200円
◇西郷隆盛伝　勝田孫弥著　至言社　ぺりかん社（発売）　1976　1冊　22cm　8500円
◇南洲翁遺訓　西郷隆盛著　鶴岡　明徳堂　1976　35p 図 肖像　22cm　800円
◇西郷隆盛順逆の軌跡　栗原隆一著　エルム　1974　251p　20cm

◇大西郷遺訓　林房雄著　新人物往来社　1974　182p　20cm　890円
◇大西郷遺訓—頭山満翁講評　頭山満著, 雑賀鹿野編　至言社　ぺりかん社（発売）　1974　163p　20cm　950円
◇西郷隆盛・言志録　岡崎功著　新人物往来社　1973　256p 肖像　19cm　880円
◇西郷隆盛と私学校　米沢藤良著　新人物往来社　1973　231p　20cm　850円
◇西郷隆盛のすべて—その思想と革命行動　浜田尚友著　久保書店　1972　556,17p 図10枚　20cm
◇西郷伝説—「東洋的人格」の再発見　河原宏著　講談社　1971　180p　18cm　（講談社現代新書）　220円
◇西郷隆盛—福沢諭吉の証言　坂元盛秋著　新人物往来社　1971　270p 図 肖像　20cm　850円
◇西郷臨末記　香春建一著　尾鈴山書房　1970.3　373p 図 肖像　19cm　2000円
◇維新の巨人—西郷隆盛　芳賀登著　雄山閣　1970　301,13p 肖像 図　22cm　1200円
◇西郷隆盛　上　井上清著　中央公論社　1970　216p　18cm　（中公新書）　280円
◇西郷隆盛　下　井上清著　中央公論社　1970　234p　18cm　（中公新書）
◇西郷隆盛　第20巻　虎豹の巻　林房雄著　徳間書店　1970　264p　20cm　650円
◇西郷隆盛　第21巻　雷雲の巻　林房雄著　徳間書店　1970　224p　20cm　650円
◇西郷隆盛　第22巻　城山の巻　林房雄著　徳間書店　1970　247p　20cm　650円
◇日本でいちばん好かれた男—ねうちある生きかたを求めて　鮫島志芽太著　講談社　1970　228p　20cm　450円

政治

◇西郷隆盛　第18巻　雪花の巻　林房雄著　徳間書店　1969　260p　20cm　650円

◇西郷隆盛　第19巻　火輪の巻　林房雄著　徳間書店　1969　280p　20cm　650円

◇西郷隆盛　芳賀登著　雄山閣　1968　301p　図版　22cm　（人物史叢書　3）980円

◇西郷隆盛　池波正太郎著　人物往来社　1967　294p　19cm　（近代人物叢書　6）

◇西郷隆盛と志士群像　維新を動かした英傑たち　邑井操著　大和書房　1967　202p　18cm　（ペンギン・ブックス）

◇西郷南州史料　東西文化調査会編　東西文化調査会　1966　図版121枚　31×43cm

◇西郷南洲　木村毅著　雪華社　1966　322p　図版　19cm

◇人物再発見　読売新聞社編　人物往来社　1965　235p　19cm

◇西郷南洲論――西洲翁のヒューマニズム　寄田則隆著　小金井　西郷南洲論刊行会　1965　243p　図版　19cm

◇大西郷の遺訓と精神　黒木弥千代著　谷山　南洲翁遺訓刊行会　1965　222p　図版　18cm

◇奄美大島と大西郷　昇曙夢著　奄美社　1964

◇庄内と大西郷　犬塚又太郎著　致道博物館　1964

◇西郷どんと西南戦争――都城を中心として　増満繁雄著　田中書店　1964

◇西郷隆盛　海音寺潮五郎著　朝日新聞社　1964　475p　22cm

◇西郷隆盛　2巻2冊　山中峯太郎著　二見書房　1964

◇福沢諭吉の歴史的証言と西郷隆盛の死　坂元盛秋著　薩摩琴琵同好会　1964

◇西郷隆盛　圭室諦成著　岩波書店　1960　2刷　194,4p　図版　18cm　（岩波新書）

◇日本人物史大系　第5巻　近代　第1　小西四郎編　朝倉書店　1960　340p　22cm

◇竜郷潜居中の西郷南洲　竜郷村教育委員会編　竜郷村教育委員会　1960

◇道徳教育講座5　西郷南洲　古川哲史著　角川書店　1959

◇日本の思想家　山本健吉編　光書房　1959　224p　20cm

◇講座現代倫理6　西郷隆盛　遠山茂樹著　筑摩書房　1958

◇西郷隆盛　田中惣五郎著　吉川弘文館　1958　319p　図版　18cm　（人物叢書　第4）

◇南洲西郷隆盛　田岡典夫著　講談社　1958

◇風雲　西郷臨末史　下篇　香春建一著　延岡　西郷臨末史刊行会　1958　210p　地図　19cm

◇西郷南洲　木村毅著　筑土書房　1957　341p　図版　20cm

◇西郷隆盛の祖先と新逸話　沢田延音著　敬天塾刊行会　1957

◇至誠の人　西郷隆盛　満江巖著　敬愛塾　1955　3版　146p　図版　19cm

◇風雲　西郷臨末史　上篇　香春建一著　延岡　西郷臨末史刊行会　1955　140p　図版　地図　19cm

◇私の欽仰する近代人　山田孝雄著　宝文館　1954　173p　19cm

◇人間西郷隆盛　第1　青春の巻　松山敏著　人生社　1953-55　19cm　（人生伝記新書　第2編）

◇人間西郷隆盛　第2　新日本建設の巻　松山敏著　人生社　1953-55　19cm　（人生伝記新書　第2編）

◇人間西郷隆盛　第3　城山最後の巻　松山敏著　人生社　1953-55　19cm

45

政治

（人生伝記新書　第2編）
◇世界人としての西郷南洲先生　木村毅著　鹿児島市観光課　1953
◇西郷南洲先生遺芳　西郷南洲先生75年祭奉賛会編　西郷南洲先生75年祭奉賛会　1952
◇大西郷とリンカーン　池田俊彦著　鹿児島奨学会出版部　1948

板垣 退助

　天保8(1837).4.17～大正8(1919).7.16　明治時代全般を通じて活躍した政治家。土佐藩出身で、戊辰戦争では参謀として会津攻略を指揮。新政府で参議に任じられたが、明治6年征韓論争で敗れて下野。翌年民撰議院設立建白書を起草した。帰郷して高知に立志社・愛国社を結成して自由民権運動を開始し、14年自由党結成とともに総理に就任。翌年岐阜で刺された時「板垣死すとも自由は死せず」と叫んだと伝えられる。20年伯爵となり、日清戦争後の29年には第二次伊藤内閣の内務大臣に迎えられた。31年には大隈重信と提携して自由党・進歩党が合併して憲政党を結成、自らは内務大臣となって隈板内閣を組閣したが4ヶ月で瓦解し、33年政界を引退した。

◇日本史の現場検証 2 明治・大正編　合田一道著　扶桑社　1999.11　261p　19cm　1429円　①4-594-02790-3
◇明治秘史疑獄難獄　尾佐竹猛著, 礫川全次解題　復刻版　批評社　1998.12　552,13p　19cm　5700円　①4-8265-0266-4
◇謎の参議暗殺―明治暗殺秘史　三好徹著　実業之日本社　1996.8　276p　19cm　1553円　①4-408-53289-4
◇ニュースで追う明治日本発掘 3　板垣遭難・秩父困民党・鹿鳴館の時代　鈴木孝一編　河出書房新社　1994.10　290p　20cm　2500円　①4-309-72323-3
◇孤雲去りて　上　上　三好徹著　講談社　1990.8　349p 15cm　（講談社文庫）　520円　①4-06-184737-6
◇孤雲去りて　下　下　三好徹著　講談社　1990.8　322p 15cm　（講談社文庫）　520円　①4-06-184738-4
◇板垣退助　高野澄著　PHP研究所　1990.1　206p 19cm　（歴史人物シリーズ　第5巻）　1300円　①4-569-52668-3

◇幕末・維新の群像　第5巻　板垣退助　高野澄　PHP研究所　1990.1　206p　20cm　（歴史人物シリーズ）　1300円　①4-569-52668-3
◇幕末維新の志士読本　奈良本辰也著　天山出版,大陸書房〔発売〕　1989.9　278p　15cm　（天山文庫）　420円　①4-8033-1804-2
◇板垣退助―自由民権の夢と敗北　榛葉英治著　新潮社　1988.8　325p 19cm　1400円　①4-10-356703-1
◇板垣退助―自由民権の夢と敗北　榛葉英治著　新潮社　1988.8　325p 19cm　1400円　①4-10-356703-1
◇板垣遭難前後史談―明治民権史話　相原尚褧と小池勇　建部恒二著　岐阜　建部恒二　1984.10　415p　22cm　非売品
◇史伝板垣退助　糸屋寿雄著　清水書院　1974　506,12p 図 肖像　22cm　4800円
◇無形板垣退助　平尾道雄著　高知　高知新聞社　高新企業(制作販売)　1974　285p　19cm　1000円

政治

◇日本歴史講座 5 近代篇 板垣退助 小西四郎著 河出書房 1954
◇板垣退助 橋詰延寿著 板垣会 1954
◇近代政治家評伝 阿部真之助著 文芸春秋新社 1953 353p 19cm
◇板垣退助 福地重孝著 市川史談会 1951
◇明治の政治家たち―原敬につらなる人々 上,下巻 服部之総著 岩波書店 1950-54 2冊 18cm (岩波新書)
◇自由を護った人々 大川三郎著 新文社 1947 314p 18cm

江藤 新平

天保5(1834).2.9～明治7(1874).4.13
明治初期の政治家。文久2年佐賀藩を脱藩して尊王攘夷運動に従事し、藩から永蟄居処分を下された。維新により許されて政府に出仕し、戊辰戦争では軍監として従軍。のち東京府判事、文部大輔などを歴任し、明治5年に司法卿に任じられ、新政府の司法制度改革に取り組んだ。翌年には参議となったが、征韓論を主張し明治六年の政変で下野。明治7年1月板垣退助らとともに民撰議院設立建白書に署名した。しかし翌月郷土の不平士族の首領に祭り上げられて佐賀の乱を起こし、逃亡したが捕らえられ斬首された。

＊　　＊　　＊

◇マンガ 教科書が教えない歴史 2 藤岡信勝,自由主義史観研究会原作・監修,ダイナミックプロダクション作画 産経新聞ニュースサービス;扶桑社〔発売〕 1998.9 258p 19cm 952円 ①4-594-02554-4
◇司法卿 江藤新平 佐木隆三著 文芸春秋 1998.4 300p 15cm (文春文庫) 438円 ①4-16-721514-3
◇江藤新平―近代日本のかたちをデザインした人 中島優著,自由主義史観研究会編 明治図書出版 1997.11 108p 19cm (教科書が教えない歴史人物の生き方 2) 1048円 ①4-18-461207-5
◇御用心!!―いま明治の亡霊がうろついている 日下藤吾著 近代文芸社 1996.5 149p 19cm 2233円 ①4-7733-5123-3
◇司法卿 江藤新平 佐木隆三著 文芸春秋 1995.4 253p 19cm 1553円 ①4-16-315470-1
◇民権の獅子―兆民をめぐる男たちの生と死 日下藤吾著 叢文社 1991.12 423p 19cm (現代を拓く歴史名作シリーズ) 2300円 ①4-7947-0193-4
◇民権の火柱江藤新平 日下藤吾著 叢文社 1990.11 373p 19cm (現代を拓く歴史名作シリーズ) 2000円 ①4-7947-0180-2
◇江藤新平と明治維新 鈴木鶴子著 朝日新聞社 1989.6 342p 21cm 1450円 ①4-02-256027-4
◇叛乱の系譜―江藤新平とその周辺 柴田射和著 東京文芸社 1988.8 302p 20cm 1500円 ①4-8088-3215-1
◇江藤新平 鈴木鶴子著 鈴木鶴子 1987.12 342p 22cm
◇江藤新平―急進的改革者の悲劇 毛利敏彦著 中央公論社 1987.5 218p 18cm (中公新書 840) 540円 ①4-12-100840-5
◇江藤新平 杉谷昭著〔新装版〕 吉川弘文館 1986.3 261p 19cm (人物叢書) 1500円 ①4-642-05032-9
◇江藤新平と佐賀の乱 園田日吉著 新人物往来社 1974 230p 20cm 980円
◇郷土史に輝く人びと 企画・編集:郷土史に輝く人々企画・編集委員会〔佐賀〕 佐賀県青少年育成県民会議 1973 396p 図 22cm
◇郷土史に輝く人びと 第5集〔佐賀〕 佐賀県青少年育成県民会議 1972 127p 肖像 19cm

47

政治

◇江藤新平伝　園田日吉著　大光堂
　1968　349p 図版　22cm
◇江藤南白　下　的野半介編　原書房
　1968　672,154p 地図　22cm　（明治百年史叢書）
◇江藤南白　上　的野半介編　原書房
　1968　708p 図　22cm　（明治百年史叢書）　4500円
◇江藤新平　杉谷昭著　吉川弘文館
　1962　261p 図版　18cm　人物叢書

後藤　象二郎

天保9(1838).3.19〜明治30(1897).8.4
政治家。土佐藩士で藩主山内豊重を補佐、また坂本龍馬の理解者でもあった。明治政府では参与・工部大輔・左院議長・参議を歴任したが、明治6年征韓論に敗れて参議を辞職して下野。板垣退助らと民撰議院設立建白書を起草した。8年に払い下げられた高島炭坑の経営を始めるが失敗。14年の自由党結成に板垣退助とともに参加した。その後大同団結運動を指導したが、政府に迎えられて黒田・山県・松方内閣では逓信大臣、第二次伊藤内閣では農商務大臣を歴任した。

＊　　＊　　＊

◇軍師と家老—ナンバー2の研究　鈴木亨著　中央公論新社　1999.2　307p　15cm　（中公文庫）　667円　④4-12-203354-3
◇後藤象二郎と近代日本　大橋昭夫著　三一書房　1993.6　318p 19cm　3200円　④4-380-93232-X
◇長崎幕末浪人伝　深潟久著　（福岡）西日本新聞社　1990.10　346p 19cm　1800円　④4-8167-0290-3

副島　種臣

文政11(1828).9.9〜明治38(1905).1.31
政治家。元佐賀藩士で尊王攘夷運動に投じ、維新後は参与・参議・外務卿となった。琉球帰属問題の処理を担当し、明治6年全権大使として清国に赴き、日清修好条規批准書を交換した。帰国後は征韓論を主張、西郷隆盛らとともに参議を辞職して下野、民撰議院設立建白書に署名している。一時愛国公党の結成に加わったが、その後は宮中で侍講・宮中顧問官になり、枢密顧問官・枢密院副議長を務めたあと、松方内閣の内務大臣にも任じられた。

＊　　＊　　＊

◇副島種臣　大橋昭夫著　新人物往来社
　1990.7　373p 19cm　2500円　④4-404-01739-1
◇副島種臣伯　丸山幹治著　みすず書房
　1987.4　358p 21cm　（みすずリプリント2）　3500円　④4-622-02672-4
◇叢書・日本の思想家　47　元田東野　巨勢進著　明徳出版社　1979.6　256p　20cm　1800円
◇郷土史に輝く人びと　企画・編集:郷土史に輝く人々企画・編集委員会　〔佐賀〕佐賀県青少年育成県民会議　1973　396p 図　22cm
◇郷土史に輝く人びと　〔第3集〕　佐賀　佐賀県青少年育成県民会議　1970　139p 図版　19cm

秩禄処分

明治9年8月、封建的秩禄（江戸時代以来の家禄と維新功労者への賞典禄）を全廃して、代わりに金禄公債証書を発行する条例が公布されたこと。廃藩置県により各藩が華士族に支給していた家禄を政府が負担することになり、財政面で大きな負担となっていた（当時歳出の3分の1に相当）。この条例により士族には家禄の5〜14年分にあたる公債が交付され、償還までは利子のみが支給されることになった。封建的領有が廃されたことで、政府の士族授産政策にも関わらず「士族の商法」で失敗した多くの士族は没落していくことになり、こうした不平士族の増加はのちに西南戦争を引き起こすことになる。

＊　　＊　　＊

政治

◇秩禄処分―明治維新と武士のリストラ
　落合弘樹著　中央公論新社　1999.12
　213p　18cm　（中公新書）　660円
　①4-12-101511-8
◇日本近代史の再構築　伊藤隆編　山川出
　版社　1993.4　411p　22cm　6400円
　①4-634-61460-X
◇封建的身分制度の廃止、秩禄公債の
　発行及び武士の授産　中島信衛著
　岩波書店　1982.5　31p　23cm　（日本資
　本主義発達史講座　第1部 明治維新史）
◇維新政権の秩禄処分―天皇制と廃藩置県
　千田稔著　開明書院　1979.10　485p
　22cm　6000円
◇明治前期財政経済史料集成　第8巻
　族禄処分録　大内兵衛, 土屋喬雄編
　大蔵省国債局編　原書房　1979.3
　605p　22cm　8500円
◇華士族秩禄処分の研究　深谷博治著　新
　訂　吉川弘文館　1973　460,8p　22cm
　4100円
◇明治前期　財政経濟史料集成　第8巻
　族禄処分録,秩禄処分類末略,秩禄処分
　参考書　大内兵衛, 土屋喬雄共編
　明治文献資料刊行会　1963　22cm

紀尾井坂の変

　明治11年5月14日、当時政府の最高実力者だった大久保利通が東京麹町の紀尾井坂で石川県士族島田一郎ら6人の不平士族により暗殺された事件。大久保は薩摩藩出身で西郷隆盛・木戸孝允と並び「維新の三傑」と称され、明治六年の政変以後は内務卿として独裁的権力を振るっていた。島田らは西南戦争など不平士族の反乱を武力鎮圧した大久保に反感を抱いて事件を起こした。島田らは斬罪に処せられた。
　この事件の後は伊藤博文が政府の中心となって、政局は自由民権運動・憲法制定・国会開設問題を軸に推移していくことになった。紀尾井坂の変は維新動乱期の終焉を告げる事件と位置づけられる。

　　　　＊　　　＊　　　＊

◇謎の参議暗殺―明治暗殺秘史　三好徹著
　実業之日本社　1996.8　276p　19cm
　1553円　①4-408-53289-4
◇図説　西郷隆盛と大久保利通　芳即
　正, 毛利敏彦編著　河出書房新社
　1990.1　126p　22×17cm　1500円　①4-
　309-72474-4
◇江藤新平と明治維新　鈴木鶴子著
　朝日新聞社　1989.6　342p　21cm
　1408円　①4-02-256027-4
◇利通暗殺―紀尾井町事件の基礎的研究
　遠矢浩規著　行人社　1986.6　246,8p
　20cm　1200円　①4-905978-23-8

自由民権運動

　明治7年の民撰議院設立建白書提出以降、十数年間にわたって国会開設・憲法制定・地租軽減などをめぐり全国で繰り広げられた政治運動の総称。当初は運動の担い手は士族が中心で国会開設が大目標だったが、やがて都市部の知識人や地方の豪農層も運動に参加し、憲法問題も大きな軸になり各地で私擬憲法案が作成されるようになっていく。明治十四年の政変で国会開設の詔を引き出した民権派は、自由党、立憲改進党などの政党を組織。地方の小作農なども自由党に入党して運動に加わり地租軽減などを政府に要求していったが、各地で激化事件が発生して自由党は解散し運動は衰退した。
　20年頃からは憲法発布・国会開設を前に三大事件建白運動や大同団結運動が

政治

行われたが保安条例により抑圧され、以後は議会闘争が中心となっていった。

◇マンガ・日本の歴史がわかる本　幕末・維新‐現代篇　小和田哲男監修，小杉あきら画　三笠書房　1999.12　285p　15cm　（知的生きかた文庫）　533円　ⓘ4-8379-7077-X

◇日本の歴史博物館・史跡—調べ学習に役立つ時代別・テーマ別　7　明治・大正・昭和・平成時代　佐藤和彦監修　あかね書房　1999.4　47p　30×22cm　3200円　ⓘ4-251-07907-8

◇戦後部落問題論集　第5巻　歴史研究2　近代　部落問題研究所編　京都　京都部落問題研究所　1999.3　453p　21cm　8000円　ⓘ4-8298-2538-3

◇文学近代化の諸相　4　「明治」をつくった人々　小笠原幹夫著　高文堂出版社　1999.3　176p　21cm　2190円　ⓘ4-7707-0616-2

◇千人同心往還　拝島宿の興亡　宮岡和紀著　立川　立川けやき出版　1999.1　197p　21cm　1800円　ⓘ4-87751-066-4

◇日本史がわかる人物ネットワーク事典—人と人との関わりが歴史を作る！！　加来耕三監修，歴史人物研究会編著　かんき出版　1998.12　245,10p　19cm　1400円　ⓘ4-7612-5745-8

◇日本近代思想のアジア的意義—中国における日本思想の研究　3　卞崇道著　農山漁村文化協会　1998.9　323p　19cm　（人間選書）　2000円　ⓘ4-540-98069-6

◇茨城の思想　小林三衛，武井邦夫編　水戸　水戸茨城新聞社　1998.8　213p　19cm　2300円　ⓘ4-87273-117-4

◇子どもとつくる近現代史　第1集　安井俊夫編　日本書籍　1998.8　299p　21cm　（1単元の授業21）　2800円　ⓘ4-8199-0448-5

◇東京の近現代を歩く　東京都歴史教育者協議会編　岩崎書店　1998.8　227p　21cm　1905円　ⓘ4-265-80084-X

◇日本の近代化と儒学—中国における日本思想の研究　2　王家驊著　農山漁村文化協会　1998.8　397p　19cm　（人間選書）　2286円　ⓘ4-540-98051-3

◇客分と国民のあいだ—近代民衆の政治意識　牧原憲夫著　吉川弘文館　1998.7　243,13p　19cm　（ニューヒストリー近代日本　1）　2600円　ⓘ4-642-03700-4

◇山口左七郎と湘南社—相州自由民権運動資料　大畑哲，佐々木徹，石倉光男，山口匡一著　横浜　横浜まほろば書房　1998.5　267p　21cm　（雨岳文庫　第1集）　3800円　ⓘ4-943974-09-0

◇民衆と豪農—幕末明治の村落社会　髙橋敏著　未来社　1998.5　262p　19cm　2800円　ⓘ4-624-11088-9

◇国民国家論の射程—あるいは「国民」という怪物について　西川長夫著　柏書房　1998.4　289p　19cm　2500円　ⓘ4-7601-1617-6

◇文明開化—明治時代前期　ぎょうせい　1998.4　189p　26cm　（おもしろ日本史まんがパノラマ歴史館　11）　2000円　ⓘ4-324-05141-0

◇図書館史—近代日本篇　小川徹，山口源治郎編　教育史料出版会　1998.3　218p　21cm　（新編　図書館学教育資料集成　7）　2000円　ⓘ4-87652-333-9

◇明治維新と近代日本—明治時代　1　海野福寿監修，井上大助漫画　集英社　1998.3　163p　21cm　（学習漫画　日本の歴史　15）　850円　ⓘ4-08-239015-4

◇都市民権派の形成　沢大洋著　吉川弘文館　1998.2　287p　21cm　6000円　ⓘ4-642-03678-4

◇土佐自由民権を読む—全盛期の機関紙と民衆運動　松岡僖一著　青木書店　1997.12　283p　22cm　6000円　ⓘ4-250-97048-5

◇部落の歴史と解放運動—近代篇　部落問題研究所編　増補版　京都　部落問題研究所出版部　1997.12　298p　19cm　2200円　Ⓘ4-8298-2053-5

◇私たちの自由民権運動　塩田庄兵衛著　新日本出版社　1997.9　205p　20cm　2200円　Ⓘ4-406-02536-7

◇玄洋社発掘—もうひとつの自由民権　石瀧豊美著　増補版　福岡　西日本新聞社　1997.8　421,34p　22cm　2600円　Ⓘ4-8167-0431-0

◇石阪昌孝とその時代—豪農民権家の栄光と悲惨の生涯　渡辺奨, 鶴巻孝雄著　町田　町田ジャーナル社　1997.7　499p　22cm　2500円

◇近代天皇制国家と民衆・アジア　上　松尾章一著　法政大学出版局　1997.6　312,20p　21cm　3800円　Ⓘ4-588-32118-8

◇医師・窪田次郎の自由民権運動　広島県立歴史博物館編　福山　広島県立歴史博物館　1997.4　200p　20×22cm

◇図説自由／民権　町田市立自由民権資料館編　〔町田〕　町田市教育委員会　1997.3　123p　28cm

◇歴史の道・再発見　第6巻　サヌカイトから自由民権まで—南海道をあるく　大阪　フォーラム・A　1996.11　285p　19cm　2408円　Ⓘ4-938701-64-2

◇近代日本の先駆的啓蒙家たち—福沢諭吉・植木枝盛・徳富蘇峰・北村透谷・田岡嶺雲　デ・ペ・ブガーエワ著, 亀井博訳　平和文化　1996.10　222p　22cm　3090円　Ⓘ4-938585-61-8

◇日本歴史大系　13　明治国家の成立　井上光貞〔ほか〕編　山川出版社　1996.9　428,19p　22cm　3398円　Ⓘ4-634-33130-6

◇近代日本地方政党史論—「裏日本」化の中の新潟県政党運動　阿部恒久著　芙蓉書房出版　1996.7　309p　22cm　5800円　Ⓘ4-8295-0167-7

◇明治思想史—近代国家の創設から個の覚醒まで　松本三之介著　新曜社　1996.5　265,14p　20cm　（ロンド叢書　5）　2575円　Ⓘ4-7885-0560-6

◇近代日本地域民衆教育成立過程の研究—近代学校の成立と自由民権運動の展開　千葉昌弘著　松戸　梓出版社　1996.4　334p　22cm　3605円　Ⓘ4-87262-601-X

◇色川大吉著作集　第5巻　人と思想　筑摩書房　1996.4　506p　22cm　7600円　Ⓘ4-480-75055-X

◇細川家資料目録　高知市立自由民権記念館編　高知　高知市立自由民権記念館　1996.3　16,459p　26cm　2500円

◇多摩の書物と刷物　町田市立自由民権資料館編　町田　町田市教育委員会　1996.3　107p　21cm　（民権ブックス　9号）

◇日本近代政治史　1　兼近輝雄著　敬文堂　1996.3　344p　22cm　3605円　Ⓘ4-7670-0017-3

◇近代日本の政治と地域社会　宇野俊一編　国書刊行会　1995.12　361p　22cm　10000円　Ⓘ4-336-03791-4

◇共存同衆の生成—文明開化と初期都市民権派の知識人言論結社の航跡　沢大洋著　相模原　青山社　1995.7　204p　22cm　3500円　Ⓘ4-915865-54-1

◇検証近代日本のあゆみ　久保田勲著　札幌　共同文化社　1995.7　340p　21cm　1600円　Ⓘ4-905664-95-0

◇日本民衆史を歩く—中之島が見た先駆者の群像全39話　やながせただし著　大阪　日本機関紙出版センター　1995.7　279,4p　19cm　1650円　Ⓘ4-88900-257-X

◇近代日本の軌跡　2　自由民権と明治憲法　江村栄一編　吉川弘文館　1995.5　267p　20cm　2400円　Ⓘ4-642-07436-8

◇自由民権期の政治思想—人権・地方自治・平和　出原政雄著　京都　法律文化社　1995.4　303,3p　22cm　2884円　Ⓘ4-589-01859-4

◇共存同衆の進展と影響—代表的都市民権派言論結社の航跡　沢大洋著　東海大学出版会　1995.3　349p　22cm　3605円　④4-486-03101-6

◇福岡県史　近代史料編〔26〕　自由民権運動　西日本文化協会編纂　〔福岡〕　福岡県　1995.3　84,538,26p　22cm

◇北村透谷と多摩の人びと　町田市立自由民権資料館編　町田　町田市教育委員会　1995.3　105p　21cm　（民権ブックス7号）

◇土佐自由民権運動日録　土佐自由民権研究会編　高知　高知市文化振興事業団　1994.12　493p　27cm

◇日本近現代史の発展　上　加藤文三著　新日本出版社　1994.9　222,13p　21cm　2000円　④4-406-02275-9

◇ニュースで追う明治日本発掘　2　西南戦争・自由民権・毒婦お伝の時代　鈴木孝一編　河出書房新社　1994.8　294p　20cm　2500円　④4-309-72322-5

◇神奈川の夜明け—自由民権と近代化への道　小林孝雄著　第2版　川崎　多摩川新聞社　1994.8　311p　22cm　2800円　④4-924882-10-0

◇日本史のなかの人権問題　大阪人権歴史資料館編　大阪　解放出版社　1994.7　117p　26cm　2060円　④4-7592-6021-8

◇岩波講座日本通史　第17巻　近代　2　朝尾直弘〔ほか〕編　岩波書店　1994.5　364p　22cm　2800円　④4-00-010567-1

◇史料で語る四国の部落史　近代篇　四国部落史研究協議会編　明石書店　1994.5　251p　21cm　2600円　④4-7503-0592-8

◇変革における民衆—『夜明け前』の実像　上条宏之著　長野　銀河書房　1994.5　372p　19cm　2500円　④4-87413-002-X

◇近代大阪の社会史的研究　北崎豊二著　京都　法律文化社　1994.4　378p　22cm　（大阪経済大学研究叢書　第26冊）　9270円　④4-589-01791-1

◇吉川町史資料集　第4集　自由民権運動　吉川町史編集委員会編　吉川町（新潟県）　吉川町教育委員会　1994.3　171p　26cm

◇土佐の自由民権運動　外崎光広著　高知　高知市文化振興事業団　1994.3　171p　21cm　（高知レポート　4）　1000円

◇日本女性史入門講座　2　自立する女たち　吉見周子著　同成社　1994.3　199p　20cm　1700円　④4-88621-109-7

◇明治民権史論　中野正剛著　福岡　葦書房　1994.1　502,4p　22cm　13390円　④4-7512-0544-7

◇権利の法社会史　近代国家と民衆運動著，後藤正人著　京都　法律文化社　1993.11　268,13p　22cm　3090円　④4-589-01758-X

◇古内竜夫著作集　第1巻　秋田県自由民権期の研究　秋田　秋田文化出版　1993.11　387p　22cm　5000円

◇明治維新と自由民権　石井孝著　横浜　有隣堂　1993.11　352,28p　22cm　8500円　④4-89660-115-7

◇自由の足跡—福島・神奈川と土佐　1993年度特別展　高知市立自由民権記念館編　高知　高知市立自由民権記念館　1993.10　70p　26cm

◇近代日本と自由主義　田中浩著　岩波書店　1993.8　379p　19cm　2600円　④4-00-002739-5

◇大系日本の歴史　13　近代日本の出発　永原慶二〔ほか〕編　坂野潤治著　小学館　1993.8　457p　16cm　（小学館ライブラリー）　980円　④4-09-461013-8

◇三多摩民権運動の舞台裏—立憲政治形成期の地方政界　梅田定宏著　同文館出版　1993.7　238p　22cm　4900円　④4-495-85861-0

◇自由は人の天性なり—「東洋自由新聞」と明治民権の士たち　吉野孝雄著　日本経済新聞社　1993.6　323p　20cm　2400円　④4-532-16104-5

政治

◇日本の歴史―マンガ　44　民権か国権か　石ノ森章太郎著　中央公論社　1993.6　221p　20cm　1000円　①4-12-402844-X

◇三重県の百年　大林日出雄，西川洋著　山川出版社　1993.1　338,32p　20cm　（県民百年史　24）　1960円　①4-634-27240-7

◇自由民権運動の生成と発展　大木三郎著　八千代出版　1993.1　201p　22cm　2500円　①4-8429-0855-6

◇銀座煉瓦街と首都民権　野口孝一著　悠思社　1992.12　286p　20cm　1800円　①4-946424-43-1

◇土佐自由民権運動史　外崎光広著　高知　高知市文化振興事業団　1992.12　422p　22cm　2800円

◇自由民権運動―民主主義の源流　高知　平和資料館・草の家　1992.10　65p　21cm　（草の家ブックレット　no.2）　500円

◇日本の歴史―集英社版　17　日本近代の出発　児玉幸多〔ほか〕編　佐々木克著　集英社　1992.10　318p　22cm　2400円　①4-08-195017-2

◇房総の自由民権―歩きながら考え、考えながら歩き続けて　佐久間耕治著　流山　崙書房出版　1992.9　246p　18cm　（ふるさと文庫）　1200円

◇20世紀フォトドキュメント　第1巻　政治・経済―明治―平成　鳥海靖責任編集　ぎょうせい　1992.8　159p　27cm　3200円　①4-324-02692-0

◇まんが日本の歴史―小学館版　8　新しい日本への道　あおむら純漫画　小学館　1992.7　391p　20cm　1400円　①4-09-624008-7

◇明治文化全集　明治文化研究会編　〔復刻版〕　日本評論社　1992.7　11冊(セット)　21cm　200000円　①4-535-04233-0

◇明治文化全集　第5巻　自由民権篇　上　明治文化研究会編　日本評論社　1992.7　75,517p　23cm　①4-535-04245-4,4-535-04233-0

◇明治文化全集　第6巻　自由民権篇　下巻　明治文化研究会編　日本評論社　1992.7　24,432p　23cm　①4-535-04246-2,4-535-04233-0

◇近代川崎の民衆史―明治人とその風土　小林孝雄著　立川　けやき出版　1992.3　334p　19cm　1800円　①4-905845-95-5

◇北海道議会開設運動の研究　船津功著　札幌　北海道大学図書刊行会　1992.3　374,12p　22cm　（札幌学院大学選書　3）　6180円　①4-8329-5531-4

◇中・四国地方の区町村会と自由民権運動　上野裕久著　広島　広島修道大学総合研究所　1992.2　167p　21cm　（広島修道大学研究叢書　第63号）

◇遠山茂樹著作集　第3巻　自由民権運動とその思想　岩波書店　1991.12　338p　22cm　4800円　①4-00-091703-X

◇民権の獅子―兆民をめぐる男たちの生と死　日下藤吾著　叢文社　1991.12　423p　20cm　2300円　①4-7947-0193-4

◇京都の自由民権運動―自由と民権を希求したひとびと　特別展　京都府立丹後郷土資料館編　宮津　京都府立丹後郷土資料館　1991.10　82p　26cm

◇日本の歴史がわかる本　幕末・維新〜現代篇　小和田哲男著　三笠書房　1991.7　268p　15cm　（知的生きかた文庫）　450円　①4-8379-0457-2

◇透谷と漱石―自由と民権の文学　小沢勝美著　双文社出版　1991.6　370p　20cm　3980円　①4-88164-337-1

◇争点日本の歴史　第6巻　近・現代編(幕末〜第二次大戦後)　佐々木隆爾編　新人物往来社　1991.5　317p　22cm　3700円　①4-404-01779-0

◇史話日本の歴史　清原康正，鈴木貞美編　作品社　1991.4　40冊(別冊とも)　20cm　全89610円

政治

◇近代日本成立期の民衆運動　今西一著　柏書房　1991.3　254p　21cm　3800円　Ⓘ4-7601-0698-7

◇高知市立自由民権記念館—常設展示の案内　高知市立自由民権記念館編　高知　高知市立自由民権記念館　1991.3　85p　26cm

◇豪農民権家の生涯　町田市立自由民権資料館編　町田　町田市教育委員会　1991.3　54p　21cm　(民権ブックス　4)

◇自由灯の研究—帝国議会開設前夜の民権派新聞　松尾章一編　日本経済評論社　1991.3　254p　22cm　3296円　Ⓘ4-8188-0457-6

◇日本史探訪　幕末維新5　「明治」への疾走　さいとう・たかを著　角川書店　1991.3　255p　20cm　(角川コミックス)　1000円　Ⓘ4-04-852190-X

◇明治七年の大論争—建白書から見た近代国家と民衆　牧原憲夫著　日本経済評論社　1990.8　274p　22cm　3502円　Ⓘ4-8188-0433-9

◇草の根の民衆憲法　町田市立自由民権資料館編　町田　町田市教育委員会　1990.3　132p　21cm　(民権ブックス　3)

◇日本近代思想大系　21　民衆運動　安丸良夫, 深谷克己校注　岩波書店　1989.11　504p　21cm　4660円　Ⓘ4-00-230021-8

◇自由は土佐の山間より—自由民権百年第三回全国集会　土佐自由民権研究会編　三省堂　1989.5　421p　22cm　3000円　Ⓘ4-385-34951-7

◇自由民権と大隈・松方財政　大石嘉一郎著　東京大学出版会　1989.2　357p　22cm　(東京大学社会科学研究所研究叢書　第72冊)　4800円　Ⓘ4-13-020087-9

◇土佐の自由民権運動　外崎光広著　高知　高知市文化振興事業団　1988.10　154p　21cm　(高知レポート　4)　1000円

◇東北の自由民権—郷土史論　和泉竜一著　横手　県南民報社　1987.12　240p　19cm　1200円

◇土佐の自由民権運動と教育　千葉昌弘著　高知　土佐出版社　1987.11　183p　22cm　1600円

◇土佐の自由民権家列伝—異色の民権運動家群像　山本大編　高知　土佐出版社　1987.11　213p　19cm　1400円

◇土佐自由民権資料集　外崎光広編　高知　高知市文化振興事業団　1987.11　334p　22cm　3000円

◇自由民権運動と神奈川　大畑哲著　横浜　有隣堂　1987.2　198p　18cm　(有隣新書)　780円　Ⓘ4-89660-074-6

◇近代日本の反権力思想—竜馬の『藩論』を中心に　関家新助著　京都　法律文化社　1986.10　167,43p　22cm　2300円　Ⓘ4-589-01288-X

◇幻視の革命—自由民権と坂本直寛　松岡僖一著　京都　法律文化社　1986.9　234p　22cm　2600円　Ⓘ4-589-01287-1

◇北海道民権史料集　永井秀夫〔ほか〕編　札幌　北海道大学図書刊行会　1986.7　884p　23cm　8800円

◇土佐と結ぶ—三春の自由民権運動展—昭和61年度特別展　三春町歴史民俗資料館編　三春町(福島県)　三春町歴史民俗資料館　〔1986〕　113p　26cm

◇自由民権運動と現代—自由民権百年第二回全国集会報告集　自由民権百年全国集会実行委員会編　三省堂　1985.12　451p　22cm　3500円　Ⓘ4-385-34971-1

◇自由民権と現代　遠山茂樹著　筑摩書房　1985.9　331p　20cm　2600円

◇近代地方民衆史研究　北崎豊二著　京都　法律文化社　1985.7　327p　22cm　(大阪経済大学研究叢書　第12冊)　4500円　Ⓘ4-589-01219-7

◇自由民権より社会福祉—安達憲忠伝　内藤二郎著　文献出版　1985.2　435p　22cm　9500円

◇埼玉自由民権運動史料　埼玉自由民権運動研究会編　浦和　埼玉新聞社　1984.12　802p　22cm　12000円　①4-87889-070-3

◇自由民権運動研究文献目録　自由民権百年全国集会実行委員会編　三省堂　1984.11　348p　22cm　3600円　①4-385-34905-3

◇自由民権革命の研究　江村栄一著　法政大学出版局　1984.11　502,6p　22cm　（叢書・歴史学研究）　7800円

◇自由民権年表—明治17年(1884)を中心に　正木敬二編　名古屋　正木磐　1984.11　142p　26cm　1600円

◇神奈川の自由民権—小宮保次郎日誌　小宮保次郎著, 大畑哲編　勁草書房　1984.11　344p　22cm　4600円

◇静岡県自由民権史料集　静岡県民権百年実行委員会編　三一書房　1984.11　16,824p　27cm　80000円

◇岡山民権運動史関係史料集　第5集　山陽新報社説集　小畑隆資編　岡山　岡山民権運動百年記念行事実行委員会　1984.10　158p　26cm

◇自由民権・東京史跡探訪　竹橋事件の真相を明らかにする会〔編〕　昭和出版　1984.10　134p　19cm　1000円

◇板垣遭難前後史談—明治民権史話　相原尚褧と小池勇　建部恒二著　岐阜　建部恒二　1984.10　415p　22cm　非売品

◇民権百年—その思想と運動　色川大吉著　日本放送出版協会　1984.5　251p　19cm　（NHKブックス　458）　750円　①4-14-001458-X

◇土佐の自由民権　外崎光広著　高知　高知市民図書館　1984.3　360p　20cm　2000円

◇草創初期共存同衆の発展過程の研究　沢大洋著　上尾　大海社　1984.2　106p　21cm

◇夜明けの謀略—自由民権運動と秋田事件　長沼宗次著　横手　秋南文化社　1983.10　222p　20cm　1400円

◇山口県自由民権運動史料集　田村貞雄編　徳山　マツノ書店　1983.9　250p　22cm　4000円

◇海南新誌・土陽雑誌・土陽新聞　家永三郎〔ほか〕解説・解題　弘隆社　1983.6　277p　22cm　7500円

◇国会開設請願者(陸中盛岡紺屋町出身)東京鎮台歩兵伍長小原弥惣八の生涯—人とその時代の研究(中間報告)　大信田尚一郎著　〔大槌町(岩手県)〕〔大信田尚一郎〕　1983.3　215p　26cm

◇自由民権思想と沖縄　比屋根照夫著　研文出版　1982.11　311p　20cm　（研文選書　14）　2200円

◇福島自由民権運動史　庄司吉之助著　会津若松　歴史春秋社　1982.11　443p　22cm　8500円

◇自由民権運動と九州地方—九州改進党の史的研究　新藤東洋男著　大牟田　古雅書店　1982.6　158p　26cm　1600円

◇「五日市憲法草案の碑」建碑誌　「五日市憲法草案の碑」記念誌編集委員会編　〔五日市町(東京都)〕　五日市町　1982.2　99p　22cm

◇民権　埼玉民権百年実行委員会編　浦和　埼玉新聞社　1982.1　200p　19cm　980円

◇自由民権機密探偵史料集—国立公文書館蔵　井出孫六〔ほか〕編　三一書房　1981.12　875p　27cm　30000円

◇徳島自由民権運動史論　三好昭一郎著　徳島　教育出版センター　1981.12　260p　18cm　（わたしの地域史　2）　1800円

◇岡山民権運動史関係史料集　第1集　小畑隆資, ひろたまさき編　〔岡山〕岡山民権運動百年記念行事実行委員会　1981.11　64p　26cm

◇岡山民権運動史関係史料集　第3集　小畑隆資編　岡山　岡山民権運動百年

政治

記念行事実行委員会　1981.11　92p　26cm
◇写真図説福島自由民権史　高橋哲夫編著　会津若松　歴史春秋社　1981.11　144p　30cm　2800円
◇秋田県の自由民権運動　秋田近代史研究会編　秋田　みしま書房　1981.11　400p　22cm
◇ワッパ騒動と自由民権　佐藤誠朗著　校倉書房　1981.10　312p　20cm（校倉歴史選書）　3000円
◇自由民権関係文献目録—関東地方を中心として　日本図書館協会　1981.10　74p　26cm　700円　①4-8204-8109-6
◇岩手の自由民権運動史　自由民権百年記念・歴史研究会編著　盛岡　杜陵プリント社　1981.9　70p　22cm
◇静岡県の自由民権運動　静岡県近代史研究会編　静岡　静岡県近代史研究会　1981.8　85p　21cm（静岡県近代史研究叢書　2）　600円
◇会津民権史—一名自由党血涙史　小野徳吉著　会津若松　広域社会福祉会マイクロ情報センター　1981.6　122p　22cm　2800円
◇玄洋社発掘—もうひとつの自由民権　石滝豊美著　福岡　西日本新聞社　1981.5　292p　19cm（西日本選書　4）　1800円　①4-8167-0040-4
◇自由民権　色川大吉著　岩波書店　1981.4　244p　18cm（岩波新書）　380円
◇安達憲忠関係史料集—自由民権運動から初期社会福祉事業　内藤二郎編　彩流社　1981.2　648p　22cm　10000円
◇東北の自由民権運動展　仙台市博物館編　仙台　仙台市博物館　c1981　56p　26cm（東北の文化・歴史シリーズ　第9回）
◇岡山民権運動史関係史料集　第2集　ひろたまさき編　岡山　岡山民権運動百

年記念行事実行委員会　1980.12　75p　26cm
◇天皇制形成期の民衆闘争　後藤靖著　青木書店　1980.8　234p　20cm　1800円
◇越前自由民権運動の研究　大槻弘著　京都　法律文化社　1980.6　198p　22cm（大阪経済大学研究叢書　8）
◇画報日本近代の歴史　4　ひろがる自由民権運動　日本近代史研究会編　三省堂　1979.9　175p　31cm　2200円
◇裁判自由民権時代　森長英三郎著　日本評論社　1979.8　289p　19cm（日評選書）　1700円
◇三多摩自由民権史料集　色川大吉責任編集　大和書房　1979.3　2冊　23cm　全19500円
◇歴史科学大系　第27巻　民主主義運動史　上　歴史科学協議会編　中村尚美編集・解説　校倉書房　1978.10　313p　22cm　2500円
◇日本地方財行政史序説—自由民権運動と地方自治制　大石嘉一郎著　御茶の水書房　1978.8　417p　22cm　4000円
◇日本の百年—記録現代史　2　わき立つ民論　鶴見俊輔著者代表　改訂版　筑摩書房　1977.12　358,8p　図　19cm　1400円
◇自由民権運動とその発展　平野義太郎著　新日本出版社　1977.11　224,5p　20cm　1800円
◇博徒と自由民権—名古屋事件始末記　長谷川昇著　中央公論社　1977.11　227p　18cm（中公新書）　400円
◇明治の旗風—自由民権運動　坂本六良著　福島　護憲反安保県民連合　1977.5　240p　図　19cm　1500円
◇地域民衆史ノート—信州の民権・普選運動　上条宏之著　長野　銀河書房　1977.4　382p　18cm（銀河ブックス）　1380円
◇自由民権家松沢求策—その論述・作品と解説　中島博昭, 松沢求策顕彰会編

東京法令出版　1976.10　242p　19cm

◇自由民権家乃記録―祖父苅宿仲衛と同志にさゝぐ　苅宿俊風著　福島　大盛堂印刷出版部　1976　283p　図　肖像　22cm　3800円

◇日本の歴史　25　自由民権　永井秀夫著　小学館　1976　374p(図共)地図　20cm　790円

◇服部之総全集　11　自由民権　福村出版　1974　303p　20cm　1600円

◇佐久自由民権運動史　上原邦一著　三一書房　1973　310p　20cm　1200円

◇鎖塚―自由民権と囚人労働の記録　小池喜孝著　現代史資料センター出版会　1973　286p　20cm　980円

◇風雪の碑―佐久自由民権運動史　上原邦一著　小諸　上原政雄　1973　264p　22cm　(民権運動史料)　750円

◇論集日本歴史　10　自由民権　坂根義久編　有精堂出版　1973　365p　22cm

◇自由民権―明治の革命と反革命　後藤靖著　中央公論社　1972　216p　18cm　(中公新書)

◇中津自由民権運動史　岩田英一郎著　中津　岩田英一郎　1972　182p　19cm

◇日本民権発達史　第6巻　木下広居著　日本民主協会　1971　528p　肖像　22cm　8000円

◇自由民権の系譜―土佐派の場合　平尾道雄著　高知　高知市民図書館　1970　1冊　22cm　1800円

◇民衆憲法の創造―埋もれた多摩の人脈　色川大吉、江井秀雄、新井勝紘著　評論社　1970　385p　図版　19cm　(「人間の権利」叢書　6)　890円

◇沖縄の自由民権運動―先駆者謝花昇の思想と行動　大里康永著　太平出版社　1969　283p　図版　20cm　950円

◇自由と民権の闘い　毎日新聞社社会部編　毎日新聞社　1968　414p　22cm

◇写真図説　近代日本史―明治維新百年　第3　自由民権運動　日本近代史研究会編　国文社　1967　31cm

◇信州の国会開設請願者　上条螢司の自由民権運動とその背景　有賀義人著　松本　信州大学教養部奨匡社研究会　1967　450p　図版　22cm

◇福島民権家列伝　高橋哲夫著　福島　福島民報社　1967　385p(図版共)地図　22cm

◇自由民権運動の展開　後藤靖著　有斐閣　1966　251p　22cm

◇日本民権發達史　第5巻　植原悦二郎、長谷川了著　日本民主協会　1965　559p　表　22cm

◇風雪　第2　自由民権の叫び　木下宗一著　人物往来社　1965　219p　19cm

◇自由民権運動の研究―国会開設運動を中心として　内藤正中著　青木書店　1964　320p　22cm　(歴史学研究叢書)

◇福岡県における自由民権運動　大牟田市立教育研究所編　大牟田　1964　52,22p　24cm　(研究所員報告　第2集)

◇兵庫県における自由民権　法貴発草稿集　法貴発著、堅田精司、富樫守編　1964　168p　21cm　(兵庫県近代史料　1)

◇図説　国民の歴史―近代日本の百年　第5　自由民権の叫び　日本近代史研究会編　国文社　1963　111p　図版　30cm

◇長野県自由民権運動　奨匡社資料集　有賀義人、千原勝美編　松本　信州大学教育学部松本分校奨匡社研究会　1963　171p　図版　21cm

◇日本の百年　第9　わきたつ民論　鶴見俊輔等著　筑摩書房　1963　358p　図版　20cm

◇「自由民権」時代―板垣伯から星亨まで　前田蓮山著　時事通信社　1961　563p　19cm

◇自由民権期の研究　第3巻　民権運動の激化と解体　堀江英一、遠山茂樹編　下山三郎　有斐閣　1959　198p　21cm

政治

- ◇自由民権期の研究　第4巻　明治前期の経済過程〔ほか〕　堀江英一、遠山茂樹編　庄司吉之助　有斐閣　1959　215p　表　21cm
- ◇自由民権期の研究　第1巻　民権運動の発展　堀江英一、遠山茂樹編　遠山茂樹　有斐閣　1959　264p　21cm
- ◇自由民権期の研究　第2巻　民権運動の激化と解体　堀江英一、遠山茂樹編　有斐閣　1959　269p　21cm
- ◇自由民権運動　後藤靖著　大阪　創元社　1958　205p　18cm　(創元歴史選書)
- ◇日本近代史文献目録　第1　自由民権関係文献目録〔ほか〕　法政大学近代史研究会編　謄写版　1958　158p　25cm
- ◇日本民權發達史　第1-4巻　植原悦二郎著　日本民主協会　1958-59　4冊　22cm
- ◇明治史研究叢書　第2期 第3巻　民権運動の展開　解説〔ほか〕　明治史料研究連絡会編　入交好脩　御茶の水書房　1958　240p　19cm
- ◇明治史研究叢書　第3巻　自由民権運動　解説〔ほか〕　明治史料研究連絡会編　遠山茂樹　御茶の水書房　1956-57　19cm
- ◇立志社と民権運動　平尾道雄著　高知　高知市立市民図書館　1955　215p　18cm　(市民新書)
- ◇福島 自由民権運動史—その踏査と研究　高橋哲夫著　理論社　1954　320p　19cm
- ◇民権闘争七十年　尾崎行雄著　読売新聞社　1952　213p　図版　19cm
- ◇自由民権　鈴木安蔵著　白揚社　1948　494p　21cm
- ◇自由民権女性先駆者—楠瀬喜多子,岸田俊子,景山英子　住谷悦治著　京都　文星堂　1948　80p　19cm
- ◇自由民權　鈴木安藏著　白揚社　1948　494p　22cm
- ◇民権運動の發展　平野義太郎著　雄鶏社　1948　240p　21cm
- ◇自由民権運動史　鈴木安蔵編　光文社　1947　275p　18cm
- ◇日本の自由民権　田中惣五郎著　雄山閣　1947　216p　19cm　(歴史新書　第2)　50円
- ◇憲法と自由民権　鈴木安蔵著　永美書房　1946　180p　19cm　3円
- ◇自由民権　平野義太郎著　生活社　1946　31p　18cm　日本叢書　65　2円

民撰議院設立建白書

　明治7年1月、板垣退助らが左院に提出した国会開設の建白。明治六年の政変で下野した参議が中心となり、有司専制政治による国家の危機を官民一体となって打開するため早急な国会開設を求めたもの。言外には大久保利通独裁政治批判が含まれていた。署名したのは板垣のほか、後藤象二郎、江藤新平、副島種臣、古沢滋、岡本健三郎、小室信夫、由利公正で、以後の自由民権運動の口火を切るものであった。

*　　　*　　　*

- ◇副島種臣　大橋昭夫著　新人物往来社　1990.7　373p　19cm　2427円　①4-404-01739-1
- ◇明治草創—啓蒙と反乱　植手通有編著　社会評論社　1990.7　319p　21cm　(思想の海へ「解放と変革」　6)　2524円
- ◇日本近代史講義—明治立憲制の形成とその理念　鳥海靖著　東京大学出版会　1988.6　358p　21cm　2800円　①4-13-022008-X

国会期成同盟

　明治13年、国会開設を請願するために作られた組織で、愛国社を中心とする各結社と有志により創立された。この年3月に大阪で開かれた

政治

愛国社の第4回大会がそのまま国会期成同盟の第1回大会となったもので、11月に東京で開催された第2回大会には13万人以上の委託を受けた代表が参集した。翌年の第3回大会の最中に明治十四年の政変が起き、国会開設の詔が発布され目的が一応達成された。

讒謗律・新聞紙条例制定 出版条例改定

いずれも明治8年に制定または改定されたもので、明治初頭の言論抑圧の法令。讒謗律は本来名誉毀損の処罰のために6月に制定されたが、自由民権派や不平士族の政府攻撃の取締に流用された。新聞紙条例は讒謗律と同時に制定されたもので反政府的な新聞・雑誌の取締が目的で、言論人が多く投獄された。出版条例は明治2年に公布されていたが、この年9月に罰則規定が強化され内務省の管轄となった。いずれも自由民権運動の高揚を鎮静化するために定められたといえる。

いずれも明治8年に制定または改定されたもので、明治初頭の言論抑圧の法令。讒謗律は本来名誉毀損の処罰のために6月に制定されたが、自由民権派や不平士族の政府攻撃の取締に流用された。新聞紙条例は讒謗律と同時に制定されたもので反政府的な新聞・雑誌の取締が目的で、言論人が多く投獄された。出版条例は明治2年に公布されていたが、この年9月に罰則規定が強化され内務省の管轄となった。いずれも自由民権運動の高揚を鎮静化するために定められたといえる。

* * *

◇明六社の人びと　戸沢行夫著　築地書館　1991.4　246p　19cm　2200円　①4-8067-5690-3

集会条例

明治13年に制定された集会・結社の規制法令。政治結社・政治集会は警察への届出と認可が義務づけられ、警察官に集会解散権が与えられた。目的は自由民権運動への対処で、15年には内務卿が結社・集会の禁止を指令できることなどが追加された。この主旨は23年の集会及政社法、33年の治安警察法に受け継がれた。

* * *

◇明治自由党の研究　下巻　寺崎修著　慶応通信　1987.4　271,10p　21cm　2800円　①4-7664-0369-X
◇手塚豊著作集　第6巻　明治刑法史の研究　下　手塚豊著　慶応通信　1986.6　399,11p　21cm　6000円　①4-7664-0342-8

開拓使官有物 払下げ事件

明治14年、北海道開拓使長官黒田清隆による官有物払下げ計画が世論の反対により中止させられた事件。黒田は1400万円以上を投資した不動産などの官有物を同郷の政商五代友厚らに40万円弱・無利息・30年賦という破格の条件で払い下げようと画策。7月にいったんは払下げが決定されたが、国会開設要求と結びついた国民各層の反対運動が沸騰し、政府内でも参議大隈重信を筆頭に批判が相次いだため10月12日に取り消された。なお同日、大隈重信は参議を罷免され、また国会開設の詔も出された。

明治14年、北海道開拓使長官黒田清隆による官有物払下げ計画が世論の反対により中止させられた事件。黒田は1400万円以上を投資した不動産などの官有物を同郷の政商五代友厚らに40万円弱・無利息・30年賦という破格の条件で払い下げようと画策。7月にいったんは払下げが決定されたが、国会開設要求と結びついた国民各層の反対運動が沸騰し、政府内でも参議大隈重信を筆頭に批判が相次いだため10月12日に取り消された。なお同日、大隈重信は参議を罷免され、また国会開設の詔も出された。

* * *

政治

◇大久保利謙歴史著作集 2 明治国家の形成　大久保利謙著　吉川弘文館　1986.5　398,8p　21cm　5800円　ⓘ4-642-03592-3

国会開設の詔

明治14年10月に発布された勅諭で、明治23年を期して国会を開設する旨が明らかになった。早期開設・英国流議会政治を主張した参議大隈重信を罷免して漸進的な国会開設を宣言するとともに、国会・憲法などは原則として政府主導で創設する意志を明確に打ち出した。

明治十四年の政変

明治14年、筆頭参議大隈重信が罷免されて大隈を支持していた進歩的少壮官僚群も政府から追われた政変。この当時、憲法制定・国会開設を如何に進めるかは明治政府最大の政治課題となっていた。大隈は早期国会開設・英国流政党政治の意見書を提出。一方井上毅・伊藤博文・岩倉具視らは漸進的なプロイセン流君主制憲法を志向し、両者は対立していた。そこに開拓使官有物払下げ事件が発生。政府内部では世論が反政府一色に染まったのは大隈の陰謀によるとの説が広まり、14年10月に結局大隈は罷免された。肥前出身の大隈が追放されたことで、政府内部の薩長藩閥支配が強化され、またプロイセン流欽定憲法路線が確定し、国会開設は大きく遅れることになった。

◇維新と人心　伊藤弥彦著　東京大学出版会　1999.12　281p　21cm　6600円　ⓘ4-13-036098-1

◇明治政党論史　山田央子著　創文社　1999.1　265,10p　21cm　5100円　ⓘ4-423-71047-1

◇近代国家の発展―明治時代後期　児玉幸多監修, あおむら純漫画　増補版　小学館　1998.2　157p　21cm（小学館版学習まんが―少年少女日本の歴史 18）　830円　ⓘ4-09-298118-X

◇比較の中の近代日本思想　近代日本研究会編　山川出版社　1996.11　321p　21cm（年報・近代日本研究 18）　4000円　ⓘ4-634-61790-0

◇明治文化全集　第3巻　正史篇　下巻　明治文化研究会編　日本評論社　1992.7　18,4,576p　23cm　ⓘ4-535-04243-8,4-535-04233-0

◇伊藤博文と明治国家形成―「宮中」の制度化と立憲制の導入　坂本一登著　吉川弘文館　1991.12　310,4p　22cm　5600円　ⓘ4-642-03630-X

◇明治14年の政変―大隈重信一派が挑んだもの　姜範錫著　朝日新聞社　1991.10　271,7p　19cm（朝日選書 435）　1100円　ⓘ4-02-259535-3

◇明治14年の政変―大隈重信一派が挑んだもの　姜範錫著　朝日新聞社　1991.10　271,7p　19cm（朝日選書 435）1068円　ⓘ4-02-259535-3

大隈　重信

天保9(1838).2.16～大正11(1922).1.10　明治・大正時代の政治家。佐賀藩出身で尊王攘夷運動に従事、明治3年に参議となって大久保政権下で産業育成

政治

に携わった。しかし14年に国会開設・憲法制定問題、開拓使官有物払下げ事件などで当時の最高実力者伊藤博文と対立し、参議を罷免され下野。翌年立憲改進党を結党して政党政治実現を目指した。21年には外務大臣として政府に復帰して条約改正交渉にあたったが、外国人判事任用をめぐって批判が集中。排外主義者に襲われ右脚を失い、辞職した。29年進歩党を結成、31年には自由党と合同して憲政党を結成して首相となり、史上初の政党内閣を作った（4ヶ月で瓦解）。大隈はその後大正3年にも組閣している。

◇大久保利通と民業奨励　安藤哲著　御茶の水書房　1999.11　333p　21cm　5800円　Ⓘ4-275-01786-2

◇立憲国家の確立と伊藤博文—内政と外交　1889〜1898　伊藤之雄著　吉川弘文館　1999.7　338,5p　21cm　7500円　Ⓘ4-642-03687-3

◇早稲田派エコノミスト列伝　原輝史編　早稲田大学出版部　1998.5　202p　19cm（ワセダ・オープンカレッジ双書）2500円　Ⓘ4-657-98518-3

◇歴史を動かした男たち—近世・近現代篇　高橋千劔破著　中央公論社　1997.12　429p　15cm（中公文庫）819円　Ⓘ4-12-203013-7

◇食客風雲録—日本篇　草森紳一著　青土社　1997.11　456p　19cm　2800円　Ⓘ4-7917-5589-8

◇痩我慢というかたち—激動を乗り越えた日本の志　感性文化研究所編　黙出版　1997.8　111p　21cm（MOKU BOOKS—感動四季報）660円　Ⓘ4-900682-25-X

◇謎の参議暗殺—明治暗殺秘史　三好徹著　実業之日本社　1996.8　276p　19cm　1553円　Ⓘ4-408-53289-4

◇旋風時代—大隈重信と伊藤博文　南条範夫著　講談社　1995.9　248p　19cm　1650円　Ⓘ4-06-207818-X

◇幸運な志士—若き日の元勲たち　三好徹著　徳間書店　1992.4　283p　19cm　1500円　Ⓘ4-19-124847-2

◇近代日本の政治家　岡義武著　岩波書店　1990.3　318p　16cm（同時代ライブラリー　15）800円　Ⓘ4-00-260015-7

◇大隈重信　榛葉英治著　PHP研究所　1989.12　206p　19cm（歴史人物シリーズ　第3巻）1300円　Ⓘ4-569-52659-4

◇大隈重信とその時代—議会・文明を中心として　早稲田大学大学史編集所編　早稲田大学出版部　1989.10　326p　21cm　2575円　Ⓘ4-657-89029-8

◇エピソード大隈重信125話　エピソード大隈重信編集委員会編　早稲田大学出版部　1989.7　204p　19cm　1500円　Ⓘ4-657-89721-7

◇(劇画)大隈重信　貴志真典著　けいせい出版　1988.10　204p　22cm　980円　Ⓘ4-87444-388-5

◇図録　大隈重信—近代日本の設計者　早稲田大学編　早稲田大学出版部　1988.10　202p　28×22cm　3000円　Ⓘ4-657-88034-9

◇福沢山脈　小島直記著　中央公論社　1987.1　577p　19cm（小島直記伝記文学全集　第4巻）3400円　Ⓘ4-12-402584-X

◇大隈重信　中村尚美著　吉川弘文館　1986.1　325p　19cm（人物叢書　新装版）1700円　Ⓘ4-642-05026-4

◇日本宰相列伝　3　大隈重信　渡辺幾治郎著　時事通信社　1985.10　250p　19cm　1400円　Ⓘ4-7887-8553-6

◇大隈重信—進取の精神、学の独立　榛葉英治著　新潮社　1985.3　2冊　20cm　1100円1200円　Ⓘ4-10-356701-5

◇大隈重信関係文書　6　日本史籍協会編　東京大学出版会　1984.3　561p　22cm

（日本史籍協会叢書　43）　5000円
①4-13-097643-5
◇大隈重信関係文書　4　日本史籍協会編
東京大学出版会　1984.2　16,482p
22cm　（日本史籍協会叢書　41）　5000
円　①4-13-097641-9
◇大隈重信関係文書　5　日本史籍協会編
東京大学出版会　1984.2　18,480p
22cm　（日本史籍協会叢書　42）　5000
円　①4-13-097642-7
◇大隈重信関係文書　2　日本史籍協会編
東京大学出版会　1984.1　22,470p
22cm　（日本史籍協会叢書　39）　5000
円　①4-13-097639-7
◇大隈重信関係文書　3　日本史籍協会編
東京大学出版会　1984.1　22,484p
22cm　（日本史籍協会叢書　40）　5000
円　①4-13-097640-0
◇明治・大正の宰相　第6巻　大隈重信と
第一次世界大戦　豊田穣著　講談社
1984.1　310p　20cm　1000円　①4-06-
180696-3
◇大隈重信関係文書　1　日本史籍協会編
東京大学出版会　1983.12　26,538p
22cm　（日本史籍協会叢書　38）　5000
円　①4-13-097638-9
◇大隈重信―その生涯と人間像　J.C.リブ
ラ著，正田健一郎訳　早稲田大学出版部
1980.1　227,13p　22cm　2300円
◇郷土史に輝く人びと　企画・編集:郷土史
に輝く人々企画・編集委員会　〔佐賀〕
佐賀県青少年育成県民会議　1973
396p　図　22cm
◇大隈侯八十五年史　第1巻　大隈侯八十五
年史会編　原書房　1970　872p　図版
22cm　（明治百年史叢書）　6000円
◇大隈侯八十五年史　第2巻　大隈侯八十五
年史会編　原書房　1970　730p　図版
22cm　（明治百年史叢書）　6000円
◇大隈侯八十五年史　第3巻　大隈侯八
十五年史編纂会編　原書房　1970
892p　図版　22cm　（明治百年史叢書）
6000円

◇大隈重信関係文書　日本史籍協会編
東京大学出版会　1970　6冊　22cm
（日本史籍協会叢書　38-43）　各3000円
◇郷土史に輝く人びと　〔第1集〕　佐賀
佐賀県青少年育成県民会議　1968
145p　19cm
◇明治百年　文化功労者記念講演集
第1輯　福沢諭吉を語る〔ほか〕　高橋誠
一郎　尾崎行雄記念財団　1968　324p
19cm
◇近代日本の教育を育てた人びと　上
教育者としての福沢諭吉〔ほか〕
東洋館出版社編集部編　源了円　東洋館
出版社　1965　19cm　（教育の時代叢書）
◇巨人の面影　大隈重信生誕百二十五年記
念　丹尾磯之助編　校倉書房　1963
179p　図版　19cm
◇大隈重信生誕百廿五年記念展観
早稲田大学図書館編　早稲田大学
1963　64p　図版　22cm
◇明治文明史における大隈重信　柳田泉著
早稲田大学出版部　1962　498p　図版
22cm
◇大隈重信　中村尚美著　吉川弘文館
1961　325p　図版　18cm　（人物叢書
第76）
◇大隈重信　渡辺幾治郎著　時事通信社
1958　250p　図版　18cm　（三代宰相列
伝）
◇大隈文書　5冊　早稲田大学社会科学研
究所編　早稲田大学社会科学研究所
1958-1962
◇明治文化の先達　大隈重信　沢田謙著
偕成社　1954　341p　図版　19cm
（偉人物語文庫）
◇近代政治家評伝　阿部真之助著　文芸春
秋新社　1953　353p　19cm
◇大隈重信　渡辺幾治郎著　大隈重信刊行
会　1952　430p　図版　22cm
◇明治の政治家たち―原敬につらなる人
々　上,下巻　服部之総著　岩波書店
1950-54　2冊　18cm　（岩波新書）

◇自由を護った人々　大川三郎著　新文社　1947　314p　18cm

福島事件

　明治15年に福島県で起きた自由民権運動への最初の弾圧事件。福島県は自由民権運動の拠点の一つで、県会は議長河野広中はじめ自由党・立憲改進党員が多数を占めていた。この年2月に県令として赴任した三島通庸は自由党撲滅を公言して県会と対立。強圧的な開発計画を進めて住民が反対運動を起こすと11月19日に指導者を逮捕した。これに憤激した農民らが28日喜多方警察署で暴動を起こすと、翌日自由党員・農民ら2000人以上が一斉検挙された。翌年県会議長河野広中ら6人は国事犯として有罪判決を受け、福島県の自由民権運動は大打撃を受けた。

　　　　＊　　　＊　　　＊

◇道と川の近代　高村直助編　山川出版社　1996.10　267p　22cm　4900円　①4-634-61050-7

◇福島県の百年　大石嘉一郎編　山川出版社　1992.11　364,28p　20cm　（県民100年史　7）　1960円　①4-634-27070-6

◇福島事件　高橋哲夫著　増補版　三一書房　1981.9　298p　20cm　1800円

◇日本政社政党発達史―福島県自由民権運動史料を中心として　庄司吉之助著　御茶の水書房　1977.11　626p　図　22cm　7500円

◇福島事件物語―自由への叫び　北小路健著　国書刊行会　1974　286p　19cm　850円

◇福島事件　高橋哲夫著　三一書房　1970　282p　20cm　850円

◇日本政社政党発達史―福島県自由民権運動史料を中心として　庄司吉之助著　御茶の水書房　1959　626p　図版　22cm

◇福島事件 高等法院公判録　川島幸信筆記　謄写版　近代日本史料研究会　〔1955〕　407p（附共）図版　25cm

高田事件

　明治16年3月から5月にかけて新潟県頸城・北辰自由党員が内乱陰謀容疑で逮捕された事件。逮捕者は数十人に及んだが、事件は自由党撲滅を狙った当局による捏造で、証拠不十分でほとんどの者が免訴、1人だけが有罪とされた。官憲密偵の自供に基づく典型的な自由党弾圧事件であった。

　　　　＊　　　＊　　　＊

◇日本近代思想大系　21　民衆運動　安丸良夫，深谷克己校注　岩波書店　1989.11　504p　21cm　4660円　①4-00-230021-8

◇自由民権機密探偵史料集―国立公文書館蔵　井出孫六〔ほか〕編　三一書房　1981.12　875p　27cm　30000円

群馬事件

　明治17年5月、群馬県の自由党員が政府転覆を謀議したとされた事件。自由党の日比・湯浅らは負債農民数十名を糾合して高利貸を襲撃した。実際の事件としてはこれだけが事実だが、当時から誇張されて政府転覆の企てがなされたと喧伝された。日比・湯浅ら数十名は逮捕され強盗罪などで刑を受けた。

　　　　＊　　　＊　　　＊

◇ドキュメント群馬事件―昔し思へば亜米利加の…　藤林伸治編　現代史出版会　1979.2　246p　20cm　1500円

◇群馬事件の実像を追って―九十四周年群馬事件を学ぶ集いの報告集　群馬事件を学ぶ集い実行委員会編　高崎あさを社　1978.11　128p　21cm　1000円

◇蚕民騒擾録―明治十七年群馬事件　福田薫著　青雲書房　1974　288p　19cm　980円

加波山事件

　明治17年9月、自由党急進派が政府転覆を企て茨城県加波山で決起した事件。福島事件で逮捕された河野広躰ら急進派自由党員は、釈放後福島県令三島通庸暗殺を計画。一方栃木県では自由党員鯉沼九八郎らが政府転覆を企てて爆弾を製造に着手した。両者はこの年に連絡を取り合い連携してテロ活動を決行しようとしたが果たせずに、警察の追及を受けるようになった。自由党の同志は追いつめられて茨城県加波山で蜂起。警察署などを襲撃したが間もなく全員逮捕された。裁判では国事犯ではなく一般犯罪人として処断され、7人が死刑に処せられた。

＊　　＊　　＊

◇茨城の明治維新　佐々木寛司編著　文真堂　1999.7　214p　19cm　（五浦歴史叢書）　2095円　①4-8309-4334-3

◇加波山事件判決百十周年記念顕彰碑建立報告書　加波山事件顕彰実行委員会編　喜多方　加波山事件顕彰実行委員会　1997.4　31p　30cm

◇伝聞加波山事件　続　岡村安久著　土浦　筑波書林　1988.7　105p　18cm　（ふるさと文庫）　600円

◇加波山事件　野島幾太郎編著　流山　崙書房　1984.9　32,368p　21cm　4500円

◇加波山事件と青年群像　髙橋哲夫著　国書刊行会　1984.9　356p　20cm　2400円

◇加波山事件と富松正安―地方民権運動の軌跡　桐原光明著　流山　崙書房　1984.9　140p　18cm　（ふるさと文庫116）　680円

◇加波山事件研究　三浦進、塚田昌宏著　同時代社　1984.5　324p　20cm　2000円

◇伝聞加波山事件―伝聞ノート4　岡村安久著　土浦　筑波書林　1983.3　86p　18cm　（ふるさと文庫）　480円

◇加波山事件―自由民権への憧憬と散華　加波山事件研究会編、池田峰雄解説　土浦　崙書房　1979.11　120p　18cm　（ふるさと文庫）　580円

◇加波山事件　松永義弘原作，かげやまこうじ作画　柏書房　1979.3　141p　22cm　（歴史ドキュメント劇画シリーズ）　1200円

◇常総の自由民権運動　青木昭〔ほか〕著　流山　崙書房　1978.12　134p　18cm　（ふるさと文庫）　580円

◇加波山事件始末記―歩いて書いた民権激派の記録　田村幸一郎著　伝統と現代社　1978.4　250p　20cm　1500円

◇東陲民権史　関戸覚蔵編　流山　崙書房　1973　596p　図・肖像45枚　22cm　4000円

◇利根川民権紀行　石川猶興著　新人物往来社　1972　254p　20cm　850円

◇加波山事件　遠藤鎮雄著　三一書房　1971　279p　20cm　850円

◇加波山事件関係資料集　稲葉誠太郎編　三一書房　1970　814p　27cm　9000円

◇加波山事件―民権派激挙の記録　野島幾太郎著、林基、遠藤鎮雄編　平凡社　1966　400p　18cm　（東洋文庫79）

◇東陲民權史　關戸覺蔵編　明治文献　1966　596p　図版10枚　19cm　（明治文献資料叢書 社会主義篇 6 明治文献資料刊行会編）

◇茨城県自由民権運動の概略 加波山事件の一考察　第1集　生田目靖志著　高萩　1962　90p　25cm

◇加波山事件研究ノート　早大教育学部歴史学研究会内加波山事件研究会　1955　1冊（頁付なし）　26cm

秩父事件

　明治17年11月、埼玉県秩父地方の農民が自由党員の指導で蜂起した事件。松方デフレ政策により生糸価格が暴落し、負債農民の困窮が極限にまで達した秩父地方では債権者や役所への請願が行われていたが、これらが拒絶されると本格的な蜂起計画が謀られた。田代栄助を頭目に自らを秩父困民党と称し、軍事的組織を形成した農民運動は11月に決起。高利貸や郡役所を占拠して一時は全秩父を制圧した。政府は首都近郊での蜂起に衝撃を受け軍隊を出動させて鎮圧にあたったが、半月後に壊滅するまで困民党は戦い続けた。

　事件の範囲は現在の埼玉・群馬・長野にわたり、処罰された者の数は4500人以上という自由民権運動激化事件のなかでも最大の事件であった。

　　　　　＊　　＊　　＊

◇ガイドブック 秩父事件　秩父事件研究顕彰協議会編　新日本出版社　1999.11　109p　19cm　（新日本Guide Book）1300円　Ⓘ4-406-02690-8

◇風刺マンガでまなぶ日本近現代史　渡辺賢二著　地歴社　1999.10　173p　21cm　2000円　Ⓘ4-88527-150-9

◇教科書が教えない歴史—明治‐大正‐昭和、大事件の真相　藤岡信勝、自由主義史観研究会著　産経新聞ニュースサービス;扶桑社〔発売〕　1999.6　386p　15cm　（扶桑社文庫）667円　Ⓘ4-594-02722-9

◇律義なれど、仁侠者—秩父困民党総理田代栄助　髙橋哲郎著　現代企画室　1998.2　374p　21cm　3800円　Ⓘ4-7738-9718-X

◇根岸君夫秩父事件連作画集　根岸君夫著　光陽出版社　1997.1　131p　26×27cm　9709円　Ⓘ4-87662-194-2

◇歴史の道を歩く　今谷明著　岩波書店　1996.6　199p　18cm　（岩波新書）650円　Ⓘ4-00-430449-0

◇自由民権の民衆像—秩父困民党の農民たち　中沢市朗著　改訂版　新日本出版社　1996.5　214p　18cm　（新日本新書）960円　Ⓘ4-406-02438-7

◇色川大吉著作集　第4巻　地域と歴史　筑摩書房　1996.3　484p　22cm　7600円　Ⓘ4-480-75054-1

◇秩父事件とパリ・コミューン　A.コルベジエ著　風響社　1995.10　197p　20cm　2060円　Ⓘ4-938718-15-4

◇峠の廃道—秩父困民党紀行　井出孫六著　平凡社　1995.8　298p　16cm　（平凡社ライブラリー）　1200円　Ⓘ4-582-76109-7

◇山間農村の秩父事件—太田部村の経済構造と社会的人間関係を中心として　岩田泰治著　東松山　まつやま書房　1995.3　116p　21cm　1000円　Ⓘ4-944003-72-2

◇武相の困民党と民衆の世界　町田市立自由民権資料館編　町田　町田市教育委員会　1995.3　91p　21cm　（民権ブックス　8号）

◇岩波講座日本通史　別巻2　地域史研究の現状と課題　朝尾直弘〔ほか〕編　岩波書店　1994.12　398p　22cm　2800円　Ⓘ4-00-010573-6

◇ニュースで追う明治日本発掘　3　板垣遭難・秩父困民党・鹿鳴館の時代　鈴木孝一編　河出書房新社　1994.10　290p　20cm　2500円　Ⓘ4-309-72323-3

◇完本秩父事件　井上幸治著　藤原書店　1994.9　476p　22cm　8800円　Ⓘ4-938661-98-5

◇聯合村別秩父事件人名一覧　杵淵利夫,飯島積〔編〕　杵淵利夫　1994.9　308p　18×26cm　2500円

◇秩父騒動—藪入りの人々　金井利平著　相模原　相模経済新聞社　1994.7　191p　19cm　1800円

◇民衆運動の〈近代〉　困民党研究会編　現代企画室　1994.2　355p　22cm　4944円　Ⓘ4-7738-9401-6

◇近代の差別と日本民衆の歴史　久保井規夫著　明石書店　1993.8　158p　26cm　1800円　Ⓘ4-7503-0539-1

◇図説日本の歴史　11　図説埼玉県の歴史　小野文雄責任編集　河出書房新社　1992.7　270,54p　27cm　5400円　Ⓘ4-309-61111-7

◇秩父事件ガイドブック　秩父事件研究顕彰協議会編　新日本出版社　1992.7　85p　19cm　950円　Ⓘ4-406-02097-7

◇抵抗の佐久人―高見沢卯助・桜井常五郎・菊池貫平　中村勝実著　佐久　櫟　1992.7　282p　19cm　2000円　Ⓘ4-900408-41-7

◇秩父事件―歴史紀行　中沢市朗著　新日本出版社　1991.10　251p　20cm　1700円　Ⓘ4-406-02013-6

◇辺境に賭けた男たちの相剋　栗原隆一〔ほか〕著　ぎょうせい　1991.6　223p　20cm（ふるさと歴史舞台　3）2000円　Ⓘ4-324-02511-8

◇自由自治元年の夢―自由党・困民党　井出孫六編著　社会評論社　1991.1　316p　21cm（思想の海へ「解放と変革」7）　2600円

◇日本近代社会成立期の民衆運動―困民党研究序説　稲田雅洋著　筑摩書房　1990.12　319p　22cm　4505円　Ⓘ4-480-85567-X

◇秩父事件史　浅見好夫著　言叢社　1990.11　368p　21cm　3107円　Ⓘ4-905913-38-1

◇自由民権の地下水　色川大吉著　岩波書店　1990.5　267p　16cm　（同時代ライブラリー　22）780円　Ⓘ4-00-260022-X

◇秩父事件史料集成　第6巻　日記・見聞記/報道・論評他　井上幸治〔ほか〕編　二玄社　1989.8　2冊(別冊とも)　24cm　26780円

◇秩父事件史料集成　第5巻　官庁文書　2　井上幸治〔ほか〕編　二玄社　1988.5　955p　24cm　26000円　Ⓘ4-544-05125-8

◇自由自治元年―秩父事件資料・論文と解説　井出孫六編著　社会思想社　1987.12　386p　15cm　（現代教養文庫　1186）　720円　Ⓘ4-390-11186-8

◇山間農村の秩父事件―太田部村の経済構造と社会的人間関係を中心として　岩田泰治著　〔浦和〕　〔埼玉県教育委員会〕　1987.3　91p　21cm　（埼玉県教育委員会長期研修教員報告　昭和61年度）

◇秩父事件文献総覧　埼玉県編　〔浦和〕　埼玉県　1987.3　351,29p　22cm

◇秩父コミューン伝説―山影に消えた困民党　松本健一著　河出書房新社　1986.9　187p　20cm　1200円　Ⓘ4-309-00443-1

◇秩父困民党群像　井出孫六著　社会思想社　1986.9　263p　15cm　（現代教養文庫　1184）　520円　Ⓘ4-390-11184-1

◇秩父事件史料集成　第4巻　官庁文書　1　井上幸治〔ほか〕編　二玄社　1986.7　1010p　24cm　26000円

◇裁かれる日々―秩父事件と明治の裁判　春田国男著　日本評論社　1985.12　238p　19cm　（日評選書）　1800円　Ⓘ4-535-01140-0

◇建碑誌　困民党の碑を建る会編　八王子　困民党の碑を建る会　1985.11　168p　21cm

◇自由の雄叫び―自由民権運動と秩父事件　秩父事件百周年顕彰委員会編　長野　ほおずき書籍　1985.1　233p　21cm　1800円　Ⓘ4-7952-1924-9

◇秩父事件〈佐久戦争〉―民衆大学　八千穂夏季大学実行委員会編　長野　銀河書房　1984.11　336p　19cm　1800円

◇秩父事件〈佐久戦争〉を行く　上条宏之編著　長野　銀河書房　1984.11　134p　17cm　（銀河グラフィック選書　1）　1500円

◇秩父事件史料集成　第3巻　農民裁判文書　3　井上幸治〔ほか〕編集　二玄社　1984.11　1257p　24cm　26000円

◇絵史・秩父事件　森哲郎著　鳥影社　1984.10　136p　21cm　1200円　①4-7952-5110-X

◇秩父事件探索　中沢市朗著　新日本出版社　1984.10　270p　20cm　1600円

◇農民叛乱の軌跡を辿る―「秩父事件を歩く会」六年の記録　「秩父事件を歩く会」"論文・随想集"出版委員会編　国立「秩父事件を歩く会」事務局　1984.10　176p　26cm

◇困民党と自由党　色川大吉著　八王子揺籃社　1984.9　165p　20cm　1300円

◇女たちの秩父事件　五十嵐睦子〔ほか〕著　新人物往来社　1984.9　229p　20cm　1600円　①4-404-01228-4

◇秩父事件の妻たち　新井佐次郎著　東京書籍　1984.9　249p　19cm　（東書選書95）　1100円

◇地鳴り―困民党・須長連造のはなし　阿部昭三原作, 尾崎正道編著　有峰書店新社　1984.8　67p　19cm　700円

◇秩父事件史料集成　第2巻　農民裁判文書　2　井上幸治〔ほか〕編集　二玄社　1984.6　1019p　23cm　26000円

◇鎮魂秩父事件―祖父田代栄助の霊に捧ぐ　小泉忠孝著　東松山　まつやま書房　1984.5　169p　19cm　1100円

◇秩父事件史料集成　第1巻　農民裁判文書　1　井上幸治〔ほか〕編集　二玄社　1984.2　1017p　23cm　26000円

◇火の種蒔き―1884年秩父事件　A.コルベジエ著　あかし書房　1983.5　233p　19cm　1400円　①4-87013-804-2

◇困民党蜂起―秩父農民戦争と田代栄助論　千嶋寿著　田畑書房　1983.2　355p　20cm　2600円

◇秩父困民軍の戦いと最期―秩父事件を歩く第三部　戸井昌造著　新人物往来社　1982.11　427p　22cm　4800円

◇秩父騒動　江袋文男著　大和学芸図書　1982.9　264p　19cm　1700円

◇写真でみる秩父事件　井上光三郎, 品川栄嗣著　新人物往来社　1982.6　163p　27cm　4800円

◇民権　埼玉民権百年実行委員会編　浦和　埼玉新聞社　1982.1　200p　19cm　980円

◇幻の革命―秩父事件顛末記　浅見好夫著　補訂版　浦和　埼玉新聞社　1981.7　286p　19cm　（しらこばと選書　2）　980円

◇民衆蜂起と祭り―秩父事件と伝統文化　森山軍治郎著　筑摩書房　1981.2　244p　19cm　（ちくまぶっくす　31）　900円

◇秩父困民軍の人と闘い―秩父事件を歩く第二部　戸井昌造著　新人物往来社　1980.11　318p　22cm　3800円

◇秩父事件―震源地からの証言　新井佐次郎著　新人物往来社　1979.9　228p　20cm　1500円

◇秩父事件史料　補巻　浦和　埼玉新聞社出版局　1979.4　436,132p　22cm　6800円

◇秩父困民党　井出孫六著　講談社　1979.1　245p　18cm　（講談社現代新書）　390円

◇秩父事件を歩く―困民党の風土と人　戸井昌造著　新人物往来社　1978.10　314p　22cm　3000円

◇秩父事件史料　第5巻　浦和　埼玉新聞社出版局　1978.1　952p　22cm　9800円

◇秩父困民党に生きた人びと　中沢市朗編　現代史出版会　1977.8　297p　20cm　1300円

◇秩父事件史料　第4巻　明治17年秩父暴徒犯罪ニ関スル書類編冊　1-6　埼玉新聞社編　浦和　埼玉新聞社出版局　1977.7　804p　22cm　9000円

◇秩父事件史料　第3巻　浦和　埼玉新聞社出版局　1976　834p　22cm　7500円

◇暴徒―現代と秩父事件　井出孫六, 森山軍治郎, 色川大吉〔述〕　京都

◇ 同志社大学アッセンブリ出版会　1976　180p　19cm　1100円
◇ 幻の革命—秩父事件顛末記　浅見好夫著　浦和　埼玉新聞社　1975　281p　19cm　（しろこばと選書　2）　980円
◇ 自由自治元年—秩父事件資料・論文と解説　井出孫六編著　現代史出版会　1975　287p　20cm　1700円
◇ 峠の廃道—明治十七年秩父農民戦争覚え書　井出孫六著　二月社　1975　237p　20cm　1300円
◇ 自由民権の民衆像—秩父困民党の農民たち　中沢市朗著　新日本出版社　1974　206p　18cm　（新日本新書）　430円
◇ 秩父颪—秩父事件と井上伝蔵　小池喜孝著　現代史出版会　1974　295p　20cm　1250円
◇ 秩父困民党群像　井出孫六著　新人物往来社　1973　265p　20cm　950円
◇ 秩父事件史料　第2巻　浦和　埼玉新聞社出版部　1972　726p　22cm　5000円
◇ 秩父事件史料　第1巻　浦和　埼玉新聞社出版部　1970　745p　22cm　4000円
◇ 秩父事件—自由民権期の農民蜂起　井上幸治著　中央公論社　1968　200p　18cm　（中公新書）
◇ 秩父事件の一考察　学習院輔仁会史学部　1968　76p　図版　26cm
◇ 秩父騒動　江袋文男著　秩父　秩父新聞出版部　1956　264p　図版　19cm

飯田事件

　明治17年12月、愛知・長野で摘発された政府転覆未遂事件。愛知県田原の自由党員村松愛蔵、長野県飯田の愛国正理社員桜井平吉らはかねて連絡しあっていたが、秩父事件に触発されて両県で同時挙兵を企てた。蜂起趣意書は植木枝盛の起草に加筆したもので、爆弾製造も計画していた。しかしこの年12月、準備中に計画は発覚して関係者は全員逮捕され、6人が内乱陰謀罪で処罰された。

＊　　　＊　　　＊

◇ 飯田事件裁判記事—信濃毎日新聞所載　愛知大学文学部史学科田崎ゼミ〔編〕　豊橋　愛知大学文学部田崎研究室　1981.10　69p　26cm　三河民権史料　800円

名古屋事件

　明治17年12月、愛知県で政府転覆計画が摘発された事件。自由党系の急進派らと博徒らの反政府集団が結託して政府転覆を計画し、軍資金を得るために殺人・強盗を繰り返す事件が発生した。12月に摘発されて3人が死刑となった。裁判では国事犯ではなく、一般重犯罪として扱われた。

＊　　　＊　　　＊

◇ 博徒と自由民権—名古屋事件始末記　長谷川昇著　平凡社　1995.4　285p　16cm　平凡社ライブラリー　1100円
　①4-582-76092-9

大阪事件

　明治18年11月、朝鮮独立運動との連合を計画した自由党員らが一斉に逮捕された事件。自由党左派の中心人物大井憲太郎は、2度の京城事変の結果朝鮮で独立党の勢力が後退したのをみて、これを支援し独立派政権の樹立を計画。日本国内に朝鮮の民主的改革の影響を及ぼそうとした。しかし首謀者の一人が裏切ったため発覚して、大阪を中心に関係者130人以上が逮捕された。

＊　　　＊　　　＊

◇ 文学近代化の諸相　4　「明治」をつくった人々　小笠原幹夫著　高文堂出版社　1999.3　176p　21cm　2190円
　①4-7707-0616-2

政治

◇アジア女性交流史　明治・大正期篇　山崎朋子著　筑摩書房　1995.4　314p　22cm　2900円　①4-480-85681-1
◇近現代史のなかの日本と朝鮮　山田昭次〔ほか〕著　東京書籍　1991.6　254p　22cm　2800円　①4-487-75309-0
◇大阪事件関係史料集　松尾章一、松尾貞子共編　日本経済評論社　1985.11　2冊　27cm　全10000円　①4-8188-0069-4
◇大阪事件の研究　大阪事件研究会編著　柏書房　1982.5　343p　22cm　3800円
◇自由党大阪事件——覆刻　石川諒一、玉水常治共編　長陵書林　1981.8　266p　図版15枚　22cm　日本思想史資料叢刊　6　4800円

静岡事件

　明治19年6月、静岡県の旧自由党員らによる政府転覆計画が摘発された事件。静岡県の自由党急進派の一部は、飯田事件・名古屋事件を起こしたグループと連携をとって大規模な挙兵を計画して軍資金獲得のため強盗を繰り返していたが、両事件の摘発により挙兵を断念し要人暗殺テロに方針を変更した。しかし事前に発覚して関係者100人以上が逮捕された。自由民権運動の最後の激化事件であった。

＊　　＊　　＊

◇自由民権・静岡事件　原口清著　三一書房　1984.2　257p　20cm　2000円
◇静岡事件の全貌　村本山雨楼主人著　静岡　政教社　1968　148,114p(附共)図版　18cm　500円
◇慶安騒動と静岡事件　山雨楼主人著　静岡　山雨楼叢書刊行会　1959　176p　19cm

私擬憲法

　明治22年2月に大日本帝国憲法が発布されるよりも以前に主に民間で起草された憲法案の総称で、現在40編以上発見されている。自由民権運動の一端として民権派志士が起草したものには英国流立憲政治を念頭に置いたリベラルなものが多く、たとえば植木枝盛のものでは国民に抵抗権・革命権を認めていた。また官吏・官僚が個人的立場で起草したものも多かったが、政府はこうした動きに反発して14年に憲法欽定方針を打ち出し、運動抑圧を暗示。明治憲法は政府主導で起草されることになった。

＊　　＊　　＊

◇日本の歴史——マンガ　44　民権か国権か　石ノ森章太郎著　中央公論社　1993.6　221p　20cm　1000円　①4-12-402844-X
◇日本近代史講義——明治立憲制の形成とその理念　鳥海靖著　東京大学出版会　1988.6　358p　21cm　2800円　①4-13-022008-X

中江　兆民

弘化4(1847).11.1〜明治34(1901).12.13
　民権思想家。土佐出身で岩倉遺外使節団に同行してフランスに留学。帰国後西園寺公望が社長の「東洋自由新聞」で主筆としてフランス流の自由民権論を説き、またルソー「民約論」を翻訳紹介するなど自由民権運動を言論活動で支援した。明治23年衆議院議員に当選するが、民党の脆弱さと議員の背信行為に憤慨して辞職した。

＊　　＊　　＊

◇中江兆民　日本歴史学会編、飛鳥井雅道著　新装版　吉川弘文館　1999.8　274p　19cm　（人物叢書）　1900円　①4-642-05216-X
◇近代日本における制度と思想——明治法思想史研究序説　中村雄二郎著　新装版　未来社　1999.5　357p　21cm　3800円　①4-624-01148-1
◇近代日本政治思想史入門——原典で学ぶ19の思想　大塚健洋編著　京都

政治

京都ミネルヴァ書房　1999.5　348p　21cm　2800円　⓵4-623-02915-8

◇小国主義―日本の近代を読みなおす　田中彰著　岩波書店　1999.4　210p　18cm　（岩波新書）　660円　⓵4-00-430609-4

◇書物・人物・心景　鈴木正著　北樹出版；学文社〔発売〕　1999.3　259p　19cm　2800円　⓵4-89384-693-0

◇初期社会主義研究　第11号　初期社会主義研究会;不二出版〔発売〕　1998.12　281p　21cm　2800円

◇部落の歴史と解放運動―近代篇　部落問題研究所編　増補版　京都　京都部落問題研究所出版部　1997.12　298p　19cm　2200円　⓵4-8298-2053-5

◇食客風雲録―日本篇　草森紳一著　青土社　1997.11　456p　19cm　2800円　⓵4-7917-5589-8

◇人間・出会いの研究　小島直記著　新潮社　1997.9　231p　15cm　（新潮文庫）　400円　⓵4-10-126215-2

◇三絃の誘惑―近代日本精神史覚え書　樋口覚著　京都　京都人文書院　1996.12　334p　19cm　2900円　⓵4-409-16076-1

◇近代日本精神史論　坂本多加雄著　講談社　1996.9　329p　15cm　（講談社学術文庫）　932円　⓵4-06-159246-7

◇開国経験の思想史―兆民と時代精神　宮村治雄著　東京大学出版会　1996.5　290,5p　21cm　5000円　⓵4-13-030103-9

◇自由は人の天性なり―「東洋自由新聞」と明治民権の士たち　吉野孝雄著　日本経済新聞社　1993.6　323p　19cm　2400円　⓵4-532-16104-5

◇中江兆民評伝　松永昌三著　岩波書店　1993.5　520,20p　21cm　9800円　⓵4-00-001542-7

◇目覚めし人ありて―小説中江兆民　夏堀正元著　新人物往来社　1992.8　385p　19cm　2500円　⓵4-404-01935-1

◇中江兆民　岡林清水，猪野睦著　高知　高知市立自由民権記念館友の会　1992.7　56p　21cm　（高知市立自由民権記念館友の会ブックレット　no.1）　500円

◇民権の獅子―兆民をめぐる男たちの生と死　日下藤吾著　叢文社　1991.12　423p　19cm　（現代を拓く歴史名作シリーズ）　2300円　⓵4-7947-0193-4

◇記者　兆民　後藤孝夫著　みすず書房　1990.7　231,4p　19cm　2575円　⓵4-622-03344-5

◇理学者　兆民―ある開国経験の思想史　宮村治雄著　みすず書房　1989.1　234,39p　19cm　2800円　⓵4-622-03034-9

◇無冠の男　下　小島直記著　新潮社　1988.6　439p　15cm　（新潮文庫）　440円　⓵4-10-126209-8

◇中江兆民のフランス　井田進也著　岩波書店　1987.12　416,75p　22cm　9000円　⓵4-00-001537-0

◇近代ジャーナリスト列伝―天馬の如く　上　三好徹著　中央公論社　1986.11　391p　15cm　（中公文庫）　480円　⓵4-12-201371-2

◇日本近代思想と中江兆民　米原謙著　新評論　1986.10　222p　22cm　2800円

◇中江兆民全集　16　中江篤介著　岩波書店　1986.3　378p　19cm　2800円　⓵4-00-090866-9

◇体制に反逆する　粕谷一希編　講談社　1986.2　330p　19cm　（言論は日本を動かす　第6巻）　1800円　⓵4-06-188946-X

◇自由・平等をめざして中江兆民と植木枝盛　松永昌三著　清水書院　1984.9　216p　18cm　（清水新書）　480円　⓵4-389-44021-7

◇フランスとの出会い―中江兆民とその時代　富田仁著　三修社　1981.12　366,27p　20cm　2300円　⓵4-384-03714-7

◇千曲川　小山敬吾著　創史社　1980.10　285p　20cm　1200円
◇安藤昌益と中江兆民　安永寿延著　第三文明社　1978.10　178p　18cm　（レグルス文庫）　480円
◇フランスに魅せられた人びと—中江兆民とその時代　富田仁著　カルチャー出版社　1976.12　367,27p　19cm　1500円
◇近代日本思想大系　3　中江兆民集　編集解説:松永昌三　筑摩書房　1974　459p　肖像　20cm　1800円
◇日本近代の出発　飛鳥井雅道著　塙書房　1973　405p　19cm　1500円
◇明治以後の五大記者—兆民・鼎軒・雪嶺・如是閑・竹虎　嘉治隆一著　朝日新聞社　1973　447p　19cm　1200円
◇中江兆民と植木枝盛—日本民主主義の原型　松永昌三著　清水書院　1972　216p　図　肖像　19cm　（センチュリーブックス）
◇先駆者の思想　小泉信三等著　弘文堂書房　1971　249p　19cm　（アテネ新書）　550円
◇日本における自由のための闘い　吉野源三郎編　評論社　1969　339p　19cm　（復初文庫）　690円
◇ドキュメント日本人　第1　巨人伝説　中江兆民〔ほか〕　岩崎祖堂　学芸書林　1968　339p　20cm
◇中江兆民　松永昌三著　柏書房　1967　374p　図版　19cm
◇中江兆民の研究　桑原武夫編　岩波書店　1966　363p　図版　22cm　（京都大学人文科学研究所報告）
◇20世紀を動かした人々　第2　近代日本の思想家〔ほか〕　桑原武夫編　講談社　1963　410p　図版　19cm
◇三代言論人集　第4巻　中江兆民〔ほか〕　嘉治隆一　時事通信社　1963　362p　18cm

◇哲学思想史世界15大哲学　大井大等　富士書店　1962
◇日本の思想家　第1　朝日新聞社朝日ジャーナル編集部編　朝日新聞社　1962　333p　19cm
◇異端の源流　中江兆民の思想と行動　山口光朔著　京都　法律文化社　1961　237p　図版　19cm　（かわずブックス）
◇兆民先生　兆民先生行状記　幸徳秋水著　岩波書店　1960　108p　16cm　（岩波文庫）
◇近代日本の良心　荒正人編　光書房　1959　244p　20cm
◇近代日本の思想家たち—中江兆民・幸徳秋水・吉野作造　林茂著　岩波書店　1958　（岩波新書）
◇中江兆民　土方和雄著　東京大学出版会　1958　233p　図版　19cm　（近代日本の思想家　第2)
◇近代日本の思想家　向坂逸郎編　和光社　1954　284p　19cm
◇世界偉人伝　第4巻　良寛　世界偉人伝刊行会編　吉野秀雄　藤沢　池田書店　1952　19cm
◇東西百傑伝　第4巻　良寛〔ほか〕　吉野秀雄　藤沢　池田書店　1950　19cm
◇中江兆民　小島祐馬著　弘文堂　1949　62p　15cm　（アテネ文庫）
◇幸徳秋水選集1　兆民先生　幸徳秋水著　世界評論社　1948
◇歴史を創る人々　嘉治隆一著　大八洲出版　1948
◇秋水三名著　幸徳秋水著　竜吟社　1947　224p　19cm　明治社会主義文献叢書第1巻

植木　枝盛

安政4(1857).1.20～明治25(1892).1.23
民権思想家。初め独学で西洋思想を身につ

政治

け、のち板垣退助に仕えて立志社に加わり言論活動を開始。人民主権・人権保障・抵抗権などを唱えた「日本国国憲案」を起草した。自由党・国会期成同盟にも参加。衆議院議員に当選したが、第一議会で政府と妥協したいわゆる「土佐派の裏切り」に加担したため自由党を脱党、自由倶楽部を結成したが病死した。

　　　　＊　　　＊　　　＊

◇小国主義―日本の近代を読みなおす　田中彰著　岩波書店　1999.4　210p　18cm　（岩波新書）　660円　①4-00-430609-4

◇司馬遼太郎が語る雑誌言論100年　司馬遼太郎ほか著　中央公論社　1998.11　492p　19cm　2200円　①4-12-002859-3

◇近代日本の先駆的啓蒙家たち―福沢諭吉・植木枝盛・徳富蘇峰・北村透谷・田岡嶺雲　タグマーラ・パーブロブナ・ブガーエワ著，亀井博訳　平和文化　1996.10　222p　21cm　3000円　①4-938585-61-8

◇植木枝盛―民権青年の自我表現　米原謙著　中央公論社　1992.8　223p　18cm　（中公新書　1086）　660円　①4-12-101086-8

◇歴史をひらく愛と結婚　福岡女性学研究会編　ドメス出版　1991.12　236p　19cm　2266円　①4-8107-0330-7

◇植木枝盛集　第10巻　植木枝盛著　岩波書店　1991.11　445,47P　19cm　5000円　①4-00-091570-3

◇日本史のなかの湖国―地域史の再発見　苗村和正著　（京都）文理閣　1991.11　292p　19cm　2000円　①4-89259-177-7

◇植木枝盛集　第9巻　植木枝盛著　岩波書店　1991.6　378p　19cm　4800円　①4-00-091569-X

◇植木枝盛の生涯―解説目録　1990年度特別展　高知市立自由民権記念館編　高知　高知市立自由民権記念館　1991.1　36p　26cm

◇植木枝盛集　第8巻　植木枝盛著　岩波書店　1990.7　336p　19cm　4200円　①4-00-091568-1

◇植木枝盛集　第7巻　植木枝盛著　岩波書店　1990.2　358p　19cm　4300円　①4-00-091567-3

◇明治・青春の夢―革新的行動者たちの日記　嶋岡晨著　朝日新聞社　1988.7　224p　19cm　（朝日選書　358）　900円　①4-02-259458-6

◇自由・平等をめざして中江兆民と植木枝盛　松永昌三著　清水書院　1984.9　216p　18cm　（清水新書）　480円　①4-389-44021-7

◇日本人の自伝　2　植木枝盛,馬場辰猪.田中正造.玉水常治.松山守善　平凡社　1982.7　549p　20cm　2800円

◇植木枝盛と女たち　外崎光広著　ドメス出版　1976　214p　20cm　1200円

◇植木枝盛選集　家永三郎編　岩波書店　1974　322p　15cm　（岩波文庫）　210円

◇无天雑録　植木枝盛,家永三郎,外崎光広編　法政大学出版局　1974　327p　図　肖像　20cm　2800円

◇中江兆民と植木枝盛―日本民主主義の原型　松永昌三著　清水書院　1972　216p　図　肖像　19cm　（センチュリーブックス）

◇近代日本の思想家　家永三郎著　有信堂　1962

◇日本の思想家　第1　朝日新聞社朝日ジャーナル編集部編　朝日新聞社　1962　333p　19cm

◇植木枝盛研究　家永三郎著　岩波書店　1960　792p　図版　22cm

◇植木枝盛日記　続　家永三郎編　高知新聞社　1960

◇日本人物史大系　第5巻　近代　第1　小西四郎編　朝倉書店　1960　340p　22cm

◇舞天雑録　未定稿　植木枝盛著，森下菅根編校　高知　弘文堂書店　1957　371p　図版　20cm

◇植木枝盛自叙伝　家永三郎校　同新社　1956

政治

◇革命思想の先駆者—植木枝盛の人と思想　家永三郎著　岩波書店　1955　223p 図版　18cm　（岩波新書）
◇植木枝盛日記　植木枝盛著，高知新聞社編　高知　高知新聞社　1955　422p 図版　19cm
◇歴史を創る人々　嘉治隆一著　大八洲出版　1948

自由党

　明治時代の政党で、明治14年国会期成同盟などを母体として結成（板垣退助総理）。自由党は地方の自由民権運動を糾合する中央政党的役割を担うことになった。しかし内部抗争・改進党との軋轢・集会条例強化・激化事件発生・資金難などのため17年いったん解党。その後後藤象二郎らの大同団結運動によって再結集の気運が醸成し、分立していた旧自由党系政党が合同して23年に立憲自由党を結成した。改進党と提携し民党として政府に対抗したが、日清戦後は板垣が内務大臣として入閣するなど一時政府と接近。のち進歩党と合同して憲政党を結成し、隈板内閣を実現させた。

　　　　＊　　　＊　　　＊

◇後藤象二郎と近代日本　大橋昭夫著　三一書房　1993.6　318p　19cm　3107円　④4-380-93232-X
◇資本主義と「自由主義」　坂野潤治，宮地正人，高村直助，安田浩，渡辺治編　岩波書店　1993.4　338p　21cm　（シリーズ　日本近現代史—構造と変動 2）　4175円　④4-00-003712-9
◇岩波文庫版『自由党史』人名索引　高知市立自由民権記念館編　高知　高知市立自由民権記念館　1993.3　49p　26cm
◇「自由新聞」を読む—自由党にとっての自由民権運動　松岡僖一著　名古屋　ユニテ　1992.11　314p　22cm　7800円　④4-8432-3046-4

◇植木枝盛—民権青年の自我表現　米原謙著　中央公論社　1992.8　223p　18cm　（中公新書 1086）　641円　④4-12-101086-8
◇人物で学ぶ歴史の授業　下　市川真一編著　日本書籍　1992.3　195p　21cm　1942円　④4-8199-0328-4
◇近代日本の政党と官僚　山本四郎編　東京創元社　1991.11　551,6p　21cm　8252円　④4-488-00604-3
◇自由民権運動と立憲改進党　大日方純夫著　早稲田大学出版部　1991.9　410,14p　21cm　8000円　④4-657-91520-7
◇自由燈の研究—帝国議会開設前夜の民権派新聞　松尾章一編　日本経済評論社　1991.3　254p　21cm　3200円　④4-8188-0457-6
◇自由自治元年の夢—自由党・困民党　井出孫六著　社会評論社　1991.1　316p　21cm　（思想の海へ「解放と変革」7）　2524円
◇自由民権の地下水　色川大吉著　岩波書店　1990.5　267p　17cm　（同時代ライブラリー 22）　757円　④4-00-260022-X
◇日本近代思想大系　21　民衆運動　安丸良夫，深谷克己校注　岩波書店　1989.11　504p　21cm　4660円　④4-00-230021-8
◇自由は土佐の山間より　土佐自由民権研究会編　三省堂　1989.5　421p　19cm　2913円　④4-385-34951-7
◇日本近代史講義—明治立憲制の形成とその理念　鳥海靖著　東京大学出版会　1988.6　358p　21cm　2800円　④4-13-022008-X
◇大井憲太郎　平野義太郎著　新装版　吉川弘文館　1988.5　352p　19cm　（人物叢書）　1900円　④4-642-05117-1
◇日本政治史　2　藩閥支配、政党政治　升味準之輔著　東京大学出版会　1988.5　337,5p　19cm　1900円　④4-13-033042-X

73

政治

◇日本政治史 1 幕末維新、明治国家の成立　升味準之輔著　東京大学出版会　1988.3　285,7p　19cm　1800円　④4-13-033041-1

◇星亨―藩閥政治を揺がした男　鈴木武史著　中央公論社　1988.2　208p　18cm　（中公新書 869）　520円　④4-12-100869-3

◇馬場辰猪　安永梧郎著　復刻版　みすず書房　1987.8　256p　19cm　（みすずリプリント 10）　2500円　④4-622-02680-5

◇明治自由党の研究　下巻　寺崎修著　慶応通信　1987.4　271,10p　21cm　2800円　④4-7664-0369-X

◇明治自由党の研究　上巻　寺崎修著　慶応通信　1987.4　255,17p　21cm　2800円　④4-7664-0368-1

◇熊本県の百年　森田誠一、花立三郎、猪飼隆明著　新訂版　山川出版社　1987.3　362,28p　19cm　（県民100年史 43）　1900円　④4-634-27430-2

◇自由民権運動と神奈川　大畑哲著　横浜　横浜有隣堂　1987.2　198p　18cm　（有隣新書 30）　780円　④4-89660-074-6

◇大久保利謙歴史著作集 2 明治国家の形成　大久保利謙著　吉川弘文館　1986.5　398,8p　21cm　5800円　④4-642-03592-3

立憲改進党

明治時代の政党で、明治十四年の政変で下野した大隈重信やその信奉者・言論人・都市知識人らによって翌15年に結党された（大隈が総理）。自由党に比べると漸進的主張を特色とし、大隈が外務大臣として入閣したが次第に党勢は振るわなくなった。初期議会では自由党と提携して藩閥政府と対決。のち自由党が政府と接近すると、改進党は小会派と合同して進歩党を結成した。

　　　＊　　　＊　　　＊

◇立憲改進党の活動と思想　安在邦夫著　校倉書房　1992.6　302p　21cm　（歴史科学叢書）　6500円　④4-7517-2180-1

◇自由民権運動と立憲改進党　大日方純夫著　早稲田大学出版部　1991.9　410,14p　21cm　8000円　④4-657-91520-7

◇自由民権思想の研究　松尾章一著　増補改訂版　日本経済評論社　1990.3　406p　21cm　3400円　④4-8188-0345-6

◇大隈重信とその時代―議会・文明を中心として　早稲田大学大学史編集所編　早稲田大学出版部　1989.10　326p　21cm　2500円　④4-657-89029-8

◇自由は土佐の山間より　土佐自由民権研究会編　三省堂　1989.5　421p　19cm　2913円　④4-385-34951-7

◇日本近代史講義―明治立憲制の形成とその理念　鳥海靖著　東京大学出版会　1988.6　358p　21cm　2800円　④4-13-022008-X

大同団結運動

明治18年頃から星亨や後藤象二郎が、分裂・衰退しつつあった民権諸派に議会で多数を占められるよう再度勢力を結集しようと呼びかけた運動。星亨が保安条例対象とされた後は後藤が中心となった。本来の目的は旧自由党系と改進党系の合同にあったが、22年後藤が突然入閣してその気運はしぼみ、結局総選挙で民権派は過半数を得たが自由党と改進党の合同は成らなかった。

　　　＊　　　＊　　　＊

◇もう一つの近代―側面からみた幕末明治　マリオン・ウィリアム・スティール著　ぺりかん社　1998.10　357,4p　21cm　4800円　④4-8315-0851-9

◇近代日本地方政党史論―「裏日本」化の中の新潟県政党運動　阿部恒久著　芙蓉書房出版　1996.7　309p　22cm　5800円　④4-8295-0167-7

政治

◇後藤象二郎と近代日本　大橋昭夫著　三一書房　1993.6　318p 19cm　3200円　①4-380-93232-X

◇自由灯の研究―帝国議会開設前夜の民権派新聞　松尾章一編　日本経済評論社　1991.3　254p 22cm　3296円　①4-8188-0457-6

◇自由は土佐の山間より―自由民権百年第三回全国集会　土佐自由民権研究会編　三省堂　1989.5　421p 20cm　3000円　①4-385-34951-7

◇大井憲太郎　平野義太郎著　新装版　吉川弘文館　1988.5　352p 19cm　（人物叢書）　1900円　①4-642-05117-1

◇日本政治史 1　幕末維新、明治国家の成立　升味準之輔著　東京大学出版会　1988.3　285,7p 19cm　1800円　①4-13-033041-1

◇自由民権期の研究　第3巻　民権運動の激化と解体　堀江英一、遠山茂樹編　下山三郎　有斐閣　1959　198p 21cm

三大事件建白運動

　明治20年、「地租軽減」「外交失策挽回」「言論集会の自由」の三つの要求を掲げ、旧自由党系の民権派が行った反政府運動。大同団結を進めていた民権派は全国各地から建白書を携え大挙上京。この年11月以降各地の民権派壮士・運動家が東京に集結することになり、政府に圧力をかけた。この動きに脅威を覚えた政府は12月25日に保安条例を発動。参集した有志を皇居三里以内から退去させ、運動を沈静化した。

*　　　*　　　*

◇近世近代史論集　九州大学国史学研究室編　吉川弘文館　1990.8　560p 21cm　9709円　①4-642-01052-1

保安条例

　明治20年、三大事件建白運動の高揚に対して政府が発動した強硬措置。秘密集会の禁止、警官による集会解散、治安を乱すおそれのある人物の皇居三里以内からの退去などが骨子。この年12月25日に公布・発動され、星亨、尾崎行雄、中江兆民など500人以上が退去させられた。31年廃止。

華族令

　明治17年7月に定められた華族と爵位に関する法令。将来の貴族院を構成する華族制度の整備について西欧諸国の制度を参考に伊藤博文・井上毅により建議・起草されたもので、公・侯・伯・子・男の五種の爵位を門閥・勲功により旧華族（公卿・諸侯）と功臣に授けるというもの。維新の当初四民平等を謳った明治政府は、自ら身分制を導入することになった。

*　　　*　　　*

◇華族誕生―名誉と体面の明治　浅見雅男著　中央公論新社　1999.11　331p 15cm　中公文庫　762円　①4-12-203542-2

内閣制度

　明治18年12月、従来の太政官制に代わって導入された最高行政機関。太政官制は天皇を輔弼して三大臣が全ての政策決定を行うため、各省の長が直接決定に関与できないものであり、いわば専門外の大臣に政策が委ねられる点で前近代的・非能率的な制度だった。内閣制度は憲法発布以前に開始されて、初代首相には伊藤博文が任じられ、22年の憲法発布により責任範囲が明確化された。しかし明治憲法下では国務大臣がそれぞれ天皇に対して輔弼責任を持つため総理大臣の権限は極めて限定的で、また議会・国民に対する責任は明文化されなかったという欠点があった。

*　　　*　　　*

75

政治

◇最新 歴代内閣総覧 雄津京輔監修 ジェーピー通信社 1996.12 489p 26cm 19417円 Ⓘ4-916072-02-2

◇内閣制度百年史 下巻 追録 内閣制度百十周年記念史編集委員会編 大蔵省印刷局 1995.12 290,15p 26cm 3883円 Ⓘ4-17-301705-7

◇英米法制と日本の政治機構 丹羽巌著 成文堂 1994.12 250p 21cm 3800円 Ⓘ4-7923-3117-X

◇日本近代国家と地方統治—政策と法 山中永之佑著 敬文堂 1994.6 396p 21cm 7000円 Ⓘ4-7670-0001-7

◇伊藤博文と明治国家形成—「宮中」の制度化と立憲制の導入 坂本一登著 吉川弘文館 1991.12 310,4p 21cm 5437円 Ⓘ4-642-03630-X

◇日本近代思想大系 3 官僚制・警察 由井正臣, 大日方純夫校注 岩波書店 1990.11 500p 21cm 4854円 Ⓘ4-00-230003-X

◇日本近代史講義—明治立憲制の形成とその理念 鳥海靖著 東京大学出版会 1988.6 358p 21cm 2800円 Ⓘ4-13-022008-X

◇日本政治史 1 幕末維新、明治国家の成立 升味準之輔著 東京大学出版会 1988.3 285,7p 19cm 1800円 Ⓘ4-13-033041-1

◇官僚制の形成と展開 近代日本研究会編 山川出版社 1986.11 327p 21cm 3500円 Ⓘ4-634-61380-8

伊藤 博文

天保12(1841).9.2〜明治42(1909).10.26 明治時代中後期を代表する政治家で旧名伊藤俊輔。長州出身で吉田松陰に学び、英国留学を経験。維新政府では大久保利通に協力し、大久保の死後は内務卿として最高実力者になった。憲法調査のために渡欧し、ドイツ・プロセインのものを参考にした大日本帝国憲法起草の中心人物となった。明治18年初代内閣総理大臣に就任。34年まで四度首相を務めた。このうち最後の内閣は立憲政友会総裁として政党内閣を組閣したもので、大正期政党政治のさきがけとなったものであった。
　日露戦争後は韓国統監・枢密院議長になり、明治末期には元老として山県系藩閥政治と対峙したが、42年ハルビン駅頭で韓国独立運動家安重根により暗殺された。

◇日本の"地霊"(ゲニウス・ロキ) 鈴木博之著 講談社 1999.12 231p 18cm (講談社現代新書) 680円 Ⓘ4-06-149481-3

◇大久保利通と民業奨励 安藤哲著 御茶の水書房 1999.11 333p 21cm 5800円 Ⓘ4-275-01786-2

◇日本史の現場検証 2 明治・大正編 合田一道著 扶桑社 1999.11 261p 19cm 1429円 Ⓘ4-594-02790-3

◇ドイツ国家学と明治国制—シュタイン国家学の軌跡 滝井一博著 京都 京都ミネルヴァ書房 1999.10 350p 21cm (MINERVA人文・社会科学叢書) 4800円 Ⓘ4-623-03098-9

◇旧韓国の教育と日本人 稲葉継雄著 福岡 福岡九州大学出版会 1999.10 352p 21cm 6800円 Ⓘ4-87378-606-1

◇伊藤博文の情報戦略—藩閥政治家たちの攻防 佐々木隆著 中央公論新社 1999.7 322p 18cm (中公新書) 900円 Ⓘ4-12-101483-9

政治

◇立憲国家の確立と伊藤博文―内政と外交 1889～1898 伊藤之雄著 吉川弘文館 1999.7 338,5p 21cm 7500円 ⓘ4-642-03687-3

◇明治国家と宗教 山口輝臣著 東京大学出版会 1999.6 352p 21cm 6000円 ⓘ4-13-026601-2

◇伊藤博文を撃った男―革命義士安重根の原像 斎藤充功著 中央公論新社 1999.4 277p 15cm (中公文庫) 629円 ⓘ4-12-203402-7

◇裏切られた三人の天皇―明治維新の謎 鹿島昇著 増補版 新国民社 1999.2 441p 19cm 2330円 ⓘ4-915157-84-9

◇明治・大正・昭和歴史資料全集―暗殺篇 平野晨編, 前坂俊之監修 大空社 1999.1 556p 21cm (近代犯罪資料叢書 8) 17000円 ⓘ4-283-00033-7

◇この日本人を見よ―在りし日の人たち 馬野周二著 フォレスト出版 1998.12 263p 19cm 1600円 ⓘ4-89451-065-0

◇薩英戦争―遠い崖 アーネスト・サトウ日記抄 2 萩原延寿著 朝日新聞社 1998.10 386p 19cm 2600円 ⓘ4-02-257314-7

◇写真集 暗殺の瞬間 毎日新聞社編 毎日新聞社 1998.10 175p 26cm 2500円 ⓘ4-620-60547-6

◇日韓皇室秘話 李方子妃 渡辺みどり著 読売新聞社 1998.10 266p 19cm 1500円 ⓘ4-643-98097-4

◇明治維新の生贄―誰が孝明天皇を殺したか 長州忍者外伝 鹿島昇, 宮崎鉄雄, 松重正著 新国民社 1998.7 457p 19cm 2800円 ⓘ4-915157-83-0

◇伊藤博文―アジアで最初の立憲国家への舵取り 勝本淳弘著, 自由主義史観研究会編 明治図書出版 1997.12 123p 19cm (教科書が教えない歴史人物の生き方 9) 1048円 ⓘ4-18-461925-8

◇政治史 3 伊藤隆, 滝沢誠監修, 楢崎観一著 ぺりかん社 1997.10 465p 21cm (明治人による近代朝鮮論影印叢書 第19巻) 7500円 ⓘ4-8315-0821-7

◇瘦我慢というかたち―激動を乗り越えた日本の志 感性文化研究所編 黙出版 1997.8 111p 21cm (MOKU BOOKS―感動四季報) 660円 ⓘ4-900682-25-X

◇大陸に渡った円の興亡 上 多田井喜生著 東洋経済新報社 1997.8 312p 19cm 2000円 ⓘ4-492-06096-0

◇歴史に学ぶライバルの研究 会田雄次, 谷沢永一著 PHP研究所 1997.8 261p 15cm (PHP文庫) 533円 ⓘ4-569-57040-2

◇日本官僚史!―驚きのエピソードで綴る官僚たちの歴史 広見直樹著 ダイヤモンド社 1997.7 221p 19cm (日本経済100年) 1300円 ⓘ4-478-22002-6

◇裏切られた三人の天皇―明治維新の謎 鹿島昇著 新国民社 1997.1 394p 19cm 2330円 ⓘ4-915157-81-4

◇安重根と伊藤博文 中野泰雄著 恒文社 1996.10 221p 19cm 2233円 ⓘ4-7704-0895-1

◇伊藤博文と安重根 佐木隆三著 文芸春秋 1996.3 297p 15cm (文春文庫) 437円 ⓘ4-16-721513-6

◇満州の誕生―日米摩擦のはじまり 久保尚之著 丸善 1996.2 267p 18cm (丸善ライブラリー) 738円 ⓘ4-621-05184-9

◇易断に見る明治諸事件―西南の役から伊藤博文の暗殺まで 片岡紀明著 中央公論社 1995.12 315p 15cm (中公文庫) 757円 ⓘ4-12-202494-3

◇旋風時代―大隈重信と伊藤博文 南条範夫著 講談社 1995.9 248p 19cm 1650円 ⓘ4-06-207818-X

◇伊藤博文はなぜ殺されたか―暗殺者安重根から日本人へ 鹿嶋海馬著 三一書房 1995.6 218p 17cm (三一新書) 777円 ⓘ4-380-95015-8

政治

◇史伝 伊藤博文 下 三好徹著 徳間書店 1995.5 462p 19cm 2427円 ①4-19-860291-3

◇史伝 伊藤博文 上 三好徹著 徳間書店 1995.5 477p 19cm 2427円 ①4-19-860290-5

◇豊田穣文学・戦記全集 第14巻 豊田穣著 光人社 1993.5 670p 21cm 5800円 ①4-7698-0524-1

◇伊藤博文と安重根 佐木隆三著 文芸春秋 1992.11 252p 19cm 1300円 ①4-16-313630-4

◇初代総理 伊藤博文 上 豊田穣著 講談社 1992.5 527p 15cm (講談社文庫) 700円 ①4-06-185151-9

◇初代総理 伊藤博文 下 豊田穣著 講談社 1992.5 487p 15cm (講談社文庫) 680円 ①4-06-185152-7

◇幸運な志士—若き日の元勲たち 三好徹著 徳間書店 1992.4 283p 19cm 1500円 ①4-19-124847-2

◇近代日本の自伝 佐伯彰一著 中央公論社 1990.9 358p 15cm (中公文庫) 600円 ①4-12-201740-8

◇英雄色を好む—小説伊藤博文 南條範夫著 文芸春秋 1990.5 522p 15cm (文春文庫) 560円 ①4-16-728211-9

◇近代日本の政治家 岡義武著 岩波書店 1990.3 318p 16cm (同時代ライブラリー 15) 800円 ①4-00-260015-7

◇一歩先を読む生きかた 堺屋太一ほか著 三笠書房 1987.9 244p 15cm (知的生きかた文庫) 440円 ①4-8379-0195-6

◇初代総理 伊藤博文 上 豊田穣著 講談社 1987.1 372p 19cm 1200円 ①4-06-203081-0

◇初代総理 伊藤博文 下 豊田穣著 講談社 1987.1 351p 19cm 1200円 ①4-06-203082-9

◇夏の巻 衆生病む 竹中労著 潮出版社 1986.5 287p 19cm (聞書 庶民烈伝) 1500円 ①4-267-01088-9

◇日本宰相列伝 1 伊藤博文 中村菊男著 時事通信社 1985.10 214p 19cm 1400円 ①4-7887-8551-X

◇青春児—小説伊藤博文 上巻 童門冬二著 学陽書房 1985.3 279p 20cm 1300円 ①4-313-85036-8

◇青春児—小説伊藤博文 下巻 童門冬二著 学陽書房 1985.3 297p 20cm 1300円 ①4-313-85037-6

◇明治・大正の宰相 第1巻 伊藤博文と維新の元勲たち 戸川猪佐武著 講談社 1983.7 326p 20cm 1000円 ①4-06-180691-2

◇伊藤博文秘録 続 平塚篤編 原書房 1982.2 254,9p 22cm (明治百年史叢書) 7500円 ①4-562-01208-X

◇伊藤博文秘録 平塚篤編 原書房 1982.1 442,82p 22cm (明治百年史叢書) 7500円 ①4-562-01207-2

◇伊藤博文関係文書 9 伊藤博文関係文書研究会編 塙書房 1981.2 286p 22cm 5000円

◇伊藤博文関係文書 8 伊藤博文関係文書研究会編 塙書房 1980.2 448p 22cm 8500円

◇伊藤博文関係文書 7 伊藤博文関係文書研究会編 塙書房 1979.2 403p 22cm 6700円

◇伊藤博文関係文書 6 伊藤博文関係文書研究会編 塙書房 1978.3 488p 22cm 8500円

◇伊藤博文関係文書 5 伊藤博文関係文書研究会編 塙書房 1977.3 457p 22cm 8000円

◇伊藤博文関係文書 4 伊藤博文関係文書研究会編 塙書房 1976 478p 22cm 7500円

◇伊藤博文関係文書 3 伊藤博文関係文書研究会編 塙書房 1975 394p 22cm 4100円

政治

◇伊藤博文関係文書 2 伊藤博文関係文書研究会編 塙書房 1974 498p 22cm 3700円

◇伊藤博文関係文書 1 伊藤博文関係文書研究会編 塙書房 1973 493p 22cm 3500円

◇伊藤博文暗殺記録—その思想と行動 金正明編 原書房 1972 371p 図 肖像 22cm （明治百年史叢書） 5000円

◇明治立憲政と伊藤博文 ジョージ・アキタ著, 荒井孝太郎, 坂野潤治訳 東京大学出版会 1971 352,8p 22cm 2000円

◇伊藤博文伝 上 春畝公追頌会編 原書房 1970 1030p 図版 22cm （明治百年史叢書） 6500円

◇伊藤博文伝 中 春畝公追頌会編 原書房 1970 1059p 22cm （明治百年史叢書） 6500円

◇伊藤博文伝 下 春畝公追頌会編 原書房 1970 1015,17,7p 図版 22cm （明治百年史叢書） 6500円

◇伊藤博文 明治官僚の肖像 渡部英三郎著 筑摩書房 1966 236p 18cm （グリーンベルト・シリーズ）

◇近代日本の政治指導 藩閥支配の変容—伊藤博文の場合 安井達弥著 東大出版会 1965

◇権力の思想 伊藤博文 松沢弘陽著 筑摩書房 1965

◇続 人物再発見 読売新聞社編 人物往来社 1965 237p 19cm

◇20世紀を動かした人々 第10 近代日本の政治家 遠山茂樹編 講談社 1964 395p 図版 19cm

◇外国人の見た日本 3 伊藤博文と日英同盟 A・ステッド著, 網淵謙錠訳 筑摩書房 1961

◇日本人物史大系 第6巻 近代 第2 大久保利謙編 朝倉書店 1960 388p 22cm

◇日本人物史大系 第5巻 近代 第1 小西四郎編 朝倉書店 1960 340p 22cm

◇父逝いて五十年—伊藤博文小伝記 伊藤真一著 伊藤博文追頌会 1959.10 28p 21cm

◇伊藤博文 中村菊男著 時事通信社 1958 214p 図版 18cm （三代宰相列伝）

◇伊藤公と私 岩田宙造著 防長倶楽部 1956

◇日本歴史講座 6 近代篇 伊藤博文 上杉重二郎著 河出書房 1954

◇近代政治家評伝 阿部真之助著 文芸春秋新社 1953 353p 19cm

◇世界偉人伝 第5巻 坪内逍遙 世界偉人伝刊行会編 柳田泉 藤沢 池田書店 1952 19cm

◇東西百傑伝 第5巻 坪内逍遙〔ほか〕 柳田泉 藤沢 池田書店 1950 19cm

◇明治の政治家たち—原敬につらなる人々 上,下巻 服部之総著 岩波書店 1950-54 2冊 18cm 岩波新書

山県 有朋

天保9(1838).閏4.22〜大正11(1922).2.1
藩閥政治家・軍人。吉田松陰門下で長州藩では奇兵隊を指揮、新政府では陸軍卿・参議などを歴任。軍制改革に力を尽くした。明治16年に内務卿になり、以後次第に政治の表舞台で活躍。伊藤内閣・黒田内閣で内務大臣に就任し、22年12月から24年5月までと31年11月から33年10月まで、二度首相になった。政友会など政党政治を目指す伊藤博文を中心とする勢力に対して、藩閥官僚・軍の勢力は山県のもとに結集し、伊藤の死後は、元老のトップとして政界に隠然と君臨した。

　　　　＊　　　　＊　　　　＊

◇立憲国家の確立と伊藤博文—内政と外交 1889〜1898 伊藤之雄著 吉川弘文

政治

館　1999.7　338,5p　21cm　7500円　①4-642-03687-3

◇近代日本外交思想史入門―原典で学ぶ17の思想　関静雄編著　京都　京都ミネルヴァ書房　1999.5　310p　21cm　2800円　①4-623-02916-6

◇政官攻防史　金子仁洋著　文芸春秋　1999.2　238p　18cm　（文春新書）　700円　①4-16-660027-3

◇原敬と山県有朋―国家構想をめぐる外交と内政　川田稔著　中央公論社　1998.10　235p　18cm　（中公新書）　700円　①4-12-101445-6

◇歴史に学ぶライバルの研究　会田雄次，谷沢永一著　PHP研究所　1997.8　261p　15cm　（PHP文庫）　533円　①4-569-57040-2

◇とっておきのもの とっておきの話 第1巻　YANASE LIFE編集室編　芸神出版社　1997.5　213p　21cm　（芸神集団Amuse）　2500円　①4-906613-16-0

◇山県有朋　半藤一利著　PHP研究所　1996.8　253p　15cm　（PHP文庫）　583円　①4-569-56921-8

◇岡義武著作集　第5巻　山県有朋・近衛文麿　岡義武著　岩波書店　1993.2　355p　21cm　6000円　①4-00-091755-2

◇幸運な志士―若き日の元勲たち　三好徹著　徳間書店　1992.4　283p　19cm　1500円　①4-19-124847-2

◇山県有朋　半藤一利著　京都　PHP研究所　1990.3　227p　20cm　（歴史人物シリーズ）　1262円　①4-569-52736-1

◇幕末維新の志士読本　奈良本辰也著　天山出版,大陸書房〔発売〕　1989.9　278p　15cm　（天山文庫）　420円　①4-8033-1804-2

◇近代日本内閣史論　藤井貞文著　吉川弘文館　1988.7　364p　21cm　6500円　①4-642-03616-4

◇山県有朋　藤村道生著　〔新装版〕　吉川弘文館　1986.11　287p　19cm　（人物叢書）　1600円　①4-642-05059-0

◇日本宰相列伝　2　山県有朋　御手洗辰雄著　時事通信社　1985.10　229p　19cm　1400円　①4-7887-8552-8

◇大正初期山県有朋談話筆記政変思出草　山県有朋著，伊藤隆編　山川出版社　1981.1　200p　20cm　（近代日本史料選書　2）　2000円

◇山県公遺稿・こしのやまかぜ　山県有朋著　東京大学出版会　1979.8　699p　22cm　（続日本史籍協会叢書）　5000円

◇ドキュメント日本人　第4　支配者とその影　学芸書林　1969　317p　20cm　680円

◇公爵山県有朋伝　徳富蘇峰編述　原書房　1969　3冊　22cm　（明治百年史叢書）　6500円

◇明治百年史叢書 16　山県有朋意見書　大山梓著　原書房　1966

◇山県有朋　藤村道生著　吉川弘文館　1961　287p　図版　18cm　（人物叢書）

◇日本人物史大系　第6巻　近代　第2　大久保利謙編　朝倉書店　1960　388p　22cm

◇山県有朋―明治日本の象徴　岡義武著　岩波書店　1958　202p　図版　18cm　（岩波新書）

◇山県有朋　御手洗辰雄著　時事通信社　1958　229p　図版　18cm　（三代宰相列伝）

◇近代政治家評伝　阿部真之助著　文芸春秋新社　1953　353p　19cm

◇明治の政治家たち―原敬につらなる人々　上,下巻　服部之総著　岩波書店　1950-54　2冊　18cm　岩波新書

枢密院

明治21年4月、本来は憲法草案審議のため設置された天皇の最高諮問機関。のち官制が定められて常置となり、議長、副議長、枢密顧問官12人（のち24人）、書記官長で構成され、国務

大臣も評決に加わるとされた。諮問機関という性格上本来は施政に関与しないはずだったが、のちに藩閥官僚勢力の牙城的存在になり政党政治の大きな障害となっていった。

　　　　＊　　＊　　＊

◇近代政治関係者年譜総覧 戦前篇 第7巻
　ゆまに書房　1990.4　1336,9p　21cm
　28000円　①4-89668-230-0
◇近代政治関係者年譜総覧 戦前篇 第8巻
　ゆまに書房　1990.4　1028,38p　21cm
　28000円　①4-89668-231-9

大日本帝国憲法

　明治22年2月11日に発布され、昭和22年まで存続した帝国憲法で、通常明治憲法とも呼ばれる。伊藤博文を中心としてプロイセン憲法を参考に起草されたこの憲法は全76条で、第一条「大日本帝国ハ万世一系ノ天皇之ヲ統治ス」とあるように、まず「天皇」に統治者として軍部統帥権などの大権があることを宣し、以下「臣民権利義務」「帝国議会」「国務大臣及枢密顧問」「司法」「会計」「補則」が続く。国民の権利は非常に制限されたものであったが、曲がりなりにも（一部の）国民の参政権が憲法によって認められたことで、日本は立憲君主国として世界に伍していくことになった。
　なお翌年以降、刑法・治罪法（刑事訴訟法）・民法・民事訴訟法・商法なども順次整備されていった。

◇インプット式六法全書 憲法　三修社企画開発部編　増補版　三修社　1999.12　335p　19cm　（インプット式六法全書シリーズ）　2000円　①4-384-02488-6
◇明治憲法―その独逸との隔たり　石村修著　専修大学出版局　1999.10　247p　19cm　2500円　①4-88125-108-2
◇教科書が教えない歴史―明治-昭和初期、日本の偉業　藤岡信勝, 自由主義史観研究会著　産経新聞ニュースサービス;扶桑社〔発売〕　1999.7　387p　15cm　（扶桑社文庫）　667円　①4-594-02710-5
◇世界と出会う日本の歴史 4 イギリスから伝わったカレーライス―幕末-明治　歴史教育者協議会編　ほるぷ出版　1999.4　47p　28×22cm　2800円　①4-593-50843-6
◇日本近代地方自治制と国家　山中永之佑著　弘文堂　1999.3　653p　21cm　10000円　①4-335-35198-4
◇明治国家の建設―1871～1890　坂本多加雄著　中央公論社　1999.1　402p　19cm　（日本の近代　2）　2400円　①4-12-490102-X
◇近代天皇制のイデオロギー　岩井忠熊著　新日本出版社　1998.12　284p　19cm　2600円　①4-406-02626-6
◇マンガ 日本の歴史 44 民権か国権か　石ノ森章太郎著　中央公論社　1998.11　228p　15cm　（中公文庫）　524円　①4-12-203297-0
◇マンガ 教科書が教えない歴史 2　藤岡信勝, 自由主義史観研究会原作・監修, ダイナミックプロダクション作画　産経新聞ニュースサービス;扶桑社〔発売〕　1998.9　258p　19cm　952円　①4-594-02554-4
◇明治国家の教育思想　本山幸彦著　京都　京都思文閣出版　1998.7　376,17p　21cm　8000円　①4-7842-0973-5
◇東アジア史としての日清戦争　大江志乃夫著　立風書房　1998.5　539p　19cm　3300円　①4-651-70076-4

政治

◇近代国家としての発展─明治時代後期　古川清行著　小峰書店　1998.4　119p　26cm　（人物・遺産でさぐる日本の歴史 13）　2500円　ⓘ4-338-15113-7

◇憲法　小林孝輔著　新版　日本評論社　1998.4　285,10p　19cm　（basic university library）　2800円　ⓘ4-535-01033-1

◇文明開化─明治時代前期　ぎょうせい　1998.4　189p　26cm　（おもしろ日本史まんがパノラマ歴史館 11）　2000円　ⓘ4-324-05141-0

◇平等権と違憲審査　横坂健治著　北樹出版;学文社〔発売〕　1998.4　309p　21cm　3200円　ⓘ4-89384-643-4

◇憲法入門　伊藤正己著　第四版　有斐閣　1998.3　263,13p　19cm　（有斐閣双書）　1600円　ⓘ4-641-11180-4

◇明治維新と近代日本─明治時代 1　海野福寿監修, 井上大助漫画　集英社　1998.3　163p　21cm　（学習漫画 日本の歴史 15）　850円　ⓘ4-08-239015-4

◇近代国家の発展─明治時代後期　児玉幸多監修, あおむら純漫画　増補版　小学館　1998.2　157p　21cm　（小学館版学習まんが─少年少女日本の歴史 18）　830円　ⓘ4-09-298118-X

◇物語 日本キリスト教史─日米キリスト者群像を辿る　志茂望信著　新教出版社　1998.1　680p　19cm　5300円　ⓘ4-400-21294-7

◇法制・帝國憲法　清水澄撰, 所功解説　原書房　1997.11　1冊　23cm　（明治百年史叢書 第448巻）　18000円　ⓘ4-562-03019-4

◇日本憲法史　大石眞著　有斐閣　1995.3　299,13p　19cm　1900円　ⓘ4-641-12807-3

◇ニュースで追う明治日本発掘 4　憲法発布・大津事件・壮士と決闘の時代　鈴木孝一編　河出書房新社　1994.12　294p　20cm　2500円　ⓘ4-309-72324-1

◇明治の憲法　江村栄一〔著〕　岩波書店　1992.6　61p　21cm　（岩波ブックレット）　350円　ⓘ4-00-003413-8

◇明治建白書集成　第2巻　明治五年四月～明治六年十二月　内田修道,牧原憲夫編　筑摩書房　1990.6　1145p　27cm　ⓘ4-480-35402-6

◇日本近代思想大系　9　憲法構想　加藤周一〔ほか〕編　江村栄一校注　岩波書店　1989.7　492p　22cm　4800円　ⓘ4-00-230009-9

◇明治建白書集成　第4巻　明治七年十月～明治八年十月　茂木陽一編　筑摩書房　1988.8　981p　27cm　58000円　ⓘ4-480-35404-2

◇日本近代史講義─明治立憲制の形成とその理念　鳥海靖著　東京大学出版会　1988.6　358p　22cm　2800円　ⓘ4-13-022008-X

◇明治建白書集成　第6巻　明治十三年五月～明治十五年十二月　鶴巻孝雄編　筑摩書房　1987.4　xxxxiii,1049p　27cm　50000円　ⓘ4-480-35406-9

◇明治前期の憲法構想　家永三郎〔ほか〕編　増訂版第2版　福村出版　1987.3　450p　22cm　8500円

◇明治建白書集成　第3巻　明治七年一月～明治七年九月　牧原憲夫編　筑摩書房　1986.10　xxiii,1005p　27cm　50000円　ⓘ4-480-35403-4

◇明治憲法体制の確立─富国強兵と民力休養　坂野潤治著　東京大学出版会　1986.10　249,3p　22cm　3700円　ⓘ4-13-020028-3

◇真景明治憲法制定史話　村尾次郎著　明治神宮崇敬会　1986.4　129p　26cm　非売品

◇帝国憲法改正案議事録─枢密院帝国憲法改正案審査委員会議事録　村川一郎編著　国書刊行会　1986.2　382p　22cm　8500円

◇明治前期の憲法構想　家永三郎〔ほか〕編　増訂版　福村出版　1985.2　440p　22cm　8000円

政治

◇帝国憲法史　久田栄正著　京都　法律文化社　1983.7　223p　22cm　2000円

◇明治憲法史論・序説—明治憲法への模索と決着　小林昭三著　成文堂　1982.5　322p　20cm　2300円

◇大いなる幻影—明治憲法私論　西口克己著　新日本出版社　1982.4　310p　20cm　1500円

◇大日本帝国憲法制定史　大日本帝国憲法制定史調査会著　サンケイ新聞社　1980.3　878p　23cm　9000円

◇明治憲法成立史の研究　稲田正次著　有斐閣　1979.4　302,12p　22cm　4800円

◇錦絵幕末明治の歴史　10　憲法発布　小西四郎著　講談社　1977.11　131p(おもに図)　31cm　2000円

◇明治憲政史関係資料—塩見文庫所蔵　塩見文庫編　〔高知〕　〔塩見文庫〕　〔1977〕　27p　22cm

◇明治憲法制定史　中　伊藤博文による明治憲法原案の起草　清水伸著　原書房　1974　436,10p　22cm　(明治百年史叢書)　5500円

◇明治憲法制定史　下　枢密院における明治憲法制定会議　清水伸著　原書房　1973　601,8p　22cm　(明治百年史叢書)　5500円

◇明治憲法制定史　上　独墺における伊藤博文の憲法調査　清水伸著　原書房　1971　560,6p　図　22cm　(明治百年史叢書)　5000円

◇帝国憲法崩壊史　久田栄正著　京都　法律文化社　1970　380p　22cm　(学術選書)　2500円

◇秘書類纂　第11巻　憲法資料　上巻　伊藤博文編　金子堅太郎〔等〕校訂　原書房　1970　672,5p　22cm　(明治百年史叢書)　5000円

◇秘書類纂　第12巻　憲法資料　中巻　伊藤博文編　金子堅太郎〔等〕校訂　原書房　1970　560,6p　22cm　(明治百年史叢書)　5000円

◇秘書類纂　第13巻　憲法資料　下巻　伊藤博文編　金子堅太郎〔等〕校訂　原書房　1970　501,7p　22cm　(明治百年史叢書)　5000円

◇明治立憲思想史におけるイギリス国会制度の影響　浅井清著　有信堂　1969　272p　22cm　2000円

◇写真図説　近代日本史—明治維新百年　第4　憲法と議会　日本近代史研究会編　国文社　1967　31cm

◇図説　国民の歴史—近代日本の百年　第10　憲政の火花散る　日本近代史研究会編　国文社　1964　111p(図版共)　30cm

◇図説　国民の歴史—近代日本の百年　第6　明治憲法の制定　日本近代史研究会編　国文社　1963　111p　図版　30cm

◇明治憲法成立史　下巻　稲田正次著　有斐閣　1962　1144p　22cm

◇明治憲法成立史　上巻　稲田正次著　有斐閣　1960　761p　22cm

◇明治憲法の出来るまで　大久保利謙著　至文堂　1956　215p　図版　19cm　日本歴史新書

帝国議会

明治23年11月29日に初めて開かれ、昭和22年まで存続した日本の立法府。大日本帝国憲法によって、天皇・政府・内閣を協賛する機関として位置づけられた。選挙で選ばれる衆議院と皇族・華族・勅任議員で成る貴族院との二院制で、両院の権限はほぼ対等。衆議院議員は国税を一定額以上納付した25歳以上の男子により選出された。とはいえ、軍部統帥権や条約締結権などは天皇大権に属し、また議会で予算案不成立の場合、政府は前年度予算を執行できるなど、立法機関としての権限は大きく制限されたものであった。

政治

*   *   *

◇議会政治百十年誌便覧　高木日出男著　文芸社　1999.10　183p　21cm　1300円　①4-88737-655-3

◇憲法撮要　美濃部達吉著　改訂第5版,復刻版　有斐閣　1999.10　626p　21cm　10000円　①4-641-12866-9

◇マンガ　日本の歴史　49　明治国家の経営　石ノ森章太郎著　中央公論新社　1999.2　224p　15cm　（中公文庫）　524円　①4-12-203362-4

◇統治システムと国会　堀江湛編　信山社出版　1999.2　260p　19cm　（信山社叢書―国家を考える　1）　2800円　①4-7972-5160-3

◇近代国家としての発展―明治時代後期　古川清行著　小峰書店　1998.4　119p　26cm　（人物・遺産でさぐる日本の歴史　13）　2500円　①4-338-15113-7

◇日清・日露の戦い―明治時代　2　海野福寿監修, 井上大助漫画　集英社　1998.3　163p　21cm　（学習漫画　日本の歴史　16）　850円　①4-08-239016-2

◇帝国議会改革論　村瀬信一著, 日本歴史学会編　新装版　吉川弘文館　1997.7　257,3p　19cm　（日本歴史叢書）　2600円　①4-642-06653-5

◇帝国議会貴族院委員会会議録　明治期　21～29　第二四～二八回議会(明治40～45年)　京都　臨川書店　1996.2　9冊　22cm　95790円　①4-653-03137-1

◇帝国議会貴族院委員会会議録　明治期　11～20　第十三～二三回議会(明治31～40年)　京都　臨川書店　1995.12　10冊　22cm　114330円　①4-653-03136-3

◇帝国議会貴族院委員会会議録　明治期　1～10　第一～十二回議会(明治23～31年)　京都　臨川書店　1995.10　10冊　22cm　①4-653-03135-5

◇全国議会史大系　第1巻　国会篇　前田英昭著, 議会資料刊行会編　黎明版　1991.11　284p　26cm　38835円　①4-947576-11-1

◇議会制度百年史　院内会派編　貴族院・参議院の部　衆議院, 参議院編　〔衆議院〕　1990.11　658p　27cm

◇国会の100年―明治・大正・昭和・平成エピソードで綴る　前田英昭著　原書房　1990.11　444,6p　21cm　2718円　①4-562-02159-4

◇国会百年　毎日新聞政治部著　行研　1990.11　318p　20cm　2500円　①4-905786-81-9

◇日本議会史録　4　内田健三〔ほか〕編　第一法規出版　1990.11　445,14p　22cm　4854円　①4-474-10174-X

◇日本議会史録　5　内田健三〔ほか〕編　第一法規出版　1990.11　400,9p　22cm　4854円　①4-474-10175-8

◇日本議会史録　6　内田健三〔ほか〕編　第一法規出版　1990.11　436,11p　22cm　4854円　①4-474-10176-6

◇議会は生きている―国会百年、政治家はかく語った　岸本弘一著　時事通信社　1990.10　288p　20cm　1700円　①4-7887-9027-0

◇議会政治100年―生命をかけた政治家達　政党政治研究会著　徳間書店事業室　1988.9　738p　22cm　4500円　①4-19-143760-7

◇日本国会事始―大日本帝国議会　春田国男著　日本評論社　1987.4　259p　19cm　1800円　①4-535-57647-5

◇議会史の光芒　小島静馬編著　小島静馬事務所　1985.6　399p　19cm　2000円

◇明治憲政論　伊藤勲著　成文堂　1985.5　351p　22cm　3500円

◇議会および法制史　平野義太郎著　岩波書店　1982.5　65p　23cm　（日本資本主義発達史講座　第2部　資本主義発達史）

◇激動の日本政治史―明治・大正・昭和歴代国会議員史録　阿坂書房, ロッキ

一編　阿坂書房　1979.6　2冊　31cm　全128000円

◇近代国家と立憲思想―近代憲法思想史研究序説　井田輝敏著　酒井書店　1976　295p　22cm　2300円

◇論集日本歴史　11　立憲政治　宇野俊一編　有精堂出版　1975　366p　22cm　2800円

◇大日本憲政史　第4巻　大津淳一郎著　原書房　1970　850p　22cm　（明治百年史叢書）　6000円

◇大日本憲政史　第6巻　大津淳一郎著　原書房　1970　840p　22cm　（明治百年史叢書）　6000円

◇大日本憲政史　第7巻　大津淳一郎著　原書房　1970　878p　22cm　（明治百年史叢書）　6000円

◇大日本憲政史　第8巻　大津淳一郎著　原書房　1970　880p　22cm　（明治百年史叢書）　6000円

◇大日本憲政史　第9巻　大津淳一郎著　原書房　1970　1034p　22cm　（明治百年史叢書）　6000円

◇大日本憲政史　第10巻　大津淳一郎著　原書房　1970　1238p　図版　22cm　（明治百年史叢書）　6000円

◇秘書類纂　〔第7-8巻〕　帝国議会資料　上，下　伊藤博文編　原書房　1970　2冊　22cm　（明治百年史叢書）　各5000円

◇大日本憲政史　第1巻　大津淳一郎著　原書房　1969　912p　22cm　（明治百年史叢書）　6000円

◇大日本憲政史　第2巻　大津淳一郎著　原書房　1969　870p　22cm　（明治百年史叢書）　6000円

◇大日本憲政史　第3巻　大津淳一郎著　原書房　1969　846p　22cm　（明治百年史叢書）　6000円

◇大日本憲政史　第5巻　大津淳一郎著　原書房　1969　862p　22cm　（明治百年史叢書）　6000円

◇日本憲政史の研究　宮沢俊義著　岩波書店　1968　324p　22cm

◇議会制度七十年史　〔第7〕　資料編　衆議院，参議院編　大蔵省印刷局(印刷者)　1962　27cm

◇議会制度七十年史　〔第8〕　議会史年表　衆議院，参議院編　大蔵省印刷局(印刷者)　1962　27cm

◇議会制度七十年史　〔第9〕　帝国議会史　衆議院，参議院編　大蔵省印刷局(印刷者)　1962　27cm

◇議会制度七十年史　〔第10〕　帝国議会史　衆議院，参議院編　大蔵省印刷局(印刷者)　1962　27cm

◇議会制度七十年史　〔第11〕　衆議院議員名鑑　衆議院，参議院編　大蔵省印刷局(印刷者)　1962-63　27cm

◇議会制度七十年史　〔第12〕　憲政史概観　衆議院，参議院編　大蔵省印刷局(印刷者)　1962-63　27cm

◇日本議会史の十大象徴事件　村教三著　国立国会図書館調査及び立法考査局　1961　48p　表　22cm　（調査資料）

◇議会制度七十年史　〔第1〕　貴族院・参議院議員名鑑　衆議院，参議院編　大蔵省印刷局(印刷者)　1960-61　27cm

◇議会制度七十年史　〔第2〕　帝国議会議案件名録　衆議院，参議院編　大蔵省印刷局(印刷者)　1960-61　27cm

◇議会制度七十年史　〔第3〕　国会史　衆議院，参議院編　大蔵省印刷局(印刷者)　1960-61　27cm

◇議会制度七十年史　〔第4〕　国会史　衆議院，参議院編　大蔵省印刷局(印刷者)　1960-61　27cm

◇議会制度七十年史　〔第5〕　国会議案件名録　衆議院，参議院編　大蔵省印刷局(印刷者)　1960-61　27cm

◇議会制度七十年史　〔第6〕　政党会派編　衆議院，参議院編　大蔵省印刷局(印

政治

刷者） 1960-61 27cm
◇憲政秘録 明治・大正・昭和 国立国会図書館憲政資料室編 産業経済新聞社出版局 1959 221p（図版解説共） 38cm
◇帝国議会の歴史と本質 上杉重二郎著 岩崎書店 1953 228p 22cm
◇日本議会史 第1巻 第1帝国議会 日本議政協会編 1953 1136p 31cm
◇日本國會七十年史 新聞合同通信社編 新聞合同通信社 1953-54 2冊 26cm

初期議会

明治23年の第一議会から27年日清戦争直前の第六議会まで、初期の帝国議会を特に指していう。この時期は、衆議院で多数を占める自由党・改進党など民党と藩閥政府・吏党・貴族院とが激しく対立し、予算削減、地租軽減、条約改正問題などで紛糾。しばしば審議は停滞、衆議院は解散になり、政策実行が滞る事態となった。結果として、政府側は超然主義の行き詰まりを認識、また民党側も要求実現のための手段として政府・内閣との接近・妥協は必要なことを学び、将来の政党政治・政党内閣のための準備期間と位置づけられる。

* * *

◇もう一つの近代―側面からみた幕末明治 マリオン・ウィリアム・スティール著 ぺりかん社 1998.10 357,4p 21cm 4800円 ⓘ4-8315-0851-9
◇日本歴史大系 14 明治憲法体制の展開 上 井上光貞〔ほか〕編 山川出版社 1996.11 376,18p 22cm 3500円 ⓘ4-634-33140-3
◇初期議会と選挙大干渉展―高知市立自由民権記念館1992年度特別展 高知市立自由民権記念館編 高知 高知市立自由民権記念館 1992.11 36p 26cm
◇遠山茂樹著作集 第4巻 日本近代史論 遠山茂樹著 岩波書店 1992.7 362p 21cm 4660円 ⓘ4-00-091704-8

黒田 清隆

天保11（1840）.10.16～明治33（1900）.8.23
藩閥政治家。薩摩藩出身で北海道開拓長官として、樺太・千島交換条約締結を推進した。明治14年、開拓使官有物を薩摩出身の政商五代友厚に払い下げようとして批判を浴び辞任。18年初代伊藤博文内閣で農商務大臣を務め、21年に首相に就任した。明治憲法発布は黒田が首相在任中のことで、この時藩閥政治家の立場から政党勢力を排除する旨の「超然主義」演説を行ったことは有名。その後も藩閥政治家として活動し、枢密院議長などを歴任した。

* * *

◇会津残照譜 星亮一著 集英社 1998.12 254p 19cm 1800円 ⓘ4-08-783136-1
◇歌之介のさつまのボッケモン KTS鹿児島テレビ編著, 原口泉監修 鹿児島 鹿児島高城書房 1998.7 176p 19cm 1000円 ⓘ4-924752-77-0
◇幸運な志士―若き日の元勲たち 三好徹著 徳間書店 1992.4 283p 19cm 1500円 ⓘ4-19-124847-2
◇黒田清隆 井黒弥太郎著 〔新装版〕 吉川弘文館 1987.11 291p 19cm （人物叢書） 1800円 ⓘ4-642-05099-X
◇追跡 黒田清隆夫人の死 井黒弥太郎著 （札幌）北海道新聞社 1986.4 319p 19cm 1700円 ⓘ4-89363-461-5
◇黒田清隆 井黒弥太郎著 吉川弘文館 1977.10 291p 図 肖像 18cm （人物叢書） 950円
◇黒田清隆―埋れたる明治の礎石 井黒弥太郎著 札幌 みやま書房 1965 213p 図版 21cm
◇北海道郷土研究資料 第11 黒田清隆履歴書案 井黒弥太郎編 札幌 北海道郷土資料研究会 1963-64 25cm
◇黒田清隆とホーレス・ケプロン―北海道開拓の二大恩人-その生涯とその事蹟

逢坂信忢著　限定版　札幌　北海タイムス社　1962　747p 地図　22cm
◇北の先覚　髙倉新一郎著　札幌　北日本社　1947　276p 19cm　50円

超然主義

　明治22年の憲法発布の翌日に黒田清隆首相が行った演説中の文言から広まったもので、政府は特定政党の意向に拘束されることなく国政にあたるべき、という態度を指す。これは衆議院の多数を占める政党にも拘束されないという意味で、政党政治を否定する意図があった。また政党人を排除した内閣を超然内閣という。明治憲法下では内閣は天皇により任命され議会に何ら責任を持たないためにこうした考え方が成立しえた。しかし現実には衆議院の意向を無視しては法案を成立させられず、超然主義自体が変質していくことになる。

　　　　＊　　＊　　＊

◇政官攻防史　金子仁洋著　文芸春秋　1999.2　238p 18cm　（文春新書）700円　①4-16-660027-3
◇全国議会史大系　第1巻　国会篇　前田英昭著, 議会資料刊行会編　黎明出版　1991.11　284p 26cm　38835円　①4-947576-11-1

品川 弥二郎

　天保14(1843).閏9.29～明治33(1900).2.26
　明治前中期の政治家。長州藩出身で、松下村塾に学んで尊王攘夷運動に投じ、薩長連合に尽力。維新後内務少輔やドイツ公使を歴任し、明治24年に第一次松方内閣の内務大臣に就任した。しかし翌年、第二回総選挙で民党候補の妨害をはかり、選挙干渉と非難され選挙後内相を辞任。のち国民協会を結成した。

　　　　＊　　＊　　＊

◇品川弥二郎　関係文書 5　尚友倶楽部品川弥二郎関係文書編纂委員会編　山川出版社　1999.7　373p 21cm　5714円　①4-634-51050-2
◇品川弥二郎関係文書 4　尚友倶楽部品川弥二郎関係文書編纂委員会編　山川出版社　1998.1　459p 21cm　5829円　①4-634-51040-5
◇品川弥二郎関係文書 3　山川出版社　1996.3　478p 21cm　5825円　①4-634-51030-8
◇品川弥二郎関係文書 2　尚友倶楽部品川弥二郎関係文書編纂委員会編　山川出版社　1994.12　433p 22cm　5825円　①4-634-51020-0
◇吉田松陰門下生の遺文—襖の下から幕末志士の手紙が出た　一坂太郎著　世論時報社　1994.3　178p 19cm　2000円　①4-915340-24-4
◇品川弥二郎関係文書 1　尚友倶楽部品川弥二郎関係文書編纂委員会編　山川出版社　1993.9　469p 21cm　6000円　①4-634-51010-3
◇品川子爵伝　村田峯次郎著　徳山　マツノ書店　1989.1　723,85p 図版13枚　22cm　15000円
◇人物篇　永原慶二, 山口啓二, 加藤幸三郎, 深谷克己編　日本評論社　1986.12　270p 21cm　講座・日本技術の社会史　別巻2近代　2900円　①4-535-04810-X

星 亨

　嘉永3(1850).4.14～明治34(1901).6.21
　政党政治家。明治15年に自由党に入ったが官吏侮辱で入獄。解党後に出獄し、大同団結運動や三大事件建白運動に従事し、第二回総選挙で当選して第三議会で衆議院議長に就任したが、収賄の発覚などのため議員を除名された。自由党と進歩党が合同した憲政党では、旧自由党系を率いて脱党し新たに別の憲政党を結成。のちには伊藤博文に接近して立憲政友会の創建に寄与し、第4次伊藤内閣に逓信大臣として入閣したが、疑獄事件で辞任。翌年暗殺された。

政治

* * *

◇日本史の現場検証 2 明治・大正編 合田一道著 扶桑社 1999.11 261p 19cm 1429円 ⓘ4-594-02790-3

◇立憲国家の確立と伊藤博文―内政と外交 1889〜1898 伊藤之雄著 吉川弘文館 1999.7 338,5p 21cm 7500円 ⓘ4-642-03687-3

◇政官攻防史 金子仁洋著 文芸春秋 1999.2 238p 18cm （文春新書） 700円 ⓘ4-16-660027-3

◇星亨―藩閥政治を揺がした男 鈴木武史著 中央公論社 1988.2 208p 18cm （中公新書 869） 520円 ⓘ4-12-100869-3

◇星亨 中村菊男著 〔新装版〕 吉川弘文館 1988.1 230p 19cm （人物叢書） 1600円 ⓘ4-642-05105-8

◇星亨とその時代 2 野沢鶏一編著、川崎勝, 広瀬順晧校注 平凡社 1984.10 405p 18cm （東洋文庫 438） 2300円

◇星亨とその時代 1 野沢鶏一編著、川崎勝, 広瀬順晧校注 平凡社 1984.9 287p 18cm （東洋文庫 437） 1800円

◇星亨 有泉貞夫著 朝日新聞社 1983.3 343p 20cm （朝日評伝選 27） 1700円

◇人物・日本の歴史 12 読売新聞社 1966

◇星亨 中村菊男著 吉川弘文館 1963 230p 図版 18cm （人物叢書）

◇日本人物史大系 第6巻 近代 第2 大久保利謙編 朝倉書店 1960 388p 22cm

◇慶応義塾創立百年記念論文集 法学部第2部―政治学関係 駐米公使時代の星亨 中村菊男著 慶応義塾大学法学部 1958

◇明治的人間像 星亨と近代日本政治 中村菊男著 慶応通信 1957 276p 図版 19cm

◇近代政治家評伝 阿部真之助著 文芸春秋新社 1953 353p 19cm

◇明治の政治家たち―原敬につらなる人々 上,下巻 服部之総著 岩波書店 1950-54 2冊 18cm （岩波新書）

◇星亨伝 前田蓮山著 高山書院 1948 371p 19cm

進歩党

　明治時代中期の政党で、政府に接近した自由党に対抗するため明治29年立憲改進党が他の小会派と合同して結成した。議会で自由党と拮抗する勢力となり、事実上の党首大隈重信は第二次松方内閣に外相として入閣した。しかし松方内閣が地租増徴案を出したため、藩閥政府と決別。31年に長らく敵対関係にあった自由党と合同して憲政党が結成された。

* * *

◇自由民権運動と立憲改進党 大日方純夫著 早稲田大学出版部 1991.9 410,14p 21cm 8000円 ⓘ4-657-91520-7

憲政党

　明治31年、当時の二大政党だった板垣退助率いる自由党と大隈重信率いる進歩党が合同して結成された政党。6月27日、大隈と板垣に組閣の大命が下り、日本初の政党内閣（隈板内閣）が誕生した。8月の総選挙でも圧勝したが、文部大臣尾崎行雄が共和演説事件で辞任したのを契機に後継人事をめぐって自由党系と進歩党系の対立が表面化。憲政党は分裂して10月末に自由党系が憲政党を継承、11月3日に進歩党は憲政本党を名乗り、隈板内閣はわずか4ヶ月で瓦解した。その後自由党系憲政党は伊藤博文に接近し、33年9月に解党して立憲政友会を結成した。

憲政本党

　明治31年11月、憲政党瓦解により旧進歩党系が結成した政党。結党当初は旧自由党系の憲

政党より多くの議席を持っていたが、立憲政友会が成立し桂園時代になると政権から排除される状態が続き、党勢は衰退。大隈重信も総理を辞任した。その後も野党的立場が続き、43年10月に他の小会派と合同して立憲国民党を結成した。

　　　　＊　　　＊　　　＊

◇近代日本の政党と官僚　山本四郎編　東京創元社　1991.11　551,6p　21cm　8252円　ⓘ4-488-00604-3
◇犬養毅―リベラリズムとナショナリズムの相剋　時任英人著　論創社　1991.10　270p　19cm　2500円

立憲政友会

明治から昭和まで続いた政党。明治33年9月、旧自由党系の憲政党と伊藤博文系官僚群が合同して結成。伊藤博文が初代総裁に就任した。日露戦争後は伊藤の後を継いだ西園寺公望が総裁として桂園時代を現出させた。政友会は大正時代には総裁原敬が首相となって本格的政党政治を実現し、昭和15年大政翼賛会に吸収されて解党するまで40年間日本の政治をリードし続けることになる。

　　　　＊　　　＊　　　＊

◇原敬と立憲政友会　玉井清著　慶応義塾大学出版会　1999.4　390p　21cm　5000円　ⓘ4-7664-0740-7
◇日本歴史大系　14　明治憲法体制の展開　上　井上光貞〔ほか〕編　山川出版社　1996.11　376,18p　22cm　3500円　ⓘ4-634-33140-3
◇犬養毅―リベラリズムとナショナリズムの相剋　時任英人著　論創社　1991.10　270p　19cm　2500円
◇西園寺公望伝　第2巻　立命館大学西園寺公望伝編纂委員会編　岩波書店　1991.9　384p　21cm　4951円　ⓘ4-00-008792-4
◇日本議会史録　1　内田健三、金原左門、古屋哲夫編　第一法規出版　1991.2

453,11p　21cm　4854円　ⓘ4-474-10171-5
◇星亨　中村菊男著　新装版　吉川弘文館　1988.1　230p　19cm　（人物叢書）　1600円　ⓘ4-642-05105-8
◇近代日本の政局と西園寺公望　中川小十郎著、後藤靖、鈴木良校訂　吉川弘文館　1987.1　530,6p　21cm　9500円　ⓘ4-642-03588-5
◇初代総理　伊藤博文　下　豊田穣著　講談社　1987.1　351p　19cm　1200円　ⓘ4-06-203082-9

桂園時代

明治後期から大正初期にかけて、桂太郎と西園寺公望が交互に政権についた時期の俗称で、大久保利通・木戸孝允らの時代、伊藤博文・松方正義・山県有朋らの時代に続く明治政治史の第三期といえる。藩閥・軍部の色濃い桂太郎と立憲政友会の西園寺公望が日露戦争を機に接近、政権のたらい回しと他政党の排除を慣行化したもの。

　　　　＊　　　＊　　　＊

◇帝国議会改革論　村瀬信一著，日本歴史学会編　新装版　吉川弘文館　1997.7　257,3p　19cm　（日本歴史叢書）　2600円　ⓘ4-642-06653-5
◇近代日本の政治と地域社会　宇野俊一編　国書刊行会　1995.12　361p　21cm　9709円　ⓘ4-336-03791-4
◇大正政変―1900年体制の崩壊　坂野潤治著　京都　京都ミネルヴァ書房　1994.4　220p　19cm　（Minerva21世紀ライブラリー　10）　2718円　ⓘ4-623-02402-4
◇明治国家の軌跡　宇野俊一著　松戸　松戸梓出版社　1994.3　251p　21cm　2600円　ⓘ4-900071-19-6
◇大系　日本の歴史　13　近代日本の出発　坂野潤治著　小学館　1993.8　457p　16cm　（小学館ライブラリー　1013）　951円　ⓘ4-09-461013-8

政治

◇西園寺公望伝 第3巻 立命館大学西園寺公望伝編纂委員会編 岩波書店 1993.1 384p 21cm 4951円 ⓘ4-00-008793-2
◇全国議会史大系 第1巻 国会篇 前田英昭著,議会資料刊行会編 黎明出版 1991.11 284p 26cm 38835円 ⓘ4-947576-11-1
◇大系 日本の歴史 13 近代日本の出発 坂野潤治著 小学館 1989.4 266p 21cm 1800円 ⓘ4-09-622013-2
◇近代日本研究の検討と課題 近代日本研究会編 山川出版社 1988.11 434,3p 21cm 3900円 ⓘ4-634-61400-6
◇日本政治史 2 藩閥支配、政党政治 升味準之輔著 東京大学出版会 1988.5 337,5p 19cm 1900円 ⓘ4-13-033042-X
◇元老 山本四郎著 静山社 1986.4 318p 19cm 1800円 ⓘ4-915512-12-6

桂 太郎

弘化4(1847).11.28〜大正2(1913).10.10
明治時代後期の政治家・軍人。長州藩出身で、維新後は陸軍軍人畑を歩む。台湾総督・陸軍大臣を歴任後、藩閥政治家山県有朋の後継者として明治34年に首相に就任し、日露戦争を指導した。この際対立していた伊藤博文率いる政友会と妥協して、西園寺公望との政権交代体制を敷いたといわれている。41年に再度組閣、韓国併合・大逆事件を処理。のち大正元年末に三たび首相の座に就いたが、第一次護憲運動のためわずか2ヶ月で退陣した。

* * *

◇山河ありき—明治の武人宰相・桂太郎の人生 古川薫著 文芸春秋 1999.10 283p 19cm 1524円 ⓘ4-16-318710-3
◇日露戦争以後の日本外交—パワー・ポリティクスの中の満韓問題 寺本康俊著 信山社出版 1999.9 563,14p 21cm 17000円 ⓘ4-7972-2144-5

◇運命の児—日本宰相伝 2 三好徹著 徳間書店 1997.8 334p 15cm (徳間文庫) 552円 ⓘ4-19-890742-0
◇日本の大陸政策 1895-1914—桂太郎と後藤新平 小林道彦著 南窓社 1996.10 318p 21cm 4369円 ⓘ4-8165-0194-0
◇桂太郎自伝 桂太郎著,宇野俊一校注 平凡社 1993.4 362p 18cm (東洋文庫 563) 2884円 ⓘ4-582-80563-9
◇近代日本内閣史論 藤井貞文著 吉川弘文館 1988.7 364p 21cm 6500円 ⓘ4-642-03616-4
◇日本宰相列伝 4 桂太郎 川原次吉郎著 時事通信社 1985.11 182p 19cm 1400円 ⓘ4-7887-8554-4
◇公爵桂太郎伝 乾巻 徳富蘇峰編著 原書房 1967 1131p 図版 22cm (明治百年史叢書)
◇公爵桂太郎伝 坤巻 徳富蘇峰編著 原書房 1967 1051,61p 図版 22cm (明治百年史叢書)
◇桂太郎 川原次吉郎著 時事通信社 1959 182p 図版 13cm (三代宰相列伝)
◇近代政治家評伝 阿部真之助著 文芸春秋新社 1953 353p 19cm
◇明治の政治家たち—原敬につらなる人々 上,下巻 服部之総著 岩波書店 1950-54 2冊 18cm 岩波新書

西園寺 公望

嘉永2(1849).10.23〜昭和15(1940).11.24
明治時代後期・大正時代の政治家。公卿出身で明治維新後フランス留学し、帰国後の明治14年「東洋自由新聞」の社長となるが、同紙は中江兆民を主筆とする自由民権派新聞で、政府は華族が民権派新聞を経営するのを嫌い西園寺を退社させたという。その後伊藤博文に随行して憲法調査のため渡欧。帰国後は伊藤の下で各大臣を歴任、36年に立憲政友会総裁になり、伊藤の後継者として二度組閣した。大正時代以降も

90

パリ講和会議全権大使を務めるなど元老として活動し、大正デモクラシーを陰で擁護していたといわれる。

　　　　＊　　＊　　＊

◇日露戦争以後の日本外交―パワー・ポリティクスの中の満韓問題　寺本康俊著　信山社出版　1999.9　563,14p　21cm　17000円　Ⓙ4-7972-2144-5

◇世紀転換期の国際秩序と国民文化の形成　西川長夫, 渡辺公三編　柏書房　1999.2　532p　21cm　5800円　Ⓙ4-7601-1714-8

◇この日本人を見よ―在りし日の人たち　馬場周二著　フォレスト出版　1998.12　263p　19cm　1600円　Ⓙ4-89451-065-0

◇宮中・皇室と政治　近代日本研究会編　山川出版社　1998.11　279,9p　21cm　(年報 近代日本研究 20(1998))　3714円　Ⓙ4-634-61810-9

◇自由は人の天性なり―「東洋自由新聞」と明治民権の士たち　吉野孝雄著　日本経済新聞社　1993.6　323p　19cm　2400円　Ⓙ4-532-16104-5

◇西園寺公望伝　第3巻　立命館大学西園寺公望伝編纂委員会編　岩波書店　1993.1　384p　21cm　5100円　Ⓙ4-00-008793-2

◇ぜいたく列伝　戸板康二著　文芸春秋　1992.9　293p　19cm　1300円　Ⓙ4-16-346790-4

◇幸運な志士―若き日の元勲たち　三好徹著　徳間書店　1992.4　283p　19cm　1500円　Ⓙ4-19-124847-2

◇西園寺公望伝　第2巻　立命館大学西園寺公望伝編纂委員会編　岩波書店　1991.9　384p　21cm　5100円　Ⓙ4-00-008792-4

◇西園寺公望伝　第1巻　立命館大学西園寺公望伝編集委員会編　岩波書店　1990.10　458p　21cm　5100円　Ⓙ4-00-008791-6

◇陶庵随筆　西園寺公望著, 国木田独歩編　中央公論社　1990.4　138p　15cm　(中公文庫)　280円　Ⓙ4-12-201702-5

◇近代日本の政治家　岡義武著　岩波書店　1990.3　318p　16cm　(同時代ライブラリー　15)　800円　Ⓙ4-00-260015-7

◇近代日本内閣史論　藤井貞文著　吉川弘文館　1988.7　364p　21cm　6500円　Ⓙ4-642-03616-4

◇近代日本の政局と西園寺公望　中川小十郎著, 後藤靖, 鈴木良校訂　吉川弘文館　1987.1　530,6p　22cm　9500円　Ⓙ4-642-03588-5

◇百年の日本人　その3　川口松太郎, 杉本苑子, 鈴木史楼ほか著　読売新聞社　1986.6　253p　19cm　1200円　Ⓙ4-643-54730-8

◇最後の元老西園寺公望　豊田穣著　新潮社　1985.11　2冊　15cm　(新潮文庫)　各440円　Ⓙ4-10-132103-5

◇日本宰相列伝　5　西園寺公望　木村毅著　時事通信社　1985.11　254p　19cm　1400円　Ⓙ4-7887-8555-2

◇明治・大正の宰相　第5巻　西園寺公望と明治大帝崩御　豊田穣著　講談社　1983.12　338p　20cm　1000円　Ⓙ4-06-180695-5

◇最後の元老西園寺公望　豊田穣著　新潮社　1982.4　2冊　20cm　各1200円

◇坐漁荘秘録　増田壮平著　静岡　静岡新聞社　1976　270p 図 肖像　20cm　2000円

◇人物再発見　読売新聞社編　人物往来社　1965　235p　19cm

◇西園寺公望　木村毅著　時事通信社　1958　254p 図版　18cm　(三代宰相列伝)

◇近代政治家評伝　阿部真之助著　文芸春秋新社　1953　353p　19cm

◇続 財界回顧―故人今人　池田成彬著, 柳沢健編　三笠書房　1953　217p　16cm　(三笠文庫)

◇西園寺公と政局 8巻別1巻9冊　原田熊雄著　岩波書店　1950-1956

◇明治の政治家たち─原敬につらなる人々　上,下巻　服部之総著　岩波書店　1950-54　2冊　18cm　（岩波新書）

◇西園寺公望自伝　西園寺公望述,小泉策太郎筆記,木村毅編　大日本雄弁会講談社　1949　240p 図版　19cm

◇西園寺公望　木村毅著　沙羅書房　1948　376p 図版　19cm

◇歴史を創る人々　西園寺公の薨去　嘉治隆一著　大八洲出版　1948

◇西園寺公　竹越与三郎著　鳳文書林　1947　366p　19cm　100円

◇西園寺公望─史劇/自由民権の使徒　木村毅著　東京講演会　1946　148p　18cm　7円

社会民主党

明治34年5月に結成された日本で初めての社会主義政党。安部磯雄、片山潜、河上清、木下尚江、幸徳秋水、西川光二郎がメンバーで、普通選挙実施・軍備全廃などを主張。選挙に勝利して合法的に政策を実現しようとしており、暴力革命は否定していた。結党から2日後に結社禁止とされた。

＊　　　＊　　　＊

◇日本の労働組合100年　法政大学大原社会問題研究所編　旬報社　1999.12　851p　26cm　35000円　①4-8451-0600-0

◇初期社会主義史の研究─明治30年代の人と組織と運動　太田雅夫著　新泉社　1991.3　642p　21cm　8000円

◇西川光二郎小伝─社会主義からの離脱　田中英夫著　みすず書房　1990.7　604p　19cm　4200円　①4-622-03346-1

◇明治政党発展史論　伊藤勲著　成文堂　1990.4　394,10p　21cm　3786円　①4-7923-3082-3

平民社

明治36年、「万朝報」を退社した幸徳秋水・堺利彦が中心になって設立した結社。日露戦争が避けられない情勢になり世論が開戦に傾く中で、週刊「平民新聞」を創刊して非戦論を唱えた。日露戦争終結後、38年10月に解散。

＊　　　＊　　　＊

◇日本の労働組合100年　法政大学大原社会問題研究所編　旬報社　1999.12　851p　26cm　35000円　①4-8451-0600-0

◇初期社会主義研究　第11号　初期社会主義研究会;不二出版〔発売〕　1998.12　281p　21cm　2800円

◇岩波講座日本通史　第17巻　近代　2　朝尾直弘〔ほか〕編　岩波書店　1994.5　364p　22cm　2800円　①4-00-010567-1

◇初期社会主義史の研究─明治30年代の人と組織と運動　太田雅夫著　新泉社　1991.3　642p　21cm　8000円

◇平民社の人びと─秋水・枯川・尚江・栄　林尚男著　朝日新聞社　1990.9　398p　19cm　2250円　①4-02-256205-6

◇西川光二郎小伝─社会主義からの離脱　田中英夫著　みすず書房　1990.7　604p　19cm　4200円　①4-622-03346-1

◇秋水の華は散ってゆく─大逆事件　斎藤成雄著　近代文芸社　1989.4　268p　19cm　1400円　①4-89607-984-1

◇評伝　堺利彦　林尚男著　オリジン出版センター　1987.4　348p　19cm　2300円

◇大逆事件の周辺─平民社地方同志の人びと　柏木隆法〔ほか著〕　論創社　1980.6　283p　20cm　1800円

日本社会党

明治39年1月に結党した日本平民党（西川光二郎ら）と日本社会党（堺利彦ら）が2月14日に合同して発足した社会主義政党。時の首相が西

園寺公望というリベラル派だったため結党が承認された。合法的手段での社会主義的政策実現を唱え、半月刊「光」と日刊「平民新聞」が機関紙であった。しかしほどなく幸徳秋水らの直接行動論と田添鉄二らの議会政策論が対立し、40年2月に西園寺内閣は幸徳秋水の主張の過激さから結社禁止を命令した。

　　　　＊　　　＊　　　＊

◇近代化と伝統的民衆世界―転換期の民衆運動とその思想　鶴巻孝雄著　東京大学出版会　1992.5　350,5p　21cm　6200円　①4-13-026051-0
◇明治政党発展史論　伊藤勲著　成文堂　1990.4　394,10p　21cm　3786円　①4-7923-3082-3

片山 潜

安政6(1859).12.3～昭和8(1933).11.5

明治・大正時代の社会主義運動家。明治17年米国に渡り、イェール大学を卒業。キリスト教と社会労働問題などへの関心を深め、帰国後は東京神田にキングスレー館を開館してセツルメント活動を開始。労働組合期成会に参加し、様々な労働組合の結成に携わった。34年社会民主党、39年日本社会党の結成にも参加。社会民主党では議会政策論を唱え、直接行動論の幸徳秋水らと対立した。大逆事件の後は米国・ソ連に亡命して、コミンテルン執行委員を務めてモスクワで没し、クレムリンの赤い壁に葬られた。

　　　　＊　　　＊　　　＊

◇アメリカが見つかりましたか―戦前篇　阿川尚之著　都市出版　1998.11　253p　19cm　1800円　①4-924831-79-4
◇リュトヘルスとインタナショナル史研究―片山潜・ボリシェヴィキ・アメリカレフトウィング　山内昭人著　京都　京都ミネルヴァ書房　1996.4　373p　21cm　（MINERVA西洋史ライブラリー 15）　5340円　①4-623-02636-1
◇片山潜の思想と大逆事件　大原慧著　論創社　1995.11　275p　19cm　3000円　①4-8460-0030-3
◇へんくつ一代　三好徹著　講談社　1993.12　304p　15cm　（講談社文庫）　500円　①4-06-185559-X
◇近代日本の自伝　佐伯彰一著　中央公論社　1990.9　358p　15cm　（中公文庫）　600円　①4-12-201740-8
◇日本人の自伝　8　片山潜.大杉栄.古田大次郎　平凡社　1981.9　558p　20cm　2800円
◇片山潜　隅谷三喜男著　東京大学出版会　1977.6　266p　肖像　19cm　（UP選書）　900円
◇燎火の流れ―わが草わけの社会主義者たち　木原実著　オリジン出版センター　1977.6　283p　19cm　1300円
◇片山潜　河村望著　京都　汐文社　1974　272p　19cm　（民主主義の思想家）　1000円
◇アジアの革命家片山潜　ハイマン・カブリン著、辻野功、高井寿美子、鈴木則子訳　合同出版　1973　402p　肖像　20cm
◇幸徳秋水と片山潜―明治の社会主義　大河内一男著　講談社　1972　256p　18cm　（講談社現代新書）　270円
◇わが回想　上　片山潜著　徳間書店　1967　354p　図版　20cm
◇わが回想　下　片山潜著　徳間書店　1967　338p　図版　20cm
◇現代日本思想大系　15　筑摩書房　1963
◇社会主義　復刻版　3　米国だより　片山潜著　明治文献資料刊行会　1963
◇日本人物史大系　第6巻　近代　第2　大久保利謙編　朝倉書店　1960　388p　22cm
◇片山潜　第2部　世界労働運動と片山潜　岸本英太郎、渡辺春男、小山弘健著　未来社　1960　416p　図版　19cm

政治

◇片山潜　隅谷三喜男著　東京大学出版会　1960　265p 図版　19cm（近代日本の思想家　第4）

◇近代日本の良心　荒正人編　光書房　1959　244p　20cm

◇片山潜　第1部　明治労働運動と片山潜　岸本英太郎，渡辺春男，小山弘健著　未来社　1959　350p 図版　19cm

◇光を掲げた人々──民主主義者の思想と生涯　新興出版社編集部編　新興出版社　1956　223p　18cm

◇社会主義講座 7　片山潜　小山弘健著　河出書房　1956

◇片山潜と共に　渡辺春男著　和光社　1955

◇近代日本の思想家　向坂逸郎編　和光社　1954　284p　19cm

◇自伝　片山潜著　岩波書店　1954　377p 図版　18cm

◇日本歴史講座 6 近代篇　片山潜　長谷川博著　河出書房　1952

◇社会科学講座 6　片山潜　石堂清倫著　弘文堂　1951

◇都市社会主義・我社会主義　黎明期労働運動に於ける片山潜の社会思想　岸本英太郎著　実業之日本社　1949

◇片山潜自伝　片山潜著　真理社　1949　200p　19cm

◇片山潜自伝 7冊　日本共産党党史資料委員会監修　真理社　1949

◇片山潜選集　第1巻　伝記篇　片山潜著　真理社　1949　301p 図版　21cm

◇搾取なき社会への熱情　片山潜著　国際出版　1948

◇闘うヒューマニスト──近代日本の革命的人間像　学生書房編集部編　学生書房　1948　215p　18cm

◇自由を護った人々　大川三郎著　新文社　1947　314p　18cm

◇闘うヒューマニスト──近代日本の革命的人間像　野坂参三，風早八十二，鈴木東民他著　学生書房　1947　220p　B6　70円

◇片山潜評伝　社会経済労働問題研究所　1947

◇明治大正昭和/自由人の展望　上　松本仁著　大阪　大阪新聞社　1946　274p　19cm

安部 磯雄

元治2(1865).2.4～昭和24(1949).2.10

明治から昭和にかけての社会主義者。同志社で洗礼を受け、留学後同志社から東京専門学校（のち早大）にうつって教鞭を執るかたわら、キリスト教的人道主義の立場から社会主義運動にも従事した。明治34年社会民主党の結成に参加し、日露非戦論支持を表明した。しかし大逆事件後は運動から離れ、社会民主主義的立場から社会大衆党委員長を務め、国会議員にも当選した。

＊　　　＊　　　＊

◇簡素に生きる──シンプルライフの思想　太田愛人著　長野　長野信濃毎日新聞社　1999.10　237p　19cm　1600円　⓵4-7840-9845-3

◇政治に美学を、政治学に志を　内田満著　三嶺書房　1999.9　243p　19cm　2600円　⓵4-88294-126-0

◇朝日新聞の記事にみるスポーツ人物誌 明治・大正・昭和　朝日新聞社編　朝日新聞社　1999.6　457,21p　15cm（朝日文庫）　800円　⓵4-02-261255-X

◇現代アメリカ政治学──形成期の群像　内田満著　三嶺書房　1997.5　262p　19cm　2500円　⓵4-88294-093-0

◇再考　丸山ワクチン　井口民樹著　増補改訂版　連合出版　1994.2　218p 19cm　1500円　⓵4-89772-090-7

◇安部磯雄伝　片山哲著　大空社　1991.11　253,7p 21cm（伝記叢書 86）7500円　⓵4-87236-385-X

◇安部磯雄の研究　早稲田大学社会科学研究所　1990.9　302,60p　21cm　（研究シリーズ　26）

◇燎火の流れ―わが草わけの社会主義者たち　木原実著　オリジン出版センター　1977.6　283p　19cm　1300円

◇安部磯雄―日本社会主義の父　高野善一編著　『安部磯雄』刊行会　1970　423p　図版22枚　27cm　5000円

◇民主社会主義の歴史と理論　安部磯雄論―明治時代の安部　中村勝範著　中央公論社　1966

◇異色の人間像　永井道雄著　講談社　1965　194p　18cm　（講談社現代新書）

◇人物再発見　読売新聞社編　人物往来社　1965　235p　19cm

◇野球の父　安部磯雄先生　伊丹安広著　早稲田大学出版部　1965　237p　図版　22cm

◇安部磯雄　その著作と生涯　早稲田大学編　早稲田大学教務部　1964　64p　図版　21cm

◇安部磯雄伝　片山哲著　毎日新聞社　1958　253p　図版　19cm

◇わが師を語る―近代日本文化の一側面　社会思想研究会編　社会思想研究会　1953　287p　16cm　（現代教養文庫）

◇安部磯雄―愛と信念の社会主義者　白灯社　1953　（光を掲げた人々　7）

◇わが師を語る―近代日本文化の一側面　社会思想研究会編　社会思想研究会出版部　1951　331p　19cm

◇安部磯雄自叙伝　社会主義者となるまで　再版　安部磯雄著　明善社　1948　240p　図版　19cm

◇早稲田大学野球部50年史　安部磯雄先生略歴・主要著書・小伝　飛田穂洲編　早稲田大学野球部　1947

◇明治・大正・昭和自由人の展望　下　松本仁著　大阪新聞社　1946

赤旗事件

　明治41年6月、社会主義者山口弧剣の出獄歓迎後に起きた社会主義者らと警官隊の衝突事件。会の終了後、直接行動派の大杉栄や荒畑寒村らが「無政府」と書かれた赤旗を振り回し、制止しようとする警官隊と路上で乱闘になった。大杉、荒畑のほか堺利彦、山川均ら十数名が逮捕された。事件そのものは他愛のないものだったが、当局は社会主義者弾圧に事件を最大限利用し、大杉に懲役2年6ヶ月、堺と山川は懲役2年、荒畑に懲役1年6ヶ月が言い渡された。

＊　　　＊　　　＊

◇評伝　堺利彦　林尚男著　オリジン出版センター　1987.4　348p　19cm　2300円

堺　利彦

明治3(1870).11.25～昭和8(1933).1.23
　明治から昭和にかけての社会主義運動家。「万朝報」記者を退社して、幸徳秋水とともに平民社を結成して「平民新聞」を刊行。日露非戦論を主張し、また「共産党宣言」の翻訳を掲載した。日本社会党では分裂回避に努め、最後は幸徳と行動をともにした。41年の赤旗事件で逮捕され、大逆事件が起こったのは入獄中だったため辛うじて難を逃れたが、その後も運動を継続。のちに日本共産党初代委員長となった。

＊　　　＊　　　＊

◇萩の乱と長州士族の維新―諫早伝説私注　諸井条次著　同成社　1999.7　312p　19cm　2500円　①4-88621-181-X

◇明治社会教育思想史研究　北田耕也著　学文社　1999.3　263,4p　21cm　（明治大学人文科学研究所叢書）　5000円　①4-7620-0871-0

◇初期社会主義研究　第11号　初期社会主義研究会;不二出版〔発売〕　1998.12　281p　21cm　2800円

政治

◇日本文壇史　8　日露戦争の時代　伊藤整著　講談社　1996.2　250,22p　15cm　（講談社文芸文庫）　951円　①4-06-196357-0

◇捨石埋草を生きて—堺利彦と娘近藤真柄　大森かほる著　第一書林　1992.6　211p　19cm　1300円　①4-88646-077-1

◇歴史をひらく愛と結婚　福岡女性学研究会編　ドメス出版　1991.12　236p 19cm　2266円　①4-8107-0330-7

◇平民社の人びと—秋水・枯川・尚江・栄　林尚男著　朝日新聞社　1990.9　398p 19cm　2250円　①4-02-256205-6

◇評伝　堺利彦　林尚男著　オリジン出版センター　1987.4　348p　19cm　2300円

◇社会主義沿革　松尾尊兊解説　みすず書房　1986.7　809p 21cm　（続・現代史資料　22）　11000円　①4-622-02652-X

◇言論は日本を動かす　第7巻　言論を演出する　内田健三ほか編　粕谷一希編　講談社　1985.11　317p　20cm　1800円　①4-06-188947-8

◇日本マルクス主義の源流—堺利彦と山川均　川口武彦著　ありえす書房　1983.4　288p　22cm　2300円

◇日本人の自伝　9　堺利彦.山川均　平凡社　1982.2　467p　20cm　2800円

◇堺利彦伝　堺利彦著　中央公論社　1978.4　226p　15cm　（中公文庫）　280円

◇燎火の流れ—わが草わけの社会主義者たち　木原実著　オリジン出版センター　1977.6　283p　19cm　1300円

◇現代日本思想大系　15　筑摩書房　1963

◇日本の思想家　第2　大井憲太郎　朝日新聞社朝日ジャーナル編集部編　朝日新聞社　1963　400p　19cm

◇三代言論人集　第7巻　古島一雄〔ほか〕伊藤金次郎　時事通信社　1962　363p 図版　18cm

◇日本人物史大系　第7巻　近代　第3　井上清編　朝倉書店　1960　357p　22cm

◇近代日本の良心　荒正人編　光書房　1959　244p　20cm

◇近代日本の思想家　向坂逸郎編　和光社　1954　284p　19cm

◇楽天囚人　堺利彦著　売文社　1948　310p　18cm

◇日本革命運動史の人々　志賀義雄著　暁明社　1948　225p 図版　19cm

◇日本社会主義運動史　社会主義史上の堺利彦　荒畑寒村著　毎日新聞社　1948

◇明治・大正・昭和自由人の展望　下　松下仁著　大阪新聞社　1946

幸徳　秋水

明治4(1871).9.23〜明治44(1911).1.24

　明治時代の社会主義運動家。最初「万朝報」記者をしていたが、明治34年の社会民主党結成に参加。翌々年には堺利彦とともに「万朝報」を退社して平民社を結成、「平民新聞」を創刊した。日本社会党では直接行動論を唱えて議会政策論と衝突。赤旗事件後は管野スガとともに平民社再建を目指したが、43年に大逆事件首謀者として逮捕され処刑された。

　　　　＊　　　　＊　　　　＊

◇新・代表的日本人　佐高信編著　小学館　1999.6　314p　15cm　（小学館文庫）　590円　①4-09-403301-7

◇近代日本政治思想史入門—原典で学ぶ19の思想　大塚健洋編著　京都　京都ミネルヴァ書房　1999.5　348p　21cm　2800円　①4-623-02915-8

◇初期社会主義研究　第11号　初期社会主義研究会;不二出版〔発売〕　1998.12　281p　21cm　2800円

◇謀叛論—他六篇・日記　徳冨健次郎著, 中野好夫編　岩波書店　1998.10

政治

130p 15cm （岩波文庫） 400円 ⓣ4-00-310157-X
◇近代日本文学への射程—その視角と基盤と 祖父江昭二著 未来社 1998.9 325p 19cm 3500円 ⓣ4-624-60097-5
◇語りつぐ田中正造—先駆のエコロジスト 田村紀雄, 志村章子共編 社会評論社 1998.9 261p 19cm 2200円 ⓣ4-7845-0499-0
◇虚構の死刑台—小説 幸徳秋水 夏堀正元著 新人物往来社 1998.6 268p 19cm 2000円 ⓣ4-404-02623-4
◇食客風雲録—日本篇 草森紳一著 青土社 1997.11 456p 19cm 2800円 ⓣ4-7917-5589-8
◇夢二の見たアメリカ 鶴谷寿著 新人物往来社 1997.7 240p 21cm 3600円 ⓣ4-404-02496-7
◇この人たちの結婚—明治大正名流婚 林えり子著 講談社 1997.1 301p 19cm 1650円 ⓣ4-06-208412-0
◇運命には逆らい方がある—英傑の軌跡 中薗英助著 青春出版社 1996.11 239p 19cm 1456円 ⓣ4-413-03059-1
◇石川啄木と幸徳秋水事件 岩城之徳著, 近藤典彦編 吉川弘文館 1996.10 281,7p 21cm 6700円 ⓣ4-642-03665-2
◇幸徳秋水 塩田庄兵衛著 新日本出版社 1993.6 204p 18cm （新日本新書 469） 860円 ⓣ4-406-02192-2
◇幸徳秋水等の大逆事件 武安将光著 勁草書房 1993.3 145p 19cm 1500円 ⓣ4-326-93280-5
◇平民社の人びと—秋水・枯川・尚江・栄 林尚男著 朝日新聞社 1990.9 398p 19cm 2250円 ⓣ4-02-256205-6
◇幸徳秋水の日記と書簡 塩田庄兵衛編 増補決定版 未来社 1990.4 587p 21cm 6180円 ⓣ4-624-11125-7
◇秋水の華は散ってゆく—大逆事件 斎藤成雄著 近代文芸社 1989.4 268p 19cm 1400円 ⓣ4-89607-984-1
◇歴史劇 藤川健夫著 青雲書房 1988.9 436p 19cm （藤川健夫戯曲集 3） 2600円 ⓣ4-88079-064-8
◇明治・青春の夢—革新的行動者たちの日記 嶋岡晨著 朝日新聞社 1988.7 224p 19cm （朝日選書 358） 900円 ⓣ4-02-259458-6
◇幸徳秋水研究 糸屋寿雄著 増訂版 日本図書センター 1987.10 1冊 22cm （近代作家研究叢書 53） 7000円 ⓣ4-8205-0682-X
◇幸徳秋水 西尾陽太郎著 〔新装版〕 吉川弘文館 1987.5 327p 19cm （人物叢書） 1800円 ⓣ4-642-05077-9
◇近代ジャーナリスト列伝—天馬の如く 下 三好徹著 中央公論社 1986.11 421p 15cm （中公文庫） 500円 ⓣ4-12-201372-0
◇体制に反逆する 粕谷一希編 講談社 1986.2 330p 19cm （言論は日本を動かす 第6巻） 1800円 ⓣ4-06-188946-X
◇幸徳秋水・明治社会主義の一等星 坂本武人著 清水書院 1984.10 230p 18cm （清水新書） 480円 ⓣ4-389-44031-4
◇幸徳秋水 大野みち代編 〔保存版〕 日外アソシエーツ,紀伊国屋書店〔発売〕 1982.6 90p 21cm （人物書誌大系 3） 2500円 ⓣ4-8169-0142-6
◇幸徳秋水 大野みちよ編 日外アソシエーツ 1982.6 78p 21cm （人物書誌大系 3） 1500円 ⓣ4-8169-0143-4
◇幸徳秋水—日本の急進主義者の肖像 F.G.ノートヘルファー著, 竹山護夫訳 福村出版 1980.2 379,19p 20cm 2400円
◇幸徳秋水の思想と大逆事件 大原慧著 青木書店 1977.6 326p 22cm 3500円
◇燎火の流れ—わが草わけの社会主義者たち 木原実著 オリジン出版センター 1977.6 283p 19cm 1300円

97

◇近代日本思想大系 13 幸徳秋水集 編集解説:飛鳥井雅道 筑摩書房 1975 420p 肖像 20cm 1800円

◇幸徳秋水 糸屋寿雄著 清水書院 1973 232p 肖像 19cm (Century books) 350円

◇幸徳秋水—明治社会主義のシンボル 坂本武人著 清水書院 1972 231p 図 肖像 19cm (センチュリーブックス)

◇幸徳秋水と片山潜—明治の社会主義 大河内一男著 講談社 1972 256p 18cm (講談社現代新書) 270円

◇幸徳・大杉・石川—日本アナキストの原像 秋山清, 大沢正道 著 富山北日本出版社 東京 新泉社(発売) 1971 260p 19cm 920円

◇幸徳秋水——革命家の思想と生涯 田中惣五郎著 三一書房 1971 468p 肖像 20cm (人物評伝三部作) 1200円

◇実録幸徳秋水 神崎清著 読売新聞社 1971 515p 図 肖像 20cm 900円

◇幸徳秋水—直接行動論の源流 飛鳥井雅道著 中央公論社 1969 182p 18cm (中公新書) 200円

◇幸徳秋水研究 糸屋寿雄著 青木書店 1967 357p 図版 22cm

◇幸徳秋水の日記と書簡 幸徳秋水著, 塩田庄兵衛編 増補版 未来社 1965 548p 図版 19cm

◇20世紀を動かした人々 第13 反逆者の肖像〔ほか〕 松田道雄 講談社 1963 414p 図版 19cm

◇現代日本思想大系 15・16 筑摩書房 1963

◇三代言論人集 第8巻 幸徳秋水〔ほか〕 荒畑寒村 時事通信社 1963 363p 図版 18cm

◇日本の思想家 第2 大井憲太郎 朝日新聞社朝日ジャーナル編集部編 朝日新聞社 1963 400p 19cm

◇菊とクロハタ—幸徳事件の人々 渡辺順三編, 江口渙解説 新興出版社 1960

212p 図版 18cm

◇日本の反逆思想 直接行動論と幸徳秋水 秋山清著 現代思潮社 1960

◇麺麹の略取 岩波文庫 「パンの略取」とそのころの思い出 山川均著 岩波書店 1960

◇近代日本の良心 荒正人編 光書房 1959 244p 20cm

◇幸徳秋水 西尾陽太郎著 吉川弘文館 1959 327p 図版 18cm (人物叢書 第20)

◇日本の思想家 山本健吉編 光書房 1959 224p 20cm

◇近代日本の思想家たち—中江兆民・幸徳秋水・吉野作造 林茂著 岩波書店 1958 (岩波新書)

◇光を掲げた人々—民主主義者の思想と生涯 新興出版社編集部編 新興出版社 1956 223p 18cm

◇十二人の死刑囚—大逆事件の人々 渡辺順三著 新興出版社 1956 169p 18cm

◇大逆事件のリーダー——新村と幸徳と私 茂木一次著 金園社 1956

◇幸徳秋水 一革命家の思想と生涯 田中惣五郎著 理論社 1955 500p 図版 19cm

◇基督抹殺論 岩波文庫 獄中消息 幸徳秋水著 岩波書店 1954

◇近代日本の思想家 向坂逸郎編 和光社 1954 284p 19cm

◇幸徳秋水の日記と書簡 幸徳秋水著, 塩田庄兵衛編 未来社 1954 476p 図版 19cm

◇日本の思想家 奈良本辰也編 毎日新聞社 1954

◇社会科学講座 6 幸徳秋水 塩田庄兵衛著 弘文堂 1951

◇幸徳秋水伝 糸屋寿雄著 京都 三一書房 1950 303p 図版 19cm

◇幸徳秋水の日記と書簡　塩田庄兵衛編　未来社　1949
◇評論と随想　幸徳秋水,河野広通共編　自由評論社　1949　241p　19cm
◇幸徳事件の全貌　渡辺順三著　社会書房　1948
◇幸徳秋水評伝　社会経済労働研究所編　再版　伊藤書店　1948　181p　図版　22cm　（社会経済労働叢書　第7集）
◇闘うヒューマニスト―近代日本の革命的人間像　学生書房編集部編　学生書房　1948　215p　18cm
◇幸徳秋水評伝　社会経済労働研究所編　伊藤書店　1947　181p　図版　22cm　（社会経済労働叢書　第7集）
◇自由を護った人々　大川三郎著　新文社　1947　314p　18cm
◇闘うヒューマニスト―近代日本の革命的人間像　野坂参三,風早八十二,鈴木東民他著　学生書房　1947　220p　B6　70円
◇風々雨々―幸徳秋水と周囲の人々　師岡千代子著　隆文堂　1947　190p　B6　35円
◇幸徳秋水一派大逆事件顛末　宮武外骨編　竜吟社　1946
◇夫・幸徳秋水の思ひ出　師岡千代子著　東洋堂　1946　87p　19cm
◇明治大正昭和/自由人の展望　上　松本仁著　大阪　大阪新聞社　1946　274p　19cm

大逆事件

　明治43年に起こった社会主義者・無政府主義者に対する弾圧事件。日露戦争以後、取締当局は社会主義運動を厳しく抑圧し続けており、この年たまたま発覚した爆弾製造事件を利用して一気に運動撲滅を図ったといわれる。5月25日長野での検束を手始めに、6月1日には神奈川県湯河原で幸徳秋水を逮捕、他に全国で社会主義者数百名を検挙した。幸徳、管野スガら26名が大逆罪で起訴され、翌年1月18日に24名に死刑判決が下り（うち12名は翌日特赦により無期懲役に減刑）、24日から25日にかけて幸徳、菅野らが処刑された。実際には被告のほとんどは暗殺計画などとは無関係だったとみられ、近代日本司法史上最大の暗黒裁判であった。
　事件の反響は大きく、石川啄木、徳富蘆花、森鴎外、永井荷風らの文学者が当時の作品やなど日記で政府に対する批判姿勢を表現し、海外でも抗議運動が起こった。しかし以後社会主義運動・労働運動は不振となり、「冬の時代」と呼ばれた。

◇地域史における自治と分権　坂本忠次編著　岡山　岡山大学教育出版　1999.12　264p　21cm　2800円　ⓘ4-88730-365-3
◇マンガ誕生―大正デモクラシーからの出発　清水勲著　吉川弘文館　1999.9　190p　19cm　（歴史文化ライブラリー）　1700円　ⓘ4-642-05475-8
◇不敬文学論序説　渡部直己著　太田出版　1999.7　297p　19cm　（批評空間叢書）　2800円　ⓘ4-87233-472-8
◇宮崎兄弟伝 アジア篇 下　上村希美雄著　葦書房　1999.3　599p　19cm　4200円　ⓘ4-7512-0735-0
◇評伝　小山勝清の青春―特別要視察人の記録　牛島盛光著　日本経済評論

政治

社 1999.2 322p 21cm 4600円 ①4-8188-1053-3
◇謀叛論—他六篇・日記 徳冨健次郎著, 中野好夫編 岩波書店 1998.10 130p 15cm （岩波文庫） 400円 ①4-00-310157-X
◇虚構の死刑台—小説 幸徳秋水 夏堀正元著 新人物往来社 1998.6 268p 19cm 2000円 ①4-404-02623-4
◇史観と文学のあいだ 新船海三郎著 本の泉社 1998.5 241p 20×14cm 2300円 ①4-88023-170-3
◇石川啄木と幸徳秋水事件 岩城之徳著, 近藤典彦編 吉川弘文館 1996.10 281,7p 21cm 6901円 ①4-642-03665-2
◇片山潜の思想と大逆事件 大原慧著 論創社 1995.11 275p 19cm 3090円 ①4-8460-0030-3
◇幸徳秋水 塩田庄兵衛著 新日本出版社 1993.6 204p 18cm （新日本新書 469） 860円 ①4-406-02192-2
◇幸徳秋水等の大逆事件 武安将光著 勁草書房 1993.3 145p 19cm 1500円 ①4-326-93280-5
◇幸徳秋水の日記と書簡 塩田庄兵衛編 増補決定版 未来社 1990.4 587p 21cm 6180円 ①4-624-11125-7
◇秋水の華は散ってゆく—大逆事件 斎藤成雄著 近代文芸社 1989.4 268p 19cm 1400円 ①4-89607-984-1
◇幸徳秋水 西尾陽太郎著 〔新装版〕 吉川弘文館 1987.5 327p 19cm （人物叢書） 1800円 ①4-642-05077-9
◇大逆事件と『熊本評論』 上田穣一, 岡本宏編著 三一書房 1986.10 294,9p 20cm 3000円
◇大逆のとき—ハレー彗星燃えて 斎藤道一著 筑摩書房 1985.11 292p 20cm 1700円
◇中里介山と大逆事件—その人と思想 中村文雄著 三一書房 1983.5 251p 20cm 2200円
◇大逆事件と知識人 中村文雄著 三一書房 1981.12 288p 20cm 2000円
◇大逆帖—堺氏蔵 〔幸徳秋水ほか著〕, 大逆事件の真実をあきらかにする会編 大逆事件の真実をあきらかにする会 1981.1 24p 36cm 8000円
◇大逆事件の周辺—平民社地方同志の人びと 柏木隆法〔ほか著〕 論創社 1980.6 283p 20cm 1800円
◇大逆事件と内山愚童 柏木隆法著 JCA出版 1979.1 262p 22cm 2000円
◇幸徳秋水の思想と大逆事件 大原慧著 青木書店 1977.6 326p 22cm 3500円
◇大逆事件—幸徳秋水と明治天皇 4 十二個の棺桶 神崎清著 あゆみ出版 1977.5 408,19p 図 20cm 2500円
◇大逆事件—幸徳秋水と明治天皇 3 この暗黒裁判 神崎清著 あゆみ出版 1977.3 313p 図 20cm 1500円
◇大逆事件—幸徳秋水と明治天皇 2 密造された爆裂弾 神崎清著 あゆみ出版 1977.2 266p 図 肖像 20cm 1500円
◇大逆事件—幸徳秋水と明治天皇 1 黒い謀略の渦 神崎清著 あゆみ出版 1976.12 264p 図 20cm 1500円
◇大逆事件を生きる—坂本清馬自伝 坂本清馬著, 大逆事件の真実をあきらかにする会編 新人物往来社 1976 254p 図 肖像 20cm 1600円
◇謀叛論—他六編・日記 徳富健次郎著, 中野好夫編 岩波書店 1976 130p 15cm （岩波文庫） 100円
◇大逆事件への証言 荒畑寒村著, 森長英三郎編 新泉社 1975 250p 19cm 1200円
◇父上は怒り給いぬ—大逆事件 森近運平 あまつかつ著 大阪 関西書院 1972 194,15p 図 肖像 22cm 1200円

政治

◇大石誠之助—大逆事件の犠牲者　糸屋寿雄著　濤書房　1971　318p　図　肖像　20cm　780円

◇大逆事件　糸屋寿雄著　増補改訂版　三一書房　1970　338p　図版　20cm（三一選書）　950円

◇革命伝説　第3　この闇黒裁判　神崎清著　芳賀書店　1969　313p　図版　20cm　700円

◇革命伝説　第4　十二個の棺桶　神崎清著　芳賀書店　1969　425p　図版　20cm　700円

◇革命伝説　第1　黒い謀略の渦　神崎清著　芳賀書店　1968　246p　図版　20cm

◇革命伝説　第2　密造された爆烈弾　神崎清著　芳賀書店　1968　266p　図版　20cm

◇大逆事件　風霜五十余年　森長英三郎著　謄写版　1967　57p　20cm

◇殘徒夜話—大逆事件の思い出　加藤今一郎著, 小栗喬太郎編　半田　小栗喬太郎　1966　89p　図版　20cm

◇大逆事件　神崎清著　筑摩書房　1964　276p　図版　18cm　（グリーンベルト・シリーズ）

◇大逆事件記録　第1巻　新編獄中手記　神崎清編　限定版　世界文庫　1964　21cm

◇大逆事件記録　第2巻　証拠物写　大逆事件記録刊行会編　限定版　世界文庫　1964　21cm

◇大逆事件訴訟記録・証拠物写　第5巻　大逆事件の真実をあきらかにする会編　謄写版　近代日本史料研究会　1962　423p　25cm

◇森近運平—大逆事件の最もいたましい犠牲者の思想と行動　吉岡金市著　日本文教出版　1961　363p　図版　19cm

◇革命伝説　神崎清著　中央公論社　1960　268p　20cm

◇菊とクロハタ—幸徳事件の人々　渡辺順三編, 江口渙解説　新興出版社　1960　212p　図版　18cm

◇大逆事件　絲屋寿雄著　京都　三一書房　1960　288p　図版　18cm　（三一新書）

◇大逆事件訴訟記録・証拠物写　第4巻　大逆事件の真実をあきらかにする会編　謄写版　近代日本史料研究会　1960　366p　25cm

◇大逆事件訴訟記録・証拠物写　第8巻　大逆事件の真実をあきらかにする会編　謄写版　近代日本史料研究会　1960　406p　25cm

◇秘録　大逆事件　上　塩田庄兵衛, 渡辺順三編　春秋社　1959　282p　図版　19cm

◇秘録　大逆事件　下　塩田庄兵衛, 渡辺順三編　春秋社　1959　302p　図版　19cm

◇十二人の死刑囚—大逆事件の人々　渡辺順三著　新興出版社　1956　169p　18cm

◇大逆事件のリーダー　新村と幸徳と私　茂木一次著　金園社　1956　183p　図版　19cm

◇幸徳事件の全貌　渡辺順三著　2版　社会書房　1948　191p　18cm

◇秋水文集　上　幸徳秋水著　龍吟社　1947　192p　19cm　（明治社会主義文献叢書　第2巻）　40円

◇幸徳一派/大逆事件顛末　宮武外骨編　竜吟社　1946　189p*図版　18cm　明治社会主義文献叢書　第4巻　18円

101

外　交

岩倉遣外使節

　明治4年12月23日に出発し、6年9月13日に帰国するまで世界各国を巡訪した新政府による大使節団。表敬訪問・条約改正予備交渉・先進各国の視察を目的に、岩倉具視特命全権大使、木戸孝允・大久保利通・伊藤博文・山口尚芳各副使以下46名の使節団と、同行した留学生など合わせて総勢100人が、アメリカ・イギリス・フランス・ベルギー・オランダ・ドイツ・ロシア・デンマーク・スウェーデン・イタリア・オーストリア・スイスの12ヶ国を歴訪した。

　新政府首脳の半分が参加したこの使節団の果たした役割は大きく、征韓論の圧殺・憲法制定・殖産興業政策など明治日本の近代化に具体的な貢献がなされた。

◇近代日本の内と外　田中彰編　吉川弘文館　1999.11　331p　21cm　8000円　④4-642-03690-3

◇アメリカにわたった仏教美術—フィラデルフィア美術館を中心に　今井雅晴著　京都　京都自照社出版　1999.8　251p　19cm　1500円　④4-921029-11-3

◇草花の匂ふ国家　桶谷秀昭著　文芸春秋　1999.6　249p　19cm　1905円　④4-16-355200-6

◇小国主義—日本の近代を読みなおす　田中彰著　岩波書店　1999.4　210p　18cm（岩波新書）　660円　④4-00-430609-4

◇明治維新と西洋国際社会　明治維新史学会編　吉川弘文館　1999.2　230p　21cm（明治維新史研究5）　4700円　④4-642-03640-7

◇裏切られた三人の天皇—明治維新の謎　鹿島昇著　増補版　新国民社　1999.2　441p　19cm　2330円　④4-915157-84-9

◇マンガ　日本の歴史　43　ざんぎり頭で文明開化　石ノ森章太郎著　中央公論社　1998.11　226p　15cm　（中公文庫）524円　④4-12-203296-2

◇岩倉使節団のパリ—山田顕義と木戸孝允その点と線の軌跡　富田仁著　翰林書房　1997.7　396p　22cm　14000円　④4-87737-016-1

◇堂々たる日本人—知られざる岩倉使節団　この国のかたちと針路を決めた男たち　泉三郎著　祥伝社　1996.11　267p　20cm　1600円　④4-396-61062-9

◇「米欧回覧実記」を読む—1870年代の世界と日本　西川長夫, 松宮秀治編　京都　法律文化社　1995.2　491,12p　21cm　8961円　④4-589-01848-9

◇岩倉使節団『米欧回覧実記』　田中彰著　岩波書店　1994.2　235p　16cm（同時代ライブラリー　174）　900円　④4-00-260174-9

◇岩倉使節団内なる開国—大開港展シリーズ第5回　霞会館資料展示委員会編　霞会館　1993.7　252p　28cm（霞会館資料第17輯）

◇『米欧回覧実記』の学際的研究　田中彰, 高田誠二編著　札幌　北海道大学図書刊行会　1993.3　364,168p　27cm　10300円　④4-8329-5571-3

◇特命全権大使米欧回覧実記　5　田中彰校注　岩波書店　1985.10　389p　20cm　2800円　④4-00-008719-3

◇特命全権大使米欧回覧実記　4　田中彰校注　岩波書店　1985.9　453p　20cm　2800円　④4-00-008718-5

◇特命全権大使米欧回覧実記　3　田中彰校注　岩波書店　1985.8　417p　20cm　2800円　ⓈⒹ4-00-008717-7

◇特命全権大使米欧回覧実記　2　田中彰校注　岩波書店　1985.7　435p　20cm　2800円　ⓈⒹ4-00-008716-9

◇特命全権大使米欧回覧実記　1　田中彰校注　岩波書店　1985.6　425p　20cm　2800円　ⓈⒹ4-00-008715-0

◇「脱亜」の明治維新―岩倉使節団を追う旅から　田中彰著　日本放送出版協会　1984.3　232p　19cm　（NHKブックス452）　750円　ⓈⒹ4-14-001452-0

◇明治四年のアンバッサドル―岩倉使節団文明開化の旅　泉三郎著　日本経済新聞社　1984.3　302p　20cm　1400円　ⓈⒹ4-532-09334-1

◇特命全権大使米欧回覧実記　5　田中彰校注　岩波書店　1982.5　389p　15cm　（岩波文庫）　550円

◇特命全権大使米欧回覧実記　4　田中彰校注　岩波書店　1980.8　453p　15cm　（岩波文庫）　550円

◇特命全権大使米欧回覧実記　3　田中彰校注　岩波書店　1979.12　417p　15cm　（岩波文庫）　500円

◇特命全権大使米欧回覧実記　2　田中彰校注　岩波書店　1978.10　435p　15cm　（岩波文庫）　400円

◇岩倉使節団―明治維新のなかの米欧　田中彰著　講談社　1977.10　206p　18cm　（講談社現代新書）　390円

◇特命全権大使米欧回覧実記　1　田中彰校注　岩波書店　1977.9　425p　15cm　（岩波文庫）　400円

◇岩倉使節の研究　大久保利謙編　宗高書房　1976.12　368p　図　22cm　5000円

◇特命全権大使米欧回覧実記　久米邦武編　宗高書房　1975　5冊　22cm　各5000円

樺太千島交換条約

明治8年に日露間で合意した領土条約。江戸時代後期、南下したロシア人と北方開発に乗り出した日本人との間で交流・紛争が発生、江戸幕府は安政元年に日露和親条約を結び、千島列島では択捉島とウルップ島との間を国境とし、樺太は雑居状態が続いていた。明治政府が新たに結んだこの条約では、全千島を日本領とし、全樺太をロシア領とすることが定められ、5月に榎本武揚公使が訪露して調印した。

なお明治38年日露戦争後の日露講和条約（ポーツマス条約）により、樺太の北緯50度以南は日本領となった。

　　　＊　　　＊　　　＊

◇樺太地誌　復刻版　龍渓書舎　1999.7　220p　21cm　（明治後期産業発達史資料第484巻）　23000円

◇北方領土問題―歴史と未来　和田春樹著　朝日新聞社　1999.3　396p　19cm　（朝日選書）　1600円　ⓈⒹ4-02-259721-6

◇主要条約集　平成10年版　上巻　外務省編　大蔵省印刷局　1998.11　840p　26cm　13500円　ⓈⒹ4-17-218010-8

◇国籍法　江川英文、山田鐐一、早田芳郎著　第3版　有斐閣　1997.7　276,3p　21cm　（法律学全集 59 - 2）　3500円　ⓈⒹ4-641-00772-1

◇外務省蔵版 日本外交文書―明治 第3巻　外務省編　巌南堂書店　1994.6　727,58p　21cm　29127円　ⓈⒹ4-7626-0162-4

◇日露関係とサハリン島―幕末明治初年の領土問題　秋月俊幸著　筑摩書房　1994.6　280,10p　21cm　4757円　ⓈⒹ4-480-85668-4

◇日ソ領土問題―全千島返還へ　日本共産党の提言　日本共産党中央委員会出版局　1991.3　206p　19cm　1068円　ⓈⒹ4-530-04320-7

◇新版 国籍法　江川英文、山田鐐一、早田芳郎著　有斐閣　1989.4　262,4p

外交

21cm　法律学全集　59‐2　3200円
①4-641-00759-4

琉球処分

　明治政府が琉球を編入するために行った一連の政策。狭義には沖縄県設置そのものを指す。江戸時代の琉球は薩摩藩を通じて事実上日本の属国となっていたが、清国との属国関係も維持していた。明治5年新政府は琉球王国を廃して琉球藩を設置。その後台湾出兵により清国に琉球の日本領編入を主張し琉球側にも日本編入を説得したが、12年日本側は軍・警察を派遣して沖縄県設置を宣し、武力で首里城を明け渡させた。これに対しての反対運動は琉球・清国で継続し、一時は日清両国による琉球分割案も浮上したが、結局日清戦争での日本の勝利により完全決着した。

　　　　＊　　　＊　　　＊

◇琉球・沖縄史研究序説　山下重一著　御茶の水書房　1999.7　337p　21cm　5000円　①4-275-01764-1
◇「日本人」の境界―沖縄・アイヌ・台湾・朝鮮　植民地支配から復帰運動まで　小熊英二著　新曜社　1998.7　778p　21cm　5800円　①4-7885-0648-3
◇天皇制下の沖縄―差別・疎外・暴政の歴史　上江洲智克著　三一書房　1996.7　200p　20cm　1800円　①4-380-96262-8
◇維新を駆けた獅子たち―鮮烈に生きた若き英雄たちの素顔　藤田公道著　日本文芸社　1994.10　251p　15cm　（にちぶん文庫）　480円　①4-537-06260-6
◇近代日本の軌跡　1　明治維新　田中彰編　吉川弘文館　1994.4　271p　20cm　2400円　①4-642-07435-X
◇明治文化全集　第24巻　雑史篇　明治文化研究会編　日本評論社　1993.1　38,586p　23cm　①4-535-04264-0,4-535-04235-7
◇城間船中国漂流顛末―八重山・一下級士族の生涯よりみた琉球処分前後　竹原孫恭著　〔石垣〕　竹原房　1982.7　251p　21cm　2000円
◇琉球処分以後　上　新川明著　朝日新聞社　1981.2　211p　19cm　（朝日選書175）　780円
◇近代沖縄の政治構造　大田昌秀著　勁草書房　1972　558,9p　22cm　2200円

条約改正

　明治時代の最大の外交課題。江戸幕府が列国と結んだ条約は治外法権・関税自主権の面で日本に不利な不平等条約で、近代化を推進する新政府にとって法権・税権の回復は至上命題だった。岩倉遣外使節団も条約改正予備交渉が当初の目的の一つで、その後寺島宗則、井上馨、大隈重信、青木周蔵ら歴代の外務卿・外相は各国との交渉にあたったが、交渉はなかなかまとまらなかった。だがようやく日清戦争直前の明治27年に陸奥宗光外相が日英通商航海条約を締結して治外法権の撤廃に成功。そして44年に小村寿太郎外相が関税自主権の完全回復に成功し、明治時代を通じての条約改正交渉にピリオドが打たれた。

◇伊藤博文の情報戦略―藩閥政治家たちの攻防　佐々木隆著　中央公論新社　1999.7　322p　18cm　（中公新書）　900円　①4-12-101483-9
◇外交　木村昌人編　東京堂出版　1999.3　293,10p　19cm　（日本史小百科―近代）　2600円　①4-490-20352-7

◇ボワソナード民法典の編纂　大久保泰甫，高橋良彰著　雄松堂出版　1999.2　6,409,3p　21cm　5500円　ⓘ4-8419-0255-4

◇明治維新と西洋国際社会　明治維新史学会編　吉川弘文館　1999.2　230p　21cm　（明治維新史研究 5）　4700円　ⓘ4-642-03640-7

◇日本史がわかる人物ネットワーク事典―人と人との関わりが歴史を作る！！　加来耕三監修，歴史人物研究会編著　かんき出版　1998.12　245,10p　19cm　1400円　ⓘ4-7612-5745-8

◇近代国家としての発展―明治時代後期　古川清行著　小峰書店　1998.4　119p　26cm　（人物・遺産でさぐる日本の歴史 13）　2500円　ⓘ4-338-15113-7

◇文明開化―明治時代前期　ぎょうせい　1998.4　189p　26cm　（おもしろ日本史まんがパノラマ歴史館 11）　2000円　ⓘ4-324-05141-0

◇日清・日露の戦い―明治時代 2　海野福寿監修，井上大助漫画　集英社　1998.3　163p　21cm　（学習漫画 日本の歴史 16）　850円　ⓘ4-08-239016-2

◇条約改正史　山本茂著　大空社　1997.1　780,52p　22cm　（アジア学叢書 18）　21000円　ⓘ4-7568-0257-5

◇条約改正関係調書集　第8～18巻　明治期外交資料研究会編　クレス出版　1996.10　11冊　22cm　（明治期外務省調書集成）　ⓘ4-87733-017-8

◇条約改正関係調書集　第1～7巻　明治期外交資料研究会編　クレス出版　1996.4　7冊　22cm　（明治期外務省調書集成）　ⓘ4-87733-016-X

◇条約改正論資料集成　6　稲生典太郎編　原書房　1994.9　699p　21cm　（明治百年史叢書 430）　18540円　ⓘ4-562-02544-1

◇条約改正論資料集成　5　稲生典太郎編　原書房　1994.8　673p　21cm　（明治百年史叢書 429）　18540円　ⓘ4-562-02543-3

◇条約改正論資料集成　4　稲生典太郎編　原書房　1994.7　500p　21cm　（明治百年史叢書 428）　18540円　ⓘ4-562-02542-5

◇条約改正論資料集成　3　稲生典太郎編　原書房　1994.6　676p　21cm　（明治百年史叢書 427）　18540円　ⓘ4-562-02541-7

◇条約改正論資料集成　1　稲生典太郎編　原書房　1994.4　639p　21cm　（明治百年史叢書 424）　18540円　ⓘ4-562-02539-5

◇条約改正調書集成　上巻　大山梓，稲生典太郎編　原書房　1991.9　714p　22cm　（明治百年史叢書）　19570円　ⓘ4-562-02236-1

◇条約改正調書集成　下巻　大山梓，稲生典太郎編　原書房　1991.9　665p　22cm　（明治百年史叢書）　19570円　ⓘ4-562-02237-X

◇条約改正と英国人ジャーナリスト―H.S.パーマーの東京発通信　樋口次郎，大山瑞代編著　京都　思文閣出版　1987.9　264,8p　20cm　2800円　ⓘ4-7842-0488-1

◇条約改正及び外交史　服部之総著　岩波書店　1982.5　42p　23cm　（日本資本主義発達史講座　第2部　資本主義発達史）

◇条約改正論の歴史的展開　稲生典太郎著　小峯書店　1976　769,8p　22cm　8800円

◇条約改正論の展開　稲生典太郎著　藤沢　稲生典太郎　千人草堂（製作）　1975　1冊　22cm

◇日本外交史　2　条約改正問題　鹿島平和研究所編　鹿島守之助著　鹿島研究所出版会　1970　312p　図版　22cm　1600円

外交

◇日本外交思想史論考　第2　続条約改正論の展開　稲生典太郎著　小峯書店　1967　383p　22cm

◇日本外交思想史論考　第1　条約改正論の展開　稲生典太郎著　小峯書店　1966　250p　22cm

◇明治初年条約改正史の研究　下村富士男著　吉川弘文館　1962　263p　図版　22cm

◇条約改正―明治の民族問題　井上清著　岩波書店　1955　235p　図版　18cm　（岩波新書）

◇日本外交文書―条約改正関係　外務省調査局監修　日本国際連合協会　1941-1953　8冊　22cm

寺島 宗則

天保3(1832).5.23～明治26(1893).6.7
明治初期の政治家・外交官。薩摩藩出身で、幕末に英国留学を経験。帰国後新政府では外務大輔、明治六年の政変で副島種臣が辞職した後には外務卿となり、樺太・千島交換条約を締結。また不平等条約改正に尽力し、関税自主権についてアメリカの同意を取り付けることに成功したが、英国などが反対して頓挫した。その後は文部卿、元老院議長などを歴任した。

＊　　　＊　　　＊

◇国際通信の日本史―植民地化解消へ苦闘の九十九年　石原藤夫著　東海大学出版会　1999.12　265p　21cm　2000円　ⓘ4-486-01482-0

◇近代日本の内と外　田中彰編　吉川弘文館　1999.11　331p　21cm　8000円　ⓘ4-642-03690-3

◇寺島宗則　犬塚孝明著　〔新装版〕吉川弘文館　1990.10　309p　19cm　（人物叢書）　1860円　ⓘ4-642-05193-7

◇寺島宗則―日本電気通信の父　髙橋善七著　国書刊行会　1989.12　319p　20cm　2500円

井上 馨

天保6(1835).11.28～大正4(1915).9.1
明治時代の政治家で旧名井上聞多。長州藩出身でイギリス留学を経験。最初大蔵大輔だったが外務に転身し、明治9年には副全権として日朝修好条規を締結。外務卿・外務大臣として不平等条約改正に尽力したが、鹿鳴館での舞踏会に象徴される極端な欧化政策や、改正条約案中の外国人判事任用が内外の批判を浴びて辞任した。のち農商務大臣、内務大臣、大蔵大臣を歴任し、一時は組閣命令を受ける（結局辞退）など元老として政界に影響力を持った。

＊　　　＊　　　＊

◇薩英戦争―遠い崖　アーネスト・サトウ日記抄　2　萩原延寿著　朝日新聞社　1998.10　386p　19cm　2600円　ⓘ4-02-257314-7

◇井上伯伝　中原邦平著　徳山　マツノ書店　1994.1　3冊　22cm　全38000円

◇波瀾万丈―井上馨伝　邦光史郎著　大陸書房　1989.1　301p　16cm　（大陸文庫）　450円　ⓘ4-8033-1869-7

◇波瀾万丈―井上馨伝　邦光史郎著　光風社出版　1984.6　240p　20cm　1200円　ⓘ4-87519-126-X

◇世外侯事歴維新財政談　沢田章編　原書房　1978.2　468,14p　22cm　（明治百年史叢書）　6000円

◇世外井上公伝　第1巻　井上馨侯伝記編纂会編　原書房　1968　572p　図版13枚　22cm　（明治百年史叢書）

◇世外井上公伝　第2-3巻　井上馨侯伝記編纂会編　原書房　1968　2冊　22cm　（明治百年史叢書）

◇世外井上公伝　第4-5巻　井上馨侯伝記編纂会編　原書房　1968　2冊　22cm　（明治百年史叢書）

◇井上馨小伝　内田伸著　井上馨公50年祭実行委員会　1965

◇悪人列伝 4　海音寺潮五郎著　文芸春秋新社　1962　269p　20cm
◇若き血の肖像　若人のための井上馨抄伝　氏原大作著　実業之日本社　1956　205p　18cm

鹿鳴館

　明治16年から20年まで外務卿井上馨のもとで進められた、極端な欧化政策の象徴として建造された豪華洋風建築物。夜な夜な舞踏会などが催され、にわか紳士・淑女が似合わぬ洋装で舞い「鹿鳴館時代」といわれた。本来の目的は不平等条約改正のため、日本の近代化・西洋化を諸外国に印象づけることにあったが、屈辱的な外交として内外の批判を浴び、井上の失脚とともにこのあだ花的な高揚は終止符を打たれた。

＊　　＊　　＊

◇NHKニッポンときめき歴史館　1　NHK「ニッポンときめき歴史館」プロジェクト編　日本放送出版協会　1999.9　222p　19cm　1600円　④4-14-080451-3
◇鹿鳴館盗撮　風野真知雄著　新人物往来社　1999.9　294p　19cm　1900円　④4-404-02828-8
◇現代舞踊教育学―舞踊の世紀　秋葉尋子著　大空社　1998.11　201p　21cm　2500円　④4-7568-0817-4
◇「ミシマ」から「オウム」へ―三島由紀夫と近代　飯島洋一著　平凡社　1998.6　354p　19cm（平凡社選書）　2300円　④4-582-84178-3
◇文明開化―明治時代前期　ぎょうせい　1998.4　189p　26cm（おもしろ日本史まんがパノラマ歴史館 11）　2000円　④4-324-05141-0
◇鹿鳴館を創った男―お雇い建築家ジョサイア・コンドルの生涯　畠山けんじ著　河出書房新社　1998.2　246p　19cm　2000円　④4-309-22323-0
◇鹿鳴館秘蔵写真帖　霞会館資料展示委員会編　平凡社　1997.7　247p　31cm　3800円　④4-582-23109-8
◇ニュースで追う明治日本発掘　3　板垣遭難・秩父困民党・鹿鳴館の時代　鈴木孝一編　河出書房新社　1994.10　290p　20cm　2500円　④4-309-72323-3
◇鹿鳴館　飛鳥井雅道〔著〕　岩波書店　1992.7　61p　21cm（岩波ブックレット）　350円　④4-00-003412-X
◇鹿鳴館―擬西洋化の世界　富田仁著　白水社　1984.12　240p　20cm　1700円　④4-560-03964-X
◇鹿鳴館貴婦人考　近藤富枝著　講談社　1980.10　241p　20cm　1100円
◇鹿鳴館―やって来た異人たち　内藤豊訳　早川書房　1970　312p　図版　20cm　800円

青木　周蔵

天保15(1844).1.15～大正3(1914).2.16
　外交官・政治家。長州出身で、ドイツ留学からの帰国後に外務省に入り、ドイツ公使を経て井上馨外相の下で外務次官を務めた。明治22年第一次山県内閣の外務次官に就任。外相として不平等条約の改正に努め、次の第一次松方内閣でも外相に留任し、英国との交渉に進展をみたが、もう一歩のところで24年大津事件が起き引責辞任した。その後も外交官として活躍し、駐独・駐英公使となり、条約改正を側面から支援。第二次山県内閣で再度外相に就任した。

＊　　＊　　＊

◇青木周蔵―日本をプロシャにしたかった男　中　水沢周著　中央公論社　1997.6　459p　15cm（中公文庫）　933円　④4-12-202874-4
◇近代日本の自伝　佐伯彰一著　中央公論社　1990.9　358p　15cm（中公文庫）　600円　④4-12-201740-8
◇青木周蔵―明治外交の創造　壮年篇　水沢周著　日本エディタースクール出

版部　1989.5　538p　19cm　3300円
ⓘ4-88888-151-0

◇青木周蔵─明治外交の創造　青年篇
　水沢周著　日本エディタースクール出
　版部　1988.9　490p　19cm　2800円
　ⓘ4-88888-140-5

◇明治外交と青木周蔵　坂根義久著
　刀水書房　1985.11　275p　22cm　6800
　円

◇青木周蔵自伝　坂根義久校注　平凡社
　1970　363p　18cm　東洋文庫　168
　550円

大津事件

　明治24年5月、来日中のロシア皇太子が襲われた事件とその裁判をめぐる論議。5月11日、ウラジオストクでのシベリア鉄道起工式に臨む途中に来日したロシア皇太子(後のニコライ2世)に護衛巡査津田三蔵が斬りつけて負傷させる事件が滋賀県大津で発生。日本政府は犯人の死刑をロシアに約束したが、大審院長児島惟謙は担当判事に通常の殺人未遂罪の適用を説得して無期徒刑判決を下させた。児島の行為は司法権の独立を守ったといわれたが、政府はロシアへの面目を失い、また日露関係に少なからぬ影響を与えた。

　　　　　＊　　　＊　　　＊

◇日本史の現場検証　2　明治・大正編
　合田一道著　扶桑社　1999.11　261p
　19cm　1429円　ⓘ4-594-02790-3

◇大津事件関係史料集　下巻　我部政男、茂野隆晴、須賀昭徳、山内幸雄編
　成文堂　1999.5　355p　21cm　(山梨学院大学社会科学研究所叢書　2)　8000円
　ⓘ4-7923-6069-2

◇くらべてみよう100年前と─20世紀から21世紀へ　4　日本のできごと　本間昇編・著　岩崎書店　1999.4　47p　29×22cm　2800円　ⓘ4-265-02674-5

◇歴史を変えた運命の瞬間─出会い、誤解、大逆転…その後を決めた裏のドラマ　歴史の謎を探る会編　河出書房新社　1999.2　217p　15cm　(KAWADE夢文庫)　476円　ⓘ4-309-49280-0

◇日本法制史史料60選─史資料へのいざない　大久保治男,茂野隆晴編著　芦書房　1998.12　172p　21cm　2300円
　ⓘ4-7556-1128-8

◇明治秘史疑獄難獄　尾佐竹猛著、礫川全次解題　復刻版　批評社　1998.12
　552,13p　19cm　5700円　ⓘ4-8265-0266-4

◇大津事件と明治天皇─封印された十七日間　礫川全次著　批評社　1998.8
　271p　19cm　2500円　ⓘ4-8265-0257-5

◇小説　大津事件　横井和彦著　名古屋　名古屋中日新聞社〔制作〕　1998.5
　386p　19cm　1800円　ⓘ4-8062-0362-9

◇大津事件顛末録　児島惟謙著,花井卓蔵校　大空社　1997.7　1冊　22cm
　(花井卓蔵の法廷史録　別巻)　ⓘ4-7568-0568-X

◇児島惟謙─大津事件と明治ナショナリズム　楠精一郎著　中央公論社　1997.4
　237p　18cm　(中公新書)　700円
　ⓘ4-12-101358-1

◇大津事件の烈女畠山勇子─伝記・畠山勇子　沼波武夫著　大空社　1995.3
　186,6p　22cm　(伝記叢書　163)　7000円　ⓘ4-87236-462-7

◇ニュースで追う明治日本発掘　4
　憲法発布・大津事件・壮士と決闘の時代　鈴木孝一編　河出書房新社　1994.12
　294p　20cm　2500円　ⓘ4-309-72324-1

◇論考大津事件　山中敬一著　成文堂
　1994.12　305p　20cm　(成文堂選書20)　2884円　ⓘ4-7923-1350-3

◇大津事件の再構成　新井勉著　御茶の水書房　1994.1　233p　22cm　3605円
　ⓘ4-275-01542-8

◇日本の「創造力」─近代・現代を開花させた四七〇人　第3巻　流通と情報の革命　日本放送出版協会編　日本放送出版

協会　1993.2　475p　21cm　5800円
　Ⓘ4-14-009207-6

◇廻瀾録―大津事件新史料　斎藤竜著, 万良一校注　松山　人の森出版　1992.10　213p　19cm　2000円　Ⓘ4-88299-008-3

◇大津事件―露国ニコライ皇太子の来日　野村義文著　福岡　葦書房　1992.10　297p　19cm　2060円　Ⓘ4-7512-0458-0

◇危機としての大津事件　吹田　関西大学法学研究所　1992.3　253p　21cm

◇露国皇太子漫遊記事　山内英司編　逗子　山内英司　〔1992〕　50p　26cm

◇大津事件―ロシア皇太子大津遭難　尾佐竹猛著, 三谷太一郎校注　岩波書店　1991.4　338p　15cm　(岩波文庫)　620円　Ⓘ4-00-331821-8

◇大津事件日誌　児島惟謙〔著〕, 家永三郎編注　平凡社　1989.2　276p　18cm　(東洋文庫　187)　2000円　Ⓘ4-582-80187-0

◇大津事件の真相―復刻　早崎慶三著　京都　サンブライト出版　1987.11　303p　27cm　(近江文化叢書　28)　2500円　Ⓘ4-7832-0103-X

◇大津事件と司法大臣山田顕義―日本大学学祖山田顕義研究論文　柏村哲博〔著〕　日本大学大学史編纂室　1983.8　57p　21cm

◇大津事件の再評価　田岡良一著　新版　有斐閣　1983.2　295p　22cm　3800円　Ⓘ4-641-02949-0

◇大津事件の再評価　田岡良一著　有斐閣　1976　291p　22cm　2500円

◇大津事件に就て―昭和十四年度思想特別研究員　上　京都　東洋文化社　1974　582p　肖像　22cm　(社会問題資料叢書　第1輯　社会問題資料研究会編)　6500円

◇露国皇太子大津遭難　湖南事件　尾佐竹猛著　岩波書店　1951　231p　18cm　岩波新書

陸奥　宗光

天保15(1844).7.7～明治30(1897).8.24
政治家・外交官。和歌山藩出身で脱藩して坂本龍馬の海援隊に入り、維新後は政府に出仕したが藩閥政治に憤激して辞任。西南戦争で西郷軍に加担した罪を問われ入獄した。特赦により出獄後は外交官となり、21年メキシコとの対等条約の調印に成功。その後農商務大臣、枢密顧問官を歴任。第二次伊藤内閣の下で外務大臣となり条約改正に尽力し、27年日英通商航海条約を締結して治外法権を撤廃させることができた。また日清戦後は下関条約の交渉にもあたった。著述に「蹇蹇録」がある。

　　　　＊　　　＊　　　＊

◇男と女の物語日本史　加来耕三監修　講談社　1999.11　366p　19cm　2100円　Ⓘ4-06-209845-8

◇陸奥宗光とその時代　岡崎久彦著　PHP研究所　1999.10　483p　19cm　2200円　Ⓘ4-569-60816-7

◇近代日本外交思想史入門―原典で学ぶ17の思想　関静雄編著　京都　京都ミネルヴァ書房　1999.5　310p　21cm　2800円　Ⓘ4-623-02916-6

◇近代日本政治思想史入門―原典で学ぶ19の思想　大塚健洋編著　京都　京都ミネルヴァ書房　1999.5　348p　21cm　2800円　Ⓘ4-623-02915-8

◇陸奥宗光　萩原延寿著　朝日新聞社　1997.8　2冊(セット)　19cm　5600円　Ⓘ4-02-257174-8

◇「蹇蹇録」の世界　中塚明著　みすず書房　1992.3　291,6p　19cm　2884円　Ⓘ4-622-03354-2

◇陸奥宗光伯―小伝・年譜・付録文集　陸奥宗光伯七十周年記念会編　第2版　霞関会　1992.3　180p　20cm　非売品　Ⓘ4-89668-574-1

◇陸奥宗光　上巻　上巻　岡崎久彦著　PHP研究所　1990.11　439p　15cm　(PHP文庫)　680円　Ⓘ4-569-56280-9

◇陸奥宗光　下巻　下巻　岡崎久彦著　PHP研究所　1990.11　525p　15cm　（PHP文庫）　760円　①4-569-56281-7

◇父親は息子に何を伝えられるか。―偉人たちの手紙　鈴木博雄著　PHP研究所　1990.5　235p　19cm　1300円　①4-569-52750-7

◇陸奥宗光　下　岡崎久彦著　PHP研究所　1988.1　432p　19cm　1700円　①4-569-22161-0

◇陸奥宗光　上　岡崎久彦著　PHP研究所　1987.12　369p　19cm　1500円　①4-569-22160-2

◇仙台獄中の陸奥宗光―陸奥宗光と水野重教　宇野量介著　仙台　宝文堂出版販売　1982.1　276p　19cm　2900円

◇頭山満と陸奥・小村　杉森久英著　毎日新聞社　1967　354p　20cm

◇人物・日本の歴史　11　読売新聞社　1966

◇陸奥宗光伯―小伝・年譜・付録文集　陸奥宗光伯七十周年記念会編　陸奥宗光伯七十周年記念会　1966　179p　図版　20cm

◇現代日本思想大系　10　筑摩書房　1965

◇日本人物史大系　第6巻　近代　第2　大久保利謙編　朝倉書店　1960　388p　22cm

◇明治の政治家たち―原敬につらなる人々　上,下巻　服部之総著　岩波書店　1950-54　2冊　18cm　岩波新書

閔妃殺害事件

明治28年、朝鮮王妃閔妃が日本公使・軍人・大陸浪人らにより惨殺された事件。閔妃は日清戦争により一時大院君に政権を奪われたが、三国干渉によりロシアに接近して政権を奪還していた。閔妃は排日政策を指示し、これを憎んだ日本公使は閔妃殺害を計画。10月8日、日本人壮士らが王宮を襲撃して閔妃を惨殺して、大院君による親日傀儡政権を樹立させた。日本政府は国際的非難を浴びて公使以下関係者を裁判に付したが、証拠不十分で全員無罪となった。

　　　　　＊　　　＊　　　＊

◇わかりやすい朝鮮社会の歴史　朴垠鳳著, 石坂浩一監訳, 清水由希子訳　明石書店　1999.12　211p　19cm　1800円　①4-7503-1227-4

◇日韓皇室秘話　李方子妃　渡辺みどり著　読売新聞社　1998.10　266p　19cm　1500円　①4-643-98097-4

◇大院君・閔妃 2 大院君伝　菊池謙譲原本著, 伊藤隆, 滝沢誠監修　ぺりかん社　1998.3　422p　21cm　（明治人による近代朝鮮論影印叢書　第7巻）　7500円　①4-8315-0826-8

◇外交文書で語る日韓併合　金膺竜著　合同出版　1996.6　414p　19cm　2500円　①4-7726-0196-1

◇海外の新聞にみる日韓併合　杵淵信雄著　彩流社　1995.3　302p　20cm　3200円　①4-88202-343-1

◇ニュースで追う明治日本発掘　5　日清戦争・閔妃暗殺・凶悪殺人の時代　鈴木孝一編　河出書房新社　1995.2　302p　20cm　2500円　①4-309-72325-X

◇異形者の力　松田修著　青玄社　1994.2　252p　20cm　2575円　①4-915614-17-4

◇閔妃（ミンビ）暗殺―朝鮮王朝末期の国母　角田房子著　新潮社　1993.7　466p　15cm　（新潮文庫）　560円　①4-10-130804-7

◇新しい朝鮮史像をもとめて―対談集　旗田巍他著　大和書房　1992.6　239p　20cm　2500円　①4-479-84019-2

◇民権の獅子―兆民をめぐる男たちの生と死　日下藤吾著　叢文社　1991.12　423p　20cm　2300円　①4-7947-0193-4

◇閔妃（ミンビ）暗殺―朝鮮王朝末期の国母　角田房子著　新潮社　1988.1　368p　19cm　1500円　①4-10-325806-3

◇日韓外交史料　第5巻　韓国王妃殺害事件　市川正明編　原書房　1981.6　468p　22cm　明治百年史叢書　10000円　⑪4-562-01098-3

小村　寿太郎

安政2（1855）.9.16～明治44（1911）.11.26
外交官。米国留学後、司法省次いで外務省に入り翻訳局長、駐朝鮮公使を歴任し、閔妃殺害事件の処理にあたり小村・ウェーバー協定を締結。第一次桂太郎内閣の外務大臣となって日英同盟を締結し、日露開戦のための外交をすすめ日露戦後はポーツマス条約を結んだが、講和条件の不満から国民の非難を浴びた。その後41年第二次桂太郎内閣の外務大臣となり、韓国併合を推進。また列国との条約改正では関税自主権の回復に成功した。

＊　　＊　　＊

◇日露戦争以後の日本外交―パワー・ポリティクスの中の満韓問題　寺本康俊著　信山社出版　1999.9　563,14p　21cm　17000円　⑪4-7972-2144-5
◇日本人の気概を教える　渡辺尚人著　明治図書出版　1999.5　118p　19cm　（オピニオン叢書 51）　1160円　⑪4-18-168101-7
◇戦後教科書から消された人々　2　潮川栄太著　ごま書房　1998.9　254p　18cm　571円　⑪4-341-30011-3
◇宮崎の偉人　上　佐藤一一著　宮崎宮崎鉱脈社　1997.1　186p　21cm　1500円
◇危機―ライバル日本史 8　NHK取材班編　角川書店　1996.12　316p　15cm　（角川文庫）　505円　⑪4-04-195425-8
◇新聞にみる日中関係史―中国の日本人経営紙　中下正治著　研文出版　1996.10　241,38,17p　21cm　7000円　⑪4-87636-140-1
◇人間　小村寿太郎―国を愛し国家に尽くした外務大臣の生涯　木村勝美著　光人社　1995.10　291p　20×14cm　1748円　⑪4-7698-0734-1
◇外交六十年　芳沢謙吉著　中央公論社　1990.12　261p　15cm　（中公文庫）　560円　⑪4-12-201767-X
◇小村寿太郎とポーツマス―ロシアに「外交」で勝った男　金山宣夫著　京都PHP研究所　1984.12　295p　19cm　1100円　⑪4-569-21441-X
◇小村寿太郎　黒木勇吉著　講談社　1968　1067p　図版　22cm
◇頭山満と陸奥・小村　杉森久英著　毎日新聞社　1967　354p　20cm
◇小村外交史 2巻2冊　外務省著　原書房　1966
◇続　人物再発見　読売新聞社編　人物往来社　1965　237p　19cm
◇小村外交史 2巻2冊　外務省著　新聞月鑑社　1953

伊藤博文暗殺事件

明治42年10月26日（日本が韓国を併合する前年）、ハルビンを訪れた伊藤博文が韓国の青年安重根に暗殺された事件。その場で逮捕された安重根は翌年死刑となるが、今なお韓国では憂国の志士として崇敬されている。

＊　　＊　　＊

◇日本史の現場検証 2　明治・大正編　合田一道著　扶桑社　1999.11　261p　19cm　1429円　⑪4-594-02790-3
◇伊藤博文を撃った男―革命義士安重根の原像　斎藤充功著　中央公論新社　1999.4　277p　15cm　（中公文庫）　629円　⑪4-12-203402-7
◇裏切られた三人の天皇―明治維新の謎　鹿島昇著　増補版　新国民社　1999.2　441p　19cm　2330円　⑪4-915157-84-9
◇明治・大正・昭和歴史資料全集―暗殺篇　平野晨編、前坂俊之監修　大空社　1999.1

外交

556p 21cm （近代犯罪資料叢書 8） 17000円 ①4-283-00033-7

◇写真集 暗殺の瞬間 毎日新聞社編 毎日新聞社 1998.10 175p 26cm 2500円 ①4-620-60547-6

◇日韓皇室秘話 李方子妃 渡辺みどり著 読売新聞社 1998.10 266p 19cm 1500円 ①4-643-98097-4

◇明治維新の生贄―誰が孝明天皇を殺したか 長州忍者外伝 鹿島昇, 宮崎鉄雄, 松重正著 新国民社 1998.7 457p 19cm 2800円 ①4-915157-83-0

◇安重根と伊藤博文 中野泰雄著 恒文社 1996.10 221p 19cm 2300円 ①4-7704-0895-1

◇伊藤博文と安重根 佐木隆三著 文芸春秋 1996.3 297p 15cm （文春文庫） 450円 ①4-16-721513-6

◇伊藤博文を撃った男―革命義士安重根の原像 斎藤充功著 時事通信社 1994.10 204p 19cm 1400円 ①4-7887-9436-5

◇安重根と日韓関係史 市川正明著 原書房 1979.4 675p 22cm （明治百年史叢書） 5000円

韓国併合

明治43年8月、日本が韓国を併合して植民地としたこと。日本は既に38年の第二次日韓協約で韓国を保護国化していたが、初代統監伊藤博文が42年に暗殺されたことを契機に完全に植民地化することを企図。統監寺内正毅は韓国内の義兵運動を武力鎮圧し、併合を強要した。併合後は韓国という国号は廃され朝鮮となり、植民地支配機関として朝鮮総督府が行政・軍事を統括した。

◇韓国・台湾に向き合う授業 三橋広夫著 日本書籍 1999.12 95p 21cm （近現代史生き生き） 1300円 ①4-8199-0465-5

◇資料 雑誌にみる近代日本の朝鮮認識―韓国併合期前後 琴秉洞編・解説 緑蔭書房 1999.2 5冊（セット） 21cm 98000円 ①4-89774-241-2

◇史料と分析「韓国併合」直後の在日朝鮮人・中国人―東アジアの近代化と人の移動 木村健二, 小松裕編著 明石書店 1998.11 352p 21cm 8000円 ①4-7503-1100-6

◇日韓皇室秘話 李方子妃 渡辺みどり著 読売新聞社 1998.10 266p 19cm 1500円 ①4-643-98097-4

◇子どもとつくる近現代史 第1集 安井俊夫編 日本書籍 1998.8 299p 21cm （1単元の授業21） 2800円 ①4-8199-0448-5

◇歪められた朝鮮総督府―だれが「近代化」を教えたか 黄文雄著 光文社 1998.8 217p 18cm （カッパ・ブックス） 800円 ①4-334-00634-5

◇「日本人」の境界―沖縄・アイヌ・台湾・朝鮮 植民地支配から復帰運動まで 小熊英二著 新曜社 1998.7 778p 21cm 5800円 ①4-7885-0648-3

◇NOといえる教科書―真実の日韓関係史 藤岡信勝, 井沢元彦著 祥伝社 1998.5 338p 19cm 1600円 ①4-396-61070-X

◇大日本帝国―明治時代後期 登龍太, 岡本まさあきほか作画, 鈴木一弘指導 ぎょうせい 1998.5 191p 26cm （おもしろ日本史 まんがパノラマ歴史館 12） 2000円 ①4-324-05142-9

◇朝鮮民族運動と副島道正 趙聖九著 研文出版 1998.2 282,5p 21cm 7000円 ①4-87636-151-7

◇日韓紛議政略纂論・外交之危機韓国問題・朝鮮統治問題に就て先輩並に知友各位に訴ふ 星野良吉, 大内暢三, 内田良平編

外交

竜渓書舎　1996.11　103,42,151p　21cm
（韓国併合史研究資料　19）　6180円
①4-8447-6457-8

◇日韓協約と韓国併合──朝鮮植民地支
配の合法性を問う　海野福寿編　明石
書店　1995.6　397p　20cm　6000円
①4-7503-0704-1

◇韓国併合　海野福寿著　岩波書店
1995.5　246p　18cm　（岩波新書）
650円　①4-00-430388-5

◇海外の新聞にみる日韓併合　杵淵信雄著
彩流社　1995.3　302p　20cm　3200円
①4-88202-343-1

◇日韓併合　森山茂徳著　吉川弘文館
1995.1　218,9p　20cm　（日本歴史叢書
新装版）　2678円　①4-642-06604-7

◇朝鮮植民地支配は違法──日本の朝鮮支配
の根拠となった1905年「乙巳五条約」は
成立していたか？　朝鮮人強制連行真相
調査団編　朝鮮人強制連行真相調査団中
央本部　1993.7　48p　26cm　（資料集
6）

◇「日韓合併」とアリラン　金智栄，山
川力共著，山川力編　札幌　北海道新聞
社　1992.12　268,9p　20cm　2200円
①4-89363-665-0

◇日韓併合　森山茂徳著　吉川弘文館
1992.1　218,9p　20cm　（日本歴史叢書
47）　2600円　①4-642-06547-4

◇日本の韓国併合　山辺健太郎著　太平出
版社　1991.4　373p　20cm　2060円

①4-8031-2708-5

◇日韓併合の真相──ノンフィクション
吉留路樹著　世論時報社　1988.5
239p　20cm　1800円　①4-915340-11-2

◇武田範之とその時代　滝沢誠著　三嶺
書房　1986.10　294p　20cm　2800円
①4-914906-49-X

◇日本の朝鮮支配政策史研究──1920年代を
中心として　姜東鎮著　東京大学出版会
1979.2　474p　22cm　5400円

◇韓国併合史料　市川正明編　原書房
1978.3　3冊　22cm　（明治百年史叢書）
各6500円

◇日本の韓国併合　山辺健太郎著　太平出
版社　1970　373p　20cm　1300円

◇現代史資料　第26　朝鮮　第2　姜徳相編
みすず書房　1967　38.704p　図版　地図
22cm

◇現代史資料　第25　朝鮮　第1　姜徳相編・
解説　みすず書房　1966　645p　図版
22cm

◇日韓合邦秘史　上巻　黒竜会編　原書
房　1966　634,60p　図版12枚　22cm
（明治百年史叢書）

◇日本の韓国併合　山辺健太郎著　太平出
版社　1966　373p　20cm　（太平選書）

◇朝鮮の保護及び併合──明治時代における
日本の対韓政策　朝鮮総督府編，近藤釼
一改編改述　謄写版　中央日韓協会,友邦
協会　1956　588p　26cm　朝鮮資料
第2号

113

軍　事

戊辰戦争

　慶応4年1月の鳥羽・伏見の戦から明治2年5月箱館五稜郭の戦まで約一年半にわたり、新政府とこれに抵抗する佐幕勢力の間で戦われた内戦の総称。慶応4年は9月に明治元年となったが、この年の干支から「戊辰」戦争と呼ばれる。個々の戦闘では新政府軍が旧幕府勢力や奥羽越列藩同盟を圧倒したが、激戦が繰り広げられた東北地方では双方の軍隊による戦い以外に農民を中心とした一揆が頻発した。軍事力で佐幕勢力を屈服させた新政府であったが、民心の掌握という点において課題が残った。

◇マンガ・日本の歴史がわかる本　幕末・維新‐現代篇　小和田哲男監修、小杉あきら画　三笠書房　1999.12　285p　15cm　（知的生きかた文庫）　533円　①4-8379-7077-X

◇三重幕末維新戦記―藤堂藩・桑名藩の戊辰戦争　横山高治著　大阪　大阪創元社　1999.11　210p　19cm　1800円　①4-422-20463-7

◇幕末維新の社会と思想　田中彰編　吉川弘文館　1999.11　363p　21cm　8000円　①4-642-03689-X

◇遺聞 市川・船橋戊辰戦争―若き日の江原素六‐江戸・船橋・沼津　内田宜人著　流山　流山崙書房出版　1999.9　254p　19cm　2000円　①4-8455-1062-6

◇河井継之助―立身は孝の終りと申し候　稲川明雄著　恒文社　1999.8　301p　19cm　2300円　①4-7704-1004-2

◇松平定敬のすべて　新人物往来社編　新人物往来社　1998.12　246p　19cm　2800円　①4-404-02669-2

◇真説 上野彰義隊　加来耕三著　中央公論社　1998.12　396p　15cm　（中公文庫）　838円　①4-12-203309-8

◇会津藩始末記―敗者の明治維新　永岡慶之助著　中央公論社　1998.11　363p　15cm　（中公文庫）　800円　①4-12-203281-4

◇東北謎とき散歩―多くの史跡や霊場霊山の不思議の舞台に迫る　星亮一著　広済堂出版　1998.11　271p　19cm　1600円　①4-331-50659-2

◇慶応三年素描―幕末・現場への誘い『花神』私疑　西茂子著　増補改訂版　国分寺　国分寺青陽舎;れんが書房新社〔発売〕　1998.8　228p　19cm　1300円　①4-8462-0205-4

◇幕末・維新のしくみ　童門冬二監修　日本実業出版社　1998.6　190p　21cm　（入門ビジュアルヒストリー）　1400円　①4-534-02794-X

◇京都守護職―会津藩の光と陰　星亮一著　中央公論社　1998.5　379p　15cm　（中公文庫）　743円　①4-12-203144-3

◇戊辰戦争全史 下　菊地明,伊東成郎編　新人物往来社　1998.5　320p　21cm　9800円　①4-404-02573-4

◇戊辰戦争全史　上　菊地明, 伊東成郎編　新人物往来社　1998.5　305p　21cm　9800円　ⓐ4-404-02572-6

◇堂々日本史　第14巻　NHK取材班編　名古屋　名古屋KTC中央出版　1998.4　249p　19cm　1600円　ⓐ4-87758-061-1

◇平太の戊辰戦争─少年兵が見た会津藩の落日　星亮一著　角川書店　1998.4　266p　19cm　（角川選書）　1400円　ⓐ4-04-703291-3

◇明治維新と近代日本─明治時代　1　海野福寿監修, 井上大助漫画　集英社　1998.3　163p　21cm　（学習漫画　日本の歴史 15）　850円　ⓐ4-08-239015-4

◇幕末の風雲─江戸時代末期　児玉幸多監修, あおむら純漫画　増補版　小学館　1998.2　157p　21cm　（小学館版学習まんが─少年少女日本の歴史 16）　830円　ⓐ4-09-298116-3

◇或る戦兵の庄内戊辰戦争　花牟禮勉著　国分寺　新風舎　1997.11　77p　19cm　(Shinpu books)　1100円　ⓐ4-7974-0339-X

◇飯山戦争─明治維新、北信濃の夜明け　山本金太著　増補改訂　長野　ほおずき書籍　1997.5　225p　19cm　1500円　ⓐ4-89341-318-X

◇桑名藩戊辰戦記　郡義武著　新人物往来社　1996.12　279p　20cm　2900円　ⓐ4-404-02424-X

◇視死如帰─史跡・文献からみた戊辰戦争と南総　佐野邦雄〔著〕　館山　佐野邦雄　1996.9　145p　21cm

◇戊辰戦争から西南戦争へ─明治維新を考える　小島慶三著　中央公論社　1996.8　263p　18cm　（中公新書）　738円　ⓐ4-12-101316-6

◇飯山戦争─明治維新、北信濃の夜明け　山本金太著　長野　ほおずき書籍　1996.5　216p　19cm　1300円　ⓐ4-89341-302-3

◇戊辰戦争記録集　雄和町立図書館, 雄和町古文書研究会編　雄和町（秋田県）　雄和町教育委員会　1995.9　109p　21cm　（雄和町史料集　5）

◇山形水野藩の光と影─郷土史夜話　渡辺嘉兵衛著　近代文芸社　1994.11　191p　20cm　1800円　ⓐ4-7733-3068-6

◇ニュースで追う明治日本発掘　1　戊辰戦争・文明開化・征韓論の時代　鈴木孝一編　河出書房新社　1994.6　302p　20cm　2500円　ⓐ4-309-72321-7

◇鎌田英三郎戊辰日記─小倉藩維新史料　鎌田英三郎著, 小川七郎〔ほか〕編　鵬和出版　1994.5　211p　22cm　20600円　ⓐ4-89282-051-2

◇戊辰戦争殉難者に関する調査報告書　会津若松　会津若松市教育委員会　1993.3　153p　25cm　（会津若松市文化財調査報告書　第23号）

◇那須の戊辰戦争　北那須郷土史研究会編　宇都宮　下野新聞社　1992.9　173p　26cm　2000円　ⓐ4-88286-024-4

◇宮古海戦─写真集　小島俊一著　宮古　花坂印刷工業　1992.6　85p　30cm　非売品

◇貞吉様御出陣日記　二瓶廉吉〔著〕, 丸森郷土研究会編　丸森町（宮城県）　丸森町教育委員会　1992.4　43p　26cm

◇知られざる戊辰123史　丸森町郷土研究会編　丸森町（宮城県）　丸森町教育委員会　1992.3　147p　27cm　（伊具の里むかし館叢書　第2集）

◇魚沼の明治維新　磯部定治著　恒文社　1991.6　283p　20cm　2500円　ⓐ4-7704-0729-7

◇御親征御供記　瑞浪　瑞浪市民図書館　1991.3　288p　27cm　（瑞浪市史料集　第1号）

◇武士道残照─鳥居三十郎と伴百悦の死　中島欣也著　恒文社　1990.8　242p　20cm　1942円　ⓐ4-7704-0722-X

◇戊辰の野辺地戦争記　髙松鉄嗣郎著　野辺地町（青森県）　北英堂書店　1989.7　219p　22cm

軍事

◇戊辰役戦史　大山柏著　補訂版　時事通信社　1988.12　2冊　22cm　13000円　①4-7887-8840-3

◇思考戊辰戦争で重責を果した本荘藩　小番貞憲著　本荘　小番貞憲　1988.10　351p　21cm　1500円

◇戊辰戦争—歴史ドキュメント　星亮一編　教育書籍　1988.9　254p　20cm　1500円　①4-317-60018-8

◇裏切り—戊辰、新潟港陥落す　中島欣也著　恒文社　1988.8　354p　20cm　1800円　①4-7704-0686-X

◇物語新選組戊辰戦記　童門冬二他著　新人物往来社　1988.2　198p　20cm　1800円　①4-404-01485-6

◇戊辰戦争と庄内—歴史展　〔鶴岡〕〔致道博物館〕〔1988〕　56p　19cm

◇秋田戊辰戦争—郷土史論　和泉竜一著　横手　県南民報社　1987.10　232pp　20cm　1200円

◇戊辰の挽歌—桑名藩士情熱の奮戦録　鈴木芳雄著　新日本法規出版　1987.3　191p　19cm　1300円

◇戊辰戦争軍中日記　永井弘衛〔著〕、各務原市教育委員会編　各務原　各務原市教育委員会　1987.3　133p　26cm　(各務原市資料調査報告書　第8号)

◇激録日本大戦争　第21巻　明治の大叛乱　原康史著　東京スポーツ新聞社　1986.3　330p　19cm　1300円　①4-8084-0074-X

◇出羽松山藩の戊辰戦争　坂本守正訳注　松山町(山形県)　松山町　1986.2　203p　22cm　(松山町史)　2500円

◇水戸藩・戊辰の戦跡をゆく　鈴木茂乃夫著　暁印書館　1986.2　276p　20cm　1500円

◇岩井戦争—武総野の官軍と旧幕軍　今井隆助著　土浦　筑波書林　1985.7　100p　18cm　(ふるさと文庫)　600円

◇戊辰戦争と貫山隊(新発見)　姉歯量平著　仙台　宝文堂出版販売　1985.7　127p　19cm　2000円

◇怪商スネルと戊辰新潟攻防戦　阿達義雄著　新潟　鳥屋野出版　1985.2　142p　19cm　1000円

◇戊辰戦争論　石井孝著　吉川弘文館　1984.8　350p　20cm　2900円　①4-642-07196-2

◇敗者の倫理　八切止夫著　日本シェル出版　1984.6　238p　19cm　880円　①4-8194-8502-4

◇戊辰戦争と多田郷士—忘れられた維新の兵士たち　宮川秀一著, 川西市編　〔川西〕　川西市　1984.3　562p　22cm

◇市川・船橋戦争—幕府陸軍撤兵隊始末　山形紘著　流山　崙書房　1983.6　179p　18cm　(ふるさと文庫)　780円

◇戊辰物語　東京日日新聞社会部編　岩波書店　1983.1　291p　15cm　(岩波文庫)　450円

◇春から春まで—維新戦争と断金隊の記録　山田六郎著　山田六郎　1982.12　376p　19cm　非売品

◇北関東戊辰戦争　田辺昇吉著　宇都宮　松井ピ・テ・オ印刷　1982.5　408p　20cm　1500円

◇風雪期の人びと—秋田の戊辰戦争　吉田昭治著　秋田　叢園社　1981.11　425p　19cm　2500円

◇幕末実戦史　中田薫村編輯　東京大学出版会　1981.5　397,17p　22cm　(続日本史籍協会叢書)　5000円

◇兵乱の維新史　1　幕末・戊辰戦争　金子常規著　原書房　1980.7　234p　20cm　1600円　①4-562-01071-1

◇戊辰出羽戦記　狩野徳蔵編纂　東洋書院　1979.12　408p　22cm　4800円

◇戊辰役戦史　大山柏著　時事通信社　1979.12　2冊　22cm　全10000円

◇幕末実戦史　大鳥圭介著　新人物往来社　1978.9　336p　20cm　(史料叢書)　2800円

◇戊辰庄内戦争録　和田東蔵編　歴史図書社　1978.8　2冊　20cm　全11000円

軍事

◇戊辰戦争　平尾道雄著　新人物往来社　1978.8　240p　20cm　1800円
◇維新の礎―小倉藩と戊辰戦争　宇都宮泰長著　増補改訂版　鵬和出版　1978.6　368p　19cm　1800円
◇戊辰戦争従軍日記―長州奇兵隊士武広遯、武広武雄編　ビッグフォー出版　1978.1　199p　19cm　3000円
◇幕末維新三百藩総覧　神谷次郎、祖田浩一著　新人物往来社　1977.7　411p　20cm　2800円
◇戊辰秘話日光山麓の戦　田辺昇吉著　今市　板橋文化財保護協会　1977.4　362p　図　19cm　1500円
◇戊辰戦争―敗者の明治維新　佐々木克著　中央公論社　1977.1　232p　18cm　（中公新書）　380円
◇佐賀藩戊辰戦史　宮田幸太郎著　有田町（佐賀県）　佐賀藩戊辰戦史刊行会　1976　626p　22cm　2800円
◇告白の告発―祖父の戊辰戦争体験記に託して　望月始著　京都　三和書房　1974　112p　19cm　800円
◇戊辰戦争を歩く　清水幸義著　京都　PHP研究所　1974　246p　20cm　1000円
◇幕末戦記　永岡慶之助著　大陸書房　1974　254p　19cm　980円
◇新庄藩戊辰戦史　常葉金太郎著　新庄　新庄市教育委員会　1973　420p　肖像　20cm　1300円
◇戊辰戦争史　平尾道雄著　岬書房　1971　229p　図　肖像　20cm　1500円
◇戊辰戦争物語　栗原隆一著　雄山閣出版　1971　319p　図　19cm　（物語歴史文庫15）　880円
◇戊辰物語―幕末から明治へ　東京日日新聞社社会部編　新人物往来社　1970　253p　図版　19cm
◇慶応事件史　吉川惣七郎著　枚方　枚方市　1968　68p　地図　21cm　（枚方市史資料　第2集）

◇都城と戊辰戦争　籠谷真智子著　〔出版地不明〕　島津久厚　1968　198p　19cm　非売
◇戊辰戦争　大町雅美著　雄山閣　1968　237p　図版　22cm
◇戊辰役戦史　大山柏著　時事通信社　1968　2冊　22cm　各3500円
◇明治の群像　第2　戊辰戦争　村上一郎編　三一書房　1968　260p　20cm
◇戊辰戦争　原口清著　塙書房　1963　269p　図版　19cm　（塙選書）
◇明治　戊辰戦争　全　斎藤笹舟著　中村町（福島県）　相馬郷土文化協会　1953　213p　図版　22cm

鳥羽・伏見の戦

　慶応4年1月、幕府軍が薩摩・長州連合軍に敗れた戦い。前年の小御所会議で武力倒幕を目指す薩摩藩は幕府を挑発し、また関東各地でも薩摩による挑発行動が相次いだ。会津・桑名両藩を加えた幕府軍15000は挑発に乗り、1月2日に大坂城から京都に向けて進軍。3日に鳥羽・伏見で薩長連合4000と衝突したが、近代装備で武装した薩長軍に大敗、大坂に敗走した。徳川慶喜は海路江戸に逃走。新政府内部は武力倒幕派が主導権を握り徳川慶喜追討令が発せられ、官軍が編成されて東征が開始されることになった。

＊　　＊　　＊

◇陰謀が歴史をつくる―日本史の闇に葬られた驚くべき真実　藤川桂介著　ロングセラーズ　1998.10　230p　18cm　（ムックセレクト）　905円　①4-8454-0595-4
◇会津士魂　3　鳥羽伏見の戦い　早乙女貢著　集英社　1998.9　327p　15cm　（集英社文庫）　667円　①4-08-748818-7
◇歴史をかえた五日間―鳥羽伏見で勝因を探る　伊吹武太郎著　〔長岡京〕〔伊吹武太郎〕　1995.7　144p　21cm

117

軍事

◇近世日本國民史　第67巻　官軍東軍交戦篇　徳富猪一郎著　近世日本國民史刊行会　1963　19cm

◇鳥羽伏見の敗戦と古川甚之助の経歴　古川武雄著　謄写版　1955　10丁　27cm

江戸無血開城

　慶応4年3月、江戸城総攻撃が直前で回避され無血開城となったこと。鳥羽・伏見の戦の後、新政府は官軍を進発させて武力で旧幕府を屈服させようとした。徳川慶喜は江戸城を出て寛永寺に謹慎して恭順の意志を示したが、官軍はこれを許さず3月15日の江戸城総攻撃を予告した。そこで旧幕府陸軍総裁勝海舟は官軍参謀西郷隆盛と膝詰めで談判して、総攻撃前日に江戸開城、徳川慶喜の水戸謹慎などで合意して、戦乱を回避したもの。しかし、旧幕府軍の多くは江戸を脱出し、奥羽・箱館などで抗戦を続けることになる。

　　　　＊　　　＊　　　＊

◇海江田信義の幕末維新　東郷尚武著　文芸春秋　1999.12　246p　18cm（文春新書）　710円　①4-16-660079-6

◇最後の幕臣　勝海舟　童門冬二著　成美堂出版　1999.12　262p　15cm（成美文庫）　543円　①4-415-06863-4

◇山岡鉄舟の武士道　勝部真長編　角川書店　1999.9　282p　15cm（角川ソフィア文庫）　705円　①4-04-348501-8

◇会津士魂　8　風雲北へ　早乙女貢著　集英社　1999.2　327p　15cm（集英社文庫）　667円　①4-08-748823-3

◇幕末維新の風刺画　南和男著　吉川弘文館　1999.2　207p　19cm（歴史文化ライブラリー60）　1700円　①4-642-05460-X

◇真説　上野彰義隊　加来耕三著　中央公論社　1998.12　396p　15cm（中公文庫）　838円　①4-12-203309-8

◇会津士魂　5　江戸開城　早乙女貢著　集英社　1998.11　335p　15cm（集英社文庫）　667円　①4-08-748820-9

◇マンガ　教科書が教えない歴史　1　藤岡信勝、自由主義史観研究会原作・監修、ダイナミックプロダクション作画　産経新聞ニュースサービス；扶桑社〔発売〕　1998.9　261p　19cm　952円　①4-594-02553-6

◇徳川慶喜の幕末・明治　童門冬二、勝部真長、田中彰、杉田幸三、永岡慶之助ほか著　中央公論社　1998.2　296p　15cm（中公文庫）　629円　①4-12-203064-1

◇徳川慶喜―「最後の将軍」と幕末維新の男たち　堺屋太一、津本陽、百瀬明治、利根川裕、岡本好古ほか著　プレジデント社　1998.1　340p　19cm　1500円　①4-8334-1647-6

◇徳川慶喜を歩く　さんぽみち総合研究所編著　新紀元社　1998.1　176p　21cm　1300円　①4-88317-305-4

◇徳川慶喜と勝海舟　立石優著　学陽書房　1997.11　298p　19cm　1600円　①4-313-85076-7

◇勝海舟　この人物の大きさを見よ！　風巻絃一著　三笠書房　1997.1　265p　15cm（知的生きかた文庫）　500円　①4-8379-0854-3

◇海舟余録―「掌記」・「詠草」を読む　勝部真長編　PHP研究所　1996.11　315p　19cm　3000円　①4-569-55324-9

◇幕末の三舟―海舟・鉄舟・泥舟の生きかた　松本健一著　講談社　1996.10　222p　19cm（講談社選書メチエ）　1500円　①4-06-258089-6

◇勝海舟と坂本龍馬　加来耕三著　PHP研究所　1996.8　416p　15cm（PHP文庫）　740円　①4-569-56912-9

◇幕臣勝麟太郎　土居良三著　文芸春秋　1995.3　382p　19cm　2000円　①4-16-350000-6

◇夢酔独言―現代語訳「勝小吉自伝」　勝部真長編訳　PHP研究所　1995.3

軍事

◇海舟座談　勝海舟〔述〕，巌本善治編　新訂　勝部真長校注　岩波書店　1995.2　376p　19cm　（ワイド版岩波文庫）　1200円　ⓟ4-00-007161-0

◇勝海舟─物語と史蹟をたずねて　船戸安之著　成美堂出版　1994.6　315p　16cm　（成美文庫）　560円　ⓟ4-415-06404-3

◇江戸無血開城のうそ　山中秀夫著　日本出版放送企画　1993.11　149p　19cm　1000円　ⓟ4-7952-5333-1

◇勝海舟をめぐる群像　早乙女貢〔ほか〕著　青人社　1993.3　203p　21cm　（幕末・維新百人一話　1）　1500円　ⓟ4-88296-107-5

◇勝海舟─物語と史蹟をたずねて　船戸安之著　成美堂出版　1991.1　222p　19cm　1000円　ⓟ4-415-06526-0

◇江戸開城論─勝・山岡・パークス　山口義信著　〔所沢〕〔山口義信〕　1985.3　127p　15cm　（パソブック　41）　300円

◇海舟余波─わが読史余滴　江藤淳著　文芸春秋　1984.7　351p　16cm　（文春文庫）　400円

◇海舟余波─わが読史余滴　江藤淳著　文芸春秋　1974　331p　20cm　1200円

◇史料からみた勝海舟　田村栄太郎著　雄山閣　1974　266p　図　肖像　22cm　（雄山閣歴史選書　22）　1800円

◇勝海舟　石井孝著　吉川弘文館　1974　284p　図　肖像　18cm　（人物叢書　日本歴史学会編）　800円

◇勝海舟文言抄　高野澄編訳　徳間書店　1974　238p　20cm　1500円

◇勝海舟─史伝　童門冬二著　大陸書房　1973　286p　19cm　700円

◇勝海舟と幕末明治　松浦玲著　講談社　1973　218p　20cm　680円

◇解難録・建言書類　勝海舟著　原書房　1968　522p　図版　22cm　（明治百年史叢書）

◇勝麟太郎　田村栄太郎著　雄山閣出版　1967　266p　22cm　（人物史叢書）

◇近世日本國民史　第68巻　官軍東下篇　徳富猪一郎著　近世日本國民史刊行会　1963　19cm

上野戦争

　慶応4年5月、江戸の上野で行われた旧幕府彰義隊と新政府軍との戦闘。彰義隊は徳川慶喜護衛を名目に結成された佐幕派の武装集団で、慶喜の水戸退去後も江戸市中で新政府軍への反抗を続け勢力は3000人に達していた。新政府軍は彰義隊討滅を決断し、5月15日大村益次郎率いる砲兵隊が彰義隊宿所になっていた上野寛永寺に向け一斉攻撃を開始。1日の戦闘で彰義隊は壊滅した。

　　　　＊　　　＊　　　＊

◇会津士魂　8　風雲北へ　早乙女貢著　集英社　1999.2　327p　15cm　（集英社文庫）　667円　ⓟ4-08-748823-3

◇会津士魂　6　炎の彰義隊　早乙女貢著　集英社　1998.12　333p　15cm　（集英社文庫）　667円　ⓟ4-08-748821-7

◇真説　上野彰義隊　加来耕三著　中央公論社　1998.12　396p　15cm　（中公文庫）　838円　ⓟ4-12-203309-8

◇会津士魂　5　江戸開城　早乙女貢著　集英社　1998.11　335p　15cm　（集英社文庫）　667円　ⓟ4-08-748820-9

◇異説幕末伝─柴錬立川文庫・日本男子物語　柴田錬三郎著　講談社　1998.9　354p　15cm　（講談社文庫）　571円　ⓟ4-06-263873-8

◇郷土東京の歴史　北原進編　ぎょうせい　1998.3　403p　21cm　3400円　ⓟ4-324-05230-1

◇彰義隊戦史　山崎有信著　大空社　1997.1　788,10,19p　22cm　（アジア学叢書　22）　21000円　ⓟ4-7568-0261-3

軍事

◇彰義隊挽歌　加太こうじ著　筑摩書房　1992.8　180p　19cm　1500円　ⓘ4-480-85624-2

◇真説上野彰義隊―慶応四年の知られざる日々　加来耕三著　大阪　NGS　1984.7　364,〔1〕p　19cm　1300円　ⓘ4-915112-10-1

◇彰義隊―上野戦争から五稜廓まで　木下宗一著　早川書房　1967　258p　地図　19cm　（ハヤカワ・ライブラリ）

◇彰義隊始末―上野戦争の全貌　島峯颯平著　人物往来社　1967　278p　19cm

◇近世日本国民史　第70巻　関東征戦篇　徳富猪一郎著　近世日本国民史刊行会　1963　19cm

北越戦争

　慶応4年5月から8月にかけて、主に越後国長岡周辺で行われた戦い。新政府軍は奥羽諸藩征討に向け北陸道にも官軍を進軍させたが、越後長岡藩は家老河合継之助の指導で5月2日局外武装中立を宣言した。政府軍がこれを認めなかったため4日長岡藩は奥羽越列藩同盟に加入。19日に戦端が開かれた。政府軍は即日長岡城を攻略したが、河合らは会津からの援軍を受けて粘り強く抗戦し、7月24日には長岡城奪還に成功した。しかしこの戦闘で河合は重傷を負い、指揮官不在となった長岡藩兵は29日には再び城を失った。河合は会津に赴く途中に没し、8月には長岡周辺は政府軍に制圧された。

　　　　＊　　　＊　　　＊

◇会津士魂 11 北越戦争　早乙女貢著　集英社　1999.5　295p　15cm　（集英社文庫）　629円　ⓘ4-08-748826-8

◇河井継之助のすべて　安藤英男編　新装版　新人物往来社　1997.11　247p　19cm　2800円　ⓘ4-404-02547-5

◇河井継之助伝　今泉鐸次郎著　復刻版　象山社　1996.5　762p　21cm　12000円　ⓘ4-87978-012-X

◇奥羽越列藩同盟軍と長岡藩兵の戦い―第10回会津と越後を語る会記念講演録　稲川明雄〔述〕　小出町（新潟県）　会津と越後を語る会小出大会実行委員会　1996.3　70p　21cm

◇長岡藩戊辰戦争関係史料集　長岡市史編集委員会・近世史部会編　長岡　長岡市　1995.3　185p　26cm　（長岡市史双書 no.31）

◇長岡城奪還　稲川明雄著　恒文社　1994.7　350p　20cm　2800円　ⓘ4-7704-0808-0

◇長岡城燃ゆ　稲川明雄著　恒文社　1991.8　318p　19cm　2800円　ⓘ4-7704-0739-4

◇越の日記―北越戦争従軍日記　北沢金平著，猪坂直一校訂　真田町（長野県）　菅平研究会　1968　31p　21cm　（菅平研究会叢書　3）

◇近世日本国民史　第74巻　北越戦争篇　徳富猪一郎著　近世日本国民史刊行会　1963　19cm

会津戦争

　慶応4年6月から9月にかけて戦われた戊辰戦争中で東北地方最大の戦争。5月に奥羽越列藩同盟を結んだ東北諸藩は新政府軍への抗戦を開始。新政府軍は白河、平潟、越後の三方面から進軍し、列藩同盟の諸藩は次第に脱落していった。8月23日に会津白虎隊が全滅した後、会津若松城籠城戦に移行。9月には米沢藩・仙台藩も降伏し、一ヶ月の籠城の後、改元されて明治元年となった9月22日に会津藩も降伏した。これにより本州以南はすべて明治新政府の統治下に入ることになった。

　　　　＊　　　＊　　　＊

◇会津士魂 13 鶴ケ城落つ　早乙女貢著　集英社　1999.7　357p　15cm　（集英社文庫）　705円　ⓘ4-08-748828-4

軍事

◇会津士魂 12 白虎隊の悲歌　早乙女貢著　集英社　1999.6　289p　15cm　（集英社文庫）　619円　①4-08-748827-6

◇名君と暗君と―歴史の交差点　中村彰彦著　ダイヤモンド社　1999.4　254p　19cm　1600円　①4-478-92026-5

◇会津士魂 9 二本松少年隊　早乙女貢著　集英社　1999.3　345p　15cm　（集英社文庫）　686円　①4-08-748824-1

◇少年白虎隊　中条厚著　学陽書房　1998.12　307p　15cm　（人物文庫）　660円　①4-313-75063-0

◇異説幕末伝―柴錬立川文庫・日本男子物語　柴田錬三郎著　講談社　1998.9　354p　15cm　（講談社文庫）　571円　①4-06-263873-8

◇会津人が書けなかった会津戦争―会津への手紙　牧野登著　会津若松　歴史春秋出版　1997.12　285p　20cm　2000円　①4-89757-353-X

◇栖雲―或る維新史　羽賀芳郎著　創栄出版　1997.2　613p　22cm　①4-88250-662-9

◇会津戦争の群像　前田宣裕著　会津若松　歴史春秋出版　1996.9　237p　19cm　1500円　①4-89757-341-6

◇草礦―くさのいしぶみ　吉田昭治著　秋田　岩苔庵　1996.3　2冊　19cm　全5000円

◇戊辰之役館林藩一番隊奥羽戦記　藤野近昌著　群馬出版センター　1995.12　174p　22cm　4300円　①4-906366-24-4

◇奥羽越列藩同盟―東日本政府樹立の夢　星亮一著　中央公論社　1995.3　261p　18cm　（中公新書）　760円　①4-12-101235-6

◇東北の明治維新―痛恨の歴史　尾崎竹四郎著　サイマル出版会　1995.1　262p　19cm　1800円　①4-377-41033-4

◇武士道―二本松少年隊の記録　紺野庫治著　会津若松　歴史春秋出版　1994.7　250p　19cm　1800円　①4-89757-298-3

◇戊辰戦争会津東辺史料　小原覚右衛門編著　会津若松　歴史春秋出版　1994.2　498p　22cm　8500円　①4-89757-082-4

◇会津人の書く戊辰戦争　宮崎十三八著　恒文社　1993.11　330p　20cm　2500円　①4-7704-0791-2

◇戊辰役―奥羽越列藩同盟33景　現代錦絵　北斗南舟著　溝辺町（鹿児島県）現代学舎　1993.5　72p　20×23cm　3000円

◇染河彦兵衛実秀と白河口の戦い　塩満郁夫著　〔鹿児島〕　〔塩満郁夫〕　1992.12　78p　22cm

◇明治日誌　荒川勝茂〔著〕，星亮一編　新人物往来社　1992.11　245p　22cm　9300円　①4-404-01968-8

◇会津戊辰戦争史料集　宮崎十三八編　新人物往来社　1991.10　308p　22cm　9800円　①4-404-01853-3

◇妻たちの会津戦争―物語　宮崎十三八編　新人物往来社　1991.3　217p　20cm　2300円　①4-404-01804-5

◇戊辰の時代―会津戦争始末記　永岡慶之助著　会津若松　歴史春秋出版　1990.6　344p　19cm　1748円　①4-89757-238-X

◇敗者の維新史―会津藩士荒川勝茂の日記　星亮一著　中央公論社　1990.4　219p　18cm　（中公新書）　560円　①4-12-100967-3

◇戊辰東北戦争　坂本守正著　新人物往来社　1988.12　257p　20cm　2000円　①4-404-01584-4

◇物語会津戦争悲話　宮崎十三八ほか著　新人物往来社　1988.8　253p　20cm　2000円　①4-404-01529-1

◇霞城の太刀風―二本松老少年隊の勇戦　復刻版　佐倉達山〔著〕　二本松　相原秀郎　1988.7　66,3p　21cm　700円

◇仙台藩軍監姉歯武之進　姉歯量平著　川崎　佐藤忠太　1988.7　84p　26cm

◇白虎隊という名の青春　星亮一著　教育書籍　1987.5　151p　19cm　1000円

121

軍事

◇奥羽戊辰戦争―郷土史・物語　和泉竜一
著　横手　県南民報社　1987.3　232p
19cm　1200円

◇理由なき奥羽越戊辰戦争　渡辺春也著
敬文堂　1985.3　271p　22cm　2500円
①4-7670-5301-3

◇会津藩士の越後流亡日誌―高田謹慎所の
会津降人達 新潟港の斗南移住婦女子　阿
達義雄著　新潟　鳥屋野出版　1984.11
168p　19cm　1300円

◇会津戦争―新分析現代に生きる戦略・戦
術　旺文社編　旺文社　1984.6　176p
26cm　1800円　①4-01-070773-9

◇写真でみる会津戦争　早川喜代次, 宮崎
長八著　新人物往来社　1983.10　202p
27cm　3800円

◇福島の戊辰戦争　安斎宗司著　会津若
松　歴史春秋社　1981.10　225p　20cm
1400円

◇会津鶴ケ城の女たち　阿達義雄著
会津若松　歴史春秋社　1981.9　339p
20cm　1500円

◇奥羽戊辰戦争と仙台藩―世良修蔵事件
顛末　藤原相之助著　柏書房　1981.7
254p　22cm　3800円

◇仙台戊辰史　3　藤原相之助著　東京
大学出版会　1981.7　p627〜1021,18p
22cm　（続日本史籍協会叢書　第4期）
5000円

◇仙台戊辰史　2　〔藤原相之助著〕
東京大学出版会　1981.1　p248〜627
22cm　（続日本史籍協会叢書　第4期）
5000円

◇仙台戊辰史　1　藤原相之助著　東京
大学出版会　1980.12　247p　22cm
（続日本史籍協会叢書　第4期）　5000円

◇愛の山河―会津落城悲史　梁取三義著
彩光社　1980.10　260p　22cm　1500円

◇会津戦争のすべて　会津史談会編
新人物往来社　1980.2　276p　20cm
1800円

◇東北戦争　山田野理夫著　〔東村山〕
教育社　1978.12　230p　18cm　（教育社
歴史新書）　600円

◇散華・会津藩の怨念　永岡慶之助〔著〕
ビッグフォー出版　1977.3　342p　図 肖
像　22cm　（証言＝明治維新）　1300円

◇史実会津白虎隊　早川喜代次著
新人物往来社　1976　302p　20cm
1800円

◇会津落城悲史―激流に棹さした人々　梁
取三義著　国書刊行会　1975　259p　図
19cm　850円

◇仙賊の大砲掠奪隠匿事件の顛末
石川金太郎編　十文字町（秋田県）
十文字地方史研究会　1975　20p　21cm

◇痛恨の維新―反薩長と奥羽戦争　尾崎
竹四郎著　時事通信社　1970　238p
18cm　（時事新書）　300円

◇心苦雑記―矢野原与七凌霜隊戦記
矢野原与七著, 野田直治, 白石博男編
八幡町（岐阜県）　郡上史料研究会（岐阜県
立郡上高等学校内）　1969　124p　図版
22cm　非売

◇仙台戊辰物語　菊地勝之助編　仙台
宮城県神社庁　1968　130p　図　21cm
非売

◇米沢藩戊辰文書　日本史籍協会編
東京大学出版会　1967　520p　22cm
（日本史籍協会叢書）　3000円

◇近世日本国民史　第73巻　會津戦争篇
徳富猪一郎著　近世日本国民史刊行会
1963　19cm

◇近世日本国民史　第75巻　奥羽平定篇
徳富猪一郎著　近世日本国民史刊行会
1963　19cm

◇近世日本國民史　第71巻　奥羽和戦篇
徳富猪一郎著　近世日本国民史刊行会
1963　19cm

◇近世日本國民史　第72巻　奥羽戦争篇
徳富猪一郎著　近世日本国民史刊行会
1963　19cm

◇戊辰戦側面史考―白虎隊町野久吉士建碑記念　松尾荒七著　水上町(群馬県)　自治評論社　1962　111p 図版　19cm

◇戊辰戦犯の悲歌　鶴ケ城を陥すな―凌霜隊治末記　藤田清雄著　謙光社　1962　358p(図版共)　19cm

箱館五稜郭の戦

　明治2年4月から5月にかけて、蝦夷地の箱館を中心に行われた戊辰戦争最後の戦い。江戸品川沖を脱走した旧幕府艦隊は元海軍副総裁榎本武揚の指揮のもと、途中仙台で大鳥圭介らを加えて蝦夷地に至り、箱館・松前を占領して明治元年12月に独立国家樹立を宣言した。新政府は春を待って攻撃を開始。2年4月9日乙部に上陸して戦闘が始まり、松前を攻略して5月11日から榎本ら首脳が立て籠もる箱館の五稜郭の総攻撃が行われた。5月18日に榎本軍は降伏し、戊辰戦争は政府軍の勝利に終わった。

　　　　＊　　　＊　　　＊

◇武州にねむれ―幻影箱館戦争　刀能京子著　新風舎　1999.9　199p　19cm　1500円　①4-7974-1027-2

◇箱館戦争写真集　菊地明、横田淳著　新人物往来社　1999.4　199p　19cm　2800円　①4-404-02704-4

◇北方の夢―近代日本を先駆した風雲児ブラキストン伝　豊田有恒著　祥伝社　1999.4　383p　19cm　1900円　①4-396-63142-1

◇東京城残影　平山寿三郎著　講談社　1999.3　321p　19cm　1500円　①4-06-209563-7

◇異説幕末伝―柴錬立川文庫・日本男子物語　柴田錬三郎著　講談社　1998.9　354p　15cm　(講談社文庫)　571円　①4-06-263873-8

◇残響　田中和夫著　サッポロビール;(鹿児島)文化ジャーナル鹿児島社〔発売〕　1998.7　319p　19cm　(サッポロ叢書)　1500円　①4-938922-03-7

◇続 幕末・明治のおもしろ写真　石黒敬章著　平凡社　1998.5　157p　22×17cm　(コロナ・ブックス)　1524円　①4-582-63342-0

◇箱館戦争史料集　須藤隆仙編　新人物往来社　1996.8　304p　22cm　9800円　①4-404-02335-9

◇函館むかし百話―あなたの知らない街の秘話集　函館市史編さん室編　函館幻洋社　1995.8　297p　19cm　1500円　①4-906320-28-7

◇麦叢録　小杉雅之進著　〔函館〕図書裡会　1993.12　3冊(別冊とも)　23cm　(市立函館図書館蔵郷土資料複製叢書　31)

◇描かれた箱館・五稜郭　市立函館博物館編　函館　市立函館博物館　1992.6　24p　28cm

◇新北海道の夜明け―箱館戦争 明治政府軍の乙部上陸　〔乙部町(北海道)〕乙部町　1991.10　88p　26cm　(乙部町歴史シリーズ　1)

◇日本史探訪　幕末維新 5　「明治」への疾走　さいとう・たかを著　角川書店　1991.3　255p　20cm　(角川コミックス)　1000円　①4-04-852190-X

◇維新の激動―箱館戦争をさぐる　〔函館〕市立函館博物館〔1991〕　20p　15×22cm

◇誰も書かなかった箱館戦争　脇哲著　新人物往来社　1988.11　240p　20cm　2000円　①4-404-01558-5

◇箱館戦争のすべて　須藤隆仙編　新人物往来社　1984.12　310p　20cm　2000円　①4-404-01247-0

◇箱館戦争―新分析現代に生きる戦略・戦術　旺文社編　旺文社　1984.10　176p　26cm　1800円　①4-01-070777-1

◇埋もれていた箱館戦争　脇哲著　札幌みやま書房　1981.5　334p　19cm　1500円

軍事

◇箱館海戦史話　竹内運平著　札幌みやま書房　1980.8　309p　22cm　2600円
◇高松凌雲翁経歴談　東京大学出版会　1979.4　327p　22cm　（続日本史籍協会叢書）　5000円
◇徳川艦隊北走記　石井勉著　学芸書林　1977.7　297p　20cm　1300円
◇箱館戦争始末記　栗賀大介著　新人物往来社　1973　233p　図　20cm　900円
◇雨窓紀聞　小杉雅之進著，竹陰隠士校　函館　函館碧血会　1968　1冊　23cm
◇近世日本国民史　第76巻　函館戦争篇　徳富猪一郎著　近世日本国民史刊行会　1963　19cm

有栖川宮熾仁親王

天保6(1835).2.19〜明治28(1895).1.15
明治初期の皇族軍人。孝明天皇の皇妹和宮と許嫁だったが、公武合体の象徴として和宮が徳川家茂に降嫁したため婚約解消となった。新政府の総裁になり、戊辰戦争では東征大総督に任じられた。明治8年に元老院議官、議長に就任。西南戦争では征討総督、日清戦争では陸海全軍の総参謀長となった。28年日清戦争の最中に病没したが、明治前中期の皇族軍人の随一の存在として、明治天皇に次ぐ声望を集めた。

＊　　＊　　＊

◇維新史料聚芳　維新史料編纂事務局編　新装版　東京大学出版会　1998.1　324p　27×37cm　18000円　④4-13-092055-3
◇熾仁親王日記　有栖川宮熾仁著　東京大学出版会　1976.7〜9　6冊　22cm　続日本史籍協会叢書　5000〜7000円

大村 益次郎

文政7(1824).5.3〜明治2(1869).11.5
幕末・明治初期の軍人で旧名村田蔵六。医師の家に生まれ、緒方洪庵に学び、宇和島藩・幕府・長州藩に次々招かれて軍制改革に取り組む。特に長州藩では桂小五郎に認められ、長州藩の近代式軍事教練を担当。第二次長州征伐では軍事参謀として、石州口幕府軍を潰走させた。戊辰戦争でもその軍略で新政府軍を勝利に導き、明治2年には兵部大輔に任じられ、中央集権的軍制改革を提案。藩兵に固執する保守派や志士らの反感を買い、京都で襲撃されて死亡した。彼の提唱は山県有朋に受け継がれ、明治6年の徴兵令によって現実のものとなった。

＊　　＊　　＊

◇法窓秘聞　尾佐竹猛著，礫川全次解題　批評社　1999.12　407,7p　19cm　3800円　④4-8265-0288-5
◇司馬遼太郎の日本史探訪　司馬遼太郎著　角川書店　1999.6　318p　15cm　（角川文庫）　590円　④4-04-129005-8
◇靖国　坪内祐三著　新潮社　1999.1　294p　21cm　1700円　④4-10-428101-8
◇幕末期長州藩洋学史の研究　小川亜弥子著　京都　京都思文閣出版　1998.2　256,22p　21cm　6800円　④4-7842-0967-0
◇完全制覇　幕末維新―この一冊で歴史に強くなる！　外川淳著　立風書房　1997.12　254p　19cm　1333円　④4-651-75201-2
◇痩我慢というかたち―激動を乗り越えた日本の志　感性文化研究所編　黙出版　1997.8　111p　21cm　（MOKU BOOKS―感動四季報）　660円　④4-900682-25-X
◇歴史上の本人　南伸坊著　日本交通公社出版事業局　1996.12　222p　19cm　1500円　④4-533-02622-2
◇日本を創った10人の名参謀―歴史を動かした頭脳と人間力　邦光史郎著　広済堂出版　1996.10　308p　18cm　（広済堂ブックス）　854円　④4-331-00749-9
◇謎の参議暗殺―明治暗殺秘史　三好徹著　実業之日本社　1996.8　276p　19cm　1553円　④4-408-53289-4

◇落花の人―日本史の人物たち　多岐川恭著　光風社出版　1991.11　354p 19cm　1350円　①4-87519-751-9

◇幕末・明治初期数学者群像　上　幕末編
上―幕末編　小松醇郎著　（京都）吉岡書店　1990.9　231p 19cm　2884円
①4-8427-0228-1

◇大村益次郎の知的統率力―語学の力で徳川を倒した男　村石利夫著　徳間書店　1990.6　236p 18cm　（トクマブックス）　750円　①4-19-504270-4

◇「適塾」の研究―なぜ逸材が輩出したのか　百瀬明治著　PHP研究所　1989.11　255p 15cm　（PHP文庫）　440円　①4-569-56232-9

◇幕末維新の志士読本　奈良本辰也著　天山出版,大陸書房〔発売〕　1989.9　278p 15cm　（天山文庫）　420円
①4-8033-1804-2

◇大村益次郎文書　内田伸編　徳山マツノ書店　1977.3　226,6p 図　22cm　3000円

◇大村先生逸事談話　村田峰次郎編　徳山マツノ書店　1977.3　139p 図　肖像　21cm　850円

◇11月5日大村益次郎暗殺さる　川野京輔著　ビッグフォー出版　1977.1　286p 図　肖像　22cm　（証言＝明治維新）　1700円

◇花神―NHK大河ドラマ・ストーリー　編集:日本放送出版協会　日本放送出版協会　1977　159p 図　30cm　750円

◇大村益次郎―物語と史蹟をたずねて　土橋治重著　成美堂出版　1976　221p 肖像　19cm　700円

◇大村益次郎の生涯―維新の群像　木本至著　日本文華社　1976　301p 19cm　（文華新書）　650円

◇大村益次郎―幕末維新の兵制改革　糸屋寿雄著　中央公論社　1971　178p 18cm　（中公新書）

◇宇和島郷土叢書　5　村田蔵六と宇和島藩　兵頭賢一著　宇和島市立図書館　1960

◇大村益次郎文書　第1編　内田伸著　鋳銭司村公民館　1956

台湾出兵

明治7年に日本が台湾に出兵した事件で、近代日本初の海外派兵。「征台の役」ともいう。明治4年に琉球からの漂着民が台湾現地住民に殺害される事件が発生し、琉球を日本の領土とする見地から明治政府は問罪出兵を決断。諸外国が反対したためいったんは出兵を撤回したが、都督西郷従道は独断で出兵を強行した。イギリス公使の仲介で日本と清国は交渉し、清国はこの出兵を「保民義挙」と認めて賠償金を支払うことで決着。12月までに日本軍は撤退した。

この結果、清国が事実上琉球を日本の領土と認めたと判断した日本政府は12年に琉球を実力で「沖縄県」とする「琉球処分」を強行。琉球王国450年の歴史は終焉するに至った。

　　　　＊　　　＊　　　＊

◇元帥・西郷従道伝　西郷従宏著　新装版　芙蓉書房出版　1997.4　334p 19cm　3800円　①4-8295-0183-9

◇台湾出兵―大日本帝国の開幕劇　毛利敏彦著　中央公論社　1996.7　8,196p 18cm　（中公新書）　680円
①4-12-101313-1

◇日本海事史の諸問題　対外関係編　石井謙治編　文献出版　1995.5　426p　22cm　14420円　①4-8305-1181-8

◇日本の「七〇年戦争」　丸山静雄著　新日本出版社　1995.4　334p 20cm　2800円　①4-406-02344-5

◇近現代史のなかの日本と中国　中嶋嶺雄編著　東京書籍　1992.11　270p 22cm　2800円　①4-487-75030-X

◇民権の獅子―兆民をめぐる男たちの生と死　日下藤吾著　叢文社　1991.12　423p 20cm　2300円　①4-7947-0193-4

軍事

◇近代日本の大陸政策　古川万太郎著　東京書籍　1991.8　530p　21cm　5800円
①4-487-75325-2

江華島事件

　明治8年9月、日本海軍が朝鮮・江華島の砲台を砲撃・占拠した事件。9月20日、日本海軍・雲揚艦は朝鮮半島に示威目的で接近し、江華島沖に停泊。艦長がボートで上陸しようとしたとき、朝鮮の砲台から銃撃された。雲揚艦は砲台を砲撃。ついで上陸して永宗鎮台を占領して放火・全焼させた。当時朝鮮は鎖国的政策をとっており、この事件は明らかに開国の強要を目的とした日本側の挑発行為であった。朝鮮は開国を余儀なくされ、翌年日朝修好条規が締結された。

　　　＊　　　＊　　　＊

◇福沢諭吉と朝鮮―時事新報社説を中心に　杵淵信雄著　彩流社　1997.9　283p　20cm　2800円　①4-88202-560-4
◇海峡は越えられるか―日韓歴史論争　櫻井よしこ、金両基著　中央公論社　1997.7　340p　20cm　1600円　①4-12-002710-4
◇ニュースで追う明治日本発掘　1　戊辰戦争・文明開化・征韓論の時代　鈴木孝一編　河出書房新社　1994.6　302p　20cm　2500円　①4-309-72321-7
◇日韓交渉史―明治の新聞にみる併合の軌跡　杵淵信雄著　彩流社　1992.6　356p　20cm　3200円　①4-88202-224-9
◇民権の獅子―兆民をめぐる男たちの生と死　日下藤吾著　叢文社　1991.12　423p　20cm　2300円　①4-7947-0193-4
◇近現代史のなかの日本と朝鮮　山田昭次〔ほか〕著　東京書籍　1991.6　254p　22cm　2800円　①4-487-75309-0

士族反乱

　明治時代前期に頻発した反政府不平士族による反乱事件のこと。広義にはごく初期に発生した奇兵隊脱退騒動や雲井龍雄事件、さらに大村益次郎暗殺事件なども含まれるという考え方もあるが、一般的には明治六年の政変後に起きた佐賀の乱以降西南戦争にいたる大規模な挙兵事件のことを指す。そして最後の事件として西南戦争の勝者である大久保利通が不平士族によって暗殺された紀尾井坂の変をこれら加えることもできる。

　　　＊　　　＊　　　＊

◇近代日本の軌跡　1　明治維新　田中彰編　吉川弘文館　1994.4　271p　20cm　2400円　①4-642-07435-X
◇日本近代史の再構築　伊藤隆編　山川出版社　1993.4　411p　22cm　6400円　①4-634-61460-X
◇20世紀フォトドキュメント　第2巻　社会・事件―明治―平成　佐藤悠責任編集　ぎょうせい　1992.3　159p　27cm　3200円　①4-324-02693-9
◇20世紀フォトドキュメント　第2巻　社会・事件―明治―平成　佐藤悠責任編集　ぎょうせい　1992.3　159p　27cm　3200円　①4-324-02693-9
◇明治の士族―福島県における士族の動向　高橋哲夫著　会津若松　歴史春秋社　1980.12　358p　22cm
◇錦絵幕末明治の歴史　7　士族反乱　小西四郎著　講談社　1977.9　141p(おもに図)　31cm　2000円
◇士族反乱の研究　後藤靖著　青木書店　1967　284p　表　22cm　（歴史学研究叢書）
◇下級士族の研究　新見吉治著　改訂増補版　日本学術振興会　1965　362,144p　図版　22cm
◇下級士族の研究　新見吉治著　日本学術振興会　1953　362p　図版　22cm

佐賀の乱

　明治7年に佐賀で起きた士族反乱。明治六年の政変で大久保利通らに敗れ、西郷隆盛・板垣

退助らとともに下野した前参議・江藤新平は佐賀に帰り、郷里の不平士族征韓党の首領にまつり上げられた。征韓党は同じく不平士族団体の憂国党(首領島義勇)と合流し、翌7年1月から2月にかけ相次いで反政府行動を開始。2月15日に1万以上の反政府軍は佐賀県庁を攻撃した。これに対し大久保利通は佐賀征討を決断。自ら熊本鎮台兵を指揮して3月1日には反乱を平定した。江藤は逃走して鹿児島・高知に潜伏し他県の士族に決起を促したが果たさず、高知で捕らわれて斬刑のうえ梟首された。この乱は維新後初めて起きた大規模な士族反乱事件だった。

　　　　　＊　　　＊　　　＊

◇電報にみる佐賀の乱・神風連の乱・秋月の乱　田中信義編著　熊本　熊本印刷紙工(印刷)　1996.10　80p　21cm

◇御用心！！─いま明治の亡霊がうろついている　日下藤吾著　近代文芸社　1996.5　409p　20cm　2300円　①4-7733-5123-3

◇NHK歴史発見　15　NHK歴史発見取材班編　角川書店　1994.8　215p　20cm　1800円　①4-04-522215-4

◇日本史を揺るがした反逆者の野望─野望を貫く男たちの闘いと決断！　寺林峻著　日本文芸社　1993.8　237p　15cm　(にちぶん文庫)　480円　①4-537-06229-0

◇民権の獅子─兆民をめぐる男たちの生と死　日下藤吾著　叢文社　1991.12　423p　20cm　2300円　①4-7947-0193-4

◇「佐賀の役」と地域社会　長野遑編著　福岡　九州大学出版会　1987.2　408p　22cm　5500円　①4-87378-163-9

◇明治七年戊春「肥前騒動の手覚」の紹介─三潴郡浮島より見た佐賀の乱　古賀長善〔編著〕　〔大川〕　古賀長善〔1984〕　38p　21cm

◇江藤新平と佐賀の乱　園田日吉著　新人物往来社　1974　230p　20cm　980円

◇佐賀の乱─その証言　宮田幸太郎著　佐世保　佐賀の乱刊行会　1972　383p　20cm　850円

◇江藤南白　上　的野半介編　原書房　1968　708p　図　22cm　(明治百年史叢書)　4500円

◇江藤南白　下　的野半介編　原書房　1968　672,154p　地図　22cm　(明治百年史謎書)

◇近世日本国民史　第89巻　佐賀の乱篇　徳富猪一郎著　近世日本国民史刊行会　1961　389p　19cm

神風連の乱

明治9年に熊本で起きた反政府事件。「敬神党の乱」ともいう。神道を崇拝し尊王攘夷を唱えていた敬神党(神風連)は太田黒伴雄・加屋霽堅を中心に明治政府の欧化政策を批判していた。この年3月28日に廃刀令が発布されると、激昂した敬神党は反乱を決意。萩・秋月の不平士族と連絡して10月24日に190人で蜂起し、熊本鎮台司令官・熊本県令を殺害した。しかし翌日には態勢を整えた鎮台兵の反撃を受けて鎮圧され、ほとんどが戦死、または自殺した。

　　　　　＊　　　＊　　　＊

◇電報にみる佐賀の乱・神風連の乱・秋月の乱　田中信義編著　熊本　熊本印刷紙工(印刷)　1996.10　80p　21cm

◇近代への叛逆─荒木精之著作集　荒木精之著　熊本　熊本出版文化会館　1992.8　543p　20cm　4500円　①4-915796-07-8

◇撃つ！　鍋倉健悦著　竹内書店新社　1992.4　275p　19cm　1600円　①4-8035-0047-9

◇神風連資料館収蔵品図録　熊本　神風連資料館　1987.7　162p　26cm　2500円

◇神風連とその時代　渡辺京二著　福岡　葦書房　1977.8　258p　20cm　1800円

◇小楠と神風連　坂田大著　熊本　蘇麓社　1977.4　205p　図　19cm　1200円

軍事

◇神風連血涙史　石原醜男著　大和学芸図書　1977.2　572,7p　図　22cm　9500円
◇神風連・血史　木村邦舟著，神谷俊司訳注　大東塾出版部　1976.10　234p　20cm
◇神風連蹶起　大隈三好著　新人物往来社　1975　256p　20cm　1300円
◇神風連―神ながらの決起　大隈三好著　日本教文社　1971　275p　19cm　500円
◇神風連実記　荒木精之著　新人物往来社　1971　221p　図　20cm　930円
◇神風連研究　日本談義社編　熊本　1966　102p　図版　22cm
◇近世日本国民史　第94巻　神風連の事変篇　徳富猪一郎著　近世日本国民史刊行会　1962　403p　19cm

秋月の乱

　明治9年に福岡県秋月で起きた士族反乱。政府の開化政策に反対し、征韓を主張する旧秋月藩士を中心とする秋月党は、10月24日の神風連の挙兵に呼応して10月27日に230人で挙兵。小倉・萩の士族との合流を目指したが果たせず、幹部は自殺して残りもほどなく鎮圧された。裁判の結果、2人が斬罪に処せられたほか、100人以上が処罰された。

　　　　＊　　　＊　　　＊

◇電報にみる佐賀の乱・神風連の乱・秋月の乱　田中信義編著　熊本　熊本印刷紙工（印刷）　1996.10　80p　21cm
◇秋月党　川上水舟著　改訂版　甘木　亀陽文庫　1975　285p　図　22cm
◇秋月黨悲歌―生きている歴史　田尻八郎著　甘木　郷土文学社　1963　265p　図版　19cm
◇近世日本国民史　第93巻　萩秋月等の事変篇　徳富猪一郎著　近世日本国民史刊行会　1962　423p　19cm

◇郷土史文学　秋月黨遺聞　田尻八郎著　甘木　郷土文学社　1961　167p　図版　19cm

萩の乱

　明治9年に山口県萩で起きた士族反乱。吉田松陰門下の前原一誠は、大村益次郎の後を継ぎ新政府で兵部大輔の要職にあったが、明治3年の長州奇兵隊反乱に際し木戸孝允と対立して下野し、王土王民・征韓を唱える不平士族の首領と仰がれていた。神風連の乱・秋月の乱が起きると萩の士族もこれに呼応して挙兵。10月28日に前原ら150人は鎮圧に向かってきた政府軍と交戦。翌日岩見に落ちのびようとして萩を脱出したが、11月8日までに主だったものは逮捕された。裁判の結果、前原ら8人が斬首、63人が懲役刑に処せられた。

　　　　＊　　　＊　　　＊

◇萩の乱と長州士族の維新―諫早伝説私注　諸井条次著　同成社　1999.7　312p　19cm　2500円　ⓘ4-88621-181-X
◇萩の乱―前原一誠とその一党　松本二郎著　増補版　徳山　マツノ書店　1996.11　230,28p　21cm　4000円
◇黒幕たちの謀略・日本史―政変に暗躍する男たちの野望　森川哲郎著　日本文芸社　1994.8　254p　15cm　（にちぶん文庫）　480円　ⓘ4-537-06256-8
◇英風記―分部実行の生涯　一青年の萩の乱と西南戦争　分部桃彦著　甲府　山梨ふるさと文庫　1992.10　152p　19cm　1500円　ⓘ4-7952-0729-1
◇萩の乱―前原一誠とその一党　松本二郎著　徳山　マツノ書店　1985.10　230p　21cm　3000円
◇防長士族叛乱史料集成目録　萩　萩市郷土博物館　1979.3　84p　26cm
◇萩の乱―前原一誠とその一党　松本二郎著　鷹書房　1972　230p　図　肖像　20cm　680円

◇萩の乱と前原一誠　富成博著　三一書房　1969　279p　18cm　（三一新書）　320円

◇萩の乱真相—前原一誠と一党の人々　松本二郎著　萩 史都を愛する会　1969　146p　図　肖像　19cm　400円

西南戦争

　明治10年に起きた鹿児島士族の反乱事件で、明治初期の士族反乱のうち最大のもの。明治六年の政変で大久保利通に敗れて下野した西郷隆盛は郷里鹿児島に戻り悠々自適の生活を送っていた。しかし当時鹿児島は私学校を中心にして士族の間で反政府の気運が昂まっており、鹿児島県令大山綱良もこれに同調。明治政府は鹿児島士族を危険視するようになっていた。10年1月、政府は鹿児島から弾薬を県庁を無視して搬出。また同じ頃密偵も摘発され士族の憤りは頂点に達した。西郷もこれを抑えることはできず、遂に自らが首領となり挙兵するに至った。
　西郷軍は北上し、2月下旬に熊本城を包囲したが頑強な守りのため停滞。この間に政府軍主力が到着し、激闘の末4月に西郷軍を押し戻した。西郷らはじりじりと鹿児島まで退却。結局9月24日に西郷が自刃し、主だったものも戦死し西南戦争は終結した。この内乱での死者は両軍合わせて1万人以上に達した。

◇マンガ・日本の歴史がわかる本　幕末・維新－現代篇　小和田哲男監修、小杉あきら画　三笠書房　1999.12　285p　15cm　（知的生きかた文庫）　533円　ⓘ4-8379-7077-X

◇日本資本主義の原像—現状分析の方法を求める日本近代史論　さらぎ徳二著　世界書院　1999.12　294p　21cm　3000円　ⓘ4-7927-0001-9

◇風刺マンガでまなぶ日本近現代史　渡辺賢二著　地歴社　1999.10　173p　21cm　2000円　ⓘ4-88527-150-9

◇明治天皇の初代侍従武官長—事君十余年、脛骨為に曲がる　岡沢祐吉著　新人物往来社　1999.10　207p　19cm　2300円　ⓘ4-404-02831-8

◇日本には日本の生き方がある—歴史にまなぶ　塚本三郎著　嶋中書店;中央公論新社〔発売〕　1999.9　250p　18cm　1100円　ⓘ4-12-002939-5

◇江戸時代人づくり風土記—ふるさとの人と知恵　46　鹿児島　芳即正鹿児島版監修、会田雄次、大石慎三郎監修、石川松太郎、稲垣史生、加藤秀俊編　農山漁村文化協会　1999.4　412p　26cm　4286円　ⓘ4-540-98010-6

◇名君と暗君と—歴史の交差点　中村彰彦著　ダイヤモンド社　1999.4　254p　19cm　1600円　ⓘ4-478-92026-5

◇桐野利秋　下　青雲を行く　三好徹著　学陽書房　1998.7　381p　15cm　（人物文庫）　660円　ⓘ4-313-75053-3

◇坊城俊章 日記・記録集成　尚友倶楽部、西岡香織編　芙蓉書房出版　1998.6　619p　21cm　8800円　ⓘ4-8295-0210-X

◇堂々日本史　第15巻　NHK取材班編　名古屋　名古屋KTC中央出版　1998.5　249p　19cm　1600円　ⓘ4-87758-062-X

◇文明開化—明治時代前期　ぎょうせい　1998.4　189p　26cm　（おもしろ日本史まんがパノラマ歴史館　11）　2000円　ⓘ4-324-05141-0

軍事

◇『ザ・タイムズ』にみる幕末維新―「日本」はいかに議論されたか　皆村武一著　中央公論社　1998.2　214p　18cm　（中公新書）　680円　④4-12-101405-7

◇志は高く―高鍋の魂の系譜　和田雅実著　宮崎　宮崎鉱脈社　1998.1　243p　19cm　1400円

◇図説　熊本県の歴史　平野敏也, 工藤敬一編　河出書房新社　1997.11　232,52p　26cm　（図説　日本の歴史　43）5500円　④4-309-61143-5

◇90分でわかる幕末・維新の読み方―動乱の時代がいま始まる！　基本と常識　加来耕三監修, 日本史フォーラム21編著　かんき出版　1997.10　233,6p　19cm　1400円　④4-7612-5668-0

◇文学・社会へ地球へ　西田勝退任・退職記念文集編集委員会編　三一書房　1996.9　703p　23cm　12500円　④4-380-96283-0

◇戊辰戦争から西南戦争へ―明治維新を考える　小島慶三著　中央公論社　1996.8　263p　18cm　（中公新書）738円　④4-12-101316-6

◇桐野利秋のすべて　新人物往来社　1996.3　263p　19cm　2800円　④4-404-02333-2

◇易断に見る明治諸事件―西南の役から伊藤博文の暗殺まで　片岡紀明著　中央公論社　1995.12　315p　16cm　（中公文庫）780円　④4-12-202494-3

◇平成武士道―日本近代史再考　山川清海著　近代文芸社　1995.10　129p　20cm　1200円　④4-7733-4608-6

◇日本陸軍史百題―なぜ敗けたのか　武岡淳彦著　亜紀書房　1995.7　266p　22cm　1900円　④4-7505-9521-7

◇ニュースで追う明治日本発掘　2　西南戦争・自由民権・毒婦お伝の時代　鈴木孝一編　河出書房新社　1994.8　294p　20cm　2500円　④4-309-72322-5

◇負けいくさの構造―日本人の戦争観　千葉徳爾著　平凡社　1994.7　295p　20cm　（平凡社選書　153）2575円　④4-582-84153-8

◇玉東町史　西南戦争編・資料編　玉東町史編集委員会編　玉東町(熊本県)　玉東町　1994.3　1412p　22cm

◇NHK歴史発見　11　NHK歴史発見取材班編　角川書店　1994.2　219p　20cm　1800円　④4-04-522211-1

◇生き残りの戦略―歴史の教訓　第1巻　組織活用力が勝敗を決める　井沢元彦〔ほか〕著　学習研究社　1994.2　268p　20cm　1800円　④4-05-400178-5

◇岩波講座日本通史　第16巻　近代　1　朝尾直弘〔ほか〕編　岩波書店　1994.1　359p　22cm　2800円　④4-00-010566-3

◇日本史を揺るがした反逆者の野望―野望を貫く男たちの闘いと決断！　寺林峻著　日本文芸社　1993.8　237p　15cm　（にちぶん文庫）480円　④4-537-06229-0

◇九つの謎と死角―裏面史の暗号を解く　中津文彦著　ベストセラーズ　1993.6　220p　18cm　（ワニの本）780円　④4-584-00854-X

◇逆転の人物日本史―歴史に甦る英雄たちの不死伝説とその後を推理　中江克己著　日本文芸社　1993.3　247p　18cm　（Rakuda books）780円　④4-537-02343-0

◇西南の役従軍日記　宮下義壯〔著〕〔富士吉田〕〔宮下政康〕〔1993〕53p　21cm

◇西南戦争と豊後路　古藤田太著　〔弥生町(大分県)〕〔古藤田太〕〔1993〕141p　21cm

◇歴史の森へ―ある地方出版人の記録　高野和人聞書　城戸洋著　福岡　西日本新聞社　1992.12　238p　19cm　1500円　④4-8167-0327-6

◇英風記―分部実行の生涯　一青年の萩の乱と西南戦争　分部桃彦著　甲府　山梨ふるさと文庫　1992.10　152p　19cm　1500円　④4-7952-0729-1

軍事

◇西南戦争と埼玉県　篠原孝編著
〔浦和〕　〔篠原孝〕　1992.8　70p
21cm

◇薩摩藩郷士と西南戦争　小原健〔著〕
大阪　ヒュー企画　1992.4　180p　21cm

◇明治天皇の生涯　下　童門冬二著　三笠
書房　1991.11　254p　20cm　1300円
ⓘ4-8379-1464-0

◇怪の日本史—不死伝説の謎を解く
三谷茉沙夫著　評伝社　1991.10　267p
20cm　1600円　ⓘ4-89371-823-1

◇図説陸軍史　森松俊夫著　建帛社
1991.9　198p　22cm　2500円　ⓘ4-7679-8508-0

◇史話日本の歴史　清原康正,鈴木貞美編
作品社　1991.4　40冊（別冊とも）
20cm　全89610円

◇日本史探訪　幕末維新5　「明治」への
疾走　さいとう・たかを著　角川書店
1991.3　255p　20cm（角川コミックス）
1000円　ⓘ4-04-852190-X

◇唯今戦争始メ候—電報にみる西南役
大塚虎之助著　熊本　熊本日日新聞情報
文化センター（製作）　1991.2　238p
21cm　2500円

◇西南の役—靖国神社忠魂史　靖国神社
社務所原著　熊本　青潮社　1990.9
304,178p　27cm　（西南戦争史料集）
27184円

◇西南の役と暗号　長田順行著　朝日新聞
社　1989.12　207p　15cm（朝日文庫）
440円　ⓘ4-02-260577-3

◇日録田原坂戦記　勇知之編著　熊本
熊本出版文化会館　1989.12　222,8p
21cm　1456円

◇西南の役五十三景—現代錦絵　北斗南舟
著　鹿児島　北斗南舟　1989.10　116p
22×30cm　6000円

◇西南戦争戦袍日記写真集　高野和人編著
熊本　青潮社　1989.6　262p　27cm
（西南戦争史料集）　7800円

◇西南戦争探偵秘話　河野弘善著　木耳社
1989.4　406p　19cm（オリエントブック
ス）　2200円　ⓘ4-8393-7486-4

◇従征日記—西南戦争史料集　川口武定
著　熊本　青潮社　1988.8　2冊　22cm
全24000円

◇薩南血涙史—西南戦争史料集　加治木常
樹著　熊本　青潮社　1988.6　970,9,46p
図版11枚　22cm　14800円

◇西郷と明治維新革命　斎藤信明著
彩流社　1987.10　434p　22cm　4000円

◇征西戦記稿—西南戦争史料集　参謀本
部陸軍部編纂課編　熊本　青潮社
1987.9　4冊（附録とも）　22cm　全48000
円

◇西南征討志—西南戦争史料集　海軍省編
熊本　青潮社　1987.9　674p　22cm
12000円

◇戦袍日記　古閑俊雄著,高野和人編著
熊本　青潮社　1986.9　1冊　22cm
6800円

◇戦袍日記　佐々友房著　熊本　青潮社
1986.9　1冊　22cm　4800円

◇西郷隆盛はなぜ敗れたか　佐々克明著
新人物往来社　1984.10　214p　20cm
1700円　ⓘ4-404-01241-1

◇西南の役—新分析現代に生きる戦略・戦
術　旺文社編　旺文社　1984.8　176p
26cm　1800円　ⓘ4-01-070775-5

◇西郷隆盛の悲劇　上田滋著　中央公論
社　1983.12　252p　20cm　1350円
ⓘ4-12-001259-X

◇西南戦争従軍日誌—第十四聯隊第二大隊
乃木大将所蔵　〔下関〕　下関文書館
1983.3　69p　21cm（史料叢書　25）

◇西南の役と暗号　長田順行著　菁柿
堂　1982.4　186p　20cm　1800円　ⓘ4-7952-7902-0

◇近世日本国民史西南の役　7　西南役終
局篇　徳富蘇峰〔著〕,平泉澄校訂
講談社　1980.10　593p　15cm（講談社
学術文庫）　880円

131

軍事

◇近世日本国民史西南の役 6 西南役両面戦闘篇 徳富蘇峰〔著〕，平泉澄校訂 講談社 1980.9 410p 15cm （講談社学術文庫） 640円

◇近世日本国民史西南の役 5 熊本城攻守篇 徳富蘇峰〔著〕，平泉澄校訂 講談社 1980.7 407p 15cm （講談社学術文庫） 640円

◇近世日本国民史西南の役 4 西南役出師篇 徳富蘇峰〔著〕，平泉澄校訂 講談社 1980.5 363p 15cm （講談社学術文庫） 620円

◇近世日本国民史西南の役 3 西南役緒篇 徳富蘇峰〔著〕，平泉澄校訂 講談社 1980.4 335p 15cm （講談社学術文庫） 600円

◇近世日本国民史西南の役 2 神風連の事変篇 徳富蘇峰〔著〕，平泉澄校訂 講談社 1980.3 328p 15cm （講談社学術文庫） 580円

◇近世日本国民史西南の役 1 萩秋月等の事変篇 徳富蘇峰著，平泉澄校訂 講談社 1980.2 355p 15cm （講談社学術文庫） 620円

◇西南の役当時西郷隆盛は吉村大庄屋邸に起居していた 伊藤良雄〔著〕〔宮崎〕 伊藤良雄 〔198-〕 1冊（頁付なし） 26cm

◇薩摩反乱記 マウンジー著，安岡昭男補注 平凡社 1979.3 278p 18cm （東洋文庫 350） 1000円

◇西南戦争期における農民一揆—史料と研究 水野公寿編著 福岡 葦書房 1978.7 289p 22cm 3200円

◇従征日記—西南役百年記念出版 川口武定著，西南役百年記念出版研究委員会編 熊本 熊本市教育委員会 1978.3 334p 図版10枚 27cm

◇西南戦争田原坂戦記 植木学著 新人物往来社 1977.12 228p 20cm 1300円

◇川内と西南之役 川内郷土史編さん委員会編 川内 川内市 1977.12 291p 21cm （川内市史料集 9） 非売品

◇日記留帳—牧田斉二氏の西南戦役従軍日記 川崎大十著 牧田中 1977.11 109p 31cm 非売品

◇血風薩摩士魂—西南之役実録 橘口正景著，橘口峻編 鹿児島 玉竜企画 1977.9 187p（図共）肖像 23×24cm 3800円

◇錦絵幕末明治の歴史 8 西南戦争 小西四郎著 講談社 1977.8 139p（おもに図） 31cm 2000円

◇西南戦史 川崎三郎著 増訂 大和学芸図書 1977.6 1338p 図 肖像 22cm 14000円

◇研究西南の役 山下郁夫著 三一書房 1977.5 439p 20cm 4200円

◇西郷隆盛—福沢諭吉の証言 坂元盛秋著 新人物往来社 1977.5 298p 図 肖像 20cm 1300円

◇田原坂考—西南の役百年覚え書 勇知之著 福岡 葦書房 1977.5 95p 図 22cm 1000円

◇硝煙弾雨丁丑感旧録 宇野東風編 文献出版 1977.3 261,36,3p 図・肖像20枚 22cm 10500円

◇新編西南戦史 陸上自衛隊北熊本修親会編 原書房 1977.3 2冊（別冊共） 21～22cm （明治百年史叢書） 9000円

◇図説西郷隆盛—西南戦争百年 第一出版センター編 講談社 1977.3 182p（図共） 30cm 1800円

◇薩南血涙史 加治木常樹著 大和学芸図書 1976 970,9p 図・肖像11枚 地図 22cm 13000円

◇西南戦争延岡隊戦記 河野弘善著 尾鈴山書房 1976 472p 図 20cm 2000円

◇西南戦争始末記 今村了介著 新人物往来社 1976 238p 20cm 1200円

◇紀行西南の役 清水幸義著 京都 PHP研究所 1973 311p 20cm 780円

軍事

◇党薩熊本隊―西南役異聞　河野弘善著　尾鈴山書房　1973　196p　図　19cm　1000円

◇西南役と厚狭郡医師団　長谷川木星著　〔船木町（山口県）〕　〔長谷川卒助〕　1972.6　72p　21cm　非売品

◇西南戦争の原因としての福沢諭吉と大久保利通の対立　坂元盛秋著　表現社　1971　126,99p　図　22cm　800円

◇西南記伝　上巻 第1　黒竜会編　原書房　1969　784,70p　図版10枚　22cm　（明治百年史叢書）　6000円

◇西南記伝　上巻 第2　黒竜会編　原書房　1969　768,80p　図版　地図　22cm　（明治百年史叢書）　6000円

◇城山　伊地知信一郎著　鹿児島　城山観光　1968　149p　図版　17cm　300円

◇西南戦争従軍日誌・北蹢日誌　小牧久渓著　豊中　河野ユキ　1968　266p　図版　22cm

◇西南の役薩軍口供書　小寺鉄之助編　吉川弘文館　1967　648p　図版　22cm

◇日本の戦史　第8　維新・西南戦争　旧参謀本部編纂、桑田忠親、山岡荘八監修　徳間書店　1966　334p（図版共）　20cm

◇西南戦争血涙史　北村清士著　竹田　1965　234p 図版　22cm

◇西郷どんと西南戦争―都城を中心として　増満繁雄著　2版　都城　田中書店　1964　112p 図版　18cm

◇近世日本国民史　第95巻　西南役緒篇　徳富猪一郎著　近世日本国民史刊行会　1962　394p　19cm

◇近世日本国民史　第96巻　西南役出師篇　徳富猪一郎著　近世日本国民史刊行会　1962　421p　19cm

◇近世日本国民史　第97巻　熊本城攻守篇　徳富猪一郎著　近世日本国民史刊行会　1962　477,22p　19cm

◇近世日本国民史　第98巻　西南役両面戦闘篇　徳富猪一郎著　近世日本国民史刊行会　1962　464,23p　19cm

◇近世日本国民史　第99巻　西南役終局篇　徳富猪一郎著　近世日本国民史刊行会　1962　675,20p　19cm

◇西南戦争　圭室諦成著　至文堂　1958　225p　図版　19cm　日本歴史新書

竹橋事件

明治11年に起きた日本軍最初の反乱事件。前年の西南戦争の論功行賞や給料減額などに不満を募らせた近衛砲兵大隊の兵卒が、8月23日夜に天皇に直訴しようと決起。大隊長らを殺害して放火し、山砲2門を引き出して赤坂御所に向かったもの。反乱は直ちに鎮圧され、軍事裁判で55人が死刑に処せられた。背景には自由民権思想があったとの説もある。この事件後、15年に天皇への絶対服従を説いた「軍人勅諭」が下賜された。

＊　　　＊　　　＊

◇竹橋騒動と日清戦争　名草杜夫著　和歌山　回天発行所　1994.2　461p　19cm　3300円

◇抵抗の佐久人―高見沢卯助・桜井常五郎・菊池貫平　中村勝実著　佐久櫟　1992.7　282p　19cm　2000円　①4-900408-41-7

◇火はわが胸中にあり―忘れられた近衛兵士の叛乱―竹橋事件　沢地久枝著　文芸春秋　1987.3　366p　16cm　（文春文庫）　420円　①4-16-723908-6

◇竹橋事件に関する官側史料の若干の整理　続　目良誠二郎〔編著〕　目良誠二郎　1985.11　p43～116　26cm

◇自由民権・東京史跡探訪　竹橋事件の真相を明らかにする会〔編〕　昭和出版　1984.10　134p　19cm　1000円

◇竹橋事件に関する官側史料の若干の整理　目良誠二郎〔編著〕　目良誠二郎　1984.8　p119～139　26cm

133

軍事

◇火はわが胸中にあり―忘れられた近衛兵士の叛乱―竹橋事件　沢地久枝〔著〕
　角川書店　1980.5　355p　15cm　（角川文庫）　380円
◇火はわが胸中にあり　沢地久枝〔著〕
　角川書店　1978.7　305p　20cm　1200円

◇日韓外交史料　第2巻　壬午事変　市川正明編　原書房　1979.8　481,8p　22cm　明治百年史叢書　6500円

壬午事変

　明治15年7月、朝鮮の争乱事件。第一次京城事変ともいう。朝鮮は開国路線の閔妃一派と鎖国路線の大院君一派が対立しており、閔妃が政権を掌握したため、7月23日大院君の扇動により軍人が暴動を起こしたもの。開国を強要させた日本の公使館が襲撃目標となり、日本の軍人が殺害された。日本と清国は軍隊を派遣して武力干渉。結局大院君は幽閉され、日本は朝鮮との間に済物浦条約を締結させた。

　　　　＊　　　＊　　　＊

◇福沢諭吉と朝鮮―時事新報社説を中心に　杵淵信雄著　彩流社　1997.9　283p　20cm　2800円　④4-88202-560-4
◇日清戦争への道程　崔碩莞著　吉川弘文館　1997.2　206,4p　22cm　4429円　④4-642-03667-9
◇韓国併合　海野福寿著　岩波書店　1995.5　246p　18cm　（岩波新書）　650円　④4-00-430388-5
◇海外の新聞にみる日韓併合　杵淵信雄著　彩流社　1995.3　302p　20cm　3200円　④4-88202-343-1
◇日韓交渉史―明治の新聞にみる併合の軌跡　杵淵信雄著　彩流社　1992.6　356p　20cm　3200円　④4-88202-224-9
◇日韓併合　森山茂徳著　吉川弘文館　1992.1　218,9p　20cm　（日本歴史叢書47）　2600円　④4-642-06547-4
◇近現代史のなかの日本と朝鮮　山田昭次〔ほか〕著　東京書籍　1991.6　254p　22cm　2800円　④4-487-75309-0

甲申事変

　明治17年12月、朝鮮で起きたクーデター。第二次京城事変ともいう。朝鮮は壬午事変以来閔妃一派が政権を担っていたが、清国との宗属関係を重視して事大党と呼ばれていた。これに対し開化派は清国からの完全独立を目指し、クーデターにより事大党から政権を奪取することを計画。日本公使に協力を依頼した。独立党は12月4日に政権要人を殺害して閔妃を幽閉して新政権樹立を宣言、日本軍守備兵も王宮に乗り込んだ。しかし袁世凱率いる清国軍が到着すると日本軍は撤退、独立党政権は3日で倒された。

　　　　＊　　　＊　　　＊

◇福沢諭吉と朝鮮―時事新報社説を中心に　杵淵信雄著　彩流社　1997.9　283p　20cm　2800円　④4-88202-560-4
◇韓国併合　海野福寿著　岩波書店　1995.5　246p　18cm　（岩波新書）　650円　④4-00-430388-5
◇海外の新聞にみる日韓併合　杵淵信雄著　彩流社　1995.3　302p　20cm　3200円　④4-88202-343-1
◇日本近代史の再構築　伊藤隆編　山川出版社　1993.4　411p　22cm　6400円　④4-634-61460-X
◇明治文化全集　第7巻　外交篇　明治文化研究会編　日本評論社　1992.7　43,571p　23cm　④4-535-04247-0,4-535-04233-0
◇日韓交渉史―明治の新聞にみる併合の軌跡　杵淵信雄著　彩流社　1992.6　356p　20cm　3200円　④4-88202-224-9
◇日韓併合　森山茂徳著　吉川弘文館　1992.1　218,9p　20cm　（日本歴史叢書47）　2600円　④4-642-06547-4

◇近現代史のなかの日本と朝鮮　山田昭次〔ほか〕著　東京書籍　1991.6　254p　22cm　2800円　ⓘ4-487-75309-0

◇日韓外交史料　第3巻　甲申事変・天津条約　市川正明編　原書房　1979.10　549,11p　22cm（明治百年史叢書）6500円

日清戦争

　明治27年から28年にかけて戦われた日本と清国との戦争。中国では「甲午中日戦争」という。朝鮮支配を目論む日清両国は対立を深め、この年朝鮮で東学党の乱（甲午農民戦争）が起き朝鮮政府が清国に援兵要請すると、6月2日対抗して日本も出兵を決定した。その上で7月23日に日本は朝鮮に大院君を執政とする傀儡政権を樹立して清国排除の口実を作らせ、対清開戦に持ちこんだ。日本軍は豊島沖海戦、成歓の戦で勝利し、8月1日に正式に宣戦。9月に平壌の戦、黄海海戦で勝ち、翌年3月遼東半島を制圧した。

　日本側は十分な戦果を収めた上で、3月20日から下関で講和交渉を開始、4月17日に、朝鮮の独立、遼東半島・台湾等の割譲、賠償金支払、通商上の日本の特権、等を清国に認めさせた下関条約が調印された。しかし半月後に遼東半島はロシア、ドイツ、フランスの三国干渉により還付させられ、このことが10年後の日露戦争に結びついていくことになる。

◇韓国・台湾に向き合う授業　三橋広夫著　日本書籍　1999.12　95p　21cm（近現代史生き生き）　1300円　ⓘ4-8199-0465-5

◇差別と戦争―人間形成史の陥穽　松浦勉, 渡辺かよ子編　明石書店　1999.11　398p　21cm　5500円　ⓘ4-7503-1215-0

◇「高級な日本人」の生き方　松本健一著　新潮社　1999.10　214p　19cm（新潮選書）　1100円　ⓘ4-10-600571-9

◇東アジア近代史の方法―歴史に学ぶ　田中正俊著　名著刊行会　1999.9　299p　19cm（歴史学叢書）　3000円　ⓘ4-8390-0308-4

◇中国近代史　范文瀾著, 横松宗, 小袋正也訳　福岡　福岡中国書店　1999.7　562p　21cm　3800円　ⓘ4-924779-47-4

◇日本写真史を歩く　飯沢耕太郎著　筑摩書房　1999.7　350p　15cm（ちくま学芸文庫）　1300円　ⓘ4-480-08497-5

◇立憲国家の確立と伊藤博文―内政と外交　1889～1898　伊藤之雄著　吉川弘文館　1999.7　338,5p　21cm　7500円　ⓘ4-642-03687-3

◇真実の日本海軍史　奥宮正武著　PHP研究所　1999.5　397p　15cm（PHP文庫）　705円　ⓘ4-569-57273-1

◇日本人の美意識　ドナルド・キーン著, 金関寿夫訳　中央公論新社　1999.4　297p　15cm（中公文庫）　667円　ⓘ4-12-203400-0

◇隠されたペリーの「白旗」―日米関係のイメージ論的・精神史的研究　三輪公忠著　上智大学;信山社〔発売〕　1999.3　391,16p　19cm　2800円　ⓘ4-7972-6001-7

◇外交　木村昌人編　東京堂出版　1999.3　293,10p　19cm（日本史小百科―近代）　2600円　ⓘ4-490-20352-7

◇児童戦争読み物の近代　長谷川潮著　久山社　1999.3　108p　21cm（日本児

軍事

童文化史叢書 21） 1553円 ⓘ4-906563-81-3

◇マンガ 日本の歴史 49 明治国家の経営 石ノ森章太郎著 中央公論新社 1999.2 224p 15cm （中公文庫） 524円 ⓘ4-12-203362-4

◇マンガ 日本の歴史 50 大日本帝国の成立 石ノ森章太郎著 中央公論新社 1999.2 224p 15cm （中公文庫） 524円 ⓘ4-12-203363-2

◇近代日本のアジア教育認識・資料編―明治後期教育雑誌所収中国・韓国・台湾関係記事「韓国の部」 近代アジア教育史研究会編 編集復刻版 龍渓書舎 1999.2 9巻(セット) 26cm 280000円 ⓘ4-8447-3481-4

◇近代日本のアジア教育認識・資料編―明治後期教育雑誌所収中国・韓国・台湾関係記事「韓国の部」附巻 近代アジア教育史研究会編 龍渓書舎 1999.2 279p 26cm 15000円 ⓘ4-8447-3483-8

◇世紀転換期の国際秩序と国民文化の形成 西川長夫, 渡辺公三編 柏書房 1999.2 532p 21cm 5800円 ⓘ4-7601-1714-8

◇東学乱・日清戦争 1 小説東学党・内乱実記朝鮮事件・天佑侠 服部徹, 吉倉汪聖著, 伊藤隆, 滝沢誠監修 ぺりかん社 1998.12 463p 21cm （明治人による近代朝鮮論影印叢書 第4巻） 7500円 ⓘ4-8315-0859-4

◇軍閥興亡史 1 日露戦争に勝つまで 伊藤正徳著 光人社 1998.8 404p 15cm （光人社NF文庫） 743円 ⓘ4-7698-2205-7

◇えがかれた日清戦争―文学と歴史学のはざまで 小笠原幹夫著 増補版 岡山 岡山西日本法規出版;星雲社〔発売〕 1998.7 325p 19cm 2000円 ⓘ4-7952-1892-7

◇図像のなかの中国と日本―ヴィクトリア朝のオリエント幻想 東田雅博著 山川出版社 1998.7 224,7p 21cm 2800円 ⓘ4-634-64500-3

◇森鴎外―もう一つの実像 白崎昭一郎著 吉川弘文館 1998.6 216p 19cm （歴史文化ライブラリー 39） 1700円 ⓘ4-642-05439-1

◇坊城俊章 日記・記録集成 尚友倶楽部, 西岡香織編 芙蓉書房出版 1998.6 619p 21cm 8800円 ⓘ4-8295-0210-X

◇大日本帝国―明治時代後期 登龍太, 岡本まさあきほか作画, 鈴木一弘指導 ぎょうせい 1998.5 191p 26cm （おもしろ日本史 まんがパノラマ歴史館 12） 2000円 ⓘ4-324-05142-9

◇東アジア史としての日清戦争 大江志乃夫著 立風書房 1998.5 539p 19cm 3300円 ⓘ4-651-70076-4

◇日清戦争から盧溝橋事件 吉岡吉典著 新日本出版社 1998.4 350p 19cm 3500円 ⓘ4-406-02585-5

◇近代日本の戦争と政治 三谷太一郎著 岩波書店 1997.12 402p 20cm 3600円 ⓘ4-00-002763-8

◇続 人間維新―明治維新百年の変遷 安岡正篤著 嵐山町 郷学研修所・安岡正篤記念館,(吹上町)邑心文庫〔発売〕 1997.12 219p 19cm 1800円 ⓘ4-946486-05-4

◇大陸侵略は避け難い道だったのか―近代日本の選択 岩井忠熊著 京都 かもがわ出版 1997.12 187p 20cm 2000円 ⓘ4-87699-356-4

◇歴史の本音 濤川栄太, 藤岡信勝著 扶桑社 1997.12 252p 19cm 1524円 ⓘ4-594-02407-6

◇あの戦争は一体何であったのか 竹内久夫著 原書房 1997.11 308p 19cm 1800円 ⓘ4-562-03025-9

◇外交資料近代日本の膨張と侵略 山田朗編 新日本出版社 1997.11 398p 22cm 4000円 ⓘ4-406-02534-0

◇歴史の偽造をただす―戦史から消された日本軍の「朝鮮王宮占領」 中塚明著

軍事

高文研　1997.11　247p　19cm　1800円
ⓘ4-87498-199-2

◇日清戦争と東アジア世界の変容
上巻　東アジア近代史学会編　ゆまに
書房　1997.9　425p　22cm　7000円
ⓘ4-89714-035-8

◇日清戦争と東アジア世界の変容
下巻　東アジア近代史学会編　ゆまに
書房　1997.9　485p　22cm　7000円
ⓘ4-89714-036-6

◇捏造された日本史―日清戦争―太平洋戦
争まで　日中一〇〇年抗争の謎と真実
黄文雄著　日本文芸社　1997.9　268p
19cm　1200円　ⓘ4-537-02579-4

◇日清戦争―秘蔵写真が明かす真実
檜山幸夫著　講談社　1997.8　331p
22cm　3200円　ⓘ4-06-208270-5

◇歴史頭脳を持っているか―"戦争"を感
傷でふり返る時、国家は消滅する
長谷川慶太郎著　青春出版社　1997.7
271p　20cm　1600円　ⓘ4-413-03074-5

◇堂々日本史　第5巻　NHK取材班編
名古屋　KTC中央出版　1997.4　251p
20cm　1553円　ⓘ4-924814-90-3

◇日清戦争への道程　崔碩莞著　吉川弘
文館　1997.2　206,4p　22cm　4429円
ⓘ4-642-03667-9

◇明治国家と日清戦争　白井久也著
社会評論社　1997.1　255p　20cm
2575円　ⓘ4-7845-0543-1

◇日本近代国家の形成と展開　山本四郎
編　吉川弘文館　1996.10　340p　22cm
7725円　ⓘ4-642-03664-4

◇岩波近代日本の美術　1　イメージのな
かの戦争―日清・日露から冷戦まで　丹
尾安典,河田明久著　岩波書店　1996.8
120p　26cm　2200円　ⓘ4-00-008331-7

◇近代日本のアジア認識　古屋哲夫編
新版　緑蔭書房　1996.7　704p　22cm
18540円　ⓘ4-89774-230-7

◇国際交流史―近現代の日本　松村正義著
地人館　1996.7　437p　21cm　3000円
ⓘ4-7952-6954-8

◇世紀の戦い―日清・日露・満州・日支・大
東亜　御囲久信著　〔黒部〕　御囲久信
1996.7　37p　26cm

◇目でみる江戸・明治百科　第7巻　日清・
日露戦争の時代の巻　国書刊行会編
国書刊行会　1996.7　159p　14×20cm
2400円　ⓘ4-336-03802-3

◇外交文書で語る日韓併合　金鷹竜著　合
同出版　1996.6　414p　19cm　2500円
ⓘ4-7726-0196-1

◇近代日中関係史研究入門　山根幸夫〔ほ
か〕編　増補　研文出版　1996.4　519p
20cm　4200円　ⓘ4-87636-102-9

◇日清戦争直後における対中国観及び日本
の自己意識―『太陽』第一巻を通して
銭鴎〔著〕，富士ゼロックス小林節太
郎記念基金編　富士ゼロックス小林節
太郎記念基金　1996.1　34p　26cm
非売品

◇旅順虐殺事件　井上晴樹著　筑摩書
房　1995.12　317p　20cm　2980円
ⓘ4-480-85722-2

◇岩手県の百年　長江好道〔ほか〕著　山川
出版社　1995.11　331,37p　20cm　（県民
100年史　3）　1960円　ⓘ4-634-27030-7

◇資料　新聞社説に見る朝鮮―征韓論～日
清戦争　北原スマ子，園部裕之，趙景
達，長谷川直子，吉野誠編　緑蔭書房
1995.9　6冊(セット)　26cm　154500円

◇資料新聞社説に見る朝鮮―征韓論～日
清戦争　1　北原スマ子〔ほか〕編
緑蔭書房　1995.9　435p　27cm

◇資料新聞社説に見る朝鮮―征韓論～日
清戦争　2　北原スマ子〔ほか〕編
緑蔭書房　1995.9　588p　27cm

◇資料新聞社説に見る朝鮮―征韓論～日
清戦争　3　北原スマ子〔ほか〕編
緑蔭書房　1995.9　480p　27cm

◇資料新聞社説に見る朝鮮―征韓論～日
清戦争　4　北原スマ子〔ほか〕編
緑蔭書房　1995.9　540p　27cm

軍事

◇資料新聞社説に見る朝鮮―征韓論〜日清戦争 5 北原スマ子〔ほか〕編 緑蔭書房 1995.9 501p 27cm

◇資料新聞社説に見る朝鮮―征韓論〜日清戦争 6 北原スマ子〔ほか〕編 緑蔭書房 1995.9 446p 27cm

◇資料新聞社説に見る朝鮮―征韓論〜日清戦争 別冊 北原スマ子〔ほか〕編 緑蔭書房 1995.9 86,77p 27cm

◇世界史のなかのニホン軍―戦争と軍隊を知らない世代に 江口幹著 三一書房 1995.8 253p 18cm (三一新書) 850円 ⓐ4-380-95023-9

◇日清戦争―日本の戦史 旧参謀本部編纂 徳間書店 1995.8 445p 16cm (徳間文庫) 640円 ⓐ4-19-890359-X

◇日本陸軍史百題―なぜ敗けたのか 武岡淳彦著 亜紀書房 1995.7 266p 22cm 1900円 ⓐ4-7505-9521-7

◇明治天皇さま 木村徳太郎著 改訂新版 日本出版放送企画 1995.7 299p 19cm 1800円 ⓐ4-7952-5340-4

◇日清戦争への道 高橋秀直著 東京創元社 1995.6 531,51p 22cm 9500円 ⓐ4-488-00605-1

◇かくて昭和史は甦る―人種差別の世界を叩き潰した日本 渡部昇一著 クレスト社 1995.5 370p 20cm (クレスト選書) 1800円 ⓐ4-87712-503-5

◇韓国併合 海野福寿著 岩波書店 1995.5 246p 18cm (岩波新書) 650円 ⓐ4-00-430388-5

◇近代日本戦争史 第1編 日清・日露戦争 桑田悦編 同台経済懇話会 1995.4 652p 23cm ⓐ4-906510-06-X

◇海外の新聞にみる日韓併合 杵淵信雄著 彩流社 1995.3 302p 20cm 3200円 ⓐ4-88202-343-1

◇軍国日本の興亡―日清戦争から日中戦争へ 猪木正道著 中央公論社 1995.3 265p 18cm (中公新書) 760円 ⓐ4-12-101232-1

◇ニュースで追う明治日本発掘 5 日清戦争・閔妃暗殺・凶悪殺人の時代 鈴木孝一編 河出書房新社 1995.2 302p 20cm 2500円 ⓐ4-309-72325-X

◇日清戦争従軍日誌 久野甚太郎著 近代文芸社 1995.2 77p 19cm 1400円 ⓐ4-7733-3533-5

◇日清戦争前後のアジア政策 藤村道生著 岩波書店 1995.2 331,5p 22cm 7800円 ⓐ4-00-001711-X

◇近代日本の対外宣伝 大谷正著 研文出版 1994.12 354,6p 22cm 7500円 ⓐ4-87636-124-X

◇日清戦争・甲午農民戦争100年の歴史的意味 近現代史研究所編 川口文化センター・アリラン 1994.12 64p 21cm (アリラン文化講座 第2集) 500円

◇近代日本の軌跡 3 日清・日露戦争 井口和起編 吉川弘文館 1994.10 255p 20cm 2300円 ⓐ4-642-07437-6

◇町田政吉の記録―農村青年 徴兵―日清戦争―復員 町田政吉〔著〕 福生 町田政寿 1994.9 153p 21cm

◇日清講和関係調書集 第7巻 通常外交彙報 明治25年 1 明治期外交資料研究会編 クレス出版 1994.9 728p 22cm (明治期外務省調書集成) ⓐ4-906330-94-0

◇日清講和関係調書集 第8巻 通常外交彙報 明治25年 2 明治期外交資料研究会編 クレス出版 1994.9 p729〜1502 22cm (明治期外務省調書集成) ⓐ4-906330-94-0

◇日清講和関係調書集 第9巻 通常外交彙報 明治26年 1 明治期外交資料研究会編 クレス出版 1994.9 639p 22cm (明治期外務省調書集成) ⓐ4-906330-94-0

◇日清講和関係調書集 第10巻 通常外交彙報 明治26年 2 明治期外交資料研究会編 クレス出版 1994.9 p641〜

軍事

1299　22cm　（明治期外務省調書集成）　ⓘ4-906330-94-0

◇日清講和関係調書集　第11巻　通常外交彙報　明治26年　3　明治期外交資料研究会編　クレス出版　1994.9　p1301～1974 図版76p　22cm　（明治期外務省調書集成）　ⓘ4-906330-94-0

◇日清講和関係調書集　第12巻　外交文書彙纂　明治27年　1　明治期外交資料研究会編　クレス出版　1994.9　370p　22cm　（明治期外務省調書集成）　ⓘ4-906330-94-0

◇日清講和関係調書集　第13巻　外交文書彙纂　明治27年　2　明治期外交資料研究会編　クレス出版　1994.9　337,9p　22cm　（明治期外務省調書集成）　ⓘ4-906330-94-0

◇日清戦争の社会史—「文明戦争」と民衆　大谷正,原田敬一編　大阪　フォーラム・A　1994.9　229p　21cm　2600円　ⓘ4-89428-009-4

◇日本近現代史の発展　上　加藤文三著　新日本出版社　1994.9　222,13p　21cm　2000円　ⓘ4-406-02275-9

◇「アジア侵略」の100年—日清戦争からPKO派兵まで　木元茂夫著　社会評論社　1994.7　326p　21cm　2884円　ⓘ4-7845-0526-1

◇弱肉強食から平等共生の時代へ—体験で綴る真実のアジア史　総山孝雄著　善本社　1994.7　177p　19cm　1000円　ⓘ4-7939-0331-3

◇近代日本と朝鮮　中塚明著　第3版　三省堂　1994.5　223p　19cm　（三省堂選書　180）　1700円　ⓘ4-385-43180-9

◇日清講和関係調書集　第1巻　日清媾和始末・露独仏三国干渉要概他　明治期外交資料研究会編　クレス出版　1994.5　749p　22cm　（明治期外務省調書集成）　ⓘ4-906330-93-2

◇日清講和関係調書集　第2巻　蹇々録　明治期外交資料研究会編　陸奥宗光〔著〕　クレス出版　1994.5　574p　22cm　（明治期外務省調書集成）　ⓘ4-906330-93-2

◇日清講和関係調書集　第3巻　機密外交彙報　明治25年　明治期外交資料研究会編　クレス出版　1994.5　642p　22cm　（明治期外務省調書集成）　ⓘ4-906330-93-2

◇日清講和関係調書集　第4巻　機密外交彙報　明治26年　1　明治期外交資料研究会編　クレス出版　1994.5　575p　22cm　（明治期外務省調書集成）　ⓘ4-906330-93-2

◇日清講和関係調書集　第5巻　機密外交彙報　明治26年　2　明治期外交資料研究会編　クレス出版　1994.5　p577～1276　22cm　（明治期外務省調書集成）　ⓘ4-906330-93-2

◇日清講和関係調書集　第6巻　機密外交彙報　明治26年　3　明治期外交資料研究会編　クレス出版　1994.5　p1277～1798　22cm　（明治期外務省調書集成）　ⓘ4-906330-93-2

◇近代日本のアジア認識　古屋哲夫編　京都　京都大学人文科学研究所　1994.3　704p　22cm

◇明治国家の軌跡　宇野俊一著　松戸　梓出版社　1994.3　251p　21cm　2678円　ⓘ4-900071-19-6

◇海戦史に学ぶ　野村実著　文芸春秋　1994.2　343p　16cm　（文春文庫）　460円　ⓘ4-16-742802-4

◇竹橋騒動と日清戦争　名草杜夫著　和歌山　回天発行所　1994.2　461p　19cm　3300円

◇日本の流れを変えた25の重大事件　和歌森太郎著　ベストセラーズ　1994.1　239p　15cm　（ワニ文庫）　500円　ⓘ4-584-37013-3

◇日本の歴史—マンガ　現代篇　1　明治国家の経営　石ノ森章太郎著　中央公論社　1993.12　203p　20cm　1100円　ⓘ4-12-403127-0

軍事

◇図説日本の歴史　16　図説富山県の歴史　髙瀬保責任編集　河出書房新社　1993.10　237,43p　27cm　5400円　ⓘ4-309-61116-8

◇大系日本の歴史　13　近代日本の出発　永原慶二〔ほか〕編　坂野潤治著　小学館　1993.8　457p　16cm　（小学館ライブラリー）　980円　ⓘ4-09-461013-8

◇京都府の百年　井ケ田良治，原田久美子編　山川出版社　1993.7　307,35p　20cm　（県民百年史　26）　1960円　ⓘ4-634-27260-1

◇愛知県の百年　塩沢君夫〔ほか〕著　山川出版社　1993.5　342,40p　20cm　（県民百年史　23）　1960円　ⓘ4-634-27230-X

◇法廷に立つ歴史学―家永教科書論争と歴史学の現在　安在邦夫〔ほか〕編　大月書店　1993.5　387p　22cm　4800円　ⓘ4-272-52029-6

◇岩波講座近代日本と植民地　5　膨張する帝国の人流　大江志乃夫〔ほか〕編　岩波書店　1993.4　272p　22cm　3500円　ⓘ4-00-010485-3

◇岡義武著作集　第6巻　国民的独立と国家理性　篠原一，三谷太一郎編　岩波書店　1993.3　326p　22cm　6000円　ⓘ4-00-091756-0

◇大分県近代軍事史序説―軍事と県民とのかかわりにおいて　吉田豊治著　近代文芸社　1993.3　264p　20cm　2000円　ⓘ4-7733-1722-1

◇近代日本の朝鮮認識　中塚明著　研文出版　1993.2　252p　20cm　（研文選書　52）　2266円　ⓘ4-87636-108-8

◇日清戦争開戦過程の研究　髙橋秀直著　神戸　神戸商科大学経済研究所　1992.12　262p　21cm　（神戸商科大学研究叢書　42）　非売品

◇岡義武著作集　第2巻　明治政治史　2　篠原一，三谷太一郎編　岩波書店　1992.11　271p　22cm　6000円　ⓘ4-00-091752-8

◇近現代史のなかの日本と中国　中嶋嶺雄編著　東京書籍　1992.11　270p　22cm　2800円　ⓘ4-487-75030-X

◇日本の歴史―集英社版　18　日清・日露戦争　児玉幸多〔ほか〕編　海野福寿著　集英社　1992.11　326p　22cm　2400円　ⓘ4-08-195018-0

◇福島県の百年　大石嘉一郎編　山川出版社　1992.11　364,28p　20cm　（県民100年史　7）　1960円　ⓘ4-634-27070-6

◇ベルギー公使夫人の明治日記　エリアノーラ・メアリー・ダヌタン著，長岡祥三訳　中央公論社　1992.10　426p　20cm　2500円　ⓘ4-12-002161-0

◇日清戦争従軍日誌―明治廿七・八年戦役　久野甚太郎著　東海　久野等　1992.10　114p　26cm　1600円

◇20世紀フォトドキュメント　第10巻　戦争の記録―明治―平成　大浜徹也責任編集　ぎょうせい　1992.9　159p　27cm　3200円　ⓘ4-324-02701-3

◇日清戦争従軍写真帖―伯爵亀井玆明の日記　亀井玆明著　柏書房　1992.7　325p　31cm　18000円　ⓘ4-7601-0784-3

◇日米外交　外務省調査部編纂　クレス出版　1992.7　425p　22cm　（日本外交史料集　2）　10300円　ⓘ4-906330-69-X

◇日韓交渉史―明治の新聞にみる併合の軌跡　杵淵信雄著　彩流社　1992.6　356p　20cm　3200円　ⓘ4-88202-224-9

◇茨城県の百年　金原左門，佐久間好雄，桜庭宏著　山川出版社　1992.4　355,37p　19cm　（県民100年史　8）　1960円　ⓘ4-634-27080-3

◇近代川崎の民衆史―明治人とその風土　小林孝雄著　立川　けやき出版　1992.3　334p　19cm　1800円　ⓘ4-905845-95-5

◇近代日中関係史研究入門　山根幸夫〔ほか〕編　研文出版　1992.2　467p　20cm　4120円　ⓘ4-87636-102-9

◇日韓併合　森山茂徳著　吉川弘文館　1992.1　218,9p　20cm　（日本歴史叢書

軍事

47) 2600円 ⓘ4-642-06547-4

◇日本の朝鮮侵略と法制史 金圭昇著 社会評論社 1991.12 290p 21cm 4635円

◇明治天皇の生涯 下 童門冬二著 三笠書房 1991.11 254p 20cm 1300円 ⓘ4-8379-1464-0

◇歴史の中の帝国日本—大東亜戦争は避けられなかった 和田耕作著 力富書房 1991.11 461p 20cm 3600円 ⓘ4-89776-507-2

◇図説陸軍史 森松俊夫著 建帛社 1991.9 198p 22cm 2500円 ⓘ4-7679-8508-0

◇近代日本の大陸政策 古川万太郎著 東京書籍 1991.8 530p 21cm 5800円 ⓘ4-487-75325-2

◇日本の歴史がわかる本 幕末・維新〜現代篇 小和田哲男著 三笠書房 1991.7 268p 15cm (知的生きかた文庫) 450円 ⓘ4-8379-0457-3

◇近現代史のなかの日本と朝鮮 山田昭次〔ほか〕著 東京書籍 1991.6 254p 22cm 2800円 ⓘ4-487-75309-0

◇山口県の歴史—こころの宝庫は、時代を超えて美しい。〔山口〕山口県広報連絡協議会 1991.6 527,18p 18cm 1100円 ⓘ4-324-02760-9

◇もっと知りたい日本の近代史—幕末から日露戦争まで 吉田夏生著 ほるぷ出版 1991.4 141p 21cm (ほるぷ150ブックス) 1500円 ⓘ4-593-53501-8

◇史話日本の歴史 清原康正,鈴木貞美編 作品社 1991.4 40冊 (別冊とも) 20cm 全89610円

◇明治の墓標—庶民のみた日清・日露戦争 大浜徹也著 河出書房新社 1990.4 270p 15cm (河出文庫) 600円 ⓘ4-309-47191-9

◇廿七八年役日記—復刻 佐藤七太郎著〔札幌〕〔佐藤三男〕1988.8 198p 23cm 非売品

◇激録日本大戦争 第22巻 日清戦争と黄海海戦 原康史著 東京スポーツ新聞社 1986.8 318p 19cm 1300円 ⓘ4-8084-0075-8

◇ラッパ手の最後—戦争のなかの民衆 西川宏著 青木書店 1984.12 228p 20cm 1500円 ⓘ4-250-84053-0

◇広嶋臨戦地日誌 広島県編 広島 渓水社 1984.2 776,8p 22cm 15000円

◇松方正義と日清戦争の砲火 戸川猪佐武著 講談社 1983.10 302p 20cm (明治・大正の宰相 第3巻) 1000円 ⓘ4-06-180693-9

◇日清戦争と朝鮮 朴宗根著 青木書店 1982.12 320p 22cm (歴史学研究叢書) 5700円 ⓘ4-250-82047-5

◇筆の運びは拙いが—日清・日露出征兵士の手紙 渡辺奎二編 新潟 越書房 1982.10 219p 19cm 1000円

◇天佑俠—覆刻 吉倉汪聖〔著〕,清藤幸七郎編 長陵書林 1981.4 207p 21cm (日本思想史資料叢刊 5) 2800円

◇日韓外交史料 第4巻 日清戦争 市川正明編 原書房 1979.12 520,5p 22cm (明治百年史叢書) 6500円

◇一億人の昭和史—日本の戦史 1 日清・日露戦争 毎日新聞社 1979.2 274p 28cm 1200円

◇錦絵幕末明治の歴史 11 日清戦争 小西四郎著 講談社 1977.12 133p 31cm 2000円

◇日本の歴史 26 日清・日露 宇野俊一著 小学館 1976 390p 図 20cm 790円

◇兵隊日本史 日清・日露戦争編 棟田博著 新人物往来社 1974 251p 20cm 1250円

◇明治二十七・八年戦役従軍紀—野沢武三郎手記 野沢武三郎著,羽鳥敬一,本間

141

軍事

恂一，斎藤寿一郎編　三条　野島出版　1974　244p　22cm　4300円
◇日清戦争―東アジア近代史の転換点　藤村道生著　岩波書店　1973　231,3p　18cm　(岩波新書)　180円
◇日清戦争従軍秘録―80年目に公開する、その因果関係　浜本利三郎著，地主愛子編　青春出版社　1972　232p　図　19cm
◇日清戦争―その政治的・外交的観察　信夫清三郎著　増補　藤村道生校訂　南窓社　1970　692,30p　22cm　13000円
◇日本外交史　4　日清戦争と三国干渉　鹿島平和研究所編　鹿島守之助著　鹿島研究所出版会　1970　426p　図版　22cm　1600円
◇明治の墓標―「日清・日露」―埋れた庶民の記録　大浜徹也著　秀英出版　1970　295p　図版　19cm　(歴史図書館)　560円
◇日清戦争の研究　中塚明著　青木書店　1968　316p　22cm
◇機密日清戦争　伊藤博文編　原書房　1967　1008,32p　22cm　(明治百年史叢書)
◇日本歴史シリーズ　第19巻　日清・日露戦争　遠藤元男等編　下村冨士男編　世界文化社　1967　27cm
◇近代の戦争　第1　日清戦争　松下芳男　人物往来社　1966　386p(図版共)地図　20cm
◇日本の戦史　第9　日清戦争　旧参謀本部編纂、桑田忠親、山岡荘八監修　徳間書店　1966　342p(図版共)　20cm
◇風雪　第4　日清戦争　木下宗一著　人物往来社　1965　227p　19cm
◇日清戦争實記　第1巻　日清戦争実記刊行会編　日清戦争実記刊行会　1960　104p　図版　21cm
◇日清戦役外交史の研究　田保橋潔著　刀江書院　1951　569p　22cm　東洋文庫論叢　第32

三国干渉

明治28年4月、日清戦争に勝利した日本が下関条約で清国に遼東半島割譲を認めさせたことに対して、ロシア・ドイツ・フランスの三国が反撥。武力による威嚇を背景に、遼東半島を清国に還付することを日本に強要したもの。この干渉はロシアが主導したもので、日本の遼東半島領有が自国の南下政策の障害になることからドイツ・フランスを誘って清国分割に乗りだしたといえる。日本はイギリスに支援を求めたが拒否され、全面返還することになった。このことは日本に対露報復を決意させ、日露戦争の遠因となった。

*　　　*　　　*

◇近松秋江全集　第8巻　近松秋江著　八木書店　1994.4　646,36p　21cm　9515円　①4-8406-9388-9
◇「蹇蹇録(けんけんろく)」の世界　中塚明著　みすず書房　1992.3　291,6p　19cm　2800円　①4-622-03354-2
◇歴史の中の帝国日本―大東亜戦争は避けられなかった　和田耕作著　力富書房　1991.11　461p　19cm　3495円　①4-89776-507-2
◇陸奥宗光　下巻　岡崎久彦著　PHP研究所　1990.11　525p　15cm　PHP文庫　738円　①4-569-56281-7

義和団の乱

明治33年、清国の民衆運動に日本を含む列国が干渉・出兵して北京・天津を占領し、清朝に駐兵を認めさせた事件。日本では北清事変といわれてきた。日清戦争で清国が敗れると欧米は清国領土分割に乗り出した。これに対して反キリスト教結社の義和団が「扶清滅洋」を掲げて外国公館を襲撃。日本、ロシア、ドイツ、イギリスなど8ヶ国が軍隊を派遣したため清朝は外国に宣戦布告したが、義和団・清軍は連合軍の前

に敗れ去った。清国は巨額の賠償金支払いと列国の駐兵を承認。このときロシアが大軍での満州占領を継続したことが日露戦争の直接のきっかけとなった。

　　　　＊　　　＊　　　＊

◇義和団の起源とその運動―中国民衆ナショナリズムの誕生　佐藤公彦著　研文出版　1999.9　800,51p　21cm　20000円　①4-87636-172-X

◇図像のなかの中国と日本―ヴィクトリア朝のオリエント幻想　東田雅博著　山川出版社　1998.7　224,7p　21cm　2800円　①4-634-64500-9

◇フォトドキュメント　中国の世紀　ジョナサン・スペンス,アンピン・チン編,姫田光義日本語版監修　大月書店　1998.5　263p　32×25cm　12000円　①4-272-62022-3

◇日清戦争から盧溝橋事件　吉岡吉典著　新日本出版社　1998.4　350p　19cm　3500円　①4-406-02585-5

◇近代国家の発展―明治時代後期　児玉幸多監修,あおむら純漫画　増補版　小学館　1998.2　157p　21cm　(小学館版学習まんが―少年少女日本の歴史 18)　830円　①4-09-298118-X

◇中国、一九〇〇年―義和団運動の光芒　三石善吉著　中央公論社　1996.4　301p　18cm　(中公新書)　840円　①4-12-101299-2

◇義和団―中国とヨーロッパ　藤岡喜久男訳　光風社出版　1990.11　259p　19cm　(光風社選書)　1456円　①4-87519-019-0

◇北京燃ゆ―義和団事変とモリソン　ウッドハウス暎子著　東洋経済新報社　1989.12　323,6p　20cm　1700円　①4-492-06050-2

◇北京最後の日　船岡末利訳　東海大学出版会　1989.2　276p　19cm　2000円　①4-486-01039-6

◇中国の歴史　近・現代篇　第1巻　黄竜振わず―義和団前後　陳舜臣著　平凡社　1986.12　258p　20cm　1600円　①4-582-48731-9

◇義和団戦争と明治国家　小林一美著　汲古書院　1986.9　530p　22cm　9500円

◇中国革命と大日本帝国　野原四郎著　研文出版　1978.9　282p　20cm　(研文選書　2)　1800円

◇義和団の研究　村松祐次著　厳南堂書店　1976.8　222p　21cm　2800円

◇義和団事件　小田岳夫著　新潮社　1969　227p　20cm　600円

◇義和団―中国とヨーロッパ　G.N.スタイガー著,藤岡喜久男訳　桃源社　1967　258p　20cm (中国近現代史双書　第1)

日露戦争

　明治37年2月から翌年9月まで満州・朝鮮の権益をめぐって日本とロシアとの間で起きた全面戦争。33年の義和団の乱鎮圧後もロシアが満州を占領し続けたことが発端で、37年2月10日に双方が宣戦布告した。国力の乏しい日本は早期講和を狙っていたが、戦況は激烈を極め、戦略目標の占領に多大な時間と戦費を費やし多くの犠牲者を出すことになった。海戦では仁川沖、黄海、蔚山沖と連勝していたが、陸軍は旅順攻略に失敗を続け、遼陽会戦でも勝利はしたが、ロシア軍の殲滅には失敗した。日本は旅順攻略のため全予備兵力を投入。6万人の戦死者を出して占領したが国力は底をつき、奉天会戦で勝った段階でもはや戦争継続は不可能になった。

　一方ロシアも遠征させたバルチック艦隊が日本海海戦で殲滅されて海軍力を

軍事

失い、また国内で革命運動が激化したため講和の席につくことに同意した。38年9月アメリカの仲介でポーツマス条約が調印され、表面上の勝利から日本は朝鮮・満州における権益と南樺太を得た。しかし戦争継続不能である弱みから賠償金は得られず、これに不満な国民は日比谷焼打ち事件を起こした。

◇マンガ・日本の歴史がわかる本　幕末・維新‐現代篇　小和田哲男監修，小杉あきら画　三笠書房　1999.12　285p　15cm　（知的生きかた文庫）　533円　④4-8379-7077-X

◇国際通信の日本史―植民地化解消へ苦闘の九十九年　石原藤夫著　東海大学出版会　1999.12　265p　21cm　2000円　④4-486-01482-0

◇日本の労働組合100年　法政大学大原社会問題研究所編　旬報社　1999.12　851p　26cm　35000円　④4-8451-0600-0

◇近代日本人のアメリカ観―日露戦争以後を中心に　沢田次郎著　慶応義塾大学出版会　1999.11　338p　21cm　4000円　④4-7664-0766-0

◇明治日本の詩と戦争―アジアの賢人と詩人　ポール=ルイ・クーシュー著，金子美都子，柴田依子訳　みすず書房　1999.11　317,20p　19cm　4000円　④4-622-04677-6

◇メディアと権力　佐々木隆著　中央公論新社　1999.10　430p　21cm　（日本の近代 14）　2400円　④4-12-490114-3

◇児玉源太郎―神謀と奇略の大軍師　中村晃著　PHP研究所　1999.10　313p　15cm　（PHP文庫）　648円　④4-569-57322-3

◇天気晴朗ナレドモ浪高シ―日露戦争の実相を読み解く　三野正洋著　PHP研究所　1999.10　377p　19cm　1900円　④4-569-60838-8

◇明治三十七八年戦役　満洲軍政史　小林英夫監修　復刻版　ゆまに書房　1999.9　10冊（セット）　21cm　（近代未刊史料叢書 4）　200000円　④4-89714-804-9

◇図説 大連都市物語　西沢泰彦著　河出書房新社　1999.8　111p　22×17cm　（ふくろうの本）　1800円　④4-309-72616-X

◇かくて歴史は始まる―これまでの500年・これからの250年「逆説の国・日本」の世紀を俯瞰する　渡部昇一著　三笠書房　1999.7　323p　15cm　（知的生きかた文庫）　648円　④4-8379-7049-4

◇世界大戦への火道　土屋正治著　文芸社　1999.7　173p　19cm　1200円　④4-88737-295-7

◇図説 日露戦争　太平洋戦争研究会編，平塚柾緒著　河出書房新社　1999.6　151p　22×17cm　（ふくろうの本）　1500円　④4-309-72610-0

◇バルチック艦隊―日本海海戦までの航跡　大江志乃夫著　中央公論新社　1999.5　256p　18cm　（中公新書）　740円　④4-12-101474-X

◇真実の日本海軍史　奥宮正武著　PHP研究所　1999.5　397p　15cm　（PHP文庫）　705円　④4-569-57273-1

◇日本人の気概を教える　渡辺尚人著　明治図書出版　1999.5　118p　19cm　（オピニオン叢書 51）　1160円　④4-18-168101-7

◇父の事。―熊本県岳間村の明治人　浦田誠道著，浦田乾道編　西田書店　1999.5　286p　19cm　1800円　④4-88866-295-9

◇明治の避病院―駒込病院医局日誌抄　磯貝元編　京都　京都思文閣出版　1999.5　515,7p　21cm　13000円　④4-7842-0998-0

◇鹿鳴館のあとに―美しく・賢く　白井嵯千著　近代文芸社　1999.4　169p　19cm　1500円　④4-7733-6101-8

144

軍事

◇秋山真之―日本海海戦の名参謀　中村晃著　PHP研究所　1999.4　336p　20×14cm　1750円　ⓣ4-569-60514-1
◇ある日韓歴史の旅―鎮海の桜　竹国友康著　朝日新聞社　1999.3　284p　19cm　（朝日選書）　1300円　ⓣ4-02-259722-4
◇外交　木村昌人編　東京堂出版　1999.3　293,10p　19cm　（日本史小百科―近代）　2600円　ⓣ4-490-20352-7
◇児童戦争読み物の近代　長谷川潮著　久山社　1999.3　108p　21cm　（日本児童文化史叢書21）　1553円　ⓣ4-906563-81-3
◇北方領土問題―歴史と未来　和田春樹著　朝日新聞社　1999.3　396p　19cm　（朝日選書）　1600円　ⓣ4-02-259721-6
◇マンガ　日本の歴史　50　大日本帝国の成立　石ノ森章太郎著　中央公論新社　1999.2　224p　15cm　（中公文庫）　524円　ⓣ4-12-203363-2
◇日本20世紀館　小学館　1999.2　1103p　30cm　11000円　ⓣ4-09-623011-1
◇富国強馬―ウマからみた近代日本　武市銀治郎著　講談社　1999.2　270p　19cm　（講談社選書メチエ）　1700円　ⓣ4-06-258149-3
◇日本海軍の興亡―戦いに生きた男たちのドラマ　半藤一利著　PHP研究所　1999.1　390p　15cm　（PHP文庫）　667円　ⓣ4-569-57230-8
◇日露戦争の名参謀　秋山兄弟に学ぶリーダーの条件　池田清著　ごま書房　1999.1　244p　18cm　（ゴマブックス）　571円　ⓣ4-341-31014-3
◇明治に名参謀ありて―近代国家「日本」を建国した6人　三好徹著　小学館　1999.1　350p　15cm　（小学館文庫―「時代・歴史」傑作シリーズ）　638円　ⓣ4-09-403511-7
◇靖国　坪内祐三著　新潮社　1999.1　294p　21cm　1700円　ⓣ4-10-428101-8

◇アルゼンチンと日本―友好関係史　ホセ・R.サンチス・ムニョス著, 髙畑敏男監訳　日本貿易振興会　1998.11　267p　21cm　2400円　ⓣ4-8224-0829-9
◇国家なき日本　村上兵衛著　徳間書店　1998.11　366p　15cm　（徳間文庫―教養シリーズ）　629円　ⓣ4-19-891005-7
◇蹂躙された日本史―日本はいかに西欧列強の脅威を克服したか　佐治芳彦著　日本文芸社　1998.10　284p　19cm　1200円　ⓣ4-537-02655-3
◇マンガ　教科書が教えない歴史　1　藤岡信勝,自由主義史観研究会原作・監修, ダイナミックプロダクション作画　産経新聞ニュースサービス;扶桑社〔発売〕　1998.9　261p　19cm　952円　ⓣ4-594-02553-6
◇日露戦争秘話　杉野はいずこ―英雄の生存説を追う　林えいだい著　新評論　1998.9　215p　19cm　1800円　ⓣ4-7948-0416-4
◇軍閥興亡史　1　日露戦争に勝つまで　伊藤正徳著　光人社　1998.8　404p　15cm　（光人社NF文庫）　743円　ⓣ4-7698-2205-7
◇子どもとつくる近現代史　第1集　安井俊夫編　日本書籍　1998.8　299p　21cm　（1単元の授業21）　2800円　ⓣ4-8199-0448-5
◇日本のアジア侵略　小林英夫著　山川出版社　1998.8　82p　21cm　（世界史リブレット44）　729円　ⓣ4-634-34440-8
◇図像のなかの中国と日本―ヴィクトリア朝のオリエント幻想　東田雅博著　山川出版社　1998.7　224,7p　21cm　2800円　ⓣ4-634-64500-9
◇日本植民地探訪　大江志乃夫著　新潮社　1998.7　492p　19cm　（新潮選書）　1600円　ⓣ4-10-600541-7
◇森鷗外―もう一つの実像　白崎昭一郎著　吉川弘文館　1998.6　216p　19cm　（歴史文化ライブラリー39）　1700円　ⓣ4-642-05439-1

145

軍事

◇日露戦争の時代　井口和起著　吉川弘文館　1998.6　220p　19cm（歴史文化ライブラリー 41）　1700円　①4-642-05441-3

◇大日本帝国―明治時代後期　登龍太, 岡本まさあきほか作画, 鈴木一弘指導　ぎょうせい　1998.5　191p　26cm（おもしろ日本史 まんがパノラマ歴史館 12）　2000円　①4-324-05142-9

◇歴史の中の新潟人国記―「近代日本のかたち」が見える　佐藤国雄著　恒文社　1998.4　525p　19cm　2800円　①4-7704-0970-2

◇善意の架け橋―ポーランド魂とやまと心　兵藤長雄著　文芸春秋　1998.3　205p　19cm　1762円　①4-16-353870-4

◇海軍一軍人の生涯―肝脳を国にささげ尽くした宰相の深淵　髙橋文彦著　光人社　1998.2　437p　19cm　2300円　①4-7698-0846-1

◇近代国家の発展―明治時代後期　児玉幸多監修, あおむら純漫画　増補版　小学館　1998.2　157p　21cm（小学館版 学習まんが―少年少女日本の歴史 18）　830円　①4-09-298118-X

◇日露戦争従軍兵士書簡―旧東成郡鯰江村大字今福嶋田家文書から　大阪市史編纂所編　大阪　大阪市史料調査会　1997.5　160p　21cm（大阪市史史料 第49輯）

◇日露戦争海戦写真史　近現代史編纂会編, 平塚柾緒著　新人物往来社　1997.4　238p　22cm　3600円　①4-404-02490-8

◇日露戦争陸戦写真史　近現代史編纂会編, 平塚柾緒著　新人物往来社　1997.2　237p　22cm　3605円　①4-404-02465-7

◇満洲義軍　山名正二著　大空社　1997.1　695,35p　22cm（アジア学叢書　19）　19000円　①4-7568-0258-3

◇日露戦役従軍略記　中澤一太郎〔原著〕, 楠裕次編著　甲府　中澤敬止　1996.11　198p　21cm　非売品

◇日露戦争前後の政治と軍事―中堅層の政策構想を中心に　趙明哲著　東京大学日本史学研究室　1996.2　262p　26cm（東京大学日本史学研究叢書　3）非売品

◇203高地論争―日露戦史の空白部分　小林台三〔著〕　改訂版　〔横浜〕〔小林台三〕　1995.11　38p　26cm

◇雁信日露戦記　芦立光之著　気仙沼　芦立光之　1995.8　219p　21cm　1800円

◇日露戦争統計集　第8～15巻　陸軍省編纂　東洋書林　1995.6　8冊　22cm（近代日本歴史統計資料　6）①4-88721-045-0

◇戦艦三笠すべての動き―明治37年、38年戦役軍艦三笠戦時日誌　第1巻　日露開戦、旅順口閉塞戦　エムティ出版　1995.6　376p　23cm　①4-89614-504-6

◇戦艦三笠すべての動き―明治37年、38年戦役軍艦三笠戦時日誌　第2巻　黄海海戦　エムティ出版　1995.5　384p　23cm　①4-89614-504-6

◇戦艦三笠すべての動き―明治37年、38年戦役軍艦三笠戦時日誌　第3巻　旅順艦隊全滅、待機・訓練　エムティ出版　1995.5　355p　23cm　①4-89614-504-6

◇戦艦三笠すべての動き―明治37年、38年戦役軍艦三笠戦時日誌　第4巻　日本海海戦　エムティ出版　1995.5　345p　23cm　①4-89614-504-6

◇明石工作―謀略の日露戦争　稲葉千晴著　丸善　1995.5　245p　18cm（丸善ライブラリー　158）　680円　①4-621-05158-X

◇近代日本戦争史　第1編　日清・日露戦争　桑田悦編　同台経済懇話会　1995.4　652p　23cm　①4-906510-06-X

◇伯父の日露戦争　由上修三著　〔前橋〕群馬評論社　1995.3　190p　20cm

◇智謀の人　秋山真之　土門周平著　総合法令　1995.2　238p　19cm　1600円　①4-89346-429-9

◇近代日本の軌跡　3　日清・日露戦争　井口和起編　吉川弘文館　1994.10　255p　20cm　2300円　Ⓘ4-642-07437-6

◇日露戦争と井口省吾　井口省吾文書研究会編　原書房　1994.10　524p　21cm　（明治百年史叢書　431）　12360円　Ⓘ4-562-02622-7

◇日露戦争の秘密―ロシア側史料で明るみに出た諜報戦の内幕　デー・ベー・パヴロフ，エス・アー・ペトロフ著，左近毅訳　横浜　成文社　1994.10　378p　20cm　3800円　Ⓘ4-915730-08-5

◇日露戦争統計集　第1～7巻　陸軍省編纂　東洋書林　1994.9　7冊　22cm　（近代日本歴史統計資料　6）　Ⓘ4-88721-044-2

◇日露戦争―日本の戦史　上　旧参謀本部編纂　徳間書店　1994.5　445p　16cm　（徳間文庫）　620円　Ⓘ4-19-890120-1

◇日露戦争―日本の戦史　下　旧参謀本部編纂　徳間書店　1994.5　414p　16cm　（徳間文庫）　600円　Ⓘ4-19-890121-X

◇日露戦争　7　児島襄著　文芸春秋　1994.4　490p　16cm　（文春文庫）　580円　Ⓘ4-16-714152-3

◇日露戦争　8　児島襄著　文芸春秋　1994.4　509p　16cm　（文春文庫）　580円　Ⓘ4-16-714153-1

◇日露戦争　第5巻　児島襄著　文芸春秋　1994.3　491p　16cm　（文春文庫）　580円　Ⓘ4-16-714150-7

◇日露戦争　第6巻　児島襄著　文芸春秋　1994.3　494p　16cm　（文春文庫）　580円　Ⓘ4-16-714151-5

◇日露戦争　3　児島襄著　文芸春秋　1994.2　501p　16cm　（文春文庫）　580円　Ⓘ4-16-714148-5

◇日露戦争　4　児島襄著　文芸春秋　1994.2　471p　16cm　（文春文庫）　580円　Ⓘ4-16-714149-3

◇日本の歴史―マンガ　現代篇　2　大日本帝国の成立　石ノ森章太郎著　中央公論社　1994.1　203p　20cm　1100円　Ⓘ4-12-403128-9

◇日露戦争　1　児島襄著　文芸春秋　1994.1　462p　16cm　（文春文庫）　580円　Ⓘ4-16-714146-9

◇日露戦争　2　児島襄著　文芸春秋　1994.1　477p　16cm　（文春文庫）　580円　Ⓘ4-16-714147-7

◇病院船弘済丸見聞録―日露戦争秘帖　細川源太郎著，喜多見昭彦編　博文館新社　1993.10　534p　22cm　7000円　Ⓘ4-89177-949-7

◇あゝ永沼挺進隊　上巻　島貫重節著　原書房　1993.2　371p　20cm　2300円　Ⓘ4-562-02414-3

◇あゝ永沼挺進隊　下巻　島貫重節著　原書房　1993.2　p371～732　20cm　2300円　Ⓘ4-562-02415-1

◇日本の歴史―集英社版　18　日清・日露戦争　児玉幸多〔ほか〕編　海野福寿著　集英社　1992.11　326p　22cm　2400円　Ⓘ4-08-195018-0

◇日露戦争　2　壮絶！！日本海大海戦　平塚柾緒著　フットワーク出版　1992.3　260p　21cm　（秘蔵写真で知る近代日本の戦歴　2）　1800円　Ⓘ4-87689-071-4

◇日本海海戦と東郷平八郎　新人物往来社　1992.1　265p　26cm　（別冊歴史読本特別増刊）　1500円

◇日ソ諜報戦の軌跡―明石工作とゾルゲ工作　黒羽茂著　日本出版放送企画　1991.11　189p　19cm　1300円

◇日露戦争　1　旅順攻略戦　平塚柾緒著　フットワーク出版　1991.8　292p　21cm　（秘蔵写真で知る近代日本の戦歴　1）　1800円　Ⓘ4-87689-016-1

◇日露戦争下の日本―ロシア軍人捕虜の妻の日記　ソフィア・フォン・タイル著，小木曽竜，小木曽美代子訳　新人物往来社　1991.6　299p　20cm　2200円　Ⓘ4-404-01829-0

軍事

◇日露戦争従軍記録　長沢豊七著　川俣町(福島県)　遠藤一男　1991.6　96p　21cm　非売品

◇多良間から「久松五勇士」を考える　下地康夫〔著〕〔平良〕〔下地康夫〕1991.3　9p　26cm

◇松山通信――ロシア人捕虜への信仰慰安の記録　鈴木九八〔著〕〔名古屋〕〔金石仲華〕〔1991〕　2冊　26cm

◇NHK歴史への招待　第28巻　日露戦争　日本放送協会編　日本放送出版協会　1990.11　222p　18cm　(新コンパクト・シリーズ　091)　650円　ⓘ4-14-018091-9

◇日露戦争　第4巻　児島襄著　文芸春秋　1990.11　620p　20cm　1942円　ⓘ4-16-506390-8

◇日露戦争　第5巻　児島襄著　文芸春秋　1990.11　664p　20cm　1942円　ⓘ4-16-506400-9

◇日露戦争　第3巻　児島襄著　文芸春秋　1990.9　628p　20cm　2000円　ⓘ4-16-506380-0

◇日露戦争海外写真集　皆川三郎編訳　新人物往来社　1990.9　205p　22cm　3800円　ⓘ4-404-01747-2

◇日露戦争　第2巻　児島襄著　文芸春秋　1990.8　663p　20cm　2000円　ⓘ4-16-506370-3

◇日露戦争　第1巻　児島襄著　文芸春秋　1990.7　644p　20cm　2000円　ⓘ4-16-506360-6

◇明治の墓標――庶民のみた日清・日露戦争　大浜徹也著　河出書房新社　1990.4　270p　15cm　(河出文庫)　600円　ⓘ4-309-47191-9

◇ロシアはなぜ敗れたか――日露戦争における戦略・戦術の分析　妹尾作太男訳　新人物往来社　1989.12　405,11p　22cm　3500円　ⓘ4-404-01692-1

◇ロシアを見てきた三芳の兵士　林英夫著　三芳町(埼玉県)　三芳町教育委員会　1989.11　146p　19cm　(みよしほたる文庫　1)

◇日露戦争を演出した男モリソン　上　ウッドハウス暎子著　東洋経済新報社　1988.12　292p　20cm　1600円　ⓘ4-492-06047-2

◇日露戦争を演出した男モリソン　下　ウッドハウス暎子著　東洋経済新報社　1988.12　292,6p　20cm　1600円　ⓘ4-492-06048-0

◇征露の思い出　武信絹子編　気高町(鳥取県)　篠村敏恵　1988.9　207p　19cm　1200円

◇御座候――手紙に見る日露戦争の頃の世相　南和郎編　東市来町(鹿児島県)　南和郎　1988.8　261p　21cm

◇日露戦争はいかにして戦われたか　黒羽茂著　文化書房博文社　1988.3　218p　22cm　2800円　ⓘ4-8301-0484-8

◇兵士たちの日露戦争――五〇〇通の軍事郵便から　大江志乃夫著　朝日新聞社　1988.3　305p　19cm　(朝日選書　349)　1100円　ⓘ4-02-259449-7

◇日露戦争写真集　酒井修一編　新人物往来社　1987.12　270p　22cm　3000円　ⓘ4-404-01466-X

◇日露海戦新史　外山三郎著　東京出版　1987.11　303p　19cm　1600円　ⓘ4-924644-29-3

◇日露戦争と金子堅太郎――広報外交の研究　松村正義著　増補改訂版　新有堂　1987.10　572,8p　22cm　6500円

◇日露戦争と日本軍隊　大江志乃夫著　立風書房　1987.9　412p　20cm　2500円　ⓘ4-651-70035-7

◇遼陽見ゆ――日露戦争の日記　加藤篤二〔編〕〔京都〕〔加藤篤二〕1987.9　193p　22cm

◇激録日本大戦争　第24巻　日本海海戦と日露戦争　原康史著　東京スポーツ新聞社　1987.6　314pp　19cm　1300円　ⓘ4-8084-0078-2

148

◇ポーツマスへの道—黄禍論とヨーロッパの末松謙澄　松村正義著　原書房　1987.1　318p　20cm　2200円　①4-562-01845-3

◇激録日本大戦争　第23巻　乃木大将と日露戦争　原康史著　東京スポーツ新聞社　1987.1　317p　19cm　1300円　①4-8084-0076-6

◇明治三十七八年日露戦役従軍日誌　小野英雄編　三重町（大分県）小野英雄　1986.6　244p　22cm　非売品

◇日露戦事陣中日記　吉川富士秋編　茅野　吉川富士秋　1986.5　82p　19cm　非売品

◇日露戦争・日米外交秘録—金子堅太郎・回顧録　石塚正英編　流山　長崎出版　1986.4　211p　19cm　1200円　①4-930695-43-0

◇一騎兵隊員の陣中日誌—明治三十七・八年日露役　片岸正編　〔福光町（富山県）〕　片岸正　1986.1　107p　22cm

◇日露旅順海戦史　真鍋重忠著　吉川弘文館　1985.12　279p　20cm　2500円　①4-642-07251-9

◇日露海戦史の研究—戦記的考察を中心として　外山三郎著　教育出版センター　1985.8　2冊　23cm　各20000円　①4-7632-1921-9

◇小村寿太郎とポーツマス—ロシアに「外交」で勝った男　金山宣夫著　京都　PHP研究所　1984.12　295p　19cm　1100円　①4-569-21441-X

◇昭和史　3　昭和前史・日露戦争—明治34－45年　毎日新聞社　1984.8　229p　31cm　3800円

◇征露日記　小川良助〔著〕　白浜町（和歌山県）　小川昭造　1984.2　51p　21cm

◇メドヴェージ村の日本人墓標—日露戦争虜囚記　才神時雄著　中央公論社　1983.7　214p　18cm　（中公新書）　440円

◇明治卅七八年戦役陸軍政史　陸軍省編纂　湘南堂書店　1983.7　11冊（別冊とも）　22cm　全250000円

◇筆の運びは拙いが—日清・日露出征兵士の手紙　渡辺奎二編　新潟　越書房　1982.10　219p　19cm　1000円

◇日露戦争号外集　八木橋武実篇　弘前　緑の笛豆本の会　1982.7　159p　19×26cm　4000円

◇直之助日記—日本海々戦史録　賀喜伊三見編　徳島　教育出版センター　1982.6　176p　19cm　1300円

◇日露戦争史論—戦争外交の研究　黒羽茂著　杉山書店　1982.4　344p　22cm　3500円

◇近代日本の統合と抵抗　2　1894年から1910年まで　鹿野政直、由井正臣編　日本評論社　1982.3　301p　20cm　2400円

◇日露陸戦新史　沼田多稼蔵著　岩波書店　1982.3　225p　19cm（岩波新書　特装版）800円

◇黒龍会日露戦争期論策集—覆刻　長陵書林編集部編　長陵書林　1981.9　93p　21cm（日本思想史資料叢刊　7）2500円

◇勝負の構造—日露戦史を科学する　山本大生著　原書房　1981.3　261p　20cm　1500円　①4-562-01117-3

◇戦略・日露戦争　島貫重節著　原書房　1981.2　2冊　20cm　各1500円　①4-562-01084-3

◇日露戦争軍医の日記　加藤健之助〔著〕　ユニオン出版社　1980.11　243p　22cm　2500円

◇血風二百三高地　船坂弘著　叢文社　1980.8　309p　19cm　1500円

◇日露戦争乃木軍絵日記　吉野有武著　福井　安田書店　1980.8　1冊（頁付なし）15×21cm　1000円

◇ソ連から見た日露戦争　及川朝雄訳　原書房　1980.7　379p　20cm　2800円

軍事

①4-562-00837-7
◇多門二郎日露戦争日記　芙蓉書房　1980.6　346p　20cm　2500円
◇日露陸戦新史　沼田多稼蔵著　芙蓉書房　1980.6　264p　20cm　2200円
◇谷中尉日露従軍絵入り書簡集　谷舜治著　徳島　徳島県出版文化協会　1980.4　104p　21cm　（従軍兵士日記・書簡集シリーズ　2）　1000円
◇憶えば悲し漂流ロシア水兵記　松岡弥太郎編　〔西郷町(島根県)〕　〔松岡弥太郎〕　1980.3　84p　21cm
◇日露戦争日記　大江志乃夫解説　神戸　神戸新聞出版センター　1980.3　144p　19cm
◇日露役陣中日誌——一看護兵の六七五日　多田海造著　富山　巧玄出版　1979.10　323p　19cm　1600円
◇一億人の昭和史——日本の戦史　1　日清・日露戦争　毎日新聞社　1979.2　274p　28cm　1200円
◇日露戦争全史　妹尾作太男,三谷庸雄共訳　時事通信社　1978.10　638,6,41p　22cm　2500円
◇日露従軍記——明治三十七・八年　中野藤三郎著　徳島　徳島県出版文化協会　1978.9　1冊(頁付なし)　18cm　1500円
◇此一戦　水野広徳著　国書刊行会　1978.6　334,62p　図版18枚　20cm　1800円
◇銃後　桜井忠温著　国書刊行会　1978.6　316p　20cm　1800円
◇肉弾——旅順実戦記　桜井忠温著　国書刊行会　1978.5　245p　20cm　1800円
◇錦絵幕末明治の歴史　12　日露戦争前後　小西四郎著　講談社　1978.1　133p　31cm　2000円
◇明治三十七・八年秘密日露戦史　参謀本部編　巌南堂書店　1977.4　1冊　図15枚　22cm　9800円
◇日本の歴史　26　日清・日露　宇野俊一著　小学館　1976　390p　20cm　790円
◇日露戦争と明石工作　黒羽茂著　南窓社　1976　194p　22cm　2200円
◇日露戦争の軍事史的研究　大江志乃夫著　岩波書店　1976　653,29p　22cm　4500円
◇夕陽の墓標——若き兵士の日露戦争日記　根来藤吾著　毎日新聞社　1976　334p　20cm　1200円
◇あゝ永沼挺進隊　下巻　島貫重節著　原書房　1975　371-735p　図　20cm　1200円
◇あゝ永沼挺進隊　上巻　島貫重節著　原書房　1974　371p　図　20cm　1200円
◇敵国大横断記　浜名寛祐著　新時代社　1974　250p　19cm　1400円
◇日露戦争——カラー・ドキュメント　バートン・ホームズ写真集　読売新聞社編　読売新聞社　1974　136p(図共)　30cm　1300円
◇兵隊日本史　日清・日露戦争編　棟田博著　新人物往来社　1974　251p　20cm　1250円
◇ソ連と日露戦争　清水威久著　原書房　1973　320p　22cm　3000円
◇日露戦争の軍政史録　大山梓著　芙蓉書房　1973　292p　図　20cm　1800円
◇旅順攻防回想録　田崎与喜衛現代訳　新時代社　1973　304p　図　肖像　19cm　1100円
◇日本海海戦——皇国の興廃、この一戦に在り　川口正吉訳　サンケイ新聞社出版局　1972　240p(図共)　19cm　（第二次世界大戦ブックス　別巻 3）　500円
◇日露戦争史の研究　信夫清三郎,中山治一編　改訂版　河出書房新社　1972　478,43p　22cm　2000円
◇日露海戦物語　中島陽一郎著　雄山閣出版　1971　300p　図　19cm　（物語歴史文庫　13）　880円

軍事

◇日本外交史　7　日露戦争　鹿島平和研究所編　鹿島守之助著　鹿島研究所出版会　1970　492,19p　図版　22cm　1600円

◇明治の墓標―「日清・日露」―埋れた庶民の記録　大浜徹也著　秀英出版　1970　295p　図版　19cm　（歴史図書館）560円

◇陸戦史集　第11　日露戦争　旅順要塞攻略戦　陸戦史研究普及会編　原書房　1969　219p　図版　地図　19cm　700円

◇明治の歴史　第3　日露戦争　大久保利謙，寒川光太郎著　集英社　1968　430p　図版　18cm

◇写真図説　近代日本史―明治維新百年　第5　日露戦争　日本近代史研究会編　国文社　1967　31cm

◇日本歴史シリーズ　第19巻　日清・日露戦争　遠藤元男等編　下村冨士男編　世界文化社　1967　27cm

◇機密日露戦史　谷寿夫著　原書房　1966　694p　図版　22cm　（明治百年史叢書）

◇近代の戦争　第2　日露戦争　下村冨士男　人物往来社　1966　377p（図版共）20cm

◇日本の戦史　第11　日露戦争　旧参謀本部編纂，桑田忠親，山岡荘八監修　徳間書店　1966　334p（図版共）20cm

◇日本の戦史　第10　日露戦争　旧参謀本部編纂，桑田忠親，山岡荘八監修　徳間書店　1966　358p（図版共）20cm

◇日露戦争　古屋哲夫著　中央公論社　1966　242p　図版　18cm　（中公新書）

◇巷説　日露戦役　生品新太郎著　新井本治　1965　120p　18cm

◇風雪　第5　日露戦争　木下宗一著　人物往来社　1965　246p　19cm

◇日露戦史講義要綱　第2部　鴨緑江渡河作戦から遼陽会戦終末までの作戦　陸上自衛隊幹部学校　1960.10　174p　図版30枚　26cm

◇世界史上より見たる　日露戦争　黒羽茂著　至文堂　1960　234p　19cm　（日本歴史新書）

◇日露戦争史の研究　信夫清三郎，中山治一編　河出書房新社　1959　478,43p　22cm

◇此一戦　水野広徳著　新訂版　出版協同社　1958　344p（図版共）　19cm

東郷 平八郎

弘化4(1847).12.22～昭和9(1934).5.30
海軍軍人。薩摩藩出身で薩英戦争以来海軍軍人となり、日清戦争で英商船を国際公法に基づいて撃沈して評判となった。日露戦争では連合艦隊司令長官として全海軍を指揮。黄海海戦や日本海海戦においてロシア艦隊に完勝して、当時世界で最も有名な日本人となった。戦後元帥に昇進し、大正時代には皇太子（昭和天皇）の学問所総裁を務めた。

　　　　＊　　　＊　　　＊

◇東郷平八郎　田中宏巳著　筑摩書房　1999.7　237p　18cm　（ちくま新書）660円　①4-480-05808-7

◇日本海海戦の真実　野村実著　講談社　1999.7　230p　18cm　（講談社現代新書）660円　①4-06-149461-9

◇この日本人を見よ―在りし日の人たち　馬野周二著　フォレスト出版　1998.12　263p　19cm　1600円　①4-89451-065-0

◇東郷平八郎―日本艦隊はなぜロシア艦隊に勝ったか　上原卓著，自由主義史観研究会編　明治図書出版　1997.12　114p　19cm　（教科書が教えない歴史人物の生き方4）　1048円　①4-18-461410-8

◇勝つ戦略　負ける戦略―東郷平八郎と山本五十六　出生寿著　徳間書店　1997.7　248p　15cm　（徳間文庫）514円　①4-19-890714-5

◇東郷平八郎―近代日本をおこした明治の気概　岡田幹彦著　展転社　1997.5　286p　19cm　1800円　①4-88656-138-1

軍事

◇東郷平八郎　中村晃著　勉誠社　1996.11
　267p　19cm　2000円　①4-585-05024-8
◇乃木神社・東郷神社　新人物往来社
　1993.10　225p 21cm　（神社シリーズ）
　1200円　①4-404-02054-6
◇図説東郷平八郎―目でみる明治の海軍
　東郷神社・東郷会　1993.3　183p　27cm
　3000円
◇資料集　いま、なぜ東郷元帥か　高嶋伸
　欣編　同時代社　1991.8　144p 21cm
　1000円　①4-88683-256-3
◇東郷平八郎　元帥の晩年　佐藤国雄著
　朝日新聞社　1990.3　244p　19cm
　1400円　①4-02-256121-1
◇東郷元帥は何をしたか―昭和の戦争を演
　出した将軍たち　前田哲男、纐纈厚著
　高文研　1989.7　262p 19cm　1339円
　①4-87498-106-2
◇聖将東郷全伝　国書刊行会　1987.8
　4冊　22cm　35000円
◇栄光と悲劇　連合艦隊―東郷平八郎と
　山本五十六　吉田俊雄著　秋田書店
　1987.6　404p　19cm　1500円　①4-253-
　00293-5
◇素顔のリーダー―ナポレオンから東条英
　機まで　児島襄著　文芸春秋　1986.8
　430p　15cm　（文春文庫）　520円
　①4-16-714124-8
◇東郷平八郎のすべて　新人物往来社編
　新人物往来社　1986.7　264p 19cm
　2000円　①4-404-01371-X
◇乃木と東郷　戸川幸夫著　光人社
　1982.5　386p　20cm　1500円　①4-7698-
　0177-7
◇東郷平八郎　下村寅太郎著　講談社
　1981.7　230p　15cm　（講談社学術文庫）
　540円
◇海原が残った―提督東郷平八郎伝
　上巻　相良俊輔著　光人社　1974
　285p　20cm　950円
◇海原が残った―提督東郷平八郎伝
　下巻　相良俊輔著　光人社　1974

　349p　20cm　950円
◇東郷平八郎　米沢藤良著　新人物往来社
　1972　260p 肖像　20cm　850円
◇元帥東郷平八郎　野村直邦編　日本海防
　協会　1968　323p　31cm
◇聖雄/東郷元帥　中村孝也著　有朋堂
　1945　250p　B6　3.00円

乃木 希典

嘉永2(1849).11.11～大正元(1912).9.13
陸軍軍人。長州藩出身で陸軍に入り、西南戦争では征討軍の連隊長心得として参加したが、西郷軍に軍旗を奪われる恥辱を受けた。日清戦争では歩兵第一旅団長として一日で旅順口要塞を攻略した。日露戦争では第三軍司令官として旅順攻撃を指揮したが、半年にわたる包囲戦で6万人の戦死者を出してようやく攻略に成功した。戦後は学習院長を務め、明治天皇の大喪当日に妻とともに殉死した。

　　　＊　　　＊　　　＊

◇日本史の現場検証　2　明治・大正編
　合田一道著　扶桑社　1999.11　261p
　19cm　1429円　①4-594-02790-3
◇この日本人を見よ―在りし日の人たち
　馬野周二著　フォレスト出版　1998.12
　263p　19cm　1600円　①4-89451-065-0
◇マンガ　教科書が教えない歴史　3
　藤岡信勝、自由主義史観研究会原作・監
　修、ダイナミックプロダクション作画
　産経新聞ニュースサービス；扶桑社〔発
　売〕　1998.9　245p　19cm　952円
　①4-594-02555-2
◇イスタンブールを愛した人々―エピソー
　ドで綴る激動のトルコ　松谷浩尚著
　中央公論社　1998.3　264p　18cm
　（中公新書）　740円　①4-12-101408-1
◇乃木希典全集　補遺　乃木神社社務所編
　国書刊行会　1997.12　370p　21cm
　7619円　①4-336-04054-0

軍事

◇ライバル日本史 2 決別　NHK取材班編　角川書店　1996.9　252p　15cm　（角川文庫）　505円　④4-04-195419-3

◇軍神　古川薫著　角川書店　1996.4　328p　19cm　1553円　④4-04-872953-5

◇日本文壇史　8　日露戦争の時代　伊藤整著　講談社　1996.2　250,22p　15cm　（講談社文芸文庫）　951円　④4-06-196357-0

◇乃木希典全集　中　乃木神社社務所編　国書刊行会　1994.7　608p　21cm　12000円　④4-336-03616-0

◇乃木希典全集　上　乃木神社社務所編　国書刊行会　1994.6　481p　22cm　12000円　④4-336-03615-2

◇乃木神社・東郷神社　新人物往来社　1993.10　225p　21cm　（神社シリーズ）　1200円　④4-404-02054-6

◇愛石家乃木希典─和を願う坐の心　中市石山著　樹石新社　1993.7　189p　20cm　1300円

◇明治四十三年の転轍─大逆と殉死のあいだ　河田宏著　社会思想社　1993.2　239p　19cm　2000円　④4-390-60367-1

◇乃木希典の世界　桑原岳、菅原一彪編　新人物往来社　1992.11　218p　19cm　2200円　④4-404-01971-8

◇静寂の声　上　上　渡辺淳一著　文芸春秋　1991.5　356p　15cm　（文春文庫）　480円　④4-16-714515-4

◇静寂の声　下　下　渡辺淳一著　文芸春秋　1991.5　382p　15cm　（文春文庫）　480円　④4-16-714516-2

◇欽仰する乃木大将の生涯　根本勝著　横須賀　根本勝　1991.3　57p　26cm

◇名将乃木希典─司馬遼太郎の誤りを正す　桑原岳著　中央乃木会　1990.9　288p　19cm

◇乃木希典殉死・以後─伯爵家再興をめぐって　井戸田博史著　新人物往来社　1989.10　246p　20cm　2200円　④4-404-01664-6

◇日本史　人物列伝　奈良本辰也著　徳間書店　1988.9　285p　15cm　（徳間文庫）　420円　④4-19-598598-6

◇人間　乃木希典─乃木夫妻の生涯の愛と真実　戸川幸夫著　光人社　1988.5　298p　19cm　1300円　④4-7698-0104-1

◇静寂の声─乃木希典夫妻の生涯　上巻　渡辺淳一著　文芸春秋　1988.4　350p　20cm　1200円　④4-16-362850-9

◇静寂の声─乃木希典夫妻の生涯　下巻　渡辺淳一著　文芸春秋　1988.4　362p　20cm　1200円　④4-16-362860-6

◇及木希典　大浜徹也著　河出書房新社　1988.1　399p　15cm　（河出文庫）　620円　④4-309-47125-0

◇乃木大将と日露戦争　原康史著　東京スポーツ新聞社　1987.1　317p　19cm　（激録・日本大戦争　第23巻）　1300円　④4-8084-0076-6

◇素顔のリーダー─ナポレオンから東条英機まで　児島襄著　文芸春秋　1986.8　430p　15cm　（文春文庫）　520円　④4-16-714124-8

◇乃木希典　松下芳男著　吉川弘文館　1985.12　225p　19cm　（人物叢書　新装版）　1400円　④4-642-05023-X

◇乃木希典将軍─嗚呼至誠の人　吉川寅二郎著　展転社　1984.10　142p　19cm　800円　④4-924470-08-2

◇乃木と東郷　戸川幸夫著　光人社　1982.5　386p　20cm　1500円　④4-7698-0177-7

◇乃木将軍と光家耕改　臼杵幸編　善通寺　山地竹枝顕彰会　1981.9　103p　22cm

◇〈軍神〉乃木希典の謎　前川和彦著　現代史出版会　1981.1　237p　19cm　980円

◇乃木大将と日本人　スタンレー＝ウォシュバン著, 目黒真澄訳　講談社　1980.1　129p　15cm　（講談社学術文庫）　400円

153

軍事

◇診断・日本人　宮本忠雄編　日本評論社　1974　319p　20cm　1300円

◇乃木大将―戦争を背景として立つ偉大なる人物　スタンレイ・ウォッシュバーン著，上田修一郎訳　甲陽書房　1974　197p　肖像　18cm　（国防新書　4）　500円

◇人間乃木と妻静子　菊池又祐著　太平観光出版局　1971　277p　肖像　19cm　（太平選書）　580円

◇軍神―乃木希典の生涯　福岡徹著　文芸春秋　1970　232p　20cm　500円

◇乃木希典日記　和田政雄編　金園社　1970　1021p　図　肖像　23cm　6500円

◇代表的明治人　乃木希典の虚像と実像　池田諭著　徳間書店　1968　226p　18cm

◇乃木希典　戸川幸夫著　人物往来社　1968　296p　19cm　（近代人物叢書　7）

◇乃木希典　大浜徹也著　雄山閣出版　1967　315p　図版　22cm　（人物史叢書）

◇回想の乃木希典　三島通陽著　雪華社　1966　149p　図版　19cm

◇人物・日本の歴史　12　小西四郎編　読売新聞社　1966

◇外国人の見た日本　3　乃木大将　S・ウォシュバン著，目黒真澄訳　筑摩書房　1961

◇今村均大将回想録　別冊　青春編　下　乃木大将　今村均著　自由アジア社　1961　246p　19cm

◇日本人物史大系　第6巻　近代　第2　大久保利謙編　朝倉書店　1960　388p　22cm

◇乃木希典　松下芳男著　吉川弘文館　1960　225p　図版　18cm　（人物叢書　第54）

◇乃木将軍/残る面影　岩田九郎著　東亜春秋社　1945　300p　B6　2.60円

経　済

殖産興業

　明治初頭から20年頃までの近代産業振興政策。初期は工部省主導で鉄道建設と鉱山経営を中心に官営事業として展開させた。明治6年以降はこれに新設された内務省が加わって輸出拡大を図り、主に農業や紡績業など従来型産業の強化に乗り出した。このために官営模範工場を設置したが、狙いは民間活力による産業発展を期待してのものだった。やがて13年に農商務省が発足すると政府の役割は間接的な助成になり、官業払い下げにより事業主体の民間への移行が進んで、明治20年代以降の日本の産業革命へとつながっていった。

◇茨城の明治維新　佐々木寛司編著　文真堂　1999.7　214p　19cm　（五浦歴史叢書）　2095円　Ⓘ4-8309-4334-3

◇文明開化—明治時代前期　ぎょうせい　1998.4　189p　26cm　（おもしろ日本史まんがパノラマ歴史館 11）　2000円　Ⓘ4-324-05141-0

◇明治維新—明治時代前期　児玉幸多監修, あおむら純漫画　増補版　小学館　1998.2　157p　21cm　（小学館版 学習まんが—少年少女日本の歴史 17）　830円　Ⓘ4-09-298117-1

◇教育と近代化—日本の経験　天野郁夫著　町田　町田玉川大学出版部　1997.9　430p　21cm　9000円　Ⓘ4-472-10801-1

◇安積開墾政策史—明治10年代の殖産興業政策の一環として　矢部洋三著　日本経済評論社　1997.8　348p　21cm　5600円　Ⓘ4-8188-0944-6

◇中学生マジに近現代史　増田都子編著　蔆薈書房;星雲社〔発売〕　1997.8　157p　21cm　1700円　Ⓘ4-7952-5999-2

◇日本の産業革命—日清・日露戦争から考える　石井寛治著　朝日新聞社　1997.8　290p　19cm　（朝日選書）　1300円　Ⓘ4-02-259681-3

◇明治国家の成立　井上光貞, 永原慶二, 児玉幸多, 大久保利謙編　普及版　山川出版社　1996.9　428,19p　21cm　（日本歴史大系 13）　3398円　Ⓘ4-634-33130-6

◇おもしろ日本史 まんが 人々のくらしと経済 第3巻 明治時代から現代まで　堀江卓作画　ぎょうせい　1996.8　191p　21cm　1456円　Ⓘ4-324-04824-X

◇結核の文化史—近代日本における病のイメージ　福田真人著　名古屋　名古屋大学出版会　1995.2　398,31p　19cm　4500円　Ⓘ4-8158-0246-7

◇殖産興業と地域開発—安積開拓の研究　日本大学安積開拓研究会編, 矢部洋三, 横井博, 鈴木しづ子, 藤田龍之, 塩谷郁夫著　柏書房　1994.7　320p　21cm　（ポテンティア叢書 36）　3689円　Ⓘ4-7601-1108-5

◇概説日本経済史 近現代　三和良一著　東京大学出版会　1993.4　222p　21cm　2400円　Ⓘ4-13-042044-5

◇日本の『創造力』—近代・現代を開花させた470人 2 殖産興業への挑戦　富重仁編　日本放送出版協会　1993.1　475p　21cm　5631円　Ⓘ4-14-009206-8

◇日本の歴史 16 明治維新　中村哲著　集英社　1992.9　326p　21cm　2330円　Ⓘ4-08-195016-4

◇20世紀フォトドキュメント 1 政治・経済　鳥海靖編　ぎょうせい　1992.8　159p　26cm　3107円　Ⓘ4-324-02692-0

経済

◇日本の産業化と財閥　石井寛治著　岩波書店　1992.8　62p　21cm　(岩波ブックレット―シリーズ「日本近代史」10)　340円　⑰4-00-003420-0

◇絹　2　伊藤智夫著　法政大学出版局　1992.6　p293〜578　19cm　(ものと人間の文化史68-2)　2400円　⑰4-588-20682-6

◇日本のワイン・誕生と揺籃時代―本邦葡萄酒産業史論攷　麻井宇介著　日本経済評論社　1992.1　420p　21cm　4500円　⑰4-8188-0484-3

◇近代化の国際比較―経済史的接近　西川純子，高浦忠彦編　世界書院　1991.10　300p　21cm　6200円

◇新札幌市史　第2巻　通史2　札幌市教育委員会編　札幌　札幌北海道新聞社　1991.10　1047p　21cm　11650円　⑰4-89363-144-6

◇日本経済近代化の主役たち　板橋守邦著　新潮社　1990.11　241p　19cm　(新潮選書)　874円　⑰4-10-600391-0

◇図説　西郷隆盛と大久保利通　芳即正，毛利敏彦編　河出書房新社　1990.1　126p　22×17cm　1456円　⑰4-309-72474-4

◇日本財政史研究　坂入長太郎著　改訂版　酒井書店　1989.11　4冊(セット)　21cm　31068円　⑰4-7822-0199-0

◇東アジアのなかの日本歴史　7　明治の経済発展と中国　周啓乾著　六興出版　1989.10　332,9p　21cm　3000円　⑰4-8453-8097-8

◇キーワードでみるファッション化社会史　柳洋子著　ぎょうせい　1989.9　248,25p　26cm　2524円　⑰4-324-01971-1

◇茶業開化―明治発展史と多田元吉　川口国昭，多田節子著　全貌社　1989.8　502p　19cm　3107円　⑰4-7938-0123-4

◇自由民権と大隈・松方財政　大石嘉一郎著　東京大学出版会　1989.2　357p　21cm　4800円　⑰4-13-020087-9

◇群馬県の百年　丑木幸男，宮崎俊弥著　山川出版社　1989.1　344,36p　19cm　(県民百年史　10)　1900円　⑰4-634-27100-1

◇技術大国百年の計―日本の近代化と国立研究機関　鎌谷親善著　平凡社　1988.11　259p　19cm　(平凡社　自然叢書　9)　2600円　⑰4-582-54610-2

◇日本近代思想大系　8　経済構想　中村政則，石井寛治，春日豊校注　岩波書店　1988.10　513p　21cm　4602円　⑰4-00-230008-0

◇日本資本主義の発達と私法　福島正夫著　東京大学出版会　1988.6　292,6p　21cm　5000円　⑰4-13-031135-2

◇明治前期財政史―資本主義成立期における財政の政治過程(明治維新-明治23年)　坂入長太郎著　酒井書店　1988.6　405p　21cm　(日本財政史研究　1)　5000円　⑰4-7822-0180-X

◇近代日本社会発展史論　東敏雄，丹野清秋編　ぺりかん社　1988.3　427p　21cm　6800円

◇日本歴史大系　4　近代　1　井上光貞，永原慶二，児玉幸多，大久保利謙編　山川出版社　1987.5　1361,3p　26cm　13000円　⑰4-634-20040-6

◇前田正名　祖田修著　新装版　吉川弘文館　1987.4　328p　19cm　(人物叢書)　1800円　⑰4-642-05074-4

◇熊本県の百年　森田誠一，花立三郎，猪飼隆明著　新訂版　山川出版社　1987.3　362,28p　19cm　(県民100年史　43)　1900円　⑰4-634-27430-2

◇講座・日本技術の社会史　別巻2　人物篇　近代　永原慶二，山口啓二，加藤幸三郎，深谷克己編　日本評論社　1986.12　270p　21cm　2900円　⑰4-535-04810-X

◇栃木県の100年　大町雅美著　山川出版社　1986.8　296,28p　19cm　県民100年史　9　1900円　⑰4-634-27090-0

新貨条例

　明治4年に公布された貨幣に関する法律。幕末期に混乱した貨幣制度を統一する目的で制定されたもので、新貨幣の単位呼称を「円・銭・厘」に統一して十進法を採用し、原則として金本位制とすることが謳われた。しかし現実には金の準備高不足により貿易用の銀貨流通を容認したため金銀複本位制度となり、金本位制が確立するのは日清戦争で多額の賠償金を得た明治30年になる。

　　　　＊　　　＊　　　＊

◇おもしろ日本史　まんが　人々のくらしと経済　第3巻　明治時代から現代まで　堀江卓作画　ぎょうせい　1996.8　191p　21cm　1456円　①4-324-04824-X

◇おもしろ日本史　まんが　人々のくらしと経済　第3巻　明治時代から現代まで　堀江卓作画　ぎょうせい　1996.8　191p　21cm　1456円　①4-324-04824-X

◇日本のお金―近代通貨ハンドブック　大蔵省印刷局編　大蔵省印刷局　1994.6　299p　26cm　2233円　①4-17-312160-1

◇円の社会史―貨幣が語る近代　三上隆三著　中央公論社　1989.8　247p　18cm　（中公新書937）　602円　①4-12-100937-1

◇円の誕生―近代貨幣制度の成立　三上隆三著　増補版　東洋経済新報社　1989.3　284,5p　21cm　3800円　①4-492-46024-1

国立銀行

　明治5年11月に公布された国立銀行条例によって設立された銀行。当初は政府紙幣整理のための兌換銀行券発行を意図したが、兌換請求による経営困難が著しいため9年に正貨兌換を中止した。これを受けて全国各地で153の国立銀行が設立されたが、同時に不換紙幣が大量に流通しインフレ状態に陥った。このため政府は紙幣回収に乗り出し、15年に唯一の紙幣発行銀行として日本銀行を設立。翌年国立銀行は営業開始20年以降は普通銀行に転換することが定められ、明治32年を最後に国立銀行は消滅した。

　　　　＊　　　＊　　　＊

◇日本貨幣型録 2000年版　日本貨幣商協同組合編　日本貨幣商協同組合;紀伊国屋書店〔発売〕　1999.12　326p　21cm　1400円

◇茨城の明治維新　佐々木寛司編著　文真堂　1999.7　214p　19cm　（五浦歴史叢書）　2095円　①4-8309-4334-3

◇日本貨幣カタログ 1999　日本貨幣商協同組合編　日本貨幣商協同組合　1998.12　318p　21cm　1300円　①4-930810-03-5

◇本邦銀行発達史　上　石沢久五郎著　復刻版　龍渓書舎　1998.11　1冊　21cm　（明治後期産業発達史資料　第424巻）　23000円

◇日本貨幣カタログ 1998　日本貨幣商協同組合編　31版　日本貨幣商協同組合　1997.11　317p　21cm　1300円　①4-930810-02-7

◇日本貨幣カタログ 1995　28版　日本貨幣商協同組合;紀伊国屋書店〔発売〕　1994.11　310p　21cm　1263円

◇日本のお金―近代通貨ハンドブック　大蔵省印刷局編　大蔵省印刷局　1994.6　299p　26cm　2233円　①4-17-312160-1

◇日本貨幣型録 1994年版　日本貨幣商協同組合編　日本貨幣商協同組合　1994.1　313p　21cm　1263円

◇日本貨幣カタログ 1993　日本貨幣商協同組合編　日本貨幣商協同組合;紀伊国屋書店〔発売〕　1993.1　309p　21cm　1263円

◇日本貨幣型録 1992年版　日本貨幣商協同組合;紀伊国屋書店〔発売〕　1991.11　308p　21cm　1166円

◇日本貨幣型録 1987年版　日本貨幣商協同組合;紀伊国屋書店出版部〔発売〕　1986.11　245p　21cm　800円

渋沢　栄一

天保11(1840).2.13〜昭和6(1931).11.11
明治・大正時代の実業家。幕末に幕臣としてヨーロッパ各国を視察し、新政府では大蔵省に出仕。新貨条例・国立銀行条例などに携わった。退官後に実業界に進出。第一国立銀行や東京瓦斯など多くの会社を設立し、商業会議所など経済団体の設立にも寄与した。また社会事業にも尽力し、明治期の民間経済人として随一の存在として海外にも認められていた。

　　　　＊　　　＊　　　＊

◇日本の"地霊"(ゲニウス・ロキ)　鈴木博之著　講談社　1999.12　231p　18cm　（講談社現代新書）　680円　①4-06-149481-3

◇日本経済の礎を創った男たちの言葉—21世紀に活かす企業の理念・戦略・戦術　森友幸照著　すばる舎　1999.11　229p　19cm　1600円　①4-88399-012-5

◇小説　渋沢栄一　童門冬二著　経済界　1999.9　244p　19cm　1400円　①4-7667-8190-2

◇公益の追求者・渋沢栄一　渋沢研究会編　山川出版社　1999.3　6,9,398p　21cm　（新時代の創造）　2500円　①4-634-52060-5

◇孔子―人間、どこまで大きくなれるか　渋沢栄一著, 竹内均編・解説　新装版　三笠書房　1999.3　216p　19cm　1267円　①4-8379-1769-0

◇文学近代化の諸相　4　「明治」をつくった人々　小笠原幹夫著　高文堂出版社　1999.3　176p　21cm　2190円　①4-7707-0616-2

◇次郎長の経済学―幕末恐慌を駆け抜けた男　竹内宏, 田口英爾著　東洋経済新報社　1999.2　195p　19cm　1500円　①4-492-39296-3

◇渋沢栄一　人間、足るを知れ―「時代の先覚者」はなぜかくも「無私」たりえたのか　永川幸樹著　ベストセラーズ　1999.1　249p　19cm　1600円　①4-584-18382-1

◇渋沢栄一　大谷まこと著, 一番ケ瀬康子, 津曲裕次編　大空社　1998.12　180p　19cm　（シリーズ　福祉に生きる　11）　2000円　①4-7568-0852-2

◇渋沢家三代　佐野真一著　文芸春秋　1998.11　294p　18cm　（文春新書）　840円　①4-16-660015-X

◇埼玉英傑伝　宝井馬琴著　浦和　浦和さきたま出版会　1998.10　237p　19cm　1800円　①4-87891-114-X

◇マンガ　教科書が教えない歴史　2　藤岡信勝, 自由主義史観研究会原作・監修, ダイナミックプロダクション作画　産経新聞ニュースサービス;扶桑社〔発売〕　1998.9　258p　19cm　952円　①4-594-02554-4

◇雨夜譚余聞　渋沢栄一述, 石井浩解説　小学館　1998.8　281p　19cm　（地球人ライブラリー）　1600円　①4-09-251039-X

◇実業家の文章―日本経済の基盤を築いた、十二人の偉大な実業家。　鈴木治雄著　ごま書房　1998.7　262p　19cm　1600円　①4-341-17173-9

◇渋沢栄一―近代産業社会の礎を築いた実業家　小笠原幹夫著, 自由主義史観研究会編　明治図書出版　1997.12　112p　19cm　（教科書が教えない歴史人物の生き方　6）　1048円　①4-18-461618-6

◇徳川慶喜最後の寵臣　渋沢栄一―そしてその一族の人びと　渋沢華子著　国書刊行会　1997.12　317p　19cm　1900円　①4-336-04047-8

◇瘦我慢というかたち―激動を乗り越えた日本の志　感性文化研究所編　黙出版　1997.8　111p　21cm　（MOKU BOOKS―感動四季報）　660円　①4-900682-25-X

◇歴史に学ぶライバルの研究　会田雄次, 谷沢永一著　PHP研究所　1997.8　261p　15cm　（PHP文庫）　533円　①4-569-57040-2

経済

◇情報と経営革新―近代日本の軌跡　佐々木聡, 藤井信幸編著　同文舘出版　1997.7　244p　19cm　2400円　ⓘ4-495-36251-8

◇渋沢栄一と人倫思想　小野健知著　大明堂　1997.4　486p　21cm　13000円　ⓘ4-470-23019-7

◇激突―ライバル日本史 7　NHK取材班編　角川書店　1996.12　294p　15cm　（角川文庫）　505円　ⓘ4-04-195424-X

◇孔子―人間、どこまで大きくなれるか　渋沢栄一著　三笠書房　1996.8　236p　15cm　（知的生きかた文庫）　485円　ⓘ4-8379-0825-X

◇渋沢論語をよむ　深沢賢治著　明徳出版社　1996.5　236p　19cm　1456円　ⓘ4-89619-131-5

◇心に残る人々　白洲正子著　講談社　1996.4　233p　15cm　（講談社文芸文庫―現代日本のエッセイ）　854円　ⓘ4-06-196366-X

◇人生の急所を誤るな！―私が保証する夢と成功の実現法　渋沢栄一著　三笠書房　1996.4　248p　15cm　（知的生きかた文庫）　485円　ⓘ4-8379-0799-7

◇男の真剣勝負　津本陽著　角川書店　1996.4　363p　15cm　（角川文庫）　621円　ⓘ4-04-171312-9

◇激変の時代を生き抜く発想と行動―幕末・明治の大物にみる　黒川志津雄著　日新報道　1995.12　228p　19cm　1262円　ⓘ4-8174-0359-4

◇激流―若き日の渋沢栄一　大仏次郎著　恒文社　1995.12　265p　19cm　1942円　ⓘ4-7704-0864-1

◇人物に学ぶ明治の企業事始め　森友幸照著　つくばね舎;地歴社〔発売〕　1995.8　210p　21cm　1747円　ⓘ4-924836-17-5

◇渋沢栄一 男の選択―人生には本筋というものがある　童門冬二著　経済界　1995.7　278p　18cm　（RYUBOOKS）　1068円　ⓘ4-7667-0285-9

◇渋沢栄一、パリ万博へ　渋沢華子著　国書刊行会　1995.5　244p　19cm　1748円　ⓘ4-336-03724-8

◇モノ・財・空間を創出した人々　朝日新聞社　1995.3　438p　19cm　（二十世紀の千人 第3巻）　2718円　ⓘ4-02-258592-7

◇のるかそるか　津本陽著　文芸春秋　1994.4　294p　15cm　（文春文庫）　450円　ⓘ4-16-731430-4

◇建設業を興した人びと―いま創業の時代に学ぶ　菊岡倶也著　彰国社　1993.1　452p　21cm　5500円　ⓘ4-395-00353-2

◇（評伝・）渋沢栄一　藤井賢三郎著　水曜社　1992.6　192p　20cm　2200円

◇渋沢栄一―人間の礎　童門冬二著　経済界　1991.12　254p　19cm　（リュウセレクション）　1500円　ⓘ4-7667-8088-4

◇渋沢栄一―民間経済外交の創始者　木村昌人著　中央公論社　1991.4　199p　18cm　（中公新書　1016）　600円　ⓘ4-12-101016-7

◇幕末武州の青年群像　岩上進著　（浦和）さきたま出版会　1991.3　375p　21cm　3200円　ⓘ4-87891-188-3

◇渋沢栄一　土屋喬雄著　〔新装版〕吉川弘文館　1989.5　295p　19cm　（人物叢書）　1860円　ⓘ4-642-05159-7

◇渋沢栄一碑文集　山口律雄, 清水惣之助共編　深谷　博字堂　1988.11　151p　27cm

◇巨星渋沢栄一・その高弟大川平三郎　竹内良夫著　教育企画出版　1988.3　97p　21cm　（郷土歴史選書　1）　800円　ⓘ4-906280-21-8

◇日々に新たなり―渋沢栄一の生涯　下山二郎著　国書刊行会　1988.2　381p　20cm　1900円

◇近代の創造―渋沢栄一の思想と行動　山本七平著　PHP研究所　1987.3　510p　19cm　2000円　ⓘ4-569-21725-7

◇青淵百話　渋沢栄一著　図書刊行会　1986.4　2冊　22cm　全15000円

159

経済

◇雨夜譚　渋沢栄一述, 長幸男校注　岩波書店　1984.11　338p　15cm　(岩波文庫)　500円

◇埼玉の先人渋沢栄一　韮塚一三郎, 金子吉衛著　浦和　さきたま出版会　1983.12　317,3p　19cm　1800円　①4-87891-023-2

◇巨(おお)いなる企業家渋沢栄一の全研究―日本株式会社をつくった男　井上宏生著　京都　PHP研究所　1983.7　222p　18cm　(PHPビジネスライブラリー)　680円　①4-569-21086-4

◇日本人の自伝　1　福沢諭吉.渋沢栄一.前島密　平凡社　1981.4　430p　20cm　2800円

◇露伴全集　第17巻　史伝　3　幸田露伴著　岩波書店　1979.1　538p　19cm　2600円

◇明治を耕した話―父・渋沢栄一　渋沢秀雄著　青蛙房　1977.9　310p　22cm　(青蛙選書　53)　2300円

◇渋沢栄一伝記資料　別巻　第10　写真　竜門社　1971　図292p　27cm

◇渋沢栄一伝記資料　別巻　第9　遺墨　竜門社　1970　358p　27cm

◇太平洋にかける橋―渋沢栄一の生涯　渋沢雅英著　読売新聞社　1970　486p　図　肖像　20cm　850円

◇ドキュメント日本人　第4　支配者とその影　学芸書林　1969　317p　20cm　680円

◇渋沢栄一伝記資料　別巻　第7　談話第3　竜門社　1969　626p　27cm

◇渋沢栄一伝記資料　別巻　第8　談話4,余録　竜門社　1969　702p　図　27cm

◇渋沢栄一伝記資料　別巻　第5　講演・談話第1　竜門社　1968　724p　図版　27cm

◇渋沢栄一伝記資料　別巻　第6　談話第2　竜門社　1968　690p　図版　27cm

◇明治百年　文化功労者記念講演集　第1輯　福沢諭吉を語る〔ほか〕　高橋誠一郎　尾崎行雄記念財団　1968　324p　19cm

◇渋沢栄一滞仏日記　日本史籍協会編　東京大学出版会　1967　504p　図　肖像　22cm　(日本史籍協会叢書)　3000円

◇渋沢栄一伝記資料　別巻　第3　書簡　竜門社編　1967　634p　図版　27cm

◇渋沢栄一伝記資料　別巻　第4　書簡　竜門社編　1967　631p　図版　27cm

◇渋沢栄一伝記資料　別巻　第1　日記　竜門社編　1966　790p　図版　27cm

◇渋沢栄一伝記資料　別巻　第2　日記　竜門社編　1966　788p　図版　27cm

◇渋沢栄一　渋沢秀雄著　時事通信社　1965　246p　図版　18cm　(一人一業伝)

◇現代日本思想大系　11　筑摩書房　1964

◇渋沢栄一伝記資料　第55巻　社会公共事業尽瘁並ニ実業界後援時代　竜門社編　渋沢栄一伝記資料刊行会　1964　683p　27cm

◇渋沢栄一伝記資料　第53巻　社会公共事業尽瘁並ニ実業界後援時代　竜門社編　渋沢栄一伝記資料刊行会　1964　554p　27cm

◇渋沢栄一伝記資料　第54巻　社会公共事業尽瘁並ニ実業界後援時代　竜門社編　渋沢栄一伝記資料刊行会　1964　550p　27cm

◇渋沢栄一伝記資料　第56巻　社会公共事業尽瘁並ニ実業界後援時代　竜門社編　渋沢栄一伝記資料刊行会　1964　708p　27cm

◇渋沢栄一伝記資料　第57巻　第3編　竜門社編　渋沢栄一伝記資料刊行会　1964-65　27cm

◇渋沢栄一伝記資料　第58巻索引　渋沢栄一事業別年譜,渋沢栄一伝記資料総目次,五十音順款項目索引　竜門社編　渋沢栄一伝記資料刊行会　1964-65　27cm

経済

◇渋沢栄一――日本民主自由経済の先覚者　山口平八著　平凡社　1963　186p　図版　表　19cm

◇渋沢栄一と択善会　田村俊夫著　近代セールス社　1963

◇渋沢栄一伝記資料　第49巻　社会公共事業尽瘁並ニ実業界後援時代　竜門社編　渋沢栄一伝記資料刊行会　1963　669p　27cm

◇渋沢栄一伝記資料　第52巻　社会公共事業尽瘁並ニ実業界後援時代　竜門社編　渋沢栄一伝記資料刊行会　1963　600p　27cm

◇渋沢栄一伝記資料　第48巻　社会公共事業尽瘁並ニ実業界後援時代　竜門社編　渋沢栄一伝記資料刊行会　1963　699p　27cm

◇渋沢栄一伝記資料　第51巻　社会公共事業尽瘁並実業界後援時代　竜門社編　渋沢栄一伝記資料刊行会　1963　641p　27cm

◇渋沢栄一伝記資料　第47巻　社会公共事業尽瘁並ニ実業界後援時代　竜門社編　渋沢栄一伝記資料刊行会　1963　720p　27cm

◇渋沢栄一伝記資料　第50巻　社会公共事業尽瘁並ニ実業界後援時代　竜門社編　渋沢栄一伝記資料刊行会　1963　643p　27cm

◇日本財界人物列伝　第1巻　青潮出版株式会社編　青潮出版　1963　1171p　図版　26cm

◇渋沢栄一伝記資料　第41巻　社会公共事業尽瘁並ニ実業界後援時代　竜門社編　渋沢栄一伝記資料刊行会　1962　686p　27cm

◇渋沢栄一伝記資料　第42巻　社会公共事業尽瘁並ニ実業界後援時代　竜門社編　渋沢栄一伝記資料刊行会　1962　690p　27cm

◇渋沢栄一伝記資料　第43巻　社会公共事業尽瘁並ニ実業界後援時代　竜門社編　渋沢栄一伝記資料刊行会　1962　699p　27cm

◇渋沢栄一伝記資料　第44巻　社会公共事業尽瘁並ニ実業界後援時代　竜門社編　渋沢栄一伝記資料刊行会　1962　744p　27cm

◇渋沢栄一伝記資料　第45巻　社会公共事業尽瘁並ニ実業界後援時代　竜門社編　渋沢栄一伝記資料刊行会　1962　640p　27cm

◇渋沢栄一伝記資料　第46巻　社会公共事業尽瘁並ニ実業界後援時代　竜門社編　渋沢栄一伝記資料刊行会　1962　730p　27cm

◇渋沢栄一伝記資料　第35巻　社会公共事業尽瘁並ニ実業界後援時代　竜門社編　渋沢栄一伝記資料刊行会　1961　629p　27cm

◇渋沢栄一伝記資料　第36巻　社会公共事業尽瘁並ニ実業界後援時代　竜門社編　渋沢栄一伝記資料刊行会　1961　682p　27cm

◇渋沢栄一伝記資料　第37-38巻　社会公共事業尽瘁並ニ実業界後援時代　竜門社編　渋沢栄一伝記資料刊行会　1961　27cm

◇渋沢栄一伝記資料　第39巻　社会公共事業尽瘁並ニ実業界後援時代　竜門社編　渋沢栄一伝記資料刊行会　1961　763p　27cm

◇渋沢栄一伝記資料　第40巻　社会公共事業尽瘁並ニ実業界後援時代　竜門社編　渋沢栄一伝記資料刊行会　1961　695p　27cm

◇世界の人間像　第5　世界の新聞王＝ピューリッツァー〔ほか〕　角川書店編集部編　アイリス・ノーブル著,佐藤亮一訳　角川書店　1961　474p　図版　19cm

◇世界ノンフィクション全集　第14　アメリカ彦蔵回想記〔ほか〕　中野好夫,吉川幸次郎,桑原武夫編　ジョゼフ・ヒコ著,中川努訳　筑摩書房　1961　512p　図版　19cm

経済

◇渋沢栄一伝記資料　第29巻　実業界指導並ニ社会公共事業尽力時代　竜門社編　渋沢栄一伝記資料刊行会　1960　637p　27cm

◇渋沢栄一伝記資料　第30巻　社会公共事業尽瘁並ニ実業界後援時代　竜門社編　渋沢栄一伝記資料刊行会　1960　861p　27cm

◇渋沢栄一伝記資料　第31巻　社会公共事業尽瘁並ニ実業界後援時代　竜門社編　二　渋沢栄一伝記資料刊行会　1960　788p　27cm

◇渋沢栄一伝記資料　第32巻　社会公共事業尽瘁並ニ実業界後援時代　竜門社編　渋沢栄一伝記資料刊行会　1960　615p　27cm

◇渋沢栄一伝記資料　第33　社会公共事業尽瘁並ニ実業界後援時代　竜門社編　渋沢栄一伝記資料刊行会　1960　640p　27cm

◇渋沢栄一伝記資料　第34巻　社会公共事業尽瘁並ニ実業界後援時代　竜門社編　渋沢栄一伝記資料刊行会　1960　686p　27cm

◇青淵渋沢栄一翁小伝及び年譜　野依秀市編　実業之世界社　1960

◇論語と渋沢翁と私　岸信介著　実業之世界社　1960

◇渋沢栄一伝記資料　第26巻　実業界指導並ニ社会公共事業尽力時代　竜門社編　渋沢栄一伝記資料刊行会　1959　929p　27cm

◇渋沢栄一伝記資料　第24巻　実業界指導並ニ社会公共事業尽力時代　竜門社編　渋沢栄一伝記資料刊行会　1959　637p　27cm

◇渋沢栄一伝記資料　第25巻　実業界指導並ニ社会公共事業尽力時代　竜門社編　渋沢栄一伝記資料刊行会　1959　752p　27cm

◇渋沢栄一伝記資料　第27巻　実業界指導並ニ社会公共事業尽力時代　竜門社編　渋沢栄一伝記資料刊行会　1959　715p　27cm

◇渋沢栄一伝記資料　第28巻　実業界指導並ニ社会公共事業尽力時代　竜門社編　渋沢栄一伝記資料刊行会　1959　839p　27cm

◇日本の思想家　山本健吉編　光書房　1959　224p　20cm

◇父　渋沢栄一　上巻　渋沢秀雄著　実業之日本社　1959　272p　図版　20cm

◇父　渋沢栄一　下巻　渋沢秀雄著　実業之日本社　1959　277p　20cm

◇渋沢栄一伝記資料　第22巻　実業界指導並ニ社会公共事業尽力時代　竜門社編　渋沢栄一伝記資料刊行会　1958　935p　27cm

◇渋沢栄一伝記資料　第23巻　実業界指導並ニ社会公共事業尽力時代　竜門社編　渋沢栄一伝記資料刊行会　1958　695p　27cm

◇渋沢栄一　渋沢秀雄著　渋沢青淵記念財団竜門社　1956　63p　図版　15cm

◇渋沢栄一　山口平八著　埼玉県立文化会館　1955

◇渋沢栄一伝　土屋喬雄著　東洋書館株式会社　1955　299p　図版　19cm（日本財界人物伝全集）

◇渋沢栄一資料　第1-3巻　在郷及ビ仕官時代　竜門社編　渋沢栄一伝記資料刊行会　1955-58　27cm

◇渋沢栄一伝記資料　第4-21巻　実業界指導並ニ社会公共事業尽力時代　竜門社編　渋沢栄一伝記資料刊行会　1955-58　27cm

◇国宝渋沢栄一翁　改版　渋沢栄一翁頌徳会編　実業之世界社　1954　330p　図版　19cm

◇人使い金使い名人伝　〔正〕続　中村竹二著　実業之日本社　1953　2冊　19cm

経済

◇世界偉人伝　第4巻　良寛　世界偉人伝刊行会編　吉野秀雄　藤沢　池田書店　1952　19cm

◇明治 大実業家列伝―市民社会建設の人々　林房雄著　創元社　1952　255p　19cm

◇青淵渋沢栄一――思想と言行　明石照男編　渋沢青淵記念財団竜門社　1951.10　164p　19cm　非売品

◇渋沢栄一　渋沢秀雄著　ポプラ社　1951　（偉人伝文庫）

◇東西百傑伝　第4巻　良寛〔ほか〕　吉野秀雄　藤沢　池田書店　1950　19cm

◇露伴全集 17　渋沢栄一伝　幸田露伴著　岩波書店　1949

地租改正

　明治6年に公布された地租改正条例による土地制度・租税制度の改革で、事業全体は13年までにほぼ完了した。その骨子は、前年の田畑永代売買解禁で封建的土地領有を否定し、私的土地所有を公認して地券を交付、同時に全国の土地に対して公定地価を設定しその3％を地租として課税するというもので、従来の年貢とは異なりすべて金納で、また豊作凶作による増減をしないものであった。理念的には近代的資本主義的所有概念が反映された改革だったが、実際には苦しい財政状況のもと従来の貢租水準の維持が地価算定の際の至上命題となり、全国各地で地租改正反対一揆が頻発した。

　　　　＊　　＊　　＊

◇近代日本の内と外　田中彰編　吉川弘文館　1999.11　331p　21cm　8000円　⑪4-642-03690-3

◇境界確定の訴　村松俊夫著　増補版,新装版第2刷　有斐閣　1999.10　228p　21cm　4700円　⑪4-641-03665-9

◇福沢諭吉の農民観――春日井郡地租改正反対運動　河地清著　日本経済評論社　1999.10　223p　21cm　3300円　⑪4-8188-1089-4

◇歴史地理学と地籍図　桑原公徳編著　京都　京都ナカニシヤ出版　1999.10　399p　21cm　5800円　⑪4-88848-359-0

◇茨城の明治維新　佐々木寛司編著　文真堂　1999.7　214p　19cm　（五浦歴史叢書）　2095円　⑪4-8309-4334-3

◇地主・小作制の展開過程　倉内宗一著　農林統計協会　1999.4　289p　21cm　3500円　⑪4-541-02480-2

◇日本の歴史―明治維新から現代 3 産業・経済と環境の歴史　坂井俊樹監修, 灰崎武浩文　ポプラ社　1999.4　48p　30cm　2800円　⑪4-591-05979-0

◇明治国家の成立――天皇制成立史研究　大江志乃夫著　新装版　京都　京都ミネルヴァ書房　1998.10　353p　21cm　（MINERVA日本史ライブラリー 6）　5500円　⑪4-623-02963-8

◇文明開化―明治時代前期　ぎょうせい　1998.4　189p　26cm　（おもしろ日本史まんがパノラマ歴史館 11）　2000円　⑪4-324-05141-0

◇地券制度と地租改正　北條浩著　御茶の水書房　1997.7　747p　22cm　（村落社会構造史研究叢書　第7巻）　12000円　⑪4-275-01676-9

◇地租改正　福島正夫著　吉川弘文館　1995.8　349,7p　20cm　（日本歴史叢書 新装版）　3193円　⑪4-642-06619-5

◇地租改正法の起源――開明官僚の形成　丹羽邦男著　京都　ミネルヴァ書房　1995.3　288p　22cm　（神奈川大学経済貿易研究所研究叢書　9）　3800円　⑪4-623-02510-1

◇地租改正と地方制度　奥田晴樹著　山川出版社　1993.10　541p　22cm　8000円　⑪4-634-61490-1

◇関義臣文書・地租改正方法草案―明治六年地方官会同資料　国税庁税務大学校租税資料室編　国税庁税務大学校租税資料

163

経済

　室　1993.3　146p　21cm　（租税資料叢書　第6巻）

◇明治初年地租改正の研究　北条浩著　御茶の水書房　1992.2　648p　22cm　8755円　①4-275-01455-3

◇地租改正―近代日本への土地改革　佐々木寛司著　中央公論社　1989.11　210p　18cm　（中公新書）　560円　①4-12-100949-5

◇明治初年地租改正基礎資料　補巻　福島正夫，丹羽邦男編　有斐閣　1988.9　705,3p　22cm　①4-641-06282-X

◇明治初年地租改正基礎資料　上巻　地租改正資料刊行会編　改訂版　有斐閣　1988.9　42,567,30p　22cm　①4-641-06279-X

◇明治初年地租改正基礎資料　中巻　地租改正資料刊行会編　有斐閣　1988.9　p569～1108,20p　22cm　①4-641-06280-3

◇明治初年地租改正基礎資料　下巻　地租改正資料刊行会編　有斐閣　1988.9　p1111～1613,12p　22cm　①4-641-06281-1

◇日本資本主義と明治維新　佐々木寛司著　文献出版　1988.1　499p　22cm　10000円

◇人物・日本資本主義　1　地租改正　大島清〔ほか〕著　東京大学出版会　1983.6　295p　19cm　1800円

◇甲州大小切騒動と富岡敬明　島田駒男編〔石和町（山梨県）〕　〔島田駒男〕　1979.6印刷　226p　27cm

◇明治前期財政経済史料集成　第7巻　地租改正報告書　大内兵衛，土屋喬雄編　大蔵省租税局編　原書房　1979.3　478p　22cm　6500円

◇地租改正関係農村史料集　農政調査会編　御茶の水書房　1978.6　1371p　27cm　25000円

◇人物・日本資本主義　1　地租改正　大島清，加藤俊彦，大内力著　東京大学出

版会　1972　295p　19cm　（UP選書）

◇地租改正　福島正夫著　吉川弘文館　1968　349p　図版　20cm　（日本歴史叢書21　日本歴史学会編）

◇地租改正と農民闘争　有元正雄著　新生社　1968　704p　22cm　（日本史学研究双書）

◇明治前期　財政經濟史料集成　第7巻　地租改正報告書,地租改正例規沿革撮要,地租関係書類彙纂　大内兵衛，土屋喬雄共編　明治文献資料刊行会　1963　22cm

◇明治史研究叢書　第2巻　地租改正と地方自治制　解説〔ほか〕　明治史料研究連絡会編　楫西光速　御茶の水書房　1956-57　19cm

◇地租改正関係農村史料集　農政調査会，日本常民文化研究所共編　1953　1372p　25cm

◇地租改正史論　小野武夫著　大八州出版　1948　253p　19cm　大八州史書

官営事業払い下げ

　明治13年以降、政府が官営鉱山・官営模範工場などの事業を民間に払い下げた政策。実際には17年以降に多くの払い下げが実施され、富岡製糸場、三池炭鉱、釜石鉄山、幌内炭鉱などが三井系に、長崎造船所、佐渡金山、生野銀山などが三菱系になるなど、のちに財閥を形成する資本家に産業が集中していく契機となった。

　　　　＊　　　　＊　　　　＊

◇自叙　益田孝翁伝　益田孝著，長井実編　中央公論社　1989.1　429p　15cm　（中公文庫）　600円　①4-12-201584-7

◇日本の工業化と官業払下げ―政府と企業　小林正彬著　東洋経済新報社　1977.12　384,9p　22cm　3900円

松方 正義

天保6(1835).2.25～大正13(1924).7.2
明治時代中後期・大正時代の政治家。薩摩藩出身で、明治十四年の政変後に参議・大蔵卿に任じられた。その後日清戦争直前まで松方財政と呼ばれる緊縮財政政策を展開、日本の資本主義経済体制の基礎を固めたといわれる。24年5月から翌年8月までは首相として組閣。日清戦後の29年9月から31年1月には二度目の首相に就任。その後も元老として政界に重きをなした。

＊　　＊　　＊

◇大久保利通と民業奨励　安藤哲著　御茶の水書房　1999.11　333p　21cm　5800円　ⓘ4-275-01786-2
◇明治期の庶民生活の諸相　神立春樹著　御茶の水書房　1999.11　301p　21cm　3800円　ⓘ4-275-01783-8
◇茨城の明治維新　佐々木寛司編著　文真堂　1999.7　214p　19cm　（五浦歴史叢書）　2095円　ⓘ4-8309-4334-3
◇運命の児―日本宰相伝 2　三好徹著　徳間書店　1997.8　334p　15cm　（徳間文庫）　552円　ⓘ4-19-890742-0
◇松方正義関係文書　第15巻　松方家万歳閣資料　松方峰雄ほか編　大東文化大学東洋研究所　1994.2　11,511p　22cm
◇松方正義関係文書　第14巻　松方家万歳閣資料　松方峰雄ほか編　大東文化大学東洋研究所　1993.3　12,590p　22cm
◇松方正義関係文書　第12巻　伝記資料篇　松方峰雄ほか編　大東文化大学東洋研究所　1991.2　515p　22cm
◇松方正義関係文書　第11巻　伝記資料篇　松方峰雄ほか編　大東文化大学東洋研究所　1990.3　470p　22cm　11330円
◇松方正義関係文書　第10巻　伝記資料篇 1　松方峰雄ほか編　大東文化大学東洋研究所　1989.3　461p　22cm　13000円
◇絹と武士　ライシャワー, ハル・松方著, 広中和歌子訳　文芸春秋　1987.11　418p　19cm　2000円　ⓘ4-16-341850-4
◇松方正義関係文書　第5巻　侯爵松方正義卿実記 5　松方峰雄ほか編集　中村徳五郎編修　大東文化大学東洋研究所　1983.12　697p　22cm　13000円
◇明治・大正の宰相　第3巻　松方正義と日清戦争の砲火　戸川猪佐武著　講談社　1983.10　302p　20cm　1000円　ⓘ4-06-180693-9
◇松方正義関係文書　第4巻　侯爵松方正義卿実記 4　松方峰雄ほか編集　中村徳五郎編修　大東文化大学東洋研究所　1982.12　574p　22cm　13000円
◇松方正義関係文書　第3巻　侯爵松方正義卿実記 3　松方峰雄ほか編　中村徳五郎編　大東文化大学東洋研究所　1981.12　663p　22cm　13000円
◇松方正義関係文書　第2巻　侯爵松方正義卿実記 2　松方峰雄ほか編　中村徳五郎編　大東文化大学東洋研究所　1981.3　459〔正しくは495〕p　22cm　13000円
◇松方正義関係文書　第1巻　侯爵松方正義卿実記 1　松方峰雄ほか編　中村徳五郎編　大東文化大学東洋研究所　1979.11　486p　22cm
◇公爵松方正義伝　徳富猪一郎編述　明治文献　1976　2冊　22cm　全32000円
◇松方正義　日本財政のパイオニア　藤村通著　日本経済新聞社　1966　190p　18cm　日経新書

松方財政

明治14年から25年にかけての大蔵卿・大蔵大臣松方正義による財政・金融政策。大久保利通主導の殖産興業政策を受けて、不換紙幣を整理して金本位制により兌換紙幣制度を確立するの

経済

を目的とした。そのために増税・支出削減・官営事業払下げなどを強行して「松方デフレ」を招いたが所期の目的を達し、30年に金本位制が確立することになった。またこの過程で小企業・農民層がデフレに耐えきれず没落し、日本型資本主義の原型を築いたとも言われている。

　　　　　＊　　　＊　　　＊

◇大系日本の歴史　13　近代日本の出発　永原慶二〔ほか〕編　坂野潤治著　小学館　1993.8　457p　16cm　（小学館ライブラリー）　980円　①4-09-461013-8
◇概説日本経済史　近現代　三和良一著　東京大学出版会　1993.4　222p　21cm　2400円　①4-13-042044-5
◇自由民権と大隈・松方財政　大石嘉一郎著　東京大学出版会　1989.2　357p　22cm　（東京大学社会科学研究所研究叢書　第72冊）　4800円　①4-13-020087-9
◇日本財政史概説―財政の政治過程　坂入長太郎著　第2増補改訂版　市川　市川バリエ社;星雲社〔発売〕　1988.9　562p　21cm　5800円　①4-7952-1708-4
◇明治前期財政史―資本主義成立期における財政の政治過程(明治維新-明治23年)　坂入長太郎著　酒井書店　1988.6　405p　21cm　（日本財政史研究　1）　5000円　①4-7822-0180-X
◇初代総理　伊藤博文　下　豊田穣著　講談社　1987.1　351p　19cm　1200円　①4-06-203082-9

産業革命

明治19年以降企業が次々に勃興し、紡績業や製糸業など繊維工業を中心に機械制工場生産が開始されたことを指す。松方財政による多くの農家の没落、都市の工場労働者人口の増加がこの下地を作った。紡績業では大阪紡績会社を筆頭に都市周辺に大規模工場が設立され、国内だけでなく朝鮮・中国への輸出産業としても発展を遂げた。製糸業では初め富岡製糸場が先行し、次いで諏訪地方の器械製糸業が勃興。米国市場において圧倒的シェアを得るにいたり、最大の輸出産業となっていった。いずれも低賃金・長時間労働の女工が産業の基盤を支えていた。

　　　　　＊　　　＊　　　＊

◇近代東京の下層社会―社会事業の展開　安岡憲彦著　明石書店　1999.12　312p　19cm　4500円　①4-7503-1243-6
◇新技術の社会誌　鈴木淳著　中央公論新社　1999.12　312p　19cm　（日本の近代　15）　2400円　①4-12-490115-1
◇日本資本主義の原像―現状分析の方法を求める日本近代史論　さらぎ徳二著　世界書院　1999.12　294p　21cm　3000円　①4-7927-0001-9
◇日本の近代技術はこうして生まれた―産業遺産をヒントに考える　馬渕浩一著　町田　町田玉川大学出版部　1999.11　222p　21cm　3200円　①4-472-40051-0
◇近代日本金融史序説　石井寛治著　東京大学出版会　1999.6　589p　21cm　8000円　①4-13-040165-3
◇日本資本主義史論　大石嘉一郎著　東京大学出版会　1999.5　340p　21cm　5800円　①4-13-020090-9
◇日本資本主義の構造と展開　大石嘉一郎著　東京大学出版会　1998.5　355p　21cm　5800円　①4-13-020089-5
◇日清・日露の戦い―明治時代　2　海野福寿監修, 井上大助漫画　集英社　1998.3　163p　21cm　（学習漫画　日本の歴史 16）　850円　①4-08-239016-2
◇近代日本の軌跡　8　産業革命　高村直助編　吉川弘文館　1994.6　265p　20cm　2400円　①4-642-07442-2
◇20世紀フォトドキュメント　第5巻　産業―明治―平成　飯田賢一責任編集　ぎょうせい　1992.5　159p　27cm　3200円　①4-324-02696-3
◇産業革命期における地域編成　神立春樹著　御茶の水書房　1987.11　254,2p　22cm　（岡山大学経済学研究叢書　第4冊）　2800円　①4-275-00767-0

経済

◇日本の産業革命　日本史教育研究会編　評論社　1982.7　264p　18cm　(若い世代と語る日本の歴史　26)　790円　①4-566-06025-X
◇産業革命　長岡新吉著　〔東村山〕教育社　1979.4　228p　18cm　(教育社歴史新書)　600円
◇日本産業革命の研究―確立期日本資本主義の再生産構造　上　大石嘉一郎編　東京大学出版会　1975　384p　22cm　(東京大学社会科学研究所研究報告第24集)　2800円
◇近代工業の発展と経済生活―経済診察の方法　緑川敬著　古今書院　1949　123p　19cm　社会科叢書

女　工

明治時代中期以降、日本の中核産業だった製糸工業、紡績工業においては若年女性が工場労働者として進出した。しかし彼女たちの多くは貧農家計を補助するために雇われたもので、低賃金の長時間労働に加え作業環境の劣悪さのため健康を害するものが少なくなかった。大正時代になって、細井和喜蔵の『女工哀史』は彼女たちの置かれた状況を生々しく伝え、大きな反響を呼んだ。

　　　　＊　　　＊　　　＊

◇製糸女工の教育史　花井信著　大月書店　1999.12　387p　21cm　8500円　①4-272-41118-7
◇日本の歴史―明治維新から現代 7 女性と家の歴史　坂井俊樹監修,小松伸之文　ポプラ社　1999.4　48p　30cm　2800円　①4-591-05983-9
◇職工事情 下　犬丸義一校訂　岩波書店　1998.11　538p　15cm　(岩波文庫)　800円　①4-00-381003-1
◇大日本帝国―明治時代後期　登龍太,岡本まさあきほか作画,鈴木一弘指導　ぎょうせい　1998.5　191p　26cm　(おもしろ日本史 まんがパノラマ歴史館 12)　2000円　①4-324-05142-9
◇労働者と農民―日本近代をささえた人々　中村政則著　小学館　1998.4　507p　15cm　(小学館ライブラリー)　1200円　①4-09-460110-4
◇越後女工史再発見　鏡泰征著　高志書院　1997.9　142p　19cm　1800円　①4-906641-06-7
◇工女への旅―富岡製紙場から近江絹糸へ　早田リツ子著　京都　かもがわ出版　1997.6　196p　19cm　1600円　①4-87699-310-6
◇叢書 女性論 20 女中奉公と女工生活　賀川はる子著　大空社　1996.1　165p　21cm　6796円　①4-7568-0029-7
◇日本残酷物語 5 近代の暗黒　平凡社　1995.8　552p　16cm　1359)(平凡社ライブラリー円　①4-582-76112-7
◇結核の文化史―近代日本における病のイメージ　福田真人著　名古屋　名古屋大学出版会　1995.2　398,31p　19cm　4500円　①4-8158-0246-7
◇くにざかい・糸に生きる―青崩峠を越えた女たち　沢田猛著　影書房　1993.9　213p　19cm　2000円　①4-87714-175-8
◇近代文明批判―「国家」の批判から「社会」の批判へ　田中浩,和田守編著　社会評論社　1990.12　314p　21cm　2524)(思想の海へ「解放と変革」 10円
◇東京の下層社会―明治から終戦まで　紀田順一郎著　新潮社　1990.5　203p　19cm　1165円　①4-10-306305-X
◇日本史の社会集団 7 労働者と農民　中村政則著　小学館　1990.3　557p　15cm　777円　①4-09-401127-7
◇製糸同盟の女工登録制度―日本近代の変容と女工の「人格」　東条由紀彦著　東京大学出版会　1990.1　456,3p　21cm　7200円　①4-13-026049-9
◇近代群馬の思想群像 2　高崎経済大学附属産業研究所編　日本経済評論

167

社　1989.3　349p　21cm　3000円　ⓘ4-8188-0269-7

◇日本女性労働運動史論 1 女工と労働争議 1930年洋モス争議　鈴木裕子著　れんが書房新社　1989.3　155p　19cm　1200円

◇日本プロレタリア文学集 33 ルポルタージュ集 1　新日本出版社　1988.9　513p　19cm　2800円　ⓘ4-406-01668-6

◇日本女性史入門講座 1　女と家　吉見周子編著　同成社　1988.7　230p　19cm　1800円　ⓘ4-88621-053-8

◇日本の労働運動―激動の100年史　小島恒久著　河出書房新社　1987.6　294p　19cm　2000円　ⓘ4-309-24091-7

◇続 あゝ野麦峠―ある製糸工女哀史　山本茂実著　朝日新聞社　1986.10　347p　15cm　（朝日文庫）　480円　ⓘ4-02-260380-1

◇あゝ野麦峠―ある製糸工女哀史　山本茂実著　朝日新聞社　1986.6　446p　15cm　（朝日文庫）　500円　ⓘ4-02-260379-8

◇あゝ野麦峠―ある製糸工女哀史　山本茂実著　朝日新聞社　1986.6　446p　15cm　朝日文庫　500円　ⓘ4-02-260379-8

金本位制

　明治30年、貨幣法が制定されて本格的に確立した制度。従来も明治4年の新貨条例により形式上は金本位制が採られていたが、政府の財源不足から実際には金銀複本位制の状態が続いていた。日清戦争で清国から多額の賠償金を得た日本は、賠償金を兌換の準備金に充当して金本位制を確立することができたといえる。この当時先進各国は金本位制を採用しており、国際通貨金融の面でも日本は世界の仲間入りを果たしたことになる。

　　　　＊　　　＊　　　＊

◇本邦銀行発達史 上　石沢久五郎著　復刻版　龍渓書舎　1998.11　1冊　21cm　（明治後期産業発達史資料 第424巻）　23000円

◇おもしろ日本史 まんが 人々のくらしと経済 第3巻 明治時代から現代まで　堀江卓作画　ぎょうせい　1996.8　191p　21cm　1456円　ⓘ4-324-04824-X

◇円でたどる経済史　荒木信義著　丸善　1991.10　202p　18cm　（丸善ライブラリー 026）　621円　ⓘ4-621-05026-5

◇国際通貨体制の動態と日本経済　藤野正三郎著　勁草書房　1990.5　538p　21cm　9700円　ⓘ4-326-93174-4

◇現代の通貨　原薫著　法政大学出版局　1990.1　271p　21cm　3500円　ⓘ4-588-64523-4

◇円の社会史―貨幣が語る近代　三上隆三著　中央公論社　1989.8　247p　18cm　（中公新書 937）　602円　ⓘ4-12-100937-1

◇円の誕生―近代貨幣制度の成立　三上隆三著　増補版　東洋経済新報社　1989.3　284,5p　21cm　3800円　ⓘ4-492-46024-1

◇明治後期財政史―産業資本主義確立期における財政の政治過程(明治24年‐大正3年)　坂入長太郎著　酒井書店　1988.6　448p　21cm　（日本財政史研究 2）　5000円　ⓘ4-7822-0181-8

◇円の百年―日本経済側面史　刀祢館正久著　朝日新聞社　1986.11　237p　19cm　（朝日選書 318）　940円　ⓘ4-02-259418-7

◇円・ドル・金―歴史と展望　荒木信義著　日本関税協会　1986.6　327p　19cm　1600円　ⓘ4-88895-069-5

◇日本の金融システム　貝塚啓明, 小野英祐編　東京大学出版会　1986.6　220p　21cm　2700円　ⓘ4-13-041036-9

恐　慌

　明治時代には大規模な経済恐慌は三度あった。一度目は「明治二十三年恐慌」と呼ばれ、明治19年以降産業革命の反動と位置づけられ、株式会社制度の不備と過剰在庫が原因で、資本主義的恐慌とは見なさないのが普通である。二度目は33年から34年にかけての「日清戦後恐慌」で、紡績業の過剰な資本蓄積が引き金となり、銀行の支払い停止も伴う初めての資本主義的恐慌だった。三度目は40年から41年にかけての「日露戦後恐慌」で、1907年世界恐慌の日本への波及により過剰生産が企業の不振を増幅し、明治末年から大正初期は慢性的な不況が続いた。

　　　　＊　　　＊　　　＊

◇日本財政史概説―財政の政治過程
　坂入長太郎著　第2増補改訂版　市川
　市川バリエ社;星雲社〔発売〕　1988.9
　562p　21cm　5800円　①4-7952-1708-4
◇明治後期財政史―産業資本主義確立期における財政の政治過程(明治24年‐大正3年)　坂入長太郎著　酒井書店　1988.6
　448p　21cm　日本財政史研究　2
　5000円　①4-7822-0181-8

社会事件

世直し一揆

　文久3年頃から明治4年頃まで各地で起きた民衆蜂起事件の総称。それまでの百姓一揆や打ち毀しと異なり、背景に幕末の動乱があり、新しい政治体制への渇望から「世直し」を目的としていた点に特色がある。一揆の要求には従来通りの物質的欲求に加え、窮民救済・平等実現など思想的なものも盛り込まれていたことが多く見られた。

◇近世後期の社会と民衆—天明三年～慶応四年、都市・在郷町・農村　長谷川伸三著　雄山閣出版　1999.2　392p　21cm　12381円　ⓘ4-639-01585-2

◇西南諸藩と廃藩置県　長野暹編　福岡　福岡九州大学出版会　1997.2　478p　21cm　9000円　ⓘ4-87378-482-4

◇明治維新の地域と民衆　明治維新史学会編　吉川弘文館　1996.12　227p　21cm　(明治維新史研究4)　4700円　ⓘ4-642-03639-3

◇明治維新の人物と思想　明治維新史学会編　吉川弘文館　1995.8　228p　21cm　(明治維新史研究3)　4700円　ⓘ4-642-03638-5

◇日本文明史6 太平の構図 文明の成熟　野口武彦著　角川書店　1990.12　359p　21cm　2233円　ⓘ4-04-521706-1

◇会津藩の崩壊　小沼淳著　日本図書刊行会;近代文芸社〔発売〕　1990.3　209p　19cm　1456円　ⓘ4-7733-0145-7

◇日本近代思想大系　21　民衆運動　安丸良夫,深谷克己校注　岩波書店　1989.11　504p　21cm　4660円　ⓘ4-00-230021-8

◇史料が語る長野の歴史60話　長野県高等学校教育文化会議社会科教育研究会編　三省堂　1989.7　279p　21cm　2427円　ⓘ4-385-35332-8

高橋お伝殺人事件

　明治時代初頭の殺人事件で、小説・戯曲にも取り上げられた。お伝は2度結婚したが離婚・死別を経験、横浜・東京で街娼となり、明治9年8月旅館で客を刺殺して捕まった。12年1月に斬首されたが、これが日本で最後の斬首刑だったといわれている。お伝の行状は河竹黙阿弥や仮名垣魯文が作品化して当時日本中に広まったが、実際以上に極悪人とされているきらいがある。

　　　*　　　*　　　*

◇毒婦伝　朝倉喬司著　平凡社　1999.4　381p　19cm　2000円　ⓘ4-582-82933-3

◇毒婦伝奇　柴田錬三郎著　文芸春秋　1995.4　286p　15cm　(文春文庫—柴錬立川文庫5)　437円　ⓘ4-16-714314-3

◇明治を駆けぬけた女たち　中村彰彦編著　ダイナミックセラーズ出版　1994.11　315p　19cm　1500円　ⓘ4-88493-252-8

◇男をむさぼる悪女の日本史—妖しく咲き誇る女たちの毒と華　片岡鬼堂著　日本文芸社　1993.11　252p　15cm　(にちぶん文庫)　480円　ⓘ4-537-06237-1

◇日本史・激情に燃えた炎の女たち—奔放に生き抜いた女たちの色と欲　村松駿吉著　日本文芸社　1993.9　235p　15cm　(にちぶん文庫)　480円　ⓘ4-537-06233-9

◇涙のスプリングボード　小島康誉著
　（名古屋）プラス　1991.4　158p　21cm
　1200円　④4-938594-18-8
◇毒婦の父―高橋お伝　矢代静一著
　河出書房新社　1979.7　223p　20cm
　1200円
◇高橋お伝　吉田美一著　東邦図書新社
　1966　256p　19cm　（巷談風俗叢書）
◇悪人列伝 4　海音寺潮五郎著　文芸春秋
　新社　1962　269p　20cm
◇炎の女―姐妃のお百・花井お梅・高橋お伝
　平林たい子著　新潮社　1958　243p
　20cm

コレラ流行

　19世紀になって日本に入ってきたコレラは、文政5年に西日本で初めて流行。安政5年には江戸も含む全国で大流行した。江戸だけで10万人以上（記録によっては死者26万人とも）が死んだといわれ、幕末動乱期に人心を不安と恐怖に陥れた。その後も文久2年、明治10年、明治19年と流行を繰り返し、開国により外国からもたらされた疫病として庶民に畏れられた。

　　　＊　　　＊　　　＊

◇愛知県の疫病史―コレラ・天然痘・赤痢・ペスト　渡辺則雄著　現代企画室　1999.12
　395p　21cm　3800円　④4-7738-9916-6
◇風刺マンガでまなぶ日本近現代史
　渡辺賢二著　地歴社　1999.10　173p
　21cm　2000円　④4-88527-150-9
◇茨城の明治維新　佐々木寛司編著
　文真堂　1999.7　214p　19cm　（五浦歴史叢書）　2095円　④4-8309-4334-3
◇文化のダイナミズム　新田義之編
　岡山　岡山大学教育出版　1999.5
　260p　21cm　2100円　④4-88730-328-9
◇近代の都市のあり方と部落問題　全国部落史研究交流会編　大阪　大阪全国部落史研究交流会;(大阪)解放出版社〔発売〕
　1998.8　89p　21cm　（部落研究 2）
　1200円　④4-7592-4026-8

◇朝日新聞の記事にみる 東京百歳〔明治〕〔大正〕　朝日新聞社編　朝日新聞社
　1998.2　329p　15cm　（朝日文庫）
　700円　④4-02-261225-8
◇〈清潔〉の近代―「衛生唱歌」から「抗菌グッズ」へ　小野芳朗著　講談社　1997.3
　270p　19cm　（講談社選書メチエ　98）
　1500円　④4-06-258098-5
◇明治時代とことば―コレラ流行をめぐって　知念広真著　リーベル出版　1996.12
　174p　20cm　2060円　④4-89798-535-8
◇ニュースで追う明治日本発掘　2
　西南戦争・自由民権・毒婦お伝の時代
　鈴木孝一編　河出書房新社　1994.8
　294p　20cm　2500円　④4-309-72322-5
◇文明開化と民衆―近代日本精神史断章
　奥武則著　新評論　1993.10　215p
　20cm　2575円　④4-7948-0196-3

高島炭坑問題

　明治21年に発覚した鉱夫虐待事件。高島炭鉱は三菱財閥が経営譲渡されたもので日本における近代的炭鉱事業の先駆に位置づけられていた。しかし実態は納屋制度で鉱夫が管理され、明治以降4回の労働争議が発生していた。明治21年に雑誌「日本人」に炭鉱労働者の実態に関するルポが掲載されて、鉱夫虐待が世間一般に表面化し大騒ぎとなった。政府は警保局長を派遣して改善を勧告。三菱は30年の争議事件発生により納屋制度を廃止することになった。

　　　＊　　　＊　　　＊

◇明治文化全集　第22巻　社会篇　上巻
　明治文化研究会編　日本評論社　1993.1
　50,629p　23cm　④4-535-04262-4,4-535-04235-7
◇近代化の国際比較―経済史的接近
　西川純子，高浦忠彦編　世界書院
　1991.10　300p　21cm　6386円

社会事件

磐梯山噴火

　明治21年7月15日朝、福島県中央部の磐梯山が大爆発したもの。降灰は太平洋にまで達し、小磐梯の山容は失われ、大量の火砕流が北方山麓の村に流れ下って461人の死者を出した。多くの集落が埋没し、山林・耕地の被害も甚大だった。なお噴出物が檜原川、小野川などを堰き止めて檜原湖、五色沼など多くの湖沼を生じさせ、その後の観光資源になっている。

＊　　　＊　　　＊

◇磐梯山噴火―災異から災害の科学へ　北原糸子著　吉川弘文館　1998.12　270,14p　19cm　（ニューヒストリー近代日本 3）　2600円　①4-642-03702-0
◇磐梯山大噴火を激写　百年前の報道カメラマン　千世まゆ子著，吉井忠絵　講談社　1989.7　221p　21cm　（講談社ジュニアノンフィクション）　1100円　①4-06-204474-9
◇磐梯火山と湖の生いたち　猪苗代盆地団体研究グループ編著　文化書房博文社　1988.12　164p　19cm　1000円　①4-8301-0507-0
◇磐梯山破裂セリ―明治二十一年七月十五日の記憶と人々のくらし　記念写真集　磐梯山噴火百周年記念事業実行委員会百年史部会編　会津若松　歴史春秋出版　1988.9　311p　31cm　10000円　①4-89757-077-8
◇磐梯山噴火百周年記念誌　磐梯山噴火百周年記念事業協議会編　〔猪苗代町（福島県）〕　磐梯山噴火百周年記念事業協議会　1988.7　182,56p　27cm
◇磐梯山の噴火と長瀬川の泥流―噴火百年を記念　泥流開拓農民の研究　山田信夫著　文化書房博文社　1988.1　249p　19cm　2000円　①4-8301-0485-6

濃尾地震

　明治24年10月28日午前6時38分、愛知県・岐阜県を中心に起きた大地震。マグニチュードは8.0と推定され、内陸型地震としては日本で最大級と考えられる。死者7273人、負傷者17175人、家屋全壊14万戸以上、半壊8万戸以上、道路・橋・堤防・山崩れ等は合わせて5万箇所に達した。この地震で愛知県犬山市から岐阜県根尾谷を経て福井県南部まで延長80kmの大断層が出現、後にその一部は特別天然記念物に指定された。またこの地震をきっかけに「震災予防調査会」が設置され、大正14年まで日本地震学に大きな足跡を残すことになる。

＊　　　＊　　　＊

◇フィールドサイエンス地球のふしぎ探検　東海版　森勇一編　名古屋　名古屋風媒社　1999.8　227p　21cm　1600円　①4-8331-0075-4
◇くらべてみよう100年前と―20世紀から21世紀へ 4　日本のできごと　本間昇編・著　岩崎書店　1999.4　47p　29×22cm　2800円　①4-265-02674-5
◇兵庫県地震災害史―古地震から阪神・淡路大震災まで　寺脇弘光著　神戸　神戸新聞総合出版センター　1999.4　310p　19cm　（のじぎく文庫）　1800円　①4-343-00036-2
◇三大地震と人々の暮らし―明治（濃尾）・大正（関東）・現代（阪神・淡路）写真集　日本下水文化研究会　1996.7　126p　31cm
◇濃尾大震災の教訓―The great Nobi earthquake 1891　岐阜　岐阜県歴史資料館　1996.3　113p　31cm
◇明治二四年十月二八日濃尾地震資料集　東京大学地震研究所　1992.3　3冊　27cm
◇写真でみる濃尾震災―実態とその復興　岐阜新聞社出版局編　岐阜　岐阜新聞社　1991.10　171p　26cm　2200円

社会事件

◇学校誌にみる濃尾震災　岐阜県歴史資料保存協会編　岐阜　岐阜県歴史資料保存協会　1991.9　107p　26cm

◇岐阜県下震災景況—明治二十四年濃尾震災報告書　岐阜　岐阜県郷土資料研究協議会　1991.8　1冊（頁付なし）26cm

◇岐阜大学教育学部郷土資料　15　濃尾地震（明治24年）のアンケート調査報告　京都府その他全国の部　岐阜大学教育学部編　岐阜　岐阜大学教育学部　1984.3　158p　22cm

◇岐阜大学教育学部郷土資料　14　濃尾地震（明治24年）のアンケート調査報告　兵庫県の部　岐阜大学教育学部編　岐阜　岐阜大学教育学部　1983.3　126p　22cm

◇岐阜大学教育学部郷土資料　10　濃尾地震（明治24年）のアンケート調査報告　石川県の部　岐阜大学教育学部編　岐阜　岐阜大学教育学部　1979.2　142p　22cm

◇岐阜大学教育学部郷土資料　9　濃尾地震（明治24年）のアンケート調査報告　三重県,滋賀県,長野県の部　岐阜大学教育学部編　岐阜　岐阜大学教育学部　1978.3　154p　22cm

三陸沖地震・津波

　明治29年6月15日午後7時30分、三陸沖で起きた地震と大津波。海底地震のマグニチュードは7.6と推定され、46分後に襲来した津波の高さは吉浜村で24mに達した。津波による死者は27122人で、日本では史上最悪の被害となった。吉浜村では人口の九割が死亡、他の町村でも人口の半数以上が犠牲となったところが少なくない（吉浜村は津波の後、村ごと高台に移転した）。なお、古来三陸地方は津波被害が多く、今世紀にも昭和8年、昭和35年に大津波に襲われ多くの死者を出している。

　　　　＊　　　＊　　　＊

◇くらべてみよう100年前と—20世紀から21世紀へ　4　日本のできごと　本間昇編・著　岩崎書店　1999.4　47p　29×22cm　2800円　①4-265-02674-5

◇修羅の涙は土に降る—カスリン・アイオン台風、北上川流域・宮古、大洪水の秋　高崎哲郎著　盛岡　盛岡自湧社　1998.8　223p　21cm　2000円　①4-921046-02-6

◇写真と絵で見る—明治三陸大津波　山下文男編著　三陸町（岩手県）　山下文男　1995.6　47p　26cm

足尾鉱毒事件

　栃木県足尾銅山から流出する鉱毒が原因で渡良瀬川沿岸の農地が汚染された公害事件で、日本の公害の原点とされる。古河市兵衛の経営に移ってから急速に近代化され、明治17年には産銅量全国一となった足尾銅山は、一方で有毒重金属を含む酸性排水を垂れ流したため、渡良瀬川流域の農地に鉱毒被害が発生した。翌年頃から魚類の大量死として顕在化、20年には一部農民に認識されていた鉱毒問題は、24年議会における田中正造の質問で全国に知れ渡り、30年に被害農民が大挙上京した「押出し」によって一大社会問題化した。33年3月に4回目の押出しを行った農民は警察の弾圧を受け、運動は一時衰退。しかし、翌34年田中は天皇直訴事件を起こし、これがきっかけとなって反対運動は再燃することになった。

　各地の鉱山への波及を恐れた明治政府は鉱毒問題を治水問題へすりかえ、甘言と強権で下流の谷中村民を移住させ、40年に強制破壊の末、谷中村の廃村・遊

社会事件

> 水池化を強行した。結局政府は鉱毒被害そのものを村ごと抹殺したといえる。

◇日本史の現場検証 2 明治・大正編 合田一道著 扶桑社 1999.11 261p 19cm 1429円 ①4-594-02790-3

◇100問100答 日本の歴史 5 近代 歴史教育者協議会編 河出書房新社 1999.7 271p 19cm 2600円 ①4-309-22350-8

◇環境問題資料事典 2 環境問題と産業界の取り組み 古川清行編著 東洋館出版社 1999.5 133p 26cm 2900円 ①4-491-01501-5

◇利根川―人と技術文化 北野進, 是永定美編 雄山閣出版 1999.3 290p 21cm 3500円 ①4-639-01594-1

◇佐久間貞一全集 全 矢作勝美編著 大日本図書 1998.12 408p 21cm 6500円 ①4-477-00964-X

◇田中正造をめぐる言論思想―足尾鉱毒問題の情報化プロセス 田村紀雄著 社会評論社 1998.9 202p 21cm 2200円 ①4-7845-0498-2

◇大日本帝国―明治時代後期 登龍太, 岡本まさあきほか作画, 鈴木一弘指導 ぎょうせい 1998.5 191p 26cm (おもしろ日本史 まんがパノラマ歴史館 12) 2000円 ①4-324-05142-9

◇フォト・ドキュメント 渡良瀬の風土―谷中村と田中正造の現在 1971‐1996 神山勝三著 宇都宮 随想舎 1996.3 151p 26×21cm 3600円 ①4-938640-78-3

◇田中正造―二一世紀への思想人 小松裕著 筑摩書房 1995.9 213,7p 19cm 2500円 ①4-480-85712-5

◇ニュースで追う明治日本発掘 6 足尾鉱毒・娼婦自由廃業・暴露合戦の時代 鈴木孝一編 河出書房新社 1995.4 302p 19cm 2500円 ①4-309-72326-8

◇渡良瀬川の水運 広瀬武著 (宇都宮)随想舎 1995.3 134p 18cm (ずいそうしゃ新書 1) 1030円 ①4-938640-66-X

◇足尾鉱毒と人間群像 下山二郎著 国書刊行会 1994.3 269p 20cm 2200円 ①4-336-03602-0

◇田中正造の終りなき戦い―足尾銅山鉱毒事件 花村富士男著 宇都宮 花村富士男 1994.1 397p 22cm 3500円

◇日本の公害―水俣病問題・足尾鉱毒問題 大阪人権歴史資料館編 大阪 大阪人権歴史資料館 1993.7 125p 26cm

◇語りつぐ田中正造―先駆のエコロジスト 田村紀雄, 志村章子共編 社会評論社 1991.12 231p 19cm 2060円

◇田中正造と足尾鉱毒問題を考える 法政平和大学著 オリジン出版センター 1991.11 85p 21cm (法政平和大学マラソン講座 3) 1030円

◇田中正造之生涯 木下尚江編 大空社 1991.11 757,10p 21cm (伝記叢書 83) 19500円 ①4-87236-382-5

◇思い出の田中正造思い出の谷中村 関口コト, 島田清〔述〕, 永瀬一哉編 八王子 歴史体験の発掘とその教材化研究会 1990.4 43p 21cm (県相ブックレット no.8)

◇木下尚江全集 第1巻 足尾鉱毒問題・廃娼之急務・火の柱 木下尚江著 教文館 1990.1 449p 19cm 3500円 ①4-7642-2061-X

◇ドキュメント 日本の公害 第4巻 足尾・水俣・ビキニ 川名英之著 緑風出版 1989.11 493p 19cm 3502円

◇田中正造選集 第4巻 安在邦夫〔ほか〕編 岩波書店 1989.11 340p 20cm 2600円 ①4-00-091494-4

社会事件

◇田中正造選集　第5巻　安在邦夫〔ほか〕編　岩波書店　1989.8　333p　20cm　2500円　ⓘ4-00-091495-2

◇田中正造選集　第3巻　安在邦夫〔ほか〕編　岩波書店　1989.7　343p　20cm　2500円　ⓘ4-00-091493-6

◇田中正造と足尾鉱毒―開館5周年記念企画展　佐野　佐野市郷土博物館　1988.10　40p　26cm

◇足尾暴動の史的分析―鉱山労働者の社会史　二村一夫著　東京大学出版会　1988.5　366p　22cm　5400円　ⓘ4-13-020084-4

◇谷中裁判関係資料集―その他　菊地茂著作集第4巻　菊地茂〔著〕，斎藤英子編　早稲田大学出版部　1988.1　515,20p　19cm　6500円

◇亡国に至るを知らざるは亡国なり―足尾鉱毒事件、日清戦争　斎藤成雄著　近代文芸社　1987.11　282p　19cm　1400円　ⓘ4-89607-734-2

◇田中正造伝―嵐に立ち向かう雄牛　ケネス・ストロング著，川端康雄，佐野正信訳　晶文社　1987.7　445p　19cm　2800円　ⓘ4-7949-3695-8

◇公害報道の原点―田中正造と世論形成　山本武利著　御茶の水書房　1986.11　264,5p　19cm　2200円　ⓘ4-275-00716-6

◇足尾鉱山簀子橋廃石堆積場調査研究報告書　日本科学者会議災害問題研究委員会　1986.3　101p　25cm

◇田中正造の世界　16号(1984-2)テーマ:移民　志村章子編　谷中村出版　1984.11　64p　21cm　600円

◇田中正造―足尾の鉱毒問題とたたかった　北川幸比古著　高田勲絵　さ・え・ら書房　1984.5　192p　23cm　(少年少女伝記読みもの)　1200円　ⓘ4-378-02130-7

◇通史足尾鉱毒事件―1877-1984　東海林吉郎，菅井益郎著　新曜社　1984.4　307p　19cm　1700円

◇足尾鉱毒事件　森長英三郎著　日本評論社　1982.3　2冊　19cm　(日評選書)　各1500円

◇田中正造―公害とたたかった鉄の人　砂田弘〔著〕　講談社　1981.11　189p　18cm　(講談社火の鳥伝記文庫)　390円　ⓘ4-06-147514-2

◇田中正造ノート　日向康著　田畑書店　1981.1　292p　20cm　1900円

◇洪水を歩む―田中正造の現在　佐江衆一著　朝日新聞社　1980.10　249p　20cm　1200円

◇高崎連隊小史足尾派遣大隊詳報　太田　渡良瀬川鉱毒根絶毛里田期成同盟会　1980.8　6,74p　26cm　非売品

◇田中正造全集　第5巻　論稿5　田中正造全集編纂会編　岩波書店　1980.5　624p　20cm　3000円

◇辛酸―田中正造と足尾鉱毒事件　城山三郎著　角川書店　1979.5　215p　15cm　(角川文庫)　220円

◇田中正造の生きざま―足尾鉱毒闘争史　小山利雄著　桐生　群馬通商　1979.5　133p　19cm　880円

◇田中正造全集　第3巻　論稿3　田中正造全集編纂会編　岩波書店　1979.1　737p　20cm　2900円

◇川俣事件―渡良瀬農民の苦闘　田村紀雄著　第三文明社　1978.5　222p　18cm　(レグルス文庫)　480円

◇田中正造全集　第2巻　論稿2　田中正造全集編纂会編　岩波書店　1978.5　781p　20cm　2900円

◇足尾鉱毒亡国の惨状―被害農民と知識人の証言　復刻　東海林吉郎，布川了編・解説　伝統と現代社　1977.10　319p(図共)　20cm　2500円

◇田中正造全集　第8巻　衆議院演説集2　田中正造全集編纂会編　岩波書店　1977.9　484p　図　20cm　2300円

◇谷中村問題と学生運動―菊地茂著作集第1巻　菊地茂著，斉藤英子編　早稲田

社会事件

大学出版部　1977.6　632,34p　19cm
4300円

◇田中正造全集　第7巻　衆議院演説集1
田中正造全集編纂会編　岩波書店
1977.6　573p 肖像　20cm　2500円

◇渡良瀬の思想史—住民運動の原型と展開
田村紀雄著　名古屋　風媒社　1977.1
326p　20cm　1800円

◇盤圧に耐えて—足尾鉱毒事件版画集第3
集　小口一郎作　浦和　埼玉新聞社
1976.3　図版80枚　42cm　18000円

◇荒畑寒村著作集　1　社会運動　明治
平凡社　1976　447p 図 肖像　20cm
2200円

◇死なば死ね殺さば殺せ—田中正造のも
う一つの闘い　山岸一平著　講談社
1976　217p　20cm　980円

◇足尾鉱毒事件と田中正造資料展目録
慶応義塾大学三田情報センター
〔1976〕　44p　27cm

◇棄民化の現在　鎌田忠良著　大和書房
1975　246p　20cm　1500円

◇鉱毒農民物語　田村紀雄著　朝日新聞社
1975　230p　19cm　（朝日選書　47）
620円

◇足尾鉱毒事件研究　鹿野政直編　三一
書房　1974　502,16p 図 肖像　23cm
6000円

◇歴史よ人民のために歩め　東海林吉郎
著　太平出版社　1974　289p 図 肖像
20cm　（田中正造の思想と行動　1）
1500円

◇鉱毒—渡良瀬農民の苦闘　田村紀雄著
新人物往来社　1973　242p　20cm
900円

◇足尾銅山に関する文献について
村上安正著　〔東久留米〕　村上安正
1973　24p　25cm

◇校註足尾鉱毒事件史料集—田中正造翁を
めぐる人々の手控え　前沢敏(弘明)翻刻
佐野　永楽屋書店 桐生 大沢書店　1972
277p 肖像　22cm　非売品

◇足尾銅山鉱毒問題の一側面　長瀬欣男
著　〔桐生〕　長瀬欣男　1972　37p
25cm

◇谷中から来た人たち—足尾鉱毒移民と田
中正造　小池喜孝著　新人物往来社
1972　261p　20cm　880円

◇田中正造と近代思想　中込道夫著
現代評論社　1972　388p　22cm　1800円

◇田中正造翁余録　上　島田宗三著
三一書房　1972　385p 肖像　20cm

◇田中正造翁余録　下　島田宗三著
三一書房　1972　550p　20cm

◇望郷—鉱毒は消えず　林えいだい著
亜紀書房　1972　323p　19cm　850円

◇鉱毒事件の真相と田中正造翁　永島与八
著　明治文献　1971　702,70p(解説共)肖
像　19cm　2500円

◇資料足尾鉱毒事件　内水護編　亜紀書房
1971　500p　22cm　3800円

◇辛酸—足尾鉱毒事件　城山三郎著
潮出版社　1971　245p　15cm　（潮文庫）

◇谷中村滅亡史　荒畑寒村著　改版
新泉社　1970　197p 図版　20cm
580円

◇野に叫ぶ人々—足尾銅山鉱毒事件連作版
画集　小口一郎画　明治文献　1970
図版36枚　37cm　4000円

◇松本英一日記—足尾鉱毒事件を中心とし
た　松本英一著, 板倉町小・中・高校郷土調
査研究会編　板倉町教育委員会　1963
155p 図版　19cm　（板倉町郷土資料）

◇谷中村滅亡史　荒畑寒村著　明治文献
1963　174,13p 図版　19cm　（明治文献
資料叢書　社会主義篇1 明治文献資料刊
行会編）

◇足尾銅山労働運動史　足尾銅山労働組合
編　足尾町(栃木県)　1958　690p 図版
19cm

◇晩年の日記　田中正造著, 林広吉解題
日本評論社　1948　291p 図版　19cm
（明治文化叢書）

◇献げつくして＝鉱毒事件の永島与八の生涯　管井吉郎著　髙崎　群馬教壇社　1947　176p　図版　19cm　非売円

田中 正造

天保12(1841).11.3〜大正2(1913).9.4
政治家・社会運動家。「栃木新聞」創刊、栃木県会議員を経て、明治19年県会議長。23年の第一回総選挙で立憲改進党から立候補して当選した。第二議会で足尾鉱毒問題について政府を追及し、被害農民の集団請願運動(押出し)の指揮にもあたった。農民への弾圧が激しくなると、34年には議員辞職した上、天皇への直訴を決行。その後は谷中村に住み、渡良瀬川の治水問題に生涯を捧げた。

＊　　＊　　＊

◇100問100答　日本の歴史 5　近代　歴史教育者協議会編　河出書房新社　1999.7　271p　19cm　2600円　Ⓘ4-309-22350-8

◇真理への途上—苦渋に満ちた生涯　田中正造・原胤昭・新渡戸稲造　雨貝行麿著　近代文芸社　1999.3　358p　19cm　2600円　Ⓘ4-7733-6433-5

◇語りつぐ田中正造—先駆のエコロジスト　田村紀雄、志村章子共編　社会評論社　1998.9　261p　19cm　2200円　Ⓘ4-7845-0499-0

◇田中正造をめぐる言論思想—足尾鉱毒問題の情報化プロセス　田村紀雄著　社会評論社　1998.9　202p　21cm　2200円　Ⓘ4-7845-0498-2

◇新版 20世紀理科年表　山口幸夫著　岩波書店　1998.2　218,8p　18cm　(岩波ジュニア新書)　700円　Ⓘ4-00-500297-8

◇男たちの天地　今井美沙子, 中野章子著　樹花舎;星雲社〔発売〕　1997.8　324p　19cm　1900円　Ⓘ4-7952-5036-7

◇田中正造　布川清司著　清水書院　1997.5　225p　19cm　(Century Books—人と思想 50)　700円　Ⓘ4-389-41050-4

◇毒—風聞・田中正造　立松和平著　東京書籍　1997.5　313p　19cm　1600円　Ⓘ4-487-75432-1

◇きょう土につくした人びと　ふるさと歴史新聞 7　ふるさとの自然をまもる　笠原秀文　ポプラ社　1996.4　47p　30cm　2718円　Ⓘ4-591-05040-8

◇近代史を視る眼—開国から現代まで　石井孝著　吉川弘文館　1996.4　263p　19cm　2700円　Ⓘ4-642-07477-5

◇フォト・ドキュメント 渡良瀬の風土—谷中村と田中正造の現在 1971‐1996　神山勝三著　宇都宮　宇都宮随想舎　1996.3　151p　26×21cm　3495円　Ⓘ4-938640-78-3

◇田中正造—二一世紀への思想人　小松裕著　筑摩書房　1995.9　213,7p　19cm　2427円　Ⓘ4-480-85712-5

◇田中正造　由井正臣著　岩波書店　1994.9　226p　20cm　(岩波新書)　1600円　Ⓘ4-00-003859-1

◇ひとが生まれる—五人の日本人の肖像　鶴見俊輔著　筑摩書房　1994.3　253p　15cm　(ちくま文庫)　650円　Ⓘ4-480-02853-6

◇田中正造の終りなき戦い—足尾銅山鉱毒事件　花村富士男著　宇都宮　花村富士男　1994.1　397p　22cm　3500円

◇へんくつ一代　三好徹著　講談社　1993.12　304p　15cm　(講談社文庫)　500円　Ⓘ4-06-185559-X

◇苦悩するリーダーたち　日本テレビ放送網　1993.6　247p　19cm　(知ってるつもり?! 11)　1100円　Ⓘ4-8203-9305-7

◇新・田中正造伝—現代に生きる正造思想　朝日新聞宇都宮支局編　宇都宮　随想舎　1992.12　190p　21cm　1854円

◇木下尚江全集　第10巻　田中正造翁　木下尚江著　教文館　1992.1　415p　19cm　5800円　Ⓘ4-7642-2070-9

社会事件

◇語りつぐ田中正造―先駆のエコロジスト　田村紀雄,志村章子共編　社会評論社　1991.12　231p 19cm　2060円

◇鉱毒非命―田中正造の生涯　下山二郎著　国書刊行会　1991.12　352p 20cm　2233円　①4-336-03335-8

◇写真で見る田中正造の生涯　梓書店編　下関　梓書店　1991.11　25p 21cm　400円

◇田中正造と足尾鉱毒問題を考える　法政平和大学著　オリジン出版センター　1991.11　85p 21cm　（法政平和大学マラソン講座　3）　1000円

◇田中正造之生涯　木下尚江編　大空社　1991.11　757,10p 21cm　（伝記叢書　83）　19500円　①4-87236-382-5

◇神に最も近づいた人―田中正造覚書　花村富士男編　宇都宮　花村富士男　1991.2　291p 22cm　2000円

◇田中正造―民衆からみた近代史　由井正臣述,日本放送協会編　日本放送出版協会　1990.1　151p 21cm　（NHK市民大学）　360円

◇田中正造選集　第4巻　安在邦夫ほか編　岩波書店　1989.11　340p 20cm　2600円　①4-00-091494-4

◇田中正造選集　第6巻　安在邦夫ほか編　岩波書店　1989.10　329p 20cm　2600円　①4-00-091496-0

◇田中正造選集　第7巻　安在邦夫ほか編　岩波書店　1989.9　336p 20cm　2600円　①4-00-091497-9

◇田中正造選集　第5巻　安在邦夫ほか編　岩波書店　1989.8　333p 20cm　2500円　①4-00-091495-2

◇田中正造選集　第3巻　安在邦夫ほか編　岩波書店　1989.7　343p 20cm　2500円　①4-00-091493-6

◇田中正造選集　第2巻　安在邦夫ほか編　岩波書店　1989.6　324p 20cm　2500円　①4-00-091492-8

◇民権への道　田中正造著　岩波書店　1989.5　329p 19cm　（田中正造選集　1）　2500円　①4-00-091491-X

◇歴史のなかの個性たち―日本の近代を裂く　鹿野政直著　有斐閣　1989.3　206p 19cm　（有斐閣選書　916）　1200円　①4-641-18114-4

◇田中正造と足尾鉱毒―開館5周年記念企画展　佐野　佐野市郷土博物館　1988.10　40p 26cm

◇林竹二著作集　10　生きること学ぶこと　林竹二著　筑摩書房　1987.9　277p 20cm　1900円　①4-480-38910-5

◇田中正造伝―嵐に立ち向かう雄牛　ストロング,ケネス著,川端康雄,佐野正信訳　晶文社　1987.7　445p 19cm　2800円　①4-7949-3695-8

◇私にとっての田中正造　田村紀雄編　総合労働研究所　1987.5　369,B 19cm　2300円　①4-7941-0331-X

◇文明を批評する　丸谷才一編著　講談社　1986.8　327p 19cm　（言論は日本を動かす　第9巻）　1800円　①4-06-188949-4

◇林竹二著作集　3　田中正造―その生涯と思想　筑摩書房　1985.1　316p 20cm　1600円

◇田中正造　由井正臣著　岩波書店　1984.8　224p 18cm　（岩波新書）　430円

◇日本人の自伝　2　植木枝盛,馬場辰猪.田中正造.玉水常治.松山守善　平凡社　1982.7　549p 20cm　2800円

◇怒濤と深淵―田中正造・新井奥邃頌　長野精一著　京都　法律文化社　1981.6　290p 20cm　2200円

◇田中正造ノート　日向康著　田畑書店　1981.1　292p 20cm　1900円

◇田中正造全集　別巻　田中正造全集編纂会編　岩波書店　1980.8　565p 20cm　3200円

◇田中正造全集　第19巻　書簡　6　田中正造全集編纂会編　岩波書店　1980.3

社会事件

◇田中正造全集　第18巻　書簡　5　田中正造全集編纂会編　岩波書店　1980.2　704p　20cm　3000円

◇田中正造全集　第17巻　書簡　4　田中正造全集編纂会編　岩波書店　1979.10　694p　20cm　3000円

◇田中正造全集　第11巻　日記　3　田中正造全集編纂会編　岩波書店　1979.7　632p　20cm　2900円

◇田中正造の生きざま―足尾鉱毒闘争史　小山利雄著　桐生　群馬通商　1979.5　133p　19cm　880円

◇田中正造全集　第16巻　書簡　3　田中正造全集編纂会編　岩波書店　1979.5　684p　20cm　3000円

◇田中正造全集　第15巻　書簡　2　田中正造全集編纂会編　岩波書店　1978.11　735p　20cm　2900円

◇田中正造全集　第12巻　日記　4　田中正造全集編纂会編　岩波書店　1978.10　655p　20cm　2900円

◇田中正造全集　第10巻　日記　2　田中正造全集編纂会編　岩波書店　1978.7　681p　20cm　2900円

◇館林双書　第8巻　館林市立図書館編　館林　館林市立図書館　1978.3　308p　19cm　非売品

◇田中正造全集　第14巻　書簡　1　田中正造全集編纂会編　岩波書店　1978.2　679p　20cm　2900円

◇田中正造全集　第9巻　日記　1　田中正造全集編纂会編　岩波書店　1977.11　651p　20cm　2900円

◇田中正造―その生と戦いの「根本義」　林竹二著　田畑書店　1977.10　298p　肖像　20cm　1500円

◇田中正造全集　第13巻　日記　5　田中正造全集編纂委員会編　岩波書店　1977.8　558p　図　20cm　2500円

◇田中正造全集　第1巻　自伝,論稿　1　田中正造全集編纂会編　岩波書店　1977.7　584p　図　肖像　20cm　2500円

◇共同体原理と国家構想　東海林吉郎著　太平出版社　1977.6　326p　図　20cm　（田中正造の思想と行動　2）　1800円

◇燎火の流れ―わが草わけの社会主義者たち　木原実著　オリジン出版センター　1977.6　283p　19cm　1300円

◇死なば死ね殺さば殺せ―田中正造のもう一つの闘い　山岸一平著　講談社　1976　217p　20cm　980円

◇田中正造の生涯　林竹二著　講談社　1976　238p　18cm　（講談社現代新書）　390円

◇診断・日本人　宮本忠雄編　日本評論社　1974　319p　20cm　1300円

◇田中正造―その生と戦いの「根本義」　林竹二著　二月社　1974　258p　肖像　20cm　1200円

◇歴史よ人民のために歩め　東海林吉郎著　太平出版社　1974　289p　図　肖像　20cm　（田中正造の思想と行動　1）　1500円

◇小説田中正造　西野辰吉著　三一書房　1972　256p　20cm

◇谷中から来た人たち―足尾鉱毒移民と田中正造　小池喜孝著　新人物往来社　1972　261p　20cm　880円

◇田中正造と近代思想　中込道夫著　現代評論社　1972　388p　22cm　1800円

◇田中正造翁余録　上　島田宗三著　三一書房　1972　385p　肖像　20cm

◇田中正造翁余録　下　島田宗三著　三一書房　1972　550p　20cm

◇下野人物風土記　第1集　栃木県連合教育会編　宇都宮　栃木県連合教育会　1971　192p　19cm　200円

◇鉱毒事件の真相と田中正造翁　永島与八著　明治文献　1971　702,70p　肖像　19cm　2500円

◇森鷗村と田中正造　大貫徹也著　古河　大貫徹也　1971　37p　肖像　21cm

社会事件

◇田中正造の人と生涯　雨宮義人著　茗渓堂　1971　312p 図 肖像　23cm　1900円

◇渡良瀬川　大鹿卓著　講談社　1970　446p　20cm　790円

◇日本における自由のための闘い　吉野源三郎編　評論社　1969　339p　19cm　（復初文庫）　690円

◇ドキュメント日本人　第1　巨人伝説　中江兆民〔ほか〕　岩崎徂堂　学芸書林　1968　339p　20cm

◇人物・日本の歴史　12　小西四郎編　読売新聞社　1966

◇田中正造の生涯　木下尚江編　文化資料調査会　1966　777p 図版　22cm

◇松本日記　板倉町小・中・高郷土調査研究会編　群馬県板倉町教育委員会　1963

◇田中正造その生涯と思想　満江厳著　郷土偉人顕彰会　1961

◇日本人物史大系　第6巻　近代 第2　大久保利謙編　朝倉書店　1960　388p　22cm

◇日本の思想家　山本健吉編　光書房　1959　224p　20cm

◇谷中村事件―ある野人の記録　大鹿卓著　講談社　1957

◇田中正造の人と生涯　雨宮義人著　茗渓堂　1954　388p 図版　21cm

◇田中正造翁略伝　石井鶴吉編　田中正造顕彰会　1953

◇民衆の友田中正造　満江厳著　聖望社　1950

◇義人田中正造　満江厳著　日刊とちぎ社　1949

◇晩年の日記　田中正造著, 林広吉解題　日本評論社　1949　291p 図版　19cm　（明治文化叢書）

◇渡良瀬川　大鹿卓著　講談社　1948

◇晩年の日記　田中正造著, 林広吉解題　日本評論社　1948　291p 図版　19cm　（明治文化叢書）

◇残照　鈴木二郎著　一灯書房　1947

◇明治・大正・昭和自由人の展望　下　松本仁著　大阪新聞社　1946

日本鉄道機関方争議

　明治31年2月下旬から4月上旬にかけて日本鉄道会社で行われた争議。機関車乗務員は当初高水準の賃金を得ていたが社内での地位は低く抑えられ、かつ日清戦後は賃金面でも相対的に低下してきたことが原因。2月24日からのストライキの後にねばり強く交渉が行われ、4月に労働者側の主張がほぼ認められて収束した。賃金だけでなく、地位昇格問題を要求に取り上げたことで注目された。

八甲田山死の行軍

　明治35年1月23日から25日にかけて発生した大量遭難事件。陸軍第8師団青森歩兵第5連隊が耐寒訓練のため八甲田山を雪中行軍した際、吹雪のため道に迷い遭難。210人中199人が凍死する大惨事となった。全く同時期に弘前歩兵第31連隊は無事に行軍を全うしており、行軍指揮の巧拙が取り沙汰された。

　　　　＊　　　＊　　　＊

◇日本史の現場検証　2　明治・大正編　合田一道著　扶桑社　1999.11　261p　19cm　1429円　①4-594-02790-3

◇教科書が教えない歴史―明治-大正-昭和、大事件の真相　藤岡信勝, 自由主義史観研究会著　産経新聞ニュースサービス;扶桑社〔発売〕　1999.6　386p　15cm　（扶桑社文庫）　667円　①4-594-02722-9

◇八甲田山から還ってきた男―雪中行軍隊長・福島大尉の生涯　高木勉著　文芸春秋　1990.2　275p　15cm　（文春文庫）　380円　①4-16-748202-9

社会事件

◇実録八甲田山指揮官福島大尉の人間像　高木勉編著　講談社出版サービスセンター　1983.6　422p　19cm　2500円　①4-87601-037-4

◇八甲田連峰雪中行軍記録写真特集　行動準備編　小笠原孤酒編・著　十和田湖町(青森県)　小笠原孤酒　1980.8　図版55枚　30cm　2000円

◇われ，八甲田より生還す―弘前隊・福島大尉の記録　高木勉著　サンケイ出版　1978.3　214p　19cm　800円

◇八甲田連峰吹雪の惨劇―悲劇の歴史を再現する　第2部　遭難編・葛藤編　小笠原孤酒著　十和田町(青森県)　小笠原孤酒　1974　226p　19cm　980円

◇八甲田連峰吹雪の惨劇―悲劇の歴史を再現する　第1部　前夜編・行軍編　小笠原孤酒著　十和田町(青森県)　小笠原孤酒　1971　226p(図・肖像共)　19cm　650円

鳥島噴火

　明治35年8月、伊豆諸島南端の鳥島(火山島)が大爆発。中央火口丘が吹き飛ばされ、島民125人が全員死亡した。日本の火山観測はこの大惨事を契機に発展することになった。

藤村操自殺事件

　明治37年5月、一高生藤村操が日光華厳の滝に投身自殺した事件。滝のそばの大樹に「悠々たる哉天壌、遼々たる哉古今、五尺の小躯を以て此大をはからむとす(中略)、万有の真相は唯一言にして悉す、曰く不可解、我この恨を懐て煩悶終に死を決す(以下略)」との遺筆「巌頭の感」があり、当時の哲学青年はこれに熱狂し、追随する自殺者が多く出た。

＊　　＊　　＊

◇絶望の天使たち　松永伍一著　芸術生活社　1974　269p　20cm　1200円

◇自殺について　山名正太郎著　北隆館　1950

日比谷焼打ち事件

　明治39年9月、日露講和条約(ポーツマス条約)の内容に不満な群衆が警官隊と衝突して暴徒化し、内相官邸、政府系御用新聞社、警察署などが襲撃された事件。当時の新聞の多くは条約破棄と戦争継続を主張しており、この論調に同調する団体が9月5日に日比谷公園で条約反対集会を強行。終了後に参加者の一部が暴動を起こしたもの。翌日も暴動が続いたため政府は戒厳令を布告して鎮静化を図った。死者17人、検挙者は2000人にのぼった。この反政府暴動を大正デモクラシーの出発点と位置づける見方もある。

＊　　＊　　＊

◇日本の労働組合100年　法政大学大原社会問題研究所編　旬報社　1999.12　851p　26cm　35000円　①4-8451-0600-0

◇所謂日比谷焼打事件の研究　京都　東洋文化社　1974　149,63p　肖像　地図　22cm　(社会問題資料叢書　第1輯　社会問題資料研究会編)　6500円

◇日比谷騒擾事件の顛末　松井茂手記　松井茂先生自伝刊行会　1952　208p　21cm

平塚 らいてう

明治19(1886).2.10～昭和46(1971).5.24
　明治末から昭和にかけての女性運動家。明治時代のらいてうは日本女子大学の才媛だったが、明治41年作家森田草平との心中未遂事件で一躍有名になった。44年に日本初の女性文芸雑誌「青鞜」を発刊し、その創刊号に有名な「元始、女性は太陽であった」を執筆。世の女性に衝撃を与えた。その後は市川房枝らと婦人参政権運動を展開。日本の女性運動の開拓者としての生涯を送った。

社会事件

＊　　＊　　＊

◇男と女の物語日本史　加来耕三監修　講談社　1999.11　366p 19cm　2100円　④4-06-209845-8

◇物語・20世紀人物伝 1 現代の礎を作った人々　稲垣純、白取春彦、浜野卓也、森一歩著　ぎょうせい　1999.5　230p 19cm　1714円　④4-324-05805-9

◇平塚らいてうの光と蔭　大森かほる著　第一書林　1997.1　223p 19cm　1748円　④4-88646-126-3

◇短歌に出会った女たち　内野光子著　三一書房　1996.10　208p 19cm　2136円　④4-380-96279-2

◇日本のフェミニズム―源流としての晶子・らいてう・菊栄・かの子　島田燁子著　北樹出版;学文社〔発売〕　1996.4　207p 19cm　1942円　④4-89384-559-4

◇明治を駆けぬけた女たち　中村彰彦編著　ダイナミックセラーズ出版　1994.11　315p 19cm　1500円　④4-88493-252-8

◇「新しい女」の到来―平塚らいてうと漱石　佐々木英昭著　名古屋　名古屋大学出版会　1994.10　363,5p 20cm　2900円　④4-8158-0243-2

◇平塚らいてう―わたくしの歩いた道　平塚らいてう著，岩見照代編解説　日本図書センター　1994.10　279p 22cm（シリーズ・人間図書館）2600円　④4-8205-8009-4

◇陽のかがやき―平塚らいてう・その戦後　小林登美枝著　新日本出版社　1994.8　284p 19cm　2200円　④4-406-02269-4

◇日本史・激情に燃えた炎の女たち―奔放に生き抜いた女たちの色と欲　村松駿吉著　日本文芸社　1993.9　235p 15cm（にちぶん文庫）480円　④4-537-06233-9

◇新編　近代美人伝　上　長谷川時雨著、杉本苑子編　岩波書店　1993.8　334p 15cm（岩波文庫）570円　④4-00-311032-3

◇死に至る恋―情死　加藤宗哉著　荒地出版社　1993.2　246p 19cm　1600円　④4-7521-0074-6

◇元始、女性は太陽であった―平塚らいてう自伝 1　平塚らいてう著　大月書店　1992.3　376p 15cm（国民文庫）930円　④4-272-88811-0

◇元始、女性は太陽であった―平塚らいてう自伝 2　平塚らいてう著　大月書店　1992.3　305p 15cm（国民文庫）930円　④4-272-88812-9

◇元始、女性は太陽であった―平塚らいてう自伝 3　平塚らいてう著　大月書店　1992.3　333p 15cm（国民文庫）930円　④4-272-88813-7

◇元始、女性は太陽であった―平塚らいてう自伝 4　平塚らいてう著　大月書店　1992.3　365p 15cm（国民文庫）930円　④4-272-88814-5

◇虹を架けた女たち―平塚らいてうと市川房枝　山本藤枝著　集英社　1991.8　254p 19cm　1300円　④4-08-775149-X

◇らいてう、そしてわたし　part 3　平塚らいてうを読む会編　〔武蔵野〕平塚らいてうを読む会　1991.5　111p 21cm　800円

◇陽の女らいてう―平塚らいてうの生涯　矢田山聖子著　甲陽書房　1991.5　318p 20cm　1650円　④4-87531-125-7

◇近代史を拓いた女性たち―日本女子大学に学んだ人たち　青木生子著　講談社　1990.6　332p 19cm　1900円　④4-06-204721-7

◇自立した女の栄光―人物近代女性史　瀬戸内晴美編　講談社　1989.8　242p 15cm（講談社文庫）380円　④4-06-184480-6

◇物語女流文壇史　巌谷大四著　文芸春秋　1989.6　407p 15cm（文春文庫）480円　④4-16-739104-X

◇女性史を拓く 1 母と女―平塚らいてう・市川房枝を軸に　鈴木裕子著

未来社　1989.5　215p　21cm　（国立市公民館女性問題講座「歴史」）　2060円
①4-624-50081-4

◇女性史としての自伝　新藤謙著　日本点字図書館（製作）　1989.1　4冊　27cm　各1200円

◇女性史としての自伝　新藤謙著　（京都）ミネルヴァ書房　1988.6　251p　19cm　（シリーズ・女・いま生きる　28）　2000円　①4-623-01810-5

◇青鞜の時代——平塚らいてうと新しい女たち　堀場清子著　岩波書店　1988.3　261p　18cm　（岩波新書　15）　530円　①4-00-430015-0

◇女性解放の思想家たち　山田洸著　青木書店　1987.9　216p　19cm　1800円　①4-250-87034-0

◇青鞜　瀬戸内晴美著　中央公論社　1987.5　562p　16cm　（中公文庫）　680円　①4-12-201418-2

◇平塚らいてう——近代と神秘　井手文子著　新潮社　1987.1　275p　19cm　（新潮選書）　850円　①4-10-600322-8

◇平塚らいてうと日本の近代　大岡昇平, 丸岡秀子著　岩波書店　1986.7　63p　21cm　（岩波ブックレット　no.67）　250円　①4-00-003007-8

◇百年の日本人　その3　川口松太郎, 杉本苑子, 鈴木史楼ほか著　読売新聞社　1986.6　253p　19cm　1200円　①4-643-54730-8

◇言論は日本を動かす　第10巻　風俗を変革する　内田健三ほか編　丸谷才一編　講談社　1985.10　318p　20cm　1800円　①4-06-188950-7

◇愛と自立——紫琴・らいてう・百合子を語る　古在由重, 小林登美枝著　大月書店　1983.2　238p　20cm　1200円

◇平塚らいてう　小林登美枝著　清水書院　1983.2　226p　19cm　（Century books）　460円

◇平塚らいてう——愛と反逆の青春　小林登美枝著　大月書店　1977.3　272p　図　肖像　20cm　1200円

◇元始、女性は太陽であった——平塚らいてう自伝　完　平塚雷鳥著　大月書店　1973　306p　肖像　図　20cm　950円

◇元始、女性は太陽であった——平塚らいてう自伝　続　平塚雷鳥著　大月書店　1972　326p　肖像　20cm

◇元始、女性は太陽であった——平塚らいてう自伝　上　平塚雷鳥著　大月書店　1971　346p　肖像　20cm

◇元始、女性は太陽であった——平塚らいてう自伝　下　平塚雷鳥著　大月書店　1971　634p　肖像　20cm

◇私の履歴書　第32集　植村甲午郎, 岡崎嘉平太, 谷川徹三, 平塚らいてう　日本経済新聞社編　1968　309p　19cm

◇20世紀を動かした人々　第6　モラルの解放者〔ほか〕　伊藤整編　講談社　1964　383p　図版　19cm

◇現代日本思想大系　17　筑摩書房　1964

◇青鞜　井手文子著　弘文堂　1961

◇近代美女伝　福田清人著　利根書房　1960　234p　16cm　（利根文庫　史伝文学新書　第5）

◇女傑とその周辺　平塚‖らいてうと女性解放　大宅壮一著　文芸春秋新社　1958

◇火の女　福田清人著　朋文社　1957　300p　19cm

◇めぐりあい　奥村博史著　現代社　1956

◇わたくしの歩いた道　平塚らいてう著　新評論社　1955　299p　図版　19cm

◇二十代　誠文堂新光社編　誠文堂新光社　1952　252p　19cm

文　化

文明開化

　明治初期、西洋の文物・近代精神を積極的に取り入れ、生活・文化・風俗において西洋化が急速に進行した状況。思想的には明六社に代表される啓蒙思想家が主導し、実際的には政府主導のもとで政治・経済の制度はもちろん、生活のあらゆる局面での西洋化・近代化が進められた。のちには、この反動として士族反乱や国粋主義思想も発生するが、一般には肯定的に受け入れられたと考えられる。

◇維新と人心　伊藤弥彦著　東京大学出版会　1999.12　281p　21cm　6600円　①4-13-036098-1

◇芸能の文明開化―明治国家と芸能近代化　倉田喜弘著　平凡社　1999.12　355p　19cm　（平凡社選書）　2600円　①4-582-84200-3

◇1日1時間・1週間でわかる図解日本史　楠木誠一郎著　二見書房　1999.11　297p　18cm　（サラ・ブックス）　952円　①4-576-99197-3

◇アメリカ文化のホログラム　阿野文朗編著　松柏社　1999.10　300p　21cm　2800円　①4-88198-920-0

◇風刺マンガでまなぶ日本近現代史　渡辺賢二著　地歴社　1999.10　173p　21cm　2000円　①4-88527-150-9

◇文学の立場　保田与重郎著　京都京都新学社　1999.10　295p　15cm　（保田与重郎文庫）　950円　①4-7868-0028-7

◇ヨコハマ洋食文化事始め　草間俊郎著　雄山閣出版　1999.5　239p　19cm　2500円　①4-639-01607-7

◇異化と同化の間―被差別部落認識の軌跡　黒川みどり著　青木書店　1999.4　358p　19cm　（シリーズ 日本近代からの問い 1）　3000円　①4-250-99014-1

◇続・部落史の再発見　部落解放・人権研究所編　大阪　大阪部落解放・人権研究所;（大阪)解放出版社〔発売〕　1999.4　264p　19cm　2200円　①4-7592-4027-6

◇調べてみようわたしたちの食べもの 8　牛乳と肉　板倉聖宣監修　小峰書店　1999.4　35p　30cm　2600円　①4-338-15808-5

◇日本の歴史―明治維新から現代 3 産業・経済と環境の歴史　坂井俊樹監修, 灰崎武浩文　ポプラ社　1999.4　48p　30cm　2800円　①4-591-05979-0

◇日本の歴史―明治維新から現代 7 女性と家の歴史　坂井俊樹監修, 小松伸之文　ポプラ社　1999.4　48p　30cm　2800円　①4-591-05983-9

◇日本の歴史博物館・史跡―調べ学習に役立つ時代別・テーマ別 7 明治・大正・昭和・平成時代　佐藤和彦監修　あかね書房　1999.4　47p　30×22cm　3200円　①4-251-07907-8

◇名所探訪 地図から消えた東京遺産　田中聡著　祥伝社　1999.1　314p　15cm　（ノン・ポシェット）　571円　①4-396-31112-5

◇最後の浮世絵師―河鍋暁斎と反骨の美学　及川茂著　日本放送出版協会　1998.12　214p　19cm　（NHKブックス）　970円　①4-14-001848-8

◇マンガ 日本の歴史 43 ざんぎり頭で文明開化　石ノ森章太郎著　中央公論社　1998.11　226p　15cm　（中公文庫）　524円　①4-12-203296-2

◇東京江戸謎とき散歩―首都の歴史ミステリーを訪ねて　加来耕三, 志治美世子, 黒田敏穂著　広済堂出版　1998.11　375p　19cm　1600円　①4-331-50661-4

◇日本瓦斯灯事始考―文明開化の象徴　前沢修一著　健友館　1998.11　126p　19cm　800円　①4-7737-0415-2

◇グルマン福沢諭吉の食卓　小菅桂子著　中央公論社　1998.10　276p　15cm　（中公文庫）　705円　①4-12-203265-2

◇浮世絵　明治の競馬　日高嘉継, 横田洋一著　小学館　1998.10　127p　21cm　（ショトル・ミュージアム）　1600円　①4-09-606014-3

◇蹂躙された日本史―日本はいかに西欧列強の脅威を克服したか　佐治芳彦著　日本文芸社　1998.10　284p　19cm　1200円　①4-537-02655-3

◇型録・ちょっと昔の生活雑貨　林丈二著　晶文社　1998.8　155p　26cm　1800円　①4-7949-6362-9

◇東京の近現代を歩く　東京都歴史教育者協議会編　岩崎書店　1998.8　227p　21cm　1905円　①4-265-80084-X

◇漱石の「不愉快」―英文学研究と文明開化　小林章夫著　PHP研究所　1998.7　199p　18cm　（PHP新書）　657円　①4-569-60151-0

◇文明開化と英学　川澄哲夫編, 鈴木孝夫監修　大修館書店　1998.6　1366p　21cm　（資料日本英学史1下）　24000円　①4-469-14133-X

◇にっぽん台所文化史　小菅桂子著　増補版　雄山閣出版　1998.4　256p　21cm　3000円　①4-639-01055-9

◇文明開化―明治時代前期　ぎょうせい　1998.4　189p　26cm　（おもしろ日本史まんがパノラマ歴史館 11）　2000円　①4-324-05141-2

◇明治維新と文明開化―明治時代前期　古川清行著　小峰書店　1998.4　119p　26cm　（人物・遺産でさぐる日本の歴史 12）　2500円　①4-338-15112-9

◇歴史の中の新潟人国記―「近代日本のかたち」が見える　佐藤国雄著　恒文社　1998.4　525p　19cm　2800円　①4-7704-0970-2

◇怪物科学者の時代　田中聡著　昌文社　1998.3　279p　19cm　2300円　①4-7949-6346-7

◇桜誌―その文化と時代　小川和佑著　原書房　1998.3　276p　19cm　1600円　①4-562-03058-5

◇明治維新と近代日本―明治時代 1　海野福寿監修, 井上大助漫画　集英社　1998.3　163p　21cm　（学習漫画　日本の歴史 15）　850円　①4-08-239015-4

◇『ザ・タイムズ』にみる幕末維新―「日本」はいかに議論されたか　皆村武一著　中央公論社　1998.2　214p　18cm　（中公新書）　680円　①4-12-101405-7

◇朝日新聞の記事にみる　東京百歳〔明治〕〔大正〕　朝日新聞社編　朝日新聞社　1998.2　329p　15cm　（朝日文庫）　700円　①4-02-261225-8

◇明治維新―明治時代前期　児玉幸多監修, あおむら純漫画　増補版　小学館　1998.2　157p　21cm　（小学館版　学習まんが―少年少女日本の歴史 17）　830円　①4-09-298117-1

◇シュレディンガーのアヒル　林一著　青土社　1998.1　293p　19cm　1800円　①4-7917-5606-1

◇近代日本の差別と性文化―文明開化と民衆世界　今西一著　雄山閣出版　1998.1　219p　21cm　2700円　①4-639-01503-8

◇写真でみる20世紀の日本　2　科学技術の100年　馬場錬成編著　PHP研究所　1997.10　39p　30cm　2800円　①4-569-68062-3

◇全集　日本の食文化　第8巻　異文化との接触と受容　芳賀登, 石川寛子監修　雄山閣出版　1997.10　302p　21cm　4800円　①4-639-01468-6

文化

◇福沢諭吉と朝鮮—時事新報社説を中心に　杵淵信雄著　彩流社　1997.9　283p　20×14cm　2800円　Ⓘ4-88202-560-4

◇明治事物起原 5　石井研堂著　筑摩書房　1997.9　515p　15cm　（ちくま学芸文庫）　1300円　Ⓘ4-480-08365-0

◇明治事物起原 4　石井研堂著　筑摩書房　1997.8　600p　15cm　（ちくま学芸文庫）　1400円　Ⓘ4-480-08364-2

◇八王子技術文化史ノート　飯田賢一著　八王子　八王子かたくら書店　1997.7　137p　17cm　（かたくら書店新書）　950円　Ⓘ4-906237-43-6

◇「図説」幕末・維新おもしろ事典—歴史のウラに隠されたナゾと秘話　奈良本辰也監修　新装版　三笠書房　1997.4　269p　19cm　1143円　Ⓘ4-8379-1686-4

◇堂々日本史 5　NHK取材班編　名古屋　名古屋KTC中央出版　1997.4　251p　19cm　1553円　Ⓘ4-924814-90-3

◇パンと麺と日本人—小麦からの贈りもの　大塚滋著　集英社　1997.3　255p　19cm　1400円　Ⓘ4-08-781141-7

◇明治新聞事始め—「文明開化」のジャーナリズム　興津要著　大修館書店　1997.3　229p　19cm　1600円　Ⓘ4-469-22130-9

◇「花」が語る日本史　森谷尅久著　河出書房新社　1997.1　240p　19cm　1748円　Ⓘ4-309-90169-7

◇100年前の東京 2　東京繁昌記　明治後期編　伊藤銀月原著　マール社　1997.1　157p　21cm　（100年前シリーズ）　951円　Ⓘ4-8373-0730-2

◇引札—田村コレクション　花林舎編　京都　京都京都書院　1996.12　254p　15cm　（京都書院アーツコレクション 7）　1000円　Ⓘ4-7636-1507-6

◇明治維新の地域と民衆　明治維新史学会編　吉川弘文館　1996.12　227p　21cm　（明治維新史研究 4）　4700円　Ⓘ4-642-03639-3

◇図説　山形県の歴史　横山昭男編、色川大吉、川添登、児玉幸多、坪井清足、林英夫監修　河出書房新社　1996.11　234,50p　26cm　（図説 日本の歴史 6）　5243円　Ⓘ4-309-61106-0

◇幕末・明治のおもしろ写真　石黒敬章著　平凡社　1996.10　152p　22×17cm　（コロナ・ブックス）　1553円　Ⓘ4-582-63313-7

◇セクシュアリティの近代　川村邦光著　講談社　1996.9　244p　19cm　（講談社選書メチエ）　1456円　Ⓘ4-06-258086-1

◇おもしろ日本史 まんが 人々のくらしと経済 第3巻 明治時代から現代まで　堀江卓作画　ぎょうせい　1996.8　191p　21cm　1456円　Ⓘ4-324-04824-X

◇夜明けあと　星新一著　新潮社　1996.7　334p　15cm　（新潮文庫）　466円　Ⓘ4-10-109849-2

◇しらべ学習に役立つふるさとの歴史と風土 3 関東の歴史と人びとのくらし　谷口研語編著　あすなろ書房　1996.5　109p　26cm　2913円　Ⓘ4-7515-1873-9

◇江戸情報文化史研究　芳賀登著　皓星社　1996.5　320p　21cm　2500円　Ⓘ4-905980-73-9

◇日本の浮世絵美術館 巻2 関東2・東京1　永田生慈監修　角川書店　1996.5　163p　30cm　5243円　Ⓘ4-04-651102-8

◇調べ学習に役立つ図解日本の歴史 7 絵や資料で調べる 明治・大正・昭和・平成時代　あかね書房　1996.4　48p　30×21cm　2718円　Ⓘ4-251-07967-1

◇珍版　横浜文明開化語辞典—舶来語と漢字の出会い「宛字」集　新装版　光画コミュニケーション・プロダクツ;星雲社〔発売〕　1996.4　127p　18cm　1000円　Ⓘ4-7952-8223-4

◇史料が語る明治の東京100話　日本風俗史学会編　つくばね舎;地歴社〔発売〕　1996.3　334p　21cm　2718円　Ⓘ4-924836-18-4

文化

◇近代日本の政治と地域社会　宇野俊一編　国書刊行会　1995.12　361p　21cm　9709円　⓵4-336-03791-4
◇日本文学の歴史 10 近代・現代篇 1　ドナルド・キーン著，徳岡孝夫訳　中央公論社　1995.11　384p　21cm　2136円　⓵4-12-403229-3
◇明治の文明開花のさきがけ―静岡学問所と沼津兵学校の教授たち　山下太郎著　北樹出版;学文社〔発売〕　1995.9　165p　19cm　（叢書パイデイア 7）　1748円　⓵4-89384-500-4
◇女子教育事始　小河織衣著　丸善　1995.8　269p　19cm　（丸善ブックス）　1650円　⓵4-621-06031-7
◇日本の底力　徐賢燮著，金容権訳　光文社　1995.6　231p　19cm　1456円　⓵4-334-96077-4
◇首都東京　よこたとくお著　少年社;雪渓書房〔発売〕　1995.5　96p　21cm　（まんが東京の歴史 5）　650円
◇図説 黒船の時代　黒船館編　河出書房新社　1995.4　127p　22×17cm　1650円　⓵4-309-72494-9
◇文明開化のショーウインドウを歩く　尾河直太郎著　大月書店　1995.2　109p　19cm　（こだわり歴史散策 3）　1359円　⓵4-272-61073-2
◇日本食物史 下 近世から近代　笹川臨風，足立勇共著　雄山閣出版　1995.1　502p　21cm　5631円　⓵4-639-01263-2
◇日本生活文化史序論―歴史学を人々に　芳賀登著　つくばね舎;地歴社〔発売〕　1994.10　189p　21cm　2427円　⓵4-924836-15-X
◇丁髷とらいすかれい―誰も知らなかったにっぽんカレー物語　金田正丸著　大阪　大阪遊タイム社;星雲社〔発売〕　1994.8　279p　19cm　1456円　⓵4-7952-4475-8
◇図説 京都府の歴史　森谷尅久編　河出書房新社　1994.7　283,49p　26cm　（図説 日本の歴史 26）　5243円　⓵4-309-61126-5
◇日本史史話 3 近代・現代　大口勇次郎，五味文彦，佐々木隆編　山川出版社　1994.7　337p　19cm　1845円　⓵4-634-60370-5
◇ニュースで追う明治日本発掘 1 戊辰戦争・文明開化・征韓論の時代　鈴木孝一編　河出書房新社　1994.6　302p　19cm　2427円　⓵4-309-72321-7
◇明治改暦―「時」の文明開化　岡田芳朗著　大修館書店　1994.6　354p　19cm　2800円　⓵4-469-22100-7
◇調べ学習にやくだつ くらしの歴史図鑑 2 衣服の歴史 美しい日本の服装の原点をさぐる　ポプラ社　1994.4　47p　26cm　2427円　⓵4-591-04544-7
◇調べ学習にやくだつ くらしの歴史図鑑 4 交通・通信の歴史 古代から現代までの交通や通信の発達　ポプラ社　1994.4　47p　26cm　2427円　⓵4-591-04546-3
◇調べ学習にやくだつくらしの歴史図鑑 7 文化の歴史 絵巻物と仏像でさぐる日本文化　ポプラ社　1994.4　47p　26cm　2427円　⓵4-591-04549-8
◇復元 文明開化の銀座煉瓦街―江戸東京博物館常設展示東京ゾーン「文明開化東京」　藤森照信,熊田英企,林丈二,林節子著　ユーシープランニング　1994.3　63p　26cm　922円　⓵4-946461-30-2
◇絵本 明治・大正の消えた建物たち　中村哲夫著　旅行作家の会;現代旅行研究所〔発売〕　1994.1　159p　15×22cm　（旅行作家文庫 3）　1650円　⓵4-87482-044-1
◇岩波講座 日本通史 第16巻 近代 1　朝尾直弘,網野善彦,石井進,鹿野政直,早川庄八,安丸良夫編　岩波書店　1994.1　359p　21cm　2718円　⓵4-00-010566-3
◇幕末・維新なるほど事典　実業之日本社　1994.1　269p　19cm　1165円　⓵4-408-39413-0

文化

◇開化異国（おつくに）助っ人奮戦記　荒俣宏著　小学館　1993.12　347p　16cm　（小学館ライブラリー 52）　854円　④4-09-460052-3

◇日本の近代建築　上　幕末・明治篇　藤森照信著　岩波書店　1993.10　267,5p　18cm　（岩波新書 308）　602円　④4-00-430308-7

◇文明開化と民衆—近代日本精神史断章　奥武則著　新評論　1993.10　215p　19cm　2500円　④4-7948-0196-3

◇明治・大正・昭和の図変わり印判　野口裕教,沼野国典,沼野信子編　丸愛；光琳社出版〔発売〕　1993.10　103p　22×16cm　2718円　④4-7713-0144-1

◇おもしろカレーライス物語　よこたとくお著　あかね書房　1993.7　111p　21cm　（まんがで学習）　1165円　④4-251-06547-6

◇温泉と日本人　八岩まどか著　青弓社　1993.7　197p　19cm　2000円　④4-7872-3069-7

◇岩波　日本美術の流れ 6　19・20世紀の美術　東と西の出会い　高階秀爾著　岩波書店　1993.7　144p　26cm　1845円　④4-00-008456-9

◇芸術の生活化—モリス、ブレイク、かたちの可能性　岡田隆彦著　小沢書店　1993.7　275p　19cm　2500円

◇大系　日本の歴史 12　開国と維新　石井寛治著　小学館　1993.6　441p　16cm　（小学館ライブラリー 1012）　951円　④4-09-461012-X

◇グルマン福沢諭吉の食卓　小菅桂子著　ドメス出版　1993.5　251p　19cm　2000円　④4-8107-0362-2

◇マンガ　日本の歴史 43　ざんぎり頭で文明開化　石ノ森章太郎著　中央公論社　1993.5　219p　19cm　971円　④4-12-402843-1

◇幕末明治風俗逸話事典　紀田順一郎著　東京堂出版　1993.5　629p　19cm　2816円　④4-490-10338-7

◇路地裏の文明開化—新橋ロマン物語　竹内宏著　実業之日本社　1993.5　128p　18cm　1214円　④4-408-10123-0

◇新建築学大系 5　近代・現代建築史　鈴木博之,山口広著　彰国社　1993.4　476p　21cm　6750円　④4-395-15005-5

◇洋学事始—幕末・維新期西洋文明の導入　幕末・明治初期における西洋文明の導入に関する研究会編　文化書房博文社　1993.4　281p　21cm　2816円　④4-8301-0664-6

◇沖縄の世間話—大城初子と大城茂子の語り　新城真恵編　青弓社　1993.1　222p　19cm　（シリーズ・日本の世間話 3）　2400円　④4-7872-9072-X

◇東京　下町山の手　エドワード・サイデンステッカー著,安西徹雄訳　筑摩書房　1992.12　391p　15cm　（ちくま学芸文庫）　1165円　④4-480-08029-5

◇幕末・明治の画家たち—文明開化のはざまに　辻惟雄編著　ぺりかん社　1992.12　296p　21cm　3495円　④4-8315-0581-1

◇日本の歴史 17　日本近代の出発　佐々木克著　集英社　1992.10　318p　21cm　2330円　④4-08-195017-2

◇にっぽん建設業物語—近代日本建設業史　建設業を考える会著　講談社　1992.9　265p　19cm　1456円　④4-06-205292-X

◇博覧会の政治学—まなざしの近代　吉見俊哉著　中央公論社　1992.9　300p　18cm　（中公新書 1090）　738円　④4-12-101090-6

◇頭にやさしい歴史雑学—つい話したくなる話　板坂元編　同文書院　1992.8　208p　19cm　（快楽脳叢書 34）　1165円　④4-8103-7093-3

◇ボンジュール・ジャポン—青い目の見た文明開化　エドモン・コトー著,幸田礼雅訳　新評論　1992.5　231p　19cm　2800円　④4-7948-0136-X

◇近代化と伝統的民衆世界—転換期の民衆運動とその思想　鶴巻孝雄著　東京

188

文化

大学出版会 1992.5 350,5p 21cm
6200円 ⓘ4-13-026051-0
◇これならわかる日本の歴史Q&A 3 幕末-現代 加藤文三, 市川真一, 石井郁男著 大月書店 1992.4 135p 21cm 1165円
ⓘ4-272-50153-4
◇茨城県の百年 金原左門, 佐久間好雄, 桜庭宏著 山川出版社 1992.4 355,37p 19cm （県民100年史 8） 1903円
ⓘ4-634-27080-3
◇地球時代の先駆者たち 日本テレビ放送網 1992.4 249p 19cm （知ってるつもり?! 4） 1068円 ⓘ4-8203-9209-3
◇酒呑童子異聞 佐竹昭広著 岩波書店 1992.3 240p 16cm （同時代ライブラリー 102） 847円 ⓘ4-00-260102-1
◇徳島県の100年 三好昭一郎, 松本博, 佐藤正志著 山川出版社 1992.3 276,37p 19cm （県民100年史 36） 1903円 ⓘ4-634-27360-8
◇日本女性の歴史性・愛・家族 総合女性史研究会編 角川書店 1992.3 277p 19cm （角川選書 225） 1359円 ⓘ4-04-703225-5
◇明治・大正のジャーナリズム 桂敬一著 岩波書店 1992.3 59p 21cm （岩波ブックレット―シリーズ「日本近代史」15） 340円 ⓘ4-00-003425-1
◇なつかしき東京―石黒コレクション 総天然色写真版 石黒敬章編 講談社 1992.2 143p 21cm （講談社カルチャーブックス 42） 1456円 ⓘ4-06-198052-1
◇写真で見る江戸東京 芳賀徹, 岡部昌幸著 新潮社 1992.1 127p 22×17cm （とんぼの本） 1456円 ⓘ4-10-602002-5
◇横浜―文明開化のみなとまち 柏原破魔子著 アーバン・コミュニケーションズ 1991.10 203p 19cm 1263円 ⓘ4-900085-03-0
◇20世紀フォトドキュメント 第3巻 生活と風俗―明治―平成 岩崎爾郎責任編集 ぎょうせい 1991.9 159p 27cm 3200円 ⓘ4-324-02694-7

◇にっぽん台所文化史 小菅桂子著 雄山閣出版 1991.9 227p 21cm 2718円 ⓘ4-639-01055-9
◇宿命の「日米対決史」の謎―黒船来航から日米経済戦争まで どこまで続く?日本VSアメリカの文明戦争 大沢正道著 日本文芸社 1991.9 225p 19cm 922円 ⓘ4-537-02258-2
◇生活と風俗 岩崎爾郎編 ぎょうせい 1991.9 159p 26cm （20世紀フォトキュメント 3） 3107円 ⓘ4-324-02694-7
◇北の文明開化―函館事始め百話 早坂秀男, 井上能孝著 札幌 札幌北海道新聞社 1991.7 228p 19cm 1456円 ⓘ4-89363-614-6
◇近代日本都市近郊農業史 渡辺善次郎著 論創社 1991.5 413p 21×16cm 3800円
◇もっと知りたい日本の近代史―幕末から日露戦争まで 吉田夏生著 ほるぷ出版 1991.4 141p 21cm （ほるぷ150ブックス） 1456円 ⓘ4-593-53501-8
◇図会 科学と技術の歴史 菊池俊彦編著 改訂版 文真堂 1991.4 201p 21cm 2718円 ⓘ4-8309-4048-4
◇日本美術全集 21 江戸から明治へ 近代の美術1 髙階秀爾, 小林忠, 三輪英夫, 藤森照信編著 講談社 1991.4 245p 37cm 7282円 ⓘ4-06-196421-6
◇桜の文学史 小川和佑著 朝日新聞社 1991.3 244p 15cm （朝日文庫） 456円 ⓘ4-02-260641-X
◇日本史探訪 幕末維新 5 「明治」への疾走 さいとうたかを著 角川書店 1991.3 255p 19cm （角川コミックス） 971円 ⓘ4-04-852190-X
◇文明開化と女性 佐伯順子著 新典社 1991.3 134p 19cm （叢刊・日本の文学 16） 980円 ⓘ4-7879-7516-1
◇開化異国（おつくに）助っ人奮戦記 荒俣宏著, 安井仁撮影 小学館 1991.2 349p 19cm 2136円 ⓘ4-09-389311-X

189

文化

◇谷中村から水俣・三里塚へ―エコロジーの源流　宇井純編著　社会評論社　1991.2　328p　21cm　（思想の海へ「解放と変革」24）2524円

◇鹿鳴館の系譜―近代日本文芸史誌　磯田光一著　講談社　1991.1　380p　15cm　（講談社文芸文庫）951円　④4-06-196110-1

◇近代文明批判―「国家」の批判から「社会」の批判へ　田中浩，和田守編著　社会評論社　1990.12　314p　21cm　（思想の海へ「解放と変革」10）2524円

◇図説　岡山県の歴史　近藤義郎，吉田晶編　河出書房新社　1990.11　275,47p　26cm　（図説　日本の歴史33）4854円　④4-309-61133-8

◇日本経済近代化の主役たち　板橋守邦著　新潮社　1990.11　241p　19cm　（新潮選書）874円　④4-10-600391-0

◇新潟県の百年　大島美津子，佐藤誠朗，古厩忠夫，溝口敏麿著　山川出版社　1990.8　332,33p　19cm　（県民100年史15）1903円　④4-634-27150-8

◇雑学　幕末・維新ものしり百科―近代日本の誕生秘話がいっぱい！　維新研究会編　日東書院　1990.7　297p　19cm　971円　④4-528-00877-7

◇日本近代思想大系　19　都市　建築　藤森照信校注　岩波書店　1990.7　498p　21cm　4757円　④4-00-230019-6

◇城崎物語　神戸新聞但馬総局編　新装増補版　神戸　神戸新聞総合出版センター　1990.6　243p　19cm　1165円　④4-87521-687-2

◇対話でまなぶ日本の歴史―小学校歴史の授業　本間昇著　地歴社　1990.6　190p　21cm　1796円　④4-88527-108-8

◇昔からあった日本のベッド―日本の寝具史　小川光暘著　Edition Wacoal　1990.4　203p　21cm　2718円　④4-900544-07-8

◇ジュニア版　日本の歴史　第4巻　世界と日本　永原慶二，青木和夫，佐々木潤之介ほか執筆　増補版　読売新聞社　1990.3　390p　21cm　1456円　④4-643-90013-X

◇近代郵便のあけぼの　通信総合博物館編著　第一法規出版　1990.3　112p　28×22cm　2913円　④4-474-00139-7

◇京都の渡来文化　仲尾宏著　京都　京都淡交社　1990.1　253p　19cm　1784円　④4-473-01118-6

◇図説　西郷隆盛と大久保利通　芳即正，毛利敏彦編著　河出書房新社　1990.1　126p　22×17cm　1456円　④4-309-72474-4

◇パンの日本史―食文化の西洋化と日本人の知恵　安達巌著　ジャパンタイムズ　1989.12　187p　19cm　1602円　④4-7890-0487-2

◇信濃のおんな　上　もろさわようこ著　新装版　未来社　1989.11　322p　19cm　1800円　④4-624-50007-5

◇図説　幕末・維新おもしろ事典―歴史のウラに隠されたナゾと秘話　三笠書房　1989.10　269p　19cm　1068円　④4-8379-1403-9

◇東洋文庫　ふしぎの国　12　事物珍起源　荒俣宏編　平凡社　1989.10　223p　19cm　1204円　④4-582-83712-3

◇眼の神殿―「美術」受容史ノート　北沢憲昭著　美術出版社　1989.9　338p　21cm　2816円　④4-568-20131-4

◇神奈川県　神奈川県中学校社会科教育研究会編　ポプラ社　1989.9　47p　29×23cm　（県別歴史シリーズ14）1800円　④4-591-03514-X

◇数学の文明開化　佐藤健一著　時事通信社　1989.9　209p　19cm　1650円　④4-7887-8929-9

◇東京都　東京都中学校社会科教育研究会編　ポプラ社　1989.9　47p　29×23cm　（県別歴史シリーズ13）1800円　④4-591-03513-1

文化

◇福沢諭吉―文明開化につくした教育者　三上修平シナリオ, 後藤長男漫画　第2版　集英社　1989.9　141p　21cm　(学習漫画　世界の伝記)　680円　Ⓓ4-08-240009-5

◇ドクトル・ヘボン―伝記・ドクトル・ヘボン　髙谷道男著　復刻版　大空社　1989.7　454,7p　21cm　(伝記叢書　69)　10000円

◇史料が語る長野の歴史60話　長野県高等学校教育文化会議社会科教育研究会編　三省堂　1989.7　279p　21cm　2427円　Ⓓ4-385-35332-8

◇天皇と近代日本精神史　飛鳥井雅道著　三一書房　1989.7　379p　19cm　2621円　Ⓓ4-380-89236-0

◇兵庫県の100年　前嶋雅光, 蓮池義治, 中山正太郎著　山川出版社　1989.7　297,33p　19cm　(県民100年史　28)　1903円　Ⓓ4-634-27280-6

◇ビジュアル版　日本の技術100年　第6巻　建築・土木　村松貞次郎, 高橋裕編　筑摩書房　1989.6　222p　30×23cm　5800円　Ⓓ4-480-50606-3

◇横浜浮世絵　横田洋一編　横浜　横浜有隣堂　1989.5　71p　31×22cm　2903円　Ⓓ4-89660-089-4

◇文明開化の光と影　笠原伸夫著　新典社　1989.5　150p　19cm　(叢刊・日本の文学　3)　980円　Ⓓ4-7879-7503-X

◇都市民俗学2　街を歩き都市を読み取る　望月照彦著　未来社　1989.4　351p　21cm　4500円　Ⓓ4-624-93002-9

◇大系　日本の歴史　12　開国と維新　石井寛治著　小学館　1989.3　350p　21cm　1800円　Ⓓ4-09-622012-4

◇日本近代思想大系　14　科学と技術　飯田賢一校注　岩波書店　1989.2　500p　21cm　4600円　Ⓓ4-00-230014-5

◇文明開化事物起源　今戸栄一編　日本放送出版協会　1989.2　238p　19cm　(目で見る日本風俗誌　10)　2800円　Ⓓ4-14-004036-X

◇群馬県の百年　丑木幸男, 宮崎俊弥著　山川出版社　1989.1　344,36p　19cm　(県民百年史　10)　1900円　Ⓓ4-634-27100-1

◇文明開化うま物語―根岸競馬と居留外国人　早坂昇治著　横浜　横浜有隣堂　1989.1　185p　18cm　(有隣新書　36)　880円　Ⓓ4-89660-086-X

◇ガラスのはなし　井上暁子著　技報堂出版　1988.11　202p　19cm　1300円　Ⓓ4-7655-4349-8

◇横浜はじめて物語―ヨコハマを読む、日本が見える。　阿佐美茂樹著　三交社　1988.11　203p　19cm　1200円　Ⓓ4-87919-507-3

◇巨大都市江戸が和食をつくった　渡辺善次郎著　農山漁村文化協会　1988.11　265,12p　19cm　1300円　Ⓓ4-540-88074-8

◇外来の食の文化　熊倉功夫, 石毛直道編　ドメス出版　1988.10　249p　19cm　(食の文化フォーラム)　2000円

◇河鍋暁斎戯画集　河鍋暁斎著, 山口静一, 及川茂編　岩波書店　1988.8　324p　15cm　(岩波文庫)　600円　Ⓓ4-00-335601-2

◇日本語開化物語　惣郷正明著　朝日新聞社　1988.8　248p　19cm　(朝日選書　360)　940円　Ⓓ4-02-259460-8

◇グルメは文化である―舶来飲食物の軌跡　富田仁, 内海あぐり著　白馬出版　1988.7　374p　19cm　1500円　Ⓓ4-8266-0180-8

◇ファミリー版　世界と日本の歴史　8　アジアの風雲　青木美智男, 保坂智, 斎藤純著　大月書店　1988.7　229p　21cm　1600円　Ⓓ4-272-50068-6

◇古書の世界と言葉　惣郷正明著　南雲堂　1988.7　270p　19cm　(叢書　ことばの世界)　2000円　Ⓓ4-523-00051-4

◇新版　ナショナリズムの文学―明治精神の探求　亀井俊介著　講談社　1988.7

文化

271p 15cm（講談社学術文庫）680円 ⓘ4-06-158838-9

◇日本女性史入門講座 1 女と家 吉見周子編著 同成社 1988.7 230p 19cm 1800円 ⓘ4-88621-053-8

◇松阪もめん覚え書―糸へん伊勢風土記 田畑美穂著 名古屋 名古屋中日新聞本社 1988.5 214p 19cm 1600円 ⓘ4-8062-0196-0

◇江戸のオランダ医 石田純郎著 三省堂 1988.4 232,6p 19cm（三省堂選書 146) 1500円 ⓘ4-385-43146-9

◇大久保利謙歴史著作集6 明治の思想と文化 大久保利謙著 吉川弘文館 1988.2 456,9p 21cm 6300円 ⓘ4-642-03596-6

◇日本魁物語 駒敏郎著 徳間書店 1988.2 286p 15cm（徳間文庫）380円 ⓘ4-19-598465-3

◇岡山県の教育史 ひろたまさき，倉地克直編著 京都 京都思文閣出版 1988.1 371,10p 19cm（都道府県教育史シリーズ）1800円 ⓘ4-7842-0502-0

◇東京の歴史―大江戸・大東京史跡見学 松本四郎著 岩波書店 1988.1 234p 18cm（岩波ジュニア新書 136）650円 ⓘ4-00-500136-X

◇文明開化と日本的想像 桶谷秀昭著 福武書店 1987.11 447p 19cm 3200円 ⓘ4-8288-2245-3

◇モンブランの日本見聞記―フランス人の幕末明治観 C.モンブラン, デュパン, P.ボヌタン, E.カヴァリョン著，森本英夫訳 新人物往来社 1987.10 203p 19cm 1800円 ⓘ4-404-01450-3

◇駅の社会史―日本の近代化と公共空間 原田勝正著 中央公論社 1987.10 216p 18cm（中公新書 855）540円 ⓘ4-12-100855-3

◇日本芸能行方不明―近世芸能の落日 永井啓夫著 新しい芸能研究室 1987.10 247p 19cm 1800円 ⓘ4-900076-14-7

◇青森県の百年 小岩信竹, 高橋堅太郎, 四宮俊之, 工藤堯著 山川出版社 1987.8 296,31p 19cm（県民100年史 2）1900円 ⓘ4-634-27020-X

◇破られた友情―ハーンとチェンバレンの日本理解 平川祐弘著 新潮社 1987.7 353p 19cm 1600円 ⓘ4-10-317905-8

◇語彙の形成 森岡健二著 明治書院 1987.6 376p 19cm（現代語研究シリーズ 1）3800円

◇城下町東京―江戸と東京との対話 正井泰夫著 原書房 1987.5 217p 21cm 2000円 ⓘ4-562-01862-3

◇新版 ジュニア版・日本の歴史 第4巻 世界と日本 読売新聞社 1987.5 382p 21cm 1200円 ⓘ4-643-87028-1

◇図説 静岡県の歴史 永原慶二, 海野福寿編 河出書房新社 1987.5 287,38p 26cm（図説 日本の歴史 22）4500円 ⓘ4-309-61122-2

◇日本の世紀末―ロマンとデカダンスあふれる異国情緒 福田和彦編著 読売新聞社 1987.4 146p 30×23cm 3800円 ⓘ4-643-87031-1

◇旅の民俗と歴史 1 日本の宿 宮本常一編著 八坂書房 1987.4 304p 19cm 1800円

◇熊本県の百年 森田誠一, 花立三郎, 猪飼隆明著 新訂版 山川出版社 1987.3 362,28p 19cm（県民100年史 43）1900円 ⓘ4-634-27430-2

◇日本婦人洋装史 中山千代著 吉川弘文館 1987.3 502,128,12p 26cm 22000円 ⓘ4-642-01062-9

◇ミルクロード 松尾幹之著 日本経済評論社 1986.11 262p 19cm（食の昭和史 6）1400円 ⓘ4-8188-0120-8

◇明治を創った人々―乱世型リーダーのすすめ 利根川裕著 講談社 1986.11 286p 15cm（講談社文庫）420円 ⓘ4-06-183880-6

文化

◇26字詩 どどいつ入門―古典都々逸から現代どどいつまで 中道風迅洞著 徳間書店 1986.10 280p 19cm 1500円 ④4-19-403341-8

◇新聞錦絵の世界―高橋克彦コレクションより 高橋克彦著 PHP研究所 1986.10 111p 25×19cm (PHPグラフィックス 4) 1200円 ④4-569-21853-9

◇ヘボン 高谷道男著 新装版 吉川弘文館 1986.9 231p 19cm (人物叢書) 1500円 ④4-642-05053-1

◇横浜 朝日新聞社編 朝日新聞社 1986.9 137p 28×22cm (朝日旅の事典) 2000円 ④4-02-258372-X

◇アイスクリームの本 森永乳業「アイスクリームの本」編集委員会編 東洋経済新報社 1986.7 220p 19cm (ミニ博物館) 980円 ④4-492-04059-5

◇絵とき日本人の住まい 光藤俊夫著 丸善 1986.7 210p 19cm 1500円 ④4-621-03092-2

◇鉄道と文化 原田勝正, 小池滋, 青木栄一, 宇田正編 日本経済評論社 1986.7 251p 19cm 1800円 ④4-8188-0103-8

◇日本近代化の思想 鹿野政直著 講談社 1986.7 315p 15cm (講談社学術文庫) 780円 ④4-06-158746-3

◇岡山県の百年 柴田一, 太田健一著 山川出版社 1986.6 340,24p 19cm (県民百年史 33) 1900円 ④4-634-27330-6

◇東京のまちづくり―近代都市はどうつくられたか 藤森照信, 小沢尚著 彰国社 1986.6 97p 30cm (建築の絵本) 1800円 ④4-395-27025-5

◇家族法の歴史と展望 太田武男著 一粒社 1986.5 358,5p 21cm 4500円

◇保田与重郎全集 第7巻 文学の立場 保田与重郎著 講談社 1986.5 582p 136cm 4800円 ④4-06-192507-5

◇時計塔―都市の時を刻む 横山正編 鹿島出版会 1986.4 201p 19cm 1800円 ④4-306-04193-X

◇文明開化 井上勲著 教育社 1986.4 252p 18×10cm (教育社歴史新書―日本史 150) 1000円 ④4-315-50264-2

◇私たちの日本史 5 新しい百年 明治・大正・昭和時代 岡田章雄著 改訂新版 偕成社 1986.3 167,3p 21cm 980円 ④4-03-618050-9

◇中流からの脱出―新しいステータスを求めて 藤島泰輔著 ダイヤモンド社 1986.3 238p 19cm 1500円 ④4-478-79010-8

◇宮武外骨著作集 第1巻 明治奇聞, 文明開化 宮武外骨著 河出書房新社 1986.2 797p 21cm 8800円 ④4-309-72451-5

電 信

電信機の日本への渡来は嘉永7年にペリーが幕府に献上したのが最初である。明治2年8月に横浜で最初の電信線が架設され、12月に東京―横浜間で公衆電報の取り扱いが始まった。技術面では御雇外国人に依存し、また電線に未婚女子の生血が塗られているなどの流言飛語から各地で電信騒擾が起きるなど、困難の中で敷設が進められ、8年には札幌から長崎までを結ぶ幹線が開通した。西南戦争を契機にその重要性が広く認識され、15年には主要地域を結ぶ全国的な電信網が開通した。

この間、4年に上海―長崎間で国際電信が開設、11年に国際電報業務が開始され、12年に万国電信連合に加入している。また、41年に無線電信が開始された。

*　　　*　　　*

◇国際通信の日本史―植民地化解消へ苦闘の九十九年 石原藤夫著 東海大学出版会 1999.12 265p 21cm 2000円 ④4-486-01482-0

◇日本の歴史博物館・史跡―調べ学習に役立つ時代別・テーマ別 7 明治・大正・昭和・平成時代 佐藤和彦監修 あかね書房 1999.4 47p 30×22cm 3200円 ④4-251-07907-8

文化

◇テレコムの経済史―近代日本の電信・電話　藤井信幸著　勁草書房　1998.9　296p　21cm　3600円　ⓘ4-326-50154-5

◇東京はじめて物語―銀座・築地・明石町　清水正雄著　六花社;亜紀書房〔発売〕　1998.3　235p　21cm　1800円　ⓘ4-7505-9807-0

◇交換台に生きた女性たち　山中郁子著　新日本出版社　1997.6　206p　19cm　1800円　ⓘ4-406-02518-9

◇明治日本とイギリス―出会い・技術移転・ネットワークの形成　オリーヴ・チェックランド著, 杉山忠平, 玉置紀夫訳　法政大学出版局　1996.6　389,54p　19cm　（りぶらりあ選書）　4300円　ⓘ4-588-02173-7

◇調べ学習に役立つ図解日本の歴史 7 絵や資料で調べる 明治・大正・昭和・平成時代　あかね書房　1996.4　48p　30×21cm　2718円　ⓘ4-251-07967-1

◇明治工業史 5 電気編　日本工学会編　原書房　1995.1　558p　21cm　（明治百年史叢書 436）　18000円　ⓘ4-562-02629-4

◇情報・通信の社会史―近代日本の情報化と市場化　石井寛治著　有斐閣　1994.11　221p　21cm　1900円　ⓘ4-641-06717-1

◇ニュースで追う明治日本発掘 1 戊辰戦争・文明開化・征韓論の時代　鈴木孝一編　河出書房新社　1994.6　302p　19cm　2427円　ⓘ4-309-72321-7

◇調べ学習にやくだつ くらしの歴史図鑑 4 交通・通信の歴史 古代から現代までの交通や通信の発達　ポプラ社　1994.4　47p　26cm　2427円　ⓘ4-591-04546-3

◇日本の『創造力』―近代・現代を開花させた470人 15 貢献した外国人たち　富田仁編　日本放送出版協会　1994.2　525p　21×16cm　5631円　ⓘ4-14-009219-X

◇神戸電話事業100年誌―1893～1993 神戸の発展と共に歩む　日本電信電話株式会社神戸支店, 日本電信電話株式会社神戸西支店編　神戸　日本電信電話神戸支店　1993.12　100p　30cm　非売品

◇岐阜県の電報今昔物語　伊藤芳久著　名古屋　電気通信出版　1993.11　509p　26cm　非売品

◇長崎の電信電話史―資料 3　村上正雪編　長崎　村上正雪　1992.11　566p　26cm

◇20世紀フォトドキュメント　第8巻 通信―明治―平成　鹿子木昭介責任編集　ぎょうせい　1992.7　159p　27cm　3200円　ⓘ4-324-02699-8

◇切手で見るテレコミュニケーション史　山田康二著　コロナ社　1991.7　146p　19cm　（新コロナシリーズ 10）　1165円　ⓘ4-339-07660-0

◇テレガラーフ古文書考―幕末の伝信　川野辺富次著　千葉　川野辺富次　1987.4　528,16p　22cm　5300円

◇日本史小百科 23 通信　高橋善七著　近藤出版社　1986.7　280,19p　19cm　2000円

◇四国無線史　続　松山無線通信部続四国無線史編集委員会編　松山　松山無線通信部　1983.10　184p　27cm

◇東海の電信電話　第2巻　東海電気通信局編　名古屋　電気通信協会東海支部　1974　787p 図　27cm

◇四国無線史　松山無線通信部四国無線史編集委員会編　松山　松山無線通信部　1972　183p　27cm

◇信越の電信電話　信越電気通信局編　長野　日本電信電話公社信越電気通信局　1972　806p 図　27cm

◇九州の電信電話百年史　日本電信電話公社九州電気通信局編　〔熊本〕　電気通信共済会九州支部　1971　1186p 図　27cm

◇横浜の電信百年　横浜　横浜電報局　1970　233p 図　22cm

◇近畿の電信電話　近畿電気通信局編　大阪　電気通信共済会近畿支部　1969

文化

◇関東電信電話百年史　関東電気通信局編　電気通信協会　1968　3冊　29cm

◇山梨の電信電話　関東電気通信局山梨電気通信部編　甲府　1967　332p(図版共)　地図　26cm

◇北陸の電信電話―その九十年の歩み　北陸電気通信局編　金沢　1964　602p　図版　27cm

◇日本資本主義と電信電話産業　高橋達男著　〔調布〕　中央電気通信学園　1960.4　3冊　25cm

◇徳島県電信電話事業史　徳島電気通信部編　徳島　1960序　36p　26cm

人力車

明治時代に流行した人が人を乗せて引く車。明治2年東京日本橋の和泉要助が西洋馬車をヒントに考案し、翌年3月に営業を開始したと伝えられている。人力車の普及はめざましく、5年には東京で一万台以上、九年には二万四千台以上になっていたという。15年には鉄道馬車開業に危機感を持った人力車夫が「車会党」を結成したという挿話も残っている。

　　　　＊　　　　＊　　　　＊

◇外国語になった日本語の事典　加藤秀俊，熊倉功夫編　岩波書店　1999.7　257p　19cm　2200円　①4-00-002839-1

◇教科書が教えない歴史―明治・大正・昭和、大事件の真相　藤岡信勝，自由主義史観研究会著　産経新聞ニュースサービス〔扶桑社〔発売〕　1999.6　386p　15cm　(扶桑社文庫)　667円　①4-594-02722-9

◇明治事物起原 5　石井研堂著　筑摩書房　1997.9　515p　15cm　(ちくま学芸文庫)　1300円　①4-480-08365-0

◇うたでつづる明治の時代世相　上　幕末から明治二九年まで　大久保慈泉著　新版　国書刊行会　1997.7　533p　15cm　3800円　①4-336-03986-0

◇くるまたちの社会史―人力車から自動車まで　斉藤俊彦著　中央公論社　1997.2　280p　18cm　(中公新書)　816円　①4-12-101346-8

◇津軽異聞　吉村和夫著　弘前　弘前北方新社　1996.12　328p　19cm　1942円　①4-89297-011-5

◇100年前の東京 1　東京繁昌記　明治前期編　服部誠一原著，マール社編集部編　マール社　1996.11　159p　21cm　(100年前シリーズ)　951円　①4-8373-0729-9

◇交通史試論集　関根恒郎著　近代文芸社　1995.10　221p　19cm　1748円　①4-7733-4711-2

◇文化のクリエーターたち―江戸・東京を造った人々　東京人編集室編　都市出版　1993.12　482p　19cm　3398円　①4-924831-07-7

◇おもしろ日本史入門 1　乗り物でさぐる日本史　長岡清文，原島サブロー絵　国土社　1993.3　63p　26cm　1942円　①4-337-26101-X

◇日本の『創造力』―近代・現代を開花させた470人 2　殖産興業への挑戦　富田仁編　日本放送出版協会　1993.1　475p　21cm　5631円　①4-14-009206-8

◇轍の文化史―人力車から自動車への道　斉藤俊彦著　ダイヤモンド社　1992.11　262p　19cm　1456円　①4-478-24064-7

◇都市社会主義鉄道新論　片山潜著，神戸都市問題研究所編　学陽書房　1992.4　1冊　21cm　(地方自治古典叢書 5)　5825円　①4-313-46005-5

◇交通あれこれ博物館―スペースシャトルから人力車まで　どこまで行こう会編　ベストセラーズ　1990.4　266p　15cm　(ワニ文庫)　437円　①4-584-30195-6

◇道の発達とわたしたちのくらし 5　鉄道と道路　神崎宣武著，吉松八重樹絵　さ・え・ら書房　1988.4　47p　21cm　1400円　①4-378-05105-2

文化

◇日本の世紀末―ロマンとデカダンス
あふれる異国情緒　福田和彦編著
読売新聞社　1987.4　146p　30×23cm
3800円　①4-643-87031-1

ざんぎり頭

　男性の髪形で、明治4年8月に政府が散髪脱刀令を出して散髪の自由を認めたことから流行した。それまでも海外留学生などは丁髷を切っていたが、これ以後はむしろざんぎりが普通となり、6年には明治天皇自ら髪を切った。この当時「ざんぎり頭をたたいてみれば、文明開化の音がする」と謳われるなど、文明開化の目に見える象徴の一つだった。

　　　　＊　　　＊　　　＊

◇図説　幕末明治流行事典　湯本豪一著　柏書房　1998.10　382p　26cm　8900円
①4-7601-1680-X

◇うたでつづる明治の時代世相　上　幕末から明治二九年まで　大久保慈泉著　新版　国書刊行会　1997.7　533p　15cm　3800円　①4-336-03986-0

郵便制度

　明治4年、駅逓頭前島密の建議により創始された事業。まず東京-京都-大阪間で「新式郵便」が開始され、翌年全国主要都市で実施され、従来の飛脚制度に取って替わった。郵便事業は政府管掌・全国均一料金となり、安定した通信手段として定着した。

　　　　＊　　　＊　　　＊

◇日本の歴史博物館・史跡―調べ学習に役立つ時代別・テーマ別　7　明治・大正・昭和・平成時代　佐藤和彦監修　あかね書房　1999.4　47p　30×22cm　3200円　①4-251-07907-8

◇半銭より半世紀―郵趣半生の記　二宮久著　〔神戸〕　〔二宮久〕　1997.7　168p　26cm

◇飛騨の特定郵便局史　飛騨地区特定郵便局長会会史編纂委員会編　〔清見村（岐阜県）〕　飛騨地区特定郵便局長会　1996.12　583p　27cm

◇郵便輸送変遷史―鉄道から自動車・航空へ　羽田郵便輸送史研究会編　羽田郵便輸送史研究会　1996.9　255p　26cm（羽田郵便輸送史文庫　第2集）

◇郵政人の北方領土　小島敏郎編　〔札幌〕　小島敏郎　1995.10　279p　22cm

◇日本の文明史から見た郵便―長崎郵便事業の足跡から　竹野忠生著　長崎みんなの郵便局を育てる長崎県民会議　1995.3　502p　22cm　2500円

◇歴史でみる郵便局―平塚市・大磯町・二宮町・中井町　平塚　平塚郵便局等沿革史刊行会　1995.3　185p　22cm

◇御影の郵便局　戦前篇　藤田卯三郎編　〔西宮〕　西宮郵趣会　1994.12　49p　25cm

◇記番印の研究―近代郵便の形成過程　阿部昭夫著　名著出版　1994.10　474p　27cm　9600円　①4-626-01494-1

◇横浜にあったフランスの郵便局―幕末・明治の知られざる一断面　松本純一著　原書房　1994.8　260,29p　22cm　3800円　①4-562-02545-X

◇四国地方郵便創業史料の解明　山崎善啓編著　松山　四国地方郵便史研究会　1994.7　142p　26cm　1500円

◇博多郵便局の知られざる沿革とみんなで綴る想い出の記　博郵会編　大野城　博郵会　1994.4　215p　26cm

◇全国実施時の郵便御用取扱所―郵便創業時の記録　郵政省郵政研究所附属資料館　1994.3　183p　19×26cm　（郵政省郵政研究所附属資料館研究調査報告6）

◇村の郵便局の100年―特定郵便局のあゆみ　写真集　矢沢昇著　飯田　新葉

文化

社　1993.11　205p　31cm　3500円　①4-88242-065-1
◇袋井郵便御用取扱所史料―郵便創業時の記録　その2　郵政省郵政研究所附属資料館　1993.3　173p　19×26cm　（郵政省郵政研究所附属資料館研究調査報告5）
◇長野中央郵便局120年史　長野中央郵便局編　〔長野〕　長野中央郵便局　1993.3　181p　31cm
◇郵便札幌県治類典　第4巻　明治十八年　福井卓治編　豊浦町（北海道）　北海プリント社　1992.12　365,24p　21cm　3800円
◇初期外国郵便―林喜一郎コレクション〈PHILANIPPON'91〉金賞受賞作品　山崎好是解説　鳴美スタンプ商会　1992.7　261p　27cm　8000円
◇袋井郵便御用取扱所史料―郵便創業前の記録　その1　郵政省郵政研究所附属資料館　1992.3　114p　19×26cm　（郵政省郵政研究所附属資料館研究調査報告4）
◇郵便創業120年の歴史　郵政省郵務局郵便事業史編纂室編著　ぎょうせい　1991.12　237p　31cm　4000円　①4-324-02941-5
◇地方における文明開化の展開―初期郵便局の歴史的性格と役割　岡安一雄著〔久喜〕　〔岡安一雄〕　1991.8　70p　21cm　（埼玉県教育委員会長期研修教員報告　平成2年度）
◇芳賀ゆうびん事始―芳賀郵便創業史話　塚田保美著　宇都宮　栃木県郵便史研究会　1991.8　157p　21cm
◇正院本省郵便決議簿―郵便創業時の起案文書　第1号　郵政省郵政研究所附属資料館　1991.3　87p　19×26cm　（郵政省郵政研究所附属資料館研究調査報告3）
◇近代郵便のあけぼの　通信総合博物館編著　第一法規出版　1990.3　112p　28cm　3000円　①4-474-00139-7

◇明治の郵便・鉄道馬車　篠原宏著　雄松堂出版　1987.4　325p　22cm　（東西交流叢書　3）　3800円　①4-8419-0034-9
◇為替貯金事業百年史　郵便貯金振興会　1978.3　2冊(別冊とも)　27cm　全9600円
◇駅逓史料　4　群馬県　山崎好是編　日本風景社　1974.11　318p　22cm
◇日本郵便百年の年表　第1巻　明治編　その1　北上健編　いずみ切手研究会　むさしスタンプ（発売）　1973　48p　26cm　1000円
◇鉄道と郵便―特殊通信日付印と局名表　井上純三編　いずみ切手研究会　東久留米　むさしスタンプ（発売）　1972　39p　26cm　800円
◇郵便百年史資料　第29巻　郵政省編　吉川弘文館　1972　325p　27cm　2100円
◇郵政百年史年表　郵政省編　吉川弘文館　1972　325p　27cm　2100円
◇郵政百年のあゆみ　郵政省編　通信協会　1971　249p　図　19cm
◇郵政百年のあゆみ　郵政省編　小学館　1971　249p　図　19cm　300円
◇郵政百年史　郵政省編　通信協会　1971　971,35p　図　23cm
◇郵政百年史資料　第21巻　郵政省編　吉川弘文館　1971　498p　図　22cm　3800円
◇郵政百年史資料　第23巻　郵政省編　吉川弘文館　1971　508p　図　22cm　4600円
◇郵政百年史資料　第24巻　郵政省編　吉川弘文館　1971　594p　22cm　5500円
◇郵政百年史資料　第25巻　郵政省編　吉川弘文館　1971　図305p　27cm　7000円
◇郵政百年史資料　第26巻　郵政省編　吉川弘文館　1971　550p（おもに図）　27cm　12000円

文化

◇郵政百年史資料　第27巻　郵政省編　吉川弘文館　1971　406p(おもに図)　27cm　8400円

◇郵政百年史資料　第28巻　郵政省編　吉川弘文館　1971　445p(おもに図)はり込み図版1枚　27cm　3500円

◇郵政百年史資料　第30巻　郵政省編　吉川弘文館　1971　532p　27cm　7000円

◇日本の郵便　同盟通信社　1970　364p(おもに図)　31cm　12000円

◇郵政百年史資料　第1巻　郵政省編　吉川弘文館　1970　580p　図版　22cm　4500円

◇郵政百年史資料　第2巻　郵政省編　吉川弘文館　1970　446p　図版・表　22cm　3500円

◇郵政百年史資料　第3巻　郵政省編　吉川弘文館　1970　529p　図版　22cm　3700円

◇郵政百年史資料　第4巻　郵政省編　吉川弘文館　1970　486p　図版　22cm　3500円

◇郵政百年史資料　第5巻　郵政省編　吉川弘文館　1970　469p　22cm　3400円

◇郵政百年史資料　第6巻　郵政省編　吉川弘文館　1970　470p　図版　22cm　3400円

◇郵政百年史資料　第7巻　郵政省編　吉川弘文館　1970　375p　図版　22cm　2800円

◇郵政百年史資料　第8巻　郵政省編　吉川弘文館　1970　484p　図版　22cm　3400円

◇郵政百年史資料　第20巻　郵政省編　吉川弘文館　1970　487p　図版　22cm　2600円

◇日本郵趣百年史　戦前・戦中編　富岡昭編著　大阪　全日本郵趣連盟　1969　144p　22cm　1200円

◇郵政百年史資料　第10巻　郵政省編　吉川弘文館　1969　705p　図版12枚　22cm　4200円

◇郵政百年史資料　第19巻　郵政省編　吉川弘文館　1969　609p　図版・地図　22cm　3300円

◇郵政百年史資料　第22巻　郵政省編　吉川弘文館　1969　683p　図版　22cm　4100円

◇郵政百年史資料　第9巻　大日本帝国駅遞志稿〔本編〕〔ほか〕　郵政省編,農商務省駅遞局刊の復刻　吉川弘文館　1968　579p　表　地図　22cm

◇郵政百年史資料　第14巻　駅遞局類聚摘要録　郵政省編　吉川弘文館　1968　22cm

◇郵政百年史資料　第11巻　郵政省編　吉川弘文館　1968　567p　表　22cm　2700円

◇郵政百年史資料　第12巻　郵政省編　吉川弘文館　1968　698p　図版　22cm　3500円

◇郵政百年史資料　第13巻　郵政省編　吉川弘文館　1968　666p　図版　22cm　3400円

◇郵政百年史資料　第15巻　六十年間における郵便貯金経済史観　郵政省編　吉川弘文館　1968　22cm

◇郵政百年史資料　第16巻　郵政省編　吉川弘文館　1968　653p　図版18枚　22cm　3300円

◇郵政百年史資料　第17巻　簡易生命保険事業史附録　郵政省編,逓信省簡易保険局刊の復刻　吉川弘文館　1968　22cm

◇郵政百年史資料　第18巻　簡易生命保険論纂　上　郵政省編,逓信省郵便貯金局刊の復刻　吉川弘文館　1968　22cm

◇続逓信事業史資料拾遺　第1集　旧外地における通信事情　郵政省大臣官房秘書課広報室編　1964　26cm

◇続逓信事業史資料拾遺　第2集　野戦郵便局通信情報取締等関係資料

文化

郵政省大臣官房秘書課広報室編　1964　26cm
◇続逓信事業史　第1巻　第1編　郵政省編　前島会　1963　801p　27cm
◇続逓信事業史　第10巻　第10編　郵政省編　前島会　1963　490p　27cm
◇続逓信事業史　第9巻　第9編　郵政省編　前島会　1962　658p　図版　27cm
◇通信史話　通信外史刊行会編　電気通信協会　1962　3冊　19cm
◇続逓信事業史　第2巻　職員　郵政省編　前島会　1961　844p　図版　27cm
◇続逓信事業史　第4巻　第4編　郵政省編　前島会　1961　27cm
◇続逓信事業史　第5巻　第4編　郵政省編　前島会　1961　27cm
◇続逓信事業史　第6巻　第6編　郵政省編　前島会　1961　716p　図版　表　27cm
◇続逓信事業史　第3巻　第3編　郵政省編　前島会　1960　995p　図版　27cm
◇続逓信事業史　第7巻　第7編　郵政省編　前島会　1960　27cm
◇続逓信事業史　第8巻　第8編　郵政省編　前島会　1960　27cm
◇続逓信事業史資料集　第1集　通信局長会議における大臣訓示集　郵政省大臣官房史料編集室編　1960　25cm
◇続逓信事業史資料集　第2集　郵政関係GHQ覚書集　郵政省大臣官房史料編集室編　1960　25cm

牛　鍋

文明開化を象徴する食物。日本では従来牛肉を食べる習慣は一般的ではなかったが、幕末外国人居留地での欧米人の肉食が日本人にも広まり、明治5年正月には明治天皇も牛肉を試食。和風に醤油で味付けをして豆腐・野菜などを加えた鍋料理として明治初期に大流行し、専門店に行列ができるほどだった。仮名垣魯文の滑稽本「安愚楽鍋」は牛鍋屋での庶民の浮世話を風俗描写を交えて書いたもので、牛鍋が庶民の生活に入り込んでいたことが見て取れる。

＊　　＊　　＊

◇誰か「戦前」を知らないか―夏彦迷惑問答　山本夏彦著　文芸春秋　1999.10　238p　18cm　（文春新書）　690円
①4-16-660064-8
◇歴史と人間について―藤村と近代日本　小谷汪之著　東京大学出版会　1991.8　222p　19cm　（UP選書）　265　1648円
①4-13-002065-X

鉄道

　明治3年政府は東京―神奈川間で鉄道建設工事に着工、4年に川崎―横浜間で試運転を開始した。5年5月に品川―横浜間で仮営業を開始し、9月13日に本格営業を開始した。しかしその後鉄道建設は殖産興業政策の一環と位置付けられながら財政窮乏のため一時停滞、西南戦争後陸軍に推進されてようやく軌道に乗り、東海道本線（新橋・神戸間）が全通したのは22年のことであった。一方私鉄は日本鉄道会社が17年6月に高崎線（上野・高崎間）、24年9月に東北本線（上野・青森間）を開通させるなど、一時は中小鉄道会社が林立した。39年3月、政府は鉄道国有法を公布。翌年まで主要私鉄17社が国鉄に併合され、総延長の90％が国有化されるに至った。
　また28年京都市に初の市街電車が開通、以後徐々に電車が導入されるようになった。なお、明治33年に初めて自動車が輸入されたが、その保有台数は45

文化

年で約500台に過ぎず、本格的な普及は大正12年の関東大震災以後のことである。

◇近代日本の地域交通体系　三木理史著　大明堂　1999.11　366p　21cm　5000円　⑪4-470-54019-6

◇鉄道地図と歴史を楽しむ本―路線図に隠された秘密!!知られざる鉄道史のウラ側!?　所沢秀樹著　ベストセラーズ　1999.11　236p　15cm　（ワニ文庫）　524円　⑪4-584-30637-0

◇身近な土木の歴史―文化の演出者たち　為国孝敏著　東洋書店　1999.3　196p　19cm　1700円　⑪4-88595-238-7

◇停車場変遷大事典―国鉄・JR編　JTB　1998.10　2冊(セット)　26cm　12000円　⑪4-533-02980-9

◇日本鉄道車輌工業史　沢井実著　日本経済評論社　1998.10　326p　21cm　5700円　⑪4-8188-0997-7

◇道と駅　木下良著　大巧社　1998.9　211p　18cm　（日本を知る）　1200円　⑪4-924899-30-5

◇日本鉄道業の形成―1869～1894年　中村尚史著　日本経済評論社　1998.8　394p　21cm　5700円　⑪4-8188-1027-4

◇堂々日本史　第15巻　NHK取材班編　名古屋　名古屋KTC中央出版　1998.5　249p　19cm　1600円　⑪4-87758-062-X

◇日本の鉄道こぼれ話　沢和哉著　築地書館　1998.5　249p　19cm　2000円　⑪4-8067-4618-5

◇明治維新―明治時代前期　児玉幸多監修，あおむら純漫画　増補版　小学館　1998.2　157p　21cm　（小学館版 学習まんが―少年少女日本の歴史 17）　830円　⑪4-09-298117-1

◇交通学 130年の系譜と展望―21世紀に学ぶ人のために　角本良平著　竜ヶ崎　竜ヶ崎流通経済大学出版会　1998.1　263p　21cm　5000円　⑪4-947553-07-3

◇国鉄改革 下巻―正々堂々と我が道を行く　松崎明著，『政界』編集部編　ぴいぷる社　1998.1　337p　21cm　2500円　⑪4-89374-125-X

◇時刻表でたどる鉄道史―"数字の森"から時代が見える!　宮脇俊三編著，原口隆行企画・著　JTB　1998.1　192p　21cm　（JTBキャンブックス）　1700円　⑪4-533-02872-1

◇日本の鉄道ことはじめ　沢和哉著　築地書館　1996.11　252p　19cm　1854円　⑪4-8067-5595-8

◇日本の鉄道　原田勝正著　吉川弘文館　1996.8　201,7p　20cm　（日本歴史叢書 新装版）　2369円　⑪4-642-06643-8

◇近代日本と鉄道史の展開　宇田正著　日本経済評論社　1995.5　344p　22cm　（鉄道史叢書 9）　6180円　⑪4-8188-0780-X

◇鉄道史文献目録―私鉄社史・人物史編　鉄道史学会編　鉄道史学会　1994.6　247p　27cm　6180円　⑪4-8188-0756-7

◇日本帝国鉄道創業談　井上勝著，天野慶之口語訳　井上勝英　1993.8　72p　19cm

◇日本の鉄道120年の話　沢和哉著　築地書館　1993.7　266p　21cm　2060円　⑪4-8067-5629-6

◇日本鉄道物語　橋本克彦〔著〕　講談社　1993.3　422p　15cm　（講談社文庫）　600円　⑪4-06-185352-X

◇20世紀フォトドキュメント　第7巻　交通―明治―平成　原田勝正責任編集　ぎょうせい　1991.11　159p　27cm　3200円　⑪4-324-02698-X

◇日本鉄道のあゆみ　和田住夫著　〔貞光町(徳島県)〕　〔和田住夫〕　1991.10　357p　22cm

◇日本の鉄道100ものがたり　おのつよし著　文芸春秋　1991.5　334p　16cm（文春文庫）　470円　ⓘ4-16-753601-3
◇日本の鉄道　原田勝正著　吉川弘文館　1991.3　201,7p　20cm（日本歴史叢書45）　2300円　ⓘ4-642-06545-8
◇我が国鉄道を始めた人々──自叙伝風　平岡長太郎著　西宮　エスエル出版会　1990.4　181p　20cm　2000円
◇鉄道史研究試論──近代化における技術と社会　原田勝正著　日本経済評論社　1989.9　286p　22cm（鉄道史叢書 5）　3296円　ⓘ4-8188-0326-X
◇明治期鉄道史資料　第2期　第2集〔別巻〕鉄道会議議事録・鉄道論集他　鉄道会議議事録　索引　野田正穂〔ほか〕編　日本経済評論社　1989.7　68p　27cm　4120円　ⓘ4-8188-0316-2
◇明治期鉄道史資料　第2期　第1集　第12巻　鉄道作業局年報・帝国鉄道庁年報 帝国鉄道庁統計図表　野田正穂〔ほか〕編　日本経済評論社　1989.6　1冊(頁付なし)　27cm　33990円　ⓘ4-8188-0220-4
◇明治期鉄道史資料　第2期　第2集　第27巻　鉄道会議議事録・鉄道論集他　鉄道企業例規集　2　野田正穂〔ほか〕編　日本経済評論社　1989.5　1冊　27cm　25000円　ⓘ4-8188-0221-2
◇明治期鉄道史資料　第2期　第2集　第28巻　鉄道会議議事録・鉄道論集他　地方鉄道意見集　野田正穂〔ほか〕編　日本経済評論社　1989.5　1冊　27cm　23000円　ⓘ4-8188-0222-0
◇明治期鉄道史資料　第2期　第1集　第11巻　鉄道作業局年報・帝国鉄道庁年報 帝国鉄道庁統計図表　明治39年　野田正穂〔ほか〕編　日本経済評論社　1989.4　1冊(頁付なし)　27cm
◇明治期鉄道史資料　第2期　第2集　第18巻　鉄道会議議事録・鉄道論集他　鉄道会議議事録　第18～27回 昭和11～19年　野田正穂〔ほか〕編　日本経済評論社　1989.2　1冊　27cm　21000円　ⓘ4-8188-0217-4
◇明治期鉄道史資料　第2期　第1集　第13巻　鉄道作業局年報・帝国鉄道庁年報 軍事輸送記録　1　野田正穂〔ほか〕編　日本経済評論社　1989.1　1冊　27cm　24000円　ⓘ4-8188-0215-8
◇明治期鉄道史資料　第2期　第2集　第17巻　鉄道会議議事録・鉄道論集他　鉄道会議議事録　第12～17回 昭和9・10年　野田正穂〔ほか〕編　日本経済評論社　1989.1　1冊　27cm　12000円　ⓘ4-8188-0216-6
◇明治期鉄道史資料　第2期　第2集　第19巻　鉄道会議議事録・鉄道論集他　鉄道意見全集　野田正穂〔ほか〕編　日本経済評論社　1988.12　656p　27cm　ⓘ4-8188-0211-5
◇明治期鉄道史資料　第2期　第1集 第14巻　鉄道作業局年報・帝国鉄道庁年報他　軍事輸送記録　2 宇品運輸通信支部報告 明治33～34年　野田正穂〔ほか〕編　日本経済評論社　1988.12　1冊　27cm　32000円　ⓘ4-8188-0213-1
◇明治期鉄道史資料　第2期　第2集 第16巻　鉄道会議議事録・鉄道論集他　鉄道会議議事録　第9～11回 昭和8年　野田正穂〔ほか〕編　日本経済評論社　1988.12　1冊　27cm　13000円　ⓘ4-8188-0214-X
◇明治期鉄道史資料　第2期　第2集 第13巻　鉄道会議議事録・鉄道論集他　鉄道会議議事録　第1・2回(大正11～14年)　野田正穂〔ほか〕編　日本経済評論社　1988.11　314,158p　27cm　15000円
◇明治期鉄道史資料　第2期　第2集 第14巻　鉄道会議議事録・鉄道論集他　鉄道会議議事録　第3～6回(大正15～昭和4年)　野田正穂〔ほか〕編　日本経済評論社　1988.11　1冊　27cm　16000円　ⓘ4-8188-0210-7
◇明治期鉄道史資料　第2期　第2集 第15巻　鉄道会議議事録・鉄道論集他　鉄道会議議事録　第1～8回(昭和5～7年)　野田正穂

文化

〔ほか〕編　日本経済評論社　1988.11　1冊　27cm　13000円　Ⓘ4-8188-0212-3

◇明治期鉄道史資料　第2期 第2集 第25巻　鉄道会議議事録・鉄道論集他　市街鉄道問題　野田正穂〔ほか〕編　日本経済評論社　1988.10　1冊　27cm　Ⓘ4-8188-0182-8

◇明治期鉄道史資料　第2期 第2集 第12巻　鉄道会議議事録・鉄道論集他　鉄道会議議事速記録　第20～28回(明治42～大正1年)　野田正穂〔ほか〕編　日本経済評論社　1988.10　1冊　27cm　15000円　Ⓘ4-8188-0208-5

◇明治期鉄道史資料　第2期 第2集 第11巻　鉄道会議議事録・鉄道論集他　鉄道会議事速記録　第13～19回　明治34～41年　野田正穂〔ほか〕編　日本経済評論社　1988.9　1冊　27cm　15000円　Ⓘ4-8188-0206-9

◇明治期鉄道史資料　第2期 第2集 第21巻　鉄道会議議事録・鉄道論集他　参謀本部鉄道論集　野田正穂〔ほか〕編　日本経済評論社　1988.9　1冊　27cm　11000円　Ⓘ4-8188-0207-7

◇明治期鉄道史資料　第2期 第1集 第10巻　鉄道作業局年報・帝国鉄道庁年報　帝国鉄道庁年報　明治39・40年　野田正穂〔ほか〕編　日本経済評論社　1988.8　130,134p　27cm　Ⓘ4-8188-0203-4

◇明治期鉄道史資料　第2期 第2集 第10巻　鉄道会議議事録・鉄道論集他 鉄道会議事速記録　第11・12回　明治31～33年　野田正穂〔ほか〕編　日本経済評論社　1988.8　1冊　27cm　15000円　Ⓘ4-8188-0204-2

◇明治期鉄道史資料　第2期 第1集 第9巻　鉄道作業局年報・帝国鉄道庁年報　鉄道作業局年報　明治38年　野田正穂〔ほか〕編　日本経済評論社　1988.7　126p　図版65枚　27cm　22000円　Ⓘ4-8188-0200-X

◇明治期鉄道史資料　第2期 第2集 第9巻　鉄道会議議事録・鉄道論集他　鉄道会議議事速記録　第9・10回　明治30・31年　野田正穂〔ほか〕編　日本経済評論社　1988.7　1冊　27cm　16000円　Ⓘ4-8188-0201-8

◇明治期鉄道史資料　第2期 第2集 第20巻　鉄道会議議事録・鉄道論集他　佐分利一嗣鉄道論集　野田正穂〔ほか〕編　日本経済評論社　1988.7　1冊　27cm　11000円　Ⓘ4-8188-0202-6

◇明治期鉄道史資料　第2期 第1集 第8巻　鉄道作業局年報・帝国鉄道庁年報　鉄道作業局年報　明治37年　野田正穂〔ほか〕編　日本経済評論社　1988.6　115p　図版62枚　27cm　22000円　Ⓘ4-8188-0198-4

◇明治期鉄道史資料　第2期 第2集 第8巻　鉄道会議議事録・鉄道論集他　鉄道会議議事速記録　第8回　明治30年　野田正穂〔ほか〕編　日本経済評論社　1988.6　1冊　27cm　17000円　Ⓘ4-8188-0199-2

◇明治期鉄道史資料　第2期 第1集 第7巻　鉄道作業局年報・帝国鉄道庁年報　鉄道作業局年報　明治36年　野田正穂〔ほか〕編　日本経済評論社　1988.5　120p　27cm　Ⓘ4-8188-0195-X

◇明治期鉄道史資料　第2期 第2集 第7巻　鉄道会議議事録・鉄道論集他　鉄道会議議事速記録　第8回　明治29・30年　野田正穂〔ほか〕編　日本経済評論社　1988.5　1冊　27cm　Ⓘ4-8188-0196-8

◇明治期鉄道史資料　第2期 第2集 第24巻　鉄道会議議事録・鉄道論集他　藤岡博士電気鉄道論集　野田正穂〔ほか〕編　日本経済評論社　1988.5　320,7p　27cm　Ⓘ4-8188-0197-6

◇明治期鉄道史資料　第2期 第1集 第6巻　鉄道作業局年報・帝国鉄道庁年報　鉄道作業局年報　明治35年　野田正穂〔ほか〕編　日本経済評論社　1988.4　122p　図版58枚　27cm　Ⓘ4-8188-0193-3

◇明治期鉄道史資料　第2期 第2集 第6巻　鉄道会議議事録・鉄道論集他　鉄道会議議事速記録　第7回　明治28・29年　野田正穂〔ほか〕編　日本経済評論社

1988.4　1冊　27cm　19000円　ⓘ4-8188-0194-1

◇明治期鉄道史資料　第2期　第1集　第5巻　鉄道作業局年報・帝国鉄道庁年報他　鉄道作業局年報　明治34年　野田正穂〔ほか〕編　日本経済評論社　1988.3　270p　27cm　19000円　ⓘ4-8188-0190-9

◇明治期鉄道史資料　第2期　第2集　第5巻　鉄道会議議事録・鉄道論集他　鉄道会議議事速記録　第4～6回　明治27・28年　野田正穂〔ほか〕編　日本経済評論社　1988.3　1冊　27cm　16000円　ⓘ4-8188-0191-7

◇明治期鉄道史資料　第2期　第2集　第23巻　鉄道会議議事録・鉄道論集他　鉄道国有論　2　野田正穂〔ほか〕編　日本経済評論社　1988.3　1冊　27cm　15000円　ⓘ4-8188-0192-5

◇明治期鉄道史資料　第2期　第1集　第4巻　鉄道作業局年報・帝国鉄道庁年報　鉄道作業局年報　明治33年　野田正穂〔ほか〕編集　日本経済評論社　1988.2　306p　27cm　ⓘ4-8188-0188-7

◇明治期鉄道史資料　第2期　第2集　第4巻　鉄道会議議事録・鉄道論集他　鉄道会議議事速記録　第4回　明治27年　野田正穂〔ほか〕編　日本経済評論社　1988.2　1冊　27cm　ⓘ4-8188-0189-5

◇明治期鉄道史資料　第2期　第1集　第3巻　鉄道作業局年報・帝国鉄道庁年報　鉄道作業局年報　明治32年　野田正穂〔ほか〕編　日本経済評論社　1988.1　284p　27cm　22000円　ⓘ4-8188-0185-2

◇明治期鉄道史資料　第2期　第2集　第3巻　鉄道会議議事録・鉄道論集他　鉄道会議議事速記録　第2・3回(明治26・27年)　野田正穂〔ほか〕編　日本経済評論社　1988.1　1冊　27cm　18000円　ⓘ4-8188-0186-0

◇明治期鉄道史資料　第2期　第2集　第22巻　鉄道会議議事録・鉄道論集他　鉄道国有論　1　野田正穂〔ほか〕編　日本経済評論社　1988.1　1冊　27cm　14000円　ⓘ4-8188-0187-9

◇明治期鉄道史資料　第2期　第1集　第2巻　鉄道作業局年報・帝国鉄道庁年報他　鉄道作業局年報　明治31年　野田正穂〔ほか〕編　日本経済評論社　1987.12　9,242p　27cm　ⓘ4-8188-0183-6

◇明治期鉄道史資料　第2期　第2集　第2巻　鉄道会議議事録・鉄道論集他　鉄道会議議事速記録　第1回　明治26年　野田正穂〔ほか〕編　日本経済評論社　1987.12　1冊　27cm　15000円　ⓘ4-8188-0184-4

◇明治期鉄道史資料　第2期　第1集　第1巻　鉄道作業局年報・帝国鉄道庁年報他　鉄道作業局年報　明治30年　野田正穂〔ほか〕編　日本経済評論社　1987.11　177p　27cm　ⓘ4-8188-0180-1

◇明治期鉄道史資料　第2期　第2集　第1巻　鉄道会議議事録・鉄道論集他　鉄道会議議事速記録　第1回　明治25・26年　野田正穂〔ほか〕編　日本経済評論社　1987.11　1冊　27cm　12000円　ⓘ4-8188-0181-X

◇鉄道時報明治期広告集　鉄道史資料保存会編　大阪　鉄道史資料保存会　1987.10　268p　30cm　10000円　ⓘ4-88540-053-8

◇都市近郊鉄道の史的展開　武知京三著　日本経済評論社　1986.7　400,11p　22cm　(鉄道史叢書　3)　6500円　ⓘ4-8188-0106-2

◇明治期地方鉄道史研究—地方鉄道の展開と市場形成　老川慶喜著　日本経済評論社　1983.11　244,9p　22cm　(鉄道史叢書　1)　2800円　ⓘ4-8188-0005-8

◇明治鉄道物語　原田勝正著　筑摩書房　1983.10　264p　20cm　1500円

◇鉄道の語る日本の近代　原田勝正著　増補改訂　そしえて　1983.6　286p　20cm　(そしえて文庫　21)　1800円　ⓘ4-88169-220-8

◇日本の鉄道百年　藤咲栄三著　あかね書房　1982.4　189p　22cm　(少年少女20世紀の記録　32)　1200円

文化

◇明治中期鉄道資料　広島　あき書房
〔1982〕　4枚　47×63cm

◇鉄道―明治創業回顧談　沢和哉編著
築地書館　1981.10　274p　21×21cm
7400円

◇鉄道100年と社会文化史―鉄道・政経・交通・世相・庶民生活　坂田行造著
〔神戸〕　坂田行造　1981.9　196p
19cm　1500円

◇明治期鉄道史資料　補巻3　日本鉄道紀要　〔野田正穂ほか編集〕　栗塚又郎著
日本経済評論社　1981.9　1冊（頁付なし）
27×38cm　4200円

◇明治期鉄道史資料　補巻1　拾年紀念日本の鉄道論　野田正穂〔ほか〕編集
日本経済評論社　1981.7　720p　27cm
15000円

◇明治期鉄道史資料　補巻2　帝国鉄道要鑑　野田正穂〔ほか〕編集　日本経済評論社　1981.7　1冊　27cm　25000円

◇明治期鉄道史資料　第1集　第13巻
鉄道局(庁)年報　北海道鉄道部報
明治33年・34年　野田正穂〔ほか〕編集
日本経済評論社　1981.6　862p　31cm
12000円

◇明治期鉄道史資料　第1集　第17巻
鉄道局(庁)年報　北海道鉄道年報
明治29年～32年・34年～37年　野田正穂〔ほか〕編集　日本経済評論社　1981.6
1冊　27cm　14000円

◇走れ陸蒸気―鉄道史録　松本剛著
大正出版　1981.5　260p　20cm　1300円

◇明治期鉄道史資料　第1集　第12巻
鉄道局(庁)年報　鉄道局(庁)年報
明治40年　野田正穂〔ほか〕編集
日本経済評論社　1981.3　254,111,5p
27cm　12000円

◇明治期鉄道史資料　第2集　第7巻
地方鉄道史　鉄道家伝　3　工学博士長谷川謹介伝・子爵井上勝君小伝・中上川彦次郎君・双軒松本重太郎翁伝・工学博士藤岡市助君伝　野田正穂〔ほか〕編集
日本経済評論社　1981.2　1冊　27cm
11500円

◇明治期鉄道史資料　第1集　第11巻
鉄道局(庁)年報　鉄道局(庁)年報
明治39年　野田正穂〔ほか〕編集
日本経済評論社　1981.1　269,111p
30cm　12000円

◇明治期鉄道史資料　第2集　第6巻　地方鉄道史　鉄道家伝　2　今村清之助君事歴
野田正穂〔ほか〕編集　日本経済評論社
1980.12　1冊　27cm　11500円

◇工部省記録　鉄道之部　巻39-巻40　日本国有鉄道編　日本国有鉄道　1980.11
840p　21cm

◇明治期鉄道史資料　第1集　第8巻
鉄道局(庁)年報　鉄道局(庁)年報
明治36年　野田正穂〔ほか〕編集
日本経済評論社　1980.11　285,137p
31cm　12000円

◇明治期鉄道史資料　第1集　第9巻
鉄道局(庁)年報　鉄道局(庁)年報
明治37年　野田正穂〔ほか〕編集
日本経済評論社　1980.11　249,102p
31cm　12000円

◇明治期鉄道史資料　第1集　第7巻
鉄道局(庁)年報　鉄道局(庁)年報
明治35年　野田正穂〔ほか〕編集　日本経済評論社　1980.10　384p　31cm
12000円

◇明治期鉄道史資料　第2集　第5巻
地方鉄道史　鉄道家伝　1　南清伝.大鉄道家故工学博士南清君の経歴　野田正穂〔ほか〕編集　日本経済評論社　1980.10
1冊　27cm　11500円

◇明治期鉄道史資料　第1集　第6巻
鉄道局(庁)年報　鉄道局(庁)年報
明治33年・34年　野田正穂〔ほか〕編集
日本経済評論社　1980.9　307,4,375p
31cm　9000円

◇明治期鉄道史資料　第1集　第5巻
鉄道局(庁)年報　鉄道局(庁)年報
明治32年　野田正穂〔ほか〕編集

◇明治期鉄道史資料　第2集　第2巻
地方鉄道史　社史―日本鉄道株式会社沿革史　第2篇　野田正穂〔ほか〕編集　日本経済評論社　1980.4　409,7p　27cm　8000円

◇明治期鉄道史資料　第1集　第10巻
鉄道局(庁)年報　鉄道局(庁)年報　明治38年　野田正穂〔ほか〕編集　日本経済評論社　1980.1　262,108p　31cm　12000円

◇工部省記録　鉄道之部　巻35～巻38　日本国有鉄道編　日本国有鉄道　1979.12　738p　21cm

◇明治の鉄道―その発展過程と役割を探る　土木学会日本土木史研究委員会　1979.5　122p　26cm

◇工部省記録　鉄道之部　巻31～巻34　日本国有鉄道編　日本国有鉄道　1978.12　633p　21cm

◇鉄道の語る日本の近代　原田勝正著　そしえて　1977.11　265p　20cm　(そしえて文庫　21)　1300円

◇工部省記録　鉄道之部　巻27-巻30　日本国有鉄道総裁室修史課編　日本国有鉄道　1977.10　877p　21cm

◇工部省記録　鉄道之部　巻23-26　日本国有鉄道総裁室修史課編　日本国有鉄道　1977.1　633p　21cm

◇汽笛一声蒸気車事始―松永芳正日記とともに　杉本三木雄著　みき書房　1975　282p　図　19cm　1300円

◇鉄道100年の技術―車両と機械の歩み　五十嵐修蔵著　工業調査会　1974　169p　図　22cm　2600円

◇日本国有鉄道百年史　通史　日本国有鉄道　1974　524,66p　図　27cm

◇日本国有鉄道百年史　第13巻　日本国有鉄道　1974　873p　図　27cm

◇お召列車百年　星山一男著　鉄道図書刊行会　1973　60,125p(図共)　27cm　3500円

日本経済評論社　1980.8　292p　31cm　9000円

◇明治期鉄道史資料　第2集　第3巻　2　地方鉄道史　社史―山陽鉄道会社創立史・伊予鉄道―我社の三十年・九州鉄道株式会社小史・島原鉄道史　野田正穂〔ほか〕編集　日本経済評論社　1980.8　1冊　27cm　8000円

◇明治期鉄道史資料　第1集　第4巻
鉄道局(庁)年報　鉄道局(庁)年報　明治31年　野田正穂〔ほか〕編集　日本経済評論社　1980.7　268p　31cm　9000円

◇明治期鉄道史資料　第2集　第3巻
地方鉄道史　社史―阪堺鉄道経歴史・大阪鉄道略歴・紀和鉄道沿革史　野田正穂〔ほか〕編集　日本経済評論社　1980.7　1冊　27cm　8000円

◇明治期鉄道史資料　第1集　第3巻
鉄道局(庁)年報　鉄道局(庁)年報　明治29年・30年　野田正穂〔ほか〕編集　日本経済評論社　1980.6　153,184p　37cm　9000円

◇明治期鉄道史資料　第2集　第4巻　地方鉄道史　社史―北海道炭礦鉄道略記・他　野田正穂〔ほか〕編集　日本経済評論社　1980.6　1冊　27cm　10000円

◇明治期鉄道史資料　第1集　第2巻
鉄道局(庁)年報　鉄道局(庁)年報　明治25年～28年　野田正穂〔ほか〕編集　日本経済評論社　1980.5　1冊　31cm　9500円

◇明治期鉄道史資料　第1集　第1巻
鉄道局(庁)年報　鉄道局(庁)年報　明治19年～24年　野田正穂〔ほか〕編集　日本経済評論社　1980.4　1冊　31cm　9000円

◇明治期鉄道史資料　第2集　第1巻
地方鉄道史　社史―日本鉄道株式会社沿革史　第1篇　野田正穂〔ほか〕編集　日本経済評論社　1980.4　410p　27cm　8000円

文化

◇日本の鉄道—100年の歩みから　原田勝正,青木栄一著　三省堂　1973　391p　19cm　(Sanseido books)　950円

◇日本国有鉄道百年史　第10巻　日本国有鉄道　1973　933p　図17枚　27cm

◇日本国有鉄道百年史　第11巻　日本国有鉄道　1973　953p　図11枚　地図　27cm

◇日本国有鉄道百年史　第12巻　日本国有鉄道　1973　936p　図　27cm

◇日本国有鉄道百年史　第14巻　日本国有鉄道　1973　866p　図16枚　地図　27cm

◇日本国有鉄道百年史—国鉄歴史事典　別巻　日本国有鉄道　1973　119p(図共)　27cm

◇九州の鉄道の歩み—鉄道100年記念　北九州　日本国有鉄道九州総局　1972.10　182p　22×31cm

◇機関車100年—日本の鉄道　毎日新聞社編　改訂新版　毎日新聞社　1972　237p　20cm　450円

◇資料・日本の私鉄　和久田康雄著　新版　鉄道図書刊行会　1972　144p　図　27cm　1250円

◇写真でみる鉄道車両100年　鉄道ファン編集部編　名古屋　交友社　1972　155p(おもに図)　26cm　950円

◇鉄道100景—走りつづけて1世紀　交通新聞編　交通協力会出版部　東洋館出版社(発売)　1972　2冊　19cm　490-580円

◇鉄道と郵便—特殊通信日付印と局名表　井上純三編　いずみ切手研究会　東久留米　むさしスタンプ(発売)　1972　39p　26cm　800円

◇鉄道年表　〔名古屋〕　名古屋鉄道管理局　1972　128,26p　22cm

◇鉄道百年　秋永芳郎著　春陽堂書店　1972　236p　18cm　(サン・ポケット・ブックス)

◇日本の鉄道—カラー　文:西尾源太郎,広田尚敬　山と渓谷社　1972　202p(図共)　19cm　(山渓カラーガイド　47)　580円

◇日本の鉄道100年の話　沢和哉著　築地書館　1972　247p　図　21cm　1200円

◇日本国有鉄道百年史　第4巻　日本国有鉄道　1972　595,29p　図21枚　27cm

◇日本国有鉄道百年史　第5巻　日本国有鉄道　1972　606p　図14枚　地図　27cm

◇日本国有鉄道百年史　第6巻　日本国有鉄道　1972　600,112p　図17枚　地図　27cm

◇日本国有鉄道百年史　第9巻　日本国有鉄道　1972　674p　図17枚　地図　27cm

◇日本国有鉄道百年写真史　日本国有鉄道　1972　446p(おもに図)　27×27cm

◇日本鉄道史　鉄道省編　大阪　清文堂出版　1972　3冊　23cm　25000円

◇旅情100年—日本の鉄道　毎日新聞社編　改訂新版　毎日新聞社　1972　244p　20cm　450円

◇日本国有鉄道百年史　第3巻　日本国有鉄道　1971　720p　図　27cm

◇日本国有鉄道百年史　第7巻　日本国有鉄道　1971　675p　図19枚　地図　27cm

◇日本国有鉄道百年史　第8巻　日本国有鉄道　1971　673p　図16枚　地図　27cm

◇明治鉄道錦絵　交通協力会　1971　はり込図58枚　図32枚　19,9p　27×37cm　15000円

◇日本国有鉄道百年史　第2巻　日本国有鉄道　1970　665p　図版46枚　27cm

◇スピード百年—日本の鉄道　毎日新聞社　1969　207p　19cm　390円

◇工部省記録　鉄道之部　巻19-22　日本国有鉄道総裁室修史課編　日本国有鉄道　1969　706p　図版　21cm

◇日本国有鉄道百年史　第1巻　日本国有鉄道　1969　733p　図版　地図　27cm
◇機関車100年—日本の鉄道　毎日新聞社編　1968　237p　19cm
◇汽笛一声—エピソード鉄道百年　和田和男著　人物往来社　1968　261p　19cm
◇新日本鉄道史　下　川上幸義著　鉄道図書刊行会　1968　368p　図版13枚　26cm
◇日本鉄道請負業史　明治篇　土木工業協会編　鉄道建設業協会　1968　564p　22cm
◇旅情100年—日本の鉄道　毎日新聞社編　1968　244p　19cm
◇新日本鉄道史　上　川上幸義著　鉄道図書刊行会　1967　232p　図版　26cm
◇工部省記録—鐵道之部　巻14-18　日本国有鉄道総裁室修史課編　日本国有鉄道　1965　656p　図版　21cm
◇工部省記録—鐵道之部　巻9-13　日本国有鉄道総裁室修史課編　日本国有鉄道　1964　779p　図版　21cm
◇明治の汽車—鉄道創設100年のこぼれ話から　永田博編　交通日本社　1964　238p　18cm　(交日新書)
◇工部省記録—鐵道之部　巻4-8　日本国有鉄道総裁室修史課編　日本国有鉄道　1963　844p　図版　21cm
◇明治維新の政局と鉄道建設　田中時彦著　吉川弘文館　1963　400p　図版　22cm
◇工部省記録—鐵道之部　巻1-3　日本国有鉄道総裁室修史課編　日本国有鉄道　1962　501,34p　図版　21cm

ガス灯

明治時代初期に設置された街路灯。明治5年9月29日に横浜で点火されたのが最初といわれている。この年の末までに300基設置されたといういう。ついで7年、東京銀座に煉瓦街が建設された時の街路にガス灯が設置された。鹿鳴館内照明にも使われたといわれるが、屋内灯としては一般には石油ランプが普及した。街路をエキゾチックに照らすガス灯は文明開化の表れの一つとして注目されたが、電灯の普及とともに明治後期には次第に姿を消していった。

　　　＊　　　＊　　　＊

◇日本瓦斯灯事始考—文明開化の象徴　前沢修一著　健友館　1998.11　126p　19cm　800円　①4-7737-0415-2
◇横浜はじめて物語—ヨコハマを読む、日本が見える。　阿佐美茂樹著　三交社　1988.11　203p　19cm　1200円　①4-87919-507-3
◇ガス灯のある街・旅　文化出版局編　文化出版局　1987.8　117p　30cm　3500円　①4-579-20285-6
◇あかりの古道具　坪内富士夫著　光芸出版　1987.2　164p　26cm　3500円　①4-7694-0077-2

太陽暦

明治5年、政府は従来の天保暦(旧暦)を廃して太陽暦の採用を決定、明治5年12月3日を明治6年1月1日とする旨一般に公布した。欧米諸国の暦とのズレによる不都合を解消するためだったが、突然の決定だったため民衆は混乱。12月がほぼ丸ごとなくなったため官吏の給与がカットされたという。

　　　＊　　　＊　　　＊

◇近代庶民生活の展開—くにの政策と民俗　松崎憲三編著　三一書房　1998.10　228p　21cm　3000円　①4-380-98316-1
◇明治改暦—「時」の文明開化　岡田芳朗著　大修館書店　1994.6　354p　19cm　2800円　①4-469-22100-7
◇歴史誕生 5　NHK歴史誕生取材班編著　オールカラー・ワイド版　角川書店

1990.8 157p 29×22cm 1748円 ①4-04-521905-6

祝祭日

　明治6年10月、政府が布告した「年中祭日祝日等ノ休暇日」によって国家の祝祭日が定められた。これ以前には神武天皇即位日と天長節が祝日となっていたが、この布告で元始祭・新年宴会・孝明天皇祭・紀元節・神武天皇祭・神嘗祭・天長節・新嘗祭の8つが祝祭日となった。なお以後は春季皇霊祭・秋季皇霊祭・四方拝が加えられている。

　　　　　＊　　　＊　　　＊

◇明治改暦—「時」の文明開化　岡田芳朗著　大修館書店　1994.6　354p　19cm　2800円　①4-469-22100-7
◇日本の祝祭日を考える　日本の祝祭日を考える会編　日本の祝祭日を考える会;展転社〔発売〕　1994.5　104p　21cm（てんでんブックレット 3）　583円　①4-88656-104-7
◇日本の祝祭日—日の丸・門松・鯉のぼりそのルーツと歴史を探る　所功著　PHP研究所　1986.3　260p　21世紀図書館　570円　①4-569-21724-9

廃刀令

　明治9年3月に布告された帯刀禁止令。すでに明治3年に庶民の帯刀は禁止され、4年には散髪脱刀令が出され散髪・脱刀の自由が認められていた。しかし士族の脱刀は進まず、6年の徴兵令布告以降、帯刀は士族にとって象徴的なものになっていた。陸軍卿山県有朋によって建議されたこの廃刀令により、名実とも士族は無用の存在とされ、神風連の乱など各地で不平士族の反乱が引き起こされることになっていく。

電灯

　明治11年、東京工部大学校で催された電信中央局の開業祝賀会の際に点灯されたアーク灯がわが国で最初に公開された電灯とされている。15年には東京電灯会社の創立にあたっての実物宣伝として東京銀座でアーク灯が点灯され、一般民衆が電灯の光を目にすることとなった。以後実用化が進んだが高価だったため、一般家庭への普及は明治末年から大正時代のことである。当初はアーク灯が中心であったが、18年以降白熱灯が一般化した。

　　　　　＊　　　＊　　　＊

◇民の光芒—電力・闘魂の譜　志村嘉門著　日本電気協会新聞部　1999.3　363p　19cm　1800円　①4-930986-51-6
◇台所用具の近代史—生産から消費生活をみる　生活と技術の日本近代史　古島敏雄著　有斐閣　1996.8　290p　21cm　2500円　①4-641-07586-7
◇電力技術物語—電気事業始め　志村嘉門著　日本電気協会新聞部　1995.9　282p　19cm　1845円　①4-930986-29-X
◇明治工業史 5 電気編　日本工学会編　原書房　1995.1　558p　21cm（明治百年史叢書 436）　18000円　①4-562-02629-4
◇家電　青山芳之著　日本経済評論社　1991.10　260p　19cm　産業の昭和社会史 4　1500円　①4-8188-0468-1

電話

　グラハム・ベルによる発明の翌年、明治10年に電話機が輸入され、工部省と宮内省の間で通話が行われた。21年に東京—熱海間で通話試験が実施され、翌年1月同区間の公衆市外通話が開始された。12月に東京—横浜間で電話交換事業が始まり、32年には東京—大阪間の長距離電話が開通した。33年に新橋・上野両駅前に最初の公衆電話が設置された。日清戦争後の明治29〜35年度の第一次拡張計画で京都・名古屋など地方の主要都市20都市で交換業務が開始され、

日露戦争に際しては軍事目的から電話の架設が進められた。

　　　　＊　　　＊　　　＊

◇日本の歴史博物館・史跡―調べ学習に役立つ時代別・テーマ別 7 明治・大正・昭和・平成時代　佐藤和彦監修　あかね書房　1999.4　47p　30×22cm　3200円　①4-251-07907-8

◇テレコムの経済史―近代日本の電信・電話　藤井信幸著　勁草書房　1998.9　296p　21cm　3600円　①4-326-50154-5

◇東京はじめて物語―銀座・築地・明石町　清水正雄著　六花社;亜紀書房〔発売〕　1998.3　235p　21cm　1800円　①4-7505-9807-0

◇交換台に生きた女性たち　山中郁子著　新日本出版社　1997.6　206p　19cm　1800円　①4-406-02518-9

◇明治はいから文明史　横田順弥著　講談社　1997.6　363p　19cm　1700円　①4-06-208600-X

◇調べ学習に役立つ図解日本の歴史 7 絵や資料で調べる 明治・大正・昭和・平成時代　あかね書房　1996.4　48p　30×21cm　2718円　①4-251-07967-1

◇「声」の資本主義―電話・ラジオ・蓄音機の社会史　吉見俊哉著　講談社　1995.5　294p　19cm　（講談社選書メチエ 48）　1456円　①4-06-258048-9

◇明治工業史 5 電気編　日本工学会編　原書房　1995.1　558p　21cm　（明治百年史叢書 436）　18000円　①4-562-02629-4

◇情報・通信の社会史―近代日本の情報化と市場化　石井寛治著　有斐閣　1994.11　221p　21cm　1900円　①4-641-06717-1

◇調べ学習にやくだつ くらしの歴史図鑑 4 交通・通信の歴史 古代から現代までの交通や通信の発達　ポプラ社　1994.4　47p　26cm　2427円　①4-591-04546-3

◇電気の歴史　直川一也著　第2版　東京電機大学出版局　1994.3　235p　21cm　2700円　①4-501-10580-1

◇20世紀フォトドキュメント　第8巻 通信―明治―平成　鹿子木昭介責任編集　ぎょうせい　1992.7　159p　27cm　3200円　①4-324-02699-8

◇町とくらしのうつりかわり 9 町のしせつ、昔と今　岩本広美著　小峰書店　1992.4　43p　26cm　2330円　①4-338-09709-4

◇豊かな社会をつくる日本の産業 18 写真と図表で学ぶ通信　ぎょうせい編　ぎょうせい　1991.12　48p　31×22cm　1553円　①4-324-02689-0

◇切手で見るテレコミュニケーション史　山田康二著　コロナ社　1991.7　146p　19cm　（新コロナシリーズ 10）　1165円　①4-339-07660-0

◇乱世の英雄　海音寺潮五郎著　文芸春秋　1991.2　250p　15cm　（文春文庫）　369円　①4-16-713526-4

◇日本人とてれふぉん―明治・大正・昭和の電話世相史　NTT出版　1990.9　266p　21cm　1553円　①4-87188-090-7

◇電話100年小史　日本電信電話株式会社広報部企画・編集　〔日本電信電話〕　1990.7　105p　30cm

◇日本史小百科 23 通信　高橋善七著　近藤出版社　1986.7　280,19p　19cm　2000円

蓄音機

エジソンによる錫箔式蓄音機発明の翌年、明治11年にイギリス人ユーイングが試作品を携えて来日したのが日本最初の蓄音機である。22年には鑞管式蓄音機が輸入され、鹿鳴館で公開された。29年頃より蓄音機の本格的輸入が始まり、日本各地の祭礼や縁日の見世物として庶民に楽しまれた。34年には円盤の輸入が始まった。

　　　　＊　　　＊　　　＊

文化

◇日本レコード文化史　倉田喜弘著
　東京書籍　1992.6　272p　19cm　（東書
　選書 124）　1456円　①4-487-72224-1
◇日本の洋楽—ペリー来航から130年の歴
　史ドキュメント 1　大森盛太郎著
　新門出版社　1986.12　325p　26cm
　3500円　①4-88191-101-5

馬車鉄道

　交通機関の一種で、軌道上を走行する乗合馬車。明治15年6月、東京馬車鉄道会社が新橋と日本橋の間で開業したのが始まりとされる。二頭立てで一両に二十数人乗ることができた。東京では路線も延びて都市交通として定着し、明治後期の最盛期には300両が走っていたという。また全国各地にも広まったが、明治末期には電車の敷設が始まり、大正時代に入ると急速に衰えていった。

＊　　　＊　　　＊

◇東京馬車鉄道　東京都編　東京都
　1989.3　229p　19cm　（都史紀要　33）
◇明治の郵便・鉄道馬車　篠原宏著
　雄松堂出版　1987.4　325p　22cm
　（東西交流叢書 3）　3800円　①4-8419-0034-9
◇千住馬車鉄道　春日部市教育委員会市史編さん室編　〔春日部〕　春日部市
　1984.3　166p　18cm

束　髪

　明治時代の女性に広まった髪形のひとつ。結う際には水油を用い、江戸時代までの日本髪に比べ自由度が高く、文明開化の風潮に乗って都市部を中心に大流行した。明治18年には婦人束髪会なる団体ができたほどであった。束髪は洋装、和装ともに合うとされ、新時代の象徴となった。

＊　　　＊　　　＊

◇朝日新聞の記事にみる　東京百歳〔明治〕
　〔大正〕　朝日新聞社編　朝日新聞社
　1998.2　329p　15cm　（朝日文庫）
　700円　①4-02-261225-8
◇文明開化事物起源　今戸栄一編　日本
　放送出版協会　1989.2　238p　19cm
　目で見る日本風俗誌 10　2800円
　①4-14-004036-X

活動写真

　明治中期以降の代表的大衆娯楽の一つ。明治29年に輸入され、翌年には興業が始まった。当初様々な名称で呼ばれたが、活動写真の語が通用語となった。当初は輸入映像がほとんどで、42年頃から日露戦争の実写で大きな利益を得た業者が継続的な製作を始めるようになった。当時は無声映画で、二流三流俳優の舞台芝居をそのまま撮影したもので、興業場の人気は映写機の横でしゃべる声色弁士の上手下手にかかっていた。舞台芝居そのままではない芸術的作品作成の動きが起きるのは大正半ばになってのことである。

＊　　　＊　　　＊

◇誰か「戦前」を知らないか—夏彦迷惑問
　答　山本夏彦著　文芸春秋　1999.10
　238p　18cm　（文春新書）　690円
　①4-16-660064-8
◇活動写真界　牧野守監修、岩本憲児、小松
　弘、牧野守解説　復刻版　国書刊行会
　1999.9　3冊(セット)　31×23cm　88000
　円　①4-336-04155-5
◇芸能人物事典　明治・大正・昭和
　日外アソシエーツ編集部編　日外アソシ
　エーツ;紀伊国屋書店〔発売〕　1998.11
　631p　21cm　6600円　①4-8169-1513-3
◇明治おもしろ博覧会　横田順弥著
　福岡　福岡西日本新聞社　1998.3
　270p　19cm　2000円　①4-8167-0460-4
◇明治はいから文明史　横田順弥著
　講談社　1997.6　363p　19cm　1700円
　①4-06-208600-X

◇リヨンで見た虹―映画をひっさげてきた男 稲畑勝太郎・評伝 岡田清治著 日刊工業新聞社 1997.5 266p 19cm (B&Tブックス) 1800円 ①4-526-04025-8

◇日本写真史への証言 下巻 亀井武編 京都 京都淡交社 1997.4 188p 19cm (東京都写真美術館叢書) 1800円 ①4-473-01540-8

◇日本映画初期資料集成 三一書房 1990.11 5冊(セット) 21cm 90000円 ①4-380-90511-X

◇活弁時代 御園京平著 岩波書店 1990.3 172p 16cm (同時代ライブラリー 21) 1068円 ①4-00-260021-1

◇日本芸能史 第7巻 近代・現代 芸能史研究会編 法政大学出版局 1990.3 405p 19cm 2700円 ①4-588-23007-7

◇映画百年 顔のない戦士たち 藤村緑郎著 紀尾井書房 1988.6 213p 19cm 980円 ①4-7656-1054-3

◇日本の洋楽―ペリー来航から130年の歴史ドキュメント 1 大森盛太郎著 新門出版社 1986.12 325p 26cm 3500円 ①4-88191-101-5

思　想

明六社

　明治6年、森有礼を中心に結成された啓蒙的知識人による洋学思想団体。社長は森で、社員には福沢諭吉、西周、中村正直、加藤弘之、津田真道、西村茂樹らがいた。このうち福沢のみが民間人で、他は政府に出仕しつつ一般啓蒙活動を行っていた。機関誌としては日本で創刊された初めての総合雑誌といわれる「明六雑誌」があったが、8年6月に讒謗律・新聞紙条例が公布されるとこれに抵触することを畏れ、43号で廃刊となった。以後明六社の活動は低調となり、東京学士会院に受け継がれた。

◇棟梁朽敗せば改むべし―わたしの明治維新　玉木存著　R出版　1994.3　341p　19cm　1942円　④4-89778-035-7
◇文学近代化の諸相 2 江戸と明治のはざまで　小笠原幹夫著　高文堂出版社　1994.3　209p　21cm　2233円　④4-7707-0448-8
◇近代日本の思想像―啓蒙主義から超国家主義まで　井田輝敏著　京都　京都法律文化社　1991.6　283,5p　21cm　3400円　④4-589-01579-X
◇明六社の人びと　戸沢行夫著　築地書館　1991.4　246p　19cm　2200円　④4-8067-5690-3
◇明治草創―啓蒙と反乱　植手通有編著　社会評論社　1990.7　319p　21cm　（思想の海へ「解放と変革」 6）　2524円
◇大久保利謙歴史著作集 6 明治の思想と文化　大久保利謙著　吉川弘文館　1988.2　456,9p　21cm　6300円　④4-642-03596-6
◇中村敬宇　高橋昌郎著　新装版　吉川弘文館　1988.2　293p　19cm　（人物叢書）　1800円　④4-642-05108-2
◇日本近代学校成立史の研究―廃藩置県前後における福沢諭吉をめぐる地方の教育動向　多田建次著　町田　町田玉川大学出版部　1988.2　486p　21cm　5800円　④4-472-07851-1
◇西村茂樹　高橋昌郎著　新装版　吉川弘文館　1987.11　280p　19cm　（人物叢書 192）　1700円　④4-642-05118-X
◇文学論集 1 文学の近代　越智治雄著　砂子屋書房　1986.3　329p　19cm　2500円

福沢 諭吉

　天保5(1834).12.12～明治34(1901).2.3　明治時代の啓蒙思想家・教育者。大坂適々斎塾で緒方洪庵に学び江戸で蘭学塾を開いていたが、万延元年遣米使節に随行し欧州も歴訪して見聞を広めた。帰国後は「西洋事情」「学問のすゝめ」「文明論之概略」など啓蒙書を執筆し、明六社創立にも参加するかたわら、慶応義塾を開き青年教育にあたる。明治時代随一の啓蒙思想家と評価されている。

『学問のすゝめ』：明治5年初編刊行、9年第十七編刊行。明治初期の代表的な啓蒙書。「天は人の上に人を造らず、人の下に人を造らず」で始まり、実学の修得が自身・家・国家の独立に通じると主張している。

◇運動会と日本近代　吉見俊哉, 白幡洋三郎, 平田宗史, 木村吉次, 入江克己, 紙透雅子著　青弓社　1999.12　225p　21cm　(青弓社ライブラリー 6)　1600円　Ⓘ4-7872-3167-7

◇福沢諭吉―その武士道と愛国心　西部邁著　文芸春秋　1999.12　229p　19cm　1524円　Ⓘ4-16-355800-4

◇差別と戦争―人間形成史の陥穽　松浦勉, 渡辺かよ子編　明石書店　1999.11　398p　21cm　5500円　Ⓘ4-7503-1215-0

◇男と女の物語日本史　加来耕三監修　講談社　1999.11　366p　19cm　2100円　Ⓘ4-06-209845-8

◇言論と日本人―歴史を創った話し手たち　芳賀綏著　講談社　1999.10　332p　15cm　(講談社学術文庫)　960円　Ⓘ4-06-159399-4

◇福沢諭吉の農民観―春日井郡地租改正反対運動　河地清著　日本経済評論社　1999.10　223p　21cm　3300円　Ⓘ4-8188-1089-4

◇加藤周一セレクション 2 日本文学の変化と持続　鷲巣力編　平凡社　1999.8　421p　15cm　(平凡社ライブラリー)　1200円　Ⓘ4-582-76298-0

◇教科書が教えない歴史―明治 - 大正 - 昭和、大事件の真相　藤岡信勝, 自由主義史観研究会著　産経新聞ニュースサービス;扶桑社〔発売〕　1999.6　386p　15cm　(扶桑社文庫)　667円　Ⓘ4-594-02722-9

◇福沢諭吉と宣教師たち―知られざる明治期の日英関係　白井堯子著　未来社　1999.6　323p　21cm　3800円　Ⓘ4-624-11172-9

◇福沢諭吉論の百年　西川俊作, 松崎欣一編　慶応義塾大学出版会　1999.6　320p　19cm　(Keio UP選書)　2200円　Ⓘ4-7664-0732-6

◇近代日本の社会経済学　八木紀一郎著　筑摩書房　1999.5　245,7p　21cm　4800円　Ⓘ4-480-86707-4

◇近代日本政治思想史入門―原典で学ぶ19の思想　大塚健洋編著　京都　京都ミネルヴァ書房　1999.5　348p　21cm　2800円　Ⓘ4-623-02915-8

◇福沢諭吉　筑波常治作, 田代三善絵　国土社　1999.3　222p　21cm　(堂々日本人物史 17―戦国・幕末編)　1200円　Ⓘ4-337-21017-2

◇文学近代化の諸相 4 「明治」をつくった人々　小笠原幹夫著　高文堂出版社　1999.3　176p　21cm　2190円　Ⓘ4-7707-0616-2

◇明治社会教育思想史研究　北田耕也著　学文社　1999.3　263,4p　21cm　(明治大学人文科学研究所叢書)　5000円　Ⓘ4-7620-0871-0

◇比較文学研究 73　東大比較文学会編　恒文社　1999.2　166,9p　21cm　3700円　Ⓘ4-7704-0996-6

◇児童文学の故郷　桑原三郎著　岩波書店　1999.1　255p　19cm　(岩波セミナーブックス)　2300円　Ⓘ4-00-004246-7

◇明治政党論史　山田央子著　創文社　1999.1　265,10p　21cm　5100円　Ⓘ4-423-71047-1

◇この日本人を見よ―在りし日の人たち　馬野周二著　フォレスト出版　1998.12　263p　19cm　1600円　Ⓘ4-89451-065-0

◇近代日本社会学者小伝―書誌的考察　川合隆男, 竹村英樹編　勁草書房　1998.12　822p　21cm　15000円　Ⓘ4-326-60121-3

◇福沢諭吉　浜野卓也文　ポプラ社　1998.12　158p　21cm　（おもしろくてやくにたつ子どもの伝記 15）　880円　①4-591-05875-1

◇アメリカが見つかりましたか―戦前篇　阿川尚之著　都市出版　1998.11　253p　19cm　1800円　①4-924831-79-4

◇司馬遼太郎が語る雑誌言論100年　司馬遼太郎ほか著　中央公論社　1998.11　492p　19cm　2200円　①4-12-002859-3

◇グルマン福沢諭吉の食卓　小菅桂子著　中央公論社　1998.10　276p　15cm　（中公文庫）　705円　①4-12-203265-2

◇福沢諭吉と福翁自伝　鹿野政直編著　朝日新聞社　1998.10　239p　19cm　（朝日選書）　1300円　①4-02-259712-7

◇福沢諭吉研究資料集成　同時代編　丸山信監修　大空社　1998.10　4冊（セット）　26cm　65000円　①4-7568-0786-0

◇京都集書院―福沢諭吉と京都人脈　多田建次著　町田　町田玉川大学出版部　1998.9　205p　19cm　3600円　①4-472-30061-3

◇草稿　福翁自伝　福沢諭吉協会編，富田正文監修　大空社　1998.9　4冊　24×37cm　150000円　①4-7568-0267-2

◇福沢諭吉―物語と歴蹟をたずねて　岩井護著　成美堂出版　1998.9　285p　21cm　（成美文庫）　543円　①4-415-06815-4

◇ふだん着の福沢諭吉　西川俊作，西沢直子編　慶応義塾大学出版会　1998.8　302p　19cm　（Keio UP選書）　2200円　①4-7664-0708-3

◇福沢諭吉と儒学を結ぶもの　張建国著　川口　川口日本僑報社　1998.8　247p　21cm　2500円　①4-931490-05-0

◇幕末維新列伝　綱淵謙錠著　学陽書房　1998.8　316p　15cm　（人物文庫）　660円　①4-313-75054-1

◇文明開化と英学　石川澄哲夫編，鈴木孝夫監修　大修館書店　1998.6　1366p　21cm　（資料日本英学史1下）　24000円　①4-469-14133-X

◇幕末英傑風雲録　羽生道英著　中央公論社　1998.5　365p　21cm　（中公文庫）　800円　①4-12-203146-X

◇夢を育てた人々　谷川澄雄編・著，小野忠男監修　国立　国立にっけん教育出版社；星雲社〔発売〕　1998.5　230p　21cm　（にっけん愛の教育図書シリーズ 2）　1500円　①4-7952-0293-1

◇近代化の中の文学者たち―その青春と実存　山口博著　愛育社　1998.4　279p　19cm　1800円　①4-7500-0205-4

◇福沢諭吉―天は人の上に人をつくらず　藤田のぼる作，伊藤展安絵　岩崎書店　1998.3　131p　18cm　（フォア文庫）　560円　①4-265-06317-9

◇福沢諭吉の横顔　西川俊作著　慶応義塾大学出版会　1998.3　269p　19cm　（Keio UP選書）　2200円　①4-7664-0684-2

◇愛の一字―父親　福沢諭吉を読む　桑原三郎著　築地書館　1998.2　170p　19cm　2400円　①4-8067-7697-1

◇福沢諭吉の日本経済論　藤原昭夫著　日本経済評論社　1998.1　326p　21cm　3200円　①4-8188-0950-0

◇福沢諭吉――身独立して一国独立する　長谷川公一著，自由主義史観研究会編　明治図書出版　1997.12　120p　19cm　（教科書が教えない歴史人物の生き方 5）　1048円　①4-18-461514-7

◇新しい福沢諭吉　坂本多加雄著　講談社　1997.11　262p　18cm　（講談社現代新書）　680円　①4-06-149382-5

◇福沢諭吉と福住正兄―世界と地域の視座　金原左門著　吉川弘文館　1997.10　219p　19cm　（歴史文化ライブラリー）　1700円　①4-642-05426-X

◇福沢諭吉の思想と現代　高橋弘通著　福岡　福岡海鳥社　1997.10　238p　19cm　2500円　①4-87415-198-1

思想

◇福沢諭吉と朝鮮―時事新報社説を中心に　杵淵信雄著　彩流社　1997.9　283p　20×14cm　2800円　Ⓣ4-88202-560-4

◇痩我慢というかたち―激動を乗り越えた日本の志　感性文化研究所編　黙出版　1997.8　111p　21cm　（MOKU BOOKS―感動四季報）　660円　Ⓣ4-900682-25-X

◇とっておきのもの とっておきの話　第1巻　YANASE LIFE編集室編　芸神出版社　1997.5　213p　21cm　（芸神集団Amuse）　2500円　ⓉT4-906613-16-0

◇比較政治思想史講義―アダム・スミスと福沢諭吉　岩間一雄著　岡山　岡山大学教育出版　1997.5　189p　21cm　2000円　ⓉT4-88730-220-7

◇Economics24物語　手島佑郎, 正慶孝著, グローバルビジネス編　フォレスト出版　1997.4　206p　19cm　1600円　ⓉT4-89451-015-4

◇批判精神の航跡―近代日本精神史の一稜線　飯田泰三著　筑摩書房　1997.4　343p　21cm　4500円　ⓉT4-480-86105-X

◇福沢諭吉の精神―日本人自立の思想　加藤寛著　PHP研究所　1997.3　205p　18cm（PHP新書）　660円　ⓉT4-569-55566-7

◇隕ちた「苦艾」の星―ドストエフスキイと福沢諭吉　芦川進一著　名古屋　名古屋河合文化教育研究所;河合出版〔発売〕　1997.3　249p　21cm（河合おんぱろす　特別号）　1600円　ⓉT4-87999-984-9

◇日本人の志―最後の幕臣たちの生と死　片岡紀明著　光人社　1996.12　257p　19cm　1748円　ⓉT4-7698-0797-X

◇福沢諭吉の着眼塾　小林一三の行動塾―いまビジネスの現場に一番必要な武器だ　永川幸樹著　青春出版社　1996.12　220p　17cm（プレイブックス）806円　ⓉT4-413-01679-3

◇比較の中の近代日本思想　近代日本研究会編　山川出版社　1996.11　321p　21cm（年報・近代日本研究　18）　3883円　ⓉT4-634-61790-0

◇福沢諭吉と大坂　森田康夫著　大阪　大阪和泉書院　1996.11　265,6p　21cm（日本史研究叢刊）　5000円　ⓉT4-87088-820-3

◇医者のみた福沢諭吉―先生、ミイラとなって昭和に出現　土屋雅春著　中央公論社　1996.10　235p　18cm（中公新書）　699円　ⓉT4-12-101330-1

◇近代日本の先駆的啓蒙家たち―福沢諭吉・植木枝盛・徳富蘇峰・北村透谷・田岡嶺雲　タグマーラ・パーブロブナ・ブガーエワ著, 亀井博訳　平和文化　1996.10　222p　21cm　3000円　ⓉT4-938585-61-8

◇福沢諭吉と写真屋の娘　中崎昌雄著　吹田　吹田大阪大学出版会　1996.10　213p　19cm　2000円　ⓉT4-87259-025-2

◇近代日本精神史論　坂本多加雄著　講談社　1996.9　329p　15cm（講談社学術文庫）　932円　ⓉT4-06-159246-7

◇「妄言」の原形―日本人の朝鮮観　高崎宗司著　増補新版　木犀社　1996.5　329p　19cm　2700円　ⓉT4-89618-016-X

◇福沢諭吉と桃太郎―明治の児童文化　桑原三郎著　慶応通信　1996.2　382,12p　21cm　4660円　ⓉT4-7664-0621-4

◇世界の伝記　39　福沢諭吉　福田清人著　新装版　ぎょうせい　1995.12　330p　19cm　1553円　ⓉT4-324-04482-1

◇人物に学ぶ明治の企業事始め　森友幸照著　つくばね舎;地歴社〔発売〕　1995.8　210p　21cm　1747円　ⓉT4-924836-17-6

◇福祉の経済思想―厳しさと優しさの接点　京極高宣著　京都　京都ミネルヴァ書房　1995.5　286p　19cm　2427円　ⓉT4-623-02524-1

◇日本の伝統思想とキリスト教―その接点における人間形成論　岡田典夫著　教文館　1995.3　294p　19cm　3000円　ⓉT4-7642-6313-0

思想

◇福沢諭吉と西欧思想―自然法・功利主義・進化論　安西敏三著　名古屋名古屋名古屋大学出版会　1995.3　434,9p 21cm　8000円　①4-8158-0255-6

◇福沢諭吉門下　丸山信編　日外アソシエーツ；紀伊国屋書店〔発売〕　1995.3　229p 21cm　（人物書誌大系 30）　12427円　①4-8169-1284-3

◇福沢諭吉　小泉信三著　岩波書店　1994.7　209p 20cm　（岩波新書）　1600円　①4-00-003855-9

◇新版 福翁自伝　福沢諭吉著，富田正文校注　慶応通信　1994.5　358,13p 19cm　1800円　①4-7664-0559-5

◇福沢諭吉伝　第1巻　石河幹明著　岩波書店　1994.2　794p 21cm　7800円　①4-00-008648-0

◇福沢諭吉伝　第2巻　石河幹明著　岩波書店　1994.2　856p 21cm　7800円　①4-00-008649-9

◇福沢諭吉伝　第3巻　石河幹明著　岩波書店　1994.2　800p 21cm　7800円　①4-00-008650-2

◇福沢諭吉伝　第4巻　石河幹明著　岩波書店　1994.2　840,19p 21cm　7800円　①4-00-008651-0

◇諭吉のさと―城下町中津を歩く　横尾和彦著　（福岡）西日本新聞社　1994.2　166p 19cm　1200円　①4-8167-0355-1

◇福沢諭吉の社会思想―その現代的意義　千種義人著　同文舘出版　1993.11　324p 21cm　4500円　①4-495-85921-8

◇グルマン福沢諭吉の食卓　小菅桂子著　ドメス出版　1993.5　251p 19cm　2060円　①4-8107-0362-2

◇福沢諭吉の亜欧見聞　山口一夫著　福沢諭吉協会　1992.11　435p 22cm　（福沢諭吉協会叢書）　6000円　①4-89246-204-7

◇咸臨丸海を渡る―曽祖父・長尾幸作の日記より　土居良三著　未来社　1992.11　530p 19cm　4635円　①4-624-11141-9

◇福沢諭吉の名文句―組織の崩壊をどう生き抜くか　田原総一朗著　光文社　1992.10　183p 18cm　（カッパ・ビジネス）　740円　①4-334-01270-1

◇（考証）福沢諭吉　下　富田正文著　岩波書店　1992.9　432～805,41p 22cm　5825円　①4-00-000839-0

◇福沢諭吉と松下幸之助―「福沢思想」と「松下哲学」に共通する繁栄の思想とは　赤坂昭著　PHP研究所　1992.8　277p 19cm　1600円　①4-569-53697-2

◇考証 福沢諭吉　上　富田正文著　岩波書店　1992.6　430p 21cm　6000円　①4-00-000838-2

◇福翁自伝　福沢諭吉著，富田正文校注解説　17版　慶応通信　1992.5　333,10p 17cm　824円　①4-7664-0000-3

◇福沢諭吉―その重層的人間観と人間愛　桑原三郎著　丸善　1992.5　225p 18cm　（丸善ライブラリー 048）　640円　①4-621-05048-6

◇日本人の自伝　佐伯彰一著　講談社　1991.8　285p 15cm　（講談社学術文庫）　760円　①4-06-158984-9

◇福沢諭吉 中津からの出発　横松宗著　朝日新聞社　1991.8　225p 19cm　（朝日選書 432）　1050円　①4-02-259532-9

◇（小説）福沢諭吉　大下英治著　経済界　1991.7　404p 20cm　（Ryu selection）　1456円　①4-7667-8085-X

◇福沢諭吉―日本を世界に開いた男　笠原和夫著　集英社　1991.7　225p 15cm　（集英社文庫）　370円　①4-08-749730-5

◇幕臣 福沢諭吉　中島岑夫著　ティビーエス・ブリタニカ　1991.7　337p 19cm　1800円　①4-484-91225-2

◇福翁自伝　福沢諭吉著，富田正文校訂　新訂版　岩波書店　1991.6　346p 19cm　（ワイド版 岩波文庫 33）　1000円　①4-00-007033-9

◇私の福沢諭吉　小泉信三著　講談社　1991.2　221p 15cm（講談社学術文庫）700円　ⓉT4-06-158959-8

◇福沢諭吉の知的処世術——激動期に甦る男の手腕　村石利夫著　ベストセラーズ　1991.2　236p 18cm（ベストセラーシリーズ・ワニの本　750）760円　ⓉT4-584-00750-0

◇父親は息子に何を伝えられるか。——偉人たちの手紙　鈴木博雄著　PHP研究所　1990.5　235p 19cm　1300円　ⓉT4-569-52750-7

◇進歩がまだ希望であった頃——フランクリンと福沢諭吉　平川祐弘著　講談社　1990.1　285p 15cm（講談社学術文庫）700円　ⓉT4-06-158910-5

◇「適塾」の研究——なぜ逸材が輩出したのか　百瀬明治著　PHP研究所　1989.11　255p 15cm（PHP文庫）440円　ⓉT4-569-56232-9

◇文士と文士　小山文雄著　河合出版　1989.11　237p 19cm　1600円　ⓉT4-87999-021-3

◇福沢諭吉——留学した息子たちへの手紙　桑原三二編著　はまの出版　1989.8　205p 19cm　1400円　ⓉT4-89361-080-5

◇福沢先生百話　桑原三郎著　福沢諭吉協会　1988.12　343p 21cm（福沢諭吉協会叢書）2800円　ⓉT4-89246-169-5

◇福沢屋諭吉の研究　長尾正憲著　京都思文閣出版　1988.7　560,18p 22cm　9800円　ⓉT4-7842-0517-9

◇人物列伝幕末維新史——明治戊辰への道　綱淵謙錠著　講談社　1988.2　247p 19cm　1200円　ⓉT4-06-203768-8

◇福沢諭吉　田中王堂著　〔復刻版〕みすず書房　1987.9　317p 19cm（みすずリプリント　11）2500円　ⓉT4-622-02681-3

◇福沢諭吉と内村鑑三　清水威著　令文社　1987.9　296p 22cm　3000円

◇福沢先生哀悼録——慶応義塾学報 臨時増刊39号〔複刻版〕みすず書房　1987.3　331,70p 21cm（みすずリプリント　1）3500円　ⓉT4-622-02671-6

◇福沢山脈　小島直記著　中央公論社　1987.1　577p 19cm（小島直記伝記文学全集　第4巻）3400円　ⓉT4-12-402584-X

◇福沢諭吉の亜米利加体験　山口一夫著　福沢諭吉協会　1986.9　455p 22cm（福沢諭吉協会叢書）5000円　ⓉT4-89246-146-6

◇言論は日本を動かす　第1巻　近代を考える　内田健三ほか著　三谷太一郎編　講談社　1986.1　315p 20cm　1800円　ⓉT4-06-188941-9

◇一五〇年目の福沢諭吉——虚像から実像へ　内山秀夫編　有斐閣　1985.10　240p 19cm（有斐閣選書）1400円　ⓉT4-641-02483-9

◇福沢諭吉年鑑　12(1985)　福沢諭吉協会　1985.10　307p 21cm　非売品

◇福沢諭吉　会田倉吉著　吉川弘文館　1985.6　280p 19cm（人物叢書）1500円　ⓉT4-642-05005-1

◇福沢諭吉の複眼思考——先を読み、人を観る智恵　土橋俊一著　プレジデント社　1985.6　262p 20cm　1400円　ⓉT4-8334-1254-3

◇嵐学の時代　青春篇　長坂秀佳著　講談社　1985.4　230p 20cm　1200円　ⓉT4-06-201983-3

◇福沢諭吉・家庭教育のすすめ　渡辺徳三郎著　小学館　1985.3　222p 19cm（小学館創造選書　92）880円　ⓉT4-09-820092-9

◇福沢諭吉の人生・処世・教育語録——独立自尊への道　有城乃三朗編著　日新報道　1985.1　235p 19cm　1000円

◇福沢諭吉の発想と戦略——日本ビジネスの原点　宮崎正弘著　広済堂出版　1984.12　258p 18cm（Kosaido books）680円

◇福沢諭吉百通の手紙　土橋俊一編集・解説　中央公論美術出版　1984.10　157p　22×31cm　6000円

◇進歩がまだ希望であった頃―フランクリンと福沢諭吉　平川祐弘著　新潮社　1984.9　231p　20cm　1300円　①4-10-317904-X

◇福沢諭吉　河出書房新社　1984.9　270p　21cm　（河出人物読本）　1200円　①4-309-70405-0

◇福沢諭吉　高橋昌郎著　清水書院　1984.9　226p　18cm　（清水新書）　480円　①4-389-44051-9

◇福沢諭吉―「文明開化は銭にあり」―経営者・経済人としての諭吉の生涯　丸山信著　京都　PHP研究所　1984.9　190p　18cm　（21世紀図書館　50）　500円　①4-569-21384-7

◇福沢諭吉と浄土真宗　稲城選恵著　教育新潮社　1984.7　169p　19cm　（仏教文化シリーズ　12）　1800円

◇福沢諭吉―国民国家論の創始者　飯田鼎著　中央公論社　1984.3　254p　18cm　（中公新書　722）　540円　①4-12-100722-0

◇福翁自伝　福沢諭吉著, 富田正文校訂　新訂　岩波書店　1983.1　346p　20cm　（岩波クラシックス　21）　1600円

◇松永安左エ門著作集　第1巻　五月書房　1982.12　454p　20cm　3200円　①4-7727-0011-0

◇福沢諭吉―物語と史蹟をたずねて　岩井護著　成美堂出版　1982.12　216p　19cm　900円　①4-415-06548-1

◇福沢諭吉年鑑　9(1982)　福沢諭吉協会　1982.12　253p　21cm　非売品

◇福沢諭吉選集　第14巻　富田正文, 土橋俊一編集　岩波書店　1981.12　234p　18cm　1500円

◇福沢諭吉年鑑　8(1981)　福沢諭吉協会　1981.12　230p　21cm　非売品

◇福沢諭吉選集　第13巻　富田正文, 土橋俊一編集　岩波書店　1981.11　270p　18cm　1500円

◇福沢諭吉選集　第10巻　富田正文, 土橋俊一編集　岩波書店　1981.10　374p　18cm　1500円

◇福沢諭吉伝　石河幹明著　岩波書店　1981.9　4冊　23cm　各7000円

◇福沢諭吉　小島直記著　学習研究社　1981.8　326p　20cm　1300円

◇日本人の自伝　1　福沢諭吉.渋沢栄一.前島密　平凡社　1981.4　430p　20cm　2800円

◇世界の伝記　39　福沢諭吉　福田清人著　ぎょうせい　1981.1　330p　20cm　1500円

◇福沢諭吉の西航巡歴　山口一夫著　福沢諭吉協会　1980.12　399p　22cm　（福沢諭吉協会叢書）　3500円

◇福沢諭吉年鑑　7(1980)　福沢諭吉協会　1980.10　209p　21cm　非売品

◇草稿福翁自伝　福沢諭吉協会編纂　東出版　1980.6　5冊　25×37cm　全138000円

◇日本を創った人びと　25　福沢諭吉―西欧化日本の出発　日本文化の会編集　鹿野政直著　平凡社　1979.11　82p　29cm　1600円

◇福沢諭吉年鑑　6(1979)　福沢諭吉協会　1979.10　192p　21cm　非売品

◇福沢諭吉―警世の文学精神　伊藤正雄著　春秋社　1979.7　279,6p　19cm　1300円

◇福沢諭吉―人と学説　高橋誠一郎著　長崎出版　1979.5　337p　19cm　1500円

◇福沢諭吉の思想形成　今永清二著　勁草書房　1979.5　254p　20cm　1900円

◇福沢革命　高野善一著　第三文明社　1979.4　346p　20cm　1900円

◇福沢諭吉―明治知識人の理想と現実　高橋昌郎著　清水書院　1978.11　226p　19cm　（Century books）　630円

◇福沢諭吉年鑑　5(1978)　福沢諭吉協会
　1978.11　191p　21cm　非売品
◇福翁自伝　福沢諭吉著, 富田正文校訂
　新訂　岩波書店　1978.10　346p　15cm
　（岩波文庫）　300円
◇福沢屋諭吉　丸山信著　日本古書通信社
　1978.7　92p　11cm　（古通豆本　34）
　500円
◇福沢諭吉年鑑　4(1977)　福沢諭吉協会
　1977.11　295p　21cm　非売品
◇福沢諭吉研究　ひろたまさき著
　東京大学出版会　1976　281p　22cm
　2700円
◇福沢諭吉年鑑　3(1976)　福沢諭吉協会
　慶応通信（制作）　1976　297p　21cm
　非売品
◇福沢諭吉年鑑　2(1975)　福沢諭吉協会
　慶応通信（制作）　1975　246p　21cm
　非売品
◇世界教養全集　28　平凡社　1974
　585p　19cm　1000円
◇福沢諭吉　会田倉吉著　吉川弘文館
　1974　280p　図　肖像　18cm　（人物叢書
　日本歴史学会編）　800円
◇福沢諭吉年鑑　1(1974)　福沢諭吉協会
　慶応通信（製作）　1974　190p　22cm
　非売品
◇論集・福沢諭吉への視点　編集・解説:市村
　弘正　りせい書房　1973　244p　19cm
　1200円
◇福翁自伝—現代語版　福沢諭吉著
　文憲堂七星社　1972　306p　図　肖像
　20cm　750円
◇福翁自伝　福沢諭吉著, 茅根英良校訂
　潮出版社　1971　350p　15cm　（潮文庫）
◇福沢諭吉全集　第18巻　書簡集　2
　慶応義塾編纂　2版　岩波書店　1971
　956,15p　肖像　22cm　2300円
◇日本近代教育の思想構造—福沢諭吉の教
　育思想研究　安川寿之輔著　新評論
　1970　384p　22cm　1800円

◇福翁自伝　福沢諭吉著, 昆野和七解説
　白鳳社　1970　381p　図版　20cm
　（白鳳社名著選）　700円
◇福沢諭吉—思想と政治との関連　遠山茂
　樹著　東京大学出版会　1970　278p
　19cm　（UP選書）　480円
◇福沢諭吉—その人と生活　会田倉吉著
　日新報道　1970　268p　19cm　450円
◇明治人の観た福沢諭吉—資料集成
　伊藤正雄編　慶応通信　1970　243p
　19cm　980円
◇福沢諭吉論考　伊藤正雄著　吉川弘文館
　1969　612,77p　図版　22cm　3500円
◇『学問のすすめ』講説—福沢諭吉の骨格
　を語る　伊藤正雄著　風間書房　1968
　695p　22cm
◇人生の名著　第8　キュリー自伝〔ほか〕
　M.キュリー著,木村彰一訳　大和書房
　1968　324p　図版　20cm
◇明治百年　文化功労者記念講演集
　第1輯　福沢諭吉を語る〔ほか〕　高橋誠
　一郎　尾崎行雄記念財団　1968　324p
　19cm
◇福翁自伝 明日へのともしび　福沢諭吉著
　金園社　1967　352p　図版　19cm
◇福沢諭吉　鹿野政直著　清水書院
　1967　200p　図版　20cm　（センチュリー
　ブックス　人と思想　21）
◇福沢諭吉　生きつづける思想家　河野
　健二著　講談社　1967　185p　18cm
　（講談社 現代新書）
◇福翁自伝　福沢諭吉著, 昆野和七校訂
　改版　角川書店　1966　337p　15cm
　（角川文庫）
◇福沢諭吉　小泉信三著　岩波書店
　1966　209p　図版　18cm　（岩波新書）
◇明治文学全集 8　福沢諭吉集　富田正文
　編　筑摩書房　1966
◇近代日本の教育を育てた人びと　上
　教育者としての福沢諭吉〔ほか〕
　東洋館出版社編集部編　源了円　東洋館
　出版社　1965　19cm　（教育の時代叢書）

思想

◇続 人物再発見　読売新聞社編　人物往来社　1965　237p　19cm
◇人間福沢諭吉　松永安左衛門著　実業之日本社　1964　226p　図版　18cm（実日新書）
◇世界の人間像　第14　エラスムスの勝利と悲劇〔ほか〕　角川書店編集部編　ツワイク著,滝沢寿一訳　角川書店　1964　434p　図版　19cm
◇20世紀を動かした人々　第2　近代日本の思想家〔ほか〕　桑原武夫編　講談社　1963　410p　図版　19cm
◇現代日本思想大系　2　福沢諭吉　家永三郎編　筑摩書房　1963
◇三代言論人集　第2巻　福沢諭吉〔ほか〕　高橋誠一郎　時事通信社　1963　291p　版　18cm
◇世界教養全集　第28　福翁自伝〔ほか〕　福沢諭吉　平凡社　1963　585p　図版　19cm
◇近代日本の思想家　家永三郎著　有信堂　1962　(文化新書)
◇日本の思想家　第1　朝日新聞社朝日ジャーナル編集部編　朝日新聞社　1962　333p　19cm
◇福沢先生と信州　宮沢憲衛著　長野三田会　1962
◇福沢諭吉先生と豊橋—とくに中村道太について　小山喜久弥著　小山喜久弥　1962
◇外国人の見た日本 3　福沢諭吉　J・H・ウィグモア著,清岡暎一訳　筑摩書房　1961
◇新井白石・福沢諭吉 断片—日本に於ける教育の世界的進歩に対する先駆者の寄与　羽仁五郎著　岩波書店　1959　4刷　427p　図版　19cm
◇日本の思想家　山本健吉編　光書房　1959　224p　20cm
◇父・福沢諭吉　福沢大四郎著　東京書房　1959　235p　図版　19cm

◇福沢諭吉全集　第7巻　福翁自伝　福沢諭吉著,慶応義塾編　岩波書店　1959　718p　図版　22cm
◇思想家としての福沢諭吉　加田哲二著　慶応通信　1958　232p　19cm
◇父諭吉を語る　福沢先生研究会編　1958　196p　20cm
◇福沢諭吉 人とその思想　野村兼太郎著　慶応通信　1958　264p　19cm
◇福沢諭吉入門　その言葉と解説　伊藤正雄著　毎日新聞社　1958　306p　19cm
◇福翁自伝　福沢諭吉著,富田正文校注解説　新訂版　慶応通信　1957　333p　図版　18cm
◇福沢諭吉—人と書註　福沢諭吉著,小泉信三編著　新潮社　1955　250p　16cm（新潮文庫）
◇福沢諭吉　小泉信三著　弘文堂　1955　5版　61p　15cm　（アテネ文庫）
◇福沢諭吉　岩波書店編集部編　岩波書店　1955　図版64p　19cm　(岩波写真文庫)
◇福沢諭吉の遺風　富田正文編　時事新報社　1955
◇福沢諭吉の人と書翰　小泉信三編著　新潮社　1955　（新潮文庫）
◇偉大な人間の歩み　島影盟,丸山義二,恒屋清蔵共著　泰光堂　1954　257p　19cm　（教養選書）
◇一茶と長英と諭吉　渡辺慶一著　一茶と長英と諭吉刊行会　1954
◇近代日本の思想　向坂逸郎編　和光社　1954　284p　19cm
◇日本の思想家　奈良本辰也編　毎日新聞社　1954
◇福翁自伝　福沢諭吉著,富田正文校訂解題　2版　慶応通信　1954　6刷　330p　15cm　(correspondence library)
◇福翁自伝　改訂版　福沢諭吉著　岩波書店　1954　331p　図版　15cm
◇福翁百話　角川書店　1954　（角川文庫）

◇愛児への手紙　福沢諭吉著　岩波書店　1953　233p　図版　18cm
◇近代日本と福沢諭吉　中村菊男著　泉文堂　1953　234p　19cm
◇続 財界回顧―故人今人　池田成彬著、柳沢健編　三笠書房　1953　217p　16cm（三笠文庫）
◇福翁自伝　復元版　福沢諭吉著，昆野和七校訂　角川書店　1953　304p　15cm（角川文庫）
◇福翁自伝　福沢諭吉，清岡暎一訳　北星堂書店　1953（英文）
◇世界偉人伝　第3巻　親鸞　世界偉人伝刊行会編　亀井勝一郎　藤沢　池田書店　1952　19cm
◇日本歴史講座 5　福沢諭吉　土橋俊一著　河出書房　1952
◇福沢諭吉―人と書註　福沢諭吉著，小泉信三編　創元社　1952　242p　図版　15cm　（創元文庫）
◇福沢諭吉の人と書翰　小泉信三編著　創元社　1952　（創元文庫）
◇わが師を語る―近代日本文化の一側面　社会思想研究会編　社会思想研究会出版部　1951　331p　19cm
◇福翁百話　創元社　1951　（創元文庫）
◇福沢諭吉選集　第6巻　福翁自伝　福沢諭吉著作編纂会編　岩波書店　1951-52　19cm
◇東西百傑伝　第3巻　親鸞〔ほか〕　亀井勝一郎　藤沢　池田書店　1950　19cm
◇日本近代化と福沢諭吉―日本憲政史上における福沢諭吉　中村菊男著　改造社　1950　2刷202p　19cm
◇福翁自伝　福沢諭吉著　岩波書店　1950　429p　15cm　（岩波文庫）
◇福沢諭吉　高石真五郎著　社会教育協会　1950　137p　19cm
◇王堂選集 2　福沢諭吉　田中王堂著　関書店　1949

◇日本近代化と福沢諭吉―日本憲政史上における福沢諭吉　中村菊男著　改造社　1949　202p　19cm
◇福沢諭吉　4版　石河幹明著　岩波書店　1949　500p　図版　19cm
◇福沢諭吉　吉田武三著　潮文閣　1949　298p　19cm
◇福沢諭吉　田中王堂著　東京,京都　関書院　1949　273p　19cm（王堂選集第2冊）
◇福沢諭吉　小泉信三著　弘文堂　1949（アテネ文庫）
◇福沢諭吉　小林澄兄著　広島図書　1949
◇福沢諭吉　宮下正美著　妙義出版社　1949
◇福沢諭吉の若き日　浦上五六著　学習社　1949
◇町人諭吉　太田正孝著　新世界文化社　1948　298p　19cm
◇福翁自伝 訂　福沢諭吉著　森下書房　1948　352p　19cm
◇福沢諭吉の根本理念　野村兼太郎著　東洋経済新報社　1948　78p　15cm（東洋経済講座啄書　第25襄）
◇福沢諭吉の人と書翰　小泉信三著　慶友社　1948　275p　19cm
◇自由を護った人々　大川三郎著　新文社　1947　314p　18cm
◇福翁自伝　福沢諭吉著　森下書房　1947　354p　B6　80円
◇福沢諭吉　高橋誠一郎著　実業之日本社　1947　337p　図版　19cm（日本の経済学者 人と学説）　45円
◇福沢諭吉と新教育　小林澄兄著　教育科学社　1947
◇新井白石・福沢諭吉/断片―日本に於ける教育の世界的進歩に対する先駆者の寄与　羽仁五郎著　岩波書店　1946　427p　肖像　19cm
◇福沢諭吉　宇野浩二著　新生社　1946

中村 正直

天保3(1832).5.25〜明治24(1891).6.7
教育家・啓蒙思想家。幕府儒官として英国留学。新政府発足により帰国して、「西国立志伝」「自由之理」を翻訳刊行した。特に「自由之理」は知識人に愛読され、後の自由民権思想のさきがけとなった。その後明六社創立に参加し、明治14年東京大学教授に就任。さらに元老院議官や貴族院議員としても活躍し、教育界に大きな影響を与えた。

＊　　　＊　　　＊

◇明治社会教育思想史研究　北田耕也著　学文社　1999.3　263,4p　21cm　（明治大学人文科学研究所叢書）　5000円　①4-7620-0871-0

◇日本の伝統思想とキリスト教—その接点における人間形成論　岡田典夫著　教文館　1995.3　294p　19cm　3000円　①4-7642-6313-0

◇中村敬宇とキリスト教　小泉仰著　北樹出版,学文社〔発売〕　1991.5　133p 19cm　（フマニタス選書　31）　1200円　①4-89384-201-3

◇中村敬宇　髙橋昌郎著　〔新装版〕　吉川弘文館　1988.2　293p　19cm　（人物叢書）　1800円　①4-642-05108-2

◇自叙千字文　中村正直著　大空社　1987.9　6枚 171,5p　22cm　（伝記叢書 7）　4500円

◇中村敬宇と明治啓蒙思想　荻原隆著　早稲田大学出版部　1984.3　246p 22cm　2800円

◇中村敬宇　髙橋昌郎著　吉川弘文館　1966　293p 図版　18cm　人物叢書

西 周

文政12(1829).2.3〜明治30(1897).1.31
啓蒙思想家。津和野藩出身で洋学を学んで幕府蕃書調所に出仕し、幕府留学生としてオランダ留学。政治学・経済学を学び、帰国後「万国公法」を出版した。新政府では近代軍制確立に寄与し、この間明六社創立にも参加。また近代哲学の紹介者としても知られる。のち東京学士会院会長、元老院議官などを歴任した。

＊　　　＊　　　＊

◇明治哲学史研究　舩山信一著　こぶし書房　1999.6　527p　21cm　（舩山信一著作集 第6巻）　8000円　①4-87559-126-8

◇近代日本社会学者小伝—書誌的考察　川合隆男,竹村英樹編　勁草書房　1998.12　822p　21cm　15000円　①4-326-60121-3

◇日本の観念論者　舩山信一著　こぶし書房　1998.9　482,10p　21cm　（舩山信一著作集 第8巻）　8000円　①4-87559-128-4

◇西周と欧米思想との出会い　小泉仰著　三嶺書房　1989.7　386p 19cm　4500円　①4-914906-93-7

◇西周に於ける哲学の成立—近代日本における法哲学成立のためのエチュード　蓮沼啓介著　有斐閣　1987.7　278,4p 21cm　5000円　①4-641-19907-8

◇経済学・歴史と理論—堀経夫博士古稀記念論文集　西周の回心と転身—西周研究の一節　大道安次郎著　未来社　1966

◇日本の思想家　第1　朝日新聞社朝日ジャーナル編集部編　朝日新聞社　1962　333p　19cm

◇鴎外全集—著作篇　第11巻　史伝　森鴎外著　岩波書店　1951-55　19cm

津田 真道

文政12(1829).6.25〜明治36(1903).9.3
啓蒙思想家。津山藩出身で箕作阮甫・佐久間象山に学んで幕府蕃書調所に出仕し、西周とともに幕府留学生としてオランダ留学。法学、経済学を学び、帰国後「泰西国法論」を出版した。新政府に出仕し、日清修好条規締結の全権

副使、元老院議官などを歴任、かたわら明六社創立に参加し、啓蒙的論文を発表した。のちに衆議院議員、貴族院議員にもなっている。

＊　　＊　　＊

◇明治哲学史研究　舩山信一著　こぶし書房　1999.6　527p　21cm　（舩山信一著作集 第6巻）　8000円　⑪4-87559-126-8
◇津田真道―研究と伝記　大久保利謙編　みすず書房　1997.3　342p　21cm　9300円　⑪4-622-03500-6

加藤 弘之

天保7(1836).6.23～大正5(1916).2.9
政治学者、啓蒙思想家。出石藩出身で佐久間象山に学んで幕府蕃書調所、維新政府に出仕し、この間「立憲政体略」「真政大意」「国体新論」などを著した。かたわら明六社創立に参加、天賦人権論により平等思想論文を発表。しかし自由民権運動が高揚するとともに立場を一変。その後は社会進化論に拠り、反天賦人権論を主張して民権派の攻撃に回った。帝国大学総長、貴族院議員、枢密顧問官を歴任し、また反キリスト教的言動でも知られる。

＊　　＊　　＊

◇近代日本における制度と思想―明治法思想史研究序説　中村雄二郎著　新装版　未来社　1999.5　357p　21cm　3800円　⑪4-624-01148-1
◇近代日本社会学者小伝―書誌的考察　川合隆男, 竹村英樹編　勁草書房　1998.12　822p　21cm　15000円　⑪4-326-60121-3
◇怪物科学者の時代　田中聡著　昌文社　1998.3　279p　19cm　2300円　⑪4-7949-6346-7
◇加藤弘之自叙伝　加藤弘之著　大空社　1991.11　1冊　21cm　（伝記叢書 88）　6000円　⑪4-87236-387-6
◇加藤弘之文書　第1巻　草稿　上田勝美ほか編　京都　同朋舎出版　1990.8　576p　23cm　18000円　⑪4-8104-0883-3
◇加藤弘之文書　第2巻　草稿　上田勝美ほか編　京都　同朋舎出版　1990.8　480p　23cm　16000円　⑪4-8104-0884-1
◇加藤弘之文書　第3巻　加藤弘之講演全集　上田勝美ほか編　京都　同朋舎出版　1990.8　764p　23cm　22000円　⑪4-8104-0885-X
◇加藤弘之　田畑忍著　〔新装版〕　吉川弘文館　1986.10　211p　19cm　（人物叢書）　1400円　⑪4-642-05056-6
◇弘之自伝―覆刻　加藤弘之著　長陵書林　1979.10　128p　21cm　（日本思想史資料叢刊 3）　2000円
◇加藤弘之の研究　吉田曠二著　大原新生社　1976　324p　22cm　（日本史学研究双書）　6000円
◇近代日本の政治と人間―その思想史的考察　創文社　1966
◇日本人物史大系　第5巻　近代 第1　小西四郎編　朝倉書店　1960　340p　22cm
◇加藤弘之　田畑忍著　吉川弘文館　1959　211p 図版　18cm　（人物叢書 日本歴史学会編）
◇近代日本の思想家　向坂逸郎編　和光社　1954　284p　19cm
◇日本の思想家　奈良本辰也編　毎日新聞社　1954

西村 茂樹

文政11(1828).3.13～明治35(1902).8.18
教育者・道徳思想家。佐倉藩士で佐久間象山に学んで藩政に従事、藩主堀田正睦が老中になると側近としてこれを補佐した。維新後は文部省に出仕し、かたわら明六社創立にも参加した。道徳思想の必要を訴えて保守的立場を堅持し、明治8年東京修身学社を創立し、文部省では「小学修身訓」を編纂。また著書「日本道徳論」では欧化政策を批判、国粋主義的思想のさきがけとしても知られる。

　　　＊　　＊　＊

◇悪—実存思想論集 14　実存思想協会編　松戸　松戸理想社　1999.8　249,7p　21cm　2000円　⓪4-650-00294-X

◇明治社会教育思想史研究　北田耕也著　学文社　1999.3　263,4p　21cm　（明治大学人文科学研究所叢書）　5000円　⓪4-7620-0871-0

◇西村茂樹　高橋昌郎著〔新装版〕吉川弘文館　1987.11　280p 19cm　（人物叢書 192）　1700円　⓪4-642-05118-X

◇泊翁西村茂樹—転換期日本の大思想家　古川哲史著　文化総合出版　1976　206p 肖像 19cm　1000円

◇日本の思想家　第1　朝日新聞社朝日ジャーナル編集部編　朝日新聞社　1962　333p　19cm

◇日本人物史大系　第5巻　近代　第1　小西四郎編　朝倉書店　1960　340p　22cm

◇西村茂樹先生語録　西村茂樹著, 日本弘道会編　日本弘道会　1956　102p　18cm

◇私の欽仰する近代人　山田孝雄著　宝文館　1954　173p　19cm

◇開国百年記念明治文化史論集　西村茂樹論　家永三郎著　乾元社　1952

国家主義

　国家の利益を個人の利益に優先させる思想。日本における国家主義の特徴は国家至上主義の主張、記紀神話に依存する国体観、特に精神文化における日本文化の優越論などをあげることができる。明治20年代に高まり、やがて軍国主義、対外膨張論と結びついて超国家主義へ発展していった。

　　　＊　　＊　＊

◇良心と至誠の精神史—日本陽明学の近現代　大橋健二著　勉誠出版　1999.11　318p　19cm　2500円　⓪4-585-05043-4

◇天皇制と国家—近代日本の立憲君主制　増田知子著　青木書店　1999.5　309,8p　21cm　5000円　⓪4-250-99013-3

◇近代日本社会学者小伝—書誌的考察　川合隆男, 竹村英樹編　勁草書房　1998.12　822p　21cm　15000円　⓪4-326-60121-3

◇もう一つの近代—側面からみた幕末明治　マリオン・ウィリアム・スティール著　ぺりかん社　1998.10　357,4p　21cm　4800円　⓪4-8315-0851-9

◇近代日本政治思想史　西田毅編　京都　京都ナカニシヤ出版　1998.3　317,14p　21cm　3500円　⓪4-88848-385-X

◇戦前の国家主義運動史　堀幸雄著　三嶺書房　1997.12　454p　21cm　3900円　⓪4-88294-102-3

◇国家主義を超える—近代日本の検証　阿満利麿著　講談社　1994.7　235p　19cm　1748円　⓪4-06-207037-5

◇黒龍会関係資料集　内田良平文書研究会編　柏書房;紀伊国屋書店〔発売〕1992.2　10冊(セット)　30cm　（日本国家主義運動資料集成 第1期）　170000円　⓪4-7601-0793-2

◇河上肇—日本的マルクス主義者の肖像　ゲイル・L.バーンスタイン著, 清水靖久, 千本秀樹, 桂川光正訳　京都　京都ミネルヴァ書房　1991.11　309,5p　21cm　3884円　⓪4-623-02125-4

◇近代文明批判—「国家」の批判から「社会」の批判へ　田中浩, 和田守編著　社会評論社　1990.12　314p　21cm　（思想の海へ「解放と変革」10）　2524円

◇近代的世界の誕生—日本中世から現代へ　奥井智之著　弘文堂　1988.8　228p　21cm　3500円　⓪4-335-55039-1

国権論

　明治前半期の政治思想。国権とは国家の権力または統治権を意味し、民権の語と共に、これ

に対抗する形で登場した。民権の伸張、生活向上こそ国家・社会発展の基礎であるとする民権論に対し、国家の権力が強化されてこそ人民の権利や自由が保たれると主張し、国権の拡張と国力充実を目指すのが国権論である。人民の権利を抑制する国内的側面と同時に、ナショナリズムという対外的側面を持ち、欧米との不平等条約からの国権回復・民族独立を実現するための欧化主義と、征韓論に始まるアジア諸国に対する国権行為となって現れた。

　　　　　＊　　　＊　　　＊

◇明治国家の建設─1871〜1890　坂本多加雄著　中央公論社　1999.1　402p　19cm　（日本の近代 2）　2400円　①4-12-490102-X

◇マンガ 日本の歴史 44 民権か国権か　石ノ森章太郎著　中央公論社　1998.11　228p　15cm　（中公文庫）　524円　①4-12-203297-0

◇福沢諭吉伝　第3巻　石河幹明著　岩波書店　1994.2　800p　21cm　7800円　①4-00-008650-2

◇自由灯の研究─帝国議会開設前夜の民権派新聞　松尾章一編　日本経済評論社　1991.3　254p　22cm　3296円　①4-8188-0457-6

◇近代的世界の誕生─日本中世から現代へ　奥井智之著　弘文堂　1988.8　228p　21cm　3500円　①4-335-55039-1

◇自由民権運動と神奈川　大畑哲著　横浜　有隣堂　1987.2　198p　18cm　（有隣新書）　780円　①4-89660-074-6

◇福沢諭吉年鑑　9(1982)　福沢諭吉協会　1982.12　253p　21cm　非売品

◇福沢諭吉年鑑　1(1974)　福沢諭吉協会　慶応通信（製作）　1974　190p　22cm　非売品

国粋主義

欧化主義への反動としてのナショナリズムの一形態で、日本国民固有の伝統や美質の維持・顕揚をはかる思潮。血統的に一系の天皇をいただく日本の国家体制の優秀性と永久性を強調する国体論が核心をなした。広義には近代日本を通じての排外主義的な国家主義をさすが、狭義には明治中期に政教社によって代表された思想を意味する。政府の欧化政策を敵視し、自由民権思想を直情的として批判した。政治的には立憲主義と責任内閣制、対外硬を主張し、経済的には伝統産業の保護育成による貿易促進、分業体制の樹立を目指した。

平民主義と明治中期の思想界を二分し、日清戦争とともに歴史的使命を終えた。

　　　　　＊　　　＊　　　＊

◇図説 日本仏教の歴史 近代　池田英俊編　佼成出版社　1996.11　165p　21cm　1942円　①4-333-01754-8

◇明治思想史─近代国家の創設から個の覚醒まで　松本三之介著　新曜社　1996.5　265p　19cm　（ロンド叢書）　2500円　①4-7885-0560-6

◇吉田久一著作集 4 日本近代仏教史研究　吉田久一著　川島書店　1992.9　509,4p　21cm　6602円　①4-7610-0482-7

◇新版 ナショナリズムの文学─明治精神の探求　亀井俊介著　講談社　1988.7　271p　15cm　（講談社学術文庫）　680円　①4-06-158838-9

◇論集日本仏教史 8 明治時代　池田英俊編　雄山閣出版　1987.12　339p　21cm　4800円　①4-639-00693-4

政教社

明治中期から大正期の思想・文化団体。明治21年に三宅雪嶺、志賀重昂らによって創設され、機関誌「日本」（一時後継誌「亜細亜」、40年に「日本及日本人」と改題）を発行した。陸羯南の新聞「日本」とは思想的・人的に重複する部分が多い。欧米文化の無批判な模倣に反対して日本固有の真善美の顕揚を主張し、立憲主義的な政治論を展開した。そして、何よりも国粋主義の立場から対外独立の路線をとり、政府

の鹿鳴館風の欧化政策に反対し続けた。そのため「日本人」はしばしば発行停止処分を受けている。

　　　　＊　　　＊　　　＊

◇明治ナショナリズムの研究―政教社の成立とその周辺　佐藤能丸著　芙蓉書房　1998.11　350p　21cm　6800円　①4-8295-0219-3

◇政教社の研究　中野目徹著　京都京都思文閣出版　1993.6　319,14p　21cm　7000円　①4-7842-0771-6

陸　羯南

安政4(1857).10.14〜明治40(1907).9.2

新聞記者、国粋主義者。弘前藩下級士族中田家に生まれ、のち徴兵逃れのために陸姓を名乗った。明治16年太政官文書局に入り、内閣制創設とともに内閣官報局編輯課長となる。21年政府の条約改正と欧化政策に反対して辞職、新聞「東京電報」を創刊、翌年「日本」と改題。同誌上で国民主義を唱えた。陸の国民主義とは、社会・文化面では欧化政策に反対し国民の歴史的継続性を守るために伝統的な共同体秩序の維持再編と天皇の権威を主張し、政治・経済面では対外独立達成の観点から立憲化や産業化の必要を訴えるものである。

　　　　＊　　　＊　　　＊

◇世紀末の一年―1900年ジャパン　松山巌著　朝日新聞社　1999.10　449p　19cm　（朝日選書）　1700円　①4-02-259735-6

◇近代日本政治思想史入門―原典で学ぶ19の思想　大塚健洋編著　京都京都ミネルヴァ書房　1999.5　348p　21cm　2800円　①4-623-02915-8

◇明治政党論史　山田央子著　創文社　1999.1　265,10p　21cm　5100円　①4-423-71047-1

◇文人追懐――学芸記者の取材ノート　浜川博著　蝸牛社　1998.9　270p　19cm　1600円　①4-87661-343-5

◇明治粋俠伝　久坂聡三著　諏訪　諏訪鳥影社;星雲社〔発売〕　1997.4　364p　19cm　1500円　①4-7952-7238-7

◇明治思想史―近代国家の創設から個の覚醒まで　松本三之介著　新曜社　1996.5　265p　19cm　（ロンド叢書）　2500円　①4-7885-0560-6

◇国民・自由・憲政―陸羯南の政治思想　本田逸夫著　木鐸社　1994.2　452,5p　22cm　6180円　①4-8332-2189-6

◇陸羯南　日本　第51巻（明治38年1月〜3月）〔復刻版〕　ゆまに書房　1991.6　618p　42cm　29870円　①4-89668-442-7

◇陸羯南　日本　第52巻（明治38年4月〜6月）〔復刻版〕　ゆまに書房　1991.6　592p　42cm　29870円　①4-89668-443-5

◇陸羯南　日本　第53巻（明治38年7月〜9月）〔復刻版〕　ゆまに書房　1991.6　536p　42cm　29870円　①4-89668-444-3

◇陸羯南　日本　第54巻（明治38年10月〜12月）〔復刻版〕　ゆまに書房　1991.6　548p　42cm　29870円　①4-89668-445-1

◇陸羯南　日本　第40巻（明治35年1月〜4月）〔復刻版〕　ゆまに書房　1990.6　854p　42cm　29870円　①4-89668-263-7

◇陸羯南　日本　第41巻（明治35年5月〜8月）〔復刻版〕　ゆまに書房　1990.6　858p　42cm　29870円　①4-89668-264-5

◇陸羯南　日本　第42巻（明治35年9月〜12月）〔復刻版〕　ゆまに書房　1990.6　836p　42cm　29870円　①4-89668-265-3

◇陸羯南―「国民」の創出　小山文雄著　みすず書房　1990.4　350p　19cm　3296円　①4-622-03337-2

◇文士と文士　小山文雄著　河合出版　1989.11　237p　19cm　1600円　①4-87999-021-3

◇陸羯南　日本　第31巻　〔復刻版〕　ゆまに書房　1989.10　776p　42cm　29870円　①4-89668-221-1

◇陸羯南　日本　第32巻　〔復刻版〕　ゆまに書房　1989.10　776p　42cm

29870円　①4-89668-222-X
◇陸羯南　日本　第33巻　〔復刻版〕
　ゆまに書房　1989.10　780p　42cm
　29870円　①4-89668-223-8
◇陸羯南　日本　明治28年・29年　〔復刻版〕　ゆまに書房　1989.3　6冊　42cm
　142000円　①4-89668-014-6
◇拓川と羯南—たくせんとかつなん
　松山市立子規記念博物館編　松山
　松山市立子規記念博物館　1987.10
　92p　26cm
◇近代日本思想大系　4　陸羯南集
　植手通有編集・解説　筑摩書房　1987.3
　541p　20cm　3500円　①4-480-30504-1
◇日本を発見する　内田健三編著　講談社
　1986.6　342p　19cm　（言論は日本を動かす　第4巻）　1800円　①4-06-188944-3
◇陸羯南全集　第10巻　西田長寿ほか編
　みすず書房　1985.4　338p　23cm
　6000円　①4-622-00960-9
◇歴史残花　第3　時事通信社　1969
　367p　図版　19cm　800円
◇郷土の先人を語る　第1　陸羯南〔ほか〕
　弘前図書館(弘前市)編　相沢文蔵　弘前
　弘前市立弘前図書館　弘前図書館後援会
　1967　140p　18cm
◇現代日本思想大系　4　筑摩書房
　1963
◇三代言論人集　第5巻　田口卯吉〔ほか〕
　嘉治隆一　時事通信社　1963　336p　図版
　18cm
◇日本の思想家　第1　朝日新聞社朝日ジャーナル編集部編　朝日新聞社　1962
　333p　19cm
◇近代日本の良心　荒正人編　光書房
　1959　244p　20cm
◇民権論からナショナリズムへ　陸羯南と国民主義　丸山真男著　御茶の水書房
　1957
◇羯南陸実先生　鳴海官蔵編　鳴海研究所
　清明会　1953

平民主義

　明治中期の政治思想。政府の貴族的な欧化主義や保守的な国粋主義を排し、自由・民主・平和を基調に平民(地方の実業家)による近代化を説き、徳富蘇峰により唱道された。徳富は明治18年『第十九世紀日本之青年及其教育』、19年『将来之日本』を出版し文名をあげた。20年に民友社を設立、総合雑誌「国民之友」を発刊、23年には「国民新聞」を創刊した。平民主義は20年代に盛んになったが、日清戦争前後から徳富が対外膨張を強調する強硬な国権主義へと思想転換したこともあり、衰退していった。

＊　　＊　　＊

◇明治思想史—近代国家の創設から個の
　覚醒まで　松本三之介著　新曜社
　1996.5　265p　19cm　（ロンド叢書）
　2500円　①4-7885-0560-6
◇近代日本成立期の民衆運動　今西一著
　柏書房　1991.3　254p　21cm　3800円
　①4-7601-0698-7
◇理学者　兆民—ある開国経験の思想史
　宮村治雄著　みすず書房　1989.1
　234,39p　19cm　2800円　①4-622-03034-9

日本主義

　日本古来の伝統を重視し、国民精神の発揚を唱える国粋的思想の一つ。高山樗牛、井上哲次郎らが「太陽」、「日本主義」誌上で主張した。日清戦争後の国家的気運に乗じて帝国主義的海外進出を鮮明に唱え、20年代初頭の国粋主義がほとんど言及しなかった建国神話をその指導理念として強調した。また国粋主義が立憲制を志向したのに対し、ドイツ流の国家主義を肯定し一切の自由主義的・民主主義的要素を排除しようとした。
　さらに宗教を日本国民の性情に反し国家の発達を阻害するものとして、特にキリスト教を攻撃した。30年代前半に有力であったが、まもなく衰退し「日本主義」も廃刊した。

＊　　＊　　＊

◇日本思想の地平と水脈　河原宏, 河原宏教授古稀記念論文集刊行会編　ぺりかん社　1998.3　834p　21cm　9500円　①4-8315-0834-9

◇岩野泡鳴全集　第13巻　岩野美衛著　京都　京都臨川書店　1996.12　554p　21cm　9000円　①4-653-02774-9

◇日本の文化思想史　新保哲編著　北樹出版;学文社〔発売〕　1994.4　205p　21cm　2330円　①4-89384-342-7

◇近代日本と自由主義（リベラリズム）　田中浩著　岩波書店　1993.8　379p　19cm　2524円　①4-00-002739-5

◇現代民主主義と歴史意識　京大政治思想史研究会編　京都　京都ミネルヴァ書房　1991.5　539p　21cm　8544円　①4-623-02093-2

◇思想の最前線で―文学は予兆する　黒古一夫著　社会評論社　1990.5　315p　21cm　（思想の海へ「解放と変革」12）　2524円

◇新版　ナショナリズムの文学―明治精神の探求　亀井俊介著　講談社　1988.7　271p　15cm　（講談社学術文庫）　680円　①4-06-158838-9

◇明治・青春の夢―革新的行動者たちの日記　嶋岡晨著　朝日新聞社　1988.7　224p　19cm　（朝日選書358）　900円　①4-02-259458-6

◇明治の精神　荒川久寿男著　伊勢　伊勢皇学館大学出版部　1987.12　458p　19cm　2000円　①4-87644-067-0

◇未完の主題―日本近代と情念の相克　綱沢満昭著　名古屋　名古屋雁思社;風媒社〔発売〕　1987.11　209p　19cm　1800円

宗　教

神仏分離

　明治初頭に維新政府がおこなった、神道保護・仏教抑圧のための宗教政策。政府は慶応4年3月の仏教用語を神号とすること、仏像を神体としたり神社に仏具を置くことなどを禁じた神仏分離令をはじめとする一連の施策で、神仏混淆を禁じ神社を寺院から独立させた。維新以前の日本の宗教は神仏習合を基本としていたが、神仏分離政策によって既存の宗教・施設は強行的に神仏いずれかに分割され、神道と仏教を区別して意識する今日の社会通念が形成された。

◇神仏分離の地方的展開　村田安穂著　吉川弘文館　1999.10　298,5p　21cm　7800円　①4-642-03688-1
◇現代社会と宗教　大村英昭著　岩波書店　1996.12　210p　19cm　（叢書 現代の宗教 1）　1500円　①4-00-026071-5
◇明治維新の地域と民衆　明治維新史学会編　吉川弘文館　1996.12　227p　21cm　（明治維新史研究 4）　4700円　①4-642-03639-3
◇近世仏教と勧化―募縁活動と地域社会の研究　鈴木良明著　岩田書院　1996.8　356,8p　21cm　（近世史研究叢書 1）　7900円　①4-900697-58-3
◇近代日本の宗教と文学者　小川和佑著　経林書房　1996.2　159p　19cm　1748円　①4-7673-0531-4
◇寺社組織の統制と展開　藤田定興著　名著出版　1992.10　417p　21cm　8641円　①4-626-01446-1
◇近代日本の形成と宗教問題　中央大学人文科学研究所編　八王子　八王子中央大学出版部　1992.6　341,5p　21cm　（中央大学人文科学研究所研究叢書 9）　3000円　①4-8057-4201-1
◇豊田武著作集 第5巻 宗教制度史　豊田武著　吉川弘文館　1991.10　578,8p　21cm　7816円　①4-642-02565-0
◇日本仏教史研究 第4巻　辻善之助著　岩波書店　1991.9　435p　21cm　6990円　①4-00-008724-X
◇追跡（ドキュメント）！法隆寺の秘宝　高田良信,堀田謹吾著　徳間書店　1990.4　291p　21cm　1748円　①4-19-224222-2
◇図説 日本の仏教 第6巻 神仏習合と修験　田辺三郎助編　新潮社　1989.12　380p　30cm　10000円　①4-10-602606-6
◇日本人の仏教史　五来重著　角川書店　1989.7　332p　19cm　（角川選書 189）　1262円　①4-04-703189-5
◇日本宗教の正統と異端―教団宗教と民俗宗教　桜井徳太郎編　弘文堂　1988.10　277p　21cm　4800円　①4-335-57039-2
◇明治維新の東本願寺　奈良本辰也,百瀬明治著　河出書房新社　1987.8　512p　19cm　3900円　①4-309-22132-7

廃仏毀釈

　慶応4年3月に新政府が出した神仏分離令を契機に全国各地で発生した仏教排斥運動。政府は天皇を中心とした国家体制構築のため神道国教化を目論み、従来神仏習合していた社寺を分離する旨の法令を次々公布した。しかし各地の藩・地域ではこれに過剰反応して、仏教・僧侶を弾圧したり、寺院・仏像を破壊したり、寺領が藩に没収されたりする動きが発生した。政府は廃仏を否定したが、一時仏教寺院は大打撃を蒙った。これに対し、三河や越前では真宗大谷

宗教

派を中心に仏教を擁護せんとする護法一揆が起きた。

＊　＊　＊

◇神仏分離の地方的展開　村田安穂著　吉川弘文館　1999.10　298,5p　21cm　7800円　①4-642-03688-1

◇もっと知りたい データが語る日本の歴史　歴史教育者協議会編　ほるぷ出版　1997.8　255p　19cm（ほるぷ選書）1800円　①4-593-59408-1

◇人間法隆寺―感性は理論だ！　YUJI KOYANAGI著　自由国民社　1997.4　247p　21cm　1500円　①4-426-76400-9

◇歴史民俗論ノート―地蔵・斬首・日記　小川直之著　岩田書院　1996.2　122p　21cm　1600円　①4-900697-46-X

◇親鸞教団弾圧史　福永勝美著　雄山閣出版　1995.1　262p　21cm（雄山閣BOOKS 28）2718円　①4-639-01271-3

◇鬼窟の単―近代禅僧の生と死　岸田絹夫著　淡交社　1994.9　237p　19cm　1553円　①4-473-01342-1

◇京都の仏教史　千里文化財団編　平河出版社　1992.2　273p　19cm　2718円　①4-89203-209-3

◇もう一つの明治維新―中沼了三と隠岐騒動　中沼郁，斎藤公子著　創風社　1991.12　498p　19cm　2500円　①4-915659-34-8

◇日本仏教史研究 第4巻　辻善之助著　岩波書店　1991.9　435p　21cm　6990円　①4-00-008724-X

◇日本宗教の現世利益　日本仏教研究会編　大蔵出版　1991.7　480p　19cm　2330円　①4-8043-2508-5

◇日本資本主義の精神―真宗倫理との関連で　黒崎征佑著　文献出版　1991.3　307,4,6p　21cm　6804円　①4-8305-1144-3

◇星とさくらと天皇と　城丸章夫著　新日本出版社　1990.8　196p　18cm（新日本新書411）641円　①4-406-01873-5

◇真宗信仰の思想史的研究―越後蒲原門徒の行動と足跡　奈倉哲三著　校倉書房　1990.4　354p　21cm（歴史科学叢書）7000円　①4-7517-2010-4

◇追跡（ドキュメント）！法隆寺の秘宝　高田良信，堀田謹吾著　徳間書店　1990.4　291p　21cm　1748円　①4-19-224222-2

◇日本近代思想大系 5 宗教と国家　安丸良夫，宮地正人校注　岩波書店　1988.9　593p　21cm　4900円　①4-00-230005-6

◇民衆と社会―変革の理念と世俗の倫理　村上重良編　春秋社　1988.3　326p　19cm（大系 仏教と日本人 10）2500円　①4-393-10710-1

◇論集日本仏教史 8 明治時代　池田英俊編　雄山閣出版　1987.12　339p　21cm　4800円　①4-639-00693-4

◇仏教はこのままでよいか―現代人のための仏教入門　原田三夫著　知道出版　1987.9　237p　19cm（宗教の見かた・考え方 2）1300円　①4-88664-010-9

◇「法隆寺日記」をひらく―廃仏毀釈から100年　高田良信著　日本放送出版協会　1986.9　215p　19cm（NHKブックス 510）750円　①4-14-001510-1

◇西国33カ所巡拝　小林茂著　大阪大阪ナンバー出版　1986.4　149p　19cm　NUMBER GUIDE　1000円

大教宣布

明治3年に出された詔で、祭政一致を唱え神道を国教化して国内に広く布教することを目指したもの。具体的政策としては神祇省を設置し宣教使を任命するものだったが布教は振るわず、明治5年に神祇省は教部省になり仏教も含めた国民教化運動に変質した。のち教部省廃止後は内務省に受け継がれ、神道は祭祀にあたる国家神道となり、宗教色の強い神道諸派は教派神道として公認された。

＊　＊　＊

◇明治日本の政治家群像　福地惇、佐々木隆編　吉川弘文館　1993.4　398p　22cm　7500円　①4-642-03651-2

国家神道

　明治維新後に神社神道を再編成してつくられた国家祭祀。神社神道とは神社に対する信仰のこと。祭政一致・神道国教化による天皇権威の確立と国民意識の統合を図る政府は、神祇官設置、神仏分離、大教宣布の詔などの一連の政策によって伊勢神宮や宮中祭祀を頂点とする整然たる神社の階層秩序を作り上げた。近代日本において神職は官吏ないしそれに準じ、全ての国民は特定の神社の氏子とされた。
　大日本帝国憲法は制限付きながら信教の自由を規定していたが、それはこうした神社崇拝の受容を前提とするもので、国家神道は宗教ではないというのが政府の公式見解であった。

　　　　＊　　　　＊　　　　＊

◇ぼくは皇国少年だった―古本から歴史の偽造を読む　桜本富雄著　インパクト出版会;イザラ書房〔発売〕　1999.8　282p　19cm　1900円　①4-7554-0093-7

◇明治国家と宗教　山口輝臣著　東京大学出版会　1999.6　352p　21cm　6000円　①4-13-026601-2

◇解放の宗教へ　菱木政晴著　緑風出版　1998.12　257p　19cm　2200円　①4-8461-9822-7

◇神道―日本生まれの宗教システム　井上順孝編、伊藤聡、遠藤潤、森瑞枝著　新曜社　1998.12　269p　19cm　（ワードマップ）　2200円　①4-7885-0658-0

◇日本神道のすべて―「日本を日本たらしめるドグマなき宗教」を探究する！　瓜生中、渋谷申博著　日本文芸社　1998.8　333p　21cm　（知の探究シリーズ）　1400円　①4-537-07816-2

◇現人神の創作者たち　山本七平著　文芸春秋　1997.9　413p　19cm　（山本七平ライブラリー 12）　1714円　①4-16-364720-1

◇近代日本のジェンダー―現代日本の思想的課題を問う　大越愛子著　三一書房　1997.5　203p　19cm　1900円　①4-380-97238-0

◇近代政教関係の基礎的研究　新田均著　大明堂　1997.4　353p　21cm　4200円　①4-470-20045-X

◇近代日本における「国家と宗教」―「思想・信条の自由」の考察　酒井文夫著　信山社出版;大学図書〔発売〕　1997.1　448p　21cm　12000円　①4-7972-1525-9

◇「ええじゃないか」と近世社会　伊藤忠士著　校倉書房　1995.11　318p　21cm　（歴史科学叢書）　7500円　①4-7517-2520-3

◇政教分離裁判と国家神道　平野武著　京都　京都法律文化社　1995.3　297p　21cm　8500円　①4-589-01855-1

◇国家主義を超える―近代日本の検証　阿満利麿著　講談社　1994.7　235p　19cm　1748円　①4-06-207037-5

◇幕末維新期の文化と情報　宮地正人著　名著刊行会　1994.3　262p　19cm　（歴史学叢書）　2621円　①4-8390-0286-X

◇国家神道形成過程の研究　阪本是丸著　岩波書店　1994.1　454,4p　21cm　8058円　①4-00-002886-3

◇浄土真宗の戦争責任　菱木政晴著　岩波書店　1993.7　62p　21cm　（岩波ブックレット NO.303）　340円　①4-00-003243-7

◇日本人の生活意識と哲学―東西比較哲学試論　立野清隆著　世界書院　1993.5　251p　21cm　3800円　①4-7927-9305-X

◇マンガ 神道入門―日本の歴史に生きる八百万の神々　白取春彦作、笹沼たかし画　サンマーク出版　1993.4　253p　19cm　1165円　①4-7631-8363-X

宗教

◇近代天皇制と宗教的権威　国学院大学
　日本文化研究所編　京都　京都同朋舎
　出版　1992.4　259p　19cm　3107円
　①4-8104-1071-4
◇日本宗教の現世利益　日本仏教研究会
　編　大蔵出版　1991.7　480p　19cm
　2330円　①4-8043-2508-5
◇講座神道　第3巻　近代の神道と民俗社会
　桜井徳太郎，大浜徹也編　桜楓社
　1991.6　245p　21cm　4757円　①4-273-
　02427-6
◇検証　国家儀礼1945～1990　戸村政博，野
　毛一起，土方美雄著　作品社　1990.8
　332,9p　19cm　2621円　①4-87893-156-
　6
◇シンポジウム　現代天皇と神道　田丸徳
　善編　徳間書店　1990.6　323p　19cm
　1748円　①4-19-554275-8
◇日本侵略興亡史―明治天皇出生の謎
　鹿島昇著　新国民社　1990.4　653p
　21cm　8253円　①4-915157-67-9
◇国家と儀礼―国家統合の回路を撃つ
　連続講座国家と儀礼運営委員会編
　新地平社；れんが書房新社〔発売〕
　1989.4　239p　19cm　（新地平叢書1）
　1650円
◇天皇の話よもやま物語　富沢繁著，山内
　一生イラスト　光人社　1989.2　238p
　19cm　（イラスト・エッセイシリーズ61）
　980円　①4-7698-0426-1
◇昭和の終焉と天皇制の現在―講座・天
　皇制論　天皇の戦争責任を追及し，沖縄
　訪問に反対する東京会議編　新泉社
　1988.12　260p　19cm　1800円
◇キリスト教は如何にして現代に生きる
　か　霜田美樹雄著　早稲田大学出版部
　1988.11　362,12p　21cm　3500円　①4-
　657-88933-8
◇日本近代思想大系5　宗教と国家　安丸良
　夫，宮地正人校注　岩波書店　1988.9
　593p　21cm　4900円　①4-00-230005-6
◇鎌倉市史　近代史料編　第1　鎌倉市史
　編さん委員会編　吉川弘文館　1988.5

　630p　21cm　6500円　①4-642-01533-7
◇神道―日本の民族宗教　薗田稔編
　弘文堂　1988.2　372p　19cm　2300円
　①4-335-16015-1
◇日本人にとって和とはなにか―集団
　における秩序の研究　高際弘夫著
　新座　新座商学研究社；ソーテック社〔発
　売〕　1987.11　201p　19cm　1200円
　①4-88166-901-X
◇近代の集落神社と国家統制―明治末期の
　神社整理　森岡清美著　吉川弘文館
　1987.5　307,9p　21cm　（日本宗教史研
　究叢書）　5500円　①4-642-06711-6
◇日本とアジア　生活と造形　第1巻　民族
　と信仰　金子量重編　学生社　1987.5
　205p　19cm　1600円
◇天皇制国家と宗教　村上重良著　日本評
　論社　1986.2　254p　19cm　日評選書
　1700円　①4-535-01142-7

教派神道

　国家の祭祀とされた国家神道に対し，宗教と
しての神道の教派の総称。明治9年から41年の
間に黒住教，天理教，金光教など14教が政府の
公認を受け，うち神宮教は32年に解散し神宮奉
祭会となったので，神道十三派と呼ばれた。事
実上，仏教系・キリスト教系以外の諸宗教を「神
道」の名で一括したもので，幕末の習合神道系
創唱宗教，江戸後期に発展した山岳宗教の再編
成，おもに明治初年に組織された惟神道の宗教
その他の三群に大別される。
　これらの教派は封建社会が崩壊し資本主義社
会の形成へ向かう中で，農民・商工民の自主的
な宗教運動を基盤に成立したが，国家神道体制
下で民間の多様な宗教を支配下に組み入れて，
天皇制的国民教化に動員された。

＊　　＊　　＊

◇教派神道と近代日本―天理教の史的考察
　大谷渡著　大阪　大阪東方出版　1992.2
　221p　19cm　2136円　①4-88591-292-X

◇教派神道の形成　井上順孝著　弘文堂　1991.3　401,21p　21cm　7670円
①4-335-16021-6

仏教近代化

　神仏分離令と神道国教化政策により大きな打撃を受け、廃仏毀釈の嵐にさらされた仏教界では、明治4～5年頃から近代化運動が興った。東・西本願寺はこの時期青年僧を欧米に派遣し、西洋市民社会におけるキリスト教の役割を参考に、近代仏教のあるべき姿を研鑽させた。国内では各宗派が女子教育や宗門高等教育機関を設置し、これらは今日、龍谷、大谷、立正、駒沢などのいわゆる宗門大学となっている。
　明治末年には諸宗が海外布教に乗り出した。国家神道体制下で教派神道、キリスト教と並ぶ公認宗教の位置を占め、日露戦争から第二次大戦に至る戦争期には、諸宗派とも戦争に協力的な態度をとった。

　　　　＊　　　＊　　　＊

◇それは仏教唱歌から始まった―戦前仏教洋楽事情　飛鳥寛栗著　国立　国立樹心社；星雲社〔発売〕　1999.12　259p　19cm　2600円　①4-7952-2488-9

◇近現代仏教の歴史　吉田久一著　筑摩書房　1998.2　321p　19cm　3200円
①4-480-84702-2

◇生命論への視座　竹田純郎，横山輝雄，森秀樹編　大明堂　1998.1　286p　21cm（宝積比較宗教・文化叢書）　3400円
①4-470-20105-7

◇宗教と教育―日本の宗教教育の歴史と現状　国学院大学日本文化研究所編，井上順孝責任編集　弘文堂　1997.3　349p　21cm　5000円　①4-335-16031-3

◇現代仏教思想入門　吉田久一編・解説　筑摩書房　1996.2　312p　21cm　3398円
①4-480-84241-1

◇清沢文集　清沢満之著　岩波書店　1995.3　226p　15cm　（岩波文庫）　505円　①4-00-331271-6

◇明治維新と宗教　羽賀祥二著　筑摩書房　1994.12　425p　21cm　7670円
①4-480-85670-6

◇明治仏教教会・結社史の研究　池田英俊著　刀水書房　1994.2　445p　21cm　9709円　①4-88708-163-4

◇吉田久一著作集 4 日本近代仏教史研究　吉田久一著　川島書店　1992.9　509,4p　21cm　6602円　①4-7610-0482-7

◇豊田武著作集 第5巻 宗教制度史　豊田武著　吉川弘文館　1991.10　578,8p　21cm　7816円　①4-642-02565-0

◇日本仏教史研究 第4巻　辻善之助著　岩波書店　1991.9　435p　21cm　6990円
①4-00-008724-X

◇田村芳朗仏教学論集 第2巻 日本仏教論　田村芳朗著　春秋社　1991.1　547,8p　21cm　8252円　①4-393-11174-5

◇日本仏教史 近代　柏原祐泉著　吉川弘文館　1990.6　342,10p　19cm　2524円
①4-642-06754-X

◇禅僧留学事始　禅文化研究所編　京都　京都禅文化研究所　1990.3　409p　19cm　3398円　①4-88182-076-1

◇仏道は実在論である　西嶋和夫著　金沢文庫　1989.3　183p　19cm　（仏道講話 1）　980円　①4-87339-020-6

◇日本近代思想大系 5 宗教と国家　安丸良夫，宮地正人校注　岩波書店　1988.9　593p　21cm　4900円　①4-00-230005-6

◇論集日本仏教史 8 明治時代　池田英俊編　雄山閣出版　1987.12　339p　21cm　4800円　①4-639-00693-4

◇ドイツ宣教師の見た明治社会　カール・ムンチンガー著，生熊文訳　新人物往来社　1987.7　207p　19cm　1800円　①4-404-01432-5

◇興隆雑誌　明治仏教思想資料集成編集委員会編　復刻版　京都　京都同朋舎出版　1986.3　357p　21cm　（明治仏教思想資料集成 別巻）　14000円　①4-8104-0498-6

◇共存雑誌　明治仏教思想資料集成編集委員会編　復刻版　京都　京都同朋舎出版　1986.2　410p　21cm　明治仏教思想資料集成　別巻　15000円　⊕4-8104-0493-5

島地　黙雷

天保9(1838).2.15～明治44(1911).2.3

真宗西本願寺派の僧。周防国に生まれた。明治元年上洛して本山改革に参画し、廃仏毀釈対策に奔走した。5年ヨーロッパを視察し、翌年帰国後は神道国教化政策に抗して政教分離・信教の自由を主張、神道的な教導職養成機関大教院からの仏教各宗の離脱運動を進めた。8年に大教院は解散、信教の自由保証の教部省口達が出された。26年本山執行長となる。一方、「新聞雑誌」(4年)、「報四叢談」(7年)を発行して僧侶の教導に努め、白蓮社(8年)、女子文芸学舎(21年、千代田女学園の前身)を設立し教育事業にも力を尽くした。

*　　*　　*

◇近代仏教界の人間像　常光浩然著　世界仏教協会　1962　225p　図版　19cm

キリスト教解禁

鎖国体制下でキリスト教信仰は長く禁じられていたが、明治6年に切支丹禁制高札が廃止され、22年の大日本帝国憲法で信教の自由が認められた。各宗派の布教はそれに先立って始まっており、プロテスタントは安政6年にヘボン、フルベッキらのアメリカ人宣教師が来日して開教、カトリックはパリ外国宣教会のジラールが文久元年に横浜に天主堂を建て、また同年にロシア人ニコライによって、日本ハリストス正教会(ギリシア正教会)が伝えられている。

宣教師たちは教育・医療・福祉活動にも携わり、多くの学校や病院を設立した。キリスト教は近代日本の社会、文学、道徳、思想に少なからぬ影響を与え、国家神道体制下でも公認宗教に認められたが、しばしば国家主義者の攻撃にさらされている。

*　　*　　*

◇クリスマス—どうやって日本に定着したか　クラウス・クラハト,克美・タテノクラハト著　角川書店　1999.11　231p　19cm　1800円　⊕4-04-883598-X

◇良心と至誠の精神史—日本陽明学の近現代　大橋健二著　勉誠出版　1999.11　318p　19cm　2500円　⊕4-585-05043-4

◇福沢諭吉と宣教師たち—知られざる明治期の日英関係　白井尭子著　未来社　1999.6　323p　21cm　3800円　⊕4-624-11172-9

◇明治国家と宗教　山口輝臣著　東京大学出版会　1999.6　352p　21cm　6000円　⊕4-13-026601-2

◇明治哲学史研究　舩山信一著　こぶし書房　1999.6　527p　21cm　(舩山信一著作集　第6巻)　8000円　⊕4-87559-126-8

◇『新人』『新女界』の研究—20世紀初頭キリスト教ジャーナリズム　同志社大学人文科学研究所編　京都　京都人文書院　1999.3　460p　21cm　(同志社大学人文科学研究所研究叢書　31)　7200円　⊕4-409-42017-8

◇ここが世界の中心です—日本を愛した伝道者メレル・ヴォーリズ　国松俊英作,依光隆絵　PHP研究所　1998.12　174p　21cm　(PHP愛と希望のノンフィクション)　1260円　⊕4-569-68142-5

◇ザビエル　尾原悟著　清水書院　1998.11　236p　19cm　(Century Books—人と思想)　700円　⊕4-389-41156-X

◇近代日本の批評　3　明治・大正篇　柄谷行人編　講談社　1998.1　383,17p　15cm　(講談社文芸文庫)　1300円　⊕4-06-197600-1

◇水谷昭夫著作選集 3 近代文芸とキリスト教　水谷昭夫著　新教出版社　1998.1　343p　19cm　3700円　⊕4-400-62613-X

◇物語　日本キリスト教史—日米キリスト者群像を辿る　志茂望信著　新教出

版社　1998.1　680p　19cm　5300円
①4-400-21294-7

◇明治キリスト教の一断面―宣教師シュピンナーの『滞日日記』　H.E.ハーマー編，岩波哲男，岡本不二夫訳　教文館　1998.1　384,16p　19cm　3800円
①4-7642-6618-0

◇正統の垂直線―透谷・鑑三・近代　新保祐司著　構想社　1997.11　234p　19cm　2400円　①4-87574-063-8

◇日本プロテスタント・キリスト教史　土肥昭夫著　第4版　新教出版社　1997.7　495,19p　21cm（新教セミナーブック2）5000円　①4-400-30652-6

◇宗教と教育―日本の宗教教育の歴史と現状　国学院大学日本文化研究所編，井上順孝責任編集　弘文堂　1997.3　349p　21cm　5000円　①4-335-16031-3

◇単税太郎C・E・ガルスト―明治期社会運動の先駆者　工藤英一著　上尾　上尾聖学院大学出版会　1996.11　171p　19cm　2330円　①4-915832-15-5

◇明治期基督者の精神と現代―キリスト教系学校が創立　加藤正夫著　近代文芸社　1996.11　204p　19cm　1748円
①4-7733-5789-4

◇近代天皇制の形成とキリスト教　富坂キリスト教センター編　新教出版社　1996.4　349p　19cm（シリーズ　近現代天皇制を考える　1）　3700円　①4-400-41239-3

◇近代天皇制とキリスト教　同志社大学人文科学研究所編，土肥昭夫，田中真人編著，塩野和夫，幸日出男，宮沢正典ほか著　京都　京都人文書院　1996.3　459p　21cm（同志社大学人文科学研究所研究叢書）　6750円　①4-409-42015-1

◇近代日本の宗教と文学者　小川和佑著　経林書房　1996.2　159p　19cm　1748円
①4-7673-0531-4

◇日本プロテスタント史の諸相　高橋昌郎編著　上尾　上尾聖学院大学出版会　1995.11　330p　21cm　6408円
①4-915832-12-0

◇100年前の日本文化―オーストリア芸術史家の見た明治中期の日本　アドルフ・フィッシャー著，金森誠也，安藤勉訳　中央公論社　1994.6　421p　19cm　2427円　①4-12-002330-3

◇日本プロテスタント・キリスト教史　土肥昭夫著　第3版　新教出版社　1994.6　484,19p　21cm（新版セミナーブック2）5000円　①4-400-30652-6

◇明治の日本ハリストス正教会―ニコライの報告書　ニコライ著，中村健之介訳編　教文館　1993.1　217p　19cm　2200円
①4-7642-6290-8

◇明治キリスト教の流域―静岡バンドと幕臣たち　太田愛人著　中央公論社　1992.12　248p　15cm　（中公文庫）563円　①4-12-201959-1

◇吉田久一著作集　4　日本近代仏教史研究　吉田久一著　川島書店　1992.9　509,4p　21cm　6602円　①4-7610-0482-7

◇比較宗教哲学への道程　小山宙丸著　早稲田大学出版部　1992.7　344,26p　21cm　5825円　①4-657-92701-9

◇近代日本と神戸教会　日本基督教団神戸教会編　大阪　大阪創元社　1992.6　227p　30cm　6796円　①4-422-14351-4

◇近代日本の形成と宗教問題　中央大学人文科学研究所編　八王子　八王子中央大学出版部　1992.6　341,5p　21cm（中央大学人文科学研究所研究叢書　9）3000円　①4-8057-4201-1

◇近代日本の批評　明治・大正篇　柄谷行人編　福武書店　1992.1　329p　19cm　1748円　①4-8288-2411-1

◇キリスト教史　9　自由主義とキリスト教　ロジェ・オーベール，L.J.ロジエ，M.D.ノウルズ著，上智大学中世思想研究所編訳　新装版　講談社　1991.6　427,121p　21cm　3689円　①4-06-190989-4

◇女たちの約束―M・T・ツルーと日本最初の看護婦学校　亀山美知子著　京都

京都人文書院　1990.10　330p　19cm
2800円　①4-409-52013-X
◇近代日本文学とキリスト者作家
　久保田暁一著　大阪　大阪和泉書院
　1989.8　197p　19cm　（和泉選書 46）
　1942円　①4-87088-369-4
◇開化の築地・民権の銀座─築地バンドの
　人びと　太田愛人著　築地書館　1989.7
　255p　19cm　2200円　①4-8067-5657-1
◇近代日本社会思想史研究　工藤英一著
　教文館　1989.7　354p　21cm　3689円
　①4-7642-7131-1
◇排耶論の研究　同志社大学人文科学研究
　所編　教文館　1989.7　364p　21cm
　（同志社大学人文科学研究叢書 20）
　5631円　①4-7642-7130-3
◇会津のキリスト教─明治期の先覚者列伝
　内海健寿著　キリスト新聞社　1989.5
　257p　19cm　（地方の宣教叢書 10）
　1748円　①4-87395-200-X
◇日本近代思想大系 5 宗教と国家　安丸良
　夫，宮地正人校注　岩波書店　1988.9
　593p　21cm　4900円　①4-00-230005-6
◇英訳聖書の歴史　永嶋大典著　研究社
　出版　1988.6　212p　21cm　2600円
　①4-327-47141-0
◇近代日本キリスト教の光と影　山口光
　朔著　教文館　1988.4　267p　19cm
　2500円　①4-7642-6518-4
◇日本近代化の精神世界─明治期豪農層
　の軌跡　宮沢邦一郎著　雄山閣出版
　1988.1　250,6p　21cm　5800円　①4-639-
　00699-3

浦上四番崩れ

　明治3年に起きたキリシタン弾圧事件。肥前国浦上村は近世後期以後3度のキリシタン弾圧が行われており、幕府が安政5年に各国と通商条約を結び居留地内の外国人に信仰の自由を認めると、外国人神父が大浦天主堂でキリシタン告白の村人と出会うようになり、慶応3年に信徒は一時逮捕されたが4度目の弾圧は行われなかった。しかし維新後の明治3年に新政府はキリシタン禁制を掲げ、浦上一村3384人を全員流罪にするという大弾圧を行なった。諸外国は激しくこれを非難。結局明治5年にキリシタン禁制の高札は撤去され、信徒は釈放された。

　　　　＊　　　＊　　　＊

◇最後の迫害─The Last Persecution
　結城了悟，松村菅和，片岡瑠美子，池田敏
　雄共著　神戸　神戸六甲出版　1999.2
　369p　19cm　2286円　①4-89812-003-2
◇浦上キリシタン流配事件─キリスト教解
　禁への道　家近良樹著　吉川弘文館
　1998.2　211p　19cm　（歴史文化ライブ
　ラリー 34）　1700円　①4-642-05434-0
◇日本キリシタン迫害史─一村総流罪三
　三九四人　津山千恵著　三一書房
　1995.3　216p　20cm　2200円　①4-380-
　95229-0
◇近代日本の形成と宗教問題　中央大学人
　文科学研究所編　八王子　中央大学出版
　部　1992.6　341,5p　22cm　（中央大学
　人文科学研究所研究叢書 9）　3090円
　①4-8057-4201-1
◇浦上四番崩れ─明治政府のキリシタン
　弾圧　片岡弥吉著　筑摩書房　1991.6
　245p　15cm　（ちくま文庫）　540円
　①4-480-02535-9
◇開国百年記念 明治文化史論集　開国百
　年記念文化事業会編　乾元社　1952
　844p　22cm

内村　鑑三

万延2(1861).2.13〜昭和5(1930).3.28
　キリスト教伝道者、思想家。明治10年札幌農学校に入学、キリスト教に入信。17年渡米、21年帰国。第一高等中学校嘱託をつとめていた24年に教育勅語奉読に関する不敬事件で解職され、30年に「万朝報」英文主筆となったが、日露戦争に際して非戦論を主張して退社した。日本的キリスト教の確立を目指し、外国教派はも

とより日本の諸宗派からも独立した無教会主義を唱えた。儀式や牧師資格などの教会組織ではなく聖書そのものを信仰の中心とし、33年単独で日本最初の聖書研究誌「聖書之研究」を創刊した。

*　　*　　*

◇簡素に生きる―シンプルライフの思想　太田愛人著　長野　長野信濃毎日新聞社　1999.10　237p　19cm　1600円　Ⓘ4-7840-9845-3

◇近代日本外交思想史入門―原典で学ぶ17の思想　関静雄編著　京都　京都ミネルヴァ書房　1999.5　310p　21cm　2800円　Ⓘ4-623-02916-6

◇内村鑑三日録 12 1925～1930 万物の復興　鈴木範久著　教文館　1999.2　452p　19cm　4200円　Ⓘ4-7642-6352-1

◇アメリカが見つかりましたか―戦前篇　阿川尚之著　都市出版　1998.11　253p　19cm　1800円　Ⓘ4-924831-79-4

◇山路愛山―史論家と政論家のあいだ　岡利郎著　研文出版　1998.11　306p　19cm　（研文選書）　2800円　Ⓘ4-87636-161-4

◇志賀直哉交友録　志賀直哉著, 阿川弘之編　講談社　1998.8　329p　15cm　（講談社文芸文庫）　1100円　Ⓘ4-06-197626-5

◇群馬の作家たち　土屋文明記念文学館編　塙書房　1998.6　268p　18cm　（塙新書）　1300円　Ⓘ4-8273-4074-9

◇正統の垂直線―透谷・鑑三・近代　新保祐司著　構想社　1997.11　234p　19cm　2400円　Ⓘ4-87574-063-8

◇内村鑑三日録 11 1920～1924 うめく宇宙　鈴木範久著　教文館　1997.6　462p　19cm　4700円　Ⓘ4-7642-6338-6

◇晩年の内村鑑三　安芸基雄著　岩波書店　1997.3　250p　19cm　2500円　Ⓘ4-00-002970-3

◇明治期基督者の精神と現代―キリスト教系学校が創立　加藤正夫著　近代文芸社　1996.11　204p　19cm　1748円　Ⓘ4-7733-5789-4

◇日本人の生き方　童門冬二著　学陽書房　1996.6　295p　19cm　（陽(ひざし)セレクション）　1748円　Ⓘ4-313-47001-8

◇「妄言」の原形―日本人の朝鮮観　高崎宗司著　増補新版　木犀社　1996.5　329p　19cm　2700円　Ⓘ4-89618-016-X

◇現世と来世　鈴木範久著　教文館　1996.5　398p　19cm　（内村鑑三日録 1913‐1917）　3800円　Ⓘ4-7642-6328-9

◇「内村鑑三」と出会って　堀孝彦, 梶原寿編　勁草書房　1996.3　244p　19cm　3000円　Ⓘ4-326-15318-0

◇人物による水産教育の歩み―内村鑑三・寺田寅彦・田内森三郎・山本祥吉・天野慶之　影山昇著　成山堂書店　1996.3　267p　21cm　2718円　Ⓘ4-425-82591-8

◇内村鑑三と留岡幸助　恒益俊雄著　近代文芸社　1995.12　133p　19cm　1262円　Ⓘ4-7733-4813-5

◇内村鑑三の継承者たち―無教会信徒の歩み　稲場満, 山下幸夫編　教文館　1995.12　293p　19cm　2500円　Ⓘ4-7642-6528-1

◇峻烈なる洞察と寛容―内村鑑三をめぐって　武田清子著　教文館　1995.9　161p　19cm　1500円　Ⓘ4-7642-6321-1

◇木を植えよ　鈴木範久著　教文館　1995.7　392p　19cm　（内村鑑三日録 8 1908～1912）　3500円　Ⓘ4-7642-6319-X

◇多様化する「知」の探究者　朝日新聞社　1995.5　438p　19cm　（21世紀の千人 第4巻）　2816円　Ⓘ4-02-258603-6

◇内村鑑三日録 7 1903～1907 平和の道　鈴木範久著　教文館　1995.4　453p　19cm　3300円　Ⓘ4-7642-6315-7

◇日本の伝統思想とキリスト教―その接点における人間形成論　岡田典夫著　教文館　1995.3　294p　19cm　3000円　Ⓘ4-7642-6313-0

宗教

◇内村鑑三日録1900～1902 天職に生きる 鈴木範久著 教文館 1994.9 393p 19cm 3090円 ①4-7642-6306-8

◇ジャーナリスト時代 鈴木範久著 教文館 1994.5 379p 19cm （内村鑑三日録 1897—1900） 3090円 ①4-7642-6304-1

◇内村鑑三・我が生涯と文学 正宗白鳥著 講談社 1994.2 312p 15cm （講談社文芸文庫） 980円 ①4-06-196261-2

◇漱石と鑑三—「自然」と「天然」 赤木善光著 教文館 1993.11 307p 19cm 3090円 ①4-7642-6524-9

◇内村鑑三日録 1892～1896—後世へ残すもの 鈴木範久著 教文館 1993.9 289p 19cm 2575円 ①4-7642-6295-9

◇日本の覚醒—内村鑑三によって 新保祐司, 富岡幸一郎著 リブロポート 1993.7 156p 19cm 1700円 ①4-8457-0844-2

◇内村鑑三全集感想 山口周三編著 〔横浜〕 〔山口周三〕 1993.2 204p 22cm

◇一高不敬事件 上 鈴木範久著 教文館 1993.1 271p 19cm （内村鑑三日録 1888—1891） 2369円 ①4-7642-6288-6

◇一高不敬事件 下 鈴木範久著 教文館 1993.1 199p 19cm （内村鑑三日録 1888—1891） 2060円 ①4-7642-6289-4

◇内村鑑三の生涯—近代日本とキリスト教の光源を見つめて 小原信著 PHP研究所 1992.2 541p 19cm 3000円 ①4-569-53467-8

◇日本人の自伝 佐伯彰一著 講談社 1991.8 285p 15cm （講談社学術文庫） 760円 ①4-06-158984-9

◇現代に生きる内村鑑三 内田芳明著 岩波書店 1991.6 283p 19cm 3200円 ①4-00-000617-7

◇内村鑑三に学ぶ 石川富士夫著 日本基督教団出版局 1991.6 279p 19cm 2100円 ①4-8184-0078-5

◇内村鑑三と不敬事件史 大河原礼三編著 大河原礼三 1991.2 203p 19cm 1236円 ①4-8332-0007-4

◇正統と異端のあいだ—内村鑑三の劇的なる生涯 武田友寿著 教文館 1991.1 366p 19cm 3000円 ①4-7642-6270-3

◇内村鑑三選集 別巻 内村鑑三を語る 鈴木範久編 岩波書店 1990.12 279p 19cm 3000円 ①4-00-091589-4

◇いかにして「信」を得るか—内村鑑三と清沢満之 加藤智見著 （京都）法藏館 1990.9 278p 19cm （法藏選書 51） 2600円 ①4-8318-1051-7

◇内村鑑三 新保祐司著 構想社 1990.5 274p 19cm 1500円 ①4-87574-048-4

◇内村鑑三選集 1 天職と一生 内村鑑三著 岩波書店 1990.5 299p 19cm 2400円 ①4-00-091581-9

◇内村鑑三と寺田寅彦—海に生きたふたり 影山昇著 くもん出版 1990.4 245p 19cm （くもん選書） 1400円 ①4-87576-528-2

◇内村鑑三研究—その新・旧約聖書注解に関する疑問 岩谷元輝著 吹田 泉屋書店 1989.1 462p 27cm 10000円

◇「代表的日本人」を読む 鈴木範久著 大明堂 1988.12 354p 22cm 5400円 ①4-470-20030-1

◇近代思想史における内村鑑三—政治・民族・無教会論 渋谷浩著 新地書房 1988.7 408p 20cm 3000円

◇内村鑑三—偉大なる罪人の生涯 富岡幸一郎著 リブロポート 1988.7 299,3p 19cm （シリーズ 民間日本学者 15） 1400円 ①4-8457-0347-5

◇近代群馬の思想群像 高崎経済大学附属産業研究所編 貝出版企画,ブレーン出版〔発売〕 1988.3 342p 21cm 2800円 ①4-89242-122-7

◇ルターと内村鑑三 高橋三郎共著,日永康共著 教文館 1987.5 198pp 19cm

1700円
◇近代作家追悼文集成　第14巻　内田魯庵・内村鑑三　ゆまに書房　1987.4　240p　22cm　3600円
◇内村鑑三とラアトブルフ—比較文化論へ向かって　野田良之著　みすず書房　1986.12　265p　20cm　2200円　①4-622-00368-6
◇社会を教育する　三谷太一郎編　講談社　1986.5　312p 19cm　（言論は日本を動かす　第5巻）　1800円　①4-06-188945-1
◇恩師言—内村鑑三言行録・ひとりの弟子による　斎藤宗次郎著　教文館,日本キリスト教書販売〔発売〕　1986.4　584,12p 19cm　4800円
◇内村鑑三伝—米国留学まで　鈴木俊郎著　岩波書店　1986.1　776p　22cm　9800円　①4-00-000164-7
◇晩年の父内村鑑三　内村美代子著　教文館　1985.1　277p 19cm　2000円
◇天心・鑑三・荷風　桶谷秀昭著　小沢書店　1984.12　293p 20cm　（小沢コレクション　3）　1600円
◇内村鑑三　鈴木範久著　岩波書店　1984.12　207,5p 18cm　（岩波新書）　430円
◇内村鑑三談話　内村鑑三著,鈴木範久編　岩波書店　1984.12　342p 19cm　2200円　①4-00-000163-9
◇内村鑑三とその精神—郷土のしおり　清水要次著　吉井町（群馬県）　郷土誌刊行会　1984.6　286p 19cm　1300円　①4-87392-008-6
◇内村鑑三—その教育哲学的考察　木戸三子著　新人物往来社　1984.3　223p 19cm　1800円
◇内村鑑三全集　39　書簡　4　田村光三,鈴木範久編集　岩波書店　1983.12　554p　22cm　4800円
◇内村鑑三全集　38　書簡　3　田村光三編集　岩波書店　1983.11　540p　22cm　4600円

◇内村鑑三全集　37　書簡　2　鈴木範久編集　岩波書店　1983.10　535p　22cm　4600円
◇内村鑑三全集　35　日記　3　鈴木俊郎ほか編集　岩波書店　1983.9　580p　22cm　4700円
◇内村鑑三全集　36　書簡　1　渋谷浩編集　岩波書店　1983.8　578p　22cm　4700円
◇思想の群馬—風外慧薫・関孝和・内村鑑三　竹内尚次ほか著,高崎哲学堂設立の会編　高崎　あさを社　1983.7　126p　19cm　800円
◇内村鑑三全集　34　日記　2　鈴木俊郎ほか編集　岩波書店　1983.7　523p　22cm　4500円
◇内村鑑三研究—その新約聖書注解に関する疑問　岩谷元輝著　明石　塩尻公明会　1983.5　416p　22cm　4500円
◇内村鑑三全集　33　日記　1　鈴木俊郎ほか編集　岩波書店　1983.5　466p　22cm　4300円
◇英文雑誌による内村鑑三の思想と信仰　内村鑑三著,石原兵永訳　新地書房　1983.3　xii,248p　19cm　1600円
◇内村鑑三・青春の原像　武田友寿著　日本YMCA同盟出版部　1982.10　303p　20cm　1800円
◇忘れ得ぬ人々—内村鑑三をめぐって　石原兵永著　キリスト教図書出版社　1982.7　368p　19cm　2300円
◇クラークと内村鑑三の教育　山枡雅信著　日新出版　1981.10　173p　19cm　1600円　①4-8173-0113-9
◇日本人の自伝　3　内村鑑三.新島襄.木下尚江　平凡社　1981.5　388p　20cm　2800円
◇内村鑑三とひとりの弟子—斉藤宗次郎あての書簡による　山本泰次郎著　教文館　1981.4　460p　20cm　3800円

宗教

◇内村鑑三と矢内原忠雄　中村勝己著　リブロポート　1981.1　406p　20cm　2200円

◇内村鑑三をめぐる作家たち　鈴木範久著　町田　玉川大学出版部　1980.12　182p　19cm　（玉川選書　135）　950円

◇内村鑑三　五十周年記念講演集　石原兵永編　新地書房　1980.11　148p　19cm　900円

◇千曲川　小山敬吾著　創史社　1980.10　285p　20cm　1200円

◇内村鑑三不敬事件　小沢三郎著　新教出版社　1980.8　276,8p　19cm　（日本キリスト教史双書）　1500円

◇評伝・内村鑑三　鳥井足著　高崎あさを社　1979.3　335p　19cm　1500円

◇内村鑑三と無教会―宗教社会学的研究　カルロ・カルダローラ著，田村光三ほか共訳　新教出版社　1978.4　370p　19cm　2200円

◇私の内村鑑三論　由木康著　教文館　1978.1　225p　18cm　1200円

◇内村鑑三伝　政池仁著　再増補改訂新版　教文館　1977.10　676,20p　図　肖像　20cm　3500円

◇内村鑑三―その世界主義と日本主義をめぐって　太田雄三著　研究社出版　1977.8　570p　肖像　22cm　6500円

◇内村鑑三―明治精神の道標　亀井俊介著　中央公論社　1977.1　223p　18cm　（中公新書）　380円

◇恩寵の生涯―新編　坂田祐著，酒枝義旗編　待晨堂　1976　586p　図　19cm　2500円

◇天心・鑑三・荷風　桶谷秀昭著　小沢書店　1976　291p　20cm　1500円

◇評伝内村鑑三　小原信著　中央公論社　1976　400p　肖像　20cm　（中公叢書）　1300円

◇大西祝と内村鑑三―知と信の人間像　陶山務著　笠間書院　1975　256p　18cm　（笠間選書　25）　1000円

◇内村鑑三とその時代―志賀重昂との比較　鈴木範久著　日本基督教団出版局　1975　269p　肖像　19cm　1500円

◇診断・日本人　宮本忠雄編　日本評論社　1974　319p　20cm　1300円

◇黒崎幸吉著作集　第5巻　内村鑑三記念，自伝的文章　新教出版社　1973　458p　図　肖像　20cm　1600円

◇石原兵永著作集　5　身近に接した内村鑑三　中　山本書店　1972　336p　図　肖像　20cm　960円

◇石原兵永著作集　6　身近に接した内村鑑三　下　山本書店　1972　314p　肖像　20cm　960円

◇余はいかにしてキリスト信徒となりしか　内村鑑三著，鈴木範久訳・確説　白鳳社　1972　378p　図　肖像　20cm　（白鳳社名著選）　750円

◇歴史を担うもの―内村精神の展開　高橋三郎著　キリスト教夜間講座出版部　1972　477p　19cm　1280円

◇石原兵永著作集　4　身近に接した内村鑑三　上　山本書店　1971　286p　肖像　20cm　960円

◇内村鑑三―真理の証人　中沢洽樹著　キリスト教夜間講座出版部　1971　275p　図　19cm　780円

◇反逆と祈り―内村鑑三の青年時代　秋永芳郎著　読売新聞社　1970　310p　20cm　550円

◇内村鑑三とともに　矢内原忠雄著　東京大学出版会　1969　2冊　19cm　（UP選書）　各400円

◇現代に生きる内村鑑三　教文館編　教文館　1966

◇内村鑑三―信仰・生涯・友情　山本泰次郎著　東海大学出版会　1966

◇世界の人間像　第16　ザメンホフの生涯〔ほか〕　角川書店編集部編　エドモン・プリヴァー著，梅棹忠夫，藤本達生訳　角川書店　1965　405p　図版　19cm

宗教

◇内村鑑三日記書簡全集　第3巻　日記　内村鑑三著　教文館　1965　395p　図版　19cm

◇内村鑑三日記書簡全集　第4巻　日記〔ほか〕　内村鑑三著　教文館　1965　433p　図版　19cm

◇内村鑑三日記書簡全集　第7巻　書簡　内村鑑三著　教文館　1965　287p　図版　19cm

◇内村鑑三日記書簡全集　第8巻　書簡　内村鑑三著　教文館　1965　361p　図版　19cm

◇日本の代表的キリスト者 3—内村鑑三・新渡戸稲造　砂川万里著　東海大学出版会　1965

◇20世紀を動かした人々　第5　真理の旅人〔ほか〕　山室静編　講談社　1964　402p　図版　19cm

◇ある日の内村鑑三先生　斎藤宗次郎著　教文館　1964

◇水産界の先駆 伊藤一隆と内村鑑三　大島正満著　北水協会　1964　322p　図版　19cm

◇内村鑑三日記書簡全集　第1巻　日記　内村鑑三著　教文館　1964　348p　図版　19cm

◇内村鑑三日記書簡全集　第2巻　日記　内村鑑三著　教文館　1964　399p　図版　19cm

◇内村鑑三日記書簡全集　第5巻　書簡　内村鑑三著　教文館　1964　344p　図版　19cm

◇内村鑑三日記書簡全集　第6巻　書簡　内村鑑三著　教文館　1964　373p　図版　19cm

◇現代日本思想大系　5　筑摩書房　1963

◇日本におけるキリスト教と社会問題　住谷悦治編　みすず書房　1963

◇日本の思想家　第2　大井憲太郎　朝日新聞社朝日ジャーナル編集部編　朝日新聞社　1963　400p　19cm

◇内村鑑三　土肥昭夫著　日本基督教団出版部　1962　（人と思想シリーズ）

◇内村鑑三とともに—内村鑑三記念講演集　矢内原忠雄著　東大出版会　1962

◇内村鑑三と現代　鈴木俊郎著　岩波書店　1961

◇内村鑑三先生と私　塚本虎二著　伊藤節書房　1961

◇内村鑑三不敬事件　小沢三郎著　新教出版社　1961

◇日本のアウトサイダー　河上徹太郎著　中央公論社　1961　229p　18cm　（中央公論文庫）

◇日本人物史大系　第5巻　近代　第1　小西四郎編　朝倉書店　1960　340p　22cm

◇近代日本の良心　荒正人編　光書房　1959　244p　20cm

◇日本のアウトサイダー　河上徹太郎著　中央公論社　1959　256p　図版　20cm

◇講座現代倫理 8　内村鑑三　佐古純一郎著　筑摩書房　1958

◇若き内村鑑三論—職業と結婚をめぐって　中沢治樹著　待晨堂書店　1958

◇花巻非戦論事件における内村鑑三先生の教訓　斎藤宗次郎著　クリスチャン・ホーム社　1957

◇上毛文学散歩　庭山政次, 萩原進共編　改訂版2版　前橋　煥乎堂　1957　186p　19cm

◇内村鑑三　山本泰次郎著　角川書店　1957　（角川新書）

◇回想の内村鑑三　鈴木俊郎著　岩波書店　1956　364p　図版　19cm

◇明治文化史 4 思想言論編　鑑三の非戦論と尚江の社会主義の行衛　高坂正顕著　洋々社　1955

◇余は如何にして基督信徒となりし乎　内村鑑三著, 山本泰次郎, 内村美代子訳　角川書店　1955　（角川文庫　新訳）

宗教

◇近代日本の思想家　向坂逸郎編　和光社　1954　284p　19cm
◇現代宗教講座1　創文社　1954
◇日本の思想家　奈良本辰也編　毎日新聞社　1954
◇内村鑑三　森有正著　弘文堂　1953（アテネ文庫）
◇内村鑑三著作集　第1巻　自伝的文章　内村鑑三著　2刷　岩波書店　1953-55　19cm
◇内村鑑三著作集　第18-21巻　書簡・日記　内村鑑三著　2刷　岩波書店　1953-55　19cm
◇内村鑑三伝　政池仁著　静岡　三一書店　1953　391p　図版　19cm
◇現代文学総説3　学灯社　1952
◇内村鑑三　福田清人著　世界社　1952
◇わが師を語る—近代日本文化の一側面　社会思想研究会編　社会思想研究会出版部　1951　331p　19cm
◇宮部博士あての書簡による　内村鑑三　内村鑑三著, 山本泰次郎訳編　東海大学出版部　1950　560p　図版　19cm

◇求安録—内村鑑三の人と著作　ダイジェスト・シリーズ刊行会編　ジープ社　1950　144p　19cm（ダイジェスト・シリーズ）
◇近代精神とその限界—内村鑑三の思想史的考察　家永三郎著　角川書店　1950
◇三人の先覚者—民族の独立　亀井勝一郎著　要書房　1950　195p　19cm（要選書）
◇内村鑑三—明治文化史の一断面　岡邦雄著　詩論社　1950
◇若き内村鑑三　阿部行蔵著　中央公論社　1949
◇内村鑑三　正宗白鳥著　細川書店　1949（細川新書）
◇内村鑑三　鈴木俊郎編　淡路書房　1949
◇内村鑑三—ベルにおくった自叙伝的書翰　内村鑑三著, 山本泰次郎訳補　新教出版社　1949　550p　図版　19cm
◇内村鑑三と新渡戸稲造　矢内原忠雄著　日産書房　1948
◇予言者としての内村鑑三　太田十三男著　大翠書院　1948

教 育

学 制

　明治5年に公布された、わが国の近代学校制度に関する最初の基本法令。同時に太政官布告で国民皆学の原則と実学の理念などを明示した。全国を8大学区に分け、その下に中・小学区をおいて、各学区に学校を設立する計画で、小学校は国民全てが就学すべきものとし、満6歳入学で上下2等各4年、中学校は14歳入学で上下2等各3年とし、これに大学・師範学校・専門学校を加えた学校体系を示した。しかし、学制は社会の実状との間に大きな隔たりがあり規定通りに実施されず、12年に廃されて教育令が公布された。

◇教科書でみる近現代日本の教育　海後宗臣,仲新,寺崎昌男著　第二版　東京書籍　1999.5　301p　19cm　1800円　Ⓘ4-487-79442-0
◇明治国家の教育思想　本山幸彦著　京都　京都思文閣出版　1998.7　376,17p　21cm　8000円　Ⓘ4-7842-0973-5
◇文明開化—明治時代前期　ぎょうせい　1998.4　189p　26cm　(おもしろ日本史まんがパノラマ歴史館 11)　2000円　Ⓘ4-324-05141-0
◇良妻賢母主義の教育　深谷昌志著　名古屋　名古屋黎明書房　1998.3　313,11p　21cm　(教育名著選集 2)　6000円　Ⓘ4-654-00012-7
◇詩人杉浦梅潭とその時代　国文学研究資料館編　京都　京都臨川書店　1998.2　271p　19cm　(古典講演シリーズ 2)　2800円　Ⓘ4-653-03485-0
◇大阪府の教育史　梅渓昇編著　京都　京都思文閣出版　1998.2　405,43p　19cm　(都道府県教育史シリーズ)　2800円　Ⓘ4-7842-0955-7
◇近代教育草創期の中国語教育　朱全安著　白帝社　1997.10　197p　21cm　4800円　Ⓘ4-89174-321-2
◇日本の大学　大久保利謙著　町田　町田玉川大学出版部　1997.6　358p　19cm　4400円　Ⓘ4-472-09911-X
◇近代日本カリキュラム政策史研究　水原克敏著　風間書房　1997.3　868,18p　21cm　24000円　Ⓘ4-7599-1018-2
◇「資料」わが国の教育行政—その推移と背景　笹森健編　酒井書店　1996.10　128p　21cm　1900円　Ⓘ4-7822-0270-9
◇日本民衆教育史　石島庸男,梅村佳代編　松戸　松戸梓出版社　1996.4　347,5p　21cm　2900円　Ⓘ4-87262-603-6
◇幕末維新期における「学校」の組織化　幕末維新学校研究会編　多賀出版　1996.2　647p　21cm　11500円　Ⓘ4-8115-4011-5
◇明治期学校体育の研究—学校体操の確立過程　能勢修一著　不昧堂出版　1995.2　405p　21cm　6311円　Ⓘ4-8293-0301-8
◇謎の兵隊—天皇制下の教師と兵役　藤野幸平著　総和社　1994.12　245p　19cm　1748円　Ⓘ4-915486-50-8
◇新版　人権教育思想論—民衆の視座からの解放史と全同教運動に学ぶ　門田秀夫著　明石書店　1994.4　343p　19cm　2500円　Ⓘ4-7503-0586-3
◇兵庫県の教育史　鈴木正幸,布川清司,藤井讓治共著　京都　京都思文閣出版　1994.2　313,14p　19cm　(都道府県教育史シリーズ)　2800円　Ⓘ4-7842-0813-5

◇特別教育の系譜　小川克正著　近代文芸社　1993.2　199p　19cm　1456円　Ⓘ4-7733-1815-5

◇政治諸事ことはじめ　加藤敏著　ぎょうせい　1992.11　370p　21cm　3204円　Ⓘ4-324-03264-5

◇近代日本の海外留学史　石附実著　中央公論社　1992.6　500p　15cm　(中公文庫)　854円　Ⓘ4-12-201912-5

◇必携 学校小六法 '93年度版　森隆夫編　協同出版　1992.4　547p　21cm　1553円　Ⓘ4-319-68410-9

◇近代日本中学校制度の確立—法制・教育機能・支持基盤の形成　米田俊彦著　東京大学出版会　1992.1　275p　21cm　6500円　Ⓘ4-13-056092-1

◇山の民の民俗と文化—飛騨を中心にみた山国の変貌　芳賀登編　雄山閣出版　1991.10　527p　21cm　8544円　Ⓘ4-639-01058-5

◇学制論考　井上久雄著　増補版　風間書房　1991.9　702p　21cm　12000円　Ⓘ4-7599-0794-7

◇幕末・明治初期数学者群像　下　明治初期編　小松醇郎著　京都　京都吉岡書店　1991.7　443p　19cm　2800円　Ⓘ4-8427-0237-0

◇必携 学校小六法 '92年度版　森隆夫編　協同出版　1991.4　545p　21cm　1553円　Ⓘ4-319-67410-3

◇日本近代思想大系　6　教育の体系　山住正己校注　岩波書店　1990.1　518p　21cm　4757円　Ⓘ4-00-230006-4

◇良妻賢母主義の教育　深谷昌志著　増補版,新装版　名古屋　名古屋黎明書房　1990.1　313,11p　21cm　4000円　Ⓘ4-654-01506-X

◇教育課程編成の基礎研究　天野正輝著　文化書房博文社　1989.9　245p　21cm　2233円　Ⓘ4-8301-0531-3

◇日本中等教育改革史研究序説—実学主義中等教育の摂取と展開　谷口琢男著　第一法規出版　1988.2　375p　21cm　4500円　Ⓘ4-474-04715-X

◇学校教科成立史論　伊藤信隆著　建帛社　1987.9　332p　21cm　3800円　Ⓘ4-7679-7026-1

◇近代学校成立過程の研究—明治前期東北地方に関する実証的研究　荒井武編　御茶の水書房　1986.2　1008p　21cm　15000円　Ⓘ4-275-00666-6

小学校

明治以降の初等教育機関。明治5年の学制により、身分・職業・性別を問わず全ての国民が満6歳より8年間学習する機関として創設された。19年の小学校令で法的に義務教育となり、幾度かの変更を経て33年に義務教育の4年制（尋常小学校）と無償化が定められ、40年には6年制に変更となった。また14年の小学校教則綱領以降、教育内容に対する国の標準化と統制が進められ、33年にカリキュラムの国定化が、37年に教科書の国定化が施工され、戦後の昭和21年まで維持された。

*　　*　　*

◇小学校の歴史　1　学制期小学校政策の発足過程　倉沢剛著　復刻版　ジャパン・ライブラリー・ビューロー;日本放送出版協会〔発売〕　1989.10　1103p　21cm　14563円　Ⓘ4-14-009128-2

◇小学校の歴史　2　小学校政策の模索過程と確立過程　倉沢剛著　復刻版　ジャパン・ライブラリー・ビューロー;日本放送出版協会〔発売〕　1989.10　1098p　21cm　14563円　Ⓘ4-14-009129-0

◇小学校の歴史　3　府県小学校の成立過程 前編　倉沢剛著　復刻版　ジャパンライブラリービューロー;日本放送出版協会〔発売〕　1989.10　1146p　21cm　14563円　Ⓘ4-14-009130-4

◇小学校の歴史　4　府県小学校の成立過程 後編　倉沢剛著　復刻版　ジャパンライブラリービューロー;日本放送出版協会

会〔発売〕 1989.10 1151p 21cm 14563円 ⓘ4-14-009131-2

教育令

明治12年に公布された総合的教育基本法令で、5年から翌年にかけて公布された学制に代わるもの。公布当初は自由民権運動の台頭を背景に、学区制を廃止し小学校の設立経営を町村の自由裁量とするなど自由主義的なものだったが、翌年の改正では地方官の監督権限を強化するなど中央集権化が図られた。しかし松方財政による農村不況が深刻化し、18年の改正で現状に即した公教育水準の維持を目指したが、翌年の学校令の制定に伴い廃止された。

* * *

◇明治国家の教育思想 本山幸彦著 京都 京都思文閣出版 1998.7 376,17p 21cm 8000円 ⓘ4-7842-0973-5
◇大阪府の教育史 梅渓昇編著 京都 京都思文閣出版 1998.2 405,43p 19cm (都道府県教育史シリーズ) 2800円 ⓘ4-7842-0955-7
◇近代日本教育の構造 田甫桂三著 学文社 1997.2 542p 21cm 10680円 ⓘ4-7620-0696-3
◇「資料」わが国の教育行政―その推移と背景 笹森健編 酒井書店 1996.10 128p 21cm 1900円 ⓘ4-7822-0270-9
◇必携 学校小六法 '93年度版 森隆夫編 協同出版 1992.4 547p 21cm 1553円 ⓘ4-319-68410-9
◇必携 学校小六法 '92年度版 森隆夫編 協同出版 1991.4 545p 21cm 1553円 ⓘ4-319-67410-3
◇教育課程編成の基礎研究 天野正輝著 文化書房博文社 1989.9 245p 21cm 2233円 ⓘ4-8301-0531-3
◇日本中等教育改革史研究序説―実学主義中等教育の摂取と展開 谷口琢男著 第一法規出版 1988.2 375p 21cm 4500円 ⓘ4-474-04715-X

森 有礼

弘化4(1847).7.13～明治22(1889).2.12
明治時代の政治家。薩摩藩出身で英米に留学。外交官として在外勤務を歴任する一方、明六社を設立して「明六雑誌」を創刊した。明治18年に第一次伊藤内閣の文部大臣に就任。学校令を公布し、教育制度の整備に尽力した。しかし西洋風の教育制度確立に寄与したため欧化主義者と見なされて一部国粋主義者から敵視されることになり、22年憲法発布の当日に式典に参列するため官邸玄関を出たところで急進的神道家に刺され翌日死亡した。

* * *

◇日本史の現場検証 2 明治・大正編 合田一道著 扶桑社 1999.11 261p 19cm 1429円 ⓘ4-594-02790-3
◇明治・大正・昭和歴史資料全集―暗殺篇 平野晨編、前坂俊之監修 大空社 1999.1 556p 21cm (近代犯罪資料叢書 8) 17000円 ⓘ4-283-00033-7
◇伊勢の宮人 中西正幸著 国書刊行会 1998.3 657p 19cm 5000円 ⓘ4-336-04064-8
◇謎の参議暗殺―明治暗殺秘史 三好徹著 実業之日本社 1996.8 276p 19cm 1553円 ⓘ4-408-53289-4
◇歴史をひらく愛と結婚 福岡女性学研究会編 ドメス出版 1991.12 236p 19cm 2266円 ⓘ4-8107-0330-7
◇森先生伝―伝記・森有礼 木村匡著 大空社 1987.9 300,5,5p 22cm (伝記叢書 9) 7000円
◇異文化遍歴者森有礼 木村力雄著 福村出版 1986.12 243,11p 20cm (異文化接触と日本の教育 2) 1800円
◇森有礼 犬塚孝明著 吉川弘文館 1986.7 334p 19cm (人物叢書 新装版) 1800円 ⓘ4-642-05078-7

◇森有礼　悲劇への序章　林竹二著　筑摩書房　1986.3　253p 19cm （林竹二著作集　2）　1600円　④4-480-38902-4

◇若き森有礼―東と西の狭間で　犬塚孝明著　鹿児島　KTS鹿児島テレビ　1983.10　421p 19cm　2000円　④4-7952-2901-5

◇森有礼の思想　坂元盛秋著　時事通信社　1969　268p 図版　19cm　800円

◇森有礼　原田実著　牧書店　1966　210p 図版　18cm　（世界思想家全書）

◇近代日本の教育を育てた人びと　上　教育者としての福沢諭吉〔ほか〕　東洋館出版社編集部編　源了円　東洋館出版社　1965　19cm　（教育の時代叢書）

◇日本の思想家　第1　朝日新聞社朝日ジャーナル編集部編　朝日新聞社　1962　333p 19cm

◇日本人物史大系　第5巻　近代　第1　小西四郎編　朝倉書店　1960　340p 22cm

◇人間観の相剋―近代日本の思想とキリスト教　森有礼における教育人間像　武田清子著　弘文堂　1959

◇石川謙博士還暦記念論文集教育の史的展開　森有礼の教育政策　土屋忠雄著　講談社　1952

◇自由を護った人々　大川三郎著　新文社　1947　314p　18cm

学校令

明治19年に公布された学校制度に関する法令の総称で、帝国大学令、師範学校令、小学校令、中学校令、諸学校通則を指す。それまでは諸種の学校制度を単一の法令で規定していたが、追加・修正の度に大規模な法令改正を要する単一法令方式に替えて、ここで初めて学校種類別の単行法令方式が採用された。その後の立憲制成立（22年）、教育勅語発布（23年）などに伴う教育政策の変化を反映して次々に改正や新法公布が行われたが、学校教育法（昭和22年）の公布により諸学校令は全て廃止された。

　　　　＊　　　＊　　　＊

◇大阪府の教育史　梅渓昇編著　京都　京都思文閣出版　1998.2　405,43p　19cm　（都道府県教育史シリーズ）　2800円　④4-7842-0955-7

◇近代日本教育の構造　田甫桂三著　学文社　1997.2　542p 21cm　10680円　④4-7620-0696-3

◇「資料」わが国の教育行政―その推移と背景　笹森健編　酒井書店　1996.10　128p 21cm　1900円　④4-7822-0270-9

◇必携 学校小六法 '93年度版　森隆夫編　協同出版　1992.4　547p 21cm　1553円　④4-319-68410-9

◇必携 学校小六法 '92年度版　森隆夫編　協同出版　1991.4　545p 21cm　1553円　④4-319-67410-3

◇日本中等教育改革史研究序説―実学主義中等教育の摂取と展開　谷口琢男著　第一法規出版　1988.2　375p 21cm　4500円　④4-474-04715-X

教育勅語

明治23年に発布された、教育の指導原理を示す明治天皇の勅語。公式文書では「教育ニ関スル勅語」という。教育の淵源を皇祖皇宗の遺訓に求め、天皇制の強化を図った。各学校に謄本が下付され、校長による奏読が行われた。敗戦まで教育の基本理念とされ、日本国憲法・教育基本法公布後の昭和21年、衆議院で排除、参議院で失効確認の決議が行われた。

◇近代日本の愛国思想教育 上巻 坂口茂著 松戸 松戸ストーク;星雲社〔発売〕 1999.10 841p 21cm 4300円 ①4-7952-2081-6

◇100問100答 日本の歴史 5 近代 歴史教育者協議会編 河出書房新社 1999.7 271p 19cm 2600円 ①4-309-22350-8

◇老学者、世に語る―平成の語り部 林繁男著 文芸社 1999.7 107p 19cm 1000円 ①4-88737-575-1

◇仏教と儒教―どう違うか50のQ&A ひろさちや著 新潮社 1999.6 213p 19cm（新潮選書）1100円 ①4-10-600567-0

◇颯爽たる女たち―明治生まれ‐ことばで綴る100年の歴史 遠藤織枝,小林美枝子,高崎みどり著 梨の木舎 1999.6 237p 21cm（教科書に書かれなかった戦争・らいぶ）1800円 ①4-8166-9905-8

◇「昭和」という国家 司馬遼太郎著 日本放送出版協会 1999.3 315p 19cm（NHKブックス）1160円 ①4-14-001856-9

◇「帝国の知」の喪失―戦後日本・再考 東アジアの現地から 鈴木満男著 展転社 1999.2 382p 19cm 2500円 ①4-88656-154-3

◇明治国家の建設―1871～1890 坂本多加雄著 中央公論社 1999.1 402p 19cm（日本の近代 2）2400円 ①4-12-490102-X

◇北一輝―ある純正社会主義者 粂康弘著 三一書房 1998.9 212p 21cm 2800円 ①4-380-98305-6

◇今こそ日本人が見直すべき教育勅語―戦後日本人は、なぜ"道義"を忘れたのか 濤川栄太著 ごま書房 1998.6 234p 19cm 1600円 ①4-341-17169-0

◇家永三郎集 第3巻 道徳思想論 家永三郎著 岩波書店 1998.1 326p 19cm 4600円 ①4-00-092123-1

◇明治キリスト教の一断面―宣教師シュピンナーの『滞日日記』 H.E.ハーマー編,岩波哲男,岡本不二夫訳 教文館 1998.1 384,16p 19cm 3800円 ①4-7642-6618-0

◇教育勅語の社会史―ナショナリズムの創出と挫折 副田義也著 有信堂高文社 1997.10 369p 22cm 5700円 ①4-8420-6550-8

◇教育勅語国際関係史の研究―官定翻訳教育勅語を中心として 平田諭治著 風間書房 1997.3 522p 22cm 19570円 ①4-7599-1030-1

◇続・現代史資料 10 教育 3 御真影と教育勅語 佐藤秀夫編 みすず書房 1996.10 478p 22cm 10300円 ①4-622-02660-0

◇続・現代史資料 9 教育 2 御真影と教育勅語 佐藤秀夫編 みすず書房 1996.1 497p 22cm 10300円 ①4-622-02659-7

◇続・現代史資料 8 教育 1 御真影と教育勅語 佐藤秀夫編 みすず書房 1994.12 484p 22cm 10300円 ①4-622-02658-9

◇20世紀フォトドキュメント 第4巻 教育―明治―平成 影山昇責任編集 ぎょうせい 1991.10 159p 27cm 3200円 ①4-324-02695-5

◇教育勅語関係資料 第15集 日本大学精神文化研究所編 日本大学精神文化研究所 1991.1 453p 22cm 非売品

◇教育勅語と学校教育―思想統制に果した役割 高嶋伸欣〔著〕 岩波書店 1990.11 62p 21cm（岩波ブックレット no.174）340円 ①4-00-003114-7

◇教育勅語への道―教育の政治史 森川輝紀著 三元社 1990.5 188p 19cm 1700円 ①4-88303-001-6

◇教育勅語の時代 加藤地三著 三修社 1987.12 181p 22cm 2800円 ①4-384-00517-2

◇父母ニ孝ニ兄弟ニ友ニ―教育勅語ほか エヌシービー出版編集部編 エヌシービ

◇一出版　1982.10　135p　22cm　1500円　④4-900412-01-5

◇「教育勅語」浸透過程における政治と教育―明治25年選挙干渉事件の教育的意義　新藤東洋男著　〔福岡〕　福岡県歴史教育者協議会　〔1970〕　16p 付録16枚　26cm

国定教科書制度

文部省が執筆編集した教科書の使用を全国の学校に一律に強制する制度。明治19年から小・中・師範学校で教科書検定制度が採用されていたが、35年に教科書疑獄事件(出版社と採択委員の間での贈収賄事件)が発生し、これを契機に36年に小学校教科書に国定制度が導入された。翌年から修身、国語、地理、歴史の四教科で使用され始めたが、政府が意のままに教育内容に介入でき、歴史的事件・人物も政府の当面する課題に従って書き改められた。昭和18年には中学校教科書も国定化された。昭和22年、学校教育法公布により廃止された。

　　＊　　　＊　　　＊

◇児童戦争読み物の近代　長谷川潮著　久山社　1999.3　108p　21cm　（日本児童文化史叢書 21）　1553円　④4-906563-81-3

◇わが国における歴史教授法の変遷　尾崎実著　教育出版　1997.12　154p　21cm　2200円　④4-316-36810-9

◇教科書国定化問題論纂　大空社　1996.3　351,10p　21cm　（日本教育史基本文献・史料叢書）　10680円　④4-87236-633-6

◇教育―御真影と教育勅語　1　佐藤秀夫編　みすず書房　1994.12　484p　21cm　（続・現代史資料 8）　10000円　④4-622-02658-9

◇少国民ノート　第3　山中恒著　取手　取手辺境社;勁草書房〔発売〕　1993.11　328p　19cm　2330円　④4-326-95022-6

◇本を読む・教科書を読む　山住正己著　労働旬報社　1992.8　207p　19cm　1748円　④4-8451-0259-5

◇教科書の社会史―明治維新から敗戦まで　中村紀久二著　岩波書店　1992.6　244p　18cm　（岩波新書 233）　563円　④4-00-430233-1

◇国定高等小学読本　複刻版　大空社　1991.5　40冊(セット)　21cm　97087円　④4-87236-169-5

◇教科書でつづる近代日本教育制度史　平田宗史著　京都　京都北大路書房　1991.3　269p　21cm　2427円　④4-7628-0139-9

◇日本子育て物語―育児の社会史　上笙一郎著　筑摩書房　1991.2　341p　21cm　3204円　④4-480-85564-5

◇唐沢富太郎著作集　第6巻　教科書の歴史　上　唐沢富太郎著　ぎょうせい　1989.9　584p　21cm　6796円　④4-324-01627-5

◇軍国美談と教科書　中内敏夫著　岩波書店　1988.8　228p　18cm　（岩波新書 35）　480円　④4-00-430035-5

◇国立国語研究所　国語辞典編集資料 3　国定読本用語総覧 3　第2期　と～ん　国立国語研究所編　三省堂　1988.5　936p　26cm　28000円　④4-385-30622-2

◇近代日本教科書史研究―明治期検定制度の成立と崩壊　梶山雅史著　京都　京都ミネルヴァ書房　1988.2　401,13p　21cm　7000円　④4-623-01812-1

◇教育勅語の時代　加藤地三著　三修社　1987.12　181p　21cm　2800円　④4-384-00517-2

◇国立国語研究所　国語辞典編集資料 2　国定読本(トクホン)用語総覧 2　第2期　あ～て　国立国語研究所編　三省堂　1987.5　882p　26cm　28000円　④4-385-30620-6

帝国大学

　旧制の国立総合大学。「国家ノ須要ニ応スル」専門教育と学術研究を進める機関とされ、学位審査権も与えられた。明治19年の帝国大学令により東京大学が帝国大学となり、30年に京都帝国大学が設立され、その後の東北、九州、北海道、京城、台北、大阪、名古屋を含め計9校が設置された。昭和22年の学校教育法で帝国大学令の廃止が決まり、新制国立大学に改編された。

＊　　＊　　＊

◇エレクトロニクス発展のあゆみ―黎明期の東北帝国大学工学部電気工学科　エレクトロニクス発展のあゆみ調査会編　東海大学出版会　1998.1　476p　21cm　5000円　①4-486-03113-X
◇京都帝国大学の挑戦　潮木守一著　講談社　1997.9　288p　15cm　（講談社学術文庫）　820円　①4-06-159296-3
◇日本の大学　大久保利謙著　町田　町田玉川大学出版部　1997.6　358p　19cm　4400円　①4-472-09911-X
◇写真集　名古屋大学の歴史 1871～1991　名古屋大学史編集委員会編　名古屋　名古屋名古屋大学出版会　1991.12　255p　30cm　4854円　①4-8158-0172-X
◇御雇教師ハウスクネヒトの研究　寺崎昌男，竹中暉雄，榑松かほる著　東京大学出版会　1991.3　311,12p　21cm　7200円　①4-13-056090-5
◇東西両京の大学―東京帝大と京都帝大　斬馬剣禅著　講談社　1988.11　301p　15cm　（講談社学術文庫）　700円　①4-06-158853-2
◇大久保利謙歴史著作集 4 明治維新と教育　大久保利謙著　吉川弘文館　1987.10　507,14p　21cm　6800円　①4-642-03594-X

慶應義塾

　私立学校。安政5年に福沢諭吉が江戸鉄砲洲に創設した蘭学塾を前身とする。慶応4年の芝移転を機に士族教育の家塾から庶民に開放された「独立結社の義塾」に転身、「慶應義塾」と改称し、これが日本近代私学の原形となった。明治4年三田に移転。31年の学制改革を経て幼児教育から大学教育までの画期的な一貫教育体系を確立した。大正9年大学令により慶応義塾大学となった。日本の近代化の中で文化的・社会的に大きな役割を果たし、早稲田大学とともに日本の私立大学の双璧をなす代表的私学の一つである。

＊　　＊　　＊

◇日本英学発達史の基礎研究―庄原英学校、萩藩の英学および慶応義塾を中心に　寺田芳徳著　増補版　広島　広島渓水社　1999.7　2冊（セット）　21cm　15000円　①4-87440-499-5
◇慶応義塾大学法学部政治学科百年小史―師友人物記　池井優著　慶応義塾大学出版会　1998.11　290p　21cm　2000円　①4-7664-0718-0
◇三田演説会と慶応義塾系演説会　松崎欣一著　慶応義塾大学出版　1998.4　609p　21cm　（福沢研究センター叢書）　8000円　①4-7664-0691-5
◇明治期三井と慶応義塾卒業生―中上川彦次郎と益田孝を中心に　武内成著　文真堂　1995.1　299p　21cm　4000円　①4-8309-4180-4
◇兵庫県の教育史　鈴木正幸, 布川清司, 藤井譲治共著　京都　京都思文閣出版　1994.2　313,14p　19cm　（都道府県教育史シリーズ）　2800円　①4-7842-0813-5
◇日本の『創造力』―近代・現代を開花させた470人 3 流通と情報の革命　富田仁編　日本放送出版協会　1993.2　475p　21×16cm　5631円　①4-14-009207-6
◇劇画 慶応義塾大学　貴志真典著　ロングセラーズ　1990.12　203p　21cm

971円　①4-8454-1068-0

◇三田の文人　慶応義塾大学文学部開設百年記念三田の文人展実行委員会編　丸善　1990.11　272p　21cm　2300円　①4-621-03535-5

◇手塚豊著作集　第9巻　明治法学教育史の研究　手塚豊著　慶応通信　1988.3　271,16p　21cm　4800円　①4-7664-0385-1

同志社

キリスト教系私学。明治8年に新島襄が京都に同志社英学校を設立、キリスト教精神による教育を行った。37年に専門学校令による専門学校、45年同令により大学となり、大正9年大学令による大学となった。

＊　　＊　　＊

◇排耶論の研究　同志社大学人文科学研究所編　教文館　1989.7　364p　21cm　同志社大学人文科学研究叢書　20　5631円　①4-7642-7130-3

東京専門学校

私立専門学校。明治14年の政変で下野した大隈重信が翌年南豊島郡下戸塚村に開校。政治経済学科、法律学科、理学科からなっていたが、25年に早稲田大学と改称、大正9年に大学令による大学となった。開設当初から政治的風圧が強く、これに抗して反骨・在野の精神を貫く学風を築き上げてきた。その卒業生は政治、文学、実業界、ジャーナリズムなど幅広い分野で活躍し、日本の近代史に大きな足跡を刻んでいる。慶応義塾と双壁をなす日本の私学の雄である。

＊　　＊　　＊

◇わが早稲田—大隈重信とその建学精神　木村時夫著　恒文社　1997.12　227p　19cm　2000円　①4-7704-0959-1

◇日本の『創造力』—近代・現代を開花させた470人　3　流通と情報の革命　富田仁編　日本放送出版協会　1993.2　475p　21×16cm　5631円　①4-14-009207-6

◇近代日本と早稲田大学　佐藤能丸著　早稲田大学出版部　1991.12　544p　21cm　9515円　①4-657-92215-7

◇劇画　早稲田大学　貴志真典著　ロングセラーズ　1989.10　221p　21cm　971円　①4-8454-1052-4

◇図録　大隈重信—近代日本の設計者　早稲田大学編　早稲田大学出版部　1988.10　202p　28×22cm　3000円　①4-657-88034-9

学　術

御雇外国人

　欧米文化を移入するために指導者として雇用された外国人。政治、経済、学問、芸術など、広範囲に渡り日本の近代化に貢献した。幕末期には既に幕府や薩摩藩が近代産業を興すために数人の技術者を招いていたが、維新後富国強兵・殖産興業政策をすすめる過程で本格化した。明治8年頃には政府雇用者だけで520人を数え、その後政府雇用者が減少する一方で民間の雇用が増え、25年に570人に達した。ベルツ(内科医、ドイツ)、ナウマン(地質学者、ドイツ)、ミルン(地震学者、イギリス)モース(動物学者、アメリカ)らが有名である。

◇日本の歴史―明治維新から現代 3 産業・経済と環境の歴史　坂井俊樹監修, 灰崎武浩文　ポプラ社　1999.4　48p　30cm　2800円　Ⓘ4-591-05979-0

◇お雇い外国人展―展示資料図録抜き刷り　東京大学附属図書館展示委員会編　東京大学附属図書館　1997.10　14p　26cm

◇お雇い米国人科学教師　渡辺正雄著　増訂　北泉社　1996.12　535p　22cm　8600円　Ⓘ4-938424-70-3

◇トルコと日本の近代化―外国人の役割　メテ・トゥンジョク著　サイマル出版会　1996.12　238p　19cm　1957円　Ⓘ4-377-11099-3

◇勝海舟の嫁　クララの明治日記　下　クララ・A.N.ホイットニー著, 一又民子, 高野フミ, 岩原明子, 小林ひろみ訳　中央公論社　1996.6　602p　15cm　(中公文庫)　1165円　Ⓘ4-12-202621-0

◇エドウィン・ダンの妻ツルとその時代　阿部三恵著　札幌　北海道新聞社　1995.9　285p　19cm　(道新選書　30)　1500円　Ⓘ4-89363-949-8

◇日本の近代化とお雇い外国人　村松貞次郎著　日立製作所　1995.9　239p　26cm

◇明治の外国武器商人―帝国海軍を増強したミュンター　長島要一著　中央公論社　1995.7　194p　18cm　(中公新書)　680円　Ⓘ4-12-101255-0

◇ベルツの生涯―近代医学導入の父　安井広著　京都　思文閣出版　1995.6　444p　22cm　12360円　Ⓘ4-7842-0876-3

◇グリフィスと日本―明治の精神を問いつづけた米国人ジャパノロジスト　山下英一著　近代文芸社　1995.4　442p　20cm　3500円　Ⓘ4-7733-3125-9

◇日本の「創造力」―近代・現代を開花させた四七〇人　第15巻　貢献した外国人たち　日本放送出版協会編　日本放送出版協会　1994.2　525p　21cm　5800円　Ⓘ4-14-009219-X

◇日本の近代化につくした御雇外国人資料展目録　国立公文書館　〔1994〕　44p　21cm

◇開化異国助っ人奮戦記　荒俣宏著　小学館　1993.12　347p　16cm　(小学館ライブラリー)　880円　Ⓘ4-09-460052-3

◇日本の近代化をになった外国人―フォンタネージ・クラークとケプロン・スコット　国立教育会館編　ぎょうせい　1992.5　115p　19cm　(教養講座シリーズ　60)　700円　Ⓘ4-324-03211-4

◇日本の近代化をになった外国人―リース・ダイアー・ボワソナード・キヨソーネ　金井円, 石山洋, 安岡昭男, 山口康助講義, 国立教育会館編　ぎょうせい　1992.3

◇183p 19cm （教養講座シリーズ 59）
930円 ⓐ4-324-02891-5
◇日本の近代化をになった外国人—シーボルト・ヘボン 片桐一男, 望月洋子著, 国立教育会館編 ぎょうせい 1991.12 160p 19cm （教養講座シリーズ 58） 800円 ⓐ4-324-02890-7
◇お雇いフランス人の研究 沢護著 千葉 敬愛大学経済文化研究所 1991.3 476p 21cm （研究叢書 第2冊）
◇開化異国助っ人奮戦記 荒俣宏著 小学館 1991.2 349p 20cm 2200円 ⓐ4-09-389311-X
◇蘭人工師エッセル日本回想録 竜翔館(三国町郷土資料館)編 〔三国町(福井県)〕三国町 1990.7 254p 27cm
◇近代化の推進者たち—留学生・お雇い外国人と明治 梅溪昇監訳 京都 思文閣出版 1990.2 429p 24cm 10094円 ⓐ4-7842-0580-2
◇日本海軍お雇い外人—幕末から日露戦争まで 篠原宏著 中央公論社 1988.9 226p 18cm （中公新書） 560円 ⓐ4-12-100893-6
◇日仏文化交流史の研究—日本の近代化とフランス 西堀昭著 増訂版 駿河台出版社 1988.5 876p 22cm 10000円 ⓐ4-411-02036-X
◇ザ・ヤトイ—お雇い外国人の総合的研究 嶋田正〔ほか〕編 京都 思文閣出版 1987.4 366pp 24cm 6300円 ⓐ4-7842-0472-5
◇お雇い外人の見た近代日本 徳力真太郎訳 講談社 1986.8 274p 15cm （講談社学術文庫） 680円 ⓐ4-06-158751-X
◇日本教育の開国—外国教師と近代日本 三好信浩著 福村出版 1986.7 303,6p 20cm 2400円
◇日仏文化交流写真集 第1集 日本の近代化とフランスの工業技術—横須賀製鉄所・横浜製鉄所・生野鉱山・富岡製糸場 西堀昭編 駿河台出版社 1986 196p 31cm 8500円 ⓐ4-411-02032-7

◇青い目の旅人たち 萩原進編 前橋 みやま文庫 1984.3 270p 19cm （みやま文庫 92）
◇開拓使外国人関係書簡目録 北海道大学附属図書館編 札幌 北海道大学附属図書館 1983.3 224p 27cm
◇お雇い外国人 札幌市教育委員会編 〔札幌〕 札幌市 1981.12 314p 19cm （さっぽろ文庫 19） 非売品
◇お雇い外国人 札幌市教育委員会文化資料室編 札幌 北海道新聞社 1981.12 314p 19cm （さっぽろ文庫 19） 980円
◇日仏文化交流史の研究—日本の近代化とフランス人 西堀昭著 駿河台出版社 1981.3 460p 図版12枚 22cm 6000円
◇明治初期歴史文献資料集 第3集 別冊 明治初期の在留外人人名録 寺岡寿一編集 寺岡書洞 1978.3 310p 26cm 5000円
◇お雇い米国人科学教師 渡辺正雄著 講談社 1976 535p 22cm 7800円
◇明治初期歴史文献資料集 第3集 明治初期の在留外人 編集:寺岡寿一 寺岡書房 1976 1冊 26cm
◇資料御雇外国人 ユネスコ東アジア文化研究センター編 小学館 1975 524p 肖像 23cm 8000円
◇お雇い外国人 第3 自然科学 上野益三 鹿島研究所出版会 1968 258p 19cm
◇お雇い外国人 第1 概説 梅溪昇 鹿島研究所出版会 1968 253,8p 19cm
◇お雇い外国人 第5 教育・宗教 重久篤太郎 鹿島研究所出版会 1968 226p 19cm
◇お雇い外国人 第6 軍事 高橋邦太郎 鹿島研究所出版会 1968 245p 19cm
◇お雇い外国人 第4 文通 山田直匡 鹿島研究所出版会 1968 212p 19cm

◇お雇い外国人　第2　産業　吉田光邦
鹿島研究所出版会　1968　213p　19cm
◇お雇い外国人―明治日本の脇役たち
梅渓昇著　日本経済新聞社　1965
239p　18cm　日経新書

北里 柴三郎

嘉永5(1852).12.20～昭和6(1931).6.13
細菌学者。東京大学医学部を卒業後、明治18年ドイツに留学しコッホに師事した。22年破傷風菌の純培養に成功、翌年フォン・ベーリングと共にジフテリア及び破傷風の抗毒素を発見し、血清療法の基礎を築いた。25年に帰国、新設された伝染病研究室(伝研)の所長となった。伝研は志賀潔や秦佐八郎を所員に擁し世界屈指の研究所とされた。大正3年に辞任し、翌年私立北里研究所を設立した。その後慶応義塾大学医学科長、日本医師会初代会長などを歴任、男爵を授けられた。

　　　　＊　　　＊　　　＊

◇テクノ時代の創造者―科学・技術
朝日新聞社　1995.8　438p　19cm
（二十世紀の千人　5）　3107円　ⓘ4-02-258604-4
◇闘う医魂―小説・北里柴三郎　篠田達明著　文藝春秋　1994.7　257p　20cm
1456円　ⓘ4-16-314870-1
◇人生の熱き指導者たち　日本テレビ放送網　1992.6　247p　19cm　（知ってるつもり?!　5）　1100円　ⓘ4-8203-9223-9
◇北里柴三郎とその一門　長木大三著
慶応通信　1989.6　285p　21cm　2987円
ⓘ4-7664-0420-3
◇北里柴三郎記念館　北里学園編　北里学園　1987.7　75p　26cm
◇北里柴三郎　長木大三著　慶応通信
1986.4　159p　21cm　1800円　ⓘ4-7664-0343-6
◇北里柴三郎―北里大学学祖　長木大三著
竹内書店新社　1977.3　194p　19cm
880円

◇20世紀を動かした人々　第3　自然の謎に挑む〔ほか〕　菅井準一編　講談社
1963　408p　図版　19cm
◇北里柴三郎　高野六郎著　日本書房
1959　328p　20cm　（現代伝記全集　第3）
◇世界伝記全集　第3　細菌を克服した人々
旺文社編　林髞　1956-57　19cm
◇医学界の偉人北里柴三郎　寺島荘二著
世界社　1952
◇北里柴三郎　寺島柾夫著　世界社
1952
◇北里柴三郎博士　福田令寿著　熊本県教育会　1949
◇野口、高峰、北里―日本医学界の三星
橋爪恵著　弘学舎　1949

高峰 譲吉

嘉永7(1854).11.3～大正11(1922).7.22
応用化学者。加賀藩典医の長男に生まれる。明治5年に上京、工部学校卒業後3年間グラスゴー大学に留学。帰国後農務省に入り、和紙製造、清酒醸造などの改良を手がけた。19年東京人造肥料会社を設立し、日本最初の人造肥料をつくった。27年に消化剤タカジアスターゼを、33年にアドレナリンを創製した。晩年アメリカに帰化し、ニューヨークで没した。

　　　　＊　　　＊　　　＊

◇オリジナリティを訪ねて　2　輝いた日本人たち　富士通編　富士通経営研修所　1999.6　238p　19cm　1600円
ⓘ4-89459-045-X
◇堂々たる夢―世界に日本人を認めさせた化学者・高峰譲吉の生涯　真鍋繁樹著
講談社　1999.2　369p　19cm　1600円
ⓘ4-06-208131-8
◇テクノ時代の創造者―科学・技術
朝日新聞社　1995.8　438p　19cm
（二十世紀の千人　5）　3107円　ⓘ4-02-258604-4

◇高峰譲吉とその妻　飯沼信子著　新人物往来社　1993.11　210p 19cm　2300円　①4-404-02055-4
◇高峰譲吉かがやく偉業　三浦孝次編　高峰博士顕彰会　1953
◇発明発見の父高峰譲吉　今井正剛著　ポプラ社　1953
◇日米親善と高峰博士　高峰博士顕彰会編　高峰博士顕彰会　1951
◇野口、高峰、北里―日本医学界の三星　橘爪恵著　弘学舎　1949

長岡 半太郎

慶応元(1865).6.28～昭和35(1950).12.11
物理学者。明治15年東京大学理学部に入学、卒業後大学院に進んだ。26年から3年間ベルリン大学、ミュンヘン大学に留学、帰国後東大教授となった。36年に土星形の原子模型を提唱したことは原子核の存在をいち早く予知したものとして高く評価されている。ほかにも物理学、光学分野で業績を残し、日本の物理学を国際的水準にまで高めた。大阪帝国大学初代総長、学士院長などを歴任し、科学行政家としても活躍し、昭和12年第1回文化勲章を受章した。

＊　　＊　　＊

◇かわりだねの科学者たち　板倉聖宣著　仮説社　1987.10　410p 19cm　3200円
◇長岡半太郎　板倉聖宣著　朝日新聞社　1976　277p 20cm　（朝日評伝選 10）　1200円
◇長岡半太郎伝　板倉聖宣、木村東作、八木江里著　朝日新聞社　1973　719,78p 肖像　23cm　5000円
◇人物再発見　読売新聞社編　人物往来社　1965　235p 19cm
◇現代日本思想大系　25　筑摩書房　1964
◇続　わが師わが友　長与善郎等著　筑摩書房　1951　203p 図版　19cm

大森 房吉

明治元(1868).9.15～大正12(1923).11.8
地震学者。明治23年に帝国大学理科大学物理学科卒業。翌年濃尾地震が発生し、その後設立された震災予防調査会の委員となって活躍した。30年、東京帝国大学教授となる。日本地震史の研究、大森式地震計の開発、地震帯の発見、大森公式（初期微動と震源距離の関係式）の発見など多くの業績を残した。

＊　　＊　　＊

◇日本の『創造力』―近代・現代を開花させた470人 9 不況と震災の時代　富田仁編　日本放送出版協会　1993.5　527p　21×16cm　5631円　①4-14-009213-0

久米 邦武

天保10(1839).7.11～昭和6(1931).2.24
歴史学者。佐賀藩出身。明治3年岩倉使節団に参加、帰国後『特命全権大使米欧回覧実記』(11年、全100巻)を編集刊行した。12年に修史館(のち臨時修史局)の編修官となり、21年その帝国大学移管により文科大学教授となった。旧来の大義名分的・勧善懲悪的史観を批判し、実証的研究法の先駆者といえるが、国粋主義的風潮が高まる中で発表した『神道は祭天の古俗』(24年)が神道家や国学者の攻撃を受け、職を退いた。32年以降東京専門学校で国史と古文書の研究に専念し、多数の著作を刊行した。

＊　　＊　　＊

◇20世紀の歴史家たち 2 日本編 下　今谷明、大浜徹也、尾形勇、樺山紘一編　刀水書房　1999.11　317p 19cm（刀水歴史全書）　2800円　①4-88708-212-6
◇武士の成立 武士像の創出　高橋昌明著　東京大学出版会　1999.11　334,12p　21cm　5200円　①4-13-020122-0
◇近代日本外交思想史入門―原典で学ぶ17の思想　関静雄編著　京都　京都ミ

ネルヴァ書房　1999.5　310p　21cm
2800円　①4-623-02916-6
◇久米邦武文書1 巡幸日記・文書採訪記録
　久米美術館編　吉川弘文館　1999.1
　388p　21cm　16000円　①4-642-01361-X
◇科学史からみた久米邦武―平成三年十一月十六日「歴史家・久米邦武展」講演会より　高田誠二著　〔久米美術館〕〔1993〕　16p　21cm　（久米美術館研究報告　5）

◇久米邦武の研究　大久保利謙編　吉川弘文館　1991.11　520p　22cm　8800円
　①4-642-01277-X
◇郷土史に輝く人びと　第8集　〔佐賀〕
　佐賀県青少年育成県民会議　1976
　146p　肖像　18cm
◇島田謹二教授還暦記念論文集　明治初期知識人の西洋体験―久米邦武の米欧回覧実記　芳賀徹著　弘文堂　1961
◇歴史を創る人々　嘉治隆一著　大八洲出版　1948

ジャーナリズム

官報

　法律や省令の公布、人事の発令、各省庁の処分・公示事項などを公式に一般に知らせるための国の機関紙。明治16年創刊だが、系譜的には明治元年から10年にかけて発行された「太政官日誌」にさかのぼる。原則として日刊で、制作担当部局として太政官(内閣)文書局が設置されたが、18年の内閣制度の発足と共に内閣官報局となり、31年には内閣印刷局に統合され、さらに昭和18年に大蔵省所管となり現在に至っている。

◇日本近代国家の形成と展開　山本四郎編　吉川弘文館　1996.10　340p　21cm　7500円　Ⓘ4-642-03664-4

◇政治諸事ことはじめ　加藤敏著　ぎょうせい　1992.11　370p　21cm　3204円　Ⓘ4-324-03264-5

横浜毎日新聞

　日本最初の日刊邦字紙。従来の新聞が和紙に木版で印刷されていたのに対し、洋紙に活版で印刷(一枚刷)されていた。明治3年に発刊され、初期には貿易関係記事、海外ニュースなどを掲載したが、7年以降は民権派の新聞として注目された。12年に東京に移転、「東京横浜新聞」と改題した。立憲改進党成立後はその機関紙とみなされた。19年「毎日新聞」と改題。労働問題や社会主義にも理解を示し、日露戦争には最も強く反対を唱えた。39年に「東京毎日新聞」と改題。昭和15年に「帝都日日新聞」に吸収され廃刊。

＊　　　＊　　　＊

◇日本の『創造力』―近代・現代を開花させた470人　2　殖産興業への挑戦　富田仁編　日本放送出版協会　1993.1　475p　21cm　5631円　Ⓘ4-14-009206-8

郵便報知新聞

　明治前期の東京で発行された有力な政論新聞。明治5年に駅逓頭前島密が秘書の小西義敬を社主として創刊させた。駅逓寮(後の郵便局)の組織を通じてニュースを集めるなど地方記事が充実し、また配送も迅速円滑だった。自由民権運動台頭期に矢野龍渓が同社を譲り受け、民権派(改進党)の機関紙として官憲派の「東京日日新聞」と論戦を展開した。民権運動の衰退につれて勢力を失い、27年に「報知新聞」と改題し大衆紙に転身した。

朝野新聞

　明治前期に東京で発行された有力な政論新聞。明治7年に「公文通誌」を改題して創刊された。最盛期は社長の成島柳北がコラム「雑録」で、主筆の末広鉄腸が論説で藩閥政府を風刺、痛罵した自由民権期であり、14年には部数1万を越え、政論新聞第1位を誇った。成島の死や民権運動の衰退に伴い急速に衰え、26年に廃刊した。姉妹紙に「絵入朝野新聞」がある。

＊　　　＊　　　＊

◇日本の『創造力』―近代・現代を開花させた470人　3　流通と情報の革命　富田仁編　日本放送出版協会　1993.2　475p　21×16cm　5631円　Ⓘ4-14-009207-6

東京日日新聞

　東京における最初の日刊新聞で、現在の「毎日新聞」東京本社の前身にあたる。明治5年に創刊され、7年に入社した福地桜痴が社説欄を創設、政府御用新聞としての立場を鮮明に打ち出し民権派の論説新聞に対抗して論陣を張った。明治前期には岸田吟香、末松謙澄らも活躍した。政府批判の高まりと共に勢力を弱め、一時中立主義に切り換え紙面を刷新したが、24年に伊東巳代治が社長となり、同年朝比奈知泉が論説を担当し、長州閥の機関紙と化した。経営不振のため44年に「大阪毎日新聞」に買収され、以後不偏不党の全国紙へと発展した。

大阪毎日新聞

　大阪で発行された新聞で、現在の「毎日新聞」の前身の一つ。明治9年に「大阪日報」として創刊。15年に筆禍対策の身代わり紙として興された「日本立憲政党新聞」に事実上受け継がれ、号数も継承している。18年に題字を「大阪日報」に戻し、休刊の後21年に「大阪毎日新聞」として再発足した。当初は政治色が強かったが経営が振るわず、翌年以降穏和な論調の紙面作りで発展し、阪神地方の有力紙となった。明治後期には「大阪朝日新聞」としばしば拡販競争や論戦を繰り広げた。44年には「東京日日新聞」を合併して東京に進出した。

　　　　＊　　　＊　　　＊

◇近代日本のメディア・イベント　津金沢聡広編著　同文舘出版　1996.7　368p　21cm　3786円　①4-495-86281-2
◇新聞記者の誕生―日本のメディアをつくった人びと　山本武利著　新曜社　1990.12　357p　19cm　2800円　①4-7885-0382-4
◇毎日新聞の源流―江戸から明治 情報革命を読む　今吉賢一郎著　毎日新聞社　1988.7　238p　19cm　1300円　①4-620-30626-6

読売新聞

　日本における代表的新聞の一つ。明治7年に初代社長子安峻らにより創刊された。娯楽と報道を主として口語体振り仮名付きの小新聞だったが、20年に高田早苗が主筆になると活発な政治論評を行うようになり、一時改進党寄りと目された。明治後期から大正前期にかけて文芸重視の傾向を持ち、坪内逍遙、幸田露伴、尾崎紅葉、島崎藤村などが作品を発表した。大正13年に正力松太郎が社長に就任、長く二流紙扱いを受けてきた同紙を一躍有力紙の座に引き上げた。昭和27年に大阪進出を果たし、52年に部数全国一となった。

　　　　＊　　　＊　　　＊

◇読売新聞・歴史検証　木村愛二著　汐文社　1996.3　369,13p　19cm　2427円　①4-8113-0171-4

朝日新聞

　日本の代表的新聞の一つ。明治12年、村山龍平を初代社長として大阪で創刊。小説と通俗記事を主体とする小新聞だったが次第に報道主義新聞としての性格を強め、議会開設期から日清戦争前後にかけて報道の正確さ、迅速さで部数を伸ばした。21年に「めさまし新聞」を買収、「東京朝日新聞」として東京に進出（大阪の朝日は翌年「大阪朝日新聞」と改称）。日露戦争直前には主戦論を展開、日露講和に強く反対した。37年に二葉亭四迷、40年に夏目漱石が入社して作品を発表している。昭和15年に題号を統一、「朝日新聞」となった。

　　　　＊　　　＊　　　＊

◇窓の女竹中繁のこと―東京朝日新聞最初の婦人記者　香川敦子著　新宿書房　1999.2　203p　19cm　2200円　①4-88008-256-2
◇近代日本のメディア・イベント　津金沢聡広編著　同文舘出版　1996.7　368p　21cm　3786円　①4-495-86281-2

ジャーナリズム

◇石川啄木と朝日新聞―編集長　佐藤北江をめぐる人々　太田愛人著　恒文社　1996.7　221p　19cm　1748円　⓵4-7704-0879-X

◇朝日新聞社史　朝日新聞社　1995.7　4冊(セット)　21cm　24272円　⓵4-02-273026-9

◇池辺三山―ジャーナリストの誕生　池辺一郎, 富永健一著　中央公論社　1994.4　464p　15cm　（中公文庫）　932円　⓵4-12-202089-1

◇池辺三山―ジャーナリストの誕生　池辺一郎, 富永健一著　みすず書房　1989.10　312p　19cm　3200円　⓵4-622-03332-1

万朝報

　明治25年に黒岩涙香によって創刊された新聞。多様な情報記事、黒岩の翻案探偵小説の連載などを売物とした。上流社会の内幕暴露、醜聞摘発記事で都市中下層の人気を博し、日清戦争後には都下第一の発行部数9万部を誇った。次第に社会改良を目指すようになり、内村鑑三、幸徳秋水らの論客を集めたが日露戦争をめぐって社内が分裂し、幸徳ら非戦論者が退社した。大正初めには憲政擁護運動、シーメンス事件などで最も急進的な立場ではなばなしく活躍したが、以後衰退の道を辿り、昭和10年に「東京毎夕新聞」に吸収合併された。

　　　　＊　　　＊　　　＊

◇明治バベルの塔―万朝報暗号戦　山田風太郎著　文芸春秋　1992.8　317p　15cm　（文春文庫）　437円　⓵4-16-718314-5

◇黒岩涙香―探偵実話　いいだもも著　リブロポート　1992.3　402,10p　19cm　(シリーズ 民間日本学者 33)　1800円　⓵4-8457-0703-9

◇新聞記者の誕生―日本のメディアをつくった人びと　山本武利著　新曜社　1990.12　357p　19cm　2800円　⓵4-7885-0382-4

◇明治バベルの塔―万朝報暗号戦　山田風太郎著　新芸術社　1989.7　294p　19cm　1408円　⓵4-88293-005-6

◇物語・万朝報―黒岩涙香と明治のメディア人たち　高橋康雄著　日本経済新聞社　1989.5　454p　19cm　2816円　⓵4-532-09482-8

◇亀のごとく―元『万朝報』女性記者の半生　松崎てる女著　青峰社　1986.7　189p　19cm　1200円　⓵4-7952-7407-X

女学雑誌

　明治中期の雑誌。明治17年創刊の「女学新誌」を前身として翌年創刊、37年2月15日の526号まで発行されたことが確認されている。当初は婦人の啓蒙を志したが、次第に文芸・思想・宗教(キリスト教)の色彩を帯び、25年6月の320号から甲(青年男女向け)、乙(老成婦人向け)に分類、毎週交互に発行した。また、一時派生した「女学生」を廃刊して、26年に浪漫主義文学の母胎となった「文学界」が創刊された。

　　　　＊　　　＊　　　＊

◇黙移　相馬黒光自伝　相馬黒光著　平凡社　1999.5　330p　16cm　（平凡社ライブラリー）　1300円　⓵4-582-76288-3

◇物語女流文壇史　巌谷大四著　文芸春秋　1989.6　407p　15cm　文春文庫　480円　⓵4-16-739104-X

文　学

◆小説

戯作文学

　黄表紙、合巻、読本、洒落本、滑稽本、人情本など庶民を対象とした勧善懲悪を機軸とした興味本位の文学。近世末期から維新後しばらくの間まで継承された。内容的には、当時の風俗世相を滑稽に描いたもの、漢学者の戯文の系統を引く漢戯文、新聞の雑報などに取材した実録物・時事物などがある。

◇新聞小説の誕生　本田康雄著　平凡社　1998.11　306p　21cm　（平凡社選書）　2500円　①4-582-84183-X

◇日本幻想文学史　須永朝彦著　白水社　1993.9　285,17p　19cm　2427円　①4-560-04313-2

◇近代読者の成立　前田愛著　岩波書店　1993.6　389p　16cm　（同時代ライブラリー 151）　1165円　①4-00-260151-X

◇文学近代化の諸相―洋学・戯作・自由民権　小笠原幹夫著　高文堂出版社　1993.4　166p　21cm　1942円　①4-7707-0426-7

◇日本近代文学の出発　平岡敏夫著　塙書房　1992.9　264p　18cm　（塙新書 66）　1165円　①4-8273-4066-8

◇日本文芸史 5　小西甚一著　講談社　1992.2　1140p　21cm　8544円　①4-06-188815-3

◇「季刊芸術」の十三年・読本　季刊芸術出版;講談社〔発売〕　1989.10　310p　26cm　2718円　①4-06-129352-4

◇前田愛著作集 第2巻 近代読者の成立　前田愛著　筑摩書房　1989.5　488p　21cm　4204円　①4-480-36002-6

◇近代文学の成立―思想と文体の模索　小森陽一編　有精堂出版　1986.12　269p　21cm　日本文学研究資料新集 11　3500円　①4-640-30960-0

仮名垣　魯文

文政12(1829).1.6～明治27(1894).11.8
　戯作者、新聞記者。丁稚奉公や放浪生活を経て際物的著述を始め、滑稽本『滑稽富士詣』（万延元～文久元年）で注目を受けた。明治に入り、『西洋道中膝栗毛』（明治3～9年刊）、『牛店雑談安愚楽鍋』（4～5年刊）などで人気を博した。5年、教部省の「三条の教憲」発令に際し、山々亭有人と戯作界を代表して答申書を提出し、従来の戯作からの転向を誓った。以後地理教科書『世界都路』（5年刊）、実録『佐賀電信録』（7年刊）などの実用的著作を刊行、また新聞記者として活躍した。

　『牛店雑談 安愚楽鍋』：明治4～5年刊。滑稽本。開化期の風俗を風刺・滑稽化したもので、表面的ながら世相の特色をとらえた、明治初頭を代表する作品。

　　　　＊　　　＊　　　＊

◇仮名垣魯文―文明開化の戯作者　興津要著　（横浜)有隣堂　1993.6　207p 18cm　（有隣新書 46）　980円　①4-89660-112-2

◇物語　明治文壇外史　巌谷大四著　新人物往来社　1990.10　257p 19cm　2300円

◇仮名垣魯文　平塚良宣著　〔平塚良宣〕　1979.5　162p　19cm

翻訳小説

外国文学の翻訳作品。正確な訳というよりは翻案で、明治10年頃から盛んに行われるようになった。西洋の政治や思想・風俗を紹介するためになされ、西洋への関心が高まるのに伴って反響を呼んだ。当初は啓蒙的性格が濃かったが、次第に文学意識が高まり、翻訳も精緻になっていった。

＊　　＊　　＊

◇日本文学の歴史 10 近代・現代篇 1 ドナルド・キーン著，徳岡孝夫訳 中央公論社 1995.11 384p 21cm 2136円 ⓘ4-12-403229-3
◇叢書 比較文学比較文化 3 近代日本の翻訳文化 亀井俊介編 中央公論社 1994.1 438p 19cm 4369円 ⓘ4-12-002284-6
◇日本のフランス文化―日仏交流の斜断譜 富田仁著 京都 京都白地社 1993.2 295p 20cm （叢書L'ESPRIT NOUVEAU 12） 2233円 ⓘ4-89359-097-9
◇作家の訳した世界の文学 井上健著 丸善 1992.4 193p 18cm 丸善ライブラリー 046 583円 ⓘ4-621-05046-X

織田 純一郎

嘉永4(1851).5.22～大正8(1919).2.3
翻訳家、新聞記者。一時丹羽姓を名乗った。明治3年に渡英し7年に帰国。その後『欧洲奇事 花柳春話』（11～12年刊）などの翻訳小説を出版した。後に新聞界で活躍したが、晩年は不遇だった。

『欧洲奇事 花柳春話』：明治11～12年刊。翻訳小説。リットンの姉妹小説『Ernest Maltraverse』『Alice』の合訳。イギリスの政治思想や上流社会の実状、男女の交際を描いた内容と漢文直訳体の文章の清新さが、当時の西欧崇拝熱と結びついて歓迎された。翻訳文学の転機的作品で、以後文体の模倣や花と春を小説の題名に入れることが流行した。

政治小説

明治10年代中期以降展開された、自由民権運動のための政治宣伝用文学。最初は翻訳小説がほとんどだったが、後に創作小説が続出した。20年代に入り憲法発布、議会開設が行われると衰退していった。政治小説は戯作文学とは違う新しい方向性を打ち出したという意味で、近代小説成立のための契機となった。

＊　　＊　　＊

◇文学近代化の諸相 3―産業革命と帝国主義の時代 小笠原幹夫著 高文堂出版社 1996.2 183p 21cm 2233円 ⓘ4-7707-0503-4
◇日本文学の歴史 10 近代・現代篇 1 ドナルド・キーン著，徳岡孝夫訳 中央公論社 1995.11 384p 21cm 2136円 ⓘ4-12-403229-3
◇叢書 比較文学比較文化 3 近代日本の翻訳文化 亀井俊介編 中央公論社 1994.1 438p 19cm 4369円 ⓘ4-12-002284-6
◇日本のフランス文化―日仏交流の斜断譜 富田仁著 京都 京都白地社 1993.2 295p 20cm （叢書L'ESPRIT NOUVEAU 12） 2233円 ⓘ4-89359-097-9
◇日本近代文学の出発 平岡敏夫著 塙書房 1992.9 264p 18cm （塙新書 66） 1165円 ⓘ4-8273-4066-8
◇自由燈の研究―帝国議会開設前夜の民権派新聞 松尾章一編 日本経済評論社 1991.3 254p 21cm 3200円 ⓘ4-8188-0457-6
◇日本文学新史 近代 前田愛，長谷川泉編 至文堂 1990.12 489p 21cm 4660円 ⓘ4-7843-0062-7
◇日本文芸史―表現の流れ 第5巻 近代 1 畑有三，山田有策編 河出書房新社 1990.1 339,14p 21cm 4806円 ⓘ4-309-60925-2

◇明治三十年代文学の研究　森英一著　桜楓社　1988.12　414p　21cm　25000円　⓵4-273-02270-2
◇文学論集 1 文学の近代　越智治雄著　砂子屋書房　1986.3　329p　19cm　2500円

矢野　龍渓

嘉永3(1850).12.1～昭和6(1931).6.18
　小説家、政治家、ジャーナリスト。、明治10年に「郵便報知新聞」の副主筆となり、11年に大隈重信のもとで大蔵省書記官に任用された。統計院幹事に進んだが14年政変で下野、「郵便報知」に復帰して社長となった。翌年改進党の結成に参画し、「郵便報知」をその機関紙とした。16年『斉武名士 経国美談』前編を出版、23年に冒険小説『報知異聞 浮城物語』を刊行。29年に大隈外相により駐支大使に抜擢された。35年に寓意小説『新社会』を刊行するなど社会問題に関心を深め、大正13年には「大阪毎日新聞」副社長に就任した。
　『斉武名士 経国美談』：明治16～17年刊。長編小説。ギリシアのテーベの盛衰を描いた雄大な史譚。立憲政治家としての龍渓の理想が遺憾なく発揮され、当時の青年層を鼓舞して自由民権運動への意欲をかき立てた。

*　　　*　　　*

◇竜渓矢野文雄君伝──伝記・矢野文雄　小栗又一著　大空社　1993.6　376,7p　22cm　(伝記叢書　118)　12621円　⓵4-87236-417-1
◇大分の先覚者　米田貞一著　大分　米田紘一　1978.6　210p　25cm　(米田貞一著作集　集7)
◇物集高見　清原宣雄著　〔大分〕大分県教育委員会　1977.2　127p　22cm　(郷土の先覚者シリーズ　第7集)
◇矢野竜渓　米田貞一著　〔別府〕米田貞一　1977.2　127p　22cm　(郷土の先覚者シリーズ　第7集)

◇近代日本文学の構造 1　矢野竜渓　瀬沼茂樹著　集英社　1963
◇明治政治思想史研究　矢野竜渓と政治小説　石田雄著　未来社　1954

東海　散士

嘉永5(1852).12.2～大正11(1922).9.25
　小説家、政治家。戊辰戦争で母・次兄・妹を失い、流浪を重ねて苦学した。明治10年西南戦争に従軍し、帰京後戦史編纂御用掛を命ぜられた。12年アメリカに留学。滞米中に『佳人之奇遇』の構想を得、18年に帰朝してその初編を、続いて『東洋之佳人』(21年刊)、『埃乃近世史』(22年刊)などを刊行した。また、後藤象二郎と提携して政党の大同団結に尽力し、21年に「大阪毎日新聞」の主筆に就任するなど、反政府運動で活躍し、25年に衆議院議員に選出された。以後農商務次官、外務参政官を歴任するが、文筆からは遠ざかった。
　『佳人之奇遇』：明治18～30年刊。長編小説。8編を刊行して中絶。祖国の独立を回復しようと図る亡命の志士たちの情熱を格調高い漢文体で謳い上げた。同時代の青年層に強烈な印象を与え数十万部を売り切ったという、政治小説の傑作。

*　　　*　　　*

◇近代文学成立過程の研究─柳北・学海・東海散士・蘇峰　井上弘著　有朋堂　1995.1　319p　21cm　4660円　⓵4-8422-0178-9

末広　鉄腸

嘉永2(1849).2.21～明治29(1896).2.5
　政治家、新聞記者、小説家。明治8年に「曙新聞」編集長となる。同年発布の新聞紙条例と讒謗律を批判し投獄された。「朝野新聞」に転じ、政府攻撃のかどで再投獄。14年に自由党結成に参画、「自由新聞」の社説を執筆したが板垣退助外遊を批判し脱党、16年に馬場辰猪らと独立党を結成した。この頃より健康を害し、療養中に小説類を読み、『雪中梅』(19年)、『政治

小説花間鶯』(20〜21年)などを発表した。23年に第1回の衆議院議員に当選した。
　『雪中梅』：明治19年刊。中編小説。政治的信条と政策が小説化された鉄腸の代表作。政治的寓意性と、当代政治青年およびその恋愛の人情世態に背馳せぬ写実的な描写とが併存しているところに特色がある。

　　　　＊　　　＊　　　＊

◇近代ジャーナリスト列伝──天馬の如く　上　三好徹著　中央公論社　1986.11　391p　15cm　（中公文庫）　480円　①4-12-201371-2
◇三代言論人集　第4巻　中江兆民〔ほか〕　嘉治隆一　時事通信社　1963　362p　18cm

写実主義

　主観を交えずに現実をありのままに描写しようとする文学運動で、19世紀フランスで樹立され、同後半には文学の中心となった。日本では坪内逍遥が『小説神髄』(明治18〜19年)で従来の戯作文学に対抗して提唱し、二葉亭四迷が『小説総論』(19年)で深化・発展させ、『浮雲』(20〜21年)で具体化した。

　　　　＊　　　＊　　　＊

◇三好行雄著作集　第6巻　近代文学史の構想　三好行雄著　筑摩書房　1993.6　369p　21cm　6408円　①4-480-70046-3
◇現代文学の風景　大久保典夫著　高文堂出版社　1992.3　307p　21cm　大久保典夫双書　2913円　①4-7707-0372-4

坪内 逍遙

安政6(1859).5.22〜昭和10(1935).2.28
　小説家、評論家、劇作家。東京大学政治経済学科を卒業後、東京専門学校講師になった。明治18年〜20年頃多くの創作、翻訳、論文などを執筆、特に日本最初の文芸評論『小説神髄』と小説『一読三嘆 当世書生気質』(ともに18〜19年刊)で写実主義を主張した。その後演劇革新を志し、24年に「早稲田文学」を創刊、森鴎外との間に没理想論争を展開する一方、戯曲『桐一葉』(27〜28年)などを執筆した。37年には『新楽劇論』で新舞踊劇論を提唱し、39年には文芸協会を設立、42年新劇運動を興した。
　『小説神髄』：明治18〜19年。文学論。婦女子の玩具視されていた小説を、文芸形態の最も発達したものとして価値転換した。従来の勧善懲悪の思想や功利的な文学観を否定し、あるがままの人間心理の分析を主眼とした写実主義の原理と作法を体系的に説いている。

　　　　＊　　　＊　　　＊

◇演劇論の現在　西洋比較演劇研究会編　白鳳社　1999.6　262p　21cm　3500円　①4-8262-0089-7
◇新聞小説の誕生　本田康雄著　平凡社　1998.11　306p　21cm　（平凡社選書）　2500円　①4-582-84183-X
◇柿紅葉──坪内逍遙の和歌と俳句　逍遙協会編　第一書房　1998.10　236p　19cm　2500円　①4-8042-0686-8
◇喪われた轍──日本文学史における翻訳文学の系譜　山田潤治著　文芸春秋　1998.10　181p　19cm　2381円　①4-16-354460-7
◇日本文学の百年　小田切秀雄著　東京新聞出版局　1998.10　318p　19cm　1800円　①4-8083-0653-0
◇坪内逍遙──文人の世界　植田重雄著　恒文社　1998.6　332p　19cm　2800円　①4-7704-0975-3
◇坪内逍遙研究資料　第16集　逍遙協会編　新樹社　1998.6　190p　21cm　2000円　①4-7875-8482-0
◇坪内逍遙研究資料　15　逍遙協会編　新樹社　1997.8　190p　21cm　2000円　①4-7875-8476-6
◇坪内逍遙　新潮社　1996.4　111p　19cm　（新潮日本文学アルバム　57）　1262円　①4-10-620661-7

文学

◇父逍遙の背中　飯塚くに著, 小西聖一編　中央公論社　1994.7　278p　20cm　1950円　④4-12-002336-2

◇坪内逍遙—人とその芸術　本間久雄著　日本図書センター　1993.1　229,8p　22cm　（近代作家研究叢書　126）　5665円　④4-8205-9227-0

◇坪内逍遙研究資料　第13集　逍遙協会編　新樹社　1989.9　93p　21cm　1854円　④4-7875-8391-5

◇前田愛著作集　第2巻　近代読者の成立　前田愛著　筑摩書房　1989.5　488p　21cm　4204円　④4-480-36002-6

◇坪内逍遙伝　千葉亀雄著　湖北社　1989.3　300p　21cm　（近代日本学芸資料叢書　第11輯）　4800円

◇蘇峰とその時代—よせられた書簡から　高野静子著　中央公論社　1988.8　378p　19cm　2500円　④4-12-001712-5

◇坪内逍遙　河竹繁俊, 柳田泉著　第一書房　1988.2　864,4,16p 図版29枚　22cm　12000円

◇坪内逍遙研究　石田忠彦著　福岡　九州大学出版会　1988.2　468p　22cm　8500円　④4-87378-192-2

◇坪内逍遙　大村弘毅著　〔新装版〕　吉川弘文館　1987.12　307p　19cm　（人物叢書）　1800円　④4-642-05102-3

◇坪内逍遙研究資料　第12集　逍遙協会編　新樹社　1987.8　122p　21cm　1800円　④4-7875-8379-4

◇近代作家追悼文集成　第16巻　竹久夢二・坪内逍遙　ゆまに書房　1987.4　226p　22cm　5800円

◇百年の日本人　その3　川口松太郎, 杉本苑子, 鈴木史楼ほか著　読売新聞社　1986.6　253p　19cm　1200円　④4-643-54730-8

◇坪内逍遙事典　逍遙協会編　平凡社　1986.5　573p　27cm　18000円　④4-582-11602-7

◇坪内逍遙論—近代日本の物語空間　中村完著　有精堂出版　1986.2　268p　19cm　3000円　④4-640-30580-X

◇逍遙・鴎外論考　長嶺宏著　風間書房　1985.8　241p　22cm　5800円　④4-7599-0633-9

◇坪内逍遙　福田清人編著, 小林芳仁編著　清水書院　1985.6　202p　20cm　（Century books）　480円

◇先駆ける者たちの系譜—黙阿弥・逍遙・抱月・須磨子・晋平　河竹登志夫著　冬青社　1985.2　245p　20cm　1900円

◇若き坪内逍遙　柳田泉著　日本図書センター　1984.9　308,8p　22cm　（近代作家研究叢書　40）　6500円

◇坪内逍遙研究　坪内士行著　日本図書センター　1984.2　192,8p　22cm　（近代作家研究叢書　25）　3000円

◇坪内逍遙研究資料　第11集　逍遙協会編　逍遙協会　1984.2　114p　21cm　1000円

◇坪内逍遙—伝統主義者の構図　佐渡谷重信著　明治書院　1983.9　279p　19cm　（国文学研究叢書）　2600円

◇坪内逍遙研究資料　第10集　逍遙協会編　逍遙協会　1981.11　90p　21cm　900円

◇坪内逍遙におけるドライデン受容の研究—東洋と西洋における比較文学の原点　佐藤勇夫著　北星堂書店　1981.7　436p　22cm　5000円

◇坪内逍遙・二葉亭四迷　日本文学研究資料刊行会編　有精堂出版　1979.8　320p　22cm　（日本文学研究資料叢書）　2800円

◇坪内逍遙研究—座談会　稲垣達郎, 岡保生編　近代文化研究所　1976　395p　図肖像　19cm　3000円

◇文豪　松本清張著　文芸春秋　1974　341p　20cm　1200円

◇坪内逍遙と比較文学　斎藤一寛著　二見書房　1973　238p　19cm　1200円

文学

◇逍遙・鷗外―考証と試論　関良一著　有精堂出版　1971　462p　22cm　（日本近代文学研究叢刊）　3500円

◇坪内逍遙　福田清人，小林芳仁編著　清水書院　1969　202p　図版　19cm　（センチュリーブックス）　250円

◇坪内逍遙・会津八一往復書簡　柳田泉，長島健編　中央公論美術出版　1968　470p　図版　21cm　3500円

◇日本近代文学史　坪内逍遙と二葉亭四迷　中村光夫著　読売新聞社　1966

◇日本新劇史　松本克平著　筑摩書房　1966

◇逍遙、抱月、須磨子の悲劇―新劇秘録　河竹繁俊著　毎日新聞社　1966　256p　図版　20cm

◇日本近代劇の創始者たち2　坪内逍遙　尾崎宏次著　未来社　1965

◇近代日本の作家たち　小田切秀雄著　増補版　法政大学出版局　1962　655p　22cm

◇日本の思想家　第1　朝日新聞社朝日ジャーナル編集部編　朝日新聞社　1962　333p　19cm

◇明治文学研究・若き坪内逍遙　柳田泉著　春秋社　1960

◇人間坪内逍遙―近代劇壇側面史　河竹繁俊著　新樹社　1959　396p　図版　19cm

◇坪内逍遙―人とその芸術　本間久雄著　松柏社　1959　229p　図版　20cm

◇岩波講座日本文学史11　逍遙・二葉亭　榊原美文著　岩波書店　1958

◇坪内逍遙　大村弘毅著　吉川弘文館　1958　307p　図版　18cm　（人物叢書）

◇現代作家論叢書　第1巻　明治の作家たち〔ほか〕　中島健蔵等編　稲垣達郎　英宝社　1955　19cm

◇坪内逍遙　大村弘毅著　吉川弘文館　1955

◇日本の近代文学―作家と作品　本間久雄，吉田精一，神西清共著　東京堂　1955　286p　図版　19cm

◇近代日本の作家たち　〔正〕続編　小田切秀雄著　厚文社　1954　2冊　22cm

◇作家論　第1-2　正宗白鳥著　角川書店　1954　2冊　15cm　（角川文庫）

◇新劇史の人々　戸板康二著　角川書店　1953　214p　図版　18cm　（角川新書）

◇坪内逍遙研究　坪内士行著　早稲田大学出版部　1953　192p　図版9枚　19cm　（早稲田選書）

◇世界偉人伝　第5巻　坪内逍遙　世界偉人伝刊行会編　柳田泉　藤沢　池田書店　1952　19cm

◇東西百傑伝　第5巻　坪内逍遙〔ほか〕　柳田泉　藤沢　池田書店　1950　19cm

◇日本文学講座5　坪内逍遙　正宗白鳥著　河出書房　1950

言文一致体

文章を話し言葉に近づけていこうとする文体の革新運動。二葉亭四迷が「だ調」、山田美妙が「です調」、尾崎紅葉が「である調」を創りだした。以後、正岡子規の写生文運動を経て、自然主義文学で一応の確立を見、白樺派によって完成された。

＊　　＊　　＊

◇近代日本の批評　3　明治・大正篇　柄谷行人編　講談社　1998.1　383,17p　15cm　（講談社文芸文庫）　1300円
①4-06-197600-1

◇スタイルの文学史　大屋幸世，神田由美子，松村友視編　東京堂出版　1995.3　227p　21cm　2136円　①4-490-20260-1

◇三人称の発見まで　野口武彦著　筑摩書房　1994.6　269p　19cm　2621円
①4-480-82311-5

◇文体と表現　森岡健二著　明治書院　1988.7　428p　19cm　(現代語研究シリーズ 5)　3800円　ⓣ4-625-52075-4

◇東西南北浮世絵草書—わたしの読書と生活　野間宏著　集英社　1987.10　252p　19cm　1700円　ⓣ4-08-772623-1

◇近代文学の成立—思想と文体の模索　小森陽一編　有精堂出版　1986.12　269p　21cm　日本文学研究資料新集 11　3500円　ⓣ4-640-30960-0

二葉亭 四迷

元治元(1864).2.28～明治42(1909).5.10
小説家、翻訳家。明治14年東京外語学校露語部に入学し、ロシア文学の素養を身につけた。19年退学して、まもなく坪内逍遙を訪ね、逍遙の勧めで同年に評論『小説総論』を発表。20年に処女小説『浮雲』第1編を刊行、21年にはツルゲーネフの短編『あひびき』の翻訳を発表し、新文学を代表する作家の一人になった。北清事変以後ロシアがアジアで勢力を拡大するにつれて国際問題への関心を深め、文筆からは遠ざかった。39年に20年ぶりの小説『其面影』を発表し、読者の好評を得た。

『浮雲』:明治20～22年。長編小説。第3編で中絶。『小説総論』で示した写実主義理論を具体化するとともに、言文一致を目指した当時としては全く新しい文体で書かれており、近代小説の先駆とされる。

＊　　　＊　　　＊

◇日本文学の百年　小田切秀雄著　東京新聞出版局　1998.10　318p　19cm　1800円　ⓣ4-8083-0653-0

◇二葉亭四迷『浮雲』の成立　田中邦夫著　双文社出版　1998.2　351p　21cm　(大阪経済大学研究叢書)　8800円　ⓣ4-88164-520-X

◇「色」と「愛」の比較文化史　佐伯順子著　岩波書店　1998.1　389,7p　19cm　4000円　ⓣ4-00-002781-6

◇平凡・私は懐疑派だ—小説・翻訳・評論集成　二葉亭四迷著　講談社　1997.12　317p　15cm　(講談社文芸文庫)　1050円　ⓣ4-06-197595-1

◇二葉亭四迷『あひびき』の表記研究と本文・索引　太田紘子編著　大阪　大阪和泉書院　1997.6　305p　26cm　(和泉書院索引叢書)　12000円　ⓣ4-87088-876-9

◇間諜 二葉亭四迷　西木正明著　講談社　1997.5　383p　15cm　(講談社文庫)　638円　ⓣ4-06-263557-7

◇二葉亭四迷と明治日本　桶谷秀昭著　小沢書店　1997.3　335p　19cm (小沢コレクション)　2400円　ⓣ4-7551-2047-0

◇二葉亭四迷の明治四十一年　関川夏央著　文芸春秋　1996.11　317p　19cm　1748円　ⓣ4-16-352290-5

◇二葉亭四迷研究　佐藤清郎著　有精堂出版　1995.5　480p　21cm　13000円　ⓣ4-640-31058-7

◇二葉亭四迷—予が半生の懺悔/平凡　二葉亭四迷著、畑有三編　日本図書センター　1994.10　261p　22cm　(シリーズ・人間図書館)　2600円　ⓣ4-8205-8002-7

◇新編 思い出す人々　内田魯庵著,紅野敏郎編　岩波書店　1994.2　437p　15cm　(岩波文庫)　720円　ⓣ4-00-310864-7

◇二葉亭四迷全集　別巻　二葉亭四迷,十川信介編　筑摩書房　1993.9　605p　21cm　14420円　ⓣ4-480-71508-8

◇二葉亭四迷伝—ある先駆者の生涯　中村光夫著　講談社　1993.8　442p　15cm　(講談社文芸文庫)　1200円　ⓣ4-06-196236-1

◇二葉亭四迷伝—ある先駆者の生涯　中村光夫著　講談社　1993.8　442p　15cm　(講談社文芸文庫)　1165円　ⓣ4-06-196236-1

◇物語 明治文壇外史　巌谷大四著　新人物往来社　1990.10　257p　19cm　2300円

文学

◇近代日本の自伝　佐伯彰一著　中央公論社　1990.9　358p 15cm　（中公文庫）600円　①4-12-201740-8

◇日記・手帳　2　二葉亭四迷著　筑摩書房　1989.6　617p 21cm　（二葉亭四迷全集第6巻）　8550円　①4-480-71506-1

◇二葉亭四迷伝　中村光夫著　日本図書センター　1987.10　399,8p 図版10枚　22cm　（近代作家研究叢書　57）　7000円　①4-8205-0686-2

◇二葉亭四迷と明治日本　桶谷秀昭著　文芸春秋　1986.9　333p 19cm　2000円　①4-16-340840-1

◇戦争と革命の放浪者　二葉亭四迷　亀井秀雄著　新典社　1986.5　294p 19cm　（日本の作家　37）　1500円　①4-7879-7037-2

◇日記・手帳　二葉亭四迷著　筑摩書房　1986.4　581 21cm　（二葉亭四迷全集第5巻1）　7800円　①4-480-71505-3

◇二葉亭四迷論　十川信介著　増補版　筑摩書房　1984.10　348p 20cm　2200円

◇二葉亭四迷論　中村光夫著　日本図書センター　1983.11　241,10p 22cm　（近代作家研究叢書　14）　3500円

◇二葉亭四迷　福田清人編著,小倉脩三編著　清水書院　1982.5　186p 20cm　(Century books)　480円

◇日本人の自伝　15　二葉亭四迷.菊池寛.長谷川伸.吉川英治　平凡社　1980.11　543p 20cm　2800円

◇坪内逍遙・二葉亭四迷　日本文学研究資料刊行会編　有精堂出版　1979.8　320p 22cm　（日本文学研究資料叢書）2800円

◇二葉亭四迷　坪内逍遙、内田魯庵編　日本近代文学館　1975　249,215,29p 肖像　21cm　（近代文学研究叢書　5）7500円

◇二葉亭四迷論――二律背反の成立　永田育夫著　小牧　豊文社　1975　218p　19cm　1400円

◇私の作家評伝　2　小島信夫著　新潮社　1972　268p 20cm　（新潮選書）　500円

◇中村光夫全集　第1巻　筑摩書房　1971　632p 肖像　22cm

◇二葉亭四迷論　十川信介著　筑摩書房　1971　298p 20cm

◇二葉亭四迷――日本近代文学の成立　小田切秀雄著　岩波書店　1970　203p　18cm　（岩波新書）　150円

◇二葉亭四迷　小倉脩三著,福田清人編　清水書院　1966　186p 図版　19cm　（センチュリーブックス）

◇日本近代文学史　坪内逍遙と二葉亭四迷　中村光夫著　読売新聞社　1966

◇二葉亭四迷全集　第6巻　日記・手帳 第1　二葉亭四迷著　岩波書店　1965　424p 図版　18cm

◇二葉亭四迷全集　第7巻　日記・手帳 第2　二葉亭四迷著　岩波書店　1965　412p 図版　18cm

◇日本の近代文学　人と作品　浮雲・二葉亭四迷　稲垣達郎著　読売新聞社　1965

◇近代日本の作家たち　小田切秀雄著　増補版　法政大学出版局　1962　655p　22cm

◇二葉亭四迷論　中村光夫著　新潮社　1959　251p 16cm　（新潮文庫）

◇岩波講座日本文学史 11　逍遙・二葉亭　榊原美文著　岩波書店　1958

◇二葉亭四迷伝　中村光夫著　講談社　1958　399p 図版10枚　20cm

◇中村光夫作家論集　第3　二葉亭四迷,太宰治,林芙美子,武田麟太郎と織田作之助,島木健作,中島敦,石川達三,大岡昇平,椎名麟三,伊藤整,三島由紀夫　中村光夫著　大日本雄弁会講談社　1957　18cm　（ミリオン・ブックス）

◇現代作家論叢書　第1巻　明治の作家たち〔ほか〕　中島健蔵等編　稲垣達郎　英宝社　1955　19cm

◇日本の近代文学―作家と作品　本間久雄，吉田精一，神西清共著　東京堂　1955　286p 図版　19cm

◇近代日本の作家たち　〔正〕続編　小田切秀雄著　厚文社　1954　2冊　22cm

◇作家論　第1-2　正宗白鳥著　角川書店　1954　2冊　15cm　（角川文庫）

◇二葉亭案内　中村光夫等編　岩波書店　1954

◇二葉亭四迷　中村光夫著　河出書房　1954　190p 図版　15cm　（河出文庫）

◇日本文学講座 5　近代小説の精神と方法―二葉亭と透谷　丸山静著　東大出版会　1954

◇岩波講座文学 4　文学革命期と二葉亭四迷　稲垣達郎著　岩波書店　1953

◇二葉亭四迷　中村光夫著　河出書房　1953

◇二葉亭四迷全集　第11巻　日記・手帳　二葉亭四迷著　岩波書店　1953-54　18cm

◇二葉亭四迷全集　第12巻　日記・手帳 第2　二葉亭四迷著　岩波書店　1953-54　18cm

◇二葉亭四迷全集　第13巻　日記・手帳　二葉亭四迷著　岩波書店　1953-54　18cm

◇二葉亭四迷全集　第14巻　書簡　二葉亭四迷著　岩波書店　1953-54　18cm

◇近代の苦悶―四迷の人と作品　ダイジェスト・シリーズ刊行会編　ジープ社　1950　125p 19cm　（ダイジェスト・シリーズ）

◇日本文学講座 5　二葉亭四迷　長谷川泉著　河出書房　1950

◇思ひ出す人々　内田魯庵著　筑摩書房　1948　（筑摩選書）

◇青春群像　小原元編　真善美社　1948　243p 19cm

◇二葉亭四迷論　中村光夫著　進路社　1947　241p 19cm

◇二葉亭四迷　安積卯一郎著　学灯社　1946.9　46p 18cm　新文化叢書 1

擬古典主義

井原西鶴、近松門左衛門など日本の古典文学を意識的に再評価する文学傾向。明治20年代の、行きすぎた欧化熱の反動としての保守的な思想や国粋主義的風潮を背景とする。代表的作家には人情・世態を写実的に描いた尾崎紅葉と芸道に精進する男性の理想像を描いた幸田露伴がおり、紅露時代とよばれた。

硯友社

明治18年に尾崎紅葉、山田美妙によって結成された日本最初の文学結社。近代日本最初の純文芸雑誌である機関誌「我楽多文庫」文庫（18年5月〜22年10月、43冊）を発刊し、写実的傾向の作品が歓迎されて文壇の中心勢力となった。しかし、逍遙の写実主義を表現技術の問題として継承し、江戸文学を模倣したため、写実も表面的描写にとどまった。

＊　　　＊　　　＊

◇日本文壇史 7　硯友社の時代終る　伊藤整著　講談社　1995.12　328,29p　15cm　（講談社文芸文庫）　951円
①4-06-196348-1

◇日本文壇史 4　硯友社と一葉の時代　伊藤整著　講談社　1995.6　310,23p　15cm　（講談社文芸文庫）　951円
①4-06-196325-2

◇二葉亭・透谷―考証と試論　関良一著　教育出版センター　1992.8　556p　24×17cm　（研究選書 47）　14563円
①4-7632-1482-9

◇鹿鳴館の系譜―近代日本文芸史誌　磯田光一著　講談社　1991.1　380p

15cm （講談社文芸文庫） 951円
①4-06-196110-1
◇日本文学講座 6 近代小説　伊豆利彦ほか著　大修館書店　1988.6　357p　21cm　2300円　①4-469-12036-7
◇明治の探偵小説　伊藤秀雄著　晶文社　1986.10　388,4p　21cm　4500円　①4-7949-3691-5

尾崎 紅葉

慶応3(1867).12.16〜明治36(1903).10.30
小説家。明治18年、大学予備門2年の時に硯友社を結成した。22年の出世作『二人比丘尼色懺悔』など井原西鶴に学んだ雅俗折衷体の作風が主調となっていたが、26年頃から言文一致体と写実主義に移行し、29年には『多情多恨』を発表した。30年以降『金色夜叉』を断続的に発表したが未完のまま没した。文壇の大家として多くの門下を育成したのは有名で、泉鏡花、小栗風葉、徳田秋声、柳川春葉がその四天王と称された。

『多情多恨』：明治29年。長編小説。近代知識人の内面を微細に描写した写実主義の代表作。文体においても洗練し尽くした「である」調の言文一致体を用い、この文体が近代口語文の基調として広く社会に承伏されることとなった。

『金色夜叉』：明治30〜35年。長編小説。未完。紅葉の死によって未完のまま中絶し、後に弟子の小栗風葉が補筆した。資本主義社会への発展過程で金銭欲、物質欲を肯定する風潮が表面化する中で、金と愛の争いを描き、読者の熱烈な支持を得た。

　　　＊　　　＊　　　＊

◇明治文学における明治の時代性　神立春樹著　御茶の水書房　1999.11　253p　21cm　（岡山大学経済学研究叢書）　3200円　①4-275-01787-0
◇風雅のひとびと—明治・大正文人俳句列伝　高橋康雄著　朝日新聞社　1999.4　379p　19cm　2600円　①4-02-330576-6

◇「色」と「愛」の比較文化史　佐伯順子著　岩波書店　1998.1　389,7p　19cm　4000円　①4-00-002781-6
◇日本の大衆文学　セシル・サカイ著，朝比奈弘治訳　平凡社　1997.2　341p　19cm　（フランス・ジャポノロジー叢書）　2800円　①4-582-70332-1
◇新編 思い出す人々　内田魯庵著，紅野敏郎編　岩波書店　1994.2　437p　15cm　（岩波文庫）　720円　①4-00-310864-7
◇物語　明治文壇外史　巌谷大四著　新人物往来社　1990.10　257p　19cm　2300円
◇かまくら文壇史—近代文学を極めた文士群像　巌谷大四著　(鎌倉)かまくら春秋社　1990.5　277p　19cm　1600円
◇尾崎紅葉　福田清人著　日本図書センター　1987.10　167,9p　22cm　（近代作家研究叢書 52）　4000円　①4-8205-0681-1
◇百年の日本人　その3　川口松太郎，杉本苑子，鈴木史楼ほか著　読売新聞社　1986.6　253p　19cm　1200円　①4-643-54730-8
◇尾崎紅葉—明治文壇の雄　岡保生著　新典社　1984.12　286p　19cm　（日本の作家 41）　1500円　①4-7879-7041-0
◇尾崎紅葉—その基礎的研究　岡保生著　日本図書センター　1983.12　218,9p　22cm　（近代作家研究叢書 17）　3500円
◇尾崎紅葉　近代文学資料刊行会企画・編集　信濃房　1979.9　1冊　22cm　2000円
◇文豪　松本清張著　文芸春秋　1974　341p　20cm　1200円
◇尾崎紅葉の生涯と文学　岡保生著　明治書院　1968　302p　図版　19cm
◇尾崎紅葉　巌谷大四著　人物往来社　1967　261p　図版　19cm　（近代人物叢書 2）
◇近代文学鑑賞講座 2　尾崎紅葉　福田清人著　角川書店　1959

◇現代作家論叢書 第1巻 明治の作家たち〔ほか〕 中島健蔵等編 稲垣達郎 英宝社 1955 19cm

◇日本の近代文学—作家と作品 本間久雄, 吉田精一, 神西清共著 東京堂 1955 286p 図版 19cm

◇作家論 第1-2 正宗白鳥著 角川書店 1954 2冊 15cm （角川文庫）

◇尾崎紅葉—その基礎的研究 岡保生著 東京堂 1953 218p 19cm

◇金色夜叉—尾崎紅葉の人と作品 ダイジェスト・シリーズ刊行会編 ジープ社 1950 161p 図版 19cm （ダイジェスト・シリーズ）

◇日本文学講座 5 尾崎紅葉 塩田良平著 河出書房 1950

山田 美妙

慶応4(1868).7.8〜明治43(1910).10.24

小説家、詩人、国語学者。大学予備門在学中に硯友社を結成した。小説『武蔵野』（明治20年）、短編集『夏木立』（21年刊）といった言文一致体の小説で文壇での地位を確立した。また西洋詩の知識に基づく新体詩上の新韻律法の設立を目論み北村透谷や岩野泡鳴らに影響を与え、25年から26年にかけて収載語彙に東京語のアクセントを付した画期的な『日本大辞書』を出版した。しかし25年以降数年間創作が停滞し、スキャンダルに見舞われるなどして文壇での地位を失い、不遇な晩年を過ごした。

『夏木立』：明治21年刊。短編小説集。『武蔵野』など6編の言文一致小説を収めている。構想、文体ともにすぐれた近代小説の出現として絶賛された。

　　　　＊　　＊　　＊

◇孤りの歩み—山田美妙論 深作硯史著 近代文芸社 1994.6 105p 19cm 1500円 ①4-7733-2742-1

◇新編 思い出す人々 内田魯庵著, 紅野敏郎編 岩波書店 1994.2 437p 15cm （岩波文庫） 720円 ①4-00-310864-7

◇山田美妙研究 塩田良平著 日本図書センター 1989.10 561,9p 22cm （近代作家研究叢書 72） 9270円 ①4-8205-9025-1

◇蘇峰とその時代—よせられた書簡から 高野静子著 中央公論社 1988.8 378p 19cm 2500円 ①4-12-001712-5

◇啄木・美妙そのほか—岩手の近代文学 浦田敬三著 盛岡 岩手近代文学懇談会 1968 243p 19cm

◇金田一博士古稀記念言語・民俗論叢 山田美妙言文一致論の原型 本間久雄著 三省堂 1953

理想主義

理想（特に道徳的・社会的な理想）の実現のための努力に人生の意義を求める立場。硯友社と対立して理想的な古典社会を描いたため、保守的・非現実的な傾向を持った。

幸田 露伴

慶応3(1867).7.23〜昭和22(1947).7.30

小説家、劇作家、随筆家、考証家。少年時より漢籍・仏書・江戸期の雑書を広く渉猟し、後年の博識の基礎を築いた。明治16年電信修技学校の給費生となり、8年に北海道余志の余市に赴任した。坪内逍遙の『小説神髄』に感動して文学革新の志を抱き、20年職を辞し帰京。22年『露団々』、『風流仏』を発表し文壇に衝撃を与え、以後も代表作『五重塔』（24〜25年）をはじめ小説、評論、随筆、考証などを執筆。漢語や仏教後を交えた格調高い文体で、男性的な壮大な意気と理想を描いた。

『五重塔』：明治24〜25年。中編小説。一世一代の仕事を成し遂げたい一心から、義理も人情も捨てて苦心の末に五重塔を建立する大工のっそり十兵衛の姿を通して、人間の意志の力強さを肯定する露伴の理想主義と芸術の永遠性を示した傑作。

文学

＊　＊　＊

◇人間の運命　小島直記著　致知出版社　1999.6　271p　19cm　1500円　⒤4-88474-567-1

◇父親の研究　木原武一著　新潮社　1999.4　249p　19cm　（新潮選書）　1200円　⒤4-10-600564-6

◇風雅のひとびと―明治・大正文人俳句列伝　高橋康雄著　朝日新聞社　1999.4　379p　19cm　2600円　⒤4-02-330576-6

◇渓流釣りの名人たち　酒井茂之著　講談社　1999.3　222p　19cm　（黄金の濡れ落葉講座）　1500円　⒤4-06-268313-X

◇種村季弘のネオ・ラビリントス 8 綺想図書館　種村季弘著　河出書房新社　1999.3　471p　19cm　4200円　⒤4-309-62008-6

◇近代文学の分身像　渡邉正彦著　角川書店　1999.2　222p　19cm　（角川選書）　1500円　⒤4-04-703300-6

◇土門拳 風貌　土門拳, 土門たみ監修　愛蔵版　小学館　1999.1　247p　30cm　8800円　⒤4-09-681152-1

◇得する生き方損する生き方―幸田露伴『修省論』を読む　幸田露伴著, 渡部昇一編述　三笠書房　1999.1　218p　19cm　1333円　⒤4-8379-1750-X

◇この日本人を見よ―在りし日の人たち　馬野周二著　フォレスト出版　1998.12　263p　19cm　1600円　⒤4-89451-065-0

◇群馬の作家たち　土屋文明記念文学館編　墳書房　1998.6　268p　18cm　（墳新書）　1300円　⒤4-8273-4074-9

◇人生、報われる生き方―幸田露伴『努力論』を読む　幸田露伴著, 渡部昇一編述　三笠書房　1997.11　254p　19cm　1333円　⒤4-8379-1707-0

◇日本研究―国際日本文化研究センター紀要 第16集　国際日本文化研究センター編　角川書店　1997.9　288,12p　26cm　3700円　⒤4-04-620316-1

◇文人悪食　嵐山光三郎著　マガジンハウス　1997.3　429p　19cm　1800円　⒤4-8387-0620-0

◇この人たちの結婚―明治大正名流婚　林えり子著　講談社　1997.1　301p　19cm　1650円　⒤4-06-208412-0

◇三絃の誘惑―近代日本精神史覚え書　樋口覚著　京都　京都人文書院　1996.12　334p　19cm　2900円　⒤4-409-16076-1

◇母胎幻想論―日本近代小説の深層　中谷克己著　大阪　大阪和泉書院　1996.10　262p　19cm　（和泉選書）　2500円　⒤4-87088-828-9

◇岩波講座 日本文学史 第12巻 20世紀の文学1　岩波書店　1996.2　341p　21cm　2913円　⒤4-00-010682-1

◇日本文壇史 8 日露戦争の時代　伊藤整著　講談社　1996.2　250,22p　15cm　（講談社文芸文庫）　951円　⒤4-06-196357-0

◇釣り人露伴　桜井良二著　近代文芸社　1995.7　250p　19cm　1942円　⒤4-7733-4186-6

◇蝸牛庵覚え書―露伴翁談叢抄　斎藤越郎著　（立川）けやき出版　1994.11　189p　19cm　1700円　⒤4-905942-59-4

◇小石川の家　青木玉著　講談社　1994.8　214p　20cm　1500円　⒤4-06-206198-8

◇新編 思い出す人々　内田魯庵著, 紅野敏郎編　岩波書店　1994.2　437p　15cm　（岩波文庫）　720円　⒤4-00-310864-7

◇露伴―自然・ことば・人間　瀬里広明著　（福岡）海鳥社　1993.4　305p　19cm　3400円　⒤4-87415-047-0

◇ちぎれ雲　幸田文著　講談社　1993.2　193p　15cm　（講談社文芸文庫）　880円　⒤4-06-196214-0

◇蝸牛庵訪問記　小林勇著　講談社　1991.1　375p　15cm　（講談社文芸文庫）　980円　⒤4-06-196111-X

◇幸田露伴―詩と哲学　瀬里広明著　福岡　創言社　1990.12　370p　22cm

3398円 ⓘ4-88146-344-6

◇露伴の俳話 高木卓著 講談社 1990.4 181p 15cm （講談社学術文庫） 500円 ⓘ4-06-158921-0

◇人間露伴 高木卓著 〔復刻版〕 日本図書センター 1990.3 243,8p 21cm （近代作家研究叢書 94） 6180円 ⓘ4-8205-9051-0

◇武者小路実篤全集 第9巻 武者小路実篤著 小学館 1989.4 805p 21cm 6800円 ⓘ4-09-656009-X

◇露伴と現代 瀬里広明著 福岡 創言社 1989.1 344p 22cm 3200円 ⓘ4-88146-310-1

◇近代文学研究叢書 第61巻 昭和女子大学近代文学研究室著 昭和女子大学近代文化研究所 1988.10 801p 19cm 8000円

◇蘇峰とその時代—よせられた書簡から 高野静子著 中央公論社 1988.8 378p 19cm 2500円 ⓘ4-12-001712-5

◇露伴・風流の人間世界 二瓶愛蔵著 東宛社 1988.4 307p 22cm 5500円 ⓘ4-924694-11-8

◇露伴と道元 瀬里広明著 福岡 創言社 1986.11 402p 20cm 3500円

◇幸田露伴と樋口一葉 伊狩章著 教育出版センター 1983.1 344p 20cm （以文選書 21） 3600円

◇幸田露伴・樋口一葉 日本文学研究資料刊行会編 有精堂出版 1982.4 314p 22cm （日本文学研究資料叢書） 2800円

◇露伴全集 第39巻 書簡 幸田露伴著 岩波書店 1979.12 409p 19cm 2300円

◇露伴全集 第38巻 日記 幸田露伴著 岩波書店 1979.11 366p 19cm 2300円

◇晩年の露伴 下村亮一著 経済往来社 1979.5 205p 20cm 1600円

◇幸田露伴 下の2 塩谷賛著 中央公論社 1977.5 362p 16cm （中公文庫） 460円

◇幸田露伴 下の1 塩谷賛著 中央公論社 1977.4 358p 16cm （中公文庫） 440円

◇幸田露伴 中 塩谷賛著 中央公論社 1977.3 410p 16cm （中公文庫） 440円

◇幸田露伴 上 塩谷賛著 中央公論社 1977.2 276p 16cm （中公文庫） 340円

◇東開ダルマ和尚と幸田露伴 今善作著 〔札幌〕 今善作 1973.12 89p 22cm 非売品

◇幸田露伴—日本ルネッサンス史論から見た 福本和夫著 法政大学出版局 1972 497p 図 20cm 2500円

◇露伴と遊び 塩谷賛著 創樹社 1972 285p 図 20cm 1300円

◇漱石・啄木・露伴 山本健吉著 文芸春秋 1972 269p 20cm 1000円

◇文明批評家としての露伴 瀬里広明著 未来社 1971 298p 22cm 1600円

◇幸田露伴 下 塩谷賛著 中央公論社 1968 539p 図版 20cm

◇幸田露伴 中 塩谷賛著 中央公論社 1968 488p 図版 20cm 1600円

◇幸田露伴 上 塩谷賛著 中央公論社 1965 470p 図版 20cm

◇岩波文庫をめぐる文豪秘話—漱石・鴎外・茂吉・露伴・寅彦 山崎安雄著 出版ニュース社 1964

◇上毛文学散歩 庭山政次, 萩原進共編 改訂版 2版 前橋 煥乎堂 1957 186p 19cm

◇中村光夫作家論集 第1 志賀直哉, 田山花袋, 幸田露伴, 正宗白鳥, 室生犀星, 横光利一, 川端康成, 小林秀雄 中村光夫著 大日本雄弁会講談社 1957 18cm （ミリオン・ブックス）

文学

- ◇蝸牛庵訪問記―露伴先生の晩年　小林勇著　岩波書店　1956　339p　図版　19cm
- ◇現代作家論叢書　第1巻　明治の作家たち〔ほか〕　中島健蔵等編　稲垣達郎　英宝社　1955　19cm
- ◇日本の近代文学―作家と作品　本間久雄, 吉田精一, 神西清共著　東京堂　1955　286p　図版　19cm
- ◇作家論　第1-2　正宗白鳥著　角川書店　1954　2冊　15cm　(角川文庫)
- ◇日本文学講座 5　露伴の小説　赤木健介著　東大出版会　1954
- ◇父―その死　幸田文著　創元社　1953　(創元文庫)
- ◇世界偉人伝　第3巻　親鸞　世界偉人伝刊行会編　亀井勝一郎　藤沢　池田書店　1952　19cm
- ◇露伴の書簡　幸田露伴著, 幸田文編　弘文堂　1951　381p 図版　19cm
- ◇露伴翁座談 2巻2冊　塩谷賛編　角川書店　1951　(角川文庫)
- ◇こんなこと　幸田文著　創元社　1950
- ◇東西百傑伝　第3巻　親鸞〔ほか〕　亀井勝一郎　藤沢　池田書店　1950　19cm
- ◇日本文学講座 5　幸田露伴　湯池孝著　河出書房　1950
- ◇露伴全集　第38巻　日記　幸田露伴著, 蝸牛会編　岩波書店　1950-58　19cm
- ◇露伴全集　第39巻　書簡　幸田露伴著, 蝸牛会編　岩波書店　1950-58　19cm
- ◇鴎外と露伴　日夏耿之介著　創元社　1949　(創元選書)
- ◇幸田露伴　斎藤茂吉著　洗心書林　1949　216p 図版　19cm
- ◇父―その死　幸田文著　中央公論社　1949
- ◇露伴の魔―その文献的研究　塩谷賛著　角川書店　1949　223p 肖像　19cm
- ◇露伴清談　小林栄子著　鬼怒書房　1949
- ◇人間露伴　高木卓著　丹頂書房　1948
- ◇世界文化人巡礼　山本実彦著　改造社　1948　280p
- ◇落穂抄―露伴先生に聞いた話　内田誠著　青山書院　1948
- ◇露伴翁家語　土橋利彦, 塩谷賛著　朝日新聞社　1948　224p 図版　19cm
- ◇幸田露伴　柳田泉著　真善美社　1947　277p　19cm　85円
- ◇露伴翁家語　塩谷賛著　朝日新聞社　1946　224p 図 肖像　19cm

樋口　一葉

明治5(1872).3.25～明治29(1896).11.23
小説家、歌人。明治19年に中島歌子の歌塾萩の舎に入門し、作歌のための古典知識を身につけた。22年に父が多額の負債を残して死没、貧窮の中、文筆で身をたてることを考えた。24年半井桃水の指導で小説を書きはじめ、25年に処女作『闇桜』を発表。以後貧しく虐げられた女性の怒りと悲しみを描いた傑作を書き続け、29年に数え年25歳で病没。小説や和歌などの作品の他、『一葉日記』(明治45年刊)と総称される数十冊の日記が残されており、作品に劣らぬ重要な価値を持っている。

『たけくらべ』：明治28～29年。短編小説。吉原の遊郭大黒屋の養女美登利を中心に、思春期を迎える少年少女の姿を写実的かつ叙情的に描写し、森鴎外や幸田露伴らに激賞された。

『にごりえ』：明治28年。短編小説。銘酒屋菊の井の私娼お力を主人公とし、客の結城朝之助を愛しながら、自分のために落ちぶれて妻子まで捨てるに至った源七の刃にかかって死ぬという筋で、一葉の人生への不安が投影された作品。

　　　　　*　　　　*　　　　*

- ◇論集 島崎藤村　島崎藤村学会編　おうふう　1999.10　329p　21cm　4800円

①4-273-03103-5

◇あの人はどこで死んだか―死に場所から人生が見える　矢島裕紀彦著　青春出版社　1999.5　269p　15cm　（青春文庫）543円　①4-413-09107-8

◇冒険と涙―童話以前　高橋康雄著　北宋社　1999.5　326p　21cm　3800円　①4-89463-025-7

◇「新しい作品論」へ、「新しい教材論」へ―文学研究と国語教育研究の交差1　田中実,須貝千里編著　右文書院　1999.2　282p　21cm　3400円　①4-8421-9809-5

◇語りかける記憶―文学とジェンダー・スタディーズ　中川成美著　小沢書店　1999.2　233p　19cm　2400円　①4-7551-0382-7

◇時代と女と樋口一葉―漱石も鴎外も描けなかった明治　菅聡子著　日本放送出版協会　1999.1　301p　15cm　（NHKライブラリー）970円　①4-14-084097-8

◇紀田順一郎著作集 第7巻 日記の虚実・永井荷風 その反抗と復讐　紀田順一郎著　三一書房　1998.11　370p　21cm　7000円　①4-380-98554-3

◇樋口一葉の手紙　川口昌男著　大修館書店　1998.11　282p　19cm　2300円　①4-469-22144-9

◇論集樋口一葉 2　樋口一葉研究会編　おうふう　1998.11　175p　21cm　3800円　①4-273-03043-8

◇佐佐木幸綱の世界 5 近代短歌論　佐佐木幸綱著,『佐佐木幸綱の世界』刊行委員会編　河出書房新社　1998.10　268p　19cm　3200円　①4-309-70375-5

◇樋口一葉来簡集　野口碩編　筑摩書房　1998.10　581p　21cm　8800円　①4-480-82334-4

◇一葉の雲　江宮隆之著　河出書房新社　1998.5　249p　19cm　1800円　①4-309-01216-7

◇近代化の中の文学者たち―その青春と実存　山口博著　愛育社　1998.4　279p　19cm　1800円　①4-7500-0205-4

◇一葉文学 生成と展開　滝藤満義著　明治書院　1998.2　274p　19cm　（国文学研究叢書）2900円　①4-625-58061-7

◇生きた書いた愛した―対談・日本文学よもやま話　瀬戸内寂聴著　新潮社　1997.12　218p　19cm　1400円　①4-10-311212-3

◇名作を書いた女たち　池田理代子著　中央公論社　1997.12　237p　15cm　（中公文庫）629円　①4-12-203012-9

◇樋口一葉論への射程　高田知波著　双文社出版　1997.11　218p　21cm　4600円　①4-88164-519-6

◇いま、愛と自由を―寂聴塾ノート　瀬戸内寂聴著　集英社　1997.5　261p　15cm　（集英社文庫）438円　①4-08-748615-X

◇文人悪食　嵐山光三郎著　マガジンハウス　1997.3　429p　19cm　1800円　①4-8387-0620-0

◇一葉論攷―立志の家系・樋口奈津から作家一葉へ　青木一男著　おうふう　1996.12　374p　21cm　8544円　①4-273-02936-7

◇全集 樋口一葉―一葉伝説　野口碩校注　新装復刻版　小学館　1996.12　542p　21cm　4660円　①4-09-352104-2

◇歴史上の本人　南伸坊著　日本交通公社出版事業局　1996.12　222p　19cm　1500円　①4-533-02622-2

◇わたしの樋口一葉　瀬戸内寂聴著　小学館　1996.11　271p　19cm　1456円　①4-09-362022-9

◇全集 樋口一葉 3 日記編　樋口一葉,前田愛,野口碩校注　新装復刻版　小学館　1996.11　356p　21cm　3301円　①4-09-352103-4

◇樋口一葉事典　岩見照代、北田幸恵、関礼子、高田知波、山田有策編　おうふう　1996.11　525p　21cm　4757円　①4-273-03191-4

文学

◇論集 樋口一葉 樋口一葉研究会編 おうふう 1996.11 311p 21cm 4660円 ①4-273-02935-9

◇短歌に出会った女たち 内野光子著 三一書房 1996.10 208p 19cm 2136円 ①4-380-96279-2

◇文学 近見と遠見と―社会主義と文学、その他 小田切秀雄著 集英社 1996.8 260p 19cm 2136円 ①4-08-774219-9

◇会いたかった人 中野翠著 徳間書店 1996.6 271p 19cm 1456円 ①4-19-860513-0

◇世界の伝記 36 樋口一葉 村松定孝著 新装版 ぎょうせい 1995.12 310p 19cm 1553円 ①4-324-04479-1

◇樋口一葉に聞く 井上ひさし,こまつ座編・著 ネスコ;文芸春秋〔発売〕 1995.12 249p 19cm 1553円 ①4-89036-909-0

◇一葉の日記―現代日本の評伝 和田芳恵著 講談社 1995.11 382p 15cm （講談社文芸文庫） 1068円 ①4-06-196347-3

◇樋口一葉「たけくらべ」アルバム 木村荘八絵巻 芳賀書店 1995.10 166p 26cm （芸術…夢紀行シリーズ 2） 3166円 ①4-8261-0902-4

◇樋口一葉私論 矢部彰著 近代文芸社 1995.9 317p 19cm 2427円 ①4-7733-4628-0

◇名作を書いた女たち―自分を生きた13人の人生 池田理代子著 講談社 1995.7 229p 18cm 1262円 ①4-06-207622-5

◇小さな文学の旅―日本の名作案内 漆原智良作 金の星社 1995.4 257p 19cm 1748円 ①4-323-01874-6

◇一葉の面影を歩く 槐一男著 大月書店 1995.3 110p 19cm （こだわり歴史散策 4） 1359円 ①4-272-61074-0

◇樋口一葉を読みなおす 日本文学協会新・フェミニズム批評の会編 学芸書林 1994.6 318p 20cm 2500円 ①4-87517-006-8

◇完全現代語訳 樋口一葉日記 高橋和彦著 アドレエー,アートダイジェスト〔発売〕 1993.11 455p 19cm 2800円 ①4-900455-19-9

◇姉の力 樋口一葉 関礼子著 筑摩書房 1993.11 256p 19cm （ちくまライブラリー 94） 1450円 ①4-480-05194-5

◇塵の中の一葉―下谷竜泉寺町に住んだ樋口一葉 荒木慶胤著 講談社出版サービスセンター 1993.11 211p 19cm 2500円 ①4-87601-304-7

◇恋愛放浪伝 日本テレビ放送網 1993.10 246p 19cm （知ってるつもり?! 13） 1100円 ①4-8203-9302-2

◇新編 近代美人伝 上 長谷川時雨著,杉本苑子編 岩波書店 1993.8 334p 15cm （岩波文庫） 570円 ①4-00-311032-3

◇樋口一葉 島木英著 日本図書センター 1993.6 206,10p 22cm （近代作家研究叢書 143） 4120円 ①4-8205-9247-5

◇樋口一葉の世界 前田愛著 平凡社 1993.6 337p 16cm （平凡社ライブラリー 4） 1200円 ①4-582-76004-X

◇一葉と時雨―伝記・樋口一葉/長谷川時雨 生田花世著 大空社 1992.7 285,7p 22cm （伝記叢書 91） 8000円 ①4-87236-390-6

◇ひとひらの舟―樋口一葉の生涯 三枝和子著 （京都）人文書院 1992.6 189p 19cm 1957円 ①4-409-16056-7

◇私語り樋口一葉 西川祐子著 リブロポート 1992.6 263,5p 19cm （シリーズ 民間日本学者 34） 1648円 ①4-8457-0735-7

◇樋口一葉 岩橋邦枝ほか著 小学館 1992.3 319p 19cm （群像 日本の作家 3） 1800円 ①4-09-567003-7

◇樋口一葉の世界 山梨県立文学館企画・編集 改訂版 甲府 山梨県立文学館

文学

1991.5　80p　30cm

◇樋口一葉と甲州　荻原留則著　甲陽書房　1989.11　262p　20cm　2500円

◇評伝樋口一葉　板垣直子著　日本図書センター　1989.10　320,9p　22cm　（近代作家研究叢書　70）　6180円　ⓟ4-8205-9023-5

◇一葉・25歳の生涯　西尾能仁著　信山社出版　1989.9　303p　19cm　3800円　ⓟ4-88261-041-8

◇樋口一葉の世界　前田愛著　筑摩書房　1989.9　440p　21cm　（前田愛著作集　第3巻）　4840円　ⓟ4-480-36003-4

◇一葉青春日記　樋口一葉著，和田芳恵編注　〔改版〕　角川書店　1989.6　182p　15cm　（角川文庫）　360円　ⓟ4-04-100703-8

◇樋口一葉　沢田章子著　新日本出版社　1989.6　222p　18cm　（新日本新書　390）　670円　ⓟ4-406-01738-0

◇物語女流文壇史　巌谷大四著　文芸春秋　1989.6　407p　15cm　（文春文庫）　480円　ⓟ4-16-739104-X

◇新時代のパイオニアたち―人物近代女性史　瀬戸内晴美編　講談社　1989.5　230p　15cm　（講談社文庫）　380円　ⓟ4-06-184436-9

◇頭痛肩こり樋口一葉　井上ひさし著　集英社　1988.11　191p　15cm　（集英社文庫）　300円　ⓟ4-08-749405-5

◇近代日記文学選　山根賢吉，橋本威編　（大阪）和泉書院　1988.2　153p　19cm　（新注近代文学シリーズ　2）　1000円　ⓟ4-87088-280-9

◇明治の精神　荒川久寿男著　（伊勢）皇学館大学出版部　1987.12　458p　19cm　2000円　ⓟ4-87644-067-0

◇樋口一葉　福田清人編著，小野芙紗子編著　清水書院　1987.6　210p　20cm　（Century books）　480円

◇商人としての樋口一葉　後藤積著　改訂増補　千秋社　1987.2　364p　21cm

2700円　ⓟ4-88477-094-3

◇百年の日本人　その3　川口松太郎，杉本苑子，鈴木史楼ほか著　読売新聞社　1986.6　253p　19cm　1200円　ⓟ4-643-54730-8

◇一葉の日記　和田芳恵著，野口碩補注　福武書店　1986.3　372p　15cm　（福武文庫）　600円　ⓟ4-8288-3009-X

◇樋口一葉　塩田良平著　吉川弘文館　1985.10　283p　19cm　（人物叢書）　1500円　ⓟ4-642-05017-5

◇樋口一葉と竜泉寺界隈　荒木慶胤著　八木書店　1985.9　16,53,71p　図版13枚　22cm　2500円

◇樋口一葉　新潮社　1985.5　111p　20cm　（新潮日本文学アルバム　3）　980円　ⓟ4-10-620603-X

◇樋口一葉論　湯地孝著　日本図書センター　1985.3　504,18,9p　22cm　（近代作家研究叢書　3）　6000円

◇一葉の憶ひ出　田辺夏子，三宅花圃著　日本図書センター　1984.9　136,8p　22cm　（近代作家研究叢書　42）　3500円

◇一葉・明治の新しい女―思想と文学　西尾能仁著　有斐閣出版サービス　1983.11　331p　20cm　2800円　ⓟ4-641-09946-4

◇樋口一葉研究　松坂俊夫著　増補改訂版　教育出版センター　1983.10　363p　22cm　（研究選書　3）　3800円

◇一葉の日記　和田芳恵著　福武書店　1983.1　307p　19cm　（文芸選書）　1500円

◇幸田露伴と樋口一葉　伊狩章著　教育出版センター　1983.1　344p　20cm　（以文選書　21）　3600円

◇樋口一葉―薄倖の才媛　岡保生著　新典社　1982.11　270p　19cm　（日本の作家　44）　1500円　ⓟ4-7879-7044-5

◇鑑賞日本現代文学　2　樋口一葉　樋口一葉著,松坂俊夫編　角川書店　1982.8　426p　20cm　2300円

275

文学

◇幸田露伴・樋口一葉　日本文学研究資料刊行会編　有精堂出版　1982.4　314p　22cm　（日本文学研究資料叢書）　2800円

◇樋口一葉研究　藤井公明著　桜楓社　1981.7　212p　22cm　4800円

◇一葉しのぶぐさ　岡本文弥著　同成社　1981.1　126p　16cm　1000円

◇樋口一葉　木村真佐幸編著　桜楓社　1980.2　191p　22cm　1400円

◇全集樋口一葉　第3巻　日記編　前田愛編　小学館　1979.12　356p　22cm　1900円

◇商人としての樋口一葉　後藤積著〔藤沢〕〔後藤積〕　1979.10　237p　21cm　2200円

◇全集樋口一葉　第4巻　評伝編　前田愛編　瀬戸内晴美ほか著　小学館　1979.9　306p　22cm　1900円

◇樋口一葉の世界　前田愛著　平凡社　1978.12　296p　20cm　（平凡社選書　62）　1200円

◇樋口一葉全集　第3巻　下　日記 2.随筆　筑摩書房　1978.11　p535～803,235p　22cm　6500円

◇人物日本の女性史　第12巻　教育・文学への黎明　集英社　1978.2　260p　20cm　890円

◇一葉文学成立の背景　木村真佐幸著　桜楓社　1976　208p　22cm　1800円

◇全釈一葉日記　第1巻　樋口一葉原著,西尾能仁著　桜楓社　1976　234p　22cm　4800円

◇全釈一葉日記　第2巻　樋口一葉原著,西尾能仁著　桜楓社　1976　475p　22cm

◇全釈一葉日記　第3巻　樋口一葉原著,西尾能仁著　桜楓社　1976　580p　22cm　18000円

◇樋口一葉の文学　山根賢吉著　桜楓社　1976　272p　22cm　（近代の文学　2）　3800円

◇樋口一葉　島木英著　紀伊国屋書店　1973　206p　18cm　（紀伊国屋新書）　400円

◇樋口一葉の文学　解釈学会編集　教育出版センター　1973　111p　21cm　（シリーズ文学　6）　480円

◇私の好きな古典—樋口一葉・芭蕉　小島政二郎著　文化出版局　1971　289p　20cm　630円

◇樋口一葉—考証と試論　関良一著　有精堂出版　1970　467p　22cm　3500円

◇樋口一葉研究　松坂俊夫著　教育出版センター　1970　245p　図版　22cm　1800円

◇愛の歪み　和田芳恵　中央大学出版部　1969　303p　19cm　680円

◇一葉誕生　和田芳恵著　現代書館　1969　181p　19cm　450円

◇樋口一葉とその周辺—大音寺前考証　上島金太郎著　笠間書院　1969　176p　図版　22cm　2000円

◇樋口一葉研究　塩田良平著　増補改訂版　中央公論社　1968　855p　図版　22cm

◇評伝 樋口一葉　村松定孝著　増補新版　実業之日本社　1967　270p　図版　20cm　（作品と作家研究）

◇樋口一葉　小野芙紗子著,福田清人編　清水書院　1966　210p　図版　19cm　（センチュリーブックス）

◇樋口一葉　塩田良平著　明治書院　1966　159,10p　27cm　（写真作家伝叢書　9）

◇樋口一葉の人と作品　和田芳恵編　学習研究社　1964　334p　図版　19cm

◇樋口一葉　関良一,保坂弘司著　学灯社　1962

◇日本人物史大系　第6巻　近代　第2　大久保利謙編　朝倉書店　1960　388p　22cm

◇樋口一葉　塩田良平著　吉川弘文館　1960　282p　図版　18cm　(人物叢書)
◇樋口一葉伝――一葉の日記　和田芳恵著　新潮社　1960　320p　16cm　(新潮文庫)
◇評伝 樋口一葉　村松定孝著　実業之日本社　1959　270p　図版　20cm
◇樋口一葉読本――その生涯と作品　和田芳恵編　学習研究社　1958　334p　図版　地図　20cm　(近代日本文学読本)
◇一葉の日記　和田芳恵著　筑摩書房　1957　348,24p　18cm
◇一葉小説全集　附巻　一葉評釈・一葉評伝　樋口一葉著　長谷川時雨　宝文館　1957　18cm
◇一葉小説全集　第3巻　日記,書簡　樋口一葉著　宝文館　1957　18cm
◇樋口一葉　和田芳恵著　角川書店　1957　186p　15cm　(角川文庫)
◇一葉青春日記　樋口一葉著, 和田芳恵編註　角川書店　1956　174p　15cm　(角川文庫)
◇一葉恋愛日記　樋口一葉著, 和田芳恵編註　角川書店　1956　202p　15cm　(角川文庫)
◇樋口一葉研究　塩田良平著　中央公論社　1956　799,17p　図版　22cm
◇樋口一葉研究　吉田精一編　新潮社　1956　260p　図版　18cm　(作家研究叢書)
◇現代作家論叢書　第1巻　明治の作家たち〔ほか〕　中島健蔵等編　稲垣達郎　英宝社　1955　19cm
◇日本の近代文学――作家と作品　本間久雄, 吉田精一, 神西清共著　東京堂　1955　286p　図版　19cm
◇作家論　第1-2　正宗白鳥著　角川書店　1954　2冊　15cm　(角川文庫)
◇世界伝記全集 8　樋口一葉　和田芳恵著　講談社　1954
◇日本文学アルバム　第3　樋口一葉　亀井勝一郎, 野田宇太郎, 臼井吉見共編　和田芳恵編　筑摩書房　1954-1958　19cm
◇樋口一葉　和田芳恵著　新潮社　1954　128p　19cm　(一時間文庫)
◇一葉全集　第3巻　日記 上　樋口一葉著, 塩田良平, 和田芳恵編　筑摩書房　1953-56　19cm
◇一葉全集　第4巻　日記 下　樋口一葉著, 塩田良平, 和田芳恵編　筑摩書房　1953-56　19cm
◇一葉全集　第6巻　通俗書簡文,書簡　樋口一葉著, 塩田良平, 和田芳恵編　筑摩書房　1953-56　19cm
◇一葉日記(抄)　樋口一葉著　新潮社　1953　204p　16cm　(新潮文庫)
◇樋口一葉　熊田国夫著　市ヶ谷出版社　1952　165p　図版　19cm　(文芸読本 I.1)
◇切手と樋口一葉　磯ケ谷紫江著　千葉紫香会　1951　13p　18cm
◇樋口一葉作品集　第2巻　日記　樋口一葉著　創元社　1951　19cm
◇偉人物語　薄幸の才女樋口一葉　持丸良雄著　偕成社　1950
◇一葉の憶ひ出　田辺夏子著　八幡潮鳴会　1950　92p　図版　19cm
◇十三夜――一葉の人と作品　ダイジェスト・シリーズ刊行会編　ジープ社　1950　147p　19cm　(ダイジェスト・シリーズ)
◇日本文学講座 5　樋口一葉　成瀬正勝著　河出書房　1950
◇樋口一葉　熊田国夫著　成城国文学会　1949
◇樋口一葉ものがたり　真下五一著　宝雲舎　1949
◇一葉の日記　和田芳恵著　隅田書房　1947　324p　B6　60円
◇樋口一葉――評釈伝記　石山徹郎, 榊原美文共著　日本評論社　1946　412p　図版　19cm

◇樋口一葉　板垣直子著　桃蹊書房　1946　243p　19cm

浪漫主義

　18世紀後半から19世紀前半にヨーロッパで発展した文芸思潮。日本では写実主義が展開された時期と同じ明治20年代に、世俗的習慣や封建的倫理にとらわれずに、自我の目覚めと内面的真実とを尊重した運動として、森鷗外や北村透谷ら「文学界」の作家によって推進された。30年代の「明星」や40年代の「三田文学」「スバル」もこの系列だが、近代性の未熟な日本ではヨーロッパほど徹底した文学運動にはならなかった。

　　　　＊　　　＊　　　＊

◇ロマン主義文学の水脈　浜田泉著　緑地社　1997.3　246p　19cm　1905円　①4-89751-034-1

◇日本文学を哲学する　赤羽根龍夫著　南窓社　1995.12　336p　21cm　2800円　①4-8165-0160-6

◇日本文学の歴史 10 近代・現代篇 1　ドナルド・キーン著、徳岡孝夫訳　中央公論社　1995.11　384p　21cm　2136円　①4-12-403229-3

◇日本文学史 近代・現代篇 8　ドナルド・キーン著、角地幸男訳　中央公論社　1992.12　414p　19cm　3689円　①4-12-002177-7

◇二葉亭・透谷―考証と試論　関良一著　教育出版センター　1992.8　556p　24×17cm　研究選書 47　14563円　①4-7632-1482-9

北村　透谷

　明治元(1868).11.16〜明治27(1894).5.16
　詩人、評論家。15歳で自由民権運動に参加したが明治18年の大阪事件を機に運動を離れ、文学によって政治的理想を実現しようとした。20年キリスト教に入信。長詩『楚囚之詩』(22年)、長編劇詩『蓬萊曲』(24年)や評論『内部生命論』(26年)などを発表、「文学界」誌上で浪漫主義の中心人物として活躍した。またキリスト教的平和運動組織日本平和会結成に参画し、その機関誌「平和」を編集した。理想と現実の間に行き詰まり、疲労と困窮から躁鬱病の症状を示すようになり、27年に25歳の若さで自殺した。

　『内部生命論』：明治26年。評論。実世界と想世界(精神世界)の対立の中で、想世界を選ぶべきものとした。そして内部生命こそ、この想世界を支える根幹であり、これを語ることが詩人・哲学者の任務であると主張した。

　　　　＊　　　＊　　　＊

◇論集 島崎藤村　島崎藤村学会編　おうふう　1999.10　329p　21cm　4800円　①4-273-03103-5

◇日本人の宗教意識―習俗と信仰の底を流れるもの　湯浅泰雄著　講談社　1999.7　381p　15cm（講談社学術文庫）1050円　①4-06-159384-6

◇文学者の日記 4 星野天知　星野天知著, 日本近代文学館編　博文館新社　1999.7　402p　21cm（日本近代文学館資料叢書 第1期）　5000円　①4-89177-974-8

◇詩の継承―『新体詩抄』から朔太郎まで　三浦仁著　おうふう　1998.11　636p　21cm　34000円　①4-273-03045-4

◇近代化の中の文学者たち―その青春と実存　山口博著　愛育社　1998.4　279p　19cm　1800円　①4-7500-0205-4

◇北村透谷と人生相渉論争　佐藤善也著　近代文芸社　1998.4　260p　19cm　2200円　①4-7733-6290-1

◇北村透谷論―近代ナショナリズムの潮流の中で　尾西康充著　明治書院　1998.2　288p　21cm　7800円　①4-625-43076-3

◇近世・近代文学の形成と展開―継承と展開 7　山根巴、横山邦治編　大阪大阪和泉書院　1997.11　234p　21cm（研究叢書）　8000円　①4-87088-879-3

文学

◇正統の垂直線―透谷・鑑三・近代　新保祐司著　構想社　1997.11　234p　19cm　2400円　㉀4-87574-063-8

◇三絃の誘惑―近代日本精神史覚え書　樋口覚著　京都　京都人文書院　1996.12　334p　19cm　2900円　㉀4-409-16076-1

◇近代日本の先駆的啓蒙家たち―福沢諭吉・植木枝盛・徳富蘇峰・北村透谷・田岡嶺雲　タグマーラ・パーブロブナ・ブガーエワ著,亀井博訳　平和文化　1996.10　222p　21cm　3000円　㉀4-938585-61-8

◇文学 近見と遠見と―社会主義と文学、その他　小田切秀雄著　集英社　1996.8　260p　19cm　2136円　㉀4-08-774219-9

◇渇仰と復活の挿画―吉郎 武郎 透谷　竹田日出夫著　双文社出版　1996.2　329p　21cm　6602円　㉀4-88164-508-0

◇孤蝶の夢―小説北村透谷　渥美饒児著　作品社　1996.1　219p　19cm　1942円　㉀4-87893-245-7

◇北村透谷研究評伝　平岡敏夫著　有精堂出版　1995.1　576p　19cm　7200円　㉀4-640-31056-0

◇北村透谷　桶谷秀昭著　筑摩書房　1994.10　295p　15cm　(ちくま学芸文庫)　980円　㉀4-480-08160-7

◇北村透谷論　桑原敬治著　学芸書林　1994.10　393p　19cm　3500円　㉀4-87517-009-2

◇北村透谷―彼方への夢　青木透著　丸善　1994.7　190p　18cm　(丸善ライブラリー　128)　640円　㉀4-621-05128-8

◇北村透谷―その創造的営為　佐藤善也著　翰林書房　1994.6　294p　20cm　3800円　㉀4-906424-43-0

◇双蝶―透谷の自殺　永畑道子著　藤原書店　1994.5　239p　20cm　1942円　㉀4-938661-93-4

◇透谷と近代日本　北村透谷研究会編　翰林書房　1994.5　433,4p　20cm　4800円　㉀4-906424-42-2

◇北村透谷　色川大吉著　東京大学出版会　1994.4　320p　19cm　2472円　㉀4-13-013017-X

◇北村透谷研究　第4　平岡敏夫著　有精堂出版　1993.4　520p　19cm　6200円　㉀4-640-31041-2

◇北村透谷　笹淵友一著　日本図書センター　1993.1　407,9p　22cm　(近代作家研究叢書　122)　7725円　㉀4-8205-9223-8

◇北村透谷の回復　岡部隆志著　三一書房　1992.12　244p　19cm　2400円　㉀4-380-92255-3

◇銀座と文士たち　武田勝彦,田中康子著　明治書院　1991.12　315p　19cm　2800円　㉀4-625-48056-6

◇透谷と漱石―自由と民権の文学　小沢勝美著　双文社出版　1991.6　370p　20cm　3980円　㉀4-88164-337-1

◇物語 明治文壇外史　巌谷大四著　新人物往来社　1990.10　257p　19cm　2300円

◇かまくら文壇史―近代文学を極めた文士群像　巌谷大四著　(鎌倉)かまくら春秋社　1990.5　277p　19cm　1600円

◇透谷と美那子　町田市立自由民権資料館編　町田　町田市教育委員会　1989.3　79p　21cm　(民権ブックス　2)

◇透谷ノート　吉増剛造著　小沢書店　1987.5　149p　20cm　(小沢コレクション　19)　1400円

◇北村透谷―エロス的水脈　森山重雄著　日本図書センター　1986.5　317p　22cm　5800円

◇北村透谷と徳富蘇峰　槙林滉二著　有精堂出版　1984.9　156p　20cm　(新鋭研究叢書　1)　2000円　㉀4-640-30800-0

◇続北村透谷研究　平岡敏夫著　有精堂出版　1982.5　326p　19cm　3000円

◇北村透谷―原像と水脈　小沢勝美著　勁草書房　1982.5　264p　20cm　2100円

279

文学

◇北村透谷研究　平岡敏夫著　有精堂出版　1982.5　292p　19cm　2500円

◇北村透谷研究　第3　平岡敏夫著　有精堂出版　1982.1　397p　19cm　4800円

◇近代日本詩人選　1　北村透谷　桶谷秀昭著　筑摩書房　1981.11　286p　19cm　1800円

◇個者へのこころ　島木英著　吉田和子　1980.2　222p　18cm　1000円

◇北村透谷の世界　佐藤毅著　浪漫主義文学研究会　1979.9　76p　26cm　（浪漫研叢書　6）

◇人生に相渉るとは何の謂ぞ　北村透谷著，桶谷秀昭編注　旺文社　1979.5　470p　16cm　（旺文社文庫）　560円

◇透谷像構想序説─伝統と自然　津田洋行著　笠間書院　1979.5　263p　20cm　1500円

◇北村透谷論─天空への渇望　黒古一夫著　冬樹社　1979.4　366p　20cm　2500円

◇北村透谷試論　3　〈蝶〉の行方　北川透著　冬樹社　1977.12　374p　19cm　2000円

◇北村透谷試論　2　内部生命の砦　北川透著　冬樹社　1976　378p　19cm　2000円

◇透谷と秋山国三郎　小沢勝美著　八王子　小沢勝美　1974　124p　図　肖像　19cm

◇北村透谷試論　1　〈幻境〉への旅　北川透著　冬樹社　1974　292p　19cm　1300円

◇北村透谷　関文月著　ふだん記全国グループ　1973　64p　図　肖像　22cm　（ふだん記本　35）

◇北村透谷　日本文学研究資料刊行会編　有精堂出版　1972　311p　22cm　（日本文学研究資料叢書）　1500円

◇北村透谷研究　続　平岡敏夫著　有精堂出版　1971　324p　図　肖像　19cm　（有精堂選書）　1300円

◇北村透谷論　小田切秀雄著　八木書店　1970　296p　22cm　（近代文学研究双書）　1200円

◇北村透谷研究　平岡敏夫著　有精堂出版　1967　291p　19cm　（有精堂選書）

◇橋本佳先生還暦記念文集　透谷について　石橋道子著　東京都立大学　1964

◇明治精神史　色川大吉著　黄河書房　1964

◇近代日本の作家たち　小田切秀雄著　増補版　法政大学出版局　1962　655p　22cm

◇日本の思想家　第1　朝日新聞社朝日ジャーナル編集部編　朝日新聞社　1962　333p　19cm

◇透谷　柳田泉等　岩波書店　1961　（座談会明治文学）

◇日本人物史大系　第5巻　近代　第1　小西四郎編　朝倉書店　1960　340p　22cm

◇日本の思想家　山本健吉編　光書房　1959　224p　20cm

◇北村透谷─自由と平和・愛と死　坂本浩著　至文堂　1957　269p　図版　19cm

◇現代作家論叢書　第1巻　明治の作家たち〔ほか〕　中島健蔵等編　稲垣達郎　英宝社　1955　19cm

◇日本の近代文学─作家と作品　本間久雄，吉田精一，神西清共著　東京堂　1955　286p　図版　19cm

◇岩波講座文学　4　透谷と近代文学の成立　小田切秀雄著　岩波書店　1954

◇近代日本の作家たち　〔正〕続編　小田切秀雄著　厚文社　1954　2冊　22cm

◇日本文学講座　5　近代小説の精神と方法─二葉亭と透谷　丸山静著　東大出版会　1954

◇日本歴史講座　5　北村透谷　瀬沼茂樹著　河出書房　1952

◇近代精神とその限界　北村透谷における近代市民精神　家永三郎著　角川書店　1950

◇蓬莱曲—透谷の人と作品　ダイジェスト・シリーズ刊行会編　ジープ社　1950　149p 19cm （ダイジェスト・シリーズ）

◇北村透谷　笹淵友一著　福村書店　1950　407p 図版　19cm

◇北村透谷　宍道達著　宝文館　1949

◇青春群像　小原元編　真善美社　1948　243p 19cm

文学界

文芸雑誌。明治26年1月から31年1月まで、58号を数えた。キリスト教的色彩の雑誌「女学雑誌」を母胎とする同人雑誌で、当初「女学雑誌 文学界」という誌名であったが、後に独立して第3号から「文学界」となった。同人に北村透谷や島崎藤村、客員格に樋口一葉や田山花袋らがいる。人間性の解放と芸術の絶対的価値を説き、前期浪漫主義運動に重要な役割を果たした。その思潮傾向から三期に分けて考えられ、第一期は透谷の評論、第二期は一葉の小説、三期は藤村の詩によって代表される。

　　　　＊　　　＊　　　＊

◇黙移　相馬黒光自伝　相馬黒光著　平凡社　1999.5　330p 16cm （平凡社ライブラリー）　1300円　④4-582-76288-3

◇明治の文芸雑誌—その軌跡を辿る　杉本邦子著　明治書院　1999.2　313p 21cm　4800円　④4-625-43078-X

◇論集樋口一葉 2　樋口一葉研究会編　おうふう　1998.11　175p 21cm　3800円　④4-273-03043-8

◇樋口一葉来簡集　野口碩編　筑摩書房　1998.10　581p 21cm　8800円　④4-480-82334-4

◇透谷、操山とマシュー・アーノルド　佐藤善也著　近代文芸社　1997.7　258p 19cm　2000円　④4-7733-5996-X

◇日本文壇史 3　悩める若人の群　伊藤整著　講談社　1995.4　327,23p 15cm　講談社文芸文庫　951円　④4-06-196316-3

自然主義

19世紀後半、フランスを中心に起こった文学運動。人間や社会の現実を科学的に追求し、客観的に描写することで社会の病弊を暴露しようとした。日本では明治30年代半ばに小杉天外が『はやり唄』を、永井荷風が『地獄の花』を発表したが、理論は根付かず、客観描写の方法だけが受け継がれた。これらの作品を前期自然主義という。のち39年に発表された島崎藤村の『破戒』、翌年の田山花袋の『蒲団』が日本における自然主義を確立した。社会性を失い、作家身辺の狭い事実偏重と告白性を特徴とし、大正期の私小説・心境小説へと引き継がれた。

　　　　＊　　　＊　　　＊

◇明治文芸館 4　20世紀初頭の文学　「明星」創刊とその時代　上田博,滝本和成編　京都　京都嵯峨野書院　1999.11　206,13p 21cm　2000円　④4-7823-0296-7

◇島崎藤村「東方の門」　藤一也著　沖積舎　1999.10　519p 21cm　6800円　④4-8060-4640-X

◇ことばの20世紀—128人のイラストレーターによる20世紀「ことば」美術館　現代用語の基礎知識,東京イラストレーターズ・ソサエティ編著　自由国民社　1999.1　474p 17cm　2190円　④4-426-11601-5

◇傍流文学論　野村喬著　花伝社;共栄書房〔発売〕　1998.12　498p 19cm （野村喬著述集 第5）　8500円　④4-7634-0332-X

◇傍流文学論　野村喬著　花伝社;共栄書房〔発売〕　1998.12　498p 19cm　6500円　④4-7634-0333-8

文学

◇柳田国男の明治時代―文学と民俗学と 岡村遼司著 明石書店 1998.11 345p 19cm 3000円 ①4-7503-1094-8

◇漱石・芥川・太宰と聖書―近代日本文学の謎を解く!! 奥山実著 立川 立川マルコーシュ・パブリケーション 1998.11 461p 19cm 2700円 ①4-87207-178-6

◇図説 幕末明治流行事典 湯本豪一著 柏書房 1998.10 382p 26cm 8900円 ①4-7601-1680-X

◇日本文壇史 22 明治文壇の残照 瀬沼茂樹著 講談社 1998.6 313,33p 15cm (講談社文芸文庫―回想の文学) 1100円 ①4-06-197618-4

◇近代文学における「運命」の展開 森田喜郎著 大阪 大阪和泉書院 1998.3 728p 21cm (近代文学研究叢刊) 8500円 ①4-87088-885-8

◇近代日本の批評 3 明治・大正篇 柄谷行人編 講談社 1998.1 383,17p 15cm (講談社文芸文庫) 1300円 ①4-06-197600-1

◇近代詩の思想 福島朝治著 教育出版センター 1997.7 262p 19cm (以文選書) 2400円 ①4-7632-1547-7

◇日本文壇史 13 頽唐派の人たち 伊藤整著 講談社 1996.12 288,21p 15cm (講談社文芸文庫―回想の文学) 951円 ①4-06-196396-1

◇独楽の回転―甦る近代小説 高橋昌男著 小沢書店 1996.11 241p 19cm 2000円 ①4-7551-0332-0

◇日本文壇史 12 自然主義の最盛期―回想の文学 伊藤整著 講談社 1996.10 335,27p 15cm (講談社文芸文庫) 951円 ①4-06-196390-2

◇日本文壇史 11 自然主義の勃興期 伊藤整著 講談社 1996.8 254,24p 15cm (講談社文芸文庫) 951円 ①4-06-196380-5

◇日本文学の歴史 14 近代・現代篇 5 ドナルド・キーン著, 角地幸男訳 中央公論社 1996.7 357p 21cm 2136円 ①4-12-403233-1

◇日本文壇史 9 日露戦後の新文学 伊藤整著 講談社 1996.4 250,23p 15cm (講談社文芸文庫―回想の文学) 951円 ①4-06-196364-3

◇岩波講座 日本文学史 第12巻 20世紀の文学1 岩波書店 1996.2 341p 21cm 2913円 ①4-00-010682-1

◇比較文学を学ぶ人のために 松村昌家編 京都 京都世界思想社 1995.12 289,9p 19cm 1893円 ①4-7907-0580-3

◇色彩文学論―色彩表現から見直す近代文学 大熊利夫著 五月書房 1995.11 237p 19cm 2000円 ①4-7727-0238-5

◇翻訳の思想―「自然」とNATURE 柳父章著 筑摩書房 1995.10 265p 15cm (ちくま学芸文庫) 951円 ①4-480-08232-8

◇近代評論の構造 谷沢永一著 大阪 大阪和泉書院 1995.7 494p 21cm (日本近代文学研叢) 8500円 ①4-87088-734-7

◇日本近代文学と「差別」 渡部直己著 太田出版 1994.7 198p 19cm (批評空間叢書 2) 1748円 ①4-87233-172-9

◇思想と表現―近代日本文学史の一側面 山口博著 有朋堂 1994.4 214p 19cm 1748円 ①4-8422-0176-2

◇三好行雄著作集 第6巻 近代文学史の構想 三好行雄著 筑摩書房 1993.6 369p 21cm 6408円 ①4-480-70046-3

◇徳田秋声と岩野泡鳴―自然主義の再検討 小川武敏編 有精堂出版 1992.8 265p 21cm (日本文学研究資料新集 16) 3544円 ①4-640-30965-1

◇私小説―自己暴露の儀式 イルメラ・日地谷・キルシュネライト著, 三島憲一, 山本尤, 鈴木直, 相沢啓一訳 平凡社 1992.4 581p 19cm 4272円 ①4-582-33305-2

◇現代文学の状況と分析　大久保典夫著　高文堂出版社　1992.2　273p　21cm　（大久保典夫双書）　2816円　Ⓡ4-7707-0371-6

◇近代日本の批評　明治・大正篇　柄谷行人編　福武書店　1992.1　329p　19cm　1748円　Ⓡ4-8288-2411-1

◇日本文学新史　近代　前田愛，長谷川泉編　至文堂　1990.12　489p　21cm　4660円　Ⓡ4-7843-0062-7

◇社会文学・社会主義文学研究　小田切秀雄著　勁草書房　1990.1　335,18p　21cm　3700円　Ⓡ4-326-80024-0

◇日本文芸史―表現の流れ　第5巻　近代1　畑有三，山田有策編　河出書房新社　1990.1　339,14p　21cm　4806円　Ⓡ4-309-60925-2

◇現代文学史の構造　大久保典夫著　高文堂出版社　1988.9　237p　21cm　2700円　Ⓡ4-7707-0261-2

◇日本女性史入門講座　1　女と家　吉見周子編著　同成社　1988.7　230p　19cm　1800円　Ⓡ4-88621-053-8

◇野間宏作品集　12　日本近代への遡行　野間宏著　岩波書店　1988.7　341p　22×17cm　5200円　Ⓡ4-00-091312-3

◇日本文学講座　6　近代小説　伊豆利彦ほか著　大修館書店　1988.6　357p　21cm　2300円　Ⓡ4-469-12036-7

◇文章入門　上　野間宏著　第三文明社　1988.6　211p　18cm　（レグルス文庫　177）　580円　Ⓡ4-476-01177-2

◇新版　近代日本文学の軌跡　村松定孝著　右文書院　1988.4　300,16p　21cm　2400円　Ⓡ4-8421-8804-9

◇現代日本文学史　大久保典夫，高橋春雄，保昌正夫，薬師寺章明編　笠間書院　1988.1　311p　21cm　1800円

◇折口信夫全集―ノート編　追補　第3巻　近代文学論　折口信夫著，折口博士記念古代研究所編　中央公論社　1987.12　290p　19cm　3000円　Ⓡ4-12-402697-8

◇日本文学講座　8　評論　亀井秀雄ほか著　大修館書店　1987.11　352p　21cm　2300円　Ⓡ4-469-12038-3

◇世紀末の自然主義―明治40年代文学考　岩佐壮四郎著　有精堂出版　1986.8　160p　19cm　（新鋭研究叢書　9）　2000円　Ⓡ4-640-30808-6

◇読売新聞文芸欄細目　上下　紅野敏郎編　日外アソシエーツ；紀伊国屋書店〔発売〕　1986.7　1403,148p　26cm　68600円　Ⓡ4-8169-0556-1

◇文学論集　1　文学の近代　越智治雄著　砂子屋書房　1986.3　329p　19cm　2500円

◇不機嫌の時代　山崎正和著　講談社　1986.2　282p　15cm　（講談社学術文庫）　680円　Ⓡ4-06-158721-8

◇自然主義文学　日本文学研究資料刊行会編　有精堂出版　1975　309p　22cm　（日本文学研究資料叢書）　2600円

◇自然主義作家ノート　館岡俊之助著　泉堂　1954　293p　22cm

◇日本文学講座　5　自然主義の小説―藤村と花袋を中心に　川副国基著　東大出版会　1954

島崎　藤村

　　明治5(1872).2.17～昭和18(1943).8.22　詩人、小説家。明治学院在学中にキリスト教の洗礼を受け、文学に目覚めた。「文学界」に詩を発表し、処女詩集『若菜集』（30年）で浪漫的叙情詩人として名をあげた。次第に叙事詩的傾向を強め、『落梅集』（34年）を最後に詩作を止めた。以後写生文などの散文から小説に転じ、39年に自然主義の礎石となった『破戒』を自費出版した。その後は

文学

> 内面の告白を主とした自伝的小説家への道をたどり、『春』(41年)『家』(43～44年)『新生』(大正7～8年)を経て、『夜明け前』(昭和4～10年)に結実した。
> 『若菜集』：明治30年。詩集。51編を収録。典雅な文語と流麗な七五調で、情熱的な恋愛などを歌っている。日本近代史の夜明けを告げる作品。
> 『破戒』：明治39年。長編小説。部落差別を題材に、社会と個人の相克や個人の自我を描いた本格的な近代小説で、島村抱月や夏目漱石に絶賛された。わが国自然主義運動の発足、日本近代小説の出発を示す記念碑的作品。

◇旅の図書館　高田宏著　白水社　1999.12　224p　19cm　2000円　Ⓘ4-560-04930-0

◇定本　佐藤春夫全集　第23巻　評論・随筆(5)　佐藤春夫著　京都　京都臨川書店　1999.11　458p　21cm　8800円　Ⓘ4-653-03333-1

◇藤村永遠の恋人　佐藤輔子　及川和男著　仙台　仙台本の森　1999.11　309p　19cm　2000円　Ⓘ4-938965-21-6

◇明治文学における明治の時代性　神立春樹著　御茶の水書房　1999.11　253p　21cm　(岡山大学経済学研究叢書)　3200円　Ⓘ4-275-01787-0

◇簡素に生きる―シンプルライフの思想　太田愛人著　長野　長野信濃毎日新聞社　1999.10　237p　19cm　1600円　Ⓘ4-7840-9845-3

◇島崎藤村「東方の門」　藤一也著　沖積舎　1999.10　519p　21cm　6800円　Ⓘ4-8060-4640-X

◇論集　島崎藤村　島崎藤村学会編　おうふう　1999.10　329p　21cm　4800円　Ⓘ4-273-03103-5

◇島崎藤村『夜明け前』リアリティの虚構と真実―木曾山林事件にみる転落の文学の背景　北条浩著　御茶の水書房　1999.8　337p　21cm　4500円　Ⓘ4-275-01769-2

◇差別用語の基礎知識'99―何が差別語・差別表現か？　高木正幸著　全面改訂版　土曜美術社出版販売　1999.7　392p　19cm　3200円　Ⓘ4-8120-1187-6

◇文学者の日記　4　星野天知　星野天知著, 日本近代文学館編　博文館新社　1999.7　402p　21cm　(日本近代文学館資料叢書　第1期)　5000円　Ⓘ4-89177-974-8

◇詩人を旅する　小松健一著　草の根出版会　1999.6　135p　21cm　(母と子でみるA8)　2200円　Ⓘ4-87648-140-7

◇文学における家族の問題　東洋大学井上円了記念学術センター編　すずさわ書店　1999.4　229p　19cm　(えっせんてぃあ選書8)　1800円　Ⓘ4-7954-0138-1

◇土門拳　風貌　土門拳著, 土門たみ監修　愛蔵版　小学館　1999.1　247p　30cm　8800円　Ⓘ4-09-681152-1

◇島崎藤村論―明治の青春　永野昌三著　土曜美術社出版販売　1998.12　238p　19cm　(現代詩人論叢書)　2500円　Ⓘ4-8120-0743-7

◇肉筆原稿で読む島崎藤村　伊東一夫, 青木正美編　国書刊行会　1998.12　235p　21cm　(島崎藤村コレクション　4)　5200円　Ⓘ4-336-04094-X

◇傍流文学論　野村喬著　花伝社;共栄書房〔発売〕　1998.12　498p　19cm　(野村喬著述集　第5)　8500円　Ⓘ4-7634-0332-X

◇傍流文学論　野村喬著　花伝社;共栄書房〔発売〕　1998.12　498p　19cm　6500円　Ⓘ4-7634-0333-8

◇詩の継承―『新体詩抄』から朔太郎まで　三浦仁著　おうふう　1998.11　636p　21cm　34000円　Ⓘ4-273-03045-4

◇借家と持ち家の文学史―「私」のうつわの物語　西川祐子著　三省堂　1998.11　379p　19cm　2700円　Ⓘ4-385-35881-8

◇若き日の藤村―仙台時代を中心に　藤一也著　仙台　仙台木の森　1998.11　277p　19cm　1800円　ⓘ4-938965-11-9

◇藤村をめぐる女性たち　伊東一夫著　国書刊行会　1998.11　282p　21cm　(島崎藤村コレクション 3)　5000円　ⓘ4-336-04093-1

◇『夜明け前』の世界―「大黒屋日記」を読む　高木俊輔著, 国文学研究資料館編　平凡社　1998.10　173p　19cm　(セミナー「原典を読む」11)　2000円　ⓘ4-582-36431-4

◇『夜明け前』探究―史料と翻刻　鈴木昭一著　おうふう　1998.10　363p　21cm　19000円　ⓘ4-273-03029-2

◇声―記号にとり残されたもの　工藤進著　白水社　1998.9　271p　19cm　2800円　ⓘ4-560-04924-6

◇知られざる晩年の島崎藤村　青木正美著　国書刊行会　1998.9　318p　21cm　(島崎藤村コレクション 2)　5200円　ⓘ4-336-04092-3

◇写真と書簡による島崎藤村伝　伊東一夫, 青木正美編　国書刊行会　1998.8　201,3p　21cm　(島崎藤村コレクション 1)　4800円　ⓘ4-336-04091-5

◇文学館ワンダーランド―全国文学館・記念館ガイド160　リテレール編集部編　メタローグ　1998.8　302p　19cm　1800円　ⓘ4-8398-2017-1

◇わが心の詩人たち―藤村・白秋・朔太郎・達治　中村真一郎著　潮出版社　1998.7　410p　19cm　(潮ライブラリー)　1800円　ⓘ4-267-01501-5

◇信濃路文学散歩―小井土昭二フォトエッセイ1　小井土昭二著　長野　長野信毎書籍出版センター　1998.7　98p　19×22cm　2000円

◇近代化の中の文学者たち―その青春と実存　山口博著　愛育社　1998.4　279p　19cm　1800円　ⓘ4-7500-0205-4

◇生きた書いた愛した―対談・日本文学よもやま話　瀬戸内寂聴著　新潮社　1997.12　218p　19cm　1400円　ⓘ4-10-311212-3

◇島崎藤村―『春』前後　佐々木雅発著　審美社　1997.5　525p　21cm　6000円　ⓘ4-7883-4079-8

◇藤村のパリ　河盛好蔵著　新潮社　1997.5　351p　19cm　3200円　ⓘ4-10-306005-0

◇文人悪食　嵐山光三郎著　マガジンハウス　1997.3　429p　19cm　1800円　ⓘ4-8387-0620-0

◇この人たちの結婚―明治大正名流婚林えり子著　講談社　1997.1　301p　19cm　1650円　ⓘ4-06-208412-0

◇オリエンタルな夢―小泉八雲と霊の世界　平川祐弘著　筑摩書房　1996.10　329p　19cm　2400円　ⓘ4-480-82331-X

◇房総の文学　江戸川大学・江戸川女子短期大学公開講座委員会編　新典社　1996.10　242p　19cm　(新典社文庫)　1942円　ⓘ4-7879-6505-0

◇島崎藤村研究　栩瀬良平著　上山　上山みちのく書房　1996.7　374p　21cm　2912円　ⓘ4-944077-16-5

◇「小諸」を読む―信濃路ガイド　長野　長野アース工房　1996.5　190p　18cm　951円　ⓘ4-87947-031-7

◇語りの近代　藤森清著　有精堂出版　1996.4　237,7p　19cm　3300円　ⓘ4-640-31073-0

◇日本文壇史 9　日露戦後の新文学　伊藤整著　講談社　1996.4　250,23p　15cm　(講談社文芸文庫―回想の文学)　951円　ⓘ4-06-196364-3

◇独歩と藤村―明治三十年代文学のコスモロジー　新保邦寛著　有精堂出版　1996.2　344,16p　21cm　8300円　ⓘ4-640-31069-2

◇日本文壇史 8　日露戦争の時代　伊藤整著　講談社　1996.2　250,22p　15cm　(講談社文芸文庫)　951円　ⓘ4-06-196357-0

文学

◇文彦 啄木 藤村 佐々木邦著 一関 一関北上書房 1996.1 242p 19cm 1262円 ⓘ4-905662-04-4

◇表現学大系 各論篇 第28巻 随筆・紀行の表現 湊吉正編 教育出版センター;冬至書房〔発売〕 1995.2 191p 21cm 2500円 ⓘ4-88582-940-2

◇四迷・啄木・藤村の周縁—近代文学管見 高阪薫著 大阪 和泉書院 1994.6 307,5p 22cm (近代文学研究叢刊 6) 3700円 ⓘ4-87088-670-7

◇島崎藤村—遠いまなざし 高橋昌子著 大阪 和泉書院 1994.5 307,7p 22cm (近代文学研究叢刊 5) 3700円 ⓘ4-87088-662-6

◇島崎藤村 和田謹吾著 翰林書房 1993.10 287p 22cm 6800円 ⓘ4-906424-23-6

◇島崎藤村——漂泊者の肖像 亀井勝一郎著 日本図書センター 1993.1 186,17p 22cm (近代作家研究叢書 124) 4120円 ⓘ4-8205-9225-4

◇小諸時代の藤村 並木張著 佐久 櫟 1992.11 300p 19cm (千曲川文庫 18) 1748円 ⓘ4-900408-44-1

◇島崎藤村 井出孫六ほか著 小学館 1992.2 321p 19cm (群像 日本の作家 4) 1800円 ⓘ4-09-567004-5

◇近代の詩人 2 島崎藤村 島崎藤村著, 中村真一郎編 潮出版社 1991.12 385p 21cm 5000円 ⓘ4-267-01240-7

◇銀座と文士たち 武田勝彦, 田中康子著 明治書院 1991.12 315p 19cm 2800円 ⓘ4-625-48056-6

◇島崎藤村 小林利裕著 京都 三和書房 1991.11 191p 20cm 1800円

◇歴史と人間について—藤村と近代日本 小谷汪之著 東京大学出版会 1991.8 222p 19cm (UP選書 265) 1648円 ⓘ4-13-002065-X

◇赤壁の家—藤村をめぐる佐久の豪農神津猛の生涯 大沢洋三著 増補改訂版 (長野)ほおずき書籍,星雲社〔発売〕 1990.11 277p 19cm 1500円 ⓘ4-7952-1955-9

◇近代日本の自伝 佐伯彰一著 中央公論社 1990.9 358p 15cm (中公文庫) 600円 ⓘ4-12-201740-8

◇島崎藤村と下仁田 里見倫夫著 〔甘楽町(群馬県)〕〔里見倫夫〕 1990.9 346p 22cm

◇島崎藤村と小諸—神津猛の友情をめぐって 並木張著 佐久 櫟 1990.7 305p 19cm (千曲川文庫 15) 1748円 ⓘ4-900408-29-8

◇かまくら文壇史—近代文学を極めた文士群像 巖谷大四著 (鎌倉)かまくら春秋社 1990.5 277p 19cm 1600円

◇小説家 島崎藤村 笹淵友一著 明治書院 1990.1 492p 21cm 9800円 ⓘ4-625-43056-9

◇島崎藤村論考 川島秀一著 桜楓社 1987.9 239p 22cm 3800円 ⓘ4-273-02195-1

◇島崎藤村 福田清人編著, 佐々木徹編著 清水書院 1987.6 210p 20cm (Century books) 480円

◇藤村の世界—愛と告白の軌跡 高坂薫著 (大阪)和泉書院 1987.3 286,5p 21cm (研究叢書 41) 3800円 ⓘ4-87088-227-2

◇島崎藤村研究 小林一郎著 教育出版センター 1986.9 292p 22cm (研究選書 46) 7500円 ⓘ4-7632-1497-7

◇文学探訪 小諸・藤村記念館 土屋正衛ほか著, 小諸市教育委員会監修 (小平)蒼丘書林 1986.9 144p 18cm 900円

◇芭蕉・藤村・山頭火 大山澄太著 春陽堂書店 1985.12 223p 19cm 1300円 ⓘ4-394-90081-6

◇藤村の書簡 島崎藤村著, 山室静編 長野 信濃毎日新聞社 1985.10 193p 37cm 22000円

◇島崎藤村の文学　伊藤信吉著　日本図書センター　1985.5　565,15,9p　22cm　（近代作家研究叢書　5）　6000円

◇島崎藤村と佐久　第2集　佐久教育会藤村研究委員会編　佐久　佐久教育会　1985.3　431p　22cm　非売品

◇「破戒」執筆の哀歌—藤村と佐久・佐久と文学　並木張著　佐久　欅　1984.12　263p　19cm　（千曲川文庫　7）　1600円
①4-900408-12-3

◇島崎藤村—考証と試論　関良一著　教育出版センター　1984.11　622p　23cm　（研究選書　39）　12000円　①4-7632-1479-9

◇藤村文学序説　剣持武彦著　桜楓社　1984.9　206p　19cm　1900円

◇島崎藤村　新潮社　1984.8　111p　20cm　（新潮日本文学アルバム　4）　980円　①4-10-620604-8

◇島崎藤村—その生涯と作品　瀬沼茂樹著　日本図書センター　1984.2　395,10p　22cm　（近代作家研究叢書　26）　4500円

◇島崎藤村論　三好行雄著　筑摩書房　1984.1　393p　22cm　3500円

◇島崎藤村　2　日本文学研究資料刊行会編　有精堂出版　1983.6　307p　22cm　（日本文学研究資料叢書）　3200円　①4-640-30049-2

◇島崎藤村　『一冊の講座』編集部編　有精堂出版　1983.1　234p　22cm　（一冊の講座）　3800円　①4-640-30354-8

◇小諸・藤村記念館—文学探訪　土屋正衛ほか著　小平　蒼丘書林　1982.11　143p　18cm　900円

◇鑑賞日本現代文学　第4巻　島崎藤村　十川信介編　角川書店　1982.10　473p　20cm　2300円

◇島崎藤村事典　伊藤一夫編　新訂版　明治書院　1982.4　10,800p　22cm　7800円

◇評伝島崎藤村　井原亮著　諏訪　檸檬社　1981.12　176p　20cm　1500円

①4-89607-303-7

◇評伝島崎藤村　瀬沼茂樹著　筑摩書房　1981.10　330p　20cm　2200円

◇吉田精一著作集　6　島崎藤村　吉田精一著　桜風社　1981.7　331p　20cm　2800円

◇島崎藤村　十川信介著　筑摩書房　1980.11　279p　20cm　1800円

◇島崎藤村—房州・『巡礼』　千葉宣朗著　千秋社　1980.10　295p　20cm　1200円

◇島崎藤村　学習研究社　1980.3　242p　26cm　（人と文学シリーズ）　1500円

◇島崎藤村—課題と展望　伊東一夫編　明治書院　1979.11　434p　22cm　3800円

◇島崎藤村論　鈴木昭一著　桜楓社　1979.10　214p　22cm　2800円

◇藤村の精神　吉村善夫著　筑摩書房　1979.9　291p　20cm　1900円

◇島崎藤村—文芸読本　河出書房新社　1979.6　263p　21cm　680円

◇島崎藤村文芸辞典　実方清著　清水弘文堂　1979.6　200p　20cm　1200円

◇流離の人—回想の島崎藤村　加藤千代三著　文化出版局　1978.12　237p　20cm　980円

◇島崎藤村　剣持武彦編集　朝日出版社　1978.11　399p　20cm　（比較文学研究）　3000円

◇島崎藤村—追憶の小諸義塾　林勇著　冬至書房新社　1978.4　209p　20cm　1200円

◇島崎藤村と佐久　佐久教育会藤村研究委員会編　佐久　佐久教育会　1978.3　468p　22cm　非売品

◇国語国文学研究史大成　13　藤村・花袋　吉田精一ほか編著　増補　三省堂　1978.2　526p　22cm　3800円

◇島崎藤村—生涯と言葉　山室静編著　藤森書店　1977.12　206p　図　肖像　20cm　（文学・芸術の本）　980円

文学

- ◇島崎藤村　1　青春の軌跡　田中富次郎著　桜楓社　1977.9　284p　図　22cm　2400円
- ◇島崎藤村の仙台時代—「若菜集」をめぐって　藤一也著　仙台　万葉堂出版　1977.9　360p　22cm　3000円
- ◇シンポジウム日本文学　15　島崎藤村　三好行雄司会　学生社　1977.8　204p　22cm　1900円
- ◇島崎藤村—彷徨の青春　垣田時也, 奥村粂三, 伊東一夫著　国書刊行会　1977.2　297p　22cm　3800円
- ◇島崎藤村事典　伊東一夫編　改訂版　明治書院　1976　784p　図・肖像　地図　22cm　5800円
- ◇平野謙全集　第2巻　新潮社　1975　486p　肖像　20cm　3000円
- ◇現代日本文学アルバム　3　島崎藤村　編集委員:足立巻一等　学習研究社　1974　242p　27cm　2300円
- ◇診断・日本人　宮本忠雄編　日本評論社　1974　319p　20cm　1300円
- ◇島崎藤村の文学碑　早稲田大学文学碑と拓本の会編　二玄社　1974　50p　21cm　450円
- ◇「藤村における旅」資料展—島崎藤村没後30年によせて　丸善（制作）　1973　60p　26cm
- ◇宇野浩二全集　第10巻　評論評伝　1　中央公論社　1973　511p　肖像　20cm　1500円
- ◇山室静著作集　6　藤村論考　冬樹社　1973　372p　19cm
- ◇小諸時代の島崎藤村—写真資料集　林勇著　長野　信濃路　東京　農山漁村文化協会（発売）　1973　149p　27cm　3500円
- ◇信濃畸人伝　続　高井蒼風著　一光社　1973　401p　図　肖像　19cm　1700円
- ◇島崎藤村の文学　解釈学会編集　教育出版センター　1973　110p　肖像　21cm　（シリーズ文学　8）　480円
- ◇藤村における旅　北小路健, 伊東一夫, 早坂礼吾著　木耳社　1973　361p　図　22cm　2000円
- ◇藤村研究「風雪」　1　島崎藤村研究会編　教育出版センター　1973　100p　21cm　（シリーズ文学　11）　480円
- ◇藤村研究「風雪」　2　島崎藤村研究会編　教育出版センター　1973　60p　21cm　（シリーズ文学　12）　480円
- ◇藤村研究「風雪」　3　島崎藤村研究会編　教育出版センター　1973　57p　21cm　（シリーズ文学　13）　480円
- ◇藤村研究「風雪」　4　島崎藤村研究会編　教育出版センター　1973　83p　21cm　（シリーズ文学　14）　480円
- ◇藤村研究「風雪」　5　島崎藤村研究会編　教育出版センター　1973　72p　21cm　（シリーズ文学　15）　480円
- ◇藤村研究「風雪」　6　島崎藤村研究会編　教育出版センター　1973　82p　21cm　（シリーズ文学　16）
- ◇藤村研究「風雪」　7　島崎藤村研究会編　教育出版センター　1973　44p　21cm　（シリーズ文学　17）　480円
- ◇藤村研究「風雪」　8　島崎藤村研究会編　教育出版センター　1973　66p　21cm　（シリーズ文学　18）　480円
- ◇藤村研究「風雪」　9　島崎藤村研究会編　教育出版センター　1973　72p　21cm　（シリーズ文学　19）　480円
- ◇藤村研究「風雪」　10　島崎藤村研究会編　教育出版センター　1973　64p　21cm　（シリーズ文学　20）　480円
- ◇花咲く桃李の蔭に—モラリスト・島崎藤村　大塚幸男著　潮出版社　1972　203p　肖像　20cm
- ◇私の作家評伝　1　小島信夫著　新潮社　1972　258p　19cm　（新潮選書）　460円
- ◇島崎藤村事典　伊東一夫編　明治書院　1972　744p　図　肖像　地図　22cm　5800円

◇藤村文学・人とその風土　勝野金政著　木耳社　1972　228p　図　肖像　19cm　780円

◇木曽路と島崎藤村　瀬沼茂樹著　平凡社　1972　211p　図　20cm　（歴史と文学の旅）　750円

◇落穂―藤村の思い出　島崎静子著　明治書院　1972　155p　図　肖像　19cm　800円

◇緑蔭に語る禅―良寛・藤村・山頭火　大山澄太述　古川書房　1972　205p　図　19cm　（古川叢書）　480円

◇島崎藤村　日本文学研究資料刊行会編　有精堂出版　1971　328p　22cm　（日本文学研究資料叢書）　1500円

◇ひとすじのみち―藤村とともに　島崎静子著　明治書院　1969　341p　図版　19cm　800円

◇島崎藤村研究―近代文学研究方法の諸問題　伊東一夫著　明治書院　1969　769p　図版　22cm　4500円

◇藤村全集　第17巻　書簡集　島崎藤村著　筑摩書房　1968　622p　図版　23cm

◇小諸なる古城のほとり―島崎藤村と小諸　林勇著　小諸　市立藤村記念館　1967　134p　図版　22cm

◇藤村私記　島崎蓊助著　河出書房　1967　399p　20cm

◇評伝　島崎藤村　瀬沼茂樹著　増補新版　実業之日本社　1967　330p　図版　20cm　（作品と作家研究）

◇島崎藤村　佐々木徹著, 福田清人編　清水書院　1966　210p　図版　19cm　（センチュリーブックス　人と作品　8）

◇島崎藤村　和田謹吾著　明治書院　1966　209p　18cm　（近代作家叢書）

◇島崎藤村の秘密　西丸四方著　有信堂　1966　174p　図版　19cm　（Yûshindô sôsho）

◇島崎藤村論　三好行雄著　至文堂　1966　266p　23cm

◇明治の作家　猪野謙二著　岩波書店　1966

◇島崎藤村　川副国基著, 大竹新助写真　明治書院　1965　160,14p　27cm　（写真作家伝叢書　1）

◇島崎藤村　渋川驍著　筑摩書房　1964　292p　20cm

◇島崎藤村の人と作品　山室静編　学習研究社　1964　350p　図版　19cm

◇島崎藤村　猪野謙二著　有信堂　1963　240p　図版　18cm　（人と作品シリーズ）

◇文芸読本　島崎藤村　島崎藤村著, 瀬沼茂樹編　河出書房新社　1962　334p　図版　18cm　（Kawade paperbacks）

◇島崎藤村の生涯　池田義孝著　角川書店　1961　487p　20cm

◇我が愛する詩人の伝記　室生犀星著　中央公論社　1960　246　18cm　（中央公論文庫）

◇人生論読本　島崎藤村　村松定孝編　角川書店　1960

◇島崎藤村―人と文学　平野謙著　新潮社　1960　209p　16cm　（新潮文庫）

◇島崎藤村と小諸―教育者としての藤村　林勇著　新文明社　1960

◇評伝　島崎藤村　瀬沼茂樹著　実業之日本社　1959　326p　図版　19cm

◇我が愛する詩人の伝記　室生犀星著　中央公論社　1958　246p　20cm

◇島崎藤村読本―その生涯と作品　山室静編　学習研究社　1958　350p　図版　20cm　（近代日本文学読本）

◇鴎外・藤村・啄木・武郎　桑島昌一著　ペリカン書房　1957　150p　18cm

◇上毛文学散歩　庭山政次, 萩原進共編　改訂版2版　前橋　煥乎堂　1957　186p　19cm

◇島崎藤村　平野謙著　五月書房　1957　246p　図版　19cm　（現代作家論全集）

◇島崎藤村―生涯と作品　瀬沼茂樹著　角川書店　1957　（角川文庫）

文学

◇藤村の生涯と旅　池田義孝著　池田義孝　1957

◇島崎藤村　平野謙著　河出書房　1956　172p 図版　15cm（河出文庫）

◇島崎藤村全集　第30-31　書簡集　島崎藤村著　筑摩書房　1956-57　18cm

◇島崎藤村読本　山室静編　河出書房　1956　200p 図版　18cm（河出新書）

◇島崎藤村論　亀井勝一郎著　新潮社　1956　296p　16cm（新潮文庫）

◇回想の島崎藤村　田中宇一郎著　四李社　1955　270p　18cm（四李新書）

◇現代作家論叢書　第2巻　明治の作家たち〔ほか〕　中島健蔵等編　瀬沼茂樹　英宝社　1955　19cm

◇若き日の島崎藤村—若き日の手紙　川崎竹一著　信友社　1955　186p 図版　18cm

◇日本の近代文学—作家と作品　本間久雄, 吉田精一, 神西清共著　東京堂　1955　286p 図版　19cm

◇岩波講座文学の創造と鑑賞 1　島崎藤村・千家元麿・萩原恭次郎　高見順著　岩波書店　1954

◇作家論　第1-2　正宗白鳥著　角川書店　1954　2冊　15cm（角川文庫）

◇島崎藤村　猪野謙二著　要書房　1954　171p 図版　19cm（要選書）

◇島崎藤村　平野謙著　河出書房　1954（河出文庫）

◇日本文学アルバム　第1　島崎藤村　亀井勝一郎, 野田宇太郎, 臼井吉見共編　臼井吉見編　筑摩書房　1954-1958　19cm

◇人間藤村と作品　第1部　藤村を貫くもの　藤井悦雄著　信友社　1953　15cm（信友文庫）

◇人間藤村と作品　第2部　藤村の詩風　藤井悦雄著　信友社　1953　15cm（信友文庫）

◇島崎藤村—その生涯と作品　瀬沼茂樹著　塙書房　1953　395p 図版　19cm

◇島崎藤村　平野謙著　河出書房　1953　169p 図版　15cm（市民文庫）

◇島崎藤村　福田清人著　学灯社　1953（学灯文庫）

◇島崎藤村論　亀井勝一郎著　新潮社　1953　345p　19cm

◇漂泊の詩人　藤村の生涯—作品と芸術　足立勇著　星文館　1953　405p 19cm

◇文豪の素顔　長田幹彦著　要書房　1953　236p　19cm

◇作家論　杉浦明平著　草木社　1952　244p 21cm

◇世界偉人伝　第2巻　島崎藤村　世界偉人伝刊行会編　亀井勝一郎　藤沢　池田書店　1952　19cm

◇島崎藤村　下田惟直著　潮文閣　1951　314p　19cm

◇東西百傑伝　第2巻　島崎藤村〔ほか〕　亀井勝一郎　藤沢　池田書店　1950　19cm

◇藤村の思ひ出　島崎静子著　中央公論社　1950　282p 図版　19cm

◇日本文学講座 6　島崎藤村　杉浦明平著　河出書房　1950

◇信州人物記作家伝　樋口寛編　信濃毎日新聞社　1949

◇島崎藤村　池田勉著　成城国文学会　1949

◇島崎藤村—生涯と作品　瀬沼茂樹著　世界評論社　1949（世界文学ハンドブック）

◇青春群像　小原元編　真善美社　1948　243p　19cm

◇島崎藤村 青春篇　鑓田研一著　鮎沢書店　1948

◇島崎藤村全集　第19巻　書簡集　島崎藤村著　新潮社　1948-52　22cm

◇藤村　伊藤佐喜雄著　惇信堂　1948（新選詩人叢書）

◇藤村を貫くもの―島崎藤村研究　藤井悦雄著　長野　信友社出版部　1948　180p 図版　19cm

◇父藤村と私たち　島崎翁助著　海口書店　1948　214p　19cm

◇若き日の島崎藤村　川崎竹一著　長野　明日香書房　1947　180p　19cm　48円

◇島崎藤村　伊藤信吉著　和田堀書店　1947　273p　18cm　27円

◇島崎藤村　亀井勝一郎著　かに書房　1947　226p　18cm　50円

◇島崎藤村　平野謙著　筑摩書房　1947

◇藤村の芸術と生涯　村田治夫著　新府書房　1947　174p　19cm　45円

◇歴史への道―藤村と漱石　大類伸著　横浜　日高書房　1947　89p　19cm　25円

◇鏡花・藤村・竜之介その他　日夏耿之介著　光文社　1946

◇島崎藤村　下田惟直著　弘学社　1946　314p　19cm

◇島崎藤村論　掛川俊夫著,島木次郎編　長野　農村文化協会長野支部　1946　110p　19cm

◇馬籠―藤村先生のふるさと　菊池重三郎著　東京出版　1946

◇漱石・鷗外・藤村　板垣直子著　巌松堂書店　1946

◇島崎藤村　平野謙著　河出書房　1945　市民文庫

国木田 独歩

明治4(1871).7.15～明治41(1908).6.23

詩人、小説家。明治24年にキリスト教の洗礼を受けた。カーライルやワーズワースを愛読。日清戦争時に従軍記者として書いた通信記事『愛弟通信』(27～28年)で文名をあげた。30年処女小説『源叔父』を執筆。当初は『武蔵野』(31年)のように叙情性豊かな浪漫小説を書い

たが、『牛肉と馬鈴薯』(34年)以後自然主義的な作風に移っていった。

『牛肉と馬鈴薯』：明治34年。短編小説。独歩自身といえる作中の人物岡本が語る「宇宙の不思議を知り、不思議な宇宙に驚きたい」という浪漫的な哲学と、それを求めて得られぬ苦悩とを具現した作品。

　　　＊　　　＊　　　＊

◇欺かざるの記抄―佐々城信子との恋愛　国木田独歩著　講談社　1999.11　309p　15cm　(講談社文芸文庫)　1050円　⑪4-06-197690-7

◇伝記児童文学のあゆみ―1891から1945年　勝尾金弥著　京都　京都ミネルヴァ書房　1999.11　388,6p　19cm　3200円　⑪4-623-03085-7

◇国木田独歩論―独歩における文学者の誕生　鈴木秀子著　春秋社　1999.6　319p　21cm　10000円　⑪4-393-44143-5

◇黙移　相馬黒光自伝　相馬黒光著　平凡社　1999.5　330p　16cm　(平凡社ライブラリー)　1300円　⑪4-582-76288-3

◇「新しい作品論」へ、「新しい教材論」へ―文学研究と国語教育研究の交差 1　田中実,須貝千里編著　右文書院　1999.2　282p　21cm　3400円　⑪4-8421-9809-5

◇ことばへの旅　森本哲郎著　愛蔵版　新潮社　1998.12　508p　21cm　3800円　⑪4-10-337208-7

◇傍流文学論　野村喬著　花伝社;共栄書房〔発売〕　1998.12　498p　19cm　(野村喬著述集 第5)　8500円　⑪4-7634-0332-X

◇傍流文学論　野村喬著　花伝社;共栄書房〔発売〕　1998.12　498p　19cm　6500円　⑪4-7634-0333-8

◇日本文学の百年　小田切秀雄著　東京新聞出版局　1998.10　318p　19cm　1800円　⑪4-8083-0653-0

◇近代化の中の文学者たち―その青春と実存　山口博著　愛育社　1998.4　279p　19cm　1800円　⑪4-7500-0205-4

文学

◇独楽の回転―甦る近代小説　髙橋昌男著　小沢書店　1996.11　241p　19cm　2000円　ⓘ4-7551-0332-0

◇日本文壇史　9　日露戦後の新文学　伊藤整著　講談社　1996.4　250,23p　15cm　（講談社文芸文庫―回想の文学）　951円　ⓘ4-06-196364-3

◇独歩と藤村―明治三十年代文学のコスモロジー　新保邦寛著　有精堂出版　1996.2　344,16p　21cm　8300円　ⓘ4-640-31069-2

◇日本文壇史　8　日露戦争の時代　伊藤整著　講談社　1996.2　250,22p　15cm　（講談社文芸文庫）　951円　ⓘ4-06-196357-0

◇若き日の国木田独歩―佐伯時代の研究　小野茂樹著　日本図書センター　1993.6　264,9p　22cm　（近代作家研究叢書　138）　8240円　ⓘ4-8205-9242-4

◇反俗脱俗の作家たち　大星光史著　（京都）世界思想社　1991.1　232p　19cm　（SEKAISHISO SEMINAR）　2280円　ⓘ4-7907-0383-5

◇一つの水脈―独歩・白鳥・鱒二　岩崎文人著　広島　渓水社　1990.9　245p　20cm　2884円　ⓘ4-87440-227-5

◇かまくら文壇史―近代文学を極めた文士群像　巖谷大四著　（鎌倉）かまくら春秋社　1990.5　277p　19cm　1600円

◇国木田独歩　中根駒十郎編　〔復刻版〕日本図書センター　1990.3　206,8p　21cm　（近代作家研究叢書　103）　5150円　ⓘ4-8205-9060-X

◇近代日記文学選　山根賢吉，橋本威編　（大阪）和泉書院　1988.2　153p　19cm　（新注近代文学シリーズ　2）　1000円　ⓘ4-87088-280-9

◇国木田独歩論　滝藤満義著　塙書房　1986.5　419p　20cm（日本の近代作家　3）　3500円

◇人及び芸術家としての国木田独歩　江馬修著　日本図書センター　1985.4　202,9p　22cm　（近代作家研究叢書　12）　3000円

◇国木田独歩論―シンセリティーへの道　芳沢鶴彦著　上尾　林道舎　1984.5　99p　19cm　1600円

◇国木田独歩―短篇作家　平岡敏夫著　新典社　1983.5　270p　19cm　（日本の作家　42）　1500円　ⓘ4-7879-7042-9

◇日本近代文学原典ゼミ報告集　第7集　（1981年度）　国木田独歩研究　〔3〕　法政大学大学院日本文学専攻室編　日本近代文芸原典ゼミナール　1982.4　50p　26cm

◇国木田独歩の文学碑　早稲田大学文学碑と拓本の会編　瑠璃書房　1981.11　47p　21cm　900円

◇日本近代文芸原典ゼミ報告集　第6集　（1980年度）　国木田独歩研究　〔2〕　法政大学大学院日本文学専攻編　日本近代文芸原典ゼミナール　1981.3　56p　26cm

◇国木田独歩―「忘れえぬ人々」論他　北野昭彦著　桜楓社　1981.1　199p　19cm　2800円

◇日本近代文芸原典ゼミ報告集　第5号　（1979年度）　国木田独歩研究　法政大学大学院日本文学専攻室　1980.1　1冊　25cm

◇文豪国木田独歩　近代文学資料刊行会企画・編集　信濃房　1979.9　1冊　22cm　2000円

◇国木田独歩　福田清人編著，本多浩編著　清水書院　1979.4　190p　20cm　（Century books）　480円

◇国木田独歩論考　山田博光著　創世記　1978.9　344p　22cm　2800円

◇国木田独歩の生涯　福田清人著　第三文明社　1977.3　227p　18cm　（レグルス文庫　74）　480円

◇国木田独歩と吉田松陰　桑原伸一著　〔山口〕　山口県文芸懇話会　1974.10

189p 19cm （文芸山口双書 vol.8） 1000円
◇国木田独歩—山口時代の研究　桑原伸一著　笠間書院　1972　237p　図　肖像　22cm　（笠間叢書）　2800円
◇国木田独歩　福田清人著　明治書院　1970　160,8p　27cm　（写真作家伝叢書6）　1800円
◇青年時代の国木田独歩　谷林博著　柳井　柳井市立図書館　1970　204p　図　21cm　500円
◇国木田独歩—人と作品　坂本浩著　有精堂出版　1969　242p　19cm　（有精堂選書）　750円
◇国木田独歩　川田浩著，福田清人編　清水書院　1966　190p　図版　19cm　（センチュリーブックス）
◇国木田独歩全集　第5巻　愛弟通信,日記,書簡　国木田独歩著　学習研究社　1966　709p　図版　22cm
◇明治の作家　猪野謙二著　岩波書店　1966
◇房総の先覚者　千葉県教育委員会編　千葉県教育委員会　1964
◇独歩の神田家居住について　柳井市立図書館　1963
◇日本の思想家　第2　大井憲太郎　朝日新聞社朝日ジャーナル編集部編　朝日新聞社　1963　400p　19cm
◇国木田独歩「源叔父」アルバム　松本義一著　別府　別府大学図書館　1960　66p　26cm　（別府大学人文叢書第1）
◇若き日の国木田独歩—佐伯時代の研究　小野茂樹著　アポロン社　1959　264p　図版　19cm
◇人生を生きる指標　福田清人,山田清三郎,細野孝二郎共著　泰光堂　1958　248p　図版　19cm　（教養選書）
◇長谷観音ゆかりの文学者　第1　高山樗牛,国木田独歩,生田長江　木村彦三郎著　鎌倉　長谷寺　1956　79p　図版　15cm
◇現代作家論叢書　第1巻　明治の作家たち〔ほか〕　中島健蔵等編　稲垣達郎　英宝社　1955　19cm
◇国木田独歩　福田清人著　角川書店　1955　（角川文庫）
◇日本の近代文学—作家と作品　本間久雄,吉田精一,神西清共著　東京堂　1955　286p　図版　19cm
◇柳井と国木田独歩　神田継治著　藤坂屋　1955
◇いかに生きたかの伝記集成　第2　国木田独歩〔ほか〕　福田清人　泰光堂　1954　19cm
◇岩波講座文学 7　独歩と啄木　小田切秀雄著　岩波書店　1954
◇日本文学アルバム　第18　国木田独歩　亀井勝一郎, 野田宇太郎, 臼井吉見共編　野田宇太郎編　筑摩書房　1954-1958　19cm
◇国木田独歩　坂本浩著　市ヶ谷出版社　1953　130p　図版　19cm　（文芸読本 I.2）
◇国木田独歩の生涯　福田清人著　河出書房　1952　223p　15cm　（市民文庫）
◇運命論者—独歩の人と作品　武蔵野 他12編　ダイジェスト・シリーズ刊行会編　ジープ社　1950　178p　19cm　（ダイジェスト・シリーズ）
◇日本文学講座 6　国木田独歩　片岡懋著　河出書房　1950
◇若き日の国木田独歩　上松玉舟著　世論月報社　1949
◇国木田独歩　坂本浩著　成城国文学会　1948
◇国木田独歩　福田清人著　昭光社　1948
◇国木田独歩—比較文学的考察　益田道三著　堀書店　1948

文学

◇独歩と佐伯　小野茂樹著　〔佐伯〕
　佐伯市文化会　1948　134p　19cm
　非売
◇国木田独歩　福田清人著　斎藤書店
　1946
◇独歩と武蔵野　斎藤弔花著　京都
　晃文社　1946　248p　18cm

田山 花袋

明治4(1871).12.13〜昭和5(1930).5.13
　小説家、詩人。明治22年桂園派の歌人松浦辰男について和歌を学び、24年には尾崎紅葉の門をたたいた。はじめ浪漫的で甘美な小説や詩を書いたが、モーパッサンの影響を受け、35年に小説『重右衛門の最後』、37年に評論『露骨なる描写』を発表した。この評論の中で花袋は何事も露骨で真相で自然でなければならないという主調を掲げている。そのため『蒲団』(40年)『田舎教師』(42年)などの諸作品は作者の主観に閉じこもった身辺描写となり、いわゆる私小説の源流となった。
　『蒲団』：明治40年。短編小説。花袋自身が経験した、中年作家の女弟子への恋情とその私生活を赤裸々に告白した作品。この作品の成功が日本の自然主義を方向付けた。

　　　　＊　　　＊　　　＊

◇明治文学における明治の時代性　神立春樹著　御茶の水書房　1999.11　253p　21cm　（岡山大学経済学研究叢書）　3200円　Ⓘ4-275-01787-0
◇成田の文学散歩　市原善衛著　文芸社　1999.8　175p　19cm　1400円　Ⓘ4-88737-609-X
◇田山花袋というカオス　尾形明子著　沖積舎　1999.2　344p　19cm　3000円　Ⓘ4-8060-4635-3
◇折口信夫 独身漂流　持田叙子著　京都　京都人文書院　1999.1　244p　19cm　2300円　Ⓘ4-409-54057-2

◇文学の原風景　若月忠信著　松本　松本郷土出版社　1999.1　273p　26cm　1600円　Ⓘ4-87663-421-1
◇東京の三十年　田山花袋著　講談社　1998.9　365,30p　15cm　（講談社文芸文庫）　1400円　Ⓘ4-06-197631-1
◇群馬の作家たち　土屋文明記念文学館編　塙書房　1998.6　268p　18cm　（塙新書）　1300円　Ⓘ4-8273-4074-9
◇近代化の中の文学者たち─その青春と実存　山口博著　愛育社　1998.4　279p　19cm　1800円　Ⓘ4-7500-0205-4
◇田山花袋の詩と評論　沢豊彦著　沖積舎　1996.11　316p　19cm　（ちゅうせき叢書）　3398円　Ⓘ4-8060-7522-1
◇独楽の回転─甦る近代小説　高橋昌男著　小沢書店　1996.11　241p　19cm　2000円　Ⓘ4-7551-0332-0
◇語りの近代　藤森清著　有精堂出版　1996.4　237,7p　19cm　3300円　Ⓘ4-640-31073-0
◇独歩と藤村─明治三十年代文学のコスモロジー　新保邦寛著　有精堂出版　1996.2　344,16p　21cm　8300円　Ⓘ4-640-31069-2
◇日本文壇史　8　日露戦争の時代　伊藤整著　講談社　1996.2　250,22p　15cm　（講談社文芸文庫）　951円　Ⓘ4-06-196357-0
◇定本 花袋全集　別巻　田山花袋著, 小林一郎, 紅野敏郎編　京都　京都臨川書店　1995.9　338,20p　21cm　6600円　Ⓘ4-653-03110-X
◇定本 花袋全集　第25巻　田山花袋著　京都　京都臨川書店　1995.5　803p　19cm　9700円　Ⓘ4-653-02755-2
◇花袋周辺作家の書簡集　1　館林市教育委員会文化振興課編　〔館林〕　館林市　1994.3　467p　22cm　（田山花袋記念館研究叢書　第3巻）
◇花袋・フローベール・モーパッサン　山川篤著　駿河台出版社　1993.5

392p　22cm　3689円　①4-411-02061-0
◇「蒲団」をめぐる書簡集　館林市教育委員会文化振興課編　館林　館林市　1993.3　445p　22cm　（田山花袋記念館研究叢書　第2巻）
◇もう一つの明治の青春―西萩花遺稿集　小林一郎編著　教育出版センター　1992.3　239p　21cm　（研究選書　51）　3000円　①4-7632-1525-6
◇田山花袋の詩と評論　沢豊彦著　沖積舎　1992.2　288p　20cm　3000円　①4-8060-4564-0
◇田山花袋宛柳田国男書簡集　館林市教育委員会文化振興課編　〔館林〕　館林市　1991.12　469p　22cm　（田山花袋記念館研究叢書　第1巻）
◇論考田山花袋　紅野敏郎編著　桜楓社　1986.2　226p　22cm　3400円　①4-273-02050-5
◇田山花袋―自然主義作家　小林一郎著　新典社　1982.12　278p　19cm　（日本の作家　43）　1500円　①4-7879-7043-7
◇日本人の自伝　17　田山花袋.高浜虚子.金子光晴　平凡社　1981.2　478p　20cm　2800円
◇愛と苦悩の人・田山花袋　花袋研究会編　教育出版センター　1980.11　315p　22cm　1800円
◇吉田精一著作集　第8巻　花袋・秋声　桜楓社　1980.6　376p　20cm　2400円
◇田山花袋　福田清人編著, 石橋とくゑ編著　清水書院　1980.6　206p　20cm　(Century books)　480円
◇田山花袋研究　博文館時代 3　小林一郎著　桜楓社　1980.2　949p　22cm　20000円
◇田山花袋研究　博文館時代 2　小林一郎著　桜楓社　1979.2　974p　22cm　22000円
◇田山花袋研究　博文館時代 1　小林一郎著　桜楓社　1978.3　778p　22cm　18000円

◇国語国文学研究史大成　13　藤村・花袋　吉田精一ほか編著　増補　三省堂　1978.2　526p　22cm　3800円
◇『田舎教師』と羽生　羽生郷土史研究会編　羽生　羽生市　1976　439p　図　19cm
◇田山花袋研究　館林時代　小林一郎著　桜楓社　1976　470p　図　肖像　22cm　6800円
◇『田舎教師』の周辺　上　宮崎利秀著　熊谷　きたむさし文化会　1974　239p　図　19cm　1800円
◇私の作家評伝 2　小島信夫著　新潮社　1972　268p　20cm　（新潮選書）　500円
◇田山花袋　小林一郎著　増補版　創研社　1969　487p　図版　22cm　3000円
◇花袋とふるさと　みやま文庫編　前橋　1968　326p　図版　19cm
◇田山花袋　福田清人, 石橋とくゑ編著　清水書院　1968　206p　図版　18cm　（センチュリーブックス）　200円
◇明治の作家　猪野謙二著　岩波書店　1966
◇田山花袋―「田舎教師」モデルの日記所収　小林一郎著　アサヒ社　1963　229p　図版　22cm
◇日本文学アルバム　第24　田山花袋　亀井勝一郎, 野田宇太郎, 臼井吉見編　横田正弥　筑摩書房　1959　79p　19cm
◇上毛文学散歩　庭山政次, 萩原進共編　改訂版2版　前橋　煥乎堂　1957　186p　19cm
◇中村光夫作家論集　第1　志賀直哉,田山花袋,幸田露伴,正宗白鳥,室生犀星,横光利一,川端康成,小林秀雄　中村光夫著　大日本雄弁会講談社　1957　18cm　（ミリオン・ブックス）
◇田山花袋の文学　第1　花袋文学の母胎　柳田泉著　春秋社　1957-58　19cm
◇田山花袋の文学　第2　少年花袋の文学　柳田泉著　春秋社　1957-58　19cm

◇田山花袋研究　岩永胖著　白揚社　1956　272p 図版　表　22cm
◇現代作家論叢書　第2巻　明治の作家たち〔ほか〕　中島健蔵等編　瀬沼茂樹　英宝社　1955　19cm
◇作家論　第1-2　正宗白鳥著　角川書店　1954　2冊　15cm　（角川文庫）
◇日本文学講座 6　田山花袋　田中保隆著　河出書房　1950
◇東京の30年　田山花袋著　創元社　1948　創元選書

徳田 秋声

明治4(1871).12.13～昭和18(1943).11.18
小説家。生来病弱で、継妻の子、家庭の貧困、脆弱な肉体という劣等感が中年以後の私小説にも底流している。明治28年泉鏡花の勧めで紅葉門に入り、後に「葉門の四天王」と呼ばれる端緒となった。29年に処女作『藪柑子』を発表、33年の『雲のゆくへ』が出世作となった。私生活を題材にした純文学作品の他、経済的理由から膨大な通俗小説を書いている。代表作に『新世態』(42年)『黴』(44年)『あらくれ』(大正4年)など。

『黴』：明治44年。長編小説。秋声自身が結婚生活に入って二児の父親となるまでの過程を凝視して、その私生活を純客観的に描写した作品。自然主義の無理想・無解決を確立したと同時に、私小説の典型を樹立した。

　　　　＊　　　　＊　　　　＊

◇土門拳 風貌　土門拳著,土門たみ監修　愛蔵版　小学館　1999.1　247p　30cm　8800円　①4-09-681152-1
◇日本文壇史 18　明治末期の文壇　伊藤整著　講談社　1997.10　246,16p　15cm　（講談社文芸文庫）　951円　①4-06-197586-2
◇抹香町　路傍　川崎長太郎著　講談社　1997.8　281p　15cm　（講談社文芸文庫）　950円　①4-06-197579-X

◇ロマン的作家論　塚本康彦著　国分寺　国分寺武蔵野書房　1996.1　307p　19cm　2427円
◇近代作家追悼文集成　第29巻　萩原朔太郎・与謝野晶子・徳田秋声　ゆまに書房　1992.12　341p　22cm　7210円　①4-89668-653-5
◇秋声から芙美子へ　森英一著　金沢　能登印刷・出版部　1990.10　245p　19cm　2500円　①4-89010-122-5
◇徳田秋声　松本徹著　笠間書院　1988.6　464p　22cm　4500円
◇論考徳田秋声　紅野敏郎編著　桜楓社　1982.6　260p　22cm
◇徳田秋声　福田清人,佐々木冬流編著　清水書院　1981.3　208p　19cm　（Century books）　480円
◇吉田精一著作集　第8巻　花袋・秋声　桜楓社　1980.6　376p　20cm　2400円
◇私の作家評伝 1　小島信夫著　新潮社　1972　258p　19cm　（新潮選書）　460円
◇徳田秋声ノート―現実密着の深度　野口富士男著　中央大学出版部　1972　273p　19cm　1500円
◇明治の作家　猪野謙二著　岩波書店　1966
◇徳田秋声伝　野口富士男著　筑摩書房　1965　614p 図版　23cm
◇爛　徳田秋声著　東峰出版　1964
◇近代日本の作家たち　小田切秀雄著　増補版　法政大学出版局　1962　655p　22cm
◇徳田秋声　舟橋聖一著　弘文堂　1958　162p　18cm
◇現代作家論叢書　第2巻　明治の作家たち〔ほか〕　中島健蔵等編　瀬沼茂樹　英宝社　1955　19cm
◇近代日本の作家たち　〔正〕続編　小田切秀雄著　厚文社　1954　2冊　22cm

◇作家論　第1-2　正宗白鳥著　角川書店　1954　2冊　15cm　（角川文庫）
◇岩波講座文学 4　藤村と秋声　平野謙著　岩波書店　1953
◇文豪の素顔　長田幹彦著　要書房　1953　236p　19cm
◇日本文学講座 6　徳田秋声　酒井森之介著　河出書房　1950

正宗 白鳥

明治12(1879).3.3～昭和37(1962).10.28
小説家、劇作家、評論家。病弱による生の不安、死の恐怖から宗教に心を惹かれ、内村鑑三を崇拝し、明治30年に洗礼を受けた。36年「読売新聞」に入社、美術・文芸・演劇に対する痛烈な批評で注目された。41年の『何処へ』で自然主義作家として認められ、小説『泥人形』(44年)、『入江のほとり』(大正4年)などで、冷酷に人生の暗さを描いた。昭和18年日本ペンクラブ会長になった。

『何処へ』：明治41年。短編小説。ニヒリストでありながらニヒリズムの世界にも安住できない知識人の姿を描いた作品。白鳥の虚無的・懐疑的な人生観が反映され、明治の青年の一典型を表出している。

　　　　＊　　＊　　＊

◇近代作家追悼文集成 38　吉川英治・飯田蛇笏・正宗白鳥・久保田万太郎　ゆまに書房　1999.2　340p　21cm　8000円　④4-89714-641-0
◇島崎藤村論―明治の青春　永野昌三著　土曜美術社出版販売　1998.12　238p　19cm　（現代詩人論叢書）　2500円　④4-8120-0743-7
◇魅力ある文人たち　倉橋羊村著　沖積舎　1998.10　117p　19cm　1800円　④4-8060-4633-2
◇伝記考証 若き日の正宗白鳥―岡山編　磯佳和著　三弥井書店　1998.9　349p　19cm　（三弥井選書）　3800円　④4-8382-9044-6

◇信濃路文学散歩―小井土昭二フォトエッセイ 1　小井土昭二著　長野　長野信毎書籍出版センター　1998.7　98p　19×22cm　2000円
◇演劇の季節　上村以和於著　大阪　大阪関西書院　1997.5　222p　19cm　1800円　④4-7613-0208-9
◇心に残る人々　白洲正子著　講談社　1996.4　233p　15cm　（講談社文芸文庫―現代日本のエッセイ）　854円　④4-06-196366-X
◇ふるさと幻想の彼方―白鳥の世界　松本鶴雄著　勉誠社　1996.3　369,8p　19cm　2900円　④4-585-05018-3
◇正宗白鳥―文壇的自叙伝/文壇五十年　正宗白鳥著、中島河太郎編　日本図書センター　1994.10　279p　22cm　（シリーズ・人間図書館）　2600円　④4-8205-8006-X
◇内村鑑三　正宗白鳥著　講談社　1994.2　312p　16cm　（講談社文芸文庫　まC1）　951円　④4-06-196261-2
◇内村鑑三・我が生涯と文学　正宗白鳥著　講談社　1994.2　312p 15cm　（講談社文芸文庫）　980円　④4-06-196261-2
◇正宗白鳥―文学と生涯　後藤亮著　日本図書センター　1993.6　360,10p　22cm　（近代作家研究叢書　145）　7725円　④4-8205-9249-1
◇昭和史の正宗白鳥―自由主義の水脈　上田博著　国分寺　武蔵野書房　1992.12　201p　20cm　2000円
◇一つの水脈―独歩・白鳥・鱒二　岩崎文人著　広島　渓水社　1990.9　245p　20cm　2884円　④4-87440-227-5
◇正宗白鳥　福田清人編著、佐々木徹編著　清水書院　1987.6　190p　20cm　（Century books）　480円
◇異郷に死す―正宗白鳥論　高橋英夫著　福武書店　1986.10　274p 19cm　2200円　④4-8288-2207-0

◇雑纂　正宗白鳥著　福武書店　1986.10
808p 21cm　（正宗白鳥全集　第30巻）
8300円　①4-8288-2208-9

◇「冬」の黙示録—正宗白鳥の肖像
武田友寿著　日本YMCA同盟出版部
1984.9　351p　20cm　2400円

◇私の履歴書　文化人 1　日本経済新聞社
編　日本経済新聞社　1983.10　494p
22cm　3500円　①4-532-03071-4

◇正宗白鳥—「お伽噺・日本脱出」に至る
まで　高橋康雄著　沖積舎　1981.9
242p　20cm　2000円

◇日本人の自伝　16　正宗白鳥.広津和郎
平凡社　1981.1　463p　20cm　2800円

◇漱石と白鳥—評論　中村光夫著　筑摩書
房　1979.3　282p　20cm　1400円

◇正宗白鳥—その底にあるもの　山本健吉
著　文芸春秋　1975　262p 図　20cm
1700円

◇正宗白鳥論　大岩鉱著　五月書房
1971　256p 肖像　20cm　870円

◇正宗白鳥—文字と生涯　後藤亮著
思潮社　1970　360p　19cm　780円

◇正宗白鳥論　兵藤正之助著　勁草書房
1968　351p 図版　20cm

◇正宗白鳥　佐々木徹著, 福田清人編
清水書院　1967　190p 図版　19cm
（センチュリーブックス　人と作品
24）

◇正宗白鳥—文学と生涯　後藤亮著
思潮社　1966　360p　20cm

◇正宗白鳥全集　第12巻　回想　正宗白鳥
著　新潮社　1966　507p 図版　22cm

◇明治の作家　猪野謙二著　岩波書店
1966

◇正宗白鳥　大岩鉱著　河出書房新社
1964　259p 図版　20cm

◇十二の肖像画　山本健吉著　講談社
1963　267p　20cm

◇近代日本の作家たち　小田切秀雄著
増補版　法政大学出版局　1962　655p
22cm

◇作家論　伊藤整著　筑摩書房　1961
374p　20cm

◇中村光夫作家論集　第1　志賀直哉,田山
花袋,幸田露伴,正宗白鳥,室生犀星,横光
利一,川端康成,小林秀雄　中村光夫著
大日本雄弁会講談社　1957　18cm
（ミリオン・ブックス）

◇現代作家論叢書　第2巻　明治の作家た
ち〔ほか〕　中島健蔵等編　瀬沼茂樹
英宝社　1955　19cm

◇近代日本の作家たち　〔正〕続編
小田切秀雄著　厚文社　1954　2冊
22cm

◇文壇50年　正宗白鳥著　河出書房
1954

◇流浪の人　正宗白鳥著　河出書房
1951　194p　19cm

◇日本文学講座 6　正宗白鳥　荒正人著
河出書房　1950

◇自叙伝全集　正宗白鳥　正宗白鳥著
文潮社　1948　190p　図版　19cm
自叙伝全集　〔第1〕

反自然主義

明治40年代は自然主義全盛の時代だったが、その物質的で本能的な事実偏重の告白文学に反発する作家やグループの活動もあった。こうした自然主義に批判的な立場をとった作家達の文学傾向を反自然主義とよぶ。これらの作家の文学観は多様だが、以下の3つに大別できる。最初に自然主義者から高踏派・余裕派と呼ばれた森鴎外と夏目漱石。次に官能や情緒に訴える美的世界を追求した永井荷風、谷崎潤一郎らの耽美派。最後に理想主義的個人主義を唱え、自己に忠実であることを尊重した武者小路実篤や志賀直哉らの白樺派である。

　　　　＊　　　　＊　　　　＊

◇日本文壇史 14 反自然主義の人たち
伊藤整著　講談社　1997.2　282,23p

15cm （講談社文芸文庫―回想の文学）
950円　④4-06-197554-4
◇小説入門―人生を楽しくする本　中村真一郎著　光文社　1986.11　255p　15cm　光文社文庫　380円　④4-334-70457-3

高踏派・余裕派

　森鷗外と夏目漱石は、近代文学史上卓越した作家である。ともに外国留学を経験し、豊かな教養と広い視野、鋭い批評精神を持ち、自然主義の流行にも超然として、理知的な態度を保った二人を高踏派・余裕派と呼ぶ。

森 鷗外

　文久2(1862).1.19～大正11(1922).7.9　小説家、軍医。明治14年、東大医学部を卒業、陸軍に入る。大正5年に軍医総監と医務局長の職を退いたが、この間明治17年から21年までドイツに留学し、また日清・日露両戦役に出征している。文学者としては22年に近代詩史上の画期的作品『於母影』を、続いて小説『舞姫』(23年)他のドイツ3部作を発表して文名をあげ、また22年に雑誌「しがらみ草紙」を発刊した。自然主義全盛時にもこれに同調せず、『雁』(44年)などを「スバル」に発表し独自の文学を築いた。大正期以降は歴史小説、さらに史伝を多く執筆した。
　『舞姫』：明治23年。短編小説。雅文体の中に外国に取材した題材の清新さと異国情緒とが巧みに溶け込んだ浪漫的作品で、当時の文壇にあった戯作臭を払拭させた。二葉亭四迷の『浮雲』と並び、明治の新文学発生期を代表する小説。
　『雁』：明治44～大正2年。中編小説。江戸情緒の名残をとどめる下町の風俗と秋の終わりの季節感を背景に、一人の女性の自我の芽生えとその挫折を描いた作品。鷗外の作家としての手腕を最も見事に示した現代小説の傑作。

◇森鷗外の手紙　山崎国紀著　大修館書店　1999.11　218p　19cm　1900円　④4-469-22150-3
◇森鷗外研究 8　大阪　大阪和泉書院　1999.11　217p　21cm　5000円　④4-7576-0000-3
◇涙した神たち―丸山薫とその周辺　八木憲爾著　東京新聞出版局　1999.10　331p　19cm　2500円　④4-8083-0677-8
◇鷗外のオカルト、漱石の科学　長山靖生著　新潮社　1999.9　231p　19cm　1400円　④4-10-424102-4
◇加藤周一セレクション 2　日本文学の変化と持続　鷲巣力編　平凡社　1999.8　421p　15cm　（平凡社ライブラリー）　1200円　④4-582-76298-0

◇森鷗外の青春文学　池野誠著　松江　松江山陰文芸協会　1999.8　274p　19cm　（山陰文芸シリーズ 2）　2000円　④4-921080-02-X
◇生きて死ぬことのヒント　立川昭二著　小学館　1999.7　249p　15cm　（小学館文庫）　533円　④4-09-416801-X
◇森鷗外の都市論とその時代　石田頼房著　日本経済評論社　1999.6　276p　19cm　（都市叢書）　2500円　④4-8188-1061-4
◇ヴィデオで見る近代文学選　高木徹編著　京都　京都白地社　1999.4　185p　21cm　2000円　④4-89359-177-0
◇評伝森鷗外　山室静著　講談社　1999.4　299p　15cm　（講談社文芸文庫）　1200

円　①4-06-197661-3

◇父親の研究　木原武一著　新潮社　1999.4　249p　19cm　（新潮選書）　1200円　①4-10-600564-6

◇日記のお手本―自分史を刻もう　荒木経惟,梶井基次郎,大宅壮一,大宅歩,奥浩平ほか著　小学館　1999.3　238p　15cm　（小学館文庫）　514円　①4-09-403041-7

◇漱石と鴎外の遠景―古典で読み解く近代文学　島内景二著　ブリュッケ;星雲社〔発売〕　1999.3　181p　20cm　1500円　①4-7952-1677-0

◇「新しい作品論」へ、「新しい教材論」へ―文学研究と国語教育研究の交差 1　田中実,須貝千里編著　右文書院　1999.2　282p　21cm　3400円　①4-8421-9809-5

◇学芸小品　森鴎外・稲垣達郎　竹盛天雄著　明治書院　1999.2　300p　19cm　3800円　①4-625-43079-8

◇森鴎外「北游日乗」の足跡と漢詩　安川里香子著　審美社　1999.2　237p　19cm　3000円　①4-7883-4101-8

◇森鴎外燦遺映　長谷川泉著　明治書院　1998.12　102p　21cm　2400円　①4-625-53150-0

◇傍流文学論　野村喬著　花伝社;共栄書房〔発売〕　1998.12　498p　19cm　（野村喬著述集 第5）　8500円　①4-7634-0332-X

◇傍流文学論　野村喬著　花伝社;共栄書房〔発売〕　1998.12　498p　19cm　6500円　①4-7634-0333-8

◇森鴎外論 3　史伝　平島英利子著　近代文芸社　1998.11　179p　19cm　1600円　①4-7733-6404-1

◇佐佐木幸綱の世界 5　近代短歌論　佐佐木幸綱著、『佐佐木幸綱の世界』刊行委員会編　河出書房新社　1998.10　268p　19cm　3200円　①4-309-70375-5

◇文士の大和路　田中昭三著　小学館　1998.10　127p　21cm　（SHOTOR TRAVEL）　1600円　①4-09-343135-3

◇「舞姫」のベルリン　浦部重雄著　大阪　大阪和泉書院　1998.9　163p　19cm　2000円　①4-87088-937-4

◇トルストイと日本　柳富子著　早稲田大学出版部　1998.9　360,6p　21cm　5200円　①4-657-98312-1

◇精神医学からみた作家と作品　春原千秋,梶谷哲男著　新装版　牧野出版　1998.9　288p　21cm　2400円　①4-89500-053-2

◇文学館ワンダーランド―全国文学館・記念館ガイド160　リテレール編集部編　メタローグ　1998.8　302p　19cm　1800円　①4-8398-2017-1

◇文学の中の法　長尾龍一著　日本評論社　1998.7　208p　19cm　1800円　①4-535-51112-8

◇鴎外・漱石・芥川　蒲生芳郎著　洋々社　1998.6　245p　19cm　2400円　①4-89674-910-3

◇森鴎外―もう一つの実像　白崎昭一郎著　吉川弘文館　1998.6　216p　19cm　（歴史文化ライブラリー 39）　1700円　①4-642-05439-1

◇森鴎外論考　篠原義彦著　近代文芸社　1998.5　249p　19cm　1900円　①4-7733-6265-0

◇近代化の中の文学者たち―その青春と実存　山口博著　愛育社　1998.4　279p　19cm　1800円　①4-7500-0205-4

◇森鴎外・母の日記　山崎国紀編　増補版　三一書房　1998.4　414p　21cm　6000円　①4-380-98240-8

◇「色」と「愛」の比較文化史　佐伯順子著　岩波書店　1998.1　389,7p　19cm　4000円　①4-00-002781-6

◇国家という難題―東湖と鴎外の大塩事件　武藤功著　田畑書店　1997.12　330p　19cm　2500円　①4-8038-0289-0

◇森鴎外研究 7　大阪　大阪和泉書院　1997.12　172p　21cm　4500円　①4-87088-877-7

◇カイゼル髭の恋文―岡野敬次郎と森鴎外　吉野俊彦著　清流出版　1997.11　342p　19cm　1800円　①4-916028-36-8

両像・森鴎外　松本清張著　文芸春秋　1997.11　309p　15cm　（文春文庫）　438円　①4-16-710684-1

◇鴎外の坂　森まゆみ著　新潮社　1997.10　367p　21cm　1800円　①4-10-410002-1

◇中野重治全集　16　中野重治著　筑摩書房　1997.7　525p　21cm　8700円　①4-480-72036-7

◇鴎外の知的空間　平川祐弘, 平岡敏夫, 竹盛天雄編　新曜社　1997.6　472p　19cm　（講座　森鴎外　3）　4500円　①4-7885-0603-3

◇知の統計学　2　ケインズからナイチンゲール、森鴎外まで　福井幸男著　共立出版　1997.6　136p　19cm　1800円　①4-320-01536-3

◇日本のベル・エポック　飯島耕一著　立風書房　1997.6　292p　19cm　2800円　①4-651-71048-4

◇とっておきのもの とっておきの話　第1巻　YANASE LIFE編集室編　芸神出版社　1997.5　213p　21cm　（芸神集団Amuse）　2500円　①4-906613-16-0

◇鴎外の作品　平川祐弘, 平岡敏夫, 竹盛天雄編　新曜社　1997.5　464p　19cm　（講座　森鴎外　2）　4500円　①4-7885-0598-3

◇鴎外の人と周辺　平川祐弘, 平岡敏夫, 竹盛天雄編　新曜社　1997.5　478p　19cm　（講座　森鴎外　1）　4500円　①4-7885-0597-5

◇エリスのえくぼ―森鴎外への試み　千葉俊二著　小沢書店　1997.3　302p　19cm　2800円　①4-7551-0339-8

◇文人悪食　嵐山光三郎著　マガジンハウス　1997.3　429p　19cm　1800円　①4-8387-0620-0

◇鴎外―成熟の時代　山崎国紀著　大阪　大阪和泉書院　1997.1　293p　21cm　（近代文学研究叢刊　12）　7000円　①4-87088-836-X

◇鴎外の三男坊―森類の生涯　山崎国紀著　三一書房　1997.1　313p　19cm　3200円　①4-380-97205-4

◇身体の文学史　養老孟司著　新潮社　1997.1　197p　19cm　1300円　①4-10-416001-6

◇独楽の回転―甦る近代小説　高橋昌男著　小沢書店　1996.11　241p　19cm　2000円　①4-7551-0332-0

◇文豪の愛した東京山の手　文芸散策の会編, 近藤富枝監修　日本交通公社出版事業局　1996.11　143p　21cm　（JTBキャンブックス）　1550円　①4-533-02582-X

◇鴎外史伝の根源　渡辺哲夫著　西田書店　1996.10　100p　19cm　1456円　①4-88866-252-5

◇抗争―ライバル日本史　4　NHK取材班編　角川書店　1996.10　304p　15cm　（角川文庫）　485円　①4-04-195421-5

◇妻への手紙　森鴎外著, 小堀杏奴編　筑摩書房　1996.9　238p　15cm　（ちくま文庫）　602円　①4-480-03189-8

◇新・天才論―教育学からのアプローチ　古寺雅男著　京都　京都ミネルヴァ書房　1996.9　246,3p　19cm　（Minerva21世紀ライブラリー）　2500円　①4-623-02700-7

◇独逸日記・小倉日記　森鴎外著　筑摩書房　1996.7　510p　15cm　（ちくま文庫―森鴎外全集13）　1311円　①4-480-03093-X

◇春秋の花　大西巨人著　光文社　1996.4　262p　19cm　1553円　①4-334-97117-2

◇心に生きる日本人―歴史を彩る人物列伝　杉田幸三著　展転社　1996.2　294p　19cm　1748円　①4-88656-122-5

◇日本文壇史　8　日露戦争の時代　伊藤整著　講談社　1996.2　250,22p　15cm　（講談社文芸文庫）　951円　①4-06-196357-0

文学

◇女々しい漱石、雄々しい鴎外　渡辺澄子著　京都　京都世界思想社　1996.1　255p　19cm　（SEKAISHISO SEMINAR）　2427円　①4-7907-0581-1

◇松本清張全集 64 両像・森鴎外 暗い血の旋舞　松本清張著　文芸春秋　1996.1　467p　19cm　3107円　①4-16-508260-0

◇森鴎外論 2　平島英利子著　近代文芸社　1995.12　201p　19cm　1553円　①4-7733-4764-3

◇森鴎外—現代小説の世界　瀧本和成著　大阪　大阪和泉書院　1995.10　204p　19cm　（和泉選書）2500円　①4-87088-758-4

◇「私の鴎外」を求めて　尾崎健次著　近代文芸社　1995.9　214p　19cm　1553円　①4-7733-4640-X

◇鴎外の子供たち—あとに残されたものの記録　森類著　筑摩書房　1995.6　255p　15cm　（ちくま文庫）621円　①4-480-03039-5

◇小さな文学の旅—日本の名作案内　漆原智良作　金の星社　1995.4　257p　19cm　1748円　①4-323-01874-6

◇森鴎外—明治40年代の文学　矢部彰著　近代文芸社　1995.4　448p　19cm　2913円　①4-7733-3985-3

◇森鴎外の日本近代　野村幸一郎著　京都　京都白地社　1995.3　206p　19cm　1748円　①4-89359-163-0

◇森鴎外　石川淳著　筑摩書房　1994.12　252p　15cm　（ちくま学芸文庫 イ8-1）854円　①4-480-08169-0

◇両像・森鴎外　松本清張著　文芸春秋　1994.11　286p　19cm　1400円　①4-16-315230-X

◇鴎外—その側面　中野重治著　筑摩書房　1994.9　421p　15cm　（ちくま学芸文庫）1300円　①4-480-08155-0

◇鴎外・五人の女と二人の妻—もうひとつのヰタ・セクスアリス　吉野俊彦著　ネスコ, 文芸春秋〔発売〕1994.8　298p　19cm　2000円　①4-89036-878-7

◇鴎外と漱石—思考と感情　中村啓著　近代文芸社　1994.5　321p　18cm　850円　①4-7733-3272-7

◇鴎外・啄木・荷風隠された闘い—いま明らかになる天才たちの輪舞　吉野俊彦著　ネスコ　1994.3　270p　20cm　1900円　①4-89036-867-1

◇新編 思い出す人々　内田魯庵著, 紅野敏郎編　岩波書店　1994.2　437p　15cm　（岩波文庫）720円　①4-00-310864-7

◇森鴎外を学ぶ人のために　山崎国紀編　（京都）世界思想社　1994.2　368,10p　19cm　2500円　①4-7907-0491-2

◇鴎外と津和野—私の鴎外遍歴　竹村栄一著　東中野図書館友の会　1993.12　113p　19cm　1200円

◇森鴎外偶記　長谷川泉著　三弥井書店　1993.12　248p　20cm　2900円　①4-8382-8026-2

◇父親としての森鴎外　森於菟著　筑摩書房　1993.9　436p　15cm　（ちくま文庫）920円　①4-480-02768-8

◇異郷における森鴎外、その自己像獲得への試み　林正子著　近代文芸社　1993.2　220p　20cm　2400円

◇森鴎外の『独逸日記』—「鴎外文学」の淵　植田敏郎著　大日本図書　1993.1　465p　19cm　4500円　①4-477-00267-X

◇美神と軍神と—日露戦争中の森鴎外　大石汎著　改訂　横浜　門土社総合出版　1993.1　203p　19cm　1300円　①4-89561-149-3

◇鴎外 森林太郎　山崎国紀著　（京都）人文書院　1992.12　283p　19cm　2472円　①4-409-16059-1

◇鴎外と〈女性〉—森鴎外論究　金子幸代著　大東出版社　1992.11　360p　20cm　3689円　①4-500-00588-9

◇軍医森鴎外　山田弘倫著　日本図書センター　1992.10　307,4,20p　22cm

（近代作家研究叢書　120）　7000円　④4-8205-9219-X

◇鴎外をめぐる女たち　文沢隆一著　大宮　林道舎　1992.7　307p　20cm　2575円　④4-947632-42-9

◇鴎外をめぐる百枚の葉書　〔東京都〕文京区教育委員会　1992.7　112p　30cm　1500円

◇森鴎外　池沢夏樹ほか著　小学館　1992.5　319p　19cm　（群像　日本の作家　2）　1800円　④4-09-567002-9

◇（小説）鴎外の恋―永遠の今　荻原雄一著　立風書房　1992.3　412p　20cm　2136円　④4-651-66044-4

◇銀座と文士たち　武田勝彦, 田中康子著　明治書院　1991.12　315p　19cm　2800円　④4-625-48056-2

◇森鴎外二生を行く人　山崎一穎著　新典社　1991.11　334p　19cm　（日本の作家　36）　2769円　④4-7879-7036-4

◇長谷川泉著作選　1　森鴎外論考　明治書院　1991.7　1057p　19cm　12000円　④4-625-53101-2

◇反俗脱俗の作家たち　大星光史著　（京都）世界思想社　1991.1　232p　19cm　（SEKAISHISO SEMINAR）　2280円　④4-7907-0383-5

◇近代日本の自伝　佐伯彰一著　中央公論社　1990.9　358p　15cm　（中公文庫）　600円　④4-12-201740-8

◇森鴎外必携　竹盛天雄編　学灯社　1990.2　222p　22cm　1750円　④4-312-00528-1

◇新輯鴎外箚記　沢柳大五郎著　小沢書店　1989.8　397p　22cm　4120円

◇続 医師としての森鴎外　伊達一男著　績文堂出版　1989.4　282p　21cm　4300円　④4-83116-005-2

◇軍医森鴎外―統帥権と文学　松井利彦著　桜楓社　1989.3　305p　22cm　4800円　④4-273-02291-5

◇森鴎外―基層的論究　山崎国紀著　八木書店　1989.3　347p　21cm　（近代文学研究双書）　4800円　④4-8406-9016-2

◇日清戦争中の森鴎外　大石汎著　横浜　門土社総合出版　1989.3　157p　18cm　600円　④4-89561-093-4

◇森鴎外―その壮なる時代　伊藤敬一著　古川書房　1988.10　232p　19cm　（古川叢書）　1800円　④4-89236-037-6

◇蘇峰とその時代―よせられた書簡から　高野静子著　中央公論社　1988.8　378p　19cm　2500円　④4-12-001712-5

◇森鴎外研究　2 1988年5月　森鴎外研究会編　大阪　和泉書院　1988.5　140p　21cm　2000円　④4-87088-301-5

◇漱石鴎外対照の試み　浅野洋, 芹沢光興編　双文社出版　1988.5　208p　26cm　2000円　④4-88164-045-3

◇あきらめの哲学―森鴎外　吉野俊彦著　PHP研究所　1988.1　358p　15cm　（PHP文庫）　550円　④4-569-26134-5

◇鴎外語録―男の生きがいとは何か　吉野俊彦著　大和出版　1987.11　201p　19cm　1300円　④4-8047-1109-0

◇鴎外遺珠と思ひ出　森於菟, 森潤三郎編　日本図書センター　1987.10　441,7p　22cm　（近代作家研究叢書　59）　8000円　④4-8205-0688-9

◇鴎外文学管窺　長谷川泉著　明治書院　1987.8　334pp　19cm　（世界の日本文学シリーズ　3）　2800円　④4-625-53010-5

◇続 近代日本の日記―明治から大正へ　小田切進著　講談社　1987.7　405p　19cm　3000円　④4-06-203199-X

◇森鴎外　福田清人編著, 河合靖峯編著　清水書院　1987.6　200p　20cm　（Century books）　480円

◇和魂洋才の系譜―内と外からの明治日本　平川祐弘著　河出書房新社　1987.2　436,7p　20cm　2500円　④4-309-00463-6

文学

◇近代作家追悼文集成　第7巻　森鴎外　ゆまに書房　1987.1　389p　22cm　5500円

◇「森鴎外」論―知られざる側面　桐原光明著　暁印書館　1986.11　304p　22cm　3000円

◇鴎外と漱石―終りない言葉　佐々木雅発著　三弥井書店　1986.11　328p　20cm　2200円　ⓘ4-8382-9016-0

◇鴎外百話　吉野俊彦著　徳間書店　1986.11　376p　20cm　2000円　ⓘ4-19-173356-7

◇軍医鴎外森林太郎の生涯　浅井卓夫著　教育出版センター　1986.7　280p 21cm　（研究選書）　4200円　ⓘ4-7632-1496-9

◇鴎外文学と「独逸紀行」　長谷川泉著　明治書院　1985.12　166p　22cm　3500円

◇森鴎外　高橋義孝著　新潮社　1985.11　387p　22cm　3500円　ⓘ4-10-312303-6

◇森鴎外・母の日記　森峰子著, 山崎国紀編　三一書房　1985.11　383p　23cm　5000円

◇言論は日本を動かす　第10巻　風俗を変革する　内田健三ほか編　丸谷才一編　講談社　1985.10　318p　20cm　1800円　ⓘ4-06-188950-8

◇鴎外探索　近藤晴彦著　沖積舎　1985.8　300p　20cm　（ちゅうせき叢書　1）　2800円　ⓘ4-8060-7501-9

◇逍遥・鴎外論考　長嶺宏著　風間書房　1985.8　241p　22cm　5800円　ⓘ4-7599-0633-9

◇美神と軍神と―日露戦争中の鴎外　大石汎著　横浜　門土社総合出版　1985.7　240p　18cm　1000円

◇森鴎外　山崎一穎編著　有精堂出版　1985.6　196p　19cm　（Spirit）　1500円　ⓘ4-640-00203-5

◇鴎外文学　日夏耿之介著　日本図書センター　1985.4　383,9p　22cm　（近代作家研究叢書　6）　4500円

◇孤独地獄―森鴎外　吉野俊彦著　京都　PHP研究所　1985.3　374p　20cm　1850円　ⓘ4-569-21482-7

◇森鴎外の系族　小金井喜美子著　日本図書センター　1985.3　438,10p　22cm　（近代作家研究叢書　15）　5000円

◇森鴎外　新潮社　1985.2　111p　20cm　（新潮日本文学アルバム　1）　980円　ⓘ4-10-620601-3

◇鴎外への視角　大屋幸世著　有精堂出版　1984.12　149p　20cm　（新鋭研究叢書　3）　2000円　ⓘ4-640-30802-7

◇森鴎外の断層撮影像　長谷川泉編　至文堂　1984.4　411p　23cm　2000円

◇雑誌集成森鴎外像　3　明治二十九年四月～明治二十九年十二月　平野清介編著　明治大正昭和新聞研究会　1984.3　495p　23cm　（日本文豪資料集成）　9800円

◇森鴎外の観照と幻影　北川伊男著　近代文芸社　1984.3　239p　20cm　1500円　ⓘ4-89607-398-3

◇森鴎外　『一冊の講座』編集部編　有精堂出版　1984.2　245p　22cm　（一冊の講座）　3800円　ⓘ4-640-30356-4

◇鴎外・逆境の人間学　吉野俊彦著　グラフ社　1983.11　213p　20cm　1600円

◇鴎外 森林太郎　森潤三郎著　森北出版　1983.9　364p　22cm　3500円　ⓘ4-627-97030-7

◇鴎外雑志　富士川英郎著　小沢書店　1983.7　216p　20cm　2300円

◇鴎外と漱石―明治のエートス　三好行雄著　力富書房　1983.5　308p　22cm　（金鶏叢書　5）　3000円　ⓘ4-89776-305-3

◇鴎外、屈辱に死す　大谷晃一著　京都　人文書院　1983.4　197p　20cm　1400円

◇森鴎外の世界　篠原義彦著　桜楓社　1983.2　228p　22cm　3800円

◇双頭の獅子―森鴎外　吉野俊彦著　京都　PHP研究所　1982.7　354p　20cm　1600円

◇不遇の人鴎外―日本語のモラルと美　小堀杏奴著　求竜堂　1982.7　405p　20cm　2500円　④4-7630-8208-6

◇森鴎外―文業解題翻訳篇　小堀桂一郎著　岩波書店　1982.3　551p　19cm　3200円

◇森鴎外―文業解題創作篇　小堀桂一郎著　岩波書店　1982.1　462p　19cm　2900円

◇雑誌集成森鴎外像　1　明治二十二年二月～明治二十五年十二月　平野清介編著　明治大正昭和新聞研究会　1981.12　469p　23cm　（日本文豪資料集成）　9800円

◇雑誌集成森鴎外像　2　明治二十六年一月～明治二十九年三月　平野清介編著　明治大正昭和新聞研究会　1981.12　506p　23cm　（日本文豪資料集成）　9800円

◇鴎外文学の側溝　長谷川泉著　明治書院　1981.11　308p　19cm　（国文学研究叢書）　2400円

◇山崎正和著作集　7　鴎外・闘ふ家長　中央公論社　1981.11　407p　20cm　2800円

◇森鴎外論　実証と批評　小泉浩一郎著　明治書院　1981.9　353p　22cm　4800円

◇鑑賞日本現代文学　1　森鴎外　森鴎外著,磯貝英夫編　角川書店　1981.8　461p　20cm　2300円

◇鴎外とその周辺　小堀桂一郎著　明治書院　1981.6　337p　19cm　（国文学研究叢書）　2800円

◇森鴎外―その若き時代　伊藤敬一著　古川書房　1981.4　240p　19cm　（古川叢書）　1300円　④4-89236-028-7

◇豊熟の時代―森鴎外　吉野俊彦著　京都　PHP研究所　1981.3　348p　20cm　1600円

◇医師としての森鴎外　伊達一男著　績文堂出版　1981.2　439p　23cm　5800円

◇青春の激情と挫折―森鴎外　吉野俊彦著　京都　PHP研究所　1981.2　348p　20cm　1600円

◇森鴎外覚書　成瀬正勝著　中央公論社　1980.11　217p　16cm　（中公文庫）　320円

◇虚無からの脱出―森鴎外　吉野俊彦著　京都　PHP研究所　1980.8　439p　20cm　1600円

◇鴎外―闘う家長　山崎正和著　新潮社　1980.7　289p　15cm　（新潮文庫）　320円

◇鴎外選集　第21巻　日記　森林太郎著,石川淳編　岩波書店　1980.7　372p　18cm　980円

◇鴎外と女性像―森鴎外のユマニテを求めて　赤羽貞雄著　辰野町(長野県)　ほたる書房　1980.6　284p　22cm　2800円

◇森鴎外百話　苫木虎雄著　松江　山陰中央新報社　1980.6　324p　18cm　（山陰中央新報ふるさと文庫　7）　1000円

◇森鴎外とドストエフスキイ　西山邦彦著　京都　啓文社　1980.4　213p　21cm　1900円

◇鴎外文学入門　景山直治著　古川書房　1980.3　203p　19cm　（古川叢書）　1300円

◇森鴎外の医学と文学　宮本忍著　勁草書房　1980.2　315p　22cm　2900円

◇森鴎外―明治二十年代を中心に　磯貝英夫著　明治書院　1979.12　354p　22cm　4800円

◇森鴎外　学習研究社　1979.12　242p　26cm　（人と文学シリーズ）　1500円

◇権威への反抗―森鴎外　吉野俊彦著　京都　PHP研究所　1979.8　343p　20cm　1400円

文学

◇鴎外文学の機構　長谷川泉著　明治書院　1979.4　249p　19cm　（国文学研究叢書）　2200円

◇森鴎外　2　日本文学研究資料刊行会編　有精堂出版　1979.4　314p　22cm　（日本文学研究資料叢書）　2800円

◇鴎外文学の位相　長谷川泉著　増補版　明治書院　1979.3　319p　19cm　（国文学研究叢書）　2200円

◇森鴎外の医学思想　宮本忍著　勁草書房　1979.2　264p　22cm　2700円

◇あきらめの哲学—森鴎外　吉野俊彦著　京都　PHP研究所　1978.12　347p　20cm　1400円

◇森鴎外　長谷川泉編集　朝日出版社　1978.10　432p　20cm　（比較文学研究）　3000円

◇森鴎外　石川淳著　岩波書店　1978.7　212p　15cm　（岩波文庫）　200円

◇森鴎外—歴史と文学　武田勝彦，高橋新太郎編　明治書院　1978.6　297p　19cm　（国文学研究叢書）　2400円

◇森鴎外　「現代国語」編集委員会編　東京書籍　1978.4　113p　17cm　（作家・作品シリーズ　4）

◇国語国文学研究史大成　14　鴎外・漱石　成瀬正勝ほか編著　増補　三省堂　1978.3　632p　22cm　4500円

◇鴎外・芥川・太宰源論—文学の原点　藤井和義著　桜楓社　1978.2　220p　22cm　1800円

◇森鴎外　高橋義孝著　第三文明社　1977.10　189p　18cm　（レグルス文庫　85）　480円

◇シンポジウム日本文学　13　森鴎外　竹盛天雄司会　学生社　1977.2　270p　22cm　1900円

◇森鴎外—文芸読本　河出書房新社　1976.12　295p　21cm　680円

◇森鴎外—〈恨〉に生きる　山崎国紀著　講談社　1976.12　237p　18cm　（講談社現代新書）　390円

◇現代国語研究シリーズ　6　森鴎外　長谷川泉ほか著　尚学図書　1976.5　64p　26cm　（「国語展望」別冊　no.16）

◇鴎外—闘う家長　山崎正和著　河出書房新社　1976　321p　肖像　19cm　（河出文芸選書）　750円

◇鴎外その青春　飛鳥井雅道著　角川書店　1976　173p　21cm　（季刊論叢日本文化　7）　1400円

◇森鴎外　生松敬三著　東京大学出版会　1976　233,6p　肖像　19cm　（UP選書　164）　900円

◇森鴎外周辺　浜崎美景著　〔松山〕〔浜崎美景〕　東京　文泉堂書店（発売）　1976　375p　19cm　2500円

◇西学東漸の門—森鴎外研究　小堀桂一郎著　朝日出版社　1976　389p　22cm　2000円

◇ゲーテと鴎外　星野慎一著　潮出版社　1975　265p　20cm　（潮選書）　1000円

◇父の帽子　森茉莉著　筑摩書房　1975　206p　20cm　1200円

◇鴎外の精神　唐木順三著　筑摩書房　1974　304p　20cm　（唐木順三文庫　3）　900円

◇現代日本文学アルバム　1　森鴎外　編集委員:足立巻一等　学習研究社　1974　229p　27cm　2300円

◇森鴎外—その冒険と挫折　蒲生芳郎著　春秋社　1974　330p　20cm　1200円

◇森鴎外私論　続　吉野俊彦著　毎日新聞社　1974　329p　20cm　1400円

◇石川淳全集　第9巻　増補　筑摩書房　1974　453p　肖像　21cm　3800円

◇宇野浩二全集　第10巻　評論評伝　1　中央公論社　1973　511p　肖像　20cm　1500円

◇森鴎外と夏目漱石　岡崎義恵著　宝文館出版　1973　487p　20cm　（岡崎義恵著作選集）　2000円

◇鴎外―闘う家長　山崎正和著　河出書房新社　1972　321p　20cm　690円

◇鴎外その側面　中野重治著　筑摩書房　1972　301p　肖像　19cm　（筑摩叢書）800円

◇私の作家評伝　1　小島信夫著　新潮社　1972　258p　19cm　（新潮選書）460円

◇森鴎外・夏目漱石・三木露風未発表書簡集　日本近代文学館図書資料委員会編　日本近代文学館　1972　291p　図　22cm　（近代文学研究資料叢書　2）3800円

◇森鴎外その詩と人生観　三枝康高著　桜楓社　1972　209p　肖像　22cm　1500円

◇森鴎外私論　吉野俊彦著　毎日新聞社　1972　338p　肖像　20cm　980円

◇森鴎外の世界　小堀桂一郎著　講談社　1971　435p　図　20cm　890円

◇森鴎外論考　続　長谷川泉著　増補版　明治書院　1971　432p　図11枚　19cm　1800円

◇漱石と鴎外―人間論的考察　小松摂郎著　新版　京都　法律文化社　1971　215p　20cm　880円

◇逍遙・鴎外―考証と試論　関良一著　有精堂出版　1971　462p　22cm　（日本近代文学研究叢刊）3500円

◇森鴎外　日本文学研究資料刊行会編　有精堂出版　1970　330p　22cm　（日本文学研究資料叢書）1300円

◇鴎外と諦念　岡崎義恵著　宝文館出版　1969　658p　20cm　（岡崎義恵著作選）2200円

◇自紀材料　森鴎外著　森鴎外記念会　1969　4冊　24cm　8000円

◇若き日の森鴎外　小堀桂一郎著　東京大学出版会　1969　722p　図版　23cm　2400円

◇森鴎外の研究　河村敬吉編著　清水弘文堂書房　1969　289p　19cm　680円

◇父親としての森鴎外　森於菟著　筑摩書房　1969　351p　図版　19cm　（筑摩叢書）720円

◇森鴎外　高橋義孝著　鷺の宮書房　1968　268p　19cm

◇森鴎外のことば　近代文学研究会編　芳賀書店　1968　283p　図版　19cm

◇明治百年　文化功労者記念講演集　第1輯　福沢諭吉を語る〔ほか〕　高橋誠一郎　尾崎行雄記念財団　1968　324p　19cm

◇続　森鴎外論考　長谷川泉著　明治書院　1967　424p　図版11枚　19cm

◇評伝　森鴎外　山室静著　増補新版　実業之日本社　1967　291p　図版　20cm　（作品と作家研究）

◇森鴎外　河合靖峯著，福田清人編　清水書院　1966　200p　図版　19cm　（センチュリーブックス）

◇森鴎外論考　長谷川泉著　増補版 5版　明治書院　1966　473p　図版　19cm

◇日本近代文学史　鴎外と漱石　江藤淳著　読売新聞社　1966

◇漱石と鴎外―人間論的考察　小松摂郎著　京都　法律文化社　1966　193p　19cm　（市民教室）

◇鴎外・荷風・万太郎　小島政二郎著　文芸春秋新社　1965

◇森鴎外　高橋義孝著　厚文社書店　1965　268p　19cm

◇森鴎外　長谷川泉著　明治書院　1965　160p　地図　27cm　（写真作家伝叢書　2）

◇岩波文庫をめぐる文豪秘話―漱石・鴎外・茂吉・露伴・寅彦　山崎安雄著　出版ニュース社　1964

◇近代作家研究アルバム　3　筑摩書房　1964

◇森鴎外―作家と作品　渋川驍著　筑摩書房　1964　257p　19cm　（筑摩叢書）

◇森鴎外の人と作品　唐木順三編　学習研究社　1964　350p 図版　19cm
◇森鴎外　重松泰雄著　東出版　1963
◇日本の思想家　第3　朝日新聞社朝日ジャーナル編集部編　朝日新聞社　1963　400p 19cm
◇近代日本の作家たち　小田切秀雄著　増補版　法政大学出版局　1962　655p 22cm
◇森鴎外論考　長谷川泉著　明治書院　1962　456p 図版　19cm
◇明治三十年代の森鴎外　栗原三郎著　〔出版地不明〕〔栗原三郎〕1961.10　150p 19cm 非売品
◇作家論　伊藤整著　筑摩書房　1961　374p 20cm
◇近代文学鑑賞講座　4　森鴎外　稲垣達郎著　角川書店　1960
◇森鴎外研究　森鴎外 他29篇（木下杢太郎）吉田精一編　筑摩書房　1960　414p 図版　20cm
◇森鴎外読本—その生涯と作品　唐木順三編　7版　学習研究社　1960　350p 図版　20cm
◇評伝 森鴎外　山室静著　実業之日本社　1960　290p 図版　20cm

◇家蔵 鴎外書目—未定稿　菰池佐一郎編　1959　63p 図版　25cm
◇近代日本文学読本　森鴎外読本—その生涯と作品　唐木順三編　学習研究社　1959
◇近代日本の思想家　5　東大出版会　1958
◇芸術と実生活　平野謙著　講談社　1958
◇靴の音　森茉莉著　筑摩書房　1958
◇森鴎外　生松敬三著　東京大学出版会　1958　236p 図版　19cm（近代日本の思想家　第5）
◇森鴎外　唐木順三著　社会思想研究会出版部　1958　207p 16cm（現代教養文庫）
◇鴎外・藤村・啄木・武郎　桑島昌一著　ペリカン書房　1957　150p 18cm
◇現代作家論全集　1　森鴎外　高橋義孝著　五月書房　1957
◇作家研究叢書　森鴎外研究　中野重治編　新潮社　1957
◇若き鴎外の悩み　若き鴎外の悩み 他12編　河村敬吉著　現代社　1957　193p 19cm

夏目 漱石

慶応3(1867).1.5～大正5(1916).12.5　小説家。漢籍に通じ俳句に親しむ英文学者だったが、明治33年から2年間イギリスに留学し、これが転機となって作家に転身した。出世作は『吾輩は猫である』(38年)である。自然主義の芽生えの時期であったがこれに同調せず、翌年の『坊っちゃん』、『草枕』で作家的地位を築いた。40年朝日新聞に入社、本格的に作家活動に入り、『こころ』(大正3年)など近代人の自我と孤独を見つめた傑作を生みだした。晩年の『明暗』執筆の頃には則天去私の心境に至ったという。門下から阿部次郎、菊池寛、芥川龍之介など多数の作家を輩出した。

『吾輩は猫である』：明治38年。長編小説。中学教師「苦沙弥先生」や周囲の人物の言動を、猫の目を通して風刺的に描いている。知識人の生活態度や思考方法、近代日本の性格などを鋭く批判した、独創的で斬新な作品。

◇心を癒す漱石からの手紙—文豪といわれた男の、苦しみとユーモアと優しさの素顔　矢島裕紀彦著　青春出版社　1999.12　288p　19cm　1600円　④4-413-03163-6

◇反世界の夢—日本幻想小説論　真杉秀樹著　沖積舎　1999.12　313p　19cm　3500円　④4-8060-4643-4

◇名句を作った人々　鷹羽狩行著　富士見書房　1999.12　236p　19cm　2000円　④4-8291-7437-4

◇漱石とその時代　第5部　江藤淳著　新潮社　1999.12　290p　19cm　（新潮選書）　1600円　④4-10-600575-1

◇唐沢俊一のB級裏モノ探偵団　唐沢俊一著　大和書房　1999.11　237p　19cm　1400円　④4-479-39073-1

◇良心と至誠の精神史—日本陽明学の近現代　大橋健二著　勉誠出版　1999.11　318p　19cm　2500円　④4-585-05043-4

◇漱石俳句探偵帖　半藤一利著　角川書店　1999.11　239p　19cm　（角川選書）　1400円　④4-04-703310-3

◇夏目漱石　中巻　松原正著　地球社　1999.10　345p　19cm　3400円　④4-8049-8038-5

◇書を読んで羊を失う　鶴ヶ谷真一著　白水社　1999.10　187,3p　19cm　1800円　④4-560-04927-0

◇世紀末の一年—1900年ジャパン　松山巖著　朝日新聞社　1999.10　449p　19cm　（朝日選書）　1700円　④4-02-259735-6

◇魯迅の日本　漱石のイギリス—「留学の世紀」を生きた人びと　柴崎信三著　日本経済新聞社　1999.10　262p　19cm　1700円　④4-532-16319-6

◇鴎外のオカルト、漱石の科学　長山靖生著　新潮社　1999.9　231p　19cm　1400円　④4-10-424102-4

◇天文学者の虫眼鏡—文学と科学のあいだ　池内了著　文芸春秋　1999.9　211p　18cm　（文春新書）　680円　④4-16-660060-5

◇漱石とグールド—8人の「草枕」協奏曲　横田庄一郎著　朔北社　1999.9　297p　19cm　2000円　④4-931284-45-0

◇漱石イギリスの恋人　佐藤高明著　勉誠出版　1999.9　297p　19cm　（遊学叢書 5）　2500円　④4-585-04065-X

◇加藤周一セレクション　2　日本文学の変化と持続　鷲巣力編　平凡社　1999.8　421p　15cm　（平凡社ライブラリー）　1200円　④4-582-76298-0

◇悲の思想—文学にみる生老病死　佐々木徹著　京都　京都法蔵館　1999.7　229p　19cm　2600円　④4-8318-7249-0

◇漱石と立花銑三郎—その影　熊本・三池・ロンドン　宮崎明著　日本図書刊行会;近代文芸社〔発売〕　1999.7　176p　19cm　1600円　④4-8231-0421-8

◇ソローと漱石の森—環境文学のまなざし　稲本正著　日本放送出版協会　1999.6　333p　19cm　2200円　④4-14-080442-4

◇偉人を育てた親たち—子どもの才能をどう見つけどう伸ばすか　松枝史明著　産能大学出版部　1999.6　242p　19cm　1500円　④4-382-05483-4

◇快絶壮遊　天狗倶楽部—明治バンカラ交遊録　横田順弥著　教育出版　1999.6　192p　19cm　（江戸東京ライブラリー 8）　1500円　④4-316-35740-9

◇倫敦赤毛布見物（ロンドンパンパン）　出久根達郎著　文芸春秋　1999.6　258p　19cm　1524円　④4-16-355280-4

◇あの人はどこで死んだか—死に場所から人生が見える　矢島裕紀彦著　青春出版社　1999.5　269p　15cm　（青春文庫）　543円　④4-413-09107-8

◇越境者が読んだ近代日本文学—境界をつくるもの、こわすもの　鶴田欣也著　新曜社　1999.5　453p　19cm　4600円　④4-7885-0670-X

◇自分を深めろ！人生を拓け！—漱石の仕事論に学ぶ　鷲田小弥太著　大和書房　1999.5　186p　19cm　1400円　④4-479-79045-4

文学

◇謎物語―あるいは物語の謎　北村薫著　中央公論新社　1999.5　6,215p　15cm（中公文庫）　571円　①4-12-203414-0

◇文化のダイナミズム　新田義之編　岡山　岡山大学教育出版　1999.5　260p　21cm　2100円　①4-88730-328-9

◇ヴィデオで見る近代文学選　高木徹編著　京都　京都白地社　1999.4　185p　21cm　2000円　①4-89359-177-0

◇汽笛のけむり今いずこ　佐藤喜一著　新潮社　1999.4　213p　19cm　1400円　①4-10-429501-9

◇風雅のひとびと―明治・大正文人俳句列伝　高橋康雄著　朝日新聞社　1999.4　379p　19cm　2600円　①4-02-330576-6

◇漱石―その遐なるもの　大竹雅則著　おうふう　1999.4　258p　21cm　8800円　①4-273-03067-5

◇漱石と英文学―「漾虚集」の比較文学的研究　塚本利明著　彩流社　1999.4　594p　19cm　3800円　①4-88202-464-0

◇漱石の記号学　石原千秋著　講談社　1999.4　254p　19cm（講談社選書メチエ）　1500円　①4-06-258156-6

◇20世紀日記抄　「This is読売」編集部編　博文館新社　1999.3　229p　19cm　2500円　①4-89177-968-3

◇アーサー王物語の魅力―ケルトから漱石へ　高宮利行著　秀文インターナショナル　1999.3　319p　19cm　1700円　①4-87963-544-8

◇吉川幸次郎全集　第18巻　日本篇（下）　吉川幸次郎著　筑摩書房　1999.3　551p　21cm　7600円　①4-480-74618-8

◇近代秩序への接近―制度と心性の諸断面　鹿児島経済大学地域総合研究所編　日本経済評論社　1999.3　285p　21cm　3300円　①4-8188-1064-9

◇詩魂―二十世紀の人間と漢詩　一海知義著　藤原書店　1999.3　320p　20×14cm　4200円　①4-89434-125-5

◇世紀末の予言者・夏目漱石　小森陽一著　講談社　1999.3　286p　19cm　2000円　①4-06-208767-7

◇歴訪の作家たち　小林澪子著　論創社　1999.3　238p　19cm　1500円　①4-8460-0151-2

◇漱石と異文化体験　藤田栄一著　大阪　大阪和泉書院　1999.3　248p　19cm（和泉選書）　2500円　①4-87088-971-4

◇漱石と英国―留学体験と創作との間　塚本利明著　増補版　彩流社　1999.3　304p　19cm　2500円　①4-88202-463-2

◇漱石と鷗外の遠景―古典で読み解く近代文学　島内景二著　ブリュッケ；星雲社〔発売〕　1999.3　181p　20cm　1500円　①4-7952-1677-0

◇「新しい作品論」へ、「新しい教材論」へ―文学研究と国語教育研究の交差1　田中実, 須貝千里編著　右文書院　1999.2　282p　21cm　3400円　①4-8421-9809-5

◇近代文学の分身像　渡邉正彦著　角川書店　1999.2　222p　19cm（角川選書）　1500円　①4-04-703300-6

◇拝啓漱石先生　大岡信著　世界文化社　1999.2　278p　21cm　1800円　①4-418-99503-X

◇折々の記　清田金吾著　日本図書刊行会；近代文芸社〔発売〕　1999.1　101p　19cm　1200円　①4-8231-0274-6

◇父　阿部次郎　大平千枝子著　増補版　仙台　仙台東北大学出版会　1999.1　365p　19cm（東北大学出版会叢書3）　2200円　①4-925085-16-6

◇この日本人を見よ―在りし日の人たち　馬野周二著　フォレスト出版　1998.12　263p　19cm　1600円　①4-89451-065-0

◇夏目漱石　夏目漱石著　晶文社　1998.12　151p　19cm（21世紀の日本人へ）　1000円　①4-7949-4711-9

◇身体小説論―漱石・谷崎・太宰　石井洋二郎著　藤原書店　1998.12　354p　19cm　3200円　①4-89434-116-6

◇傍流文学論　野村喬著　花伝社;共栄書房〔発売〕　1998.12　498p　19cm　(野村喬著述集 第5)　8500円　①4-7634-0332-X

◇傍流文学論　野村喬著　花伝社;共栄書房〔発売〕　1998.12　498p　19cm　6500円　①4-7634-0333-8

◇東京江戸謎とき散歩―首都の歴史ミステリーを訪ねて　加来耕三, 志治美世子, 黒田敏穂著　広済堂出版　1998.11　375p　19cm　1600円　①4-331-50661-4

◇漱石・芥川・太宰と聖書―近代日本文学の謎を解く!!　奥山実著　立川　立川マルコーシュ・パブリケーション　1998.11　461p　19cm　2700円　①4-87207-178-6

◇漱石という思想の力　赤井恵子著　朝文社　1998.11　267p　19cm　3000円　①4-88695-144-9

◇「吾輩は猫である」の謎　長山靖生著　文芸春秋　1998.10　221p　18cm　(文春新書)　690円　①4-16-660009-5

◇日本人の生命観　新保哲編著　北樹出版;学文社〔発売〕　1998.10　208p　21cm　2500円　①4-89384-682-5

◇「ゆらぎ」の日本文学　小森陽一著　日本放送出版協会　1998.9　318p　19cm　(NHKブックス)　1160円　①4-14-001839-9

◇異文化との出会い―国際化のなかの個人と社会　三好郁朗, 宮本盛太郎, 村形明子, 竹安邦夫, 中西輝政, 間宮陽介著　京都　京都京都大学学術出版会　1998.9　238p　21cm　(京都大学総合人間学部公開講座)　2300円　①4-87698-065-9

◇精神医学からみた作家と作品　春原千秋, 梶谷哲男著　新装版　牧野出版　1998.9　288p　21cm　2400円　①4-89500-053-2

◇文人追懐――学芸記者の取材ノート　浜川博著　蝸牛社　1998.9　270p　19cm　1600円　①4-87661-343-5

◇本を枕に　奥本大三郎著　集英社　1998.9　274p　15cm　(集英社文庫)　552円　①4-08-748860-8

◇志賀直哉交友録　志賀直哉著, 阿川弘之編　講談社　1998.8　329p　15cm　(講談社文芸文庫)　1100円　①4-06-197626-5

◇文学館ワンダーランド―全国文学館・記念館ガイド160　リテレール編集部編　メタローグ　1998.8　302p　19cm　1800円　①4-8398-2017-1

◇ダイアローグ 5 1990‐1994　柄谷行人著　第三文明社　1998.7　349p　19cm　2100円　①4-476-03215-X

◇文学の中の法　長尾龍一著　日本評論社　1998.7　208p　19cm　1800円　①4-535-51112-8

◇漱石の「不愉快」―英文学研究と文明開化　小林章夫著　PHP研究所　1998.7　199p　18cm　(PHP新書)　657円　①4-569-60151-0

◇漱石異説『坊っちやん』見落―『漱石研究』落選集　木村直人著　国分寺　国分寺武蔵野書房　1998.7　186p　19cm　2000円

◇鴎外・漱石・芥川　蒲生芳郎著　洋々社　1998.6　245p　19cm　2400円　①4-89674-910-3

◇人間の生涯ということ　上田閑照著　人文書院　1998.6　244p　19cm　2500円　①4-409-04039-1

◇文明開化と英学　川澄哲夫編, 鈴木孝夫監修　大修館書店　1998.6　1366p　21cm　(資料日本英学史1下)　24000円　①4-469-14133-X

◇「草枕」変奏曲―夏目漱石とグレン・グールド　横田庄一郎著　朔北社　1998.5　268p　19cm　1900円　①4-931284-38-8

◇近代化の中の文学者たち―その青春と実存　山口博著　愛育社　1998.4　279p　19cm　1800円　①4-7500-0205-4

◇子規の素顔　和田茂樹著　松山　松山愛媛県文化振興財団　1998.3　397p　18cm　(えひめブックス)　952円

文学

◇漱石のなぞ―『道草』と『思い出』との間　小山田義文著　平河出版社　1998.3　251p　19cm　1800円　④4-89203-297-2

◇夏目漱石―『明暗』まで　内田道雄著　おうふう　1998.2　351p　21cm　4800円　④4-273-03016-0

◇夏目漱石初期作品攷―奔流の水脈　砂香文著　大阪　大阪和泉書院　1998.2　254p　21cm　（近代文学研究叢刊）　8000円　④4-87088-901-3

◇「色」と「愛」の比較文化史　佐伯順子著　岩波書店　1998.1　389,7p　19cm　4000円　④4-00-002781-6

◇老舎と漱石―生粋の北京人と江戸っ子　李寧著　新典社　1997.12　158p　19cm　（新典社文庫）　1500円　④4-7879-6507-7

◇漱石全集　第27巻　別冊（下）　夏目金之助著　岩波書店　1997.12　699,133p　19cm　3600円　④4-00-091827-3

◇家永三郎集　第1巻　思想史論　家永三郎著　岩波書店　1997.11　352p　21cm　4800円　④4-00-092121-5

◇水谷昭夫著作選集　2　漱石の原風景　水谷昭夫著　新教出版社　1997.10　28p　19cm　3700円　④4-400-62612-1

◇日本のベル・エポック　飯島耕一著　立風書房　1997.6　292p　19cm　2800円　④4-651-71048-4

◇漱石ゴシップ　長尾剛著　文芸春秋　1997.6　251p　15cm　（文春文庫）　448円　④4-16-733606-5

◇あなたの知らない漱石こぼれ話　長尾剛著　日本実業出版社　1997.5　222p　19cm　1300円　④4-534-02631-5

◇もう一度読む　夏目漱石　長尾剛著　双葉社　1997.5　270p　19cm　（目からウロコの新解釈）　1400円　④4-575-28705-9

◇夏目漱石―『坊っちゃん』をかいた人　桜井信夫作、鴇田幹絵　岩崎書店　1997.5　136p　18cm　（フォア文庫）　560円　④4-265-06308-X

◇比較の視野―漱石・オースティン・マードック　井内雄四郎著　旺史社　1997.5　195,9p　19cm　2400円　④4-87119-060-9

◇旅の半空　森本哲郎著　新潮社　1997.5　273p　19cm　1500円　④4-10-337207-9

◇漱石―その新たなる地平　重松泰雄著　おうふう　1997.5　382p　21cm　6800円　④4-273-02990-1

◇漱石の東京　武田勝彦著　早稲田大学出版部　1997.5　246,18p　19cm　2800円　④4-657-97522-6

◇文人悪食　嵐山光三郎著　マガジンハウス　1997.3　429p　19cm　1800円　④4-8387-0620-0

◇漱石、賢治、啄木のひとり歩きの愉しみ　辻真先著　青春出版社　1997.3　221p　18cm　（プレイブックス）　810円　④4-413-01685-8

◇漱石全集　第24巻　書簡（下）　夏目金之助著　岩波書店　1997.2　677,58p　19cm　3495円　④4-00-091824-9

◇この人たちの結婚―明治大正名流婚　林えり子著　講談社　1997.1　301p　19cm　1650円　④4-06-208412-0

◇身体の文学史　養老孟司著　新潮社　1997.1　197p　19cm　1300円　④4-10-416001-6

◇日本文壇史　13　頽唐派の人たち　伊藤整著　講談社　1996.12　288,21p　15cm　（講談社文芸文庫―回想の文学）　951円　④4-06-196396-1

◇漱石と河上肇―日本の二大漢詩人　一海知義著　藤原書店　1996.12　301p　19cm　2800円　④4-89434-056-9

◇しのび草―わが師　わが友　大岡信著　世界文化社　1996.11　374p　21cm　2136円　④4-418-96522-X

◇独楽の回転―甦る近代小説　高橋昌男著　小沢書店　1996.11　241p　19cm　2000円　④4-7551-0332-0

◇二葉亭四迷の明治四十一年　関川夏央著　文芸春秋　1996.11　317p　19cm　1748円　①4-16-352290-5

◇文豪の愛した東京山の手　文芸散策の会編，近藤富枝監修　日本交通公社出版事業局　1996.11　143p　21cm（JTBキャンブックス）1550円　①4-533-02582-X

◇不肖の孫　夏目房之介著　筑摩書房　1996.10　237p　19cm　1500円　①4-480-81404-3

◇漱石とその時代　第4部　江藤淳著　新潮社　1996.10　449p　19cm（新潮選書）1748円　①4-10-600505-0

◇新・天才論―教育学からのアプローチ　古寺雅男著　京都　京都ミネルヴァ書房　1996.9　246,3p　19cm（Minerva21世紀ライブラリー）2500円　①4-623-02700-7

◇正岡子規―ベースボールに賭けたその生涯　城井睦夫著　紅書房　1996.9　267p　19cm　2427円　①4-89381-089-8

◇天才、生い立ちの病跡学（パトグラフィ）―甘えと不安の精神分析　福島章著　講談社　1996.9　395p　15cm（講談社プラスアルファ文庫）854円　①4-06-256162-X

◇漱石のステッキ　中沢宏紀著　第一書房　1996.9　285p　19cm　1800円　①4-8042-0113-0

◇漱石全集　第23巻　書簡（中）　夏目金之助著　岩波書店　1996.9　573,38p　19cm　3301円　①4-00-091823-0

◇漱石全集　第20巻　日記・断片（下）　夏目金之助著　岩波書店　1996.7　685p　19cm　3301円　①4-00-091820-6

◇夏目漱石と経済―ヘーゲルから浪子まで　鈴木英雄著　近代文芸社　1996.6　252p　19cm　1553円　①4-7733-5344-9

◇漱石の「則天去私」と『明暗』の構造　加藤敏夫著　リーベル出版　1996.6　693p　21cm　6800円　①4-89798-524-2

◇日本文壇史　9　日露戦後の新文学　伊藤整著　講談社　1996.4　250,23p　15cm（講談社文芸文庫―回想の文学）951円　①4-06-196364-3

◇猫の比較文学―猫と女とマゾヒスト　堀江珠喜著　京都　京都ミネルヴァ書房　1996.4　261p　19cm（Minerva21世紀ライブラリー 26）3000円　①4-623-02658-2

◇漱石先生ぞな、もし　半藤一利著　文芸春秋　1996.3　302p　15cm（文春文庫）437円　①4-16-748304-1

◇漱石全集　第22巻　書簡（上）　夏目金之助著　岩波書店　1996.3　727,32p　19cm　3495円　①4-00-091822-2

◇日本文壇史　8　日露戦争の時代　伊藤整著　講談社　1996.2　250,22p　15cm（講談社文芸文庫）951円　①4-06-196357-0

◇凡常の発見―漱石・谷崎・太宰　細谷博著　明治書院　1996.2　469p　19cm（南山大学学術叢書）3495円　①4-625-43072-0

◇漱石全集　別巻　漱石言行録　夏目金之助著　岩波書店　1996.2　576p　19cm　3107円　①4-00-091829-X

◇女々しい漱石、雄々しい鴎外　渡辺澄子著　京都　京都世界思想社　1996.1　255p　19cm（SEKAISHISO SEMINAR）2427円　①4-7907-0581-1

◇反俗の文人たち　浜川博著　新典社　1995.12　334p　19cm（新典社文庫）2524円　①4-7879-6504-2

◇夏目漱石　上巻　松原正著　地球社　1995.11　333p　19cm　3399円　①4-8049-8037-7

◇私論夏目漱石―『行人』を基軸として　安東璋二著　おうふう　1995.11　319p　21cm　7767円　①4-273-02885-9

◇漱石全集　第19巻　日記・断片（上）　夏目金之助著　岩波書店　1995.11　521p　19cm　3107円　①4-00-091819-2

文学

◇夏目漱石研究 第3巻『虞美人草』と「京に着けるタベ」の研究 岡三郎著 国文社 1995.10 802p 21cm 15000円 Ⓘ4-7720-0353-3

◇天才ほどよく悩む 木原武一著 ネスコ;文芸春秋〔発売〕 1995.10 252p 19cm 1456円 Ⓘ4-89036-904-X

◇漱石—作品の誕生 浅田隆編 京都 京都世界思想社 1995.10 278p 19cm (SEKAISHISO SEMINAR) 2233円 Ⓘ4-7907-0571-4

◇セピアの館—夏目漱石「草枕」異聞 木村隆之著 国分寺 国分寺新風舎 1995.8 166p 19cm 1000円 Ⓘ4-88306-297-X

◇漱石復活 長尾剛著 アリアドネ企画;三修社〔発売〕 1995.8 222p 19cm 1165円 Ⓘ4-384-02250-6

◇夏目漱石—近代という迷宮(メーズ) 大橋健三郎著 小沢書店 1995.6 243p 19cm 2200円

◇子規・漱石・虚子—その文芸的交流の研究 柴田奈美著 本阿弥書店 1995.6 287p 19cm 2912円 Ⓘ4-89373-079-7

◇漱石を読みなおす 小森陽一著 筑摩書房 1995.6 254p 18cm (ちくま新書) 660円 Ⓘ4-480-05637-8

◇夏目漱石—物語と史蹟をたずねて 武蔵野次郎著 成美堂出版 1995.4 286p 15cm (成美文庫) 544円 Ⓘ4-415-06419-1

◇小さな文学の旅—日本の名作案内 漆原智良作 金の星社 1995.4 257p 19cm 1748円 Ⓘ4-323-01874-6

◇磯田光一著作集 6 永井荷風 作家論 1 磯田光一著 小沢書店 1995.3 595p 19cm 4662円

◇夏目漱石を江戸から読む—新しい女と古い男 小谷野敦著 中央公論社 1995.3 229p 18cm (中公新書) 699円 Ⓘ4-12-101233-X

◇夏目漱石論—「運命」の展開 森田喜郎著 大阪 大阪和泉書院 1995.3 148p 19cm (和泉選書 92) 2200円 Ⓘ4-87088-715-0

◇孫娘から見た漱石 松岡陽子著 新潮社 1995.2 184p 19cm (新潮選書) 922円 Ⓘ4-10-600474-7

◇政治と文学の接点—漱石・蘆花・龍之介などの生き方 三浦隆著 教育出版センター 1995.1 222p 19cm (以文選書 46) 2330円 Ⓘ4-7632-1543-4

◇漱石とあたたかな科学—文豪のサイエンス・アイ 小山慶太著 文芸春秋 1995.1 244p 19cm 1359円 Ⓘ4-16-349780-3

◇漱石文学の愛の構造 沢英彦著 沖積舎 1994.11 671p 20cm 6602円 Ⓘ4-8060-4597-7

◇「新しい女」の到来—平塚らいてうと漱石 佐々木英昭著 名古屋 名古屋大学出版会 1994.10 363,5p 20cm 2900円 Ⓘ4-8158-0243-2

◇悪妻は六十年の不作か？ 日本テレビ放送網 1994.8 247p 19cm (知ってるつもり?! 18) 1100円 Ⓘ4-8203-9419-3

◇夏目漱石青春の旅 半藤一利編 文藝春秋 1994.8 255p 16cm (文春文庫 V10-10) 660円 Ⓘ4-16-810009-X

◇語られる経験—夏目漱石・辻邦生をめぐって 小田島本有著 近代文芸社(発売) 1994.7 196p 20cm 2000円 Ⓘ4-7733-2764-2

◇朝日新聞記者 夏目漱石 立風書房 1994.7 211p 26×18cm 1800円 Ⓘ4-651-70063-2

◇漱石の思い出 夏目鏡子述,松岡譲筆録 文芸春秋 1994.7 462p 15cm (文春文庫) 560円 Ⓘ4-16-720802-4

◇わたくしの漱石先生—異邦人のアプローチ 楊璧慈著 近代文芸社 1994.6 179p 20cm 1800円 Ⓘ4-7733-2710-3

◇鴎外と漱石—思考と感情 中村啓著 近代文芸社 1994.5 321p 18cm

◇漱石論—鏡あるいは夢の書法　芳川泰久著　河出書房新社　1994.5　371p 19cm　3800円　ⓃⅣ4-309-00911-5

◇夏目漱石の手紙　中島国彦,長島裕子著　大修館書店　1994.4　264p　19cm　2163円　ⓃⅣ4-469-22098-1

◇社長としての夏目漱石　富永直久著　学陽書房　1994.4　222p 19cm　1200円　ⓃⅣ4-313-85080-5

◇漱石—その歴程　重松泰雄著　おうふう　1994.3　341p　22cm　4900円　ⓃⅣ4-273-02764-X

◇近代日本文学と聖書　上　漱石の迷走と救い　奥山実著　マルコーシュ・パブリケーション　1994.1　153p　19cm　1359円　ⓃⅣ4-87207-128-X

◇漱石空間　中村完著　有精堂出版　1993.12　237p 19cm　2800円　ⓃⅣ4-640-31046-3

◇漱石と鑑三—「自然」と「天然」　赤木善光著　教文館　1993.11　307p 19cm　3090円　ⓃⅣ4-7642-6524-9

◇漱石とその時代　第3部　江藤淳著　新潮社　1993.10　429p 19cm　(新潮選書)　1700円　ⓃⅣ4-10-600447-X

◇私の「漱石」と「龍之介」　内田百閒著　筑摩書房　1993.8　275p 15cm　(ちくま文庫)　650円　ⓃⅣ4-480-02765-3

◇夏目漱石　赤木桁平著　日本図書センター　1993.6　338,29,12p　22cm　(近代作家研究叢書　140)　8755円　ⓃⅣ4-8205-9244-0

◇続・漱石先生ぞな、もし　半藤一利著　文芸春秋　1993.6　318p 18cm　1300円　ⓃⅣ4-16-347660-1

◇夏目漱石とロンドンを歩く　出口保夫著　PHP研究所　1993.2　244,7p 15cm　(PHP文庫)　500円　ⓃⅣ4-569-56527-1

◇夏目漱石　江藤淳著　日本図書センター　1993.1　208,9p　22cm　(近代作家研究叢書　128)　4120円　ⓃⅣ4-8205-9229-7

850円　ⓃⅣ4-7733-3272-7

◇漱石に見る愛のゆくえ　清水忠平著　グラフ社　1992.12　206p　19cm　1200円　ⓃⅣ4-7662-0248-1

◇若き日の漱石　竹長吉正著　右文書院　1992.11　286p　22cm　2980円　ⓃⅣ4-8421-9209-7

◇夏目漱石　森田草平著　日本図書センター　1992.10　404,9p　22cm　(近代作家研究叢書　116)　8000円　ⓃⅣ4-8205-9215-7

◇漱石先生ぞな、もし　半藤一利著　文芸春秋　1992.9　317p 18cm　1300円　ⓃⅣ4-16-346810-2

◇夏目漱石事典　三好行雄編　学燈社　1992.4　410p　21cm　3000円　ⓃⅣ4-312-00012-3

◇夏目漱石の房総旅行—『木屑録』を読む　斎藤均著　流山　崙書房出版　1992.3　174p　18cm　(ふるさと文庫)　1000円

◇夏目漱石とその周辺　井上百合子著　近代文芸社　1992.2　209p　19cm　2000円　ⓃⅣ4-7733-1089-8

◇漱石推考　佐々木充著　桜楓社　1992.1　300p　22cm　7573円　ⓃⅣ4-273-02565-5

◇銀座と文士たち　武田勝彦,田中康子著　明治書院　1991.12　315p 19cm　2800円　ⓃⅣ4-625-48056-6

◇夏目漱石—非西洋の苦闘　平川祐弘著　講談社　1991.11　468p　15cm　(講談社学術文庫　995)　1068円　ⓃⅣ4-06-158995-4

◇漱石の精神界　続　松本健次郎著　近代文芸社　1991.11　225p　20cm　1456円　ⓃⅣ4-7733-1178-9

◇作家の肖像　小田切進著　永田書房　1991.10　341p 19cm　2700円　ⓃⅣ4-8161-0595-6

◇漱石—円い輪の上で　石川正一著　金沢　能登印刷　1991.9　189p　21cm　2428円　ⓃⅣ4-89010-143-8

文学

◇父・夏目漱石　夏目伸六著　文芸春秋　1991.7　318p　16cm（文春文庫　な-24-1）　408円　ⓐ4-16-754001-0

◇透谷と漱石―自由と民権の文学　小沢勝美著　双文社出版　1991.6　370p　20cm　3980円　ⓐ4-88164-337-1

◇魯迅の悲劇と漱石の悲劇―文化伝統からの一考察　李国棟述、国際日本文化研究センター編　京都　国際日本文化研究センター　1991.6　68p　21cm　非売品

◇ロンドンの夏目漱石　出口保夫著　〔新装版〕　河出書房新社　1991.5　280,6p　19cm　1900円　ⓐ4-309-00700-7

◇夏目漱石―マイクロ版論文集　和田謹吾著　〔札幌〕　〔和田謹吾〕　1991.5　104p　18cm　（観白亭叢刊　第7）

◇夏目漱石研究資料集成　第1巻　平岡敏夫編　日本図書センター　1991.5　448p　22cm　7931円　ⓐ4-8205-9132-0

◇夏目漱石研究資料集成　第2巻　平岡敏夫編　日本図書センター　1991.5　440p　22cm　7931円　ⓐ4-8205-9133-9

◇夏目漱石研究資料集成　第3巻　平岡敏夫編　日本図書センター　1991.5　440p　22cm　7931円　ⓐ4-8205-9134-7

◇夏目漱石研究資料集成　第4巻　平岡敏夫編　日本図書センター　1991.5　422p　22cm　7931円　ⓐ4-8205-9135-5

◇夏目漱石研究資料集成　第5巻　平岡敏夫編　日本図書センター　1991.5　464p　22cm　7931円　ⓐ4-8205-9136-3

◇夏目漱石研究資料集成　第6巻　平岡敏夫編　日本図書センター　1991.5　403p　22cm　7931円　ⓐ4-8205-9137-1

◇夏目漱石研究資料集成　第7巻　平岡敏夫編　日本図書センター　1991.5　420p　22cm　7931円　ⓐ4-8205-9138-X

◇夏目漱石研究資料集成　第8巻　平岡敏夫編　日本図書センター　1991.5　406p　22cm　7931円　ⓐ4-8205-9139-8

◇夏目漱石研究資料集成　第9巻　平岡敏夫編　日本図書センター　1991.5　419p　22cm　7931円　ⓐ4-8205-9140-1

◇夏目漱石研究資料集成　第10巻　平岡敏夫編　日本図書センター　1991.5　359p　22cm　7931円　ⓐ4-8205-9141-X

◇夏目漱石　2　平岡敏夫編　国書刊行会　1991.3　419p　22cm　（日本文学研究大成）　4100円　ⓐ4-336-03081-2

◇夏目漱石　加賀乙彦ほか著　小学館　1991.2　379p　19cm（群像　日本の作家　1）　1800円　ⓐ4-09-567001-0

◇反俗脱俗の作家たち　大星光史著　(京都)世界思想社　1991.1　232p　19cm　(SEKAISHISO SEMINAR)　2280円　ⓐ4-7907-0383-5

◇夏目漱石と女性―愛させる理由　佐々木英昭著　新典社　1990.12　134p　19cm　（叢刊・日本の文学　15）　1009円　ⓐ4-7879-7515-3

◇夏目漱石と倫敦留学　稲垣瑞穂著　改訂新版　吾妻書房　1990.11　308p　19cm　2060円　ⓐ4-7516-0159-8

◇神経症夏目漱石　平井富雄著　福武書店　1990.11　225p　19cm　2000円　ⓐ4-8288-1198-2

◇夏目漱石事典　三好行雄編　学灯社　1990.7　415p　22cm　（別冊国文学　no.39）　1699円

◇夏目漱石　河出書房新社　1990.6　223p　21cm　（新文芸読本）　1200円　ⓐ4-309-70151-5

◇夏目漱石ものしり読本―明治、そして大文豪がいま興味深い　グループ文明開化著　広済堂出版　1990.6　258p　18cm　（Kosaido books）　760円　ⓐ4-331-00486-4

◇漱石論究　佐古純一郎著　朝文社　1990.5　372p　19cm　2200円　ⓐ4-88695-021-3

◇夏目漱石　伊豆利彦著　新日本出版社　1990.4　222p　18cm　（新日本新書

文学

◇漱石書簡集　夏目漱石著, 三好行雄編　岩波書店　1990.4　359p 15cm　（岩波文庫）　520円　ⓟ4-00-319003-3

◇漱石日記　夏目漱石著, 平岡敏夫編　岩波書店　1990.4　280p 15cm　（岩波文庫）　460円　ⓟ4-00-319002-5

◇夏目さんの人及思想　島為男著　〔復刻版〕　日本図書センター　1990.3　278,8p 21cm　（近代作家研究叢書　101）　7210円　ⓟ4-8205-9058-8

◇夏目漱石入門　猪野謙二, 鈴木醇爾編　筑摩書房　1989.12　240,4p　21cm　950円　ⓟ4-480-91711-X

◇漱石の謎をとく・『こゝろ』論　井原三男著　勁草出版サービスセンター　1989.12　320p　20cm　1200円　ⓟ4-326-93159-0

◇孤高の鬼たち—素顔の作家　文芸春秋編　文芸春秋　1989.11　348p 15cm　（文春文庫）　420円　ⓟ4-16-721719-8

◇文士と文士　小山文雄著　河合出版　1989.11　237p 19cm　1600円　ⓟ4-87999-021-3

◇夏目漱石　1　平岡敏夫編　国書刊行会　1989.10　364p 22cm　（日本文学研究大成）　3900円

◇漱石「こゝろ」の謎　水川隆夫著　彩流社　1989.10　216p 20cm　2200円

◇漱石と天皇制　伊豆利彦著　有精堂出版　1989.9　354p　19cm　3600円　ⓟ4-640-31001-3

◇夏目漱石の研究　小林一郎著　至文堂　1989.3　366p 22cm　3600円　ⓟ4-7843-0086-4

◇夏目漱石—ウィリアム・ジェームズ受容の周辺　小倉脩三著　有精堂出版　1989.2　226p　20cm　2400円　ⓟ4-640-30595-8

◇夢幻系列—漱石・竜之介・百閒　高橋英夫著　小沢書店　1989.2　227p 20cm　2500円

◇子規・漱石写真ものがたり—日本営業写真史資料余閒　風戸始著, 松山子規会編　松山　松山子規会　1989.1　246p 27cm　（松山子規会叢書　第21集）　2000円

◇夏目漱石—作家とその時代　石崎等編　有精堂出版　1988.11　274p 21cm　（日本文学研究資料新集　15）　3500円　ⓟ4-640-30964-3

◇吾輩は漱石である　井上ひさし著　集英社　1988.11　175p 16cm　（集英社文庫）　300円　ⓟ4-08-749404-7

◇日本文学研究資料新集　15　夏目漱石—作家とその時代　石崎等編　有精堂出版　1988.11　274p 22cm　3500円　ⓟ4-640-30964-3

◇漱石への測鉛—「それから」「門」「行人」　盛忍著　勁草書房　1988.11　327p 20cm　2700円　ⓟ4-326-85099-X

◇漱石拾遺—女性観と社会思想　虚碧白雲居士著　横浜　畳乱青堂　1988.8　170p 19cm　2000円

◇漱石文学の思想　第1部　自己形成の苦悩　今西順吉著　筑摩書房　1988.8　560p 20cm　3600円　ⓟ4-480-82232-1

◇夏目漱石論　蓮実重彦著　福武書店　1988.5　320p 16cm　（福武文庫）　650円　ⓟ4-8288-3076-6

◇夏目漱石論攷　大竹雅則著　桜楓社　1988.5　371p 22cm　6800円　ⓟ4-273-02252-4

◇小説家夏目漱石　大岡昇平著　筑摩書房　1988.5　443p 20cm　2200円　ⓟ4-480-82238-0

◇漱石鴎外対照の試み　浅野洋, 芹沢光興編　双文社出版　1988.5　208p 26cm　2000円　ⓟ4-88164-045-3

◇夏目漱石とその周辺　片岡懋編著　新典社　1988.3　277p 22cm　（新典社研究叢書　21）　8500円　ⓟ4-7879-4021-X

317

文学

◇漱石と越後・新潟―ゆかりの人びと　安田道義著　新潟　新潟日報事業社出版部　1988.2　267p　19cm　1500円

◇漱石という人―吾輩は吾輩である　駒尺喜美著　思想の科学社　1987.10　268p　19cm　2000円

◇漱石と英国―留学体験と創作との間　塚本利明著　彩流社　1987.9　268p　19cm　2200円

◇漱石研究―ESSAY ON SOSEKI　平岡敏夫著　有精堂出版　1987.9　538p　19cm　5400円　①4-640-30587-7

◇夏目漱石論　佐藤泰正著　日本点字図書館(製作)　1987.7　8冊　27cm　各1200円

◇続 近代日本の日記―明治から大正へ　小田切進著　講談社　1987.7　405p　19cm　3000円　①4-06-203199-X

◇夏目漱石　福田清人編著，網野義紘編著　清水書院　1987.6　198p　20cm（Century books）　480円

◇夏目漱石展―人間漱石大きな足跡　日本近代文学館　1987.5　123p　26cm

◇夏目漱石論　蓮実重彦著　青土社　1987.5　283p　20cm　1800円

◇漱石とイギリスの旅　稲垣瑞穂著　吾妻書房　1987.5　250p　19cm　2500円　①4-7516-0158-X

◇漱石世界と草枕絵　川口久雄著　岩波書店　1987.5　126,2p　23cm　1900円　①4-00-001234-7

◇漱石余情―おジュンさま　江下博彦著　福岡　西日本新聞社　1987.5　232p　19cm　1500円　①4-8167-0003-X

◇私の漱石―その魂のありどころ　木村游著　至芸出版社　1987.4　194p　20cm　2000円　①4-88189-086-7

◇夏目漱石　下　小宮豊隆著　岩波書店　1987.2　330p　15cm（岩波文庫）　500円

◇夏目漱石　中　小宮豊隆著　岩波書店　1987.1　317p　15cm（岩波文庫）　500円

◇漱石・天の掟物語　飯田利行編　国書刊行会　1987.1　xxv,324p　22cm　4500円

◇夏目漱石　上　小宮豊隆著　岩波書店　1986.12　338p　15cm（岩波文庫）　500円

◇漱石的主題　吉本隆明，佐藤泰正著　春秋社　1986.12　289p　19cm　1700円　①4-393-44404-3

◇鴎外と漱石―終りない言葉　佐々木雅発著　三弥井書店　1986.11　328p　20cm　2200円　①4-8382-9016-0

◇子規と漱石　松井利彦著　花神社　1986.11　255p　20cm　2500円

◇夏目漱石研究―伝記と分析の間を求めて　小坂晋著　桜楓社　1986.10　193p　22cm　4800円　①4-273-02127-7

◇漱石文明論集　夏目漱石著，三好行雄編　岩波書店　1986.10　378p　15cm（岩波文庫）　500円

◇夏目漱石―現代人の原像　松元寛著　新地書房　1986.6　270p　20cm　2300円

◆詩

新体詩

日本近代詩史の上で、おおむね明治時代における文語定型詩のスタイルを中心とするものをいう。文明開化の風潮の中、和歌・俳句・漢詩などの伝統的な詩に対し、新時代の思想や感情を表現するために西洋詩を模範とする詩形を生み出そうとする機運が生じた。明治15年刊の『新体詩抄』（創作詩5編、翻訳詩14編）は芸術的価値は低いが、新しい詩の創造を宣言するものとして大きな意義を持つ。

*　　　*　　　*

◇明治の文芸雑誌―その軌跡を辿る　杉本邦子著　明治書院　1999.2　313p　21cm　4800円　①4-625-43078-X

文学

◇詩の継承―『新体詩抄』から朔太郎まで
　三浦仁著　おうふう　1998.11　636p
　21cm　34000円　ⓈⒹ4-273-03045-4

◇声の祝祭―日本近代詩と戦争　坪井秀
　人著　名古屋　名古屋名古屋大学出版
　会　1997.8　384,42p　21cm　7600円
　ⓈⒹ4-8158-0328-5

◇西郷竹彦文芸・教育全集　12　文芸的
　人間像―近現代文芸　西郷竹彦著　恒
　文社　1996.12　506p　21cm　5825円
　ⓈⒹ4-7704-0896-X

◇私の詩論大全　岩成達也著　思潮社
　1995.6　316p　19cm　3107円　ⓈⒹ4-7837-
　1568-8

◇叢書　比較文学比較文化　3　近代日
　本の翻訳文化　亀井俊介編　中央公論
　社　1994.1　438p　19cm　4369円　ⓈⒹ4-
　12-002284-6

◇三好行雄著作集　第7巻　詩歌の近代
　三好行雄著　筑摩書房　1993.9　430p
　21cm　7233円　ⓈⒹ4-480-70047-1

◇日本文学史　近代・現代篇 7　ドナルド・キー
　ン著,新井潤美訳　中央公論社　1992.4
　394p　19cm　3689円　ⓈⒹ4-12-002111-4

◇『新体詩抄』前後―明治の詩歌　赤塚
　行雄著　学芸書林　1991.8　447,54p
　19cm　2913円　ⓈⒹ4-905640-80-6

◇作品で読む近代詩史　沢正宏,和田博文
　編　京都　京都白地社　1990.4　177p
　21cm　1300円

◇詩の迷路―岡倉天心の方法　木下長宏
　著　学芸書林　1989.4　321p　19cm
　2000円　ⓈⒹ4-905640-45-8

◇口語自由詩の形成　羽生康二著　雄山閣
　出版　1989.1　183p　19cm　1800円
　ⓈⒹ4-639-00787-6

◇日本文学講座　10　詩歌　2　近代編
　野山嘉正ほか著　大修館書店　1988.8
　348p　21cm　2300円　ⓈⒹ4-469-12040-5

浪漫詩

　西洋詩の外形の模倣から一歩進めて新体詩を芸術に高めたのが森鴎外らによる訳詩集『於母影』(明治22年)で、当時の青年の心を大いにかき立て、以後20年代から30年代にかけて、西洋思想の影響を受けた詩が作られるようになった。当時の主な作品には『楚囚之詩』(22年、北村透谷)、『若菜集』(30年、島崎藤村)、『天地有情』(32年、土井晩翠)などがある。

　　　＊　　　＊　　　＊

◇明治・大正詩集の装幀　工藤早弓著
　京都　京都京都書院　1997.3　255p
　15cm　(京都書院アーツコレクション)
　1000円　ⓈⒹ4-7636-1518-1

◇近代詩歌精講―展望と評釈　岡一男著
　国研出版;星雲社〔発売〕　1993.10
　296p　21cm　(国研叢書 4)　2913円
　ⓈⒹ4-7952-9211-6

◇作品で読む近代詩史　沢正宏,和田博文
　編　京都　京都白地社　1990.4　177p
　21cm　1300円

◇日本文学講座　10　詩歌　2　近代編
　野山嘉正ほか著　大修館書店　1988.8
　348p　21cm　2300円　ⓈⒹ4-469-12040-5

土井　晩翠

　明治4(1871).10.23〜昭和27(1952).10.19
詩人、英文学者。明治27年東大英文科に入学し、在学中から「帝国文学」に作品を発表した。32年に第一詩集『天地有情』を刊行し、30年代初めに島崎藤村とともに称揚された。漢語調で男性的・叙事詩的な詩風は、和語をもって叙情詩を詠んだ藤村の詩風と好対照をなす。ホメロスの詩の原典訳や、『荒城の月』を作詞したことでも知られる。

『天地有情』:明治32年。詩集。作品40編、訳文5編に序、例言を冠して出版された。収録作品中『星落秋風五丈原』は三国志に材を採ったもので、晩翠の代表作として知られる。

　　　＊　　　＊　　　＊

319

文学

◇傍流文学論　野村喬著　花伝社;共栄書房〔発売〕　1998.12　498p　19cm　（野村喬著述集　第5）　8500円　①4-7634-0332-X

◇傍流文学論　野村喬著　花伝社;共栄書房〔発売〕　1998.12　498p　19cm　6500円　①4-7634-0333-8

◇詩歌三国志　松浦友久著　新潮社　1998.10　222p　19cm　（新潮選書）　1200円　①4-10-600554-9

◇近代文学研究叢書 72　昭和女子大学近代文学研究室著　昭和女子大学近代文化研究所　1997.4　321p　19cm　5000円　①4-7862-0072-7

◇荒城の月―土井晩翠と滝廉太郎　山田野理夫著　恒文社　1987.5　462p　20cm　3000円　①4-7704-0661-4

◇みちのく土井晩翠の詩碑を訪ねて　丸谷慶二郎著　仙台　宝文堂出版販売　1986.1　69p　21cm　980円　①4-8323-0173-X

◇土井晩翠―栄光とその生涯　土井晩翠顕彰会編　仙台　宝文堂出版販売　1984.10　418p　22cm　2900円　①4-8323-0152-7

◇晩翠先生と夫人―資料と思出　仙台　黒川利雄　1971　40,226p　22cm　非売

◇想い出　土井晩翠先生　成田正毅著　仙台　晩翠先生を讃える会　1955　168p 図版　18cm

◇情熱の詩人土井晩翠その人と作品　石井昌光著　東北出版　1953

◇晩翠放談　土井晩翠著　河北新報社　1948

薄田 泣菫

明治10(1877).5.19～昭和20(1945).10.9
詩人、随筆家。岡山県に生まれた。中学中退後明治27年に上京し、漢学塾で数学や英語を教えつつ、上野図書館に通って内外の書物を読破した。30年に処女作『花密蔵難見』を発表、『公孫樹下にたちて』(35年)を世に問う頃には、藤村・晩翠時代の後を受けて、浪漫詩壇の中心人物となっていた。古語、廃語、時には造語を駆使した典雅華麗な詩風で古典文化への憧憬をうたった。

『白羊宮』：明治39年。詩集。64編を収録した明治詩壇中の名作。古語を多く用いて難解とされたが、その古典的詩風は後世の詩人に影響を与えた。

＊　　　＊　　　＊

◇立原道造とソネット　山下利昭著　塩尻　塩尻松本歯科大学出版会　1998.10　204p　21cm　3200円　①4-944171-04-8

◇言論は日本を動かす　第8巻　コラムで批判する　内田健三ほか編　内田健三解説　講談社　1985.12　305p　20cm　1800円　①4-06-188948-6

◇公孫樹下にたちて―薄田泣菫評伝　野田宇太郎著　永田書店　1981.3　191p　22cm　2200円

◇薄田泣菫考　松村緑著　教育出版センター　1977.9　408p　22cm　（研究選書 16）　3800円

◇美しきものは常久に　松浦暢著　2刷　吾妻書房　1960　209p　19cm

◇薄田泣菫　松村緑著　角川書店　1957　235p　19cm

象徴詩

象徴主義は19世紀末フランスでおこった文芸思潮で、音楽的・暗示的表現で気持ちを感覚的に表現し、感情にはたらきかけることで全体的なイメージを把握させようとしたもの。日本では唯美的傾向を帯び、叙情性の濃い詩風となった。日本の詩壇に象徴詩をもたらしたのは上田敏の訳詩集『海潮音』(明治38年刊)と蒲原有明の詩集『春鳥集』である。

＊　　　＊　　　＊

◇明治文芸館 4　20世紀初頭の文学　「明星」創刊とその時代　上田博, 滝本和成編　京都　京都嵯峨野書院　1999.11

206,13p 21cm 2000円 ①4-7823-0296-7

◇近現代詩を学ぶ人のために 和田博文編 京都 京都世界思想社 1998.4 300,16p 19cm 2500円 ①4-7907-0704-0

◇近代詩の思想 福島朝治著 教育出版センター 1997.7 262p 19cm (以文選書) 2400円 ①4-7632-1547-7

◇詩う作家たち―詩と小説のあいだ 野山嘉正編 至文堂 1997.4 330p 21cm 3800円 ①4-7843-0183-6

◇日本文壇史 9 日露戦後の新文学 伊藤整著 講談社 1996.4 250,23p 15cm (講談社文芸文庫―回想の文学) 951円 ①4-06-196364-3

◇野口雨情―詩と人と時代 野口存弥著 新装版 未来社 1996.3 295p 19cm 2800円 ①4-624-60094-0

◇私の詩論大全 岩成達也著 思潮社 1995.6 316p 19cm 3107円 ①4-7837-1568-8

◇花後の想い 渋沢孝輔著 小沢書店 1993.3 291p 19cm 2800円

◇現代詩の運命 嶋岡晨著 飯塚書房 1991.4 233p 21cm 2816円 ①4-7522-0156-9

◇作品で読む近代詩史 沢正宏, 和田博文編 京都 京都白地社 1990.4 177p 21cm 1300円

◇石川啄木と北原白秋―思想と詩語 上田博, 中島国彦編 有精堂出版 1989.11 270p 21cm (日本文学研究資料新集 17) 3544円 ①4-640-30966-X

◇近代文学の形成 富岡定市著 文化書房博文社 1988.6 100p 21cm 1500円 ①4-8301-0500-3

上田 敏

明治7(1874).10.30～大正5(1916).7.9
詩人、評論家、英文学者。祖父、父ともに渡欧経験を持ち、母もアメリカに渡航した我が国最初の女子留学生の一人だった。明治30年東大英文科を卒業。32年に最初の著書『耶蘇』を、38年には『海潮音』を出版している。40年には外遊の途に上がり、アメリカ、フランスなどをまわっている。西欧文学紹介の先頭に立ち、ヨーロッパ近代詩の名訳を行って新体詩に大きな影響を与えた。

『海潮音』:明治38年刊。訳詩集。フランス、ドイツ、イギリス、イタリア、プロヴァンスの高踏派・象徴派詩人29人の57編を翻訳したもので、満州に出征中の森鴎外に献ぜられた。詩壇にその詩風を一変させるほど甚大な影響を与えた。

＊　　＊　　＊

◇日本文壇史 13 頽唐派の人たち 伊藤整著 講談社 1996.12 288,21p 15cm (講談社文芸文庫―回想の文学) 951円 ①4-06-196396-1

◇日本文壇史 9 日露戦後の新文学 伊藤整著 講談社 1996.4 250,23p 15cm (講談社文芸文庫―回想の文学) 951円 ①4-06-196364-3

◇近代作家追悼文集成 第19巻 上田敏・岩野泡鳴 ゆまに書房 1992.12 270p 22cm 5562円 ①4-89668-643-8

◇上田敏とイギリス世紀末芸術 尹相仁著, 富士ゼロックス・小林節太郎記念基金編 富士ゼロックス・小林節太郎記念基金 1990.11 56p 26cm 非売品

◇定本上田敏全集 第10巻 未定稿.未定稿残闕拾遺.補遺.短歌.書簡.年譜.著作年表 上田敏全集刊行会責任編集 教育出版センター 1981.10 691p 23cm 14000円

◇定本上田敏全集 第7巻 雑誌等発表評論及随想 上田敏全集刊行会責任編集 教育出版センター 1980.9 626p 23cm 14000円

◇上田敏研究―その生涯と業績 安田保雄著 増補新版 有精堂出版 1969 270p 図版 22cm 1800円

文学

◇上田敏研究―その生涯と業績　安田保雄著　矢島書房　1958　237p 図版　22cm
◇上田敏と海潮音　田中準著　広文堂　1957

蒲原 有明

明治8(1875).3.15〜昭和27(1952).2.3
詩人。明治31年に長詩『夏のうしお』で詩壇に登場した。ロセッティの影響を強く受けた第2詩集の『独弦哀歌』(36年刊)は新体詩から近代詩への過程を結ぶ作品で、その幽玄な四六調は独弦調と呼ばれた。第3詩集『春鳥集』(38年刊)で明確に象徴詩を提唱・実作し、『有明集』(41年刊)で象徴的表現の独自の完成をみた。

『春鳥集』：明治38年刊。詩集。作品37編(うち訳詩3編)に自序を付す。わが国の詩壇に初めて近代象徴詩の理念を提出し、近代詩の展開と成熟に大きな役割を果たした。

　　　　＊　　　＊　　　＊

◇詩の継承―『新体詩抄』から朔太郎まで　三浦仁著　おうふう　1998.11　636p　21cm　34000円　①4-273-03045-4
◇立原道造とソネット　山下利昭著　塩尻　塩尻松本歯科大学出版会　1998.10　204p　21cm　3200円　①4-944171-04-8
◇蒲原有明研究　矢野峰人著　日本図書センター　1984.9　572,8p　22cm　(近代作家研究叢書　32)　9000円
◇蒲原有明論―近代詩の宿命と遺産　渋沢孝輔著　中央公論社　1980.8　396p　20cm　2200円
◇佐賀の風土と文学―郷土文学の研究　その2　佐賀竜谷短期大学国文学研究会編　佐賀　佐賀竜谷短期大学国文科研究室　1975　80p　21cm
◇象徴詩論と蒲原有明　田中文雄著　福岡　梓書院　1974　431p　肖像　20cm　1300円
◇蒲原有明論考　松村緑著　明治書院　1965　291p　22cm

◇蒲原有明研究―附　有明逸詩抄　矢野峰人著　増訂版　刀江書院　1959　568p 図版　19cm
◇岩波講座文学の創造と鑑賞 3　蒲原有明・三好達治・中原中也　中村真一郎著　岩波書店　1955
◇蒲原有明研究　矢野峰人著　国立書院　1948

口語自由詩

従来の文語定型詩から脱却した、口語により書かれた自由な韻律・詩形を持つ詩のこと。川路柳虹は『塵溜』(明治40年)において、伝統的な五七調や七五調といった定型にとらわれず、自由な形式と平明な口語とによって、日常の生活実感を表現しようとした。翌年に相馬御風の『痩犬』と三木露風の『暗い扉』が発表され、口語自由詩は短期間のうちに全詩壇に波及したが、その背景には自然主義の大きな影響がある。また口語自由詩の形成は必然的に散文詩形を誘発することになった。

　　　　＊　　　＊　　　＊

◇批評の現在―哲学・文学・演劇・音楽・美術　懐徳堂記念会編　大阪　大阪和泉書院　1999.10　246p　19cm　(懐徳堂ライブラリー　2)　2800円　①4-87088-988-9
◇「静かな海」石、その韻き　藤井貞和著　思潮社　1998.8　99p　26cm　3200円　①4-7837-1091-0
◇近現代詩を学ぶ人のために　和田博文編　京都　京都世界思想社　1998.4　300,16p　19cm　2500円　①4-7907-0704-0
◇声の祝祭―日本近代詩と戦争　坪井秀人著　名古屋　名古屋名古屋大学出版会　1997.8　384,42p　21cm　7600円　①4-8158-0328-5
◇近代詩の思想　福島朝治著　教育出版センター　1997.7　262p　19cm　(以文選書)　2400円　①4-7632-1547-7

文学

◇近代詩歌精講―展望と評釈　岡一男著　国研出版;星雲社〔発売〕　1993.10　296p　21cm　（国研叢書 4）　2913円　①4-7952-9211-6
◇名詩朗読でつづる日本の詩史　桑原啓善編著　逗子　逗子でくのぼう出版;星雲社〔発売〕　1993.7　174p　21cm　1748円　①4-7952-9159-4
◇口語自由詩の形成　羽生康二著　雄山閣出版　1989.1　183p　19cm　1800円　①4-639-00787-6

川路 柳虹

明治21(1888).7.9～昭和34(1959).4.17
詩人、美術評論家。京都美術工芸学校を経て東京美術学校日本画科卒。京都在学中から詩作を始め、明治40年「詩人」9月号に『塵溜』その他の口語自由詩作品を発表し、全詩壇に衝撃を与え、43年にはこれらの作品を収めた詩集『路傍の花』を刊行した。大正期以降も『かなたの空』（大正3年）などの詩集、評論集『作詩の新研究』など多くの著作を刊行し、また10年に「日本詩人」を創刊するなど、現代詩と現代美術の新しい展開に貢献した。
『塵溜』：明治40年。わが国最初の口語自由詩。詩集『路傍の花』に収録するにあたって、多少の改訂をほどこし『塵塚』と改題された。

*　　*　　*

◇口語自由詩の形成　羽生康二著　雄山閣出版　1989.1　183p　19cm　1800円　①4-639-00787-6

◆短歌

落合 直文

文久元(1861).11.15～明治36(1903).12.16
歌人、国文学者。明治21年長編新体詩『孝女白菊の歌』で世に知られる。26年にあさ香社を結成した。あさ香社は主義綱領や機関誌がなく、結社として歌壇に新風を巻き起こすことはなかったが、与謝野鉄幹・晶子夫妻ら短歌革新運動の逸材を育成し、その源流となった意義は大きい。直文の短歌は没後『萩之家遺稿』（37年刊）、『萩之家歌集』（39年）、『落合直文集』（昭和2年）として刊行された。

*　　*　　*

◇詩の継承―『新体詩抄』から朔太郎まで　三浦仁著　おうふう　1998.11　636p　21cm　34000円　①4-273-03045-4
◇日本文学の歴史 16 近代・現代篇 7　ドナルド・キーン，新井潤美訳　中央公論社　1996.11　330p　21×14cm　2136円　①4-12-403235-8
◇和歌文学講座 9 近代の短歌　武川忠一編　勉誠社　1994.1　374p　19cm　4660円　①4-585-02030-6
◇落合直文を知るために　西田耕三著　気仙沼　耕風社　1988.5　232p　18cm　（さんりく文庫　8）　1800円
◇落合直文―近代短歌の黎明　前田透著　明治書院　1985.10　20,280p　22cm　4800円
◇落合直文八十年祭記念誌　気仙沼　落合直文八十年祭実行委員会　1985.4　557p　22cm　3000円
◇落合直文を知るために　西田耕三著　気仙沼　NSK地方出版　1983.12　232p　19cm　（さんりく文庫　8）　1800円
◇落合直文　前田透著　〔気仙沼〕　落合直文八十年祭実行委員会　1983.11　22p　19cm
◇近代秀歌　木俣修著　町田　町田玉川大学出版部　1983.3　304p　19cm　1600円
◇直文槐園躬治　前田透著　短歌新聞社　1977.6　209p　肖像　19cm　（現代短歌鑑賞シリーズ）　1400円
◇明治の歌人　明治神宮編　短歌研究社　1969　492p　図版　19cm　1500円
◇落合直文先生第五十遠忌追悼録　渡辺真吉編　播野寛治郎　1954

文学

佐佐木 信綱

明治5(1872).6.3～昭和38(1963).12.2
歌人、歌学者。明治23年から24年にかけて、国学者である父弘綱と共著で『日本歌学全書』12冊を刊行している。父弘綱のあとをうけて竹柏会を主催、「こころの華」(のち「心の花」と改題)を刊行した。率直な人生観による温雅な歌風で、木下利玄や川田順ら多くの弟子を育て、落合直文と並んで短歌革新の一翼を担った。歌集に『思草』(36年)などがある。

* * *

◇近代作家追悼文集成 39 佐佐木信綱・三好達治・佐藤春夫 ゆまに書房 1999.2 357p 21cm 8000円 ①4-89714-642-9
◇短歌の社会学 大野道夫著 はる書房 1999.1 162p 19cm 1800円 ①4-938133-73-3
◇佐佐木信綱 佐佐木幸綱著 桜楓社 1982.6 277p 20cm (短歌シリーズ・人と作品 2) 1800円
◇明治の歌人 明治神宮編 短歌研究社 1969 492p 図版 19cm 1500円
◇作歌八十二年 佐佐木信綱著 毎日新聞社 1959 399p 20cm
◇ある老歌人の思ひ出―自伝と交友の面影 佐佐木信綱著 朝日新聞社 1953 308p 図版 19cm

明星(第1次)

詩歌雑誌。明治33年4月～明治41年11月。全100冊。あさ香社の分社として結成された新詩社の機関誌で、与謝野鉄幹によって創刊され、詩歌を中心に、翻訳、評論、西洋名画、洋画界の新人の絵画などを掲載した。浪漫主義短歌の全盛をもたらし、そこに集う歌人を明星派と呼ぶ。主な歌人に窪田空穂、山川登美子、石川啄木、北原白秋、吉井勇らがいるが、中でも明星派を代表したのは与謝野晶子である。30年代の短歌会に大きな役割を果たし、自然主義運動の勃興の中で廃刊したが、直後に刊行された「スバル」はその後身ともみられる。

* * *

◇明治文芸館 4 20世紀初頭の文学 「明星」創刊とその時代 上田博, 滝本和成編 京都 京都嵯峨野書院 1999.11 206,13p 21cm 2000円 ①4-7823-0296-7
◇近代日本版画の諸相 青木茂監修, 町田市立国際版画美術館編輯 中央公論美術出版 1998.12 526p 21cm 13000円 ①4-8055-0354-8
◇佐佐木幸綱の世界 6 評論篇1―底より歌え 佐佐木幸綱著 河出書房新社 1998.11 249p 19cm 3200円 ①4-309-70376-3
◇佐佐木幸綱の世界 5 近代短歌論 佐佐木幸綱著, 『佐佐木幸綱の世界』刊行委員会編 河出書房新社 1998.10 268p 19cm 3200円 ①4-309-70375-5
◇わがふところにさくら来てちる―山川登美子と「明星」 今野寿美著 五柳書院 1998.3 294,3p 19cm (五柳叢書) 2300円 ①4-906010-80-6
◇絵画と色彩と晶子の歌―私の与謝野晶子 持谷靖子著 国立 国立にっけん教育出版;星雲社〔発売〕 1996.12 393p 21cm (にっけんの文学・文芸シリーズ) 3107円 ①4-7952-0194-3
◇日本文壇史 13 頽唐派の人たち 伊藤整著 講談社 1996.12 288,21p 15cm (講談社文芸文庫―回想の文学) 951円 ①4-06-196396-1
◇山川登美子と明治歌壇 白崎昭一郎著 吉川弘文館 1996.11 356p 19cm 2900円 ①4-642-07495-3
◇日本文学の歴史 16 近代・現代篇 7 ドナルド・キーン, 新井潤美訳 中央公論社 1996.11 330p 21×14cm 2136円 ①4-12-403235-8
◇日本文壇史 12 自然主義の最盛期―回想の文学 伊藤整著 講談社 1996.10

335,27p 15cm （講談社文芸文庫）951円　①4-06-196390-2
◇山川登美子と与謝野晶子　直木孝次郎著　塙書房　1996.9　246p　19cm　2800円　①4-8273-0076-3
◇啄木について　上田博著　大阪　大阪和泉書院　1996.5　177p　19cm　（和泉選書）　2500円　①4-87088-779-7
◇日本文壇史　6　明治思潮の転換期　伊藤整著　講談社　1995.10　300,27p　15cm　（講談社文芸文庫）　951円　①4-06-196340-6
◇日本文壇史　6　明治思潮の転換期　伊藤整著　講談社　1995.10　300,27p　15cm　（講談社文芸文庫）　951円　①4-06-196340-6
◇日本文壇史　5　詩人と革命家たち　伊藤整著　講談社　1995.8　306,25p　15cm　（講談社文芸文庫）　951円　①4-06-196332-5
◇与謝野晶子を学ぶ人のために　上田博, 富村俊造編　京都　京都世界思想社　1995.5　400p　19cm　2427円　①4-7907-0554-4
◇大逆事件に挑んだロマンチスト―平出修の位相　平出修研究会編　同時代社　1995.4　381p　19cm　3495円　①4-88683-323-3
◇北原白秋研究―『ARS』『近代風景』など　杉本邦子著　明治書院　1994.2　367p　21cm　7573円　①4-625-46048-4
◇日本文学史　近代・現代篇6　ドナルド・キーン著, 新井潤美訳　中央公論社　1991.12　310p　19cm　3689円　①4-12-002072-X
◇鹿鳴館の系譜―近代日本文芸史誌　磯田光一著　講談社　1991.1　380p　15cm　（講談社文芸文庫）　951円　①4-06-196110-1
◇底より歌え―近代歌人論　佐佐木幸綱著　小沢書店　1989.10　247p　19cm　（小沢コレクション 24）　2000円

◇歌え、わが明星の詩(うた)　前田愛子著　京都　京都かもがわ出版　1988.9　273p　19cm　1800円　①4-906247-43-1
◇日本文学講座 10　詩歌 2　近代編　野山嘉正ほか著　大修館書店　1988.8　348p　21cm　2300円　①4-469-12040-5
◇平出修伝　平出彬著　春秋社　1988.4　566p　19cm　4800円　①4-393-44713-1
◇恋ごろも―「明星」の青春群像　尾崎左永子著　角川書店　1988.4　294p　19cm　角川選書 8　1100円　①4-04-703008-2

与謝野　晶子

明治11(1878).12.7～昭和17(1942).5.29
歌人。文学雑誌「しがらみ草紙」「文学界」に親しみ、二十歳頃、与謝野鉄幹の短歌に感動して作歌を始めた。明治33年に「明星」が創刊されると、その社友として短歌を発表、やがて鉄幹と結婚し、明星派の代表歌人として活躍した。主な歌集に『みだれ髪』(34年)『恋衣』(38年)などがある。

『みだれ髪』：明治34年。第1歌集。399首を収める。奔放に官能とをうたいあげ、恋愛を賛美している。一方、女性の封建的束縛からの解放を目指し、旧道徳への反逆の叫びを通し、自由な浪漫的人間像を詠んでいる。

＊　　＊　　＊

◇黒髪考、そして女歌のために　日高尭子著　北冬舎;(松戸)王国社〔発売〕1999.11　209p　19cm　1800円　①4-900456-70-5
◇君は反戦詩を知ってるか―反戦詩・反戦川柳ノート　井之川巨著　皓星社　1999.6　429p　19cm　2800円　①4-7744-0255-9
◇新・代表的日本人　佐高信編著　小学館　1999.6　314p　15cm　（小学館文庫）　590円　①4-09-403301-7
◇京の恋歌・近代の彩　松本章男著　京都　京都京都新聞社　1999.4　273p　19cm　1800円　①4-7638-0454-5

325

文学

◇春秋の花　大西巨人著　光文社　1999.3　262p　15cm　（光文社文庫）　838円　⓪4-334-72784-0

◇風呂で読む与謝野晶子―湯水に耐える合成樹脂使用　松平盟子著　京都　京都世界思想社　1999.2　104p　19cm　951円　⓪4-7907-0741-5

◇君も雛罌粟（コクリコ）われも雛罌粟（コクリコ）下　与謝野鉄幹・晶子夫妻の生涯　渡辺淳一著　文芸春秋　1999.1　452p　15cm　（文春文庫）　590円　⓪4-16-714523-5

◇君も雛罌粟（コクリコ）われも雛罌粟（コクリコ）―与謝野鉄幹・晶子夫妻の生涯　上　渡辺淳一著　文芸春秋　1999.1　437p　15cm　（文春文庫）　590円　⓪4-16-714522-7

◇母の愛―11人の子を育てた情熱の歌人与謝野晶子の童話　与謝野晶子著,松平盟子編著　婦人画報社　1998.12　319p　19cm　1800円　⓪4-573-21047-4

◇文学の旅へ―みだれ髪から井伏鱒二　岡保生著　新典社　1998.11　254p　19cm　1500円　⓪4-7879-7802-0

◇想ひあふれて　吉岡しげ美著　毎日新聞社　1998.10　220p　19cm　1600円　⓪4-620-31253-3

◇日本文学の百年　小田切秀雄著　東京新聞出版局　1998.10　318p　19cm　1800円　⓪4-8083-0653-0

◇与謝野晶子　渡辺澄子著　新典社　1998.10　223p　19cm　（女性作家評伝シリーズ2）　1600円　⓪4-7879-7302-9

◇マンガ　教科書が教えない歴史　3　藤岡信勝,自由主義史観研究会原作・監修,ダイナミックプロダクション作画　産経新聞ニュースサービス;扶桑社〔発売〕　1998.9　245p　19cm　952円　⓪4-594-02555-2

◇与謝野晶子と源氏物語　市川千尋著　竜ケ崎　竜ケ崎国研出版;星雲社〔発売〕　1998.7　431p　21cm　（国研叢書）　7500円　⓪4-7952-9216-7

◇与謝野晶子と周辺の人びと―ジャーナリズムとのかかわりを中心に　香内信子著　創樹社　1998.7　334p　19cm　2300円　⓪4-7943-0529-X

◇群馬の作家たち　土屋文明記念文学館編　塙書房　1998.6　268p　18cm　（塙新書）　1300円　⓪4-8273-4074-9

◇尾崎行雄―「議会の父」と与謝野晶子　上田博著　三一書房　1998.3　304p　19cm　3000円　⓪4-380-98217-3

◇名作を書いた女たち　池田理代子著　中央公論社　1997.12　237p　15cm　（中公文庫）　629円　⓪4-12-203012-9

◇鉄幹と晶子　第3号　特集　パリから帰った鉄幹と晶子　上田博編　大阪　大阪和泉書院　1997.10　201p　21cm　2200円　⓪4-87088-878-5

◇初恋に恋した女　与謝野晶子　南条範夫著　講談社　1997.5　261p　15cm　（講談社文庫）　619円　⓪4-06-263518-6

◇文人悪食　嵐山光三郎著　マガジンハウス　1997.3　429p　19cm　1800円　⓪4-8387-0620-0

◇影たちの棲む国　佐伯裕子著　北冬舎;（松戸）王国社〔発売〕　1996.12　209p　19cm　1553円　⓪4-900456-43-8

◇絵画と色彩と晶子の歌―私の与謝野晶子　持谷靖子著　国立　国立にっけん教育出版社;星雲社〔発売〕　1996.12　393p　21cm　（にっけんの文学・文芸シリーズ）　3107円　⓪4-7952-0194-3

◇愛ひびきあう―近代日本を奔った女たち　永畑道子著　筑摩書房　1996.11　219p　19cm　1600円　⓪4-480-81408-6

◇日本文学の歴史　16　近代・現代篇　7　ドナルド・キーン，新井潤美訳　中央公論社　1996.11　330p　21×14cm　2136円　⓪4-12-403235-8

◇与謝野晶子―女性の自由を歌った情熱の歌人　入江春行監修,あべさよりまんが　小学館　1996.11　159p　21cm　（学習まんが人物館）　854円　⓪4-09-270110-1

◇山川登美子と与謝野晶子　直木孝次郎著　塙書房　1996.9　246p　19cm　2800円　Ⓘ4-8273-0076-3

◇私の生ひ立ち　与謝野晶子著, 竹久夢二画　学陽書房　1996.7　176p　15cm（女性文庫）　660円　Ⓘ4-313-72021-9

◇資料　与謝野晶子と旅　沖良機著　国分寺　国分寺武蔵野書房　1996.7　239p　21cm　2500円

◇資料　与謝野晶子と旅　沖良機著　国分寺　国分寺武蔵野書房　1996.7　239p　21cm　2500円

◇日本のフェミニズム—源流としての晶子・らいてう・菊栄・かの子　島田燁子著　北樹出版;学文社〔発売〕　1996.4　207p　19cm　1942円　Ⓘ4-89384-559-4

◇日本文壇史　8　日露戦争の時代　伊藤整著　講談社　1996.2　250,22p　15cm（講談社文芸文庫）　951円　Ⓘ4-06-196357-0

◇夢のかたち—「自分」を生きた13人の女たち　鈴木由紀子著　多摩　多摩ベネッセコーポレーション　1996.2　268p　19cm　1359円　Ⓘ4-8288-1759-X

◇与謝野晶子書簡集　岩野喜久代編　新版　大東出版社　1996.2　363p　19cm　2427円　Ⓘ4-500-00621-4

◇叢書 女性論 18 女人創造　与謝野晶子著　大空社　1996.1　267p　21cm　8252円　Ⓘ4-7568-0027-0

◇鉄幹と晶子 詩の革命　永畑道子著　筑摩書房　1996.1　411p　15cm（ちくま文庫）　922円　Ⓘ4-480-03147-2

◇世界の伝記 47 与謝野晶子　桂木寛子著　新装版　ぎょうせい　1995.12　309p　19cm　1553円　Ⓘ4-324-04490-2

◇乳房のうたの系譜　道浦母都子著　筑摩書房　1995.11　201p　19cm　1553円　Ⓘ4-480-81386-1

◇名作を書いた女たち—自分を生きた13人の人生　池田理代子著　講談社　1995.7　229p　18cm　1262円　Ⓘ4-06-207622-5

◇与謝野晶子を学ぶ人のために　上田博, 富村俊造編　京都　京都世界思想社　1995.5　400p　19cm　2427円　Ⓘ4-7907-0554-4

◇詩歌と歴史と生死 第1巻 無常の命　福田昭昌著　教育開発研究所　1995.4　262p　19cm　1456円　Ⓘ4-87380-251-2

◇与謝野晶子　平子恭子編著　河出書房新社　1995.4　242p　21cm（年表作家読本）　2136円　Ⓘ4-309-70055-1

◇明治を駆けぬけた女たち　中村彰彦編著　ダイナミックセラーズ出版　1994.11　315p 19cm　1500円　Ⓘ4-88493-252-8

◇晶子讃歌　中山凡流著　沖積舎　1994.10　279p 19cm　2800円　Ⓘ4-8060-4598-5

◇与謝野晶子—明るみへ　与謝野晶子著, 逸見久美編解説　日本図書センター　1994.10　283p　22cm（シリーズ・人間図書館）　2600円　Ⓘ4-8205-8004-3

◇うたの心に生きた人々　茨木のり子著　筑摩書房　1994.9　295p 15cm（ちくま文庫）　740円　Ⓘ4-480-02879-X

◇「伝説」になった女たち　山崎洋子著　講談社　1994.4　335p 15cm（講談社文庫）　540円　Ⓘ4-06-185654-5

◇君死にたまふこと勿れ　中村文雄著（大阪）和泉書院　1994.2　278p 19cm（和泉選書　85）　2500円　Ⓘ4-87088-627-8

◇わが晶子　わが啄木—近代短歌史上に輝く恒星と遊星　川内通生著　有朋堂　1993.11　360p　19cm　2000円　Ⓘ4-8422-0167-3

◇晶子曼陀羅　佐藤春夫著　講談社　1993.11　324p 15cm（講談社文芸文庫）　980円　Ⓘ4-06-196248-5

◇与謝野晶子—昭和期を中心に　香内信子著　ドメス出版　1993.10　230p 19cm　2369円　Ⓘ4-8107-0370-3

◇恋愛放浪伝　日本テレビ放送網　1993.10　246p 19cm（知ってるつもり?!　13）　1100円　Ⓘ4-8203-9302-2

◇初恋に恋した女―与謝野晶子　南条範夫著　講談社　1993.9　243p　19cm　1500円　⓵4-06-206620-3

◇近代作家追悼文集成　第29巻　萩原朔太郎・与謝野晶子・徳田秋声　ゆまに書房　1992.12　341p　22cm　7210円　⓵4-89668-653-5

◇与謝野晶子ノート　石川恭子著　角川書店　1992.8　187p　20cm　2600円　⓵4-04-884084-3

◇恋むらさき―小説・与謝野晶子　倉橋燿子著　講談社　1992.8　289p　19cm　(mimiヤングガールズ・ブック)　1300円　⓵4-06-170853-8

◇与謝野晶子　尾崎左永子ほか著　小学館　1992.4　295p　19cm　(群像　日本の作家6)　1800円　⓵4-09-567006-1

◇与謝野寛と晶子と板柳町―青森県民文化祭元年・晶子没五十年記年の津軽の歌碑　間山洋八編著　〔青森〕　鈴木康生　1991.12　150p　23cm　(青森県社会教育小史双書　第5集)

◇歴史をひらく愛と結婚　福岡女性学研究会編　ドメス出版　1991.12　236p　19cm　2266円　⓵4-8107-0330-7

◇晶子と寛の思い出　与謝野光著　(京都)思文閣出版　1991.9　262p　19cm　1800円　⓵4-7842-0668-X

◇与謝野晶子　河出書房新社　1991.6　223p　21cm　(新文芸読本)　1200円　⓵4-309-70158-2

◇"伝説"になった女たち　山崎洋子著　講談社　1990.11　252p　19cm　1200円　⓵4-06-205111-7

◇夢のかけ橋―晶子と武郎有情　永畑道子著　文芸春秋　1990.10　292p　15cm　(文春文庫)　450円　⓵4-16-752402-3

◇美と知に目覚めた女性たち　円地文子ほか著　天山出版,大陸書房〔発売〕　1990.9　268p　15cm　(天山文庫)　440円　⓵4-8033-2797-1

◇私の生ひ立ち　与謝野晶子著,竹久夢二画　刊行社　1990.2　157p　19cm　1748円　⓵4-906153-07-0

◇物語女流文壇史　巌谷大四著　文芸春秋　1989.6　407p　15cm　(文春文庫)　480円　⓵4-16-739104-X

◇愛国の詩―鉄幹と晶子・その時代　永畑道子著　新評論　1989.2　412p　19cm　2200円　⓵4-7948-0023-1

◇姑の心、嫁の思い―義母・与謝野晶子との会話　与謝野道子著　PHP研究所　1988.11　206p　19cm　1200円　⓵4-569-22347-8

◇鉄幹・晶子とその時代　矢野峰人著　弥生書房　1988.10　241p　19cm　1600円

◇夢のかけ橋―晶子と武郎有情　永畑道子著　〔新装版〕　新評論　1988.7　306p　19cm　1400円　⓵4-7948-0010-X

◇『夢之華』鑑賞―晶子とその一生　佐藤和夫編　双文社出版　1988.5　157p　22cm　2000円　⓵4-88164-327-4

◇『明星』の時代―与謝野晶子・山川登美子　赤間均著　〔札幌〕　〔赤間均〕　1988.5　317p　20cm　1700円

◇恋ごろも―「明星」の青春群像　尾崎左永子著　角川書店　1988.4　294p　19cm　(角川選書　8)　1100円　⓵4-04-703008-2

◇女性解放の思想家たち　山田洸著　青木書店　1987.9　216p　19cm　1800円　⓵4-250-87034-0

◇千すじの黒髪―わが愛の与謝野晶子　田辺聖子著　文芸春秋　1987.6　366p　20cm　1200円

◇与謝野晶子　福田清人編著,浜名弘子編著　清水書院　1987.6　220p　20cm　(Century books)　480円

◇山の動く日きたる―評伝与謝野晶子　山本千恵著　大月書店　1986.8　254p　19cm　1700円　⓵4-272-54041-6

◇晶子・登美子・明治の新しい女―愛と文学　西尾能仁著　有斐閣出版サービス

1986.8　299p　20cm　2800円　①4-641-19904-3

◇与謝野晶子　新潮社　1985.11　111p　20cm　（新潮日本文学アルバム　24）　980円　①4-10-620624-2

◇黄金の釘を打ったひと―歌人・与謝野晶子の生涯　山本藤枝著　講談社　1985.9　759p　20cm　3800円　①4-06-201576-5

◇夢のかけ橋―晶子と武郎有情　永畑道子著　新評論　1985.1　306p　20cm　1500円

◇晶子の周辺　入江春行著　洋々社　1984.11　259p　20cm　1800円

◇与謝野晶子―昭和五十九年春季特別展　堺市博物館編　〔堺〕　堺市博物館　1984.3　198p　26cm

◇与謝野寛 晶子書簡集　与謝野寛(鉄幹)著，与謝野晶子著, 植田安也子編，逸見久美編　八木書店　1983.6　598,20p　22cm　7800円

◇与謝野晶子―堺が生んだ稀有な歌人　阪口千寿著　〔堺〕　〔阪口千寿〕　1982.10　61p　21cm　500円

◇出雲における与謝野晶子―碧雲抄　曽田文雄編　横田町(島根県)　糸原記念館　1982.3　1冊　20×21cm

◇与謝野晶子　新間進一著　桜楓社　1981.12　260p　20cm　（短歌シリーズ・人と作品　4）　1800円

◇晶子の周辺　入江春行著　洋々社　1981.3　259p　20cm　1800円

◇晶子拾遺　江村峯代著　清水弘文堂　1980.7　326p　20cm

◇世界の伝記　47　与謝野晶子　桂木寛子著　ぎょうせい　1980.7　309p　20cm　1500円

◇晶子鑑賞　平野万里著　三省堂　1979.1　1冊　19cm　3200円

◇わが愛する歌人　第3集　与謝野晶子・島木赤彦・太田水穂・会津八一・木下利玄・渡辺順三・筏井嘉一　馬場あき子ほか著　有斐閣　1978.10　226p　18cm　（有斐閣新書）　530円

◇人物日本の女性史　第12巻　教育・文学への黎明　集英社　1978.2　260p　20cm　890円

◇晶子の世界　中込純次著　短歌新聞社　1975　208p　図　肖像　19cm　（短歌新聞選書）　1200円

◇評伝与謝野鉄幹晶子　逸見久美著　八木書店　1975　678,33p　図　肖像　22cm　7300円

◇鉄幹・晶子とその時代　矢野峰人著　弥生書房　1973　241p　肖像　19cm　（弥生選書）　1000円

◇鉄幹と晶子―黄金向日葵　須永朝彦著　紀伊国屋書店　1971　212p　18cm　（紀伊国屋新書）　300円

◇石狩にふる星　西村一平著　大東出版社　1969　240p　19cm　500円

◇明治の歌人　明治神宮編　短歌研究社　1969　492p　図版　19cm　1500円

◇与謝野晶子　福田清人, 浜名弘子編著　清水書院　1968　220p　図版　19cm　（センチュリーブックス人と作品　21）

◇与謝野晶子―才華不滅　深尾須磨子著　人物往来社　1968　297p　19cm

◇むらさきぐさ―母晶子と里子の私　与謝野宇智子著　新塔社　1967　231p　図版　18cm

◇晶子の恋と詩　正富汪洋著　山王書房　1967　218p　図版　19cm

◇日本の近代文学 人と作品　みだれ髪・与謝野晶子　塩田良平著　読売新聞社　1965

◇日本の近代文学　与謝野晶子と新詩社　木俣修著　読売新聞社　1964

◇近代日本の作家たち　小田切秀雄著　増補版　法政大学出版局　1962　655p　22cm

◇晶子曼陀羅　佐藤春夫著　角川書店　1962　264p　15cm　（角川文庫）

文学

◇堺と与謝野晶子　堺市教育委員会事務局指導部社会教育課編　堺市教育委員会事務局指導部社会教育課　1961

◇日本歌人講座6　弘文堂　1961

◇近世女流文人伝　会田範治，原田春乃共編　明治書院　1960　280,90p　22cm

◇近代美女伝　福田清人著　利根書房　1960　234p　16cm（利根文庫 史伝文学新書 第5）

◇思い出す人びと　窪田空穂著　春秋社　1958

◇鉄幹と晶子　菅沼宗四郎著　湯河原町（神奈川県）　有賀精　1958　324p　図版　20cm

◇情熱の晶子—ロマン主義の悲劇　若月彰著　京都　三一書房　1957　225p　17cm　（三一新書）

◇現代作家論叢書　第1巻　明治の作家たち〔ほか〕　中島健蔵等編　稲垣達郎　英宝社　1955　19cm

◇晶子曼陀羅　佐藤春夫著　大日本雄弁会講談社　1955　266p　18cm　（ミリオン・ブックス）

◇与謝野晶子　兼常清佐著　角川書店　1955　（角川文庫）

◇近代日本の作家たち　〔正〕続編　小田切秀雄著　厚文社　1954　2冊　22cm

◇晶子曼陀羅　佐藤春夫著，石井柏亭画　並装　大日本雄弁会講談社　1954　384p　図版　22cm

◇日本文学アルバム　第16　与謝野晶子　亀井勝一郎，野田宇太郎，臼井吉見共編　塩田良平編　筑摩書房　1954-1958　19cm

◇日本文学講座 2　晶子・子規・茂吉　杉浦明平著　東大出版会　1954

◇与謝野晶子　窪田空穂著　雄鶏社　1950　276p　図版　19cm　（短歌文学読本）

◇君死にたまふことなかれ　深尾須磨子著　改造社　1949

◇晶子鑑賞　平野万里著　三省堂　1949

◇晶子の生涯　由利薫編　采花書房　1948　125p　19cm

◇青春群像　小原元編　真善美社　1948　243p　19cm

◇与謝野晶子　兼常清佐著　三笠書房　1948

◇与謝野晶子書簡集　与謝野晶子著，岩野喜久代編　大東出版社　1948　352p　図版　19cm

◇「みだれ髪」襍考　湯浅光雄著　北斗書院　1947

◇晶子とその背景　安部忠三著　羽田書房　1947

根岸短歌会

短歌結社。正岡子規は『歌よみに与ふる書』（明治31年）で旧派和歌を攻撃し、浪漫的な明星派に対しても写実の方向をとり、『万葉集』の伝統に従って素朴な生命の調べをうたった。そしてその写生説の実践の場として32年に歌会を開いた。それが根岸短歌会である。伊藤左千夫、長塚節らが参加したこの会は35年の子規没後も続けられ、左千夫が中心となって機関誌「馬酔木」を創刊した。その終刊後、左千夫は41年に「アララギ」を創刊し、写実の方向をいっそう押し進めたアララギ派は大正5～6年頃の歌壇の主流を形成していった。

*　　　　*　　　　*

◇国語国文学論集—後藤重郎先生古稀記念　後藤重郎先生古稀記念論集刊行世話人会編　大阪　大阪和泉書院　1991.2　625p　21cm　18000円　①4-87088-464-X

◇正岡子規 根岸短歌会の位相　小泉苳三著　復刻版　日本図書センター　1990.3　144,27,11p　21cm　（近代作家研究叢書97）　3000円　①4-8205-9054-5

◇左千夫全集　第5巻　歌論・随想 1　伊藤左千夫著　岩波書店　1987.3　604p　21cm　4200円　①4-00-091195-3

若山　牧水

明治18(1885).8.24〜昭和3(1928).9.17
歌人。明治37年早大に入学、同級に北原白秋と土岐哀果がいた。在学中尾上柴舟の教えを受け、38年に柴舟らと車前草社を結成した。43年の第3歌集『別離』で歌壇を圧し、最後の『黒松』まで15冊の主要歌集があり、また多くの紀行文や随筆集も刊行した。人生の苦悩と自然への詠嘆をうたった牧水は自然主義的歌人の代表人物である。

『別離』：明治43年刊。歌集。38年から43年1月までの作1004首を収める。恋愛時代の清新な歌と失恋の苦悩をうたったものが中心となっている。この作品で牧水は一躍注目を浴び、同時期に『収穫』を出版した前田夕暮とともに、新詩社歌風の凋落しつつあった歌壇に「牧水、夕暮時代」を出現させた。

　　　　＊　　　＊　　　＊

◇牧水・朝鮮五十七日間の旅　上杉有著　アイオーエム　1999.7　193p　19cm　2190円　①4-900442-21-6

◇詩人を旅する　小松健一著　草の根出版会　1999.6　135p　21cm　(母と子でみるA8)　2200円　①4-87648-140-7

◇文士たちの宿―作家と名作のもうひとつの物語　マガジントップ編　山海堂　1999.5　159p　21cm　(私の創る旅 3)　1600円　①4-381-10331-9

◇佐藤緑葉の文学―上州近代の作家　伊藤信吉著　塙書房　1999.3　284p　18cm　(塙新書―土屋文明記念文学館リブレ)　1600円　①4-8273-4075-7

◇文士たちの伊豆漂泊　鈴木邦彦著　静岡　静岡新聞社　1998.12　266p　19cm　1700円　①4-7838-0312-9

◇佐佐木幸綱の世界　6　評論篇1―底より歌え　佐佐木幸綱著　河出書房新社　1998.11　249p　19cm　3200円　①4-309-70376-3

◇文学の旅へ―みだれ髪から井伏鱒二　岡保生著　新典社　1998.11　254p　19cm　1500円　①4-7879-7802-0

◇文学館ワンダーランド―全国文学館・記念館ガイド160　リテレール編集部編　メタローグ　1998.8　302p　19cm　1800円　①4-8398-2017-1

◇信濃路文学散歩―小井土昭二フォトエッセイ 1　小井土昭二著　長野　長野信毎書籍出版センター　1998.7　98p　19×22cm　2000円

◇宮崎の偉人　中　佐藤一一著　宮崎　宮崎旭進学園　1998.1　222p　21cm　1500円

◇漱石、賢治、啄木のひとり歩きの愉しみ　辻真先著　青春出版社　1997.3　221p　18cm　(プレイブックス)　810円　①4-413-01685-8

◇風呂で読む　牧水　上田博著　京都　京都世界思想社　1996.6　104p　18cm　951円　①4-7907-0599-4

◇わたしへの旅―牧水・こころ・かたち　大岡信他著　〔長泉町(静岡県)〕　増進会出版社　1994.5　293p　20cm　2500円　①4-87915-183-1

◇若山牧水　1　牧水短歌における形成期　吉岡美幸著　短歌新聞社　1993.9　175p　20cm　3500円

◇小説 若山牧水―酒と恋と漂泊の歌人　梁取三義著　光和堂　1990.6　291p 19cm　2060円　①4-87538-091-7

◇旅からの手紙　佐佐木幸綱編　光文社　1990.5　358p 19cm　(「光る話」の花束 10)　1300円　①4-334-93210-X

◇ふるさとの若山牧水　第4巻　喜志子慕情の歌　中尾勇著　〔三島〕　中尾勇　1990.2　311p　19cm　(『あるご』叢書)　1400円

◇若き牧水・愛と故郷の歌　伊藤一彦著　宮崎　鉱脈社　1989.8　162p　18cm

331

（ひむか新書　12）　700円
◇牧水百歌　志垣澄幸著　高岡町(宮崎県)　本多企画　1989.5　123p　19cm　1000円
◇牧水・上州の旅　上巻　清水寥人作　高崎　あさを社　1988.5　215p　26cm　（風の中の街道　2）　2000円
◇若山牧水の生涯　中尾勇著　沼津　随筆春秋　1987.11　56p　10.8cm　（駿河豆本　18）　200円
◇近代作家追悼文集成　第12巻　若山牧水　ゆまに書房　1987.4　370p　22cm　6500円
◇ふるさとの若山牧水　続々　酒に生き酒に散る歌　中尾勇著　三島　中尾勇　1987.2　223p　19cm　（あるご叢書）　1200円
◇牧水の恩師教育家日吉昇先生　市山幸作著　〔延岡〕　市山幸作　1986.5　109p　21cm
◇ふるさとの若山牧水　続　懊悩と旅の歌　中尾勇著　三島　中尾勇　1985.9　215p　19cm　（あるご叢書）　1200円
◇若山牧水　宮崎日日新聞社編　宮崎　鉱脈社　1985.9　206,〔1〕p　21cm　2000円
◇牧水の生涯　塩月儀市著, 牧水生誕百年祭記念実行委員会編　宮崎　鉱脈社　1985.8　133p　19cm　800円
◇若山牧水と沼津—牧水生誕100年記念特別展　沼津市歴史民俗資料館編　沼津　沼津市歴史民俗資料館　1985.7　32p　26cm
◇歌人牧水　大悟法利雄著　桜楓社　1985.5　330p　20cm　2800円
◇評伝若山牧水—生涯と作品　谷邦夫著　短歌新聞社　1985.3　568p　22cm　5000円
◇若山牧水—その沼津時代を中心に　上田治史著　沼津　英文堂書店　1985.2　180p　18cm　（駿河新書　2）　800円
◇若山牧水　福田清人, 小野勝美編著　清水書院　1985.2　231p　19cm　（Century books）　480円　①4-389-40044-4
◇ふるさとの若山牧水—青春と愛の歌　中尾勇著　三島　中尾勇　1984.6　215p　19cm　（あるご叢書）　1200円
◇牧水歌碑めぐり　大悟法利雄著　短歌新聞社　1984.4　195p　19cm　1800円
◇牧水と北下浦　青木栄治著　〔横須賀〕〔青木栄治〕　1984.3　205p　22cm
◇若山牧水全集　第11巻　日記・書簡1　若山喜志子, 大悟法利雄共編　日本図書センター　1982.6　479p　22cm　6000円
◇若山牧水全集　第12巻　日記・書簡2　若山喜志子, 大悟法利雄共編　日本図書センター　1982.6　524p　22cm　6000円
◇若山牧水全集　第13巻　日記・書簡3　若山喜志子, 大悟法利雄共編　日本図書センター　1982.6　534p　22cm　6000円
◇若山牧水—流浪する魂の歌　大岡信著　中央公論社　1981.9　161p　16cm　（中公文庫）　240円
◇牧水と旅・酒　塩月儀市編　〔東郷町(宮崎県)〕　若山牧水顕影会　1981.6　208p　19cm　非売品
◇若山牧水　藤岡武雄著　桜楓社　1981.3　290p　20cm　（短歌シリーズ・人と作品　8）　1800円
◇幾山河越えさり行かば—若山牧水の人と歌　大悟法利雄著　弥生書房　1978.9　244p　20cm　1400円
◇若山牧水新研究　大悟法利雄著　短歌新聞社　1978.9　778p　22cm　8000円
◇わが愛する歌人　第1集　斎藤茂吉・北原白秋・岡本かの子・半田良平・長塚節・若山牧水・前田夕暮　大野誠夫ほか著　有斐閣　1978.8　225p　18cm　（有斐閣新書）　530円

◇若山牧水伝　大悟法利雄著　短歌新聞社　1976.7　550p　図　肖像　22cm　6000円

◇幾山河の歌・牧水　松岡新也著　朝日ソノラマ　1976　162p　図　18cm　(紀行シリーズ)　550円

◇啄木と牧水――二つの流星　草壁焔太著　日貿出版社　1976　310p　図　肖像　19cm　(日貿良書　10)　980円

◇牧水と裾野――若山牧水歌碑建立記念誌　裾野市文化協会事務局編　裾野　裾野市文化協会　1975.6　23p　25cm

◇今日も旅ゆく・若山牧水紀行　大岡信著　平凡社　1974　207p　20cm　(歴史と文学の旅)　900円

◇父・若山牧水　石井みさき著　五月書房　1974　251p　20cm　1400円

◇若山牧水研究　別離研究編　森脇一夫著　桜楓社　1969　364p　図版　22cm　1500円

◇明治の歌人　明治神宮編　短歌研究社　1969　492p　図版　19cm　1500円

◇愛郷の歌人・若山牧水　黒木勇吉著　新みやざき新聞社　1964

◇旅と酒と歌――若山牧水　大悟法利雄著　家の光協会　1964　236p　18cm　(レインボーブックス)

◇若山牧水選集　第5　牧水日記・書簡　若山牧水著,若山喜志子,長谷川銀作編　白鳥省吾解説　春秋社　1962　222p　図版　19cm　(Shunjû Books)

◇若山牧水　森脇一夫著　桜楓社出版　1961　310p　図版　19cm　(近代短歌・人と作品　第3)

◇日本歌人講座　7　弘文堂　1961

◇若山牧水　横田正知著　筑摩書房　1959

◇若山牧水全集　第11巻　日記・書簡　若山牧水著　雄鶏社　1959　479p　図版　19cm

◇若山牧水全集　第12巻　書簡　若山牧水著　雄鶏社　1959　524p　図版　19cm

◇若山牧水全集　第13巻　書簡　若山牧水著　雄鶏社　1959　534p　図版　19cm

◇日本文学アルバム　第23　若山牧水　亀井勝一郎, 野田宇太郎, 臼井吉見編　横田正知　筑摩書房　1958　79p　19cm

◇上毛文学散歩　庭山政次, 萩原進共編　改訂版2版　前橋　煥乎堂　1957　186p　19cm

◇若山牧水　佐藤利吉著　角川書店　1956　196p　15cm　(角川文庫)

◇若山牧水　長嶺宏著　日向文庫刊行会　1956

◇美しき言葉の情熱――牧水・晶子・啄木　兼常清佐著　出版東京　1952

◇牧水先生と郷土　大悟法利雄著　宮崎県東郷村役場　1951

◇若山牧水　大悟法利雄著　雄鶏社　1950　246p　図版　19cm　(短歌文学読本)

◇若山牧水の歩み　宮本幹也著　長野　信友社　1948　244p　18cm

◇若山牧水　佐藤緑葉著　興風館　1947　324p　図版　19cm　75円

石川　啄木

明治19(1886).2.20～明治45(1912).4.13　歌人、詩人。明治31年に盛岡中学に入学、在学中に上級生の金田一京介らに刺激されて文学へ興味を抱き、「明星」を愛読した。33年、新詩社の社友となり、35年には同人となった。38年に処女詩集『あこがれ』を出版し天才詩人として注目されたが、実生活では生涯貧困にあえぎ続けた。啄木の歌風は当初浪漫的であったが、実生活での苦闘から、その作風は自然主義的傾向に移り、日常生活に密着した歌を詠んだ。代表

作に詩集『呼子と口笛』（44年）、歌集『悲しき玩具』（45年）などがある。
『一握の砂』：明治43年。歌集。5章551首からなる。発想を日常生活に求め、率直に生活感情を表現して、短歌の新生面を開いた。また口語的発想の三行書きという新しい方法は短歌の伝統性を打ち破った。以後の歌壇への影響は大きく、生活派短歌を生み出す原動力となった作品。

◇林中幻想 啄木の木霊 遊座昭吾著 八重岳書房 1999.9 222p 19cm 1905円 ①4-8412-1197-7

◇拝啓 啄木さま 山本玲子著 盛岡 盛岡熊谷印刷出版部 1999.7 237p 15cm 667円 ①4-87720-237-4

◇Tokyo Generation 小林紀晴著 河出書房新社 1999.6 230p 19cm 1800円 ①4-309-01289-2

◇君は反戦詩を知ってるか――反戦詩・反戦川柳ノート 井之川巨著 皓星社 1999.6 429p 19cm 2800円 ①4-7744-0255-9

◇詩人を旅する 小松健一著 草の根出版会 1999.6 135p 21cm （母と子でみるA8) 2200円 ①4-87648-140-7

◇星の歌 上野霄里著 明窓出版 1999.6 420p 19cm 1900円 ①4-89634-018-3

◇石川啄木『一握の砂』研究――もう一人の著者の存在 住友洸著 日本図書刊行会；近代文芸社〔発売〕 1999.5 271p 19cm 2000円 ①4-8231-0401-3

◇啄木と教師堀田秀子――「東海の小島」は八戸・蕪嶋 岩織政美著 沖積舎 1999.5 141p 20cm 2000円 ①4-8060-4062-2

◇面白すぎる日記たち――逆説的日本語読本 鴨下信一著 文芸春秋 1999.5 238p 18cm （文春新書） 690円 ①4-16-660042-7

◇20世紀日記抄 「This is読売」編集部編 博文館新社 1999.3 229p 19cm 2500円 ①4-89177-968-3

◇石川啄木――地方、そして日本の全体像への視点 堀江信男著 おうふう 1999.3 242p 21cm 3400円 ①4-273-03066-7

◇佐佐木幸綱の世界 6 評論篇1―底より歌え 佐佐木幸綱著 河出書房新社 1998.11 249p 19cm 3200円 ①4-309-70376-3

◇子規と啄木 中村稔著 潮出版社 1998.11 263p 19cm （潮ライブラリー） 1400円 ①4-267-01508-2

◇精神医学からみた作家と作品 春原千秋，梶谷哲男著 新装版 牧野出版 1998.9 288p 21cm 2400円 ①4-89500-053-2

◇石川啄木論 平岡敏夫著 おうふう 1998.9 321p 21cm 4000円 ①4-273-03036-5

◇東北 庭と花と文学の旅 下 岩手・秋田・青森 青木登著 八王子 八王子のんぶる舎 1998.9 262p 21cm 2000円 ①4-931247-55-5

◇文学館ワンダーランド―全国文学館・記念館ガイド160 リテレール編集部編 メタローグ 1998.8 302p 19cm 1800円 ①4-8398-2017-1

◇「故郷」という物語―都市空間の歴史学 成田龍一著 吉川弘文館 1998.7 259,13p 19cm （ニューヒストリー近代日本 2） 2600円 ①4-642-03701-2

◇啄木歌集カラーアルバム――26年の生涯を鮮烈に描く 上田博監修 芳賀書店 1998.1 159p 26cm （芸術…夢紀行シリーズ 4） 3170円 ①4-8261-0904-0

◇日本文壇史 18 明治末期の文壇 伊藤整著 講談社 1997.10 246,16p 15cm （講談社文芸文庫） 951円 ①4-06-197586-2

◇論集 石川啄木 国際啄木学会編 おうふう 1997.10 279p 21cm 4800円 ①4-273-02997-9

◇中野重治全集 16 中野重治著 筑摩書房 1997.7 525p 21cm 8700円 ①4-480-72036-7

◇とっておきのもの とっておきの話 第1巻 YANASE LIFE編集室編 芸神出版社 1997.5 213p 21cm (芸神集団Amuse) 2500円 ①4-906613-16-0

◇悲哀と鎮魂―啄木短歌の秘密 大沢博著 おうふう 1997.4 182p 19cm 2200円 ①4-273-02980-4

◇漱石、賢治、啄木のひとり歩きの愉しみ 辻真先著 青春出版社 1997.3 221p 18cm (プレイブックス) 810円 ①4-413-01685-8

◇石川啄木の手紙 平岡敏夫著 大修館書店 1996.12 302p 19cm 2300円 ①4-469-22128-7

◇日本文壇史 13 頽唐派の人たち 伊藤整著 講談社 1996.12 288,21p 15cm (講談社文芸文庫―回想の文学) 951円 ①4-06-196396-1

◇石川啄木と幸徳秋水事件 岩城之徳著, 近藤典彦編 吉川弘文館 1996.10 281,7p 21cm 6700円 ①4-642-03665-2

◇石川啄木 光を追う旅 碓田のぼる文, 小松健一写真 ルック 1996.8 127p 19×27cm 2718円 ①4-947676-45-0

◇人間啄木 伊東圭一郎著, 松本政治編著 復刻版 盛岡 盛岡岩手日報社 1996.7 330p 19cm 1262円 ①4-87201-194-5

◇石川啄木と朝日新聞―編集長 佐藤北江をめぐる人々 太田愛人著 恒文社 1996.7 221p 19cm 1748円 ①4-7704-0879-X

◇啄木について 上田博著 大阪 大阪和泉書院 1996.5 177p 19cm (和泉選書) 2500円 ①4-87088-779-7

◇文彦 啄木 藤村 佐々木邦著 一関 一関北上書房 1996.1 242p 19cm 1262円 ①4-905662-04-4

◇夢(ゆめ)―啄木・中也・道造詞華集 石川啄木, 中原中也, 立原道造, 的場遊子画, 北川幸比古編 岩崎書店 1996.1 102p 20×19cm (美しい日本の詩歌 10) 1456円 ①4-265-04050-0

◇反俗の文人たち 浜川博著 新典社 1995.12 334p 19cm (新典社文庫) 2524円 ①4-7879-6504-2

◇啄木 六の予言―何が見えたのか、どう書き残したのか 近藤典彦著 ネスコ;文芸春秋〔発売〕 1995.6 241p 19cm 1553円 ①4-89036-892-2

◇啄木慕情―犬の年の大水後 鳥海健太郎著 近代文芸社 1995.5 79p 19cm 1165円 ①4-7733-3498-3

◇石川啄木とその時代 岩城之徳著 おうふう 1995.4 361p 19cm 2718円 ①4-273-02821-2

◇世界の伝記 4 石川啄木 須知徳平著 新装版 ぎょうせい 1995.2 315p 19cm 1553円 ①4-324-04381-7

◇啄木と古里―啄木再発見の文学ガイド 及川和哉著 八重岳書房 1995.2 159p 19cm 825円 ①4-8412-1165-9

◇政治と文学の接点―漱石・蘆花・龍之介などの生き方 三浦隆著 教育出版センター 1995.1 222p 19cm (以文選書 46) 2330円 ①4-7632-1543-4

◇石川啄木余話 藤田庄一郎著 (国分寺)武蔵野書房 1994.7 282p 19cm 2500円

◇四迷・啄木・藤村の周縁―近代文学管見 高阪薫著 大阪 和泉書院 1994.6 307,5p 22cm (近代文学研究叢刊 6) 3700円 ①4-87088-670-7

◇石川啄木と明治の日本 近藤典彦著 吉川弘文館 1994.6 280,6p 21cm 6386円 ①4-642-03655-5

◇鴎外・啄木・荷風隠された闘い―いま明らかになる天才たちの輪舞 吉野俊彦著 ネスコ 1994.3 270p 20cm 1900円 ①4-89036-867-1

文学

◇わが晶子 わが啄木―近代短歌史上に輝く恒星と遊星 川内通生著 有朋堂 1993.11 360p 19cm 2000円 ⓘ4-8422-0167-3

◇玫瑰花―ハマナスに魅せられて 南条範男編著 仙台 仙台啄木会 1993.9 272p 26cm 非売品

◇啄木と西村陽吉 斉藤英子著 短歌新聞社 1993.9 224,11p 19cm (新短歌叢書 第116篇) 3000円

◇啄木に魅せられて―釧路時代の啄木を探る 北畠立朴著 釧路 北竜出版 1993.7 198p 21cm 1900円

◇啄木の骨 小野寺脩郎著 函館 幼洋社 1993.7 268p 20cm 1748円 ⓘ4-906320-19-8

◇石川啄木研究―林間叢書第三二八篇 尾崎元昭著 近代文芸社 1993.6 309p 19cm 3000円 ⓘ4-7733-1936-4

◇啄木と渋民の人々 伊五沢富雄著 近代文芸社 1993.3 272p 19cm 1600円 ⓘ4-7733-1731-0

◇啄木浪漫―節子との半生 塩浦彰著 洋々社 1993.3 279p 19cm 2000円 ⓘ4-89674-311-3

◇青年教師 石川啄木 上田庄三郎著 国土社 1992.11 249p 19cm (現代教育101選 50) 2500円 ⓘ4-337-65950-1

◇石川啄木入門 遊座昭吾, 近藤典彦編 思文閣出版 1992.11 146p 23×19cm 2000円 ⓘ4-7842-0743-0

◇啄木論序説 国崎望久太郎著 日本図書センター 1992.10 337,9p 22cm (近代作家研究叢書 107) 6500円 ⓘ4-8205-9206-8

◇新編啄木私記 井上信興著 そうぶん社出版 1992.8 318p 19cm 2000円

◇啄木からの手紙 関西啄木懇話会編 (大阪)和泉書院 1992.8 231p 19cm (和泉選書 69) 2884円 ⓘ4-87088-546-8

◇(資料)石川啄木―啄木の歌と我が歌と 佐藤勝著 国分寺 武蔵野書房 1992.3 323p 22cm 2900円

◇石川啄木と青森県の歌人 川崎むつを著 青森 青森県啄木会 1991.12 269p 19cm 2500円

◇石川啄木 高井有一ほか著 小学館 1991.9 319p 19cm (群像 日本の作家 7) 1800円 ⓘ4-09-567007-X

◇石川啄木ノート―その文学と思想 作品と書簡から 多田晋著 近代文芸社 1991.8 294p 19cm 1500円 ⓘ4-7733-1093-6

◇(小説)石川啄木―伝説と実像のはざまで 梁取三義著 光和堂 1991.7 416p 20cm 2816円 ⓘ4-87538-094-1

◇石川啄木大全 石川啄木著, 岩城之徳編 講談社 1991.6 395p 26cm (スーパー文庫) 2300円 ⓘ4-06-204799-3

◇石川啄木 河出書房新社 1991.1 223p 21cm (新文芸読本) 1200円 ⓘ4-309-70156-6

◇石川啄木と「大逆事件」 碓田のぼる著 新日本出版社 1990.10 206p 18cm (新日本新書 415) 680円 ⓘ4-406-01893-X

◇石川啄木―愛とロマンと革命と 清水卯之助著 (大阪)和泉書院 1990.4 241p 19cm (和泉選書 53) 2800円 ⓘ4-87088-423-2

◇啄木の詩歌と其一生 中西悟堂著 〔復刻版〕 日本図書センター 1990.3 376,11p 21cm (近代作家研究叢書 99) 6180円 ⓘ4-8205-9056-1

◇啄木私記 続 井上信興著 そうぶん社出版 1990.2 130p 19cm 1600円

◇啄木と小国露堂 盛合聡著 盛岡 熊谷印刷出版部 1990.1 336p 20cm 1455円

◇悲しき兄啄木 三浦光子著 日本図書センター 1990.1 112,40,11p 22cm (近代作家研究叢書 77) 4120円 ⓘ4-8205-9032-4

文学

◇新編 啄木写真帖 吉田孤羊著 画文堂 1989.11 281p 25×20cm 4800円 ⓘ4-87364-007-5

◇石川啄木と北原白秋―思想と詩語 上田博, 中島国彦編 有精堂出版 1989.11 270p 22cm （日本文学研究資料新集 17） 3650円 ⓘ4-640-30966-X

◇石川啄木 金田一京助著 日本図書センター 1989.10 488,11p 22cm （近代作家研究叢書 61） 8755円 ⓘ4-8205-9014-6

◇石川啄木 小川武敏著 国分寺 武蔵野書房 1989.9 338p 22cm 2600円

◇石川啄木 金田一京助著 新訂版 角川書店 1989.6 250p 15cm （角川文庫） 510円 ⓘ4-04-112301-1

◇国家を撃つ者―石川啄木 近藤典彦著 同時代社 1989.5 328p 20cm 2472円 ⓘ4-88683-216-4

◇北辺の記者―評伝・小国露堂 盛合聡著 盛岡 熊谷印刷出版部 1989.5 318p 20cm 1340円

◇啄木讃歌―明治の天才の軌跡 岩城之徳著 桜楓社 1989.3 299p 19cm 2800円 ⓘ4-273-02274-5

◇石川啄木―青春桜花の舞 バロン吉元著 光輪社 1988.11 253p 20cm （ヒューマンコミックス） 980円 ⓘ4-333-01364-4

◇石川啄木北海流浪―日記と歌〔録音資料〕 石川啄木著, 三国一朗朗読 ノーベル書房 1988.11 録音カセット3巻 モノラル 19cm （ノーベル・カセットブック） 5800円

◇石川啄木アトランダム 松本政治著, 松本朗企画編集 盛岡 盛岡啄木会 1988.10 323p 19cm 1500円

◇啄木と函館 阿部たつを著, 桜井健治編 函館 幻洋社 1988.6 161p 17cm 1200円

◇伝記劇 藤川健夫著 青雲書房 1988.4 367p 19cm （藤川健夫戯曲集 2） 2200円 ⓘ4-88079-060-5

◇恋ごろも―「明星」の青春群像 尾崎左永子著 角川書店 1988.4 294p 19cm （角川選書 8） 1100円 ⓘ4-04-703008-2

◇近代日記文学選 山根賢吉, 橋本威編 （大阪）和泉書院 1988.2 153p 19cm （新注近代文学シリーズ 2） 1000円 ⓘ4-87088-280-9

◇石川啄木 福田清人編著, 堀江信男編著 清水書院 1987.12 214p 20cm （Century books） 480円

◇父啄木を語る 石川正雄著 日本図書センター 1987.10 469,8p 22cm （近代作家研究叢書 48） 8000円 ⓘ4-8205-0677-3

◇続 近代日本の日記―明治から大正へ 小田切進著 講談社 1987.7 405p 19cm 3000円 ⓘ4-06-203199-X

◇啄木・賢治 青春の北帰行 小松健一写真・文 PHP研究所 1987.7 127p 21cm 1500円 ⓘ4-569-22053-3

◇啄木と渡米志向 相沢源七著 仙台 宝文堂出版販売 1987.5 91p 18cm 980円 ⓘ4-8323-0194-2

◇石川啄木と関西 天野仁著 大阪 和泉書院 1987.4 250p 19cm （上方文庫 5） 2500円

◇石川啄木と北一輝―新たなる「地上王国」の予見 小西豊治著 御茶の水書房 1987.4 288p 20cm 2000円 ⓘ4-275-00737-9

◇石川啄木の思想と明治末日本 鳥居省三述 釧路 北海文学同人会 1987.3 57p 21cm 500円

◇石川啄木の世界 遊座昭吾著 八重岳書房 1987.3 509p 20cm 3000円 ⓘ4-89646-102-9

◇晩年の石川啄木 七宮涬三著 第三文明社 1987.3 274p 18cm （レグルス文庫 175） 680円 ⓘ4-476-01175-6

文学

◇釧路と啄木―浪淘沙　小西寛著　〔芦屋〕〔小西寛〕1987.2　117p　22cm　1000円

◇啄木全作品解題　岩城之徳著　筑摩書房　1987.2　312,18p　19cm　3200円　ⓘ4-480-82192-9

◇釧路の啄木　くしろ啄木百年記念の会編　釧路　くしろ啄木百年記念の会　1986.11　159p　19cm　600円

◇宗教人　石川啄木　須藤隆仙著　（札幌）みやま書房　1986.8　256p　19cm　1400円

◇新聞記者石川啄木　工藤与志男著　青森　こころざし出版社　1986.7　177p　18cm　1000円

◇文学探訪　石川啄木記念館　佐藤正美ほか著、石川啄木記念館監修　改訂版　（小平）蒼丘書林　1986.7　148p　17cm　900円

◇泣き虫なまいき石川啄木　井上ひさし著　新潮社　1986.6　174p　18cm　780円　ⓘ4-10-302320-1

◇兄啄木に背きて―光子流転　小坂井澄著　集英社　1986.6　254p　19cm　1300円　ⓘ4-08-775085-X

◇夏の巻　衆生病む　竹中労著　潮出版社　1986.5　287p　19cm　（聞書　庶民烈伝）1500円　ⓘ4-267-01088-9

◇石川啄木　孤独の愛　河野仁昭著　洋々社　1986.4　243p　19cm　1800円

◇石川啄木論　加藤悌三著　新樹社　1986.4　393p　19cm　2500円　ⓘ4-7875-8368-9

◇啄木の海と山　駒井燿介著　弘前　緑の笛豆本の会　1986.4　67p　9.4cm　（緑の笛豆本　第210集）1000円

◇ふるさと啄木―生誕百年を記念して　種市町（岩手県）　種市町立図書館　1986.2　63p　21cm

◇石川啄木　岩城之徳著　桜楓社　1986.2　220p　21cm　（短歌シリーズ・人と作品　10）2400円　ⓘ4-273-00488-7

◇啄木文学碑のすべて　白ゆり学習社出版部編　盛岡　白ゆり学習社　1986.2　111p　22cm

◇啄木の札幌放浪　好川之範著　札幌　小林エージェンシー　1986.1　285p　19cm　980円

◇石川啄木―警世詩人　昆豊著　新典社　1985.11　302p　19cm　（日本の作家　48）1500円　ⓘ4-7879-7048-8

◇切り絵石川啄木の世界　岩城之徳, 後藤伸行著　ぎょうせい　1985.11　146p　24cm　2300円　ⓘ4-324-00228-2

◇石川啄木　岩城之徳著　吉川弘文館　1985.7　325p　19cm　（人物叢書　新装版）1700円　ⓘ4-642-05008-6

◇啄木と釧路の芸妓たち　小林芳弘著　札幌　みやま書房　1985.7　277p　19cm　1400円

◇新編啄木写真帖　吉田孤羊著　画文堂　1985.6　281p　24cm　4500円

◇石川啄木伝　岩城之徳著　筑摩書房　1985.6　431,11p　20cm　2900円

◇石川啄木研究　金田一京助ほか編　日本図書センター　1985.4　317,9p　22cm　（近代作家研究叢書　11）3000円

◇石川啄木・一九〇九年　木股知史著　箕面　富岡書房　1984.12　284p　20cm　2400円

◇石川啄木―文芸読本　河出書房新社　1984.2　263p　21cm　880円

◇石川啄木　新潮社　1984.2　112p　20cm　（新潮日本文学アルバム　6）980円　ⓘ4-10-620606-4

◇啄木を繞る人々　吉田孤羊著　日本図書センター　1984.1　485,9p　22cm　（近代作家研究叢書　20）5500円

◇石川啄木　思潮社　1983.7　269p　21cm　（現代詩読本）1200円

◇啄木評論　石川啄木著, 小田切秀雄編　第三文明社　1983.7　279p　18cm　（レグルス文庫　151）680円　ⓘ4-476-01151-9

文学

◇啄木と折蘆—「時代閉塞の現状」をめぐって　助川徳是著　洋々社　1983.6　254p　20cm　1800円

◇啄木哀果とその時代　藤沢全著　桜楓社　1983.1　314p　22cm　3900円

◇石川啄木論　石田省育著　近代文芸社　1982.12　245p　20cm　1500円　①4-89607-325-8

◇啄木の思想と英文学—比較文学的考察　森一著　洋々社　1982.12　333p　20cm　2300円

◇啄木と渋民　遊座昭吾著　改訂新版　八重岳書房　1982.7　293p　20cm　1800円

◇きたぐにの詩人啄木・賢治　〔盛岡〕岩手日報社　1982.6　128p　26cm　1200円

◇啄木ふるさと散歩　松本政治著　〔盛岡〕盛岡啄木会　1982.6　127p　19cm　980円　①4-924653-31-4

◇岩手にかかわる義経・芭蕉・真澄・啄木・賢治を語る　金野静一編著　盛岡　熊谷印刷出版部　1982.4　246p　19cm　980円

◇啄木写真帖　吉田孤羊編著　藤森書店　1982.4　248p　22cm　8000円

◇石川啄木日記　石川正雄編　藤森書店　1982.3　3冊　22cm　全15000円

◇石川啄木ローマ字日記　古沢岩美絵　ノーベル書房　1982.2　155p　30cm　9800円

◇石川啄木記念館—文学探訪　佐藤正美ほか著　小平　蒼丘書林　1982.2　137p　18cm　800円

◇啄木書簡　小田切秀雄編　第三文明社　1982.2　264p　18cm　（レグルス文庫144）　680円　①4-476-01144-6

◇近代日本詩人選　7　石川啄木　松本健一著　筑摩書房　1982.1　278p　19cm　1800円

◇啄木覚書—未発表書簡をめぐって　川並秀雄著　洋々社　1982.1　244p　20cm　1800円

◇啄木の妻節子　堀合了輔著　洋々社　1981.6　347p　19cm　1800円

◇石川啄木　米田利昭著　勁草書房　1981.5　238p　20cm　2000円

◇世界の伝記　4　石川啄木　須知徳平著　ぎょうせい　1981.4　315p　20cm　1500円

◇啄木日記　石川啄木著, 小田切秀雄編　第三文明社　1981.4　291p　18cm　（レグルス文庫　131）　680円

◇新編石川啄木の世界　小田切秀雄著　第三文明社　1980.11　281p　18cm　（レグルス文庫　126）　680円

◇啄木の歌その生と死—青春の光と影　碓田のぼる著　洋々社　1980.11　268p　19cm　1800円

◇啄木研究三十年　岩城之徳著　学灯社　1980.11　431p　19cm　非売品

◇啄木—小説の世界　上田博著　双文社出版　1980.9　249p　20cm　2200円

◇石川啄木—「天才」の自己形成　草壁焰太著　講談社　1980.6　222p　18cm　（講談社現代新書）　390円

◇石川啄木の生涯　梁取三義著　彩光社　1980.5　2冊　20cm　全4800円

◇石川啄木　岩城之徳著　桜楓社　1980.4　265p　20cm　（短歌シリーズ・人と作品　10）　1800円

◇石川啄木と北一輝—新たなる「地上王国」の予見　小西豊治著　伝統と現代社　1980.2　285p　20cm　1800円

◇啄木秘話　川並秀雄著　冬樹社　1979.10　301p　20cm　1800円

◇石川啄木　学習研究社　1979.9　234p　26cm　（人と文学シリーズ）　1500円

◇石川啄木全集　第7巻　書簡　筑摩書房　1979.9　449p　20cm　2000円

◇啄木と渋民　遊座昭吾著　改訂新版　八重岳書房　1979.7　293p　20cm　1500円

339

文学

◇函館の砂―啄木の歌と私と　宮崎郁雨著　洋々社　1979.4　348p　19cm　2800円

◇石川啄木全集　第8巻　啄木研究　筑摩書房　1979.1　616p　20cm　2600円

◇啄木の妻節子　堀合了輔著　改訂増補　洋々社　1979.1　347p　19cm　2000円

◇わが愛する歌人　第2集　石川啄木・窪田空穂・吉井勇・中村憲吉・釈迢空・吉野秀雄・渡辺直己　篠弘ほか著　有斐閣　1978.12　222p　18cm　（有斐閣新書）530円

◇初恋人の魂追った啄木の生涯―啄木の精神分析　石田六郎著　洋洋社　1978.11　424p　19cm　3000円

◇石川啄木の手帖　国文学編集部編　学灯社　1978.11　224p　22cm　1200円

◇啄木私稿　冷水茂太著　清水弘文堂　1978.7　254p　20cm　1400円

◇石川啄木全集　第6巻　日記　2　筑摩書房　1978.6　403p　20cm　2000円

◇石川啄木全集　第5巻　日記　1　筑摩書房　1978.4　420p　20cm　2000円

◇論攷石川啄木　田中礼著　洋々社　1978.2　248,6p　22cm　1900円

◇啄木その周辺―岩手ゆかりの文人　浦田敬三著　盛岡　熊谷印刷出版部　1977.12　356p　21cm　1800円

◇啄木と私　秋山清著　たいまつ社　1977.10　201p　17cm　（たいまつ新書）

◇啄木・ローマ字日記　石川啄木著, 桑原武夫編訳　岩波書店　1977.9　265p　15cm　（岩波文庫）　300円

◇燎火の流れ―わが草わけの社会主義者たち　木原実著　オリジン出版センター　1977.6　283p　19cm　1300円

◇石川啄木　小田岳夫著　すばる書房　1977.5　294p　肖像　19cm　（青春と文学）980円

◇石川啄木の秘密―書きかえられた天才の生涯　大沢博著　光文社　1977.5　229p　18cm　（カッパ・ブックス）550円

◇新編啄木と郁雨　阿部たつを著　洋洋社　1976.10　315p　19cm　1700円

◇啄木と小樽・札幌　小樽啄木会編　札幌　みやま書房　1976.10　192p　19cm　850円

◇石川啄木―文芸読本　河出書房新社　1976　263p　21cm　680円

◇石川啄木と仙台―石巻・荻浜　相沢源七編　仙台　宝文堂出版販売　宝文堂（発売）　1976　141p　図　肖像　19cm　500円

◇啄木と牧水―二つの流星　草壁焔太著　日貿出版社　1976　310p　図　肖像　19cm　（日貿良書　10）　980円

◇啄木評伝　岩城之徳著　学灯社　1976　495p　肖像　20cm　2500円

◇私論・石川啄木―思想と文学　中島嵩著　盛岡　盛岡啄木会　玉山村（岩手県岩手郡）石川啄木記念館（発売）　1975　249p　19cm　1300円

◇石川啄木　大竹新助著　大阪　保育社　1975　152p　15cm　（カラーブックス）380円

◇石川啄木　梁取三義著　国書刊行会　1975　2冊　19cm　各950円

◇石川啄木の人と文学　堀江信男著　笠間書院　1975　218p　18cm　（笠間選書　47）1000円

◇現代日本文学アルバム　4　石川啄木　編集委員:足立巻一等　学習研究社　1974　234p　27cm　2300円

◇私伝石川啄木―暗い淵　石井勉次郎著　桜楓社　1974　210p　22cm　2000円

◇新編人間啄木　伊東圭一郎著, 松本政治編著　盛岡　岩手日報社　盛岡啄木会（発売）　1974　330p　図　19cm　1200円

◇診断・日本人　宮本忠雄編　日本評論社　1974　319p　20cm　1300円

◇石川啄木論　今井泰子著　塙書房　1974　536,16p　20cm　（日本の近代作家　2）　2600円
◇啄木の妻節子　堀合了輔著　洋々社　1974　347p　図　肖像　19cm　1500円
◇啄木の西洋と日本　大谷利彦著　研究社出版　1974　362p　図　肖像　19cm　（研究社叢書）　950円
◇石川啄木　碓田のぼる著　東邦出版社　1973　287p　19cm　（近代作家研究叢書）　980円
◇石川啄木の世界　野田宇太郎著　平凡社　1973　203p　20cm　（歴史と文学の旅）　750円
◇石川啄木論考　加藤悌三著　啓隆閣　1973　419p　20cm
◇啄木とロシア　吉田孤羊著　洋々社　1973　350p　図　肖像　19cm　860円
◇啄木の生涯　上　山岸一章著　京都　汐文社　1973　297p　19cm　（民主主義の思想家　1）　850円
◇啄木写真帖—新編　吉田孤羊著　画文堂　1973　281p　図　肖像　24cm　4500円
◇歌人啄木　吉田孤羊著　訂正〔版〕洋々社　1972　376p　図　18cm　780円
◇私の作家評伝　2　小島信夫著　新潮社　1972　268p　20cm　（新潮選書）　500円
◇私伝石川啄木—詩神彷徨　石井勉次郎著　桜楓社　1972　321p　22cm　1200円
◇石川啄木新研究　川並秀雄著　冬樹社　1972　346p　図　20cm
◇啄木片影　吉田孤羊著　洋々社　1972　326p　図　19cm　780円
◇晩年の石川啄木　宮守計著　冬樹社　1972　268p　20cm
◇漱石・啄木・露伴　山本健吉著　文芸春秋　1972　269p　20cm　1000円
◇石川啄木—秘められた愛と詩情　小沢恒一著　潮文社　1971　214p　図　肖像　18cm　（潮文社新書）　380円

◇石川啄木論考　堀江信男著　笠間書院　1971　230p　22cm　（笠間叢書）　2500円
◇啄木とその前後　国崎望久太郎著　桜楓社　1971　245p　22cm　1800円
◇啄木と渋民　遊座昭吾著　八重岳書房　1971　294p　図　肖像　19cm　660円
◇石川啄木　窪川鶴次郎著　弘文堂書房　1970　256p　18cm　（アテネ新書）　500円
◇石川啄木　日本文学研究資料刊行会編　有精堂出版　1970　327p　22cm　（日本文学研究資料叢書）　1500円
◇啄木と郁雨の周辺　阿部たつを著　函館　無風帯社　1970　209p　図版　19cm　600円
◇啄木研究二十年　岩城之徳著　学灯社　1970　202p　図　19cm　非売
◇明治の歌人　明治神宮編　短歌研究社　1969　492p　図版　19cm　1500円
◇歌人啄木　吉田孤羊著　洋々社　1968　376p　図版　19cm
◇人間啄木　鈴木政輝著　札幌　北書房　1968　120p　19cm　250円
◇石川啄木の世界　小田切秀雄著　潮出版社　1968　259p　18cm　（潮新書）
◇啄木・美妙そのほか—岩手の近代文学　浦田敬三著　盛岡　岩手近代文学懇談会　1968　243p　19cm
◇啄木遺骨の行方　冷水茂太著　永田書房　1968　133p　図版　19cm
◇啄木全集　第7巻　書簡　石川啄木著, 金田一京助等編　筑摩書房　1968　435p　図版　20cm
◇回想の石川啄木—天才をめぐる友人たちの記録　岩城之徳編　八木書店　1967　505p　図版　20cm
◇終篇 石川啄木　金田一京助著　改訂増補版　巌南堂書店　1967　490,41p　図版　20cm
◇青春の伝記 石川啄木　小田岳夫著　鶴書房　1967　294p　図版　20cm

◇石川啄木　加藤悌三著　新日本出版社
　1967　263p 図版　18cm（新日本新書）
◇石川啄木と大逆事件　吉田孤羊著
　明治書院　1967　247p 図版　19cm
◇啄木全集　第5巻　日記　石川啄木著，
　金田一京助等編　筑摩書房　1967
　405p 図版　20cm
◇評伝 石川啄木　久保田正文著　増補新
　版　実業之日本社　1967　264p 図版
　20cm　（作品と作家研究）
◇文芸読本 石川啄木　石川啄木著，荒正人
　編　河出書房新社　1967　328p 図版
　19cm
◇石川啄木　堀江信男著，福田清人編
　清水書院　1966　214p 図版　19cm
　（センチュリーブックス）
◇石川啄木ローマ字日記和訳篇　石川啄木
　著，白山友正訳　函館　短歌紀元社
　1966　38p 21cm　（短歌紀元叢書
　第14編）
◇石川啄木日記の研究　白山友正著
　函館　短歌紀元社　1966　3冊　21cm
　（短歌紀元社叢書　第16-18編）
◇啄木—秘められし愛と詩情　小沢恒一著
　潮文社　1966
◇啄木と哀果—ある交遊の記録　冷水茂
　太著　国分寺　短歌新聞社　1966
　261p 図版　19cm
◇啄木発見　吉田孤羊著　洋々社　1966
　474p 図版　19cm
◇啄木論序説　国崎望久太郎著　増訂版
　京都　法律文化社　1966　337p 22cm
◇明治の作家　猪野謙二著　岩波書店
　1966
◇人物再発見　読売新聞編　人物往来社
　1965　235p 19cm
◇石川啄木　岩城之徳著　明治書院
　1965　176p 27cm　（写真作家伝叢書
　3）
◇啄木の悲しき生涯　杉森久英著　河出
　書房新社　1965　258p 図版　18cm
　（Kawade paper backs）

◇啄木人生日記　石川啄木著，石川正雄編
　社会思想社　1965　220p 図版　15cm
　（現代教養文庫）
◇啄木短歌の背景　吉田孤羊著　洋々社
　1965　368p 図版　19cm
◇石川啄木における文学と生　近藤芳美著
　垂水書房　1964　138p 19cm
◇初恋人の魂追うた啄木の生涯—啄木の精
　神分析　石田六郎著　須賀川　石田医院
　1963　425p 図版　20cm
◇日本の思想家　第2　大井憲太郎
　朝日新聞社朝日ジャーナル編集部編
　朝日新聞社　1963　400p 19cm
◇近代日本の作家たち 続　小田切秀雄著
　法政大学出版局　1962　（増補版）
◇石川啄木　岩城之徳著　学燈社　1962
　（学燈文庫）
◇啄木と郁雨　阿部たつを著　函館
　無風帯社　1962　220p 図版　19cm
◇文芸読本 石川啄木　石川啄木著，荒正人
　編　河出書房新社　1962　328p 図版
　18cm　（河出ペーパーバックス　第3）
◇作家論　伊藤整著　筑摩書房　1961
　374p 20cm
◇新編 石川啄木選集　第6　啄木書簡集
　石川啄木著，渡辺順三，石川正雄共編
　春秋社　1961　210p 図版　19cm
◇新編 石川啄木選集　別巻　啄木入門 啄木
　の生涯〔ほか〕　石川啄木著，渡辺順三，
　石川正雄編　石川正雄　春秋社　1961
　218p 図版　18cm
◇石川啄木　岩城之徳著　吉川弘文館
　1961　312p 図版　18cm　（人物叢書
　第62）
◇石川啄木入門—啄木の思想・芸術・生涯
　平野博和著　垂水書房　1961　213p
　19cm

北原 白秋

明治18(1885).1.25～昭和17(1942).11.2
詩人、歌人。明治39年新詩社に入り「明星」に詩歌を発表、新進の第一人者と目された。40年末に新詩社を脱退、41年に木下杢太郎、吉井勇らと「パンの会」を結成し、自然主義に反抗する耽美主義文学運動を起こした。42年に「スバル」が創刊されるとそれに参加している。耽美派を代表する詩人・歌人として活躍したほか、児童文学雑誌「赤い鳥」の童謡面を担当し、生涯に1000編以上の童謡を作成し、また後進の育成に尽くした。

『邪宗門』：明治42年刊。詩集。39年から41年までの120編を収める。異国情緒と世紀末的な頽唐美に溢れた新鮮な感覚詩、官能詩を創始し、近代詩人としての白秋の史的位置を決定した作品。

　　　　*　　*　　*

◇愛の詩集　室生犀星著　日本図書センター　1999.12　242p　19cm　2500円　①4-8205-1862-3
◇三木露風―赤とんぼの情景　和田典子著　神戸　神戸神戸新聞総合出版センター　1999.11　254p　19cm　1800円　①4-343-00049-4
◇九州　音楽之友社　1999.7　119p　23×18cm　(先生のための音楽修学旅行シリーズ2)　1800円　①4-276-32201-4
◇北原白秋の都市計画論　新藤東洋男著　熊本　熊本熊本出版文化会館;創流出版〔発売〕　1999.7　227p　19cm　1500円　①4-915796-28-0
◇少年詩とは何か―子どもにかかわる詩の問題　畑島喜久生著　国土社　1999.3　227p　19cm　2500円　①4-337-47430-7
◇佐佐木幸綱の世界　6　評論篇1―底より歌え　佐佐木幸綱著　河出書房新社　1998.11　249p　19cm　3200円　①4-309-70376-3
◇詩の継承―『新体詩抄』から朔太郎まで　三浦仁著　おうふう　1998.11　636p　21cm　34000円　①4-273-03045-4
◇姦通の罪―白秋との情炎を問われて　金沢聖著　文芸社　1998.9　151p　19cm　1200円　①4-88737-149-7
◇文学館ワンダーランド―全国文学館・記念館ガイド160　リテレール編集部編　メタローグ　1998.8　302p　19cm　1800円　①4-8398-2017-1
◇わが心の詩人たち―藤村・白秋・朔太郎・達治　中村真一郎著　潮出版社　1998.7　410p　19cm　(潮ライブラリー)　1800円　①4-267-01501-5
◇信濃路文学散歩―小井土昭二フォトエッセイ1　小井土昭二著　長野　長野信毎書籍出版センター　1998.7　98p　19×22cm　2000円
◇北原白秋再発見―白秋批判をめぐって　畑島喜久生著　大阪　大阪リトル・ガリヴァー社;星雲社〔発売〕　1997.8　214p　19cm　1500円　①4-7952-0359-8
◇白秋の水脈　北原東代著　春秋社　1997.7　251p　19cm　2500円　①4-393-44138-9
◇北原白秋の世界―その世紀末的詩境の考察　河村政敏著　至文堂　1997.4　356p　21cm　5400円　①4-7843-0184-4
◇文芸としての童謡―童謡の歩みを考える　畑中圭一著　京都　京都世界思想社　1997.3　237p　19cm　(SEKAISHISO SEMINAR)　2524円　①4-7907-0644-3
◇漱石、賢治、啄木のひとり歩きの愉しみ　辻真先著　青春出版社　1997.3　221p　18cm　(プレイブックス)　810円　①4-413-01685-8
◇日本文壇史　13　頽唐派の人たち　伊藤整著　講談社　1996.12　288,21p　15cm　(講談社文芸文庫―回想の文学)　951円　①4-06-196396-1
◇愛ひびきあう―近代日本を奔った女たち　永畑道子著　筑摩書房　1996.11　219p　19cm　1600円　①4-480-81408-6

文学

◇北原白秋　文学逍遙　田島清司著　近代文芸社　1995.11　197p　19cm　1456円　①4-7733-4815-1
◇印旛沼は年古りた銀—白秋・庄亮・佐倉宗吾をめぐって　鬼川太刀雄著　近代文芸社　1995.5　143p　19cm　1456円　①4-7733-3993-4
◇白秋片影　北原東代著　春秋社　1995.2　254p　19cm　2500円　①4-393-44133-8
◇北原白秋　横尾文子著　（福岡）西日本新聞社　1994.12　230p　19cm　（ふくおか人物誌　3）　1500円
◇北原白秋研究—『ARS』『近代風景』など　杉本邦子著　明治書院　1994.2　367p　21cm　7800円　①4-625-46048-4
◇白秋の食卓—柳川編　原達郎文　福岡財界九州社　〔1993〕　267p　22cm　2800円
◇白秋文学逍遙　田島清司著　〔柳川〕〔田島清司〕　1992.11　139p　22cm
◇北原白秋 その小田原時代—木菟の家をめぐる人たち　野上飛雲著　（鎌倉）かまくら春秋社　1992.11　207p　19cm　1600円　①4-7740-0005-1
◇阿佐ケ谷時代の北原白秋　野北和義著　砂子屋書房　1992.3　233p　19cm　2500円　①4-7904-9220-2
◇随筆北原白秋　藪田義雄著, 小田原市立図書館編　小田原　小田原市立図書館　1992.3　332p　19cm　（小田原市立図書館叢書　4）　非売品
◇教育改革者の群像　中野光著　国土社　1991.1　198p　19cm　（現代教育101選　33）　1600円　①4-337-65933-1
◇悲恋の歌人たち—恋愛歌ものがたり　木俣修著　北辰堂　1990.12　239p　19cm　2000円　①4-89287-170-2
◇さすらいの歌　原田種夫著　〔復刻版〕日本図書センター　1990.3　272,9p　21cm　（近代作家研究叢書　92）　6180円　①4-8205-9049-9

◇白秋研究　2　白秋とその周辺　木俣修著　日本図書センター　1989.10　330,10p　22cm　（近代作家研究叢書　75）　6695円　①4-8205-9028-6
◇北原白秋—近代詩のトポロジー　横木徳久著　思潮社　1989.10　223p　19cm　2060円　①4-7837-1522-X
◇トンカ・ジョンの旅立ち—北原白秋の少年時代　森崎和江著　日本放送出版協会　1988.11　303p　19cm　1500円　①4-14-005138-8
◇白秋全集　39　書簡　北原白秋著　紅野敏郎ほか編纂　岩波書店　1988.4　614p　21cm　4400円　①4-00-090979-7
◇北原白秋—大正期童謡とその展開　佐藤通雅著　大日本図書　1987.12　246p　19cm　（叢書＝児童文学への招待）　1800円　①4-477-16937-X
◇白秋追憶　前田夕暮著　日本図書センター　1987.10　287,9p　22cm　（近代作家研究叢書　51）　5500円　①4-8205-0680-3
◇北原白秋論　横田真人著　長野　ほおずき書籍　1987.10　382p　20cm　（木菟叢書　第14編）　2500円　①4-7952-1936-2
◇北原白秋　恩田逸夫編著　清水書院　1987.6　222p　20cm　（Century books）　480円
◇北原白秋—物語評伝　宮本一宏著　桜楓社　1986.10　198p　19cm　2000円　①4-273-02133-1
◇北原白秋　新潮社　1986.3　111p　20cm　（新潮日本文学アルバム　25）　980円　①4-10-620625-0
◇北原白秋の思想　鈴木英夫著　短歌新聞社　1985.9　225p　20cm　2000円
◇天馬のなげき—北原白秋伝　大木惇夫著　日本図書センター　1985.3　322,10p　22cm　（近代作家研究叢書　2）　4000円
◇北原白秋ノート　飯島耕一著　小沢書店　1985.1　309p　20cm　（小沢コレクション　5）　1600円

文学

◇白秋の風景　久保節男文, 熊谷竜雄写真　福岡　西日本新聞社　1984.11　153p　21cm　1300円　①4-8167-0078-1
◇白秋・沼空　宮柊二著　河出書房新社　1984.8　258p　20cm　2000円　①4-309-00376-1
◇北原白秋の研究　西本秋夫著　日本図書センター　1984.3　426,12p　22cm　（近代作家研究叢書　27）　4500円
◇杢太郎と白秋　太田慶太郎編　伊東杢太郎記念館　1983.3　32p　19cm　（杢太郎記念館シリーズ　14号）　500円
◇北原白秋　島田修二, 田谷鋭著　桜楓社　1982.5　251p　20cm　（短歌シリーズ・人と作品　9）　1800円
◇白秋めぐり　山本太郎著　集英社　1982.3　246p　20cm　1600円
◇北原白秋文学碑　中山治雄著　弘前　緑の笛豆本の会　1981.9　2冊　10cm　（緑の笛豆本）
◇北原白秋―その青春と風土　松永伍一著　日本放送出版協会　1981.3　144p　19cm　（NHKブックス）　900円
◇北原白秋―歌とこころ　下巻　白色光への道　葛原繁ほか著　有斐閣　1980.6　211p　18cm　（有斐閣新書）　550円
◇北原白秋―歌とこころ　上巻　美の狩猟者　中山礼治ほか著　有斐閣　1980.5　229p　18cm　（有斐閣新書）　600円
◇北原白秋―文芸読本　河出書房新社　1978.9　263p　21cm　680円
◇北原白秋と私　藪田義雄著, 小田原文庫刊行会編　名著出版　1978.9　207p　19cm　（小田原文庫　8）　800円
◇わが愛する歌人　第1集　斎藤茂吉・北原白秋・岡本かの子・半田良平・長塚節・若山牧水・前田夕暮　大野誠夫ほか著　有斐閣　1978.8　225p　18cm　（有斐閣新書）　530円
◇評伝北原白秋　藪田義雄著　増補改訂　町田　玉川大学出版部　1978.4　506p　23cm　3800円

◇北原白秋ノート　飯島耕一著　小沢書店　1978.4　307p　20cm　1700円
◇北原白秋研究ノート　1　柳河時代の作品とその交友　久保節男著　福岡　啓隆社　1977.11　204p　19cm　（コスモス叢書　第130篇）
◇北原白秋―その三崎時代　野上飛雲著　慶友社　1976　312p　図　肖像　19cm　2000円
◇北原白秋研究　中村純一著　船橋　中央線事業部　1975　89p　21cm　800円
◇北原白秋論　笹本正樹著　五月書房　1975　309p　19cm　1700円
◇白秋論資料考―福島俊子と江口章子を中心に　西本秋夫著　大原新生社　1974　422p　22cm　4500円
◇北原白秋―詩的出発をめぐって　玉城徹著　読売新聞社　1974　289p　20cm　（読売選書）　1300円
◇評伝北原白秋　藪田義雄著　玉川大学出版部　1973　488p　肖像　23cm　1800円
◇詩人白秋その愛と死　嶋岡晨著　社会思想社　1972　244p　図　肖像　15cm　（現代教養文庫）
◇北原白秋　恩田逸夫著　清水書院　1969　222p　図版　19cm　（センチュリーブックス）　250円
◇明治の歌人　明治神宮編　短歌研究社　1969　492p　図版　19cm　1500円
◇赤い鳥研究　「赤い鳥」と北原白秋　木俣修著　小峰書店　1965
◇北原白秋の研究　西本秋夫著　新生社　1965　426p　22cm
◇日本歌人講座　7　北原白秋　河村政敏著　弘文堂　1961
◇我が愛する詩人の伝記　室生犀星著　中央公論社　1960　246　18cm　（中央公論文庫）
◇我が愛する詩人の伝記　室生犀星著　中央公論社　1958　246p　20cm

345

文学

◇近代歌人群像　北原白秋雑纂　木俣修著　新典書房　1956
◇桐の花研究　今井福次郎著　互陽堂　1955
◇現代作家論叢書　第4巻　大正の作家たち〔ほか〕　中島健蔵等編　中島健蔵　英宝社　1955　19cm
◇日本の近代文学―作家と作品　本間久雄、吉田精一, 神西清共著　東京堂　1955　286p 図版　19cm
◇石川啄木と北原白秋　遠地輝武著　岩波書店　1954
◇日本文学アルバム　第2　北原白秋　亀井勝一郎, 野田宇太郎, 臼井吉見共編　野田宇太郎編　筑摩書房　1954-1958　19cm
◇日本文学講座 2　白秋と朔太郎―その一面的な素描　三好行雄著　東大出版会　1954
◇白秋研究　第1-2　木俣修著　新典書房　1954-55　2冊 図版　19cm
◇近代作家伝　上下巻　村松梢風著　創元社　1951　2冊 図版8枚　19cm
◇天馬のなげき―北原白秋伝　大木惇夫著　婦人画報社　1951　322p 図版　19cm
◇日本耽美派の誕生　野田宇太郎著　河出書房　1951
◇北原白秋　木俣修著　雄鶏社　1950　290p　19cm　(短歌文学読本)
◇白秋追憶　前田夕暮著　建文社　1948　287p 図版　19cm
◇回想の白秋　井上康文編　鳳文書林　1948　290p 図版　18cm
◇白秋研究　木俣修著　文化書院　1946　364p 図版　21cm

◆俳句

正岡 子規

慶応3(1867).9.17～明治35(1902).9.19　俳人、歌人。東大国文科在学中から句作・古句研究に専念し、中退後新聞「日本」に入社、その俳句欄を担当。明治30年には「ホトトギス」を発刊した。芭蕉よりも蕪村を高く評価し、月並俳句を批判して写生を主張し、俳句革新運動を展開した。「ホトトギス」は俳壇の中心的位置を占め、門下に高浜虚子や河東碧梧桐らが集まり、日本派と呼ばれた。また根岸短歌会を主催し短歌革新にも取り組んだほか、小説、俳論、随筆などにも才能を発揮した。

『獺祭書屋俳話』：明治25年。俳論。旧派宗匠の俳諧を批判して、俳句を改革し文学として独自の存在としなければ、俳句はすたれてしまうという熱意で綴った啓蒙的作品。

◇心を癒す漱石からの手紙―文豪といわれた男の、苦しみとユーモアと優しさの素顔　矢島裕紀彦著　青春出版社　1999.12　288p　19cm　1600円　①4-413-03163-6
◇名句を作った人々　鷹羽狩行著　富士見書房　1999.12　236p　19cm　2000円　①4-8291-7437-4
◇師弟炎炎―出会いと別れ　倉橋羊村著　本阿弥書店　1999.11　317p　19cm　2600円　①4-89373-514-4
◇俳句と川柳―「笑い」と「切れ」の考え方、たのしみ方　復本一郎著　講談社

文学

1999.11 260p 18cm （講談社現代新書） 680円 Ⓘ4-06-149478-3
◇世紀末の一年―1900年ジャパン 松山巖著 朝日新聞社 1999.10 449p 19cm （朝日選書） 1700円 Ⓘ4-02-259735-6
◇大谷是空「浪花雑記」―正岡子規との友情の結晶 和田克司編著 大阪 大阪和泉書院 1999.10 513p 21cm （近代文学研究叢刊 19） 10000円 Ⓘ4-87088-999-4
◇俳人の大和路 田中昭三著, 『サライ』編集部編 小学館 1999.10 127p 21cm （ショトル・トラベル） 1600円 Ⓘ4-09-343162-0
◇俳句から見た俳諧―子規にとって芭蕉とは何か 復本一郎著 御茶の水書房 1999.9 61p 21cm （神奈川大学評論ブックレット 4） 800円 Ⓘ4-275-01776-5
◇この道に古人なし―利休そして芭蕉・蕪村・子規 永田龍太郎著 永田書房 1999.8 294p 19cm 1857円 Ⓘ4-8161-0666-9
◇名句 歌ごよみ「秋」 大岡信著 角川書店 1999.8 280p 15cm （角川文庫） 667円 Ⓘ4-04-346803-2
◇古句をたのしむ―芭蕉・蕪村・一茶・子規 小島康見著 おうふう 1999.7 268p 19cm 1800円 Ⓘ4-273-03092-6
◇子規の近代―滑稽・メディア・日本語 秋尾敏著 新曜社 1999.7 302p 19cm 2800円 Ⓘ4-7885-0686-6
◇伊藤左千夫の歌 伊藤左千夫著, 永塚功, 永塚史孝編著, 伊藤左千夫記念館監修 おうふう 1999.5 276p 19cm 1200円 Ⓘ4-273-03085-3
◇英雄と詩人 保田与重郎著 京都 京都新学社 1999.4 310p 15cm （保田与重郎文庫 2） 1200円 Ⓘ4-7868-0023-6
◇俳句の歴史―室町俳諧から戦後俳句まで 山下一海著 朝日新聞社 1999.4 287p 19cm 2400円 Ⓘ4-02-330575-8

◇風雅のひとびと―明治・大正文人俳句列伝 高橋康雄著 朝日新聞社 1999.4 379p 19cm 2600円 Ⓘ4-02-330576-6
◇拝啓漱石先生 大岡信著 世界文化社 1999.2 278p 21cm 1800円 Ⓘ4-418-99503-X
◇折口信夫 独身漂流 持田叙子著 京都 京都人文書院 1999.1 244p 19cm 2300円 Ⓘ4-409-54057-2
◇あなたに語る日本文学史 大岡信著 新装版 新書館 1998.12 562p 19cm 2200円 Ⓘ4-403-21066-X
◇佐佐木幸綱の世界 6 評論篇1―底より歌え 佐佐木幸綱著 河出書房新社 1998.11 249p 19cm 3200円 Ⓘ4-309-70376-3
◇子規と啄木 中村稔著 潮出版社 1998.11 263p 19cm （潮ライブラリー） 1400円 Ⓘ4-267-01508-2
◇子規の回想 河東碧梧桐著 新装覆刻版 沖積舎 1998.10 500p 21cm 7000円 Ⓘ4-8060-4631-0
◇俳句を読もう―芭蕉から現代までの二六八句 藤井圀彦編著 さ・え・ら書房 1998.10 159p 21cm 1800円 Ⓘ4-378-02263-X
◇兵庫ゆかりの俳人 柿衛文庫編 神戸 神戸神戸新聞総合出版センター 1998.10 154p 21cm 2000円 Ⓘ4-343-00006-0
◇魅力ある文人たち 倉橋羊村著 沖積舎 1998.10 117p 19cm 1800円 Ⓘ4-8060-4633-7
◇文人追懐――学芸記者の取材ノート 浜川博著 蝸牛社 1998.9 270p 19cm 1600円 Ⓘ4-87661-343-5
◇俳人の生死（しょうじ） 小林高寿著 新樹社 1998.8 231p 19cm 2000円 Ⓘ4-7875-8483-9
◇文学館ワンダーランド―全国文学館・記念館ガイド160 リテレール編集部編

文学

メタローグ　1998.8　302p　19cm　1800円　④4-8398-2017-1

◇病者の文学—正岡子規　黒沢勉著　盛岡　盛岡信山出版;信山社〔発売〕　1998.7　342p　21cm　3980円　④4-7972-3902-6

◇群馬の作家たち　土屋文明記念文学館編　埼書房　1998.6　268p　18cm　（埼新書）　1300円　④4-8273-4074-9

◇子規の素顔　和田茂樹著　松山　松山　愛媛県文化振興財団　1998.3　397p　18cm　（えひめブックス）　952円

◇子規のココア・漱石のカステラ　坪内稔典著　日本放送出版協会　1998.2　213p　19cm　1400円　④4-14-005288-0

◇写生一貫—子規に学ぶ　田中順二著　短歌新聞社　1998.1　213p　19cm　（ハハキギ選書）　2190円　④4-8039-0916-4

◇主観俳句の系譜　堀古蝶著　邑書林　1998.1　248p　19cm　2800円　④4-89709-264-7

◇子規庵追想　阿部正路著　創樹社　1997.6　301p　19cm　2300円　④4-7943-0503-6

◇とっておきのもの とっておきの話 第1巻　YANASE LIFE編集室編　芸神出版社　1997.5　213p　21cm　（芸神集団Amuse）　2500円　④4-906613-16-0

◇明治粋侠伝　久坂聡三著　諏訪　諏訪鳥影社;星雲社〔発売〕　1997.4　364p　19cm　1500円　④4-7952-7238-7

◇文人悪食　嵐山光三郎著　マガジンハウス　1997.3　429p　19cm　1800円　④4-8387-0620-0

◇漱石、賢治、啄木のひとり歩きの愉しみ　辻真先著　青春出版社　1997.3　221p　18cm　（プレイブックス）　810円　④4-413-01685-8

◇三絃の誘惑—近代日本精神史覚え書　樋口覚著　京都　京都人文書院　1996.12　334p　19cm　2900円　④4-409-16076-1

◇正岡子規の教育人間学的研究—写生観・死生観の生成過程の分析から　工藤真由美著　風間書房　1996.12　397p　21cm　17000円　④4-7599-1007-7

◇日本文学の歴史 16 近代・現代篇 7　ドナルド・キーン，新井潤美訳　中央公論社　1996.11　330p　21×14cm　2136円　④4-12-403235-8

◇俳人虚子　玉城徹著　角川書店　1996.10　262p　19cm　1748円　④4-04-871621-2

◇子規秀句考—鑑賞と批評　宮坂静生著　明治書院　1996.9　517p　21cm　6602円　④4-625-46051-4

◇正岡子規—ベースボールに賭けたその生涯　城井睦夫著　紅書房　1996.9　267p　19cm　2427円　④4-89381-089-8

◇風呂で読む子規　和田克司著　京都　京都世界思想社　1996.6　104p　19cm　951円　④4-7907-0597-8

◇子規漢詩の周辺　清水房雄著　明治書院　1996.4　417p　21cm　6602円　④4-625-46050-6

◇扇畑忠雄著作集 第3巻 子規から茂吉へ　扇畑忠雄著　おうふう　1996.3　434p　21cm　15534円　④4-273-02846-8

◇正岡子規　梶木剛著　勁草書房　1996.1　363p　21cm　4800円　④4-326-80035-6

◇正岡子規・作家論集成　岡井隆著　思潮社　1995.11　511p　19cm　（岡井隆コレクション 6）　5631円　④4-7837-2309-5

◇正岡子規—現代日本の評伝　粟津則雄著　講談社　1995.9　391p　15cm　（講談社文芸文庫）　1165円　④4-06-196336-8

◇正岡子規—五つの入口　大岡信著　岩波書店　1995.9　255p　19cm　（岩波セミナーブックス）　2233円　④4-00-004226-2

◇俳句原始感覚　宮坂静生著　本阿弥書店　1995.9　303p　19cm　2524円　④4-89373-080-0

◇子規・漱石・虚子—その文芸的交流の研究　柴田奈美著　本阿弥書店　1995.6　287p　19cm　2912円　④4-89373-079-7

◇正岡子規殺人句碑　辻真先著　中央公論社　1995.3　258p　15cm　（中公文庫）505円　①4-12-202275-4

◇正岡子規入門　和田克司編　（京都）思文閣出版　1993.5　130p　24×19cm　2000円　①4-7842-0768-6

◇子規言行録　河東碧梧桐編　日本図書センター　1993.1　735,8p　22cm　（近代作家研究叢書　133）　15965円　①4-8205-9234-3

◇正岡子規　国崎望久太郎著　日本図書センター　1993.1　189,8p　22cm　（近代作家研究叢書　130）　5150円　①4-8205-9231-9

◇子規とベースボール　神田順治著　ベースボール・マガジン社　1992.12　133p　21cm　2300円　①4-583-03037-1

◇子規の回想　河東碧梧桐著　〔新装版,復刻版〕　沖積舎　1992.11　500p　21cm　8000円　①4-8060-4577-2

◇子規のことなど―糸瓜の家のめぐりに　今西久穂著　六法出版社　1992.9　227p　19cm　（ほるす歌書）　2300円　①4-89770-271-2

◇柴田宵曲文集　第3巻　子規居士・子規居士の周囲　他　柴田宵曲著　小沢書店　1992.4　600p　21cm　8755円

◇俳句で読む正岡子規の生涯　山下一海著　永田書房　1992.3　392p　19cm　3300円　①4-8161-0600-6

◇子規こそわがいのち―越智二良随筆集　越智二良著　松山　松山子規会　1991.10　346p　19cm　（子規会叢書　第22集）　1800円

◇正岡子規―創造の共同性　坪内稔典著　リブロポート　1991.8　298,3p　19cm　（シリーズ　民間日本学者　32）　1545円　①4-8457-0662-8

◇仰臥漫録　正岡子規著　岩波書店　1991.1　195p　19cm　（ワイド版　岩波文庫　20）　800円　①4-00-007020-7

◇かまくら文壇史―近代文学を極めた文士群像　巌谷大四著　（鎌倉）かまくら春秋社　1990.5　277p　19cm　1600円

◇子規百首・百句　今西幹一，室岡和子著　（大阪）和泉書院　1990.5　224p　19cm　（和泉選書　54）　2800円　①4-87088-430-5

◇遙かなる子規　天岸太郎著　近代文芸社　1990.5　276p　19cm　1800円　①4-7733-0139-2

◇文士と文士　小山文雄著　河合出版　1989.11　237p　19cm　1600円　①4-87999-021-3

◇子規に俳句を学ぶ　立川淳一著　近代文芸社　1989.10　267p　20cm　1700円　①4-89607-000-3

◇子規と村上家の人びと　森岡正雄著　日本図書刊行会,近代文芸社〔発売〕　1989.9　97p　19cm　1000円　①4-7733-0102-3

◇子規・漱石写真ものがたり―日本営業写真史資料余聞　風戸始著,松山子規会編　松山　松山子規会　1989.1　246p　27cm　（松山子規会叢書　第21集）　2000円

◇恋ごろも―「明星」の青春群像　尾崎左永子著　角川書店　1988.4　294p　19cm　（角川選書　8）　1100円　①4-04-703008-2

◇子規敬慕―松山子規会例会講演　松山子規会編　松山　松山子規会　1988.1　271p　19cm　（松山子規会叢書　第19集）　1500円

◇続　近代日本の日記―明治から大正へ　小田切進著　講談社　1987.7　405p　19cm　3000円　①4-06-203199-X

◇子規随考　坪内稔典著　沖積舎　1987.3　302p　19cm　（ちゅうせき叢書　5）　2800円　①4-8060-7505-1

◇近代作家追悼文集成　第1巻　正岡子規・尾崎紅葉　ゆまに書房　1987.1　239p　22cm　3600円

文学

◇子規と漱石　松井利彦著　花神社
1986.11　255p　20cm　2500円
◇近代俳人列伝　第1巻　上田都史著
永田書房　1986.9　273p 19cm　2300円
①4-8161-0478-X
◇正岡子規と藤野古白　久保田正文著
永田書房　1986.8　272p 19cm　2500円
①4-8161-0472-0
◇正岡子規　久保田正文著〔新装版〕
吉川弘文館　1986.7　334p　19cm
（人物叢書）　1800円　①4-642-05047-7
◇評伝 正岡子規　柴田宵曲著　岩波書店
1986.6　333p　15cm　（岩波文庫）
500円
◇四街道駅前子規の句碑建立記念誌
四街道　四街道駅前に正岡子規の句碑を
建てる会　1986.5　48p　26cm
◇土魂の文学 正岡子規　松井利彦著　新典
社　1986.4　303p 19cm　（日本の作家
40）　1500円　①4-7879-7040-2
◇正岡子規—人と文学　越智通敏著
（松山）愛媛文化双書刊行会　1986.2
217p 19cm　（愛媛文化双書　41）
1600円
◇正岡子規　新潮社　1986.1　111p
20cm　（新潮日本文学アルバム　21）
980円　①4-10-620621-8
◇言論は日本を動かす　第8巻　コラムで
批判する　内田健三ほか編　内田健三
解説　講談社　1985.12　305p　20cm
1800円　①4-06-188948-6
◇正岡子規　福田清人編著, 前田登美編
著　清水書院　1985.10　206p　20cm
（Century books）　480円
◇子規山脈の人々　室岡和子著　花神社
1985.6　284p　20cm　2500円
◇子規への径　結城健三著　角川書店
1985.4　252p　20cm　3200円
◇子規遺芳—松山子規会史　松山子規会
編　松山　松山子規会　1984.3　285p
19cm　（松山子規会叢書　第15集）
1500円

◇漱石と子規展—日本近代文学の巨星 そ
の文学と芸術　サンケイ新聞社編
サンケイ新聞社　c1984　1冊　30cm
◇子規と周辺の人々　和田茂樹編　松山
愛媛文化双書刊行会　1983.8　335p
19cm　（愛媛文化双書　36）　2500円
◇正岡子規　桶谷秀昭著　小沢書店
1983.8　253p　20cm　2000円
◇子規と漱石と私　高浜虚子著　永田書房
1983.7　289p　20cm　1800円
◇子規のふるさと松山・道後温泉
読売新聞社　1982.11　158p　29cm
2000円
◇子規の夢—人と生活　越智通敏著
松山　愛媛文化双書刊行会　1982.6
253p 19cm　（愛媛文化双書　35）
1600円
◇近代日本詩人選　3　正岡子規　岡井隆
著　筑摩書房　1982.4　284p　19cm
1800円
◇正岡子規　粟津則雄著　朝日新聞社
1982.3　331p　20cm　（朝日評伝選
25）　1500円
◇正岡子規　河出書房新社　1982.3
247p　21cm　（文芸読本）　980円
◇正岡子規—人とその表現　長谷川孝士著
三省堂　1980.9　253p　19cm　（松山子
規会叢書　第11集）　2800円
◇正岡子規の研究—漢詩文と周辺の人びと
渡部勝己著　松山　青葉図書　1980.9
251p　26cm　3500円
◇正岡子規　藤川忠治著, 蒲池文雄補訂
桜楓社　1980.7　306p　20cm　（短歌シ
リーズ・人と作品　1）　1800円
◇子規追悼と伊予俳壇　鶴村松一編著
松山　青葉図書　1980.4　231p　19cm
（松山子規会叢書　第8集）　1500円
◇正岡子規　松井利彦著　桜楓社　1979.12
264p　20cm　（新訂俳句シリーズ・人と
作品　4）　1500円
◇子規と碧梧桐　栗田靖著　双文社出版
1979.7　292p　22cm　2400円

文学

◇水戸紀行　正岡子規著, 柳生四郎解説　土浦　崙書房　1979.7　106p　18cm　（ふるさと文庫）　580円

◇子規漫録　柳生四郎著　日本古書通信社　1979.4　86p　10cm　（古通豆本　37）　500円

◇伊予路の正岡子規文学碑遺跡散歩　鶴村松一著　新改訂増補　松山　松山郷土史文学研究会　1979.3　67p　19cm　400円

◇伝記正岡子規　松山市教育委員会文化教育課編　松山　松山市教育委員会　1979.3　301p　19cm　（松山市民双書　20）

◇わが愛する歌人　第4集　与謝野鉄幹・正岡子規・伊藤左千夫・古泉千樫・川田順・植松寿樹・松倉米吉　中野菊夫ほか著　有斐閣　1978.11　238p　18cm　（有斐閣新書）　530円

◇わが愛する俳人　第3集　坪内稔典ほか著　有斐閣　1978.11　228p　18cm　（有斐閣新書）　530円

◇子規全集　別巻 3　回想の子規　2　夏目漱石ほか著　講談社　1978.3　818p　20cm　3800円

◇正岡子規をめぐって　景浦稚桃著　松山　松山市教育委員会　1978.3　125p　18cm　（松山市民双書　18）

◇伊予路の正岡子規文学碑遺跡散歩　鶴村松一著　新訂増補　松山　松山郷土史文学研究会　1978.2　64p　19cm　400円

◇子規全集　第19巻　書簡 2　正岡子規著　講談社　1978.1　782p　20cm　3800円

◇子規と山形　斎藤利世著　山形　やまがた散歩社　1977.12　242p　19cm　950円

◇正岡子規—故郷松山平野の文学風景　鶴村松一著　松山　松山郷土史文学研究会　1977.7　208p　肖像　19cm　1300円

◇子規全集　別巻 1　子規あての書簡　正岡子規著　秋山真之ほか著　講談社　1977.3　726p　図　肖像　20cm　3800円

◇子規全集　第18巻　書簡 1　正岡子規著　講談社　1977.1　686p　図　肖像　20cm　3600円

◇子規と漱石　和田利男著　めるくま-る社　1976.8　380p　図　20cm　1600円

◇子規・虚子　大岡信著　花神社　1976　197p　22cm　1600円

◇子規と虚子　山本健吉著　河出書房新社　1976　359p　20cm　1700円

◇子規と茂吉　平野仁啓著　教育出版センター　1976　293p　19cm　（以文選書　13）　1800円

◇子規遺墨　第3巻　書簡編　正岡子規著　求竜堂　1976　2冊　36cm　33000円

◇子規全集　第14巻　評論・日記　正岡子規著　講談社　1976　694p　図　肖像　20cm　3600円

◇正岡子規—俳句の出立　坪内稔典著　俳句研究社　1976　257p　20cm　1800円

◇正岡子規の研究　上　松井利彦著　明治書院　1976　453p　図　肖像　22cm　6800円

◇正岡子規の研究　下　松井利彦著　明治書院　1976　457-913p　図　肖像　22cm　6800円

◇伊予路の正岡子規文学碑遺跡散歩　鶴村松一著　松山　〔鶴村松一〕　1975.9　54p　図　19cm

◇子規と節と左千夫　橘田東声著　五月書房　1975　474p　19cm　3000円

◇子規全集　別巻2　回想の子規 1　正岡子規著　講談社　1975　694p　図　肖像　20cm　3600円

◇私の作家評伝 3　小島信夫著　新潮社　1975　260p　20cm　（新潮選書）　780円

◇近代短歌　日本文学研究資料刊行会編　有精堂出版　1973　307p　22cm　（日本文学研究資料叢書）

◇斎藤茂吉全集　第20巻　正岡子規, 伊藤左千夫　岩波書店　1973　616p　肖像

351

文学

20cm 1400円

◇子規と松山―写真集 写真:風戸始, 解説:越智二良 松山 愛媛文化双書刊行会 1972 210p 肖像 19cm (愛媛文化双書 11)

◇子規と漱石―文学資料 正宗寺子規堂蔵 松山 愛媛国語国文学会 1971 32p 21cm (愛媛の文学資料叢書 6)

◇明治の歌人 明治神宮編 短歌研究社 1969 492p 図版 19cm 1500円

◇正岡子規・夏目漱石・柳原極堂生誕百年祭記録 松山 子規・漱石・極堂生誕百年祭実行委員会 1968 242p 図版 19cm

◇正岡子規 久保田正文著 吉川弘文館 1967 334p 図版 18cm (人物叢書 日本歴史学会編)

◇正岡子規 松井利彦著 桜楓社 1967 262p 図版 19cm (俳句シリーズ 人と作品 第4)

◇正岡子規 楠本憲吉著 明治書院 1966 195p 18cm (近代作家叢書)

◇正岡子規 前田登美著, 福田清人編 清水書院 1966 206p 図版 19cm (センチュリーブックス 人と作品 2)

◇正岡子規 真下五一著 佼成出版社 1966

◇生誕百年記念 正岡子規 夏目漱石 柳原極堂 子規・漱石・極堂百年祭実行委員会編 松山 1966 64p 26cm

◇正岡子規 岡麓著 白玉書房 1963 269p 図版 20cm

◇正岡子規 藤川忠治著 南雲堂桜楓社 1963 316p 図版 19cm (近代短歌・人と作品)

◇子規といふ人 五味保義著 白玉書房 1962 176p 20cm

◇へちまの水―正岡子規の生涯 真下五一著 刀江書院 1959 312p 図版 19cm

◇子規居士研究 茂野冬篝著, 茂野吉之助伝編集委員会 茂野吉之助刊行会 1957 149p 図版 18cm

◇茂野 随攷子規居士 茂野冬篝著, 鈴木醇一編 同人社 1957 149p 図版 18cm

◇正岡子規 国崎望久太郎著 大阪 創元社 1956 189p 図版 18cm (日本文学新書)

◇現代作家論叢書 第1巻 明治の作家たち〔ほか〕 中島健蔵等編 稲垣達郎 英宝社 1955 19cm

◇芭蕉・蕪村・子規 荻原井泉水著 元々社 1955

◇作家論 第1-2 正宗白鳥著 角川書店 1954 2冊 15cm (角川文庫)

◇日本文学講座 2 晶子・子規・茂吉 杉浦明平著 東大出版会 1954

◇子規について―子規五十年忌雑記 高浜虚子著 創元社 1953 147p 19cm

◇作家論 杉浦明平著 草木社 1952 244p 21cm

◇随攷子規居士 寒川鼠骨著 一橋書房 1952 294p 図版6枚 19cm

◇正岡子規 子規50年祭協賛会編 子規50年祭協賛会 1952

◇子規の話 柳原極堂著 共同印刷 1951

◇正岡子規 井手逸郎著 潮文閣 1951 270p 19cm

◇正岡子規研究文献目録稿 国立国会図書館一般考査部編 1951 73p 25cm (考査事務参考資料)

◇切手と正岡子規 磯ケ谷紫江著 千葉 紫香会 1951 15p 18cm

◇正岡子規 鹿児島寿蔵著 雄鶏社 1950 342p 図版 19cm (短歌文学読本)

◇病牀六尺―正岡子規の人と作品 ダイジェスト・シリーズ刊行会編 ジープ社

文学

　1950　172p　19cm　（ダイジェスト・シリーズ）

◇子規　山岸外史著　惇信堂　1949（新選詩人叢書）

◇子規画日記・子規居士 絵画観　正岡子規著　熱海　日新房　1949　2冊

◇正岡子規　井手逸郎著　弘学社　1948　270p　19cm

◇正岡子規　小泉苳三著　札幌　玄文社　1948　164p　19cm

◇歌人子規とその周囲　小泉苳三著　京都　羽田書房　1947　151p　図版　19cm

◇子規諸文　山口誓子著　創元社　1946　277p　図版　19cm　14円

◇正岡子規　斎藤茂吉著　創元社　1946　257p　19cm　（創元選書 115）　18円

◇友人子規　柳原極堂著　2版　前田出版社　1946　405p　18cm

新傾向俳句

　季題や定型にとらわれない、自然より人事を考える俳句で、明治末年から大正初年にかけて碧梧桐を中心に子規の写生に対する反省から生まれた。子規の没後俳壇は虚子と碧梧桐とにより二分された。保守的な虚子に対し、碧梧桐は「日本」に拠り、新傾向俳句を展開した。その門下には大須賀乙字、荻原井泉水らがいて、大正期の無季自由律俳句へと発展していった。

　　　　＊　　＊　　＊

◇高浜虚子研究　山口誓子, 今井文男, 松井利彦編　右文書院　1974　440p　図　肖像　22cm　近代日本文学作家研究叢書　2800円

高浜　虚子

　明治7(1874).2.22～昭和34(1959).4.8
　俳人、小説家。子規に従って俳句革新を助け、「ホトトギス」主宰を引き継いだ。子規の死後新技巧・新材料を求める碧梧桐と俳壇を二分し、保守的な客観写生を守った。明治末年に一時俳壇を離れ写生文や小説に没頭したが、大正2年に俳壇に復帰した。有季定型の伝統形式を守り、客観写生を主張し、俳句を花鳥諷詠の文学と規定した虚子の下には多数の俳人が集まってホトトギス派を形成、俳壇の主流となった。

　　　　＊　　＊　　＊

◇師弟炎炎―出会いと別れ　倉橋羊村著　本阿弥書店　1999.11　317p　19cm　2600円　①4-89373-514-4

◇世紀末の一年―1900年ジャパン　松山巌著　朝日新聞社　1999.10　449p　19cm　（朝日選書）　1700円　①4-02-259735-6

◇俳人の大和路　田中昭三著, 『サライ』編集部編　小学館　1999.10　127p　21cm　（ショトル・トラベル）　1600円　①4-09-343162-0

◇山頭火・虚子・文人俳句　斉藤英雄著　おうふう　1999.9　254p　19cm　2500円　①4-273-03093-4

◇定本 現代俳句女流百人　片山由美子著　北溟社;東洋出版〔発売〕　1999.9　248p　21cm　2500円　①4-8096-8204-8

◇成田の文学散歩　市原善衛著　文芸社　1999.8　175p　19cm　1400円　①4-88737-609-X

◇俳句をより新しく―俳句上達講座　大橋敦子著　朝日新聞社　1999.5　145p　19cm　1500円　①4-02-330580-4

◇俳句の歴史―室町俳諧から戦後俳句まで　山下一海著　朝日新聞社　1999.4　287p　19cm　2400円　①4-02-330575-8

◇拝啓漱石先生　大岡信著　世界文化社　1999.2　278p　21cm　1800円　①4-418-99503-X

◇文学の旅へ―みだれ髪から井伏鱒二　岡保生著　新典社　1998.11　254p　19cm　1500円　①4-7879-7802-0

◇定本 会津八一の名歌―古都奈良の詩情　和光慧著　大阪　大阪和泉書院　1998.10　236p　19cm　1800円　①4-87088-935-8

◇俳句を読もう―芭蕉から現代までの二六八句 藤井圀彦編著 さ・え・ら書房 1998.10 159p 21cm 1800円 Ⓘ4-378-02263-X

◇兵庫ゆかりの俳人 柿衛文庫編 神戸 神戸神戸新聞総合出版センター 1998.10 154p 21cm 2000円 Ⓘ4-343-00006-0

◇超現実と俳句 鶴岡善久著 沖積舎 1998.9 267p 19cm 2800円 Ⓘ4-8060-4630-2

◇文人追懐――学芸記者の取材ノート 浜川博著 蝸牛社 1998.9 270p 19cm 1600円 Ⓘ4-87661-343-5

◇俳人の生死(しょうじ) 小林高寿著 新樹社 1998.8 231p 19cm 2000円 Ⓘ4-7875-8483-9

◇主観俳句の系譜 堀古蝶著 邑書林 1998.1 248p 19cm 2800円 Ⓘ4-89709-264-7

◇日本文壇史 18 明治末期の文壇 伊藤整著 講談社 1997.10 246,16p 15cm (講談社文芸文庫) 951円 Ⓘ4-06-197586-2

◇高浜虚子―人と作品 愛媛新聞社出版局出版部編 松山 松山愛媛新聞社 1997.7 531p 22×17cm (えひめ発 百年の俳句―郷土俳人シリーズ 3) 4000円 Ⓘ4-900248-40-1

◇人間虚子 倉橋羊村著 新潮社 1997.4 221p 19cm 1900円 Ⓘ4-10-417301-0

◇大正の俳人たち 松井利彦著 富士見書房 1996.12 350p 19cm 2427円 Ⓘ4-8291-7336-X

◇日本文学の歴史 16 近代・現代篇 7 ドナルド・キーン, 新井潤美訳 中央公論社 1996.11 330p 21×14cm 2136円 Ⓘ4-12-403235-8

◇俳人虚子 玉城徹著 角川書店 1996.10 262p 19cm 1748円 Ⓘ4-04-871621-2

◇ライバル日本史 2 決別 NHK取材班編 角川書店 1996.9 252p 15cm (角川文庫) 505円 Ⓘ4-04-195419-3

◇虚子の天地―体験的虚子論 深見けん二著 蝸牛社 1996.5 276p 21cm 3107円 Ⓘ4-87661-267-6

◇日本文壇史 9 日露戦後の新文学 伊藤整著 講談社 1996.4 250,23p 15cm (講談社文芸文庫―回想の文学) 951円 Ⓘ4-06-196364-3

◇朝鮮 黒川創編 新宿書房 1996.3 383p 19cm (「外地」の日本語文学選 3) 3786円 Ⓘ4-88008-216-3

◇反俗の文人たち 浜川博著 新典社 1995.12 334p 19cm (新典社文庫) 2524円 Ⓘ4-7879-6504-2

◇俳句原始感覚 宮坂静生著 本阿弥書店 1995.9 303p 19cm 2524円 Ⓘ4-89373-080-0

◇子規・漱石・虚子―その文芸的交流の研究 柴田奈美著 本阿弥書店 1995.6 287p 19cm 2912円 Ⓘ4-89373-079-7

◇入門 高浜虚子 恩田甲著 桜楓社 1995.2 280p 19cm 2427円 Ⓘ4-273-02822-0

◇高浜虚子 新潮社 1994.10 111p 19cm (新潮日本文学アルバム) 1300円 Ⓘ4-10-620642-0

◇高浜虚子―俳句の五十年/柿二つ(抄) 高浜虚子著, 松井利彦編 日本図書センター 1994.10 286p 22cm (シリーズ・人間図書館) 2600円 Ⓘ4-8205-8007-8

◇高浜虚子 大野林火著 日本図書センター 1993.1 349,9p 22cm (近代作家研究叢書 125) 7210円 Ⓘ4-8205-9226-2

◇高浜虚子 水原秋桜子著 永田書房 1990.2 285p 20cm 2000円 Ⓘ4-8161-0561-1

◇定本 高浜虚子―並びに周囲の作者達 水原秋桜子著 永田書房 1990.2 285p 19cm 2060円 Ⓘ4-8161-0561-1

◇父・高浜虚子―わが半生記 池内友次郎著 永田書房 1989.12 187p 22cm 2060円 Ⓘ4-8161-0563-8

◇虚子の近代―仁平勝評論集　仁平勝著　弘栄堂書店　1989.3　182p　19cm　1700円

◇虚子入門　平井照敏著　永田書房　1988.5　239p 19cm　1500円　①4-8161-0520-4

◇虚子俳話録　赤星水竹居著　講談社　1987.6　187p 15cm　（講談社学術文庫）　540円　①4-06-158791-9

◇高浜虚子展―俳句と文学・虚子のすべて　特別展　鎌倉　鎌倉市教育委員会　1987.5　32p　26cm

◇近代俳人列伝　第2巻　上田都史著　永田書房　1987.1　309p 19cm　2500円　①4-8161-0485-2

◇柿二つ　高浜虚子著　〔新装版〕　永田書房　1986.2　253p 19cm　1500円　①4-8161-0464-X

◇言論は日本を動かす　第7巻　言論を演出する　内田健三ほか編　粕谷一希編　講談社　1985.11　317p　20cm　1800円　①4-06-188947-8

◇遙かなる父・虚子　高木晴子著　有斐閣　1983.3　228p 20cm　1600円　①4-641-09942-1

◇虚子から虚子へ　川崎展宏著　有斐閣　1983.1　238p 20cm　1400円　①4-641-07472-0

◇日本人の自伝　17　田山花袋．高浜虚子．金子光晴　平凡社　1981.2　478p　20cm　2800円

◇高浜虚子　清崎敏郎著　桜楓社　1980.1　350p　20cm　（新訂俳句シリーズ・人と作品　5）　1500円

◇俳人の書画美術　第10巻　虚子―鬼城,蛇笏,水巴,石鼎,普羅　座右宝刊行会編集　富安風生ほか執筆　集英社　1979.11　131p　37cm　4800円

◇虚子物語―花鳥諷詠の世界　清崎敏郎,川崎展宏編　有斐閣　1979.7　318p　22cm　（有斐閣ブックス）　1900円

◇わが愛する俳人　第3集　坪内稔典ほか著　有斐閣　1978.11　228p　18cm　（有斐閣新書）　530円

◇高浜虚子　富士正晴著　角川書店　1978.10　278p　19cm　1300円

◇高浜虚子　福田清人編著, 前田登美編著　清水書院　1978.8　187p　20cm　（Century books）　480円

◇伊予路の高浜虚子―文学遺跡散歩　鶴村松一著　松山　松山郷土史文学研究会　1978.6　72p　19cm　400円

◇水原秋桜子全集　第19巻　自伝回想　講談社　1978.1　429p　20cm　2900円

◇虚子―花鳥諷詠の俳人　真下五一著　国書刊行会　1976　2冊　19cm　全1800円

◇子規・虚子　大岡信編　花神社　1976　197p　22cm　1600円

◇子規と虚子　山本健吉著　河出書房新社　1976　359p　20cm　1700円

◇定本高浜虚子全集　第15巻　書簡・資料集　毎日新聞社　1975　448p 図 肖像　22cm　2500円

◇高浜虚子　川崎展宏著　永田書房　1974　279p　20cm　1400円

◇高浜虚子研究　山口誓子, 今井文男, 松井利彦編　右文書院　1974　440p 図 肖像　22cm　（近代日本文学作家研究叢書）　2800円

◇新稿高浜虚子　大野林火著　明治書院　1974　268p　19cm　1800円

◇定本高浜虚子全集　第14巻　紀行・日記集　毎日新聞社　1974　462p 図 肖像　22cm　2500円

◇虚子のふるさと　写真:風戸始, 解説:越智二良　松山　愛媛文化双書刊行会　1973　215p　19cm　（愛媛文化双書　17）　950円

◇虚子消息　高浜虚子著　東京美術　1973　537,15p　19cm　2700円

◇定本高浜虚子全集　第13巻　自伝・回想集　毎日新聞社　1973　462p 図 肖像

文学

　　22cm　2500円
◇私の作家評伝 2　小島信夫著　新潮社　1972　268p　20cm　(新潮選書)　500円
◇高浜虚子　川崎展宏著　明治書院　1966　230p　18cm　(近代作家叢書)
◇高浜虚子　前田登美著, 福田清人編　清水書院　1966　187p　図版　20cm　(センチュリーブックス　人と作品　13)
◇高浜虚子　清崎敏郎著　桜楓社　1965　348p　図版　19cm　(俳句シリーズ　人と作品　5)
◇虚子と芭蕉　浜中柑児著　新樹社　1963　216p　19cm
◇子規門下のひとびと　阿部里雪著　松山　愛媛タイムス社　1961　236p　図版　19cm
◇句日記―昭和三十一年一月から昭和三十四年三月まで　高浜虚子著　新樹社　1960　253p　19cm
◇句日記―昭和二十六年から昭和三十年まで　高浜虚子著　新樹社　1958　288p　19cm
◇叔父虚子　池内たけし著　欅発行所　1956.12　304p　19cm
◇虚子の句と生活　柏崎夢香著　弘道閣　1956
◇虚子自伝　高浜虚子著　朝日新聞社　1955　256p　図版　19cm
◇現代作家論叢書　第1巻　明治の作家たち〔ほか〕　中島健蔵等編　稲垣達郎　英宝社　1955　19cm
◇高浜虚子　角川書店編　1955　図版　68p　19cm　(角川写真文庫)
◇日本文学講座 2　高浜虚子　栗林農夫著　東大出版会　1954
◇文学のふるさと　今官一編　毎日新聞社　1954　図版184p　19cm
◇高浜虚子―並に周囲の作者達　水原秋桜子著　文芸春秋新社　1952　275p　19cm
◇高浜虚子　大野林火著　七洋社　1949
◇虚子自伝　高浜虚子著　菁柿堂　1948　219p　19cm
◇高浜虚子　高浜虚子著　文潮社　1948　189p　図版　19cm　(自叙伝全集)
◇芭蕉・蕪村・虚子　斎藤香村著　芸文社　1948
◇俳句の五十年　高浜虚子著　改訂版　中央公論社　1947　286p　図版　肖像　19cm　28円

児童文学

　維新後、文明開化思潮の影響を受けた啓蒙的な読物や『通俗伊蘇普物語』(明治6年、渡辺温訳)などの翻訳書が出版されるようになり、明治24年に近代児童文学の先駆といえる巌谷小波の『こがね丸』が発表された。それに先立つ21年にはそれ以前の文章投稿雑誌の域を脱した初の本格的な児童雑誌「少年園」が刊行されており、28年には小波を主筆に迎えた「少年世界」が創刊された。
　30年前後になると、日露戦争により高揚した国家意識もあって、『十五少年』(29年、森田思軒訳)、『海国冒険奇譚 海底軍艦』(33年、押川春浪)などの冒険小説が多数発表された。43年に小川未明が童話集『赤い船』を出版、近代童話の前兆を示して大正時代を迎えた。

　　　　＊　　　　＊　　　　＊

◇伝記児童文学のあゆみ―1891から1945年　勝尾金弥著　京都　ミネルヴァ書房　1999.11　388,6p　19cm　3200円　①4-623-03085-7
◇冒険と涙―童話以前　高橋康雄著　北宋社　1999.5　326p　21cm　3800円　①4-89463-025-7
◇明治文学史　上田博, 瀧本和成編　京都　晃洋書房　1998.11　193,7p　19cm　2100円　①4-7710-1060-9
◇児童文学の思想史・社会史　日本児童文学学会編　東京書籍　1997.4　351p

◇21cm （研究 日本の児童文学 2） 3500円 ⓘ4-487-79252-5

◇児童文化人名事典 日外アソシエーツ; 紀伊国屋書店〔発売〕 1996.1 591p 21cm 14369円 ⓘ4-8169-1352-1

◇日本児童文学 鳥越信著 建帛社 1995.10 183p 21cm 2000円 ⓘ4-7679-3092-8

◇日本児童文学史を問い直す―表現史の視点から 宮川健郎, 小森陽一, 中村三春, 中島国彦, 浜野卓也ほか著 東京書籍 1995.8 287p 21cm 2913)（研究 日本の児童文学 3円 ⓘ4-487-79253-3

◇近代日本児童文学史研究 鳥越信著 桜楓社 1994.11 287p 21cm 6602円 ⓘ4-273-02799-2

◇近代児童文学研究のあけぼの―雑誌『童話研究』へのアプローチ 滑川道夫ほか編 改装版 久山社 1994.1 254,24p 21cm 7000円

◇叢書 比較文学比較文化 3 近代日本の翻訳文化 亀井俊介編 中央公論社 1994.1 438p 19cm 4369円 ⓘ4-12-002284-6

◇波の跫音―巌谷小波伝 巌谷大四著 文芸春秋 1993.12 304p 15cm 563)（文春文庫円 ⓘ4-16-739105-8

◇日本児童文学の「近代」 続橋達雄著 大日本図書 1990.6 181p 19cm 1748)（叢書 児童文学への招待円 ⓘ4-477-16945-0

◇児童文学事典 日本児童文学学会編 東京書籍 1988.4 965,148p 19cm 9800円 ⓘ4-487-73191-X

◇児童文学の展望 二反長半著 大阪 大阪教育図書 1986.10 458p 19×15cm 2200円 ⓘ4-271-40401-2

演　劇

団・菊・左時代

　明治に入って混乱していた歌舞伎界が、9代目市川団十郎、5代目尾上菊五郎、初代市川左団次の活躍によって迎えた明治中期の全盛時代。団十郎は立役として活躍、活歴を推進する一方で歌舞伎役者の地位向上に努め、菊五郎は世話物・散切物を上演し、左団次は両者の相手役をつとめ、また劇場の改善や歌舞伎界の因習打破を目指した。三者の死によって、歌舞伎の全盛時代は終わった。

◇江戸の役者たち　津田類著　新装版　ぺりかん社　1998.6　262p　19cm　2800円　①4-8315-0848-9

散切物

　歌舞伎世話狂言の一系統で散切狂言ともいう。散切り頭の俳優により演じられ、明治初期の新風俗を主題としている点は目新しいが、作劇上は旧来の歌舞伎世話物の手法を踏襲しており、思想上も旧幕世話物の域を出ていない。その最初の作は中村正直訳の『西国立志編』中の挿話を佐橋富三郎が脚色した『鞋補童教学』と『其粉色陶器交易』で、明治5年京都で初演された。すぐれた作品は河竹黙阿弥のものが多く、『島鵆月白浪』（14年）などがその代表作。

＊　　　＊　　　＊

◇日本新劇理念史　明治前期篇　明治の演劇改良運動とその理念　小櫃万津男著　白水社　1988.3　1040,31p　21cm　17000円　①4-560-03239-4

活歴物

　歌舞伎狂言の一系統。9世市川団十郎を中心に行われた歌舞伎革新運動のなかで、旧来の荒唐無稽な時代物でなく、史実を重んじ、時代考証に基づく扮装・演出に重きを置いた時代物の作品群をいう。仮名垣魯文が活きた歴史だと評したことによる。守田勘弥、河竹黙阿弥らの協力を得て、明治10年代に流行したが、次第に一般観客の評判は悪くなり、新聞からも批判され知識人の支持も失い、20年代後半には終焉した。

＊　　　＊　　　＊

◇日本新劇理念史　明治前期篇　明治の演劇改良運動とその理念　小櫃万津男著　白水社　1988.3　1040,31p　21cm　17000円　①4-560-03239-4

演劇改良運動

　明治前半期の歌舞伎の近代化を志向する演劇改革の動き。狭義には条約改正問題を背景に、社会改良政策の一環として展開された運動をいい、明治18年の演劇改良会設立とその前後の一連の動きを指す。改良会は旧来の陋習の打破、脚本作者の地位向上、構造完全な新劇場建設を目標に掲げ、政財学界の名士が名を連ねた。
　その主張は卑俗な歌舞伎を高尚閑雅な演劇に改良して上流階級の鑑賞に耐えるものにすることであったが、西洋模倣の外形的な改革案には激しい反論が生まれ、20年の天覧劇以外には実質的な事業ができないままに終わった。しかし、これによって演劇論が振興し、後の新派劇へも間接的な影響を与えた点は見逃せない。

＊　　　＊　　　＊

◇芸能の文明開化―明治国家と芸能近代化　倉田喜弘著　平凡社　1999.12　355p　19cm　（平凡社選書）　2600円　ⓘ4-582-84200-3
◇日本新劇理念史　明治中期篇―明治の演劇改良運動とその理念　小櫃万津男著　未来社　1998.1　601,19p　21cm　14000円　ⓘ4-624-70081-3
◇日本近代思想大系 18 芸能　倉田喜弘校注　岩波書店　1988.7　469p　21cm　4400円　ⓘ4-00-230018-8
◇日本新劇理念史　明治前期篇　明治の演劇改良運動とその理念　小櫃万津男著　白水社　1988.3　1040,31p　21cm　17000円　ⓘ4-560-03239-4

壮士芝居

　明治20年代に自由民権運動の壮士が思想宣伝を目的に行った素人演劇。書生芝居ともいい、改良演劇と名乗ってはいたものの、実質的には歌舞伎の模倣にとどまった。21年、自由党壮士角藤定憲らが大阪新町座で「大日本壮士改良演劇会」を開催したのが始まりといわれる。24年には川上音二郎が堺の卯の日座で『板垣君遭難実記』を上演して大当たりをとり、東京にも進出してオッペケペー節を流行させた。

　　　　＊　　　＊　　　＊

◇川上音二郎―近代劇・破天荒な夜明け　松永伍一著　朝日新聞社　1988.2　247p　19cm　朝日選書 348　940円　ⓘ4-02-259448-9

新派劇

　古い歌舞伎劇に対し、明治中期に新しく興った大衆演劇。川上音二郎らによる壮士芝居を起源とし、伊井蓉峰の済美館（24年）、喜多村緑郎らの成美団（29年）などが歌舞伎の固定化した女方では描けぬ写実で新鮮な明治の女性の描出を完成させた。41年頃に全盛となる頃に、いわゆる家庭悲話や花柳界の女意気に共感をみせる新派悲劇ができあがった。現在も歌舞伎と新劇の中間に地歩をもつ。

　　　　＊　　　＊　　　＊

◇日本演劇史年表　早稲田大学坪内博士記念演劇博物館編　八木書店　1998.10　341,45p　21cm　3800円　ⓘ4-8406-9615-2
◇大阪お芝居学―大阪を演出した興行師たち　持田寿一著　新泉社　1994.11　356p　19cm　（なにわ雑楽誌 2）　2800円　ⓘ4-7877-9425-6
◇歴史散策 東京江戸案内 巻の2 歌舞伎と落語篇　桜井正信編　八坂書房　1994.4　245,23p　19cm　1748円　ⓘ4-89694-741-X
◇日本文学史 近代・現代篇 8　ドナルド・キーン著，角地幸男訳　中央公論社　1992.12　414p　19cm　3689円　ⓘ4-12-002177-7
◇日本芸能史 第7巻 近代・現代　芸能史研究会編　法政大学出版局　1990.3　405p　19cm　2700円　ⓘ4-588-23007-7
◇日本文芸史―表現の流れ 第5巻 近代 1　畑有三，山田有策編　河出書房新社　1990.1　339,14p　21cm　4806円　ⓘ4-309-60925-2
◇大阪の曲がり角　木津川計著　大阪東方出版　1989.12　265p　19cm　1359円　ⓘ4-88591-229-6
◇鏡花と戯曲　越智治雄著　砂子屋書房　1987.6　390p　19cm　文学論集 3　3000円

新　劇

　ヨーロッパ近代劇の影響下に成立した、近代的理念と方法を持つ演劇で、歌舞伎、新派劇に対していう。明治39年坪内逍遙や島村抱月らが結成した文芸協会と、42年に2世市川左団次と小山内薫が興した自由劇場の両者が、シェークスピアやイプセンなどの作品を上演、近代西

演劇

洋演劇を紹介した。その後新劇団が群生する中で、大正13年に開設された築地小劇場が常設劇場として新劇の基礎を確立し、現在に至っている。

　　　　＊　　　＊　　　＊

◇点描演劇史　野村喬著　花伝社;共栄書房〔発売〕　1999.12　451p　19cm　（野村喬著述集 第6）　8500円　④4-7634-0347-8

◇日本演劇史年表　早稲田大学坪内博士記念演劇博物館編　八木書店　1998.10　341,45p　21cm　3800円　④4-8406-9615-2

◇抱月のベル・エポック―明治文学者と新世紀ヨーロッパ　岩佐壯四郎著　大修館書店　1998.5　330p　21cm　3200円　④4-469-22139-2

◇日本新劇理念史　明治中期篇―明治の演劇改良運動とその理念　小櫃万津男著　未来社　1998.1　601,19p　21cm　14000円　④4-624-70081-3

◇日本文壇史 15　近代劇運動の発足―回想の文学　伊藤整著　講談社　1997.4　254p　15cm　（講談社文芸文庫）　951円　④4-06-197564-1

◇坪内逍遥　新潮社　1996.4　111p　19cm　（新潮日本文学アルバム 57）　1262円　④4-10-620661-7

◇歩いてきた道　山本安英著　中央公論社　1994.11　189p　15cm　（中公文庫）　563円　④4-12-202179-0

◇日本の『創造力』―近代・現代を開花させた470人 9　不況と震災の時代　富田仁編　日本放送出版協会　1993.5　527p　21×16cm　5631円　④4-14-009213-0

◇日本文学史　近代・現代篇 8　ドナルド・キーン著, 角地幸男訳　中央公論社　1992.12　414p　19cm　3689円　④4-12-002177-7

◇英米演劇移入考―明治・大正・昭和　山本澄子著　文化書房博文社　1992.4　243p　21cm　3689円　④4-8301-0619-0

◇関西新劇史　大岡欽治著　大阪　大阪東方出版　1991.12　722p　21cm　18058円　④4-88591-287-3

◇岸田国士全集20　評論随筆　岸田国士著　岩波書店　1990.3　385p　19cm　3883円　④4-00-091550-9

◇日本芸能史 第7巻　近代・現代　芸能史研究会編　法政大学出版局　1990.3　405p　19cm　2700円　④4-588-23007-7

◇岸田国士全集 19　評論随筆 1　岸田国士著　岩波書店　1989.12　409p　19cm　3689円　④4-00-091549-5

◇久保栄の世界　井上理恵著　社会評論社　1989.10　374p　21cm　4000円

◇日本文学講座 11　芸能・演劇　秦恒平ほか著, 日本文学協会編　大修館書店　1989.3　295p　21cm　2400円　④4-469-12041-3

◇日本新劇理念史　明治前期篇　明治の演劇改良運動とその理念　小櫃万津男著　白水社　1988.3　1040,31p　21cm　17000円　④4-560-03239-4

◇この愛に見る女の生きかた―歴史のなかの女たち　安西篤子概説　三笠書房　1987.11　248p　15cm　（知的生きかた文庫）　400円　④4-8379-0203-0

◇坪内逍遥研究資料 第12集　逍遥協会編　新樹社　1987.8　122p　21cm　1800円　④4-7875-8379-4

◇福田恆存全集 第4巻　福田恆存著　文芸春秋　1987.8　640p　21cm　5500円　④4-16-363380-4

◇先駆ける者たちの系譜―黙阿弥・逍遥・抱月・須磨子・晋平　河竹登志夫著　冬青社　1985.2　245p　20cm　1900円

◇日本新劇史　松本克平著　筑摩書房　1966

◇逍遥、抱月、須磨子の悲劇―新劇秘録　河竹繁俊著　毎日新聞社　1966　256p　図版　20cm

◇新劇史の人々　戸板康二著　角川書店　1953　214p　図版　18cm　角川新書

音　楽

東京音楽学校

　日本最初の音楽専門学校で、わが国音楽教育の中心をなした。その前身は音楽取調掛で、明治12年文部省内に伊沢修二を長として設置され、アメリカ人メーソンを招き、唱歌・洋楽器による音楽教育と洋楽調査などを行った。20年に東京音楽学校に改編され、伊沢が初代校長となった。21年にウィーンからディットリヒを招聘。彼は西洋音楽の普及に大きな役割を果たし27年に帰国した。20世紀に入る頃から滝廉太郎、山田耕筰、信時潔らの作曲家を輩出した。昭和24年に東京美術学校と合併、東京芸術大学音楽学部となった。

◇上野奏楽堂物語　東京新聞出版局編　東京新聞出版局　1987.10　192p　24×20cm　2000円　①4-8083-0255-1
◇東京芸術大学百年史 東京音楽学校篇 第1巻　東京芸術大学百年史編集委員会編　音楽之友社　1987.10　578,78p　26cm　9800円　①4-276-00611-2
◇西洋の音、日本の耳―近代日本文学と西洋音楽　中村洪介著　春秋社　1987.4　531,19p　21cm　4800円　①4-393-93404-0

唱　歌

　明治の音楽教育に取り入れられた声楽曲の形式で、小学教科の一つとして設置された唱歌科で教材として用いられた。一般に小学唱歌と呼ばれることが多く、普通文部省音楽取調掛編『小学唱歌集』(全3巻、15～17年)、同編『幼稚園唱歌集』(20年)に始まり、文部省唱歌と呼ばれる文部省著作『尋常小学読本唱歌』(43年)、『尋常小学唱歌』(全6巻、44～大正3年)に至る文部省の作成あるいは指定した歌を指す。

　　　　＊　　　＊　　　＊

◇それは仏教唱歌から始まった―戦前仏教洋楽事情　飛鳥寛栗著　国立　国立樹心社;星雲社〔発売〕　1999.12　259p　19cm　2600円　①4-7952-2488-9
◇日韓唱歌の源流―すると彼らは新しい歌をうたった　安田寛著　音楽之友社　1999.9　222p　19cm　(はじめて音楽と出会う本)　1900円　①4-276-33087-4
◇装飾音―西洋音楽と日本音楽における比較　小笠原勇美著　盛岡　盛岡信山社;信山社出版〔発売〕　1999.8　118p　26cm　(Shinzan Music Library No.2)　2000円　①4-7972-3931-X
◇私の日本音楽史―異文化との出会い　団伊玖磨著　日本放送出版協会　1999.7　374p　18cm　(NHKライブラリー)　1070円　①4-14-084101-X
◇あなたに語る日本文学史　大岡信著　新装版　新書館　1998.12　562p　19cm　2200円　①4-403-21066-X
◇これでいいのか、にっぽんのうた　藍川由美著　文芸春秋　1998.11　197p　18cm　(文春新書)　660円　①4-16-660014-1
◇言文一致唱歌の創始者 田村虎蔵の生涯　丸山忠璋著　音楽之友社　1998.7　261p　19cm　2400円　①4-276-12914-1
◇近代音楽教育論成立史研究　河口道朗著　音楽之友社　1996.10　445p　21cm　10680円　①4-276-31171-3
◇小学校教授法沿革史　佐々木清之丞著　大空社　1996.3　340,6p　21cm　(日本

音楽

◇童謡・唱歌の世界　金田一春彦著　教育出版　1995.9　214p　19cm　1748円　①4-316-36770-6

◇あなたに語る日本文学史―近世・近代篇　大岡信著　新書館　1995.4　253p　19cm　1068円　①4-403-21053-8

◇子どもの歌を語る―唱歌と童謡　山住正己著　岩波書店　1994.9　208p　18cm　（岩波新書 352）　602円　①4-00-430352-4

◇唱歌誕生―ふるさとを創った男　猪瀬直樹著　文芸春秋　1994.5　298p　15cm　（文春文庫）　485円　①4-16-743105-X

◇思い出の歌謡物語―明治から昭和まで　豊田清修著　中央アート出版社　1993.12　271p　19cm　2000円　①4-88639-615-1

◇心の故郷（ふるさと）子どもの歌―サッちゃん　かなりや　水兵さん…　岡田純也著　名古屋　名古屋KTC中央出版　1993.10　184p　19cm　1943円　①4-924814-35-0

◇唱歌と十字架―明治音楽事始め　安田寛著　音楽之友社　1993.6　350p　19cm　2524円　①4-276-21252-9

◇音楽教育の理論と歴史　河口道朗著　音楽之友社　1991.10　368p　21cm　3786円　①4-276-31114-4

◇鹿鳴館の系譜―近代日本文芸史誌　磯田光一著　講談社　1991.1　380p　15cm　（講談社文芸文庫）　951円　①4-06-196110-1

◇歌謡　木戸敏郎編　音楽之友社　1990.10　203p　19cm　（日本音楽叢書　5）　2000円　①4-276-13435-8

◇ふるさとを創った男　猪瀬直樹著　日本放送出版協会　1990.6　297p　19cm　1359円　①4-14-005157-4

◇明治前期学術雑誌論文記事集成　第1巻・第2巻　教育　ゆまに書房　1989.1　2冊　21cm　27000円　①4-89668-166-5

教育史基本文献・史料叢書）　10680円　①4-87236-636-0

◇歌謡文化考「みんぞく」的世界への慮行（トリップ）　原悠太郎著　島津書房　1987.6　232p　19cm　1800円　①4-88218-002-2

◇子どもポエムの展開史　弥吉菅一編著　教育出版センター　1986.6　204p　21cm　児童文学研究叢書 1　3000円　①4-7632-2241-4

宮内省雅楽部

　宮中雅楽の教習機関。古代以来の宮中祭礼の音楽や神楽・催馬楽などの伝承曲を整理継承し、また洋楽導入にも貢献した。初め雅楽課と称し、明治17年に雅楽部と改称された。現在の宮内庁楽部。

軍楽隊

　軍隊に属する楽隊で、士気の鼓舞、軍隊の広報、および国家的行事の儀典用音楽の演奏を主な目的とする。わが国では幕末に諸大名が洋式兵術と共に鼓笛隊を編成したことに始まる。最初の近代軍楽隊は明治2年設立の薩摩藩軍楽隊で、4年には陸海両軍に軍楽隊が誕生した。軍隊による儀式や行事における演奏活動は日本洋楽界の発展に寄与し、特に38年に開始された日比谷公園演奏会の役割は大きい。

　　　　＊　　　＊　　　＊

◇日本の洋楽―ペリー来航から130年の歴史ドキュメント　1　大森盛太郎著　新門出版社　1986.12　325p　26cm　3500円　①4-88191-101-5

滝　廉太郎

　明治12(1879).8.24～明治36(1903).6.29　作曲家。東京市芝区南佐久間町に生まれ、父の転勤により神奈川、富山、東京、大分を転々とした。明治27年に東京音楽学校に入学、研究科を経て同校嘱託となり後輩の指導にあたっ

音楽

た。テノールの美声に恵まれ、ピアノ演奏にすぐれ、クラリネット奏法も心得ていた。34年ドイツのライプチヒ音楽院に入学したが、病を得て翌年帰国。大分県竹田町の実家で療養生活を送ったが、36年に死去。『四季』『箱根八里』『荒城の月』などの名曲を残した。

　　　　＊　　　＊　　　＊

◇子どもの声が低くなる！―現代ニッポン音楽事情　服部公一著　筑摩書房　1999.12　222p　18cm　（ちくま新書）660円　Ⓘ4-480-05828-1

◇心して童謡・唱歌　縄野欣弘著　文芸社　1999.9　318p　19cm　1500円　Ⓘ4-88737-631-6

◇九州　音楽之友社　1999.7　119p　23×18cm　（先生のための音楽修学旅行シリーズ2）　1800円　Ⓘ4-276-32201-4

◇滝廉太郎―資料集　大分県教育庁文化課編　〔大分〕　大分県教育委員会　1994.3　529p　22cm　（大分県先哲叢書）　非売品

◇清貧の譜―忘れられたニッポン人　楽聖滝廉太郎と父の時代　加来耕三著　広済堂出版　1993.8　342p　19cm　1800円　Ⓘ4-331-50413-1

◇わが愛の譜―滝廉太郎物語　郷原宏著　新潮社　1993.7　211p　15cm　（新潮文庫）360円　Ⓘ4-10-136211-4

◇母は平和の大地　高橋光子著　潮出版社　1988.7　238p　19cm　980円　Ⓘ4-267-01187-7

◇滝廉太郎　小長久子著　〔新装版〕　吉川弘文館　1987.9　291p　19cm　（人物叢書）　1800円　Ⓘ4-642-05093-0

◇荒城の月―土井晩翠と滝廉太郎　山田野理夫著　恒文社　1987.5　462p　20cm　3000円　Ⓘ4-7704-0661-4

◇滝廉太郎　小長久子著　吉川弘文館　1968　291p　図版　18cm　（人物叢書　日本歴史学会編）

◇「荒城の月」滝廉太郎を偲ぶ―曲碑建立によせて　石川積著　大文堂印刷(印刷者)　1966　123,12p　図版　18cm

◇楽聖滝廉太郎の新資料　小長久子著　大分　あやめ書店　1963　318p　図版　19cm

◇滝廉太郎を偲ぶ　北村清士著　竹田　1963　120,70p　図版　22cm

◇滝廉太郎　属啓成著　音楽之友社　1961　79p　19cm　（音楽写真文庫第5）

◇滝廉太郎伝　宮瀬睦夫著　京都　関書院　1955　284p　図版　22cm

◇世界偉人伝　第3巻　親鸞　世界偉人伝刊行会編　亀井勝一郎　藤沢　池田書店　1952　19cm

◇滝廉太郎とその作品　小長久子著　大分大学学芸学部教育研究会　1952

◇楽聖滝廉太郎小伝　兼子鎮雄著　別府市立図書館　1951

◇滝廉太郎資料集　兼子鎮雄著　別府市立図書館　1951

◇滝廉太郎の生涯と作品　遠藤宏著　音楽之友社　1950　125p　15cm　（音楽文庫）

◇東西百傑伝　第3巻　親鸞〔ほか〕　亀井勝一郎　藤沢　池田書店　1950　19cm

美　術

◆日本画

東京美術学校

わが国美術教育の中心をなした官立専門学校。フェノロサ、岡倉天心らの尽力により、明治20年に設立、22年に東京上野に開校。絵画（日本画）、彫刻、美術工芸の3科からなる。昭和24年に東京音楽学校と合併、東京芸術大学美術学部となった。

◇版画の国日本　平塚運一著　阿部出版　1993.9　195p　21cm　2718円　ⓘ4-87242-026-8

◇日本近代美術事件史　滝悌三著　東方出版　1993.1　426,21p　21cm　6602円　ⓘ4-88591-313-6

◇月映（つくはえ）の画家たち―田中恭吉・恩地孝四郎の青春　田中清光著　筑摩書房　1990.12　269,4p　21cm　4398円　ⓘ4-480-87159-4

◇岡倉天心　斎藤隆三著　新装版　吉川弘文館　1986.6　281p　19cm　人物叢書　1600円　ⓘ4-642-05044-2

日本美術院

日本画の団体で、その展覧会を院展と呼ぶ。明治31年、東京美術学校校長を辞した岡倉天心を中心に、橋本雅邦ら26人で東京谷中に創立。研究所を開き、機関誌「日本美術」を発行。また日本絵画協会と連合の公募展活動を行い、狩野派を基とした東洋的理想主義・浪漫主義の新風をめざして、在野派として活動した。39年に茨城県五浦に移り、40年開設の文展に参加したが、大正2年、天心の死を期に再興を図り反文展の在野団体として再出発した。横山大観、下村観山、速水御舟らを輩出し、近代日本画の中心勢力となっている。

　　＊　　　＊　　　＊

◇院展100年の名画―天心ワールド‐日本美術院　平山郁夫監修，草薙奈津子編　小学館　1998.4　127p　21cm（ショトル・ミュージアム）　1800円　ⓘ4-09-606013-5

◇明治日本画史料　青木茂編　中央公論美術出版　1991.5　537p　21cm　15000円　ⓘ4-8055-0105-7

◇岡倉天心　斎藤隆三著　新装版　吉川弘文館　1986.6　281p　19cm　人物叢書　1600円　ⓘ4-642-05044-2

フェノロサ，E.F.

1853.2.18～1908.9.21

アメリカの哲学者、美術研究家。明治11年来日。東大で哲学を講じる傍ら日本美術の研究に意を注いだ。たびたび社寺や旧家の宝物を調査して歩いたが、これがその後の文化財保護行政の端緒となった。『美術真説』で洋画排斥と日本画擁護の論を張り多大の反響を呼び、17年には岡倉天心らと鑑画会を興し、新しい日本画の創造を提唱した。20年には東京美術学校を創設した。23年に帰国後はボストン美術館東洋部長に就任、日本画の紹介につとめた。29年に再来日し33年に帰国。墓は大津の法明院にある。

　　＊　　　＊　　　＊

◇異邦人の見た近代日本　懐徳堂記念会編　大阪　大阪和泉書院　1999.10　199p　19cm　（懐徳堂ライブラリー 3）　2600円　ⓘ4-87088-991-9

◇アメリカが見た東アジア美術　ウォレン・I.コーエン著, 川嶌一穂訳　スカイドア　1999.9　325p　19cm　3300円　⓪4-915879-41-0

◇アメリカにわたった仏教美術―フィラデルフィア美術館を中心に　今井雅晴著　京都　京都自照社出版　1999.8　251p　19cm　1500円　⓪4-921029-11-3

◇フェノロサと魔女の町　久我なつみ著　河出書房新社　1999.4　218p　19cm　1600円　⓪4-309-01277-9

◇創造された古典―カノン形成・国民国家・日本文学　ハルオ・シラネ, 鈴木登美編　新曜社　1999.4　450p　19cm　4000円　⓪4-7885-0669-6

◇フェノロサ遺稿とエズラ・パウンド　高田美一著　近代文芸社　1995.3　307p　21cm　4854円　⓪4-7733-3800-8

◇フェノロサ―「日本美術の恩人」の影の部分　保坂清著　河出書房新社　1989.1　238p　19cm　1600円　⓪4-309-00539-X

岡倉 天心

　　文久2(1862).12.26～大正2(1913).9.2　明治美術界の先覚。早くから英学、漢学を学び、明治10年に東京大学に入学。政治学、理財学を学ぶ一方でフェノロサの感化を受けた。卒業後文部省に入り、フェノロサらと共に日本画刷新につとめた。19年に美術取調委員としてヨーロッパに出張、翌年帰国して東京美術学校の創立に参与し23年から同校長。31年職を辞して日本美術院を結成し、伝統に基づく新日本画の運動を展開した。37年にはボストン美術館東洋部長となった。『東洋の理想』、『日本の目覚め』、『茶の本』などの英文著書がある。

◇美の復権―岡倉覚三伝　中原愿著　吹上町　吹上町邑心文庫　1999.10　371p　21cm　3800円　⓪4-946486-14-3

◇アメリカが見た東アジア美術　ウォレン・I.コーエン著, 川嶌一穂訳　スカイドア　1999.9　325p　19cm　3300円　⓪4-915879-41-0

◇祖父 岡倉天心　岡倉古志郎著　中央公論美術出版　1999.9　246p　19cm　（五浦美術叢書）　3500円　⓪4-8055-0374-2

◇金鯱叢書―史学美術史論文集 第26輯　徳川黎明会;(京都)思文閣出版〔発売〕　1999.8　222p　26cm　8500円　⓪4-7842-1014-8

◇日本近代の逆説―渡辺京二評論集成 1　渡辺京二著　福岡　福岡葦書房　1999.8　484p　19cm　3800円　⓪4-7512-0743-1

◇語る現在、語られる過去―日本の美術史学100年　東京国立文化財研究所編　平凡社　1999.5　319p　21cm　3500円

⓪4-582-20631-X

◇創造された古典―カノン形成・国民国家・日本文学　ハルオ・シラネ, 鈴木登美編　新曜社　1999.4　450p　19cm　4000円　⓪4-7885-0669-6

◇東京江戸謎とき散歩―首都の歴史ミステリーを訪ねて　加来耕三, 志治美世子, 黒田敏穂著　広済堂出版　1998.11　375p　19cm　1600円　⓪4-331-50661-4

◇岡倉天心「茶の本」鑑賞　立木智子著　京都　京都淡交社　1998.10　190p　19cm　1500円　⓪4-473-01623-4

◇茨城の思想　小林三衛, 武井邦夫編　水戸　水戸茨城新聞社　1998.8　213p　19cm　2300円　⓪4-87273-117-4

◇岡倉天心をめぐる人びと　岡倉一雄著　中央公論美術出版　1998.7　241p　19cm　（五浦美術叢書）　2500円　⓪4-8055-0351-3

◇岡倉天心と五浦　森田義之, 小泉晋弥編　中央公論美術出版　1998.5　349p　19cm　（五浦美術叢書）　3000円　[I]4-8055-0350-5

◇岡倉天心の思想探訪—迷走するアジア主義　坪内隆彦著　勁草書房　1998.5　241,7p　19cm　2500円　[I]4-326-15334-2

◇院展100年の名画—天心ワールド - 日本美術院　平山郁夫監修, 草薙奈津子編　小学館　1998.4　127p　21cm　（ショトル・ミュージアム）　1800円　[I]4-09-606013-5

◇日本古代中世の政治と文化　佐伯有清編　吉川弘文館　1997.12　450p　21cm　12000円　[I]4-642-01305-9

◇茶の人生—岡倉天心『茶の本』に学ぶ　山崎武也著　PHP研究所　1997.9　204p　19cm　1400円　[I]4-569-55710-4

◇会津八一—個人主義の軌跡　堀巌著　沖積舎　1996.10　160p　19cm　2427円　[I]4-8060-7018-1

◇色川大吉著作集　第5巻　人と思想　色川大吉著　筑摩書房　1996.4　506p　21cm　7379円　[I]4-480-75055-X

◇白狐　大野芳著　講談社　1994.12　350p 19cm　2000円

◇岡倉天心論攷　浅野晃著　新装改訂版　永田書房　1989.6　269p 21cm　2060円　[I]4-8161-0550-6

◇岡倉天心—驚異的な光に満ちた空虚　大久保喬樹著　小沢書店　1987.12　329p 19cm　2800円

◇岡倉天心　斎藤隆三著　〔新装版〕　吉川弘文館　1986.6　281p　19cm　（人物叢書）　1600円　[I]4-642-05044-2

◇百年の日本人　その3　川口松太郎, 杉本苑子, 鈴木史楼ほか著　読売新聞社　1986.6　253p　19cm　1200円　[I]4-643-54730-8

◇アジアを夢みる　山崎正和編　講談社　1986.4　293p 19cm　（言論は日本を動かす　第3巻）　1800円　[I]4-06-188943-5

◇岡倉天心　大岡信著　朝日新聞社　1985.2　339p　19cm（朝日選書　274）　1100円　[I]4-02-259374-1

◇天心・鑑三・荷風　桶谷秀昭著　小沢書店　1984.12　293p　20cm　（小沢コレクション　3）　1600円

◇岡倉天心その内なる敵　松本清張著　新潮社　1984.1　261p　21cm　1800円　[I]4-10-320419-2

◇岡倉天心の生涯　沢村竜馬著　〔福井〕　岡倉天心先生顕彰会　1982.11　271p　19cm　1500円　[I]4-89220-024-7

◇岡倉天心人と思想　橋川文三編　平凡社　1982.10　292p　20cm　2600円

◇宝石の声なる人に—プリヤンバダ・デーヴィーと岡倉覚三・愛の手紙　岡倉覚三, プリヤンバダ・デーヴィー著, 大岡信編訳　平凡社　1982.10　217p　21cm　2600円

◇岡倉天心考　堀岡弥寿子著　吉川弘文館　1982.2　252p　20cm　2600円

◇岡倉天心全集　第6巻　平凡社　1980.11　493p　22cm　5400円

◇天心岡倉覚三　清見陸郎著　中央公論美術出版　1980.7　339p　21cm　5000円

◇岡倉天心　原田実著　三彩社　1977.8　70p 図17枚　22cm　（東洋美術選書）　980円

◇岡倉天心のこころ　松岡新也著　朝日ソノラマ　1976　166p 図　18cm　（紀行シリーズ）　550円

◇近代日本思想大系　7　岡倉天心集　編集解説:梅原猛　筑摩書房　1976　423p 肖像　20cm　1800円

◇天心・鑑三・荷風　桶谷秀昭著　小沢書店　1976　291p　20cm　1500円

◇岡倉天心　大岡信著　朝日新聞社　1975　299p　20cm　（朝日評伝選　4）　1200円

美術

◇岡倉天心―アジア文化宣揚の先駆者　堀岡弥寿子著　吉川弘文館　1974　231,8p 図　肖像　20cm　1800円
◇岡倉天心―事業の背理　木下長宏著　紀伊国屋書店　1973　213p 図　18cm（紀伊国屋新書）　400円
◇岡倉天心　宮川寅雄著　第2版　東京大学出版会　1972　261p 図　肖像　20cm（日本美術史叢書　文化史懇談会編）
◇剣と美―私の岡倉天心　浅野晃著　日本教文社　1972　246p　20cm　680円
◇父岡倉天心　岡倉一雄著　中央公論社　1971　289p 肖像　20cm　800円
◇岡倉天心　原田実著　三彩社　1970　70p 図版17枚　22cm（東洋美術選書）　580円
◇続 人物再発見　読売新聞社編　人物往来社　1965　237p　19cm
◇天心とその書簡　岡倉覚三著、下村英時編　日研出版　1964　641p 図版　27cm
◇岡倉天心と福井　岡倉天心顕彰会編　岡倉天心顕彰会　1962
◇日本の思想家　第1　朝日新聞社朝日ジャーナル編集部編　朝日新聞社　1962　333p　19cm
◇日本のアウトサイダー　河上徹太郎著　中央公論社　1961　229p　18cm（中央公論文庫）
◇岡倉天心　斎藤隆三著　吉川弘文館　1960　277p 図版　18cm（人物叢書 日本歴史学会編）
◇日本のアウトサイダー　河上徹太郎著　中央公論社　1959　256p 図版　20cm
◇岡倉天心　浅野晃著　明徳出版社　1958　166p　19cm（師友選書　第16）
◇岡倉天心　宮川寅雄著　東京大学出版会　1956　260p 図版　19cm（日本美術史叢書）
◇日本美術史叢書 8　岡倉天心　宮川寅雄著　東大出版会　1956

◇世界偉人伝　第3巻　親鸞　世界偉人伝刊行会編　亀井勝一郎　藤沢　池田書店　1952　19cm
◇三人の先覚者―民族の独立　亀井勝一郎著　要書房　1950　195p　19cm（要選書）
◇東西百傑伝　第3巻　親鸞〔ほか〕　亀井勝一郎　藤沢　池田書店　1950　19cm
◇天心岡倉覚三　清見陸郎著　筑摩書房　1945　370p 図版　肖像　22cm　6.80円

橋本 雅邦

天保6(1835).7.27〜明治41(1908).1.13
日本画家。川越藩の絵師晴園の子として江戸に生まれた。狩野勝川院雅信に入門し、狩野芳崖らと共に四天王と称された。明治維新前後の窮乏に耐え、明治15年の第1回絵画共進会で認められた。フェノロサや岡倉天心の知遇を得て日本画革新に情熱を燃やした。21年の東京美術学校創立と共に教授に就任、明治31年の日本美術院創設にも参加。代表作の『竜虎図』(六曲一双屏風)は28年の内国勧業博覧会に発表した優品。弟子に大観、観山、春草らがいる。

　　　　＊　　　　＊　　　　＊

◇本朝画人伝―新輯　巻4　村松梢風著　中央公論社　1972　398p 図10枚　23cm　3500円

狩野 芳崖

文政11(1828).1.13〜明治21(1888).11.5
日本画家。長府藩の御用絵師だった父に絵を学び、19歳で江戸に出て狩野勝川院雅信に入門、四天王の一人と称された。困窮生活の中で明治17年の第2回全国絵画共進会に『桜下勇駒図』を出品し、フェノロサ、天心に認められ、以後彼らと共に日本画革新や東京美術学校開設に従事した。死の直前に完成した代表作『悲母観音像』は、漢画の手法に西洋画法を加えて描かれた、明治の日本画を代表する傑作である。

美術

◇幕末・明治の画家たち―文明開化のはざまに　辻惟雄編著　ぺりかん社　1992.12　296p　21cm　3600円　①4-8315-0581-1

◇本朝画人伝―新輯　巻3　村松梢風著　中央公論社　1972　365p　図10枚　23cm　3500円

◇幕末の絵師―若き日の狩野芳崖　桂英澄著　新人物往来社　1972　252p　20cm　850円

◇狩野芳崖　古川北華著　元々社　1955

◇私の欽仰する近代人　山田孝雄著　宝文館　1954　173p　19cm

◇世界偉人伝　第2巻　島崎藤村　世界偉人伝刊行会編　亀井勝一郎　藤沢　池田書店　1952　19cm

◇本朝名匠伝　村松梢風著　読売新聞社　1952　221p　19cm

◇東西百傑伝　第2巻　島崎藤村〔ほか〕　亀井勝一郎　藤沢　池田書店　1950　19cm

菱田 春草

明治7(1874).9.21～明治44(1911).9.16
日本画家。長野県飯田に生まれ、15歳で上京して結城正明に師事した。東京美術学校で岡倉天心、橋本雅邦の指導を受け、後に同校講師となった。日本美術院に正員として参加、日本画の革新に精魂を傾ける。この頃の『菊慈童』など、朦朧体の異名をとった色彩重視の没骨法（無線描法）を試みた。インドや欧米に旅行してその信念をいっそう深め、40年の文展開設後は『落葉』『黒き猫』など、深い自然観照に基づく、美感溢れる近代日本画を創造した。

*　　*　　*

◇菱田春草　尾崎正明執筆，日本アート・センター編　新潮社　1997.5　93p　21×14cm　（新潮日本美術文庫）　1068円　①4-10-601549-8

◇菱田春草　近藤啓太郎著　講談社　1984.9　200p　22cm　3500円　①4-06-201435-1

◇菱田春草とその時代　勅使河原純著　六芸書房　1982.11　608p　図版14枚　23cm　13000円　①4-89736-662-3

◇菱田春草　続　菱田春草画，菱田春夫編著　大日本絵画巧芸美術　1978.5　92,50p　図版63枚　39cm　45000円

◇巨匠の名画　14　菱田春草　河北倫明,中村渓男編集・解説　学習研究社　1977.1　145p　37cm

◇本朝画人伝―新輯　巻4　村松梢風著　中央公論社　1972　398p　図10枚　23cm　3500円

◇菱田春草　下伊那教育会編　下伊那教育会　1960

◇本朝名匠伝　村松梢風著　読売新聞社　1952　221p　19cm

横山 大観

明治元(1968).9.18～昭和33(1958).2.26
日本画家。東京美術学校で橋本雅邦、岡倉天心に師事。東京美術学校助教授となったが、明治31年辞職。36年から38年にかけて菱田春草とともにインド、ヨーロッパを旅行して研鑽を積んだ。その技法は従来の日本画の線描法に束縛されない朦朧体と呼ばれる無線描法が特徴で、日本画の改革者といわれる。大正時代に代表作「生々流転」を発表し、のちに文化勲章も受章している。

*　　*　　*

◇日本の近代美術の魅力　金原宏行著　沖積舎　1999.9　205p　19cm　3000円　①4-8060-4638-8

◇巨匠の日本画　2　横山大観　遙かなる霊峰　学習研究社　1993.12　125p　31×24cm　3000円　①4-05-500050-2

◇ぜいたく列伝　戸板康二著　文芸春秋　1992.9　293p　19cm　1300円　①4-16-346790-4

美術

◇日本の水墨画家たち 2 墨絵の譜 小林忠著 ぺりかん社 1992.3 269p 21cm 3800円 ①4-8315-0533-1

◇流転・横山大観「海山十題」 細野正信, NHK取材班著 日本放送出版協会 1987.11 142p 26cm 2300円 ①4-14-009119-3

◇横山大観・竹内栖鳳 飯島勇, 平野重光編 集英社 1987.3 99p 31×31cm （アート・ギャラリー・ジャパン 20世紀日本の美術 1） 2900円 ①4-08-551001-0

◇歴史を築いた日本の巨匠 第1巻 横山大観 美術年鑑社 1985.12 532p 34cm 30000円 ①4-89210-088-9

◇横山大観と近親の人々 長尾政憲著 鉦鼓洞 1984.9 183p 21cm

◇日本人の自伝 19 横山大観.三宅克己.山田耕筰 平凡社 1982.4 520p 20cm 2800円

◇横山大観 斎藤隆三著 新版 中央公論美術出版 1982.3 299p 21cm 5000円

◇大観自伝 横山大観著 講談社 1981.3 209p 15cm （講談社学術文庫） 480円

◇カンヴァス日本の名画 7 横山大観 井上靖ほか編 近藤啓太郎, 鈴木進執筆 中央公論社 1979.10 103p 33cm 1450円

◇大観伝 近藤啓太郎著 中央公論社 1974 271p 図 22cm 1950円

◇本朝画人伝―新輯 巻5 村松梢風著 中央公論社 1973 361p 図10枚 23cm 3500円

◇横山大観の芸術 吉沢忠著 美術出版社 1964

◇大観 河北倫明編 平凡社 1962

◇横山大観 三彩社 1959

◇横山大観 斉藤隆三著 中央公論美術出版 1958

◇横山大観の芸術―日本画近代化のたたかい 吉沢忠著 美術出版社 1958

◇横山大観伝 茨城県横山大観伝編纂委員会 1958

◇大観 野間清六編 講談社 1955

◇横山大観 難波専太郎著 美術探求社 1954

◇大観画談 横山大観著 講談社 1951

◆洋画

工部美術学校

明治9年に絵画、彫刻の技術教育を目的に工部省工学寮内に設けられた、日本最初の官立美術学校。画学と彫刻学の2科からなり、画家フォンタネージ、彫刻家ラグーザ、建築家カペレッティの3名を招聘した。政府の殖産興業政策を色濃く反映して設立されたが、結果的にはヨーロッパの正則な美術教授法を初めてわが国に導入することになり、開校当初から浅井忠ら主要な洋画家がこぞって入学した。16年に廃校となった。理由は定かではないが、西南戦争後の政府の財政難、この時期の国粋主義の影響などが考えられる。

*　　　　*　　　　*

◇日本の近代絵画 山口桂三郎監修, 山梨絵美子, 佐伯英里子, 小池満紀子共著 ブレーン出版 1996.10 135p 26cm 4661円 ①4-89242-558-3

◇日本 その心とかたち 10 21世紀の挑戦 加藤周一, NHK取材班著 平凡社 1988.3 130p 28×22cm 2000円 ①4-582-20660-3

明治美術会

日本最初の洋風美術（洋画・彫刻）団体。明治10年代以降高まってきた、日本の伝統的美術の復興を旗印に洋画排斥を主張する国粋主義の運動に抗するため、明治22年に浅井忠らによって創立された。展覧会の他に講演会を開催し、教場を設けて後進の育成にあたるなど、洋風美術

の振興と普及に力を注いだ。29年の白馬会結成後はこれと対立し、旧派、また暗い色調から脂派と呼ばれた。35年に解散、同時に中堅会員の満谷国四郎らが太平洋画会を結成した。同会は白馬会と並ぶ洋画界の2団体として、官学的画風で知られる。

＊　＊　＊

◇林忠正とその時代―世紀末のパリと日本美術（ジャポニスム）　木々康子著　筑摩書房　1987.3　317,9p　19cm　2900円　①4-480-82224-0
◇日本洋画のあけぼの―明治美術会と白馬会　岐阜県美術館編　岐阜県美術館　1984　198p　25cm

白馬会

洋風美術団体。明治29年、芸術家の自由を標榜し感覚の解放を求め、明治美術会の古い体質を嫌った黒田清輝らが同会を脱会して結成した。同年、第1回の展覧会を開いた。新派或いは紫派、また明るい色調で外光派と呼ばれ、文芸界の浪漫主義思潮に呼応して勢いを伸ばし、明治美術会を圧倒して洋風美術の主流となった。付属機関の白馬会絵画研究所が美術家養成に果たした役割も小さくない。44年に解散し、同系の中堅作家達は光風会を結成した。

＊　＊　＊

◇日本洋画のあけぼの―明治美術会と白馬会　岐阜県美術館編　岐阜県美術館　1984　198p　25cm

フォンタネージ,A.

1818.2.23～1882.4.17

イタリアの画家。風景画の中にロマン主義の精神によって高揚された生命感を導入した画風で知られ、19世紀イタリアの最も優れた風景画家の一人として高い評価を受けている。明治9年、工部美術学校の創立に際して御雇外国人教師の一人として来日、デッサンや油彩の基礎教育を行った。病のために2年で帰国したが、その人間的な魅力は多くの生徒から愛され、また初歩的な段階にあった日本の洋画技法を正則な軌道に乗せる役目を果たした。

＊　＊　＊

◇日本の近代美術・入門　1800‐1900　井関正昭著　日野　日野明星大学出版部　1995.9　290p　21cm　3800円　①4-89549-122-6
◇日本の近代化をになった外国人―フォンタネージ・クラークとケプロン・スコット　国立教育会館編　ぎょうせい　1992.5　115p　19cm　教養講座シリーズ　60　700円　①4-324-03211-4

高橋 由一

文政11(1828).2.5～明治27(1894).7.6

洋画家。はじめ日本画を学ぶが、西洋石版画を見て感激し、西洋画を志した。明治に入ってから大学南校教官を務めたが、辞して私塾天絵楼を設けて後進の育成にあたった。明治9年、来日したフォンタネージに教示を受けた。その間、内外の博覧会に油絵を出品したり、油絵展覧会を開催したりして、洋画の普及に努めた。代表作の『鮭』など、作品の多くは独自の写実的技法で描かれ、明治洋画の最初の巨人と称される。

＊　＊　＊

◇高橋由一　坂本一道著　新潮社　1998.4　93p　20×14cm　（新潮日本美術文庫 23）　1068円　①4-10-601543-9
◇幕末・明治の画家たち―文明開化のはざまに　辻惟雄編著　ぺりかん社　1992.12　296p　21cm　3600円　①4-8315-0581-1
◇山を貫く　もりたなるお著　文芸春秋　1992.11　290p　19cm　1600円　①4-16-313610-X
◇眼の神殿―「美術」受容史ノート　北沢憲昭著　美術出版社　1989.9　338p　22cm　2900円　①4-568-20131-4

◇油絵初学　青木茂著　筑摩書房　1987.9　373p 21cm　3800円　①4-480-87110-1
◇高橋由一と金刀比羅宮博物館　朝日新聞社編　朝日新聞社　1983.4　152p 19cm　（朝日・美術館風土記シリーズ 9）　850円
◇高橋由一と三島通庸―西那須野開拓百年記念事業　西那須野町, 尾崎尚文編　西那須野町（栃木県）　西那須野町　1981.3　267p　26×27cm
◇カンヴァス日本の名画　2　高橋由一　井上靖ほか編　芳賀徹, 青木茂執筆　中央公論社　1979.10　103p 33cm　1450円
◇子規と山形　斎藤利世著　山形　やまがた散歩社　1977.12　242p 19cm　950円
◇神奈川県美術風土記　高橋由一篇　鎌倉　神奈川県立近代美術館　1972　335p 図33枚　21cm

浅井 忠

安政3（1856）.6.21～明治40（1907）.12.16
明治時代を代表する洋画家。早くから日本画を学び、明治9年に工部美術学校に入りフォンタネージに洋画の指導を受けた。22年に明治美術会を組織して中心的画家として活躍した。日清戦争時には従軍画家として多数のスケッチを残した。31年には東京美術学校教授となり、同年フランスに留学。帰国後は関西美術院を創立するなど、関西美術界の中心的指導者として活動した。代表作に『収穫』がある。

＊　　　＊　　　＊

◇魯迅の日本　漱石のイギリス―「留学の世紀」を生きた人びと　柴崎信三著　日本経済新聞社　1999.10　262p 19cm　1700円　①4-532-16319-6
◇浅井忠　前川公秀執筆, 日本アート・センター編　新潮社　1997.10　93p 20×13cm　（新潮日本美術文庫）　1068円　①4-10-601546-3
◇京都近代美術の継承―浅井忠からいざよいの人々へ　前川公秀著　京都　京都新聞社　1996.6　375p 19cm　1748円　①4-7638-0395-6
◇水仙の影―浅井忠と京都洋画壇　前川公秀著　京都　京都新聞社　1993.1　303p 20cm　1800円　①4-7638-0305-0
◇浅井忠の美術史―原風景と留学日記　高橋在久著　第一法規出版　1988.5　195p 19cm　1800円　①4-474-06203-5
◇従征画稿―明治廿七年 日清戦争従軍日記　浅井忠著　千葉　千葉県立美術館　1987.3　32p 21cm
◇浅井忠への旅―その原風景を追って　高橋在久著　未来社　1984.11　213p 20cm　1500円
◇浅井忠と京都洋画壇の人々　〔千葉〕　千葉県立美術館　1981.12　90p 26cm
◇浅井忠　浅井忠画, 隈元謙次郎著　日本経済新聞社　1970　67,11p 図版32枚はり込み図版41枚　32cm　20000円

黒田 清輝

慶応2（1866）.6.29～大正13（1924）.7.15　洋画家。東京外国語学校でフランス語を学び、法律を学ぶべく明治17年に渡仏したが洋画研究に転じた。帰国翌年の27年に画塾天真道場を開き、久米桂一郎とともに後身を指導した。28年の第4回内国勧業博覧会に裸体画『朝妝』を出品し反響を呼んだ。29年に明治美術会を脱会して白馬会を創立、31年東京美術学校教授に就任。晩年には貴族院議員、帝国美術院長、イギリスのローヤル・アカデミーの会員となった。フラ

美術

ンス印象派の外光描写の風を日本に伝え、近代洋画を確立した。代表作に『湖畔』『舞妓』など。

◇魯迅の日本 漱石のイギリス―「留学の世紀」を生きた人びと 柴崎信三著 日本経済新聞社 1999.10 262p 19cm 1700円 ⓐ4-532-16319-6

◇青木繁と画の中の女 中島美千代著 ティビーエス・ブリタニカ 1998.12 257p 19cm 1700円 ⓐ4-484-98214-5

◇歌之介のさつまのボッケモン KTS鹿児島テレビ編著, 原口泉監修 鹿児島 鹿児島高城書房 1998.7 176p 19cm 1000円 ⓐ4-924752-77-0

◇とっておきのもの とっておきの話 第1巻 YANASE LIFE編集室編 芸神出版社 1997.5 213p 21cm（芸神集団Amuse）2500円 ⓐ4-906613-16-0

◇黒田清輝・藤島武二 三輪英夫, 陰里鉄郎編 集英社 1987.5 99p 31×31cm（アート・ギャラリー・ジャパン 20世紀日本の美術 11）2900円 ⓐ4-08-551011-8

◇裸体画の黎明―黒田清輝と明治のヌード 勅使河原純著 日本経済新聞社 1986.3 202p 20cm 1800円 ⓐ4-532-09410-0

◇カンヴァス日本の名画 5 黒田清輝 井上靖ほか編 山崎正和, 陰里鉄郎執筆 中央公論社 1979.1 103p 33cm 1450円

◇黒田清輝日記 第4巻 黒田清輝著 中央公論美術出版 1968 1445p 図版 21cm

◇黒田清輝日記 第2-3巻 黒田清輝著 中央公論美術出版 1967 2冊 21cm

◇黒田清輝 隈元謙次郎著 日本経済新聞社 1966

◇黒田清輝日記 第1巻 黒田清輝著 中央公論美術出版 1966 337p 図版 21cm

藤島 武二

慶応3(1867).9.18〜昭和18(1943).3.19

洋画家。鹿児島生まれ。上京して初め川端玉章に日本画を学び、明治23年から松岡寿らの指導で油絵を始める。山本芳翠の生巧館に学び、明治美術会に出品。同郷の黒田清輝に推され、29年に東京美術学校西洋画科助教授となる。白馬会に浪漫派の詩情をたたえた『天平の面影』などを出品する傍ら、雑誌「明星」の表紙や挿絵なども描いた。38年にフランス、イタリアに留学、翌年帰国して東京美術学校教授となる。本格的な油絵を確立、官展系の指導的作家として重きをなし、第1回の文化勲章を受章した。

＊　＊　＊

◇藤島武二 ブリヂストン美術館編 ブリヂストン美術館 1958
◇藤島武二 美術出版社 1955

青木 繁

明治15(1882).7.13〜明治44(1911).3.25

洋画家。明治33年に東京美術学校に入学。黒田清輝の指導を受け、在学中に『黄泉比良坂』で第1回白馬会賞を受賞した。第9回展の『海の幸』(37年)は房州の海辺に大魚をかつぐ漁師の裸像群を浪漫的に描いた作品で、美術界に衝撃を巻き起こした近代日本洋画の最高傑作の一つ。40年の東京府勧業博覧会には『わだつみのいろこの宮』を出品、夏目漱石らの高い評価を得たが、画壇には受け入れられなかった。この作品を最後に不幸な家庭の事情で帰郷、貧窮と放浪のうちに胸を病み、28歳の若さで世を去った。

＊　＊　＊

◇青木繁と画の中の女　中島美千代著　ティビーエス・ブリタニカ　1998.12　257p　19cm　1700円　①4-484-98214-5

◇青木繁　日本アート・センター編, 阿部信雄著　新潮社　1997.6　93p　20×13cm　（新潮日本美術文庫）　1068円　①4-10-601552-8

◇吉永孝雄の私説　昭和の文楽　青木繁, 山田和人構成, 園田学園女子大学近松研究所編　大阪　大阪和泉書院　1995.5　279p　21cm　（近松研究所叢書　2）　3000円　①4-87088-730-4

◇青木繁と坂本繁二郎—「能面」は語る　竹藤寛著　丸善　1995.3　239p　19cm　（丸善ブックス　022）　1553円　①4-621-06022-8

◇ふくおか人物誌　4　青木繁・坂本繁二郎　谷口治達著　福岡　福岡西日本新聞社　1995.2　265p　19cm　1456円　①4-8167-0382-9

◇青木繁・坂本繁二郎とその友　竹藤寛著　平凡社　1991.5　488p　21cm　5800円　①4-582-65202-8

◇青木繁　阿部信雄編著　第一法規出版　1989.9　42p　33×26cm　（日本の水彩画　16）　2060円　①4-474-16346-X

◇底鳴る潮—青木繁の生涯　渡辺洋著　筑摩書房　1988.8　286p　19cm　2200円　①4-480-82250-X

◇異端・放浪・夭逝の画家たち　三田英彬著　蒼洋社　1988.7　317p　19cm　2800円　①4-915628-38-8

◇伝記劇　藤川健夫著　青雲書房　1988.4　367p　19cm　（藤川健夫戯曲集　2）　2200円　①4-88079-060-5

◇青木繁・坂本繁二郎とその友—芸術をめぐる悲愴なる三友の輪　竹藤寛著　福岡　福岡ユネスコ協会　1986.11　488p　22cm　5300円

◇竹久夢二・青木繁　小倉忠夫, 橋富博喜編　集英社　1986.10　99p　31×31cm　（アート・ギャラリー・ジャパン20世紀日本の美術　12）　2900円　①4-08-551012-6

◇青木繁と石橋美術館　朝日新聞社編　朝日新聞社　1983.5　134p　19cm　（朝日・美術館風土記シリーズ　10）　850円

◇仮象の創造　青木繁著　新装版　中央公論美術出版　1983.4　180p　21cm　3000円

◇青木繁=明治浪漫主義とイギリス　石橋美術館ほか編　東京新聞　c1983　189p　27cm

◇青木繁と坂本繁二郎—私論　松本清張著　新潮社　1982.7　176p　21cm　1500円

◇青木繁—その愛と放浪　松永伍一著, 山口睦夫, 河井邦彦写真　日本放送出版協会　1979.8　165p　図版24枚　19cm　（NHKブックス　カラー版　C4）　850円

◇画家の後裔　青木繁絵, 福田蘭童, 石橋エータロー文　講談社　1979.5　109p　15cm　（講談社文庫）　340円

◇河北倫明美術論集　第3巻　青木繁と坂本繁二郎　講談社　1977.12　466p　22cm　4500円

◇診断・日本人　宮本忠雄編　日本評論社　1974　319p　20cm　1300円

◇青木繁その愛と彷徨　北川晃二著　講談社　1973　281p　図　20cm　600円

◇青木繁—幻想の画家　木元光夫著　造形社　1970　192p　図版10枚　19cm　600円

◇ドキュメント日本人　第2　悲劇の先駆者　学芸書林　1969　348p　20cm　680円

◇青木繁と坂本繁二郎　河北倫明著　雪華社　1965

◇青木繁—悲劇の生涯と芸術　河北倫明著　角川書店　1964　212p　図版　18cm　（角川新書）

◇先人の面影　久留米人物伝記　久留米市編　久留米　1961　526,30p　図版　22cm

美術

373

美術

◇青木繁　ブリヂストン美術館編　ブリヂストン美術館　1954　(美術家シリーズ)
◇青木繁—生涯と芸術　河北倫明著　養徳社　1949

◆彫刻

ラグーザ,V.

1841.7.8〜1927.3.13
イタリアの彫刻家。イタリア・バロックの作風で、古典的な技法に精通した。明治8年にイタリア政府が日本政府の嘱託で行った派遣彫刻教師選抜コンクールで首席となり、翌年工部美術学校の彫刻学科教師として来日。日本に初めて肉付け(モデリング)の技法を紹介し、石膏の型取りなどの基礎実技を指導した。日本における近代彫刻史の序章を担う重要な役目を果たし、15年の彫刻学科廃止後帰国。後にパレルモ市の美術工芸学校長を務め、日本美術の紹介や作品政策に励んだ。

＊　＊　＊

◇夢のかたち—「自分」を生きた13人の女たち　鈴木由紀子著　多摩　多摩ベネッセコーポレーション　1996.2　268p　19cm　1359円　①4-8288-1759-X

高村 光雲

嘉永5(1852).2.18〜昭和9(1934).10.10
彫刻家。文久3年仏師高村東雲の門に入って木彫を学び、東雲の姉の養子となって高村姓を継いだ。明治10年内国勧業博覧会に東雲の代作をして『白衣観音』を出品、最高賞を受賞。20年から翌年にかけての皇居造営に際しては装飾の一部を担当した。また22年東京美術学校開設とともに彫刻科の指導者となり、大正15年に同校名誉教授となるまで後進の育成につとめた。仏像の需要が激減し象牙彫が隆盛するなど明治の木彫衰退期に鳥や獣を題材に写生を取り入れた新たな作風を開き、木彫蘇生に大きな業績を残した。

＊　＊　＊

◇木彫　高村光雲—高村規全撮影　高村規撮影　中教出版;中教〔発売〕　1999.9　245p　27×27cm　18000円　①4-483-00236-8
◇幕末維新懐古談　高村光雲著　岩波書店　1995.1　464p　15cm　(岩波文庫)　748円　①4-00-334671-8
◇近代日本最初の彫刻家　田中修二著　吉川弘文館　1994.3　298,15p　21cm　6400円　①4-642-03654-7
◇高村光雲懐古談　新人物往来社　1970　349p　図版　20cm　1800円
◇光雲追悼録　光雲追悼録刊行会編　京都光雲追悼録刊行会　1963　183p　図版　22cm

荻原 守衛

明治12(1879).12.1〜明治43(1910).4.22
彫刻家。明治34年に洋画研究のためにアメリカに留学、36年にフランスに渡り、翌年のサロンでロダンの『考える人』を見て強く感動、彫刻に転じた。41年帰国し第2回文展で『文覚』が三等賞となり注目された。帰国後2年で急死したが、最後の作『女』は死後開かれた第4回文展で三等賞を受けた。充実した量塊に豊かな生命感をもつ瑞々しい造形は、日本近代彫刻の開拓者の名にふさわしい。

＊　＊　＊

◇日本古代中世の政治と文化　佐伯有清編　吉川弘文館　1997.12　450p　21cm　12000円　①4-642-01305-9
◇荻原守衛—忘れえぬ芸術家　上　林文雄著　新日本出版社　1990.9　177p　18cm　(新日本新書　412)　660円　①4-406-01875-1
◇荻原守衛—忘れえぬ芸術家　下　林文雄著　新日本出版社　1990.9　205p　18cm　(新日本新書　413)　680円　①4-406-01876-X

美術

◇碌山・32歳の生涯　仁科惇著　三省堂　1987.6　212p　19cm　（三省堂選書138）　1400円　①4-385-43138-8

◇荻原守衛と碌山美術館　朝日新聞社編　朝日新聞社　1983.3　135p　19cm　（朝日・美術館風土記シリーズ　8）　850円

◇碌山日記―つくまのなべ　荻原守衛著，杉井六郎編　京都　同朋社出版　1980.7　431p　22cm　8000円

◇荻原守衛の人と芸術　碌山美術館編　長野　信濃毎日新聞社　1979.12　484p　27cm　6800円

◇荻原碌山―その生の軌跡　仁科惇著　池田町（長野県）　柳沢書苑　1977.7　282p　30cm　6500円

◇信濃畸人伝　続　高井蒼風著　一光社　1973　401p　図　肖像　19cm　1700円

◇荻原守衛―忘れえぬ芸術家　林文雄著　新日本出版社　1970　304p　図版12枚　20cm　1100円

◇ドキュメント日本人　第2　悲劇の先駆者　学芸書林　1969　348p　20cm　680円

◇荻原碌山―彫刻家　第3版　穂高町（長野県）　碌山美術館　1969　389p　図版30枚　26cm　2000円

◇彫刻家荻原碌山　東京芸術大学石井教授研究室編　岡書院　1956　（増補版）

◇彫刻家荻原碌山　東京芸術大学石井教授研究室編　信濃教育会　1954

◆建築

銀座煉瓦街

　明治5年の大火からの復興にあたって、政府主導で銀座に作られた洋風建築群。区画整理、土地買い上げ、強制立退きが行われ、10年までに煉瓦造の家屋、ガス灯、街路樹による町並みが建設された。建築の目的は都市景観を外国人向けに変えることで条約改正交渉の進展を狙ったものだったが、完成当初は空き家が多く、また生活様式の洋風化に慣れない住民による増改築によって次第に和洋折衷の町並みに変わっていった。

　　　＊　　　＊　　　＊

◇文明開化―明治時代前期　ぎょうせい　1998.4　189p　26cm　（おもしろ日本史まんがパノラマ歴史館 11）　2000円　①4-324-05141-0

◇銀座物語―煉瓦街を探訪する　野口孝一著　中央公論社　1997.10　311p　18cm　（中公新書）　840円　①4-12-101387-5

◇鹿鳴館の肖像　東秀紀著　新人物往来社　1996.9　264p　19cm　1748円　①4-404-02418-5

◇いまだから笑えるここだけの話　びっくりデータ情報部編　河出書房新社　1996.5　235p　15cm　（KAWADE夢文庫）　466円　①4-309-49147-2

◇調べ学習に役立つ図解日本の歴史 7　絵や資料で調べる　明治・大正・昭和・平成時代　あかね書房　1996.4　48p　30×21cm　2718円　①4-251-07967-1

◇秘蔵写真で綴る銀座120年―老舗のアルバムに眠っていた未公開写真を満載　第一企画出版　1995.11　158p　26cm　3500円　①4-88719-030-1

◇復元　文明開化の銀座煉瓦街―江戸東京博物館常設展示東京ゾーン「文明開化東京」　藤森照信,熊田英企,林丈二,林節子著　ユーシープランニング　1994.3　63p　26cm　922円　①4-946461-30-2

◇銀座煉瓦街と首都民権　野口孝一著　悠思社　1992.12　286p　19cm　1748円　①4-946424-43-1

◇からくり儀右衛門―東芝創立者田中久重とその時代　今津健治著　ダイヤモンド社　1992.11　238p　19cm　1359円　①4-478-89010-2

◇江戸東京・街の履歴書 4　銀座・有楽町・築地あたり　班目文雄著　原書房　1992.6　200p　21cm　2233円　①4-562-02324-4

375

◇明治の東京計画　藤森照信著　岩波書店　1990.3　363p　16cm　(同時代ライブラリー 18)　951円　①4-00-260018-1

◇銀座―煉瓦と水があった日々　原田弘著　白馬出版　1988.10　151p　21cm　1500円　①4-8266-0188-3

◇銀座は緑なりき　武田勝彦, 田中康子著　六興出版　1988.10　256,10p　19cm　1600円　①4-8453-7161-8

◇海外視点・日本の歴史 13 和魂洋才の日々　高村直助編　ぎょうせい　1986.6　175p　26cm　2800円　①4-324-00267-3

◇文明開化　井上勲著　教育社　1986.4　252p　18×10cm　教育社歴史新書―日本史 150　1000円　①4-315-50264-2

コンドル, J.J.

1852.9.28～1920.6.21
　イギリスの建築家。イギリス王立建築家協会主催のソーン賞設計競技に入賞し、翌明治10年に工部大学校造家学科教師として来日。辰野金吾、片山東熊らを育て、日本の近代洋風建築の礎を築いた。政府関係建築の設計も行っていたが、21年に官を辞して東京に設計事務所を開き、民間建築家として資本家たちの邸宅を多く手がけた。その作風は当初ゴシック風で、後に古典主義様式に移行した。上野博物館(14年)、鹿鳴館(16年)、設計監督として携わったニコライ堂(24年完成)など、全作品を日本に作り、日本に没した。

*　　*　　*

◇美しい日本のいけばな　ジョサイア・コンドル著, 工藤恭子訳　講談社　1999.4　216p　27×19cm　4762円　①4-06-209667-6

◇鹿鳴館を創った男―お雇い建築家ジョサイア・コンドルの生涯　畠山けんじ著　河出書房新社　1998.2　246p　19cm　2000円　①4-309-22323-0

◇三井の土地と建築―R・W・アーウィンの事績にもふれて　石田繁之介著　日刊建設通信新聞社　1995.5　232p　21cm　2427円　①4-930738-38-5

辰野　金吾

嘉永7(1854).8.22～大正8(1919).3.25
　建築家。工部大学校造家学科でコンドルの教えを受け、明治12年に卒業後渡英、設計の修業を積んだ。帰国後17年に工部大学校教授となり後進の育成にあたる一方、19年に造家学会(後の建築学会)を結成した。19年から35年帝国大学工科大学教授。明治中期以降の創生期日本近代建築界を主導し、国家のための技術という方向を決定づけた。主要作品に日本銀行本店(29年)、東京中央停車場(東京駅、大正3年)がある。

*　　*　　*

◇辰野隆　日仏の円形広場　出口裕弘著　新潮社　1999.9　226p　19cm　1700円　①4-10-410202-4

◇郷土史に輝く人びと　企画・編集:郷土史に輝く人々企画・編集委員会　〔佐賀〕佐賀県青少年育成県民会議　1973　396p 図　22cm

◇郷土史に輝く人びと　〔第4集〕　佐賀　佐賀県青少年育成県民会議　1971　138p 肖像　19cm

片山　東熊

安政元(1854).12.20～大正6(1917).10.23
　建築家。長門国萩に生まれ、奇兵隊士として戊辰戦争に従軍。明治12年に工部大学校造家学科を第1期生として卒業。19年に宮内省に出仕、後に内匠頭の地位につき、宮廷建築家として一生を終えた。作品には帝国奈良博物館(27年)、帝国京都博物館(28年)、赤坂離宮(39年、現迎賓館)などがあり、西欧宮殿の様々な様式を移植したが、東熊自身はフランス・ルネサンス様式を好んだと言われる。

事項名索引

事項名索引

【あ】

会津戦争 …………………………… 120
青木 繁 …………………………… 372
青木 周蔵 ………………………… 107
赤旗事件 …………………………… 95
秋月の乱 …………………………… 128
浅井 忠 …………………………… 371
朝日新聞 …………………………… 257
足尾鉱毒事件 ……………………… 173
安部 磯雄 ………………………… 94
有栖川宮熾仁親王 ………………… 124
飯田事件 …………………………… 68
石川 啄木 ………………………… 333
板垣 退助 ………………………… 46
伊藤 博文 ………………………… 76
伊藤博文暗殺事件 ………………… 111
井上 馨 …………………………… 106
岩倉 具視 ………………………… 29
岩倉遣外使節 ……………………… 102
植木 枝盛 ………………………… 71
上田 敏 …………………………… 321
上野戦争 …………………………… 119
内村 鑑三 ………………………… 236
浦上四番崩れ ……………………… 236
江藤 新平 ………………………… 47
江戸無血開城 ……………………… 118
演劇改良運動 ……………………… 358
大久保 利通 ……………………… 33
大久保利通暗殺事件
　→紀尾井坂の変 ………………… 49
大隈 重信 ………………………… 60
大阪事件 …………………………… 68
大阪毎日新聞 ……………………… 257
大津事件 …………………………… 108
大村 益次郎 ……………………… 124
大森 房吉 ………………………… 254
岡倉 天心 ………………………… 365
荻原 守衛 ………………………… 374
尾崎 紅葉 ………………………… 268

織田 純一郎 ……………………… 260
落合 直文 ………………………… 323
御雇外国人 ………………………… 251

【か】

改進党
　→立憲改進党 …………………… 74
開拓使
　→北海道開拓使 ………………… 22
開拓使官有物払下げ事件 ………… 59
学制 ………………………………… 243
ガス灯 ……………………………… 207
華族令 ……………………………… 75
片山 潜 …………………………… 93
片山 東熊 ………………………… 376
学校令 ……………………………… 246
活動写真 …………………………… 210
桂 小五郎
　→木戸 孝允 …………………… 30
桂 太郎 …………………………… 90
活歴物 ……………………………… 358
加藤 弘之 ………………………… 223
仮名垣 魯文 ……………………… 259
狩野 芳崖 ………………………… 367
加波山事件 ………………………… 64
樺太千島交換条約 ………………… 103
川路 柳虹 ………………………… 323
官営事業払い下げ ………………… 164
韓国併合 …………………………… 112
蒲原 有明 ………………………… 322
官報 ………………………………… 256
紀尾井坂の変 ……………………… 49
擬古典主義 ………………………… 267
北里 柴三郎 ……………………… 253
北原 白秋 ………………………… 343
北村 透谷 ………………………… 278
木戸 孝允 ………………………… 30
牛鍋 ………………………………… 199
教育勅語 …………………………… 246
教育令 ……………………………… 245
教科書制度

379

→国定教科書制度 …………… 248	国家主義 …………………… 224
恐慌 ………………………… 169	国家神道 …………………… 231
京都大学	国権論 ……………………… 224
→帝国大学 ………………… 249	後藤 象二郎 ………………… 48
教派神道 …………………… 232	五榜の掲示 ………………… 21
キリスト教解禁 …………… 234	小村 寿太郎 ………………… 111
義和団の乱 ………………… 142	五稜郭の戦
銀座煉瓦街 ………………… 375	→箱館五稜郭の戦 ………… 123
金本位制 …………………… 168	コレラ流行 ………………… 171
陸 羯南 …………………… 226	コンドル, J. J. ……………… 376
宮内省雅楽部 ……………… 362	
国木田 独歩 ………………… 291	【 さ 】
久米 邦武 …………………… 254	
黒田 清隆 …………………… 86	西園寺 公望 ………………… 90
黒田 清輝 …………………… 371	西郷 隆盛 …………………… 36
軍楽隊 ……………………… 362	堺 利彦 …………………… 95
群馬事件 …………………… 63	佐賀の乱 …………………… 126
桂園時代 …………………… 89	佐佐木 信綱 ………………… 324
慶應義塾 …………………… 249	産業革命 …………………… 166
京城事変	ざんぎり頭 ………………… 196
→壬午事変 ………………… 134	散切物 ……………………… 358
→甲申事変 ………………… 134	三国干渉 …………………… 142
敬神党の乱	三条 実美 …………………… 28
→神風連の乱 ……………… 127	三大事件建白運動 …………… 75
戯作文学 …………………… 259	讒謗律・新聞紙条例制定・出版条例
憲政党 ……………………… 88	改定 ……………………… 59
憲政本党 …………………… 88	三陸沖地震・津波 …………… 173
言文一致体 ………………… 264	私擬憲法 …………………… 69
硯友社 ……………………… 267	静岡事件 …………………… 69
江華島事件 ………………… 126	自然主義 …………………… 281
口語自由詩 ………………… 322	士族反乱 …………………… 126
甲申事変 …………………… 134	児童文学 …………………… 356
幸田 露伴 …………………… 269	品川 弥二郎 ………………… 87
高踏派・余裕派 …………… 299	渋沢 栄一 …………………… 158
幸徳 秋水 …………………… 96	島崎 藤村 …………………… 283
工部美術学校 ……………… 369	島地 黙雷 …………………… 234
五箇条の御誓文 …………… 21	四民平等 …………………… 21
国粋主義 …………………… 225	社会民主党 ………………… 92
国定教科書制度 …………… 248	写実主義 …………………… 262
国立銀行 …………………… 157	集会条例 …………………… 59
国会開設の詔 ……………… 60	自由党 ……………………… 73
国会期成同盟 ……………… 58	自由民権運動 ………………… 49

事項名索引

祝祭日	208
出版条例	
→讒謗律・新聞紙条例制定・出版条例改定	59
唱歌	361
小学校	244
彰義隊	
→上野戦争	119
象徴詩	320
条約改正	104
女学雑誌	258
初期議会	86
殖産興業	155
女工	167
書生芝居	
→壮士芝居	359
新貨条例	157
新傾向俳句	353
新劇	359
壬午事変	134
新体詩	318
神道	
→国家神道	231
→教派神道	232
新派劇	359
神風連の乱	127
神仏分離	229
新聞紙条例	
→讒謗律・新聞紙条例制定・出版条例改定	59
進歩党	88
人力車	195
枢密院	80
末広 鉄腸	261
薄田 泣菫	320
征韓論	26
政教社	225
政治小説	260
征台の役	
→台湾出兵	125
西南戦争	129
政友会	
→立憲政友会	89

遷都	
→東京遷都	21
壮士芝居	359
副島 種臣	48
束髪	210

【 た 】

第一次京城事変	
→壬午事変	134
大逆事件	99
大教宣布	230
大同団結運動	74
第二次京城事変	
→甲申事変	134
大日本帝国憲法	81
太陽暦	207
台湾出兵	125
高島炭坑問題	171
高田事件	63
高橋 由一	370
高橋お伝殺人事件	170
高浜 虚子	353
高峰 譲吉	253
高村 光雲	374
滝 廉太郎	362
竹橋事件	133
辰野 金吾	376
田中 正造	177
田山 花袋	294
熾仁親王	
→有栖川宮熾仁親王	124
団・菊・左時代	358
蓄音機	209
千島樺太交換条約	
→樺太千島交換条約	103
地租改正	163
秩父事件	65
秩禄処分	48
超然主義	87
徴兵令	26
朝野新聞	256

381

津田 真道 ……………………… 222
坪内 逍遙 ……………………… 262
帝国議会 ………………………… 83
帝国大学 ………………………… 249
鉄道 ……………………………… 199
鉄道馬車
　→馬車鉄道 …………………… 210
寺島 宗則 ……………………… 106
電信 ……………………………… 193
電灯 ……………………………… 208
電話 ……………………………… 208
土井 晩翠 ……………………… 319
東海 散士 ……………………… 261
東京音楽学校 ………………… 361
東京遷都 ………………………… 21
東京専門学校 ………………… 250
東京大学
　→帝国大学 …………………… 249
東京日日新聞 ………………… 257
東京美術学校 ………………… 364
東郷 平八郎 …………………… 151
同志社 …………………………… 250
徳田 秋声 ……………………… 296
鳥羽・伏見の戦 ……………… 117
鳥島噴火 ……………………… 181

【な】

内閣制度 ………………………… 75
中江 兆民 ……………………… 69
長岡 半太郎 …………………… 254
中村 正直 ……………………… 222
名古屋事件 ……………………… 68
夏目 漱石 ……………………… 308
西 周 …………………………… 222
西村 茂樹 ……………………… 223
日露戦後恐慌
　→恐慌 ………………………… 169
日露戦争 ……………………… 143
日清戦後恐慌
　→恐慌 ………………………… 169
日清戦争 ……………………… 135

日本社会党 ……………………… 92
日本主義 ……………………… 227
日本鉄道機関方争議 ………… 180
日本美術院 …………………… 364
根岸短歌会 …………………… 330
濃尾地震 ……………………… 172
乃木 希典 ……………………… 152

【は】

廃刀令 ………………………… 208
廃藩置県 ………………………… 24
廃仏毀釈 ……………………… 229
萩の乱 ………………………… 128
白馬会 ………………………… 370
箱館五稜郭の戦 ……………… 123
橋本 雅邦 ……………………… 367
馬車鉄道 ……………………… 210
八甲田山死の行軍 …………… 180
反自然主義 …………………… 298
版籍奉還 ………………………… 23
磐梯山噴火 …………………… 172
樋口 一葉 ……………………… 272
菱田 春草 ……………………… 368
日比谷焼打ち事件 …………… 181
平塚 らいてう ………………… 181
閔妃殺害事件 ………………… 110
フェノロサ, E. F. ……………… 364
フォンタネージ, A. …………… 370
福沢 諭吉 ……………………… 212
福島事件 ………………………… 63
富国強兵 ………………………… 25
藤島 武二 ……………………… 372
藤村操自殺事件 ……………… 181
二葉亭 四迷 …………………… 265
仏教近代化 …………………… 233
不平等条約改正
　→条約改正 …………………… 104
文学界 ………………………… 281
文明開化 ……………………… 184
平民社 ………………………… 92

事項名索引

平民主義 …………………………… 227
保安条例 …………………………… 75
北越戦争 …………………………… 120
北清事変
　→義和団の乱 ………………… 142
星 亨 ………………………………… 87
戊辰戦争 …………………………… 114
北海道開拓使 ……………………… 22
北海道開拓使官有物払下げ事件
　→開拓使官有物払下げ事件 … 59
翻訳小説 …………………………… 260

【ま】

毎日新聞
　→東京日日新聞 ……………… 257
　→大阪毎日新聞 ……………… 257
正岡 子規 ………………………… 346
正宗 白鳥 ………………………… 297
松方 正義 ………………………… 165
松方財政 ………………………… 165
明星(第1次) ……………………… 324
民権派
　→自由民権運動 ……………… 49
民撰議院設立建白書 …………… 58
陸奥 宗光 ………………………… 109
村田 蔵六
　→大村 益次郎 ……………… 124
明治憲法
　→大日本帝国憲法 …………… 81
明治十四年の政変 ……………… 60
明治天皇 ………………………… 18
明治二十三年恐慌
　→恐慌 ………………………… 169
明治美術会 ……………………… 369
明治六年の政変
　→征韓論 ……………………… 26
明六社 …………………………… 212
森 有礼 ………………………… 245

森 鴎外 …………………………… 299

【や】

矢野 龍渓 ………………………… 261
山県 有朋 ………………………… 79
山田 美妙 ………………………… 269
郵便制度 ………………………… 196
郵便報知新聞 …………………… 256
横浜毎日新聞 …………………… 256
横山 大観 ………………………… 368
与謝野 晶子 ……………………… 325
世直し一揆 ……………………… 170
読売新聞 ………………………… 257
余裕派
　→高踏派・余裕派 …………… 299
万朝報 …………………………… 258

【ら】

ラグーザ, V. …………………… 374
理想主義 ………………………… 269
立憲改進党 ……………………… 74
立憲自由党
　→自由党 ……………………… 73
立憲政友会 ……………………… 89
琉球処分 ………………………… 104
煉瓦街
　→銀座煉瓦街 ………………… 375
浪漫詩 …………………………… 319
浪漫主義 ………………………… 278
鹿鳴館 …………………………… 107

【わ】

若山 牧水 ………………………… 331
早稲田大学
　→東京専門学校 ……………… 250

読書案内「明治」を知る本

2000年3月24日 第1刷発行

発 行 者／大高利夫
編集・発行／日外アソシエーツ株式会社
　　　　　〒143-8550 東京都大田区大森北1-23-8 第3下川ビル
　　　　　電話(03)3763-5241(代表)　FAX(03)3764-0845
　　　　　URL　http://www.nichigai.co.jp/
発 売 元／株式会社紀伊國屋書店
　　　　　〒163-8636 東京都新宿区新宿3-17-7
　　　　　電話(03)3354-0131(代表)
　　　　　ホールセール部(営業)　電話(03)3439-0128

電算漢字処理／日外アソシエーツ株式会社
印刷・製本／株式会社平河工業社

不許複製・禁無断転載　　　《中性紙三菱書籍用紙イエロー使用》
〈落丁・乱丁本はお取り替えいたします〉
ISBN4-8169-1597-4　　　　　Printed in Japan,2000

本書はディジタルデータでご利用いただくことができます。詳細はお問い合わせください。

選書・読書指導に最適！
内容もわかるハンディなブックガイド
読書案内シリーズ

読書案内・伝記編

日本の作家	A5・390頁	定価(本体4,854円＋税)	'93.11刊
日本の群像	A5・450頁	定価(本体4,854円＋税)	'94.10刊
日本の女性	A5・460頁	定価(本体4,854円＋税)	'95.9刊
世界の作家	A5・480頁	定価(本体4,854円＋税)	'96.2刊
世界の偉人	A5・470頁	定価(本体5,243円＋税)	'96.4刊

読書案内・作品編

現代人気作家101人	A5・510頁	定価(本体5,300円＋税)	'96.7刊
日本のエッセイ8000冊	A5・1,000頁	定価(本体9,700円＋税)	'96.11刊
海外人気作家300人	A5・470頁	定価(本体5,600円＋税)	'97.7刊
現代女性作家150人	A5・450頁	定価(本体5,800円＋税)	'97.11刊

読書案内・知る本

大事件を知る本	A5・440頁	定価(本体6,800円＋税)	'97.12刊
続・大事件を知る本 古代〜近世	A5・340頁	定価(本体6,600円＋税)	'99.9刊
ものの歴史を知る本Ⅰ	A5・350頁	定価(本体7,000円＋税)	'98.1刊
ものの歴史を知る本Ⅱ	A5・340頁	定価(本体7,000円＋税)	'98.10刊

データベースカンパニー
日外アソシエーツ

〒143-8550　東京都大田区大森北1-23-8
TEL.(03)3763-5241　FAX.(03)3764-0845
ホームページ　http://www.nichigai.co.jp/

明治時代略年表

明治22(1889)年
- 2.11 大日本帝国憲法公布
- 2.11 森有礼文相襲われ、翌日死亡
- 4.— 北村透谷「楚囚之詩」
- 6.16 浅井忠ら明治美術会創立
- 7.1 鉄道の東海道線全通
- 8.— 森鴎外ほか訳「於母影」
- 10.18 大隈重信外相が襲われ、片脚を失う
- 10.25 内大臣三条実美が総理大臣を兼務
- 12.24 第一次山県有朋内閣成立

明治23(1890)年
- 1.— 森鴎外「舞姫」
- 2.1 徳富蘇峰「国民新聞」創刊
- 7.1 第1回衆議院議員選挙
- 7.25 集会及政社法制定
- 9.15 立憲自由党結党式
- 10.29 第一帝国議会開会
- 10.30 教育勅語発布
- 11.15 浅井忠「収穫」
- 12.16 東京・横浜間に電話開通
- 12.— 北里柴三郎、ジフテリア・破傷風の抗毒素発見
- この年 明治二十三年恐慌

明治24(1891)年
- 1.9 内村鑑三不敬事件
- 1.— 巌谷小波「こがね丸」
- 2.5 川上音二郎「板垣君遭難実記」上演
- 3.8 ニコライ堂完成
- 5.6 第一次松方正義内閣成立
- 5.11 大津事件発生
- 5.27 大審院長児島惟謙が大津事件犯人に無期判決
- 5.29 青木周蔵外相が大津事件で引責辞任
- 9.1 日本鉄道会社の東京・青森間全通
- 10.28 濃尾地震
- 11.5 伊井蓉峰が済美館結成(新派劇)
- 11.7 幸田露伴「五重塔」連載開始
- 11.26 第二帝国議会開会
- 12.18 田中正造が足尾鉱毒事件について衆議院に質問書を提出
- この年 川上音二郎の「オッペケペー節」大流行

明治25(1892)年
- 1.— 久米邦武、前年の「神道は祭天の古俗」で筆禍
- 2.15 第二回衆議院議員選挙
- 3.11 選挙干渉により品川弥二郎内相辞任
- 5.6 第三帝国議会開会
- 6.26 正岡子規「獺祭書屋俳話」
- 8.8 第二次伊藤博文内閣成立
- 11.1 「万朝報」創刊
- 11.29 第四帝国議会開会

明治26(1893)年
- 1.— 文芸雑誌「文学界」創刊
- 2.— 落合直文があさ香社結成
- 5.— 北村透谷「内部生命論」

明治27(1894)年
- 3.29 朝鮮で東学党の乱(甲午農民戦争)発生
- 6.2 日本が朝鮮出兵を決定
- 7.16 日英通商航海条約調印(領事裁判権廃止)
- 8.1 日清戦争始まる
- 9.17 黄海海戦で清国北洋艦隊を撃破
- 11.21 旅順口占領
- 12.19 帝国奈良博物館(片山東熊ら設計)

明治28(1895)年
- 1.— 樋口一葉「たけくらべ」連載開始
- 2.2 威海衛を占領
- 4.17 日清講和条約(下関条約)調印
- 4.23 三国干渉(露独仏が遼東半島還付を勧告)
- 5.10 干渉に屈して遼東半島還付を決定
- 9.— 樋口一葉「にごりえ」
- 10.8 閔妃殺害事件
- 10.31 帝国京都博物館(片山東熊ら設計)

明治29(1896)年
- 2.26 尾崎紅葉「多情多恨」前編
- 2.29 日本銀行本店(辰野金吾設計)完成
- 3.1 進歩党結成
- 3.— 森田思軒訳「十五少年」
- 5.14 小村・ウェーバー協定締結
- 6.6 黒田清輝ら「白馬会」旗揚げ
- 6.15 三陸沖地震・津波
- 9.8 成美団(新派劇)旗揚げ
- 9.18 第二次松方正義内閣成立
- 11.— キネトスコープが初輸入される

明治30(1897)年
- 1.1 尾崎紅葉「金色夜叉」連載開始
- 1.— 正岡子規「ホトトギス」創刊
- 2.15 キネマトグラフ(活動写真)の興業開始
- 3.3 足尾鉱毒被害農民が大挙して農商務省に請願
- 6.22 京都帝国大学創立
- 8.— 島崎藤村「若菜集」
- 10.1 金本位制本格的に実施
- 10.28 黒田清輝「湖畔」

明治31(1898)年
- 1.12 第三次伊藤博文内閣成立
- 1.— 国木田独歩「武蔵野」連載
- 2.12 正岡子規「歌よみに与ふる書」連載
- 2.24 日本鉄道機関方争議始まる
- 6.22 自由党と進歩党が合同して憲政党結成
- 6.30 第一次大隈重信内閣(隈板内閣)成立
- 10.15 岡倉天心、橋本雅邦ら日本美術院創立
- 10.29 星亨らが新たに憲政党を結成。隈板内閣瓦解
- 11.3 旧進歩党系の憲政本党結成
- 11.8 第二次山県有朋内閣成立
- 12.18 西郷隆盛銅像(高村光雲作)除幕

明治32(1899)年
- 3.14 正岡子規が根岸短歌会結成
- 4.— 土井晩翠「天地有情」